Sandra Hölscher

Familienanzeigen

Zur Geschichte der Textsorten Geburts-, Verbindungs- und Todesanzeige, ihrer Varianten und Strukturen in ausgewählten regionalen und überregionalen Tageszeitungen von 1790 bis 2002

Berliner Sprachwissenschaftliche Studien

herausgegeben von
Franz Simmler

Band 23

Sandra Hölscher

Familienanzeigen

Zur Geschichte der Textsorten Geburts-, Verbindungs- und Todesanzeige, ihrer Varianten und Strukturen in ausgewählten regionalen und überregionalen Tageszeitungen von 1790 bis 2002

WEIDLER Buchverlag Berlin

ISBN 978-3-89693-297-6

Herstellung durch Frank & Timme GmbH
Wittelsbacherstraße 27a, 10707 Berlin
info@frank-timme.de

www.weidler-verlag.de

Meinen Eltern

Bärbel und Ulrich (†)

Inhaltsverzeichnis

Inhaltsverzeichnis der beiliegenden CD-ROM

In der Datei Abbildungen.pdf finden sich folgende Abbildungen:

Geburtsanzeigen

Rahmen

RA-1: Rahmen von Geburtsanzeigen
RA-2: Rahmen von Verbindungsanzeigen

Symbole

SA-1: Symbole in Todesanzeigen – Kreuze
SA-2: Symbole in Todesanzeigen – Kombinationen, Eiserne Kreuze, Ähren, Palmzweig
SA-3: Weitere Symbole in Todesanzeigen
SA-4: Symbole in Todesanzeigen – Wappen und Logos

Todesanzeigen

TA-1: KStA, 5. Januar 2002
TA-2: FAZ, 4. Januar 1972
TA-3: BayZ, 1. November 1819
TA-4: KN, 30. Dezember 1916
TA-5: LZ, 18. Januar 1952
TA-6: VZ, 9. Januar 1917
TA-7: VZ, 2. Januar 1850
TA-8: Mopo, 4. Januar 1943
TA-9: BayZ, 14. Januar 1800
TA-10: Mopo, 3. Februar 2002
TA-11: KN, 4. April 1972
TA-12: KN, 8. Januar 1902
TA-13: Welt, 6. Januar 1972
TA-14: FAZ, 7. Januar 2002
TA-15: VZ, 12. Januar 1850
TA-16: KN, 5. Januar 2002
TA-17: LZ, 28. Januar 1952
TA-18: Welt, 11. Januar 1972
TA-19: NPZ, 5. Januar 1875
TA-20: Mopo, 5. März 1943
TA-21: KStA, 5. Januar 1952
TA-22: KStA, 22. September 1921
TA-23: KStA, 11. Januar 1972
TA-24: VZ, 6. September 1921
TA-25: VZ, 1. März 1825
TA-26: FAZ, 2. Januar 2002
TA-27: KN, 27. September 1921
TA-28: KN, 3. Oktober 1921

TA-29: KN, 3. April 1943
TA-30: KN, 5. Januar 2002
TA-31: KStA, 3. Januar 2002
TA-32: KStA, 23. September 1921
TA-33: KStA, 6. September 1921
TA-34: FAZ, 5. Januar 1972
TA-35: Welt, 5. Januar 1972
TA-36: FAZ, 10. Januar 2002
TA-37: KStA, 7. Januar 2002
TA-38: KN, 7. Januar 1902
TA-39: VZ, 9. Januar 1800
TA-40: FAZ, 7. März 1952
TA-41: Welt, 12. Januar 1972
TA-42: Mopo, 25. Februar 1972
TA-43: Welt, 9. Januar 2002
TA-44: KN, 27. September 1921
TA-45: FAZ, 21. Januar 1972
TA-46: VZ, 18. Februar 1790
TA-47: KStA, 28. November 1943
TA-48: KStA, 17. September 1921
TA-49: KStA, 2. Januar 1952
TA-50: KN, 1. April 1972
TA-51: Mopo, 22. Februar 1972
TA-52: VZ, 9. Februar 1790
TA-53: HuC, 1. Januar 1825
TA-54: VZ, 2. Januar 1850
TA-55: KStA, 2. Januar 1902
TA-56: KN, 2. April 1972
TA-57: KN, 10. April 1943
TA-58: KöZ, 19. Januar 1850
TA-59: KöZ, 20. Januar 1825
TA-60: KStA, 17. September 1921
TA-61: FAZ, 6. Januar 1972
TA-62: KN, 5. Januar 2002
TA-63: KStA, 30. Dezember 1916
TA-64: HuC, 29. Januar 1790
TA-65: LZ, 9. Mai 1942
TA-66: FAZ, 8. März 1952
TA-67: LZ, 9. Januar 1952
TA-68: VZ, 2. Januar 1850

TA-69: Mopo, 6. Januar 2002
TA-70: KStA, 3. Januar 2002
TA-71: FAZ, 4. Januar 2002
TA-72: Mopo, 2. November 1952
TA-73: KN, 2. Januar 2002
TA-74: KN, 1. April 1943
TA-75: Mopo, 6. März 1943

Todesbenachrichtigungen

Tb-1: Todesbenachrichtigung vom 20. Mai 1940
Tb-2: Todesbenachrichtigung vom 15. Juli 1941
Tb-3: Todesbenachrichtigung vom 7. Oktober 1941
Tb-4: Todesbenachrichtigung vom 17. Juni 1943
Tb-5: Todesbenachrichtigung vom 24. Juli 1941

Verbindungsanzeigen

VA-1: KStA, 11. Januar 2002
VA-2: KN, 5. Januar 2002
VA-3: KN, 19. Januar 2002
VA-4: KN, 1. Februar 2002
VA-5: KN, 2. Februar 2002
VA-6: VZ, 2. April 1875
VA-7: Welt, 11. Januar 1952
VA-8: FAZ, 27. Januar 1972
VA-9: KöZ, 5. Januar 1876
VA-10: VZ, 7. Januar 1917
VA-11: HuC, 16. Januar 1921
VA-12: KStA, 4. Januar 1972
VA-13: KStA, 4. September 1921
VA-14: Welt, 31. Januar 1952
VA-15: KN, 1. April 1972
VA-16: VZ, 8. September 1921
VA-17: NPZ, 13. Januar 1850
VA-18: KN, 10. April 1943
VA-19: Welt, 5. Januar 1952
VA-20: NPZ, 17. Februar 1850
VA-21: VZ, 9. Januar 1800
VA-22: Mopo, 9. Februar 1902
VA-23: Welt, 26. Februar 1972
VA-24: Mopo, 4. Januar 1943

In der Datei Tabellen.pdf finden sich die folgenden Tabellen:

Geburtsanzeigen

GA-1: Gesamtübersicht der untersuchten Geburtsanzeigen (GA)
GA-2: Verteilung der Symbole
GA-3: Vorkommen von Rahmen
GA-4: Verteilung der Initiatoren
GA-5: Verteilung der Terminatoren
GA-6: Anzahl der Makrostrukturen (Übersicht)
GA-7: Anzahl der Makrostrukturen

Todesanzeigen

TA-1: Gesamtübersicht der untersuchten Todesanzeigen (TA)
TA-2: Vorkommen von Symbolen
TA-3: Verteilung der Symbole
TA-4: Gegenüberstellung institutioneller und privater Todesanzeigen
TA-5: Verteilung der Initiatoren
TA-6: Mottos als Initiatoren
TA-7: Verteilung der Terminatoren
TA-8: Mottos als Terminatoren
TA-9: Anzahl der Makrostrukturen (Übersicht)
TA-10: Anzahl der Makrostrukturen
TA-11: Bezeichnungen für das Sterben (Überblick)
TA-12: Bezeichnungen für das Sterben
TA-13: Bezeichnungen des Sterbens im Vergleich (kriegsbezogene Anzeigen)
TA-14: Verwendung von Rahmen
TA-15: Liste der Mottos

Verbindungsanzeigen

VA-1: Gesamtübersicht der untersuchten Verbindungsanzeigen (VA)
VA-2: Verteilung der Symbole
VA-3: Verwendung von Rahmen
VA-4: Verteilung der Initiatoren
VA-5: Verteilung der Terminatoren
VA-6: Anzahl der Makrostrukturen (Übersicht)
VA-7: Anzahl der Makrostrukturen

Abkürzungsverzeichnis

Textsorten

GA – Geburtsanzeige
VA – Verbindungsanzeige
TA – Todesanzeige

Zeitungen

BayZ – Bayreuther Zeitung (siehe auch I.4.1.1)
FAZ – Frankfurter Allgemeine Zeitung (siehe auch I.4.1.3)
HuC – Hamburgischer unpartheyischer Correspondent (siehe auch I.4.1.4)
KN – Kieler (Neueste) Nachrichten (siehe auch I.4.1.5)
KöZ – Kölnische Zeitung (siehe auch I.4.1.7)
KStA – Kölner Stadt-Anzeiger (siehe auch I.4.1.6)
LZ – Landshuter Zeitung (siehe auch I.4.1.8)
Mopo – Berliner Morgenpost (siehe auch I.4.1.2)
NPZ – Neue Preußische Zeitung (siehe auch I.4.1.9)
VZ – Vossische Zeitung (siehe auch I.4.1.10)
Welt – Die Welt (siehe auch I.4.1.11)

Benennungsschema von Tabellen und Abbildungen

Tabelle 1 ist im Fließtext der Arbeit platziert, auf der CD befinden sich die Tabellen **GA-1 bis GA-7** („GA“: Geburtsanzeige Anhang), **VA-1 bis VA-7** (Verbindungsanzeige Anhang), **TA-1 bis TA-15** (Todesanzeige Anhang).

Die **Abbildungen 1 bis 8** befinden sich zusammen mit den Abbildungen **G-1 bis G-43** (Geburtsanzeigen), **V-1 bis V-34** (Verbindungsanzeigen), **T-1 bis T-79** (Todesanzeigen) sowie **S-1 bis S-11** (Symbole) im Fließtext der Arbeit.

Auf der CD befinden sich **GA-1 bis GA-32** (Geburtsanzeige Anhang), **VA-1 bis VA-24** (Verbindungsanzeige Anhang), **TA-1 bis TA-75**, **RA-1 und RA-2** (Rahmen Anhang), SA-1 bis SA-4 (Symbole Anhang).

Die Todesbenachrichtigungen **Tb-1 bis Tb-5** befinden sich ebenfalls auf der CD.

Wir werden in eine wunderschöne Welt gelassen, treffen uns hier, stellen uns einander vor – und gehen zusammen ein Weilchen weiter. Dann verlieren wir einander und verschwinden ebenso plötzlich und unerklärlich, wie wir gekommen sind.

Jostein Gaarder, Sofies Welt

Vorwort

Die vorliegende Untersuchung deutschsprachiger Familienanzeigen entstand im Rahmen eines Promotionsverfahrens zur Erlangung des Grades Doktor der Philosophie. Ich habe sie im März 2010 dem Fachbereich Philosophie und Geisteswissenschaften der Freien Universität Berlin vorgelegt und im November 2010 verteidigt.

Für die engagierte wissenschaftliche Betreuung gilt dem Erstgutachter Prof. Dr. Dr. h.c. Franz Simmler (Freie Universität Berlin) besonderer Dank. Prof. Dr. Claudia Wich-Reif (Universität Bonn), die das Zweitgutachten zu der Dissertation angefertigt hat, ist ebenfalls zu danken. Weiterer herzlicher Dank richtet sich an die Kommissionsmitglieder (in alphabetischer Reihenfolge) Dr. Jörg Jungmayer, Prof. Dr. Elisabeth Paefgen und Prof. Dr. Hans-Jürgen Schings (alle Freie Universität Berlin).

In der Phase der Beschaffung des Untersuchungsmaterials wurde ich vom Personal der fotografischen Abteilung der Universitäts- und Stadtbibliothek Köln sowie ganz besonders von den Mitarbeitern des Stadtarchivs Landshut freundlichst unterstützt. Ein Gruß geht an Dieter Meyer vom Kulturamt der Stadt Spenge, der die dort archivierten Todesbenachrichtigungen als Untersuchungsgegenstand beisteuerte.

Meine Familie hat mir die Bearbeitung ermöglicht. Jens-Christof Niemeyer war mir eine große Stütze. Danke!

Einleitung

Dem amerikanischen Jazztrompeter Dizzy Gillespie (1917-1993) wird das Zitat zugeschrieben: „Ich lese jeden Morgen die Todesanzeigen in der Zeitung – wenn mein Name nicht dabei steht, dann mache ich einfach weiter wie bisher.“ Losgelöst von der Frage, ob dieser Gedanke ein sinnvolles Lebensmotto darstellt, wird in der Äußerung deutlich, dass die morgendliche Lektüre der Familienanzeigen von vielen Zeitungslesern als selbstverständlich angesehen wird. Gemeinsam mit dem Sport- und dem Lokalteil gelten Familienanzeigen als die meistgelesenen Informationen regionaler Tageszeitungen. Besondere Aufmerksamkeit kommt dabei nicht nur den von Gillespie angesprochenen Todesanzeigen zu, sondern auch den Geburts- und Verbindungsanzeigen.

Diese Arbeit befasst sich mit den drei gängigsten Erscheinungsformen der Familienanzeige, den Textsorten *Geburts-*, *Verbindungs-* und *Todesanzeige*, die die Ereignisse Geburt, Verlobung oder Heirat sowie den Tod mitteilen.

Der Fokus der Erforschung (vgl. I.2) von Familienanzeigen lag bisher auf den Todesanzeigen. Diese Inserate wurden sowohl wissenschaftlich als auch nichtwissenschaftlich umfangreich untersucht. Geburts- und Verbindungsanzeigen hingegen standen nur selten im Interesse der Forschung. Ein Werk, das sich – auf denselben Quellen basierend und eine einheitliche Methode anwendend – allen drei Textsorten widmet, gibt es bisher nicht. Diese Lücke will die vorliegende Arbeit schließen.

Nachdem die Verfasserin sich 2005 im Rahmen ihrer Magisterarbeit bereits mit Todesanzeigen auseinandergesetzt und dabei den Zeitraum von 1902 bis 2002 einbezogen hat, wird nunmehr eine weiter gefasste Untersuchung der deutschsprachigen Familienanzeigen vorgelegt. Auch diese empirische Arbeit baut auf der erprobten und validen Text- und Textsortenkonzeption von Simmler auf (vgl. I.3). Ausweislich des Titels steht die Geschichte der Textsorten Geburts-, Verbindungs- und Todesanzeige neben ihren Varianten und Strukturen im Mittelpunkt des Interesses. Es wurden ausgewählte regionale und überregionale Tageszeitungen herangezogen, die untersuchten Anzeigen stammen aus den Jahren 1790 bis 2002 (vgl. I.4).

Dem Umstand, dass sprachliche Strukturen ihren Ursprung in der Gesellschaft haben, wird durch die Berücksichtigung der externen Merkmale jeder Kommunikation Rechnung getragen, die die sprachwissenschaftlichen Feststellungen in Bezug zur Lebenswirklichkeit bringen.

Dabei werden sich über den Untersuchungszeitraum von über 200 Jahren sprachliche Veränderungen zeigen, die durch gesellschaftlichen Wandel bedingt sind. Sie entstehen durch Änderungen in Bezug auf das Familienbild, die Stellung der Kinder innerhalb des Familienverbandes, die Bewertung von Ehe und Partnerschaft sowie die Haltung zum Tod.

Das Korpus der Arbeit (vgl. I.4) umfasst 4.270 Familienanzeigen, die zwischen dem 1. Januar 1790 und dem 22. Februar 2002 erschienen sind. Es handelt sich um 721 Geburtsanzeigen, 956 Verbindungsanzeigen, wovon in 551 eine Verlobung und in 405 eine Heirat kundgegeben wird, sowie 2.593 Todesanzeigen. Die Textexemplare entstammen elf Tageszeitungen: der Bayreuther Zeitung, der Berliner Morgenpost, der Frankfurter Allgemeinen Zeitung, dem Hamburgischen unpartheyischen Correspondenten, den Kieler (Neuesten) Nachrichten, dem Kölner Stadt-Anzeiger, der Kölnischen Zeitung, der Landshuter Zeitung, der Neuen Preußischen Zeitung, der Vossischen Zeitung und der Welt. Damit sind sowohl Deutschlands Norden und Süden als auch Osten und Westen zum einen durch regionale, zum anderen durch überregionale Blätter repräsentiert. Es wurden zwölf Untersuchungszeitpunkte gewählt: 1790, 1800/03, 1819/25, 1850, 1875/76, 1902, 1916/17, 1921, 1942/43, 1952, 1972 und 2002. Dieses Korpus ist geeignet, die Tradition der Textsorten Geburts-, Verbindungs- und Todesanzeige nachzuzeichnen und ihre Varianten herauszuarbeiten, ohne regionale Differenzen unberücksichtigt zu lassen. Auch kann der Gesichtspunkt der Kontinuität betrachtet werden. Zudem sollen Gemeinsamkeiten, Unterschiede und Besonderheiten der untersuchten Textsorten herausgearbeitet werden.

Die Untersuchung ist in vier Kapitel gegliedert. Den Analysen der drei Textsorten, die jeweils ein Kapitel beanspruchen, ist ein Teil (Kapitel I) vorangestellt mit Ausführungen zur geschichtlichen Entwicklung der Familienanzeigen (vgl. I.1), zum Forschungsstand, zu den theoretischen und methodischen Grundlagen, zum Korpus der Untersuchung sowie zur Typografie (vgl. I.5) in Familienanzeigen. In den darauf folgenden Kapiteln II bis IV wird untersucht, inwiefern sich die Textsorten Geburts-, Verbindungs- und Todesanzeige aus sprachwissenschaftlicher Sicht ansetzen lassen. Dies geschieht in jeweils vier Unterkapiteln. Das erste befasst sich stets mit Initiatoren, Terminatoren und Makrostrukturen, das zweite mit der Syntax und das dritte mit der Lexik. Im vierten Unterkapitel wird die untersuchte Textsorte auf Grundlage der vorangegangenen Analyse definiert.

Im Interesse des Leseflusses sind ausgewählte Textexemplare, Abbildungen, Tabellen und Diagramme in den Fließtext integriert. Eine

Vielzahl weiterer Abbildungen und Tabellen, die die Materialgrundlage zusätzlich dokumentieren beziehungsweise die Ausführungen statistisch erschließen, findet sich auf der CD-ROM.

Einige Textsorten der Textsortengruppe Familienanzeige bleiben unberücksichtigt: Danksagungen nach einer Verlobung, einer Hochzeit oder nach einem Todesfall, Jubiläumsanzeigen oder Glückwünsche zur Volljährigkeit.

I Forschungsstand, Methode, Korpus und Erkenntnisziel

1 Geschichtliche Entwicklung der Familienanzeigen

Entstehung und Entwicklung der *Zeitung* sind für die Behandlung der Geschichte der Familienanzeigen relevant, weil die Zeitung das primäre Medium ist, in dem Anzeigen dieser Art publiziert werden. Obwohl Familienanzeigen erst mehr als einhundert Jahre nach Entstehen der ersten Zeitungen in eben diesen erschienen sind, bildet die Entstehung der Zeitung die Voraussetzung für die Herausbildung der Textsortengruppe *Familienanzeige* sowie der Textsorten *Geburts-*, *Verbindungs-* und *Todesanzeige*, wobei unter Verbindungsanzeigen im Folgenden Heirats- und Verlobungsanzeigen subsumiert werden.

In einer Zeit, in der das Medium Zeitung der Konkurrenz des neuen, schnelleren Mediums *Internet* ausgesetzt ist, muss auch die Frage gestellt werden, ob dieser Umstand sich auf das Vorkommen von Familienanzeigen in dem angestammten Medium Zeitung auswirkt oder in den kommenden Jahrzehnten auswirken könnte. Denn auch aus publizistischer Sicht haben Familienanzeigen eine besondere Bedeutung: Sie sind für Zeitungsverlage wichtig, wenn auch nicht unbedingt aufgrund monetärer Aspekte.

1.1 Tageszeitung und Intelligenzblatt

Unter Zugrundelegung der Definition der Zeitung „als Druckwerk mit den Merkmalen der Aktualität (Neuigkeitsbezug), der Periodizität (regelmäßiges Erscheinen), der Universalität (thematische Vielfalt) und der Publizität (allgemeine Zugänglichkeit)“[1] reicht die Geschichte der Zeitung mehr als 400 Jahre zurück. Die entscheidende Voraussetzung für die Entstehung des Massenmediums Zeitung war die Erfindung der Drucktechnik mit beweglichen Lettern[2] durch den Mainzer Johannes Gutenberg Mitte des 15. Jahrhunderts, die es ermöglichte, Informationen innerhalb kurzer Zeit zu vervielfältigen und zu verbreiten.

1 *Wilke* (1999a: 388).

2 Bereits Mitte des 11. Jahrhunderts wurde in China mit in Ton gebrannten Schriftzeichen gedruckt. Diese waren jedoch weit weniger haltbar als die ‚beweglichen Lettern‘ von Gutenberg, die aus Metall gegossen wurden.

1.1.1 Vorläufer der Zeitung

Als Vorformen der Zeitung nach heutigem Verständnis gelten *geschriebene Zeitungen*, *Flugblätter*, *Neue Zeitungen* und *Flugschriften*. Bereits im Spätmittelalter kam es „im Zuge der sich ausbreitenden Handelsbeziehungen“[3] zu intensivem Briefverkehr.[4] Aus dieser Korrespondenz, die in einem gesonderten, nicht privaten Teil über Tagesneuigkeiten berichtete, entstanden die so genannten geschriebenen Zeitungen, die ihre Hochzeit Anfang des 16. Jahrhunderts erlebten.[5] Als prominentes Beispiel seien die *Fuggerzeitungen* genannt, in denen politische Ereignisse und kulturelle Vorgänge zusammengetragen und an einen kleinen Adressatenkreis weitergegeben wurden. Stöber geht sogar so weit, die damaligen Fuggerzeitungen mit „den heutigen Informationsdiensten der Massenpublizistik“[6] zu vergleichen.

Die zur Gruppe der *Einblattdrucke* gehörenden Flugblätter informierten seit Anfang des 16. Jahrhunderts „in knapper, gedrängter Form über ‚Tagesereignisse‘ und waren dementsprechend am einflussreichsten in ereignisreichen Zeiten.“[7] Häufig wiesen sie ein ausgewogenes Verhältnis von Text und Bild auf, was „dem Bedürfnis nach Veranschaulichung entgegen [kam], das im Zeitalter einer noch geringen Lesefähigkeit selbstverständlich groß war.“[8]

Flugschriften unterschieden sich von Flugblättern hinsichtlich ihres Umfangs. Bei den Flugschriften handelte es sich um „mehrseitige Drucke zur nachhaltigen, propagandistisch-agitatorischen Meinungsbildung, darunter am bedeutsamsten Luthers Flugschriften“.[9] Den drei genannten Formen – geschriebene Zeitung, Flugblatt und Flugschrift – fehlte ein entscheidendes Merkmal, um unter die oben angeführte Zeitungsdefinition zu fallen: Sie erschienen nicht periodisch.[10] Ein Teil der Einblattdrucke fällt unter den Begriff Neue Zeitung. Dieser Begriff be-

3 *Wilke* (2000: 18).

4 Der briefliche Nachrichtenverkehr ging nicht allein vom Handel aus, sondern auch von Diplomatie, Politik, Bildungszentren und religiösen Institutionen.

5 *Wilke* (2000: 19) weist darauf hin, dass geschriebene Zeitungen auch nach der Etablierung der gedruckten Zeitungen noch von Bedeutung waren. Einerseits waren sie schneller und exklusiver, andererseits war bei ihnen die Umgehung der Zensur möglich. Viele Drucker nutzten die geschriebenen Zeitungen als Vorlage für ihre gedruckten Zeitungen.

6 *Stöber* (2005: 37).

7 *Ders.* (2005: 35).

8 *Wilke* (2000: 20).

9 *Ders.* (2002: 462).

10 Nicht immer hatten die Inhalte dieser Publikationen Neuigkeitswert. Einige Flugschriften Luthers wurden wegen der großen Nachfrage sogar mehrmals aufgelegt – und waren dementsprechend unaktuell.

zieht sich auf den Inhalt der Flugblätter oder -schriften, die Nachrichten mit Neuigkeitswert enthielten.[11]

Die ersten periodisch erscheinenden Druckwerke waren *Messrelationen.* Sie „erschienen zumeist halbjährlich und wurden auf Verkaufsmessen feilgeboten."[12] Die Messrelationen enthielten Nachrichten von Korrespondenzpartnern, Kaufleuten, Postmeistern und Reisenden oder einfach aus den Neuen Zeitungen entnommene Informationen. Der Umfang dieser Druckwerke belief sich durchschnittlich auf 100 Seiten. Obwohl die Messrelationen die Merkmale Publizität, Universalität und Periodizität aufwiesen, fehlte auch ihnen ein für die Zeitung wesentliches Merkmal: Die Aktualität war aufgrund der langen Erscheinungsintervalle nur schwach ausgeprägt.[13]

Im 17. Jahrhundert begannen die Drucker, mit gewisser Regelmäßigkeit Neue Zeitungen herauszugeben, was auf die verbesserte Zulieferung von Nachrichten zurückzuführen ist. Einige dieser Neuen Zeitungen waren bereits nummeriert. In dieser Serialisierung kann „ein Ansatz zum Übergang in die Periodizität [gesehen werden], auch wenn diese noch nicht dauerhaft intendiert und von vornherein festgelegt war."[14] Die im Jahr 1597 publizierte Monatszeitung *Annus Christi*, die nach ihrem Druckort auch *Rorschacher Monatsschrift* genannt wurde, war das erste regelmäßig erscheinende Druckerzeugnis.

1.1.2 Die ersten Zeitungen

Die Gründung der ältesten Zeitung, die von Johann Carolus in Straßburg publizierte *Relation*, lässt sich anhand schriftlicher Belege auf das Jahr 1605 datieren, so dass Deutschland als Ursprungsland der Zeitung bezeichnet werden kann.[15] Das einzige erhaltene Exemplar stammt aus dem Jahr 1609. Die *Relation* erschien wöchentlich und hatte einen Umfang von zwei bis drei Seiten im Quartformat.[16] Bereits 1609 wurde in Wolfenbüttel eine weitere Zeitung, der *Aviso,* gegründet. In den folgenden Jahren kamen Zeitungen in anderen Städten hinzu, unter anderem in Frankfurt am Main, Berlin, Hamburg, Hildesheim, Danzig und Köln.

11 Vgl. *Stöber* (2003: 63).
12 *Ders.* (2003: 64).
13 Die Darlegungen beziehen sich auf *Stöber* (2005: 53).
14 *Wilke* (2000: 34).
15 *Ders.* (2002: 463).
16 Im Buchdruck gibt das Buchformat an, wie viele Blätter beziehungsweise Seiten der Drucker aus einem Druckbogen erstellen kann. Beim Quartformat sind es vier Blätter beziehungsweise acht Seiten. Die Höhe der Seite beträgt zwischen 30 und 35 Zentimetern und ist daher zwischen den heutigen Hochformaten DIN A4 und DIN A3 anzusiedeln.

Die Zahl der gleichzeitig erscheinenden Zeitungen wird für die 1630er Jahre auf mehr als 30 geschätzt. Die Leipziger *Einkommenden Zeitungen* erschienen im Jahr 1650 bereits sechsmal pro Woche. Damit können sie als erste Tageszeitung angesehen werden: Eine derart häufige Erscheinungsweise war damals jedoch eine Ausnahme, viele Zeitungen erschienen Mitte des 17. Jahrhunderts zwei- bis dreimal je Woche.[17]

Stöber schätzt die Zahl der so genannten *Avisen* für den deutschen Sprachraum Ende des 17. Jahrhunderts auf 60 bis 80.[18] Damit überstieg die Zahl der in Deutschland publizierten Zeitungen „bei weitem diejenige der gleichzeitig in allen anderen europäischen Ländern erscheinenden Zeitungen".[19] Bis zum Ende des 18. Jahrhunderts verdreifachte sich die Zahl nochmals.[20] Die 50 auflagenstärksten Blätter hatten eine Auflage von durchschnittlich 4.000 Exemplaren. Die größte Zeitung – der *Hamburgische unpartheyische Correspondent* – wurde bereits 1739 in einer Auflage von 13.000 Exemplaren gedruckt, die in den 1780er Jahren auf über 30.000 Exemplare anstieg.[21] Inhaltlich berichteten die Zeitungen anfangs vor allem über politische Ereignisse mit einer Tendenz zur internationalen Berichterstattung, später auch über gesellschaftliche und wirtschaftliche Themen. Berichte über lokale Ereignisse waren nur vereinzelt zu finden.

Neben die Zeitung trat im 18. Jahrhundert eine weitere – aus Frankreich kommende – Gattung hinzu: das *Intelligenzblatt*. Intelligenzblätter waren „periodische Schriften, die zunächst vorwiegend Anzeigen aller Art"[22] abdruckten. Inhaltlich beschränkten sie sich auf lokale und regionale Nachrichten, „politische Meldungen waren ihnen untersagt".[23] Das erste deutschsprachige Intelligenzblatt erschien 1721 unter dem Namen *Wochentliche Frag- und Anzeigungs-Nachrichten* in Frankfurt am Main.[24] Im Jahr 1727 führte der preußische Staat dann den Intelligenzzwang ein, mit dem für ihn eine Gewinnbeteiligung verbunden war:

> *Die preußischen Intelligenzblätter mussten von bestimmten Personengruppen, z.B. Pfarrern, Amtmännern und Lehrern, gehalten und bezahlt werden. Sie waren Zeitungen, die ein Monopol auf Anzeigen und Inserate besaßen. Erst nachdem in den jeweiligen Intelligenzblättern die Anzeigen und amtli-*

---

17 Die Zahlen sind *Weber* (1994: 19) entnommen.

18 Vgl. *Stöber* (2005: 79).

19 *Wilke* (2000: 51).

20 Vgl. *Böning* (1994: 94).

21 Vgl. *Wilke* (2000: 61, 85), wobei es sich hierbei lediglich um Schätzungen handelt.

22 *Böning* (1994: 99).

23 *Wilke* (2002: 468).

24 Vgl. *Böning* (1994: 99).

chen Bekanntmachungen publiziert waren, durften andere Zeitungen diese nachdrucken.[25]

Damit spielte das Intelligenzwesen zumindest in Preußen eine besondere Rolle für das Anzeigenwesen. Außerhalb Preußens waren Intelligenzblätter „weniger scharf reglementiert, garantierte Abnehmer gab es sowenig wie Gewinnabführungen jenseits der üblichen Besteuerung".[26] Aus diesen nicht reglementierten Blättern entwickelten sich später vielfach reguläre Zeitungen. Mit der Aufhebung des Intelligenzzwangs im Jahr 1850 kam es dann „zu einer Entfaltung des Anzeigenteils der Zeitungen".[27]

1.1.3 Expansion der Zeitung

Im 19. Jahrhundert nahm die Zahl der Zeitungen weiter zu, die Auflagen erhöhten sich. Möglich war dies durch entscheidende Verbesserungen in der Drucktechnik. Durch die Erfindung der Schnellpresse konnte die Druckkapazität verfünffacht werden, die Entwicklung der Linotype-Setzmaschine machte den Satz weniger zeitaufwändig. Konnten im Handsatz stündlich etwa 2.500 Zeichen gesetzt werden, so waren es bei der Linotype Anfang des 20. Jahrhunderts immerhin 5.000 bis 6.500 Zeichen.[28]

Neben diesen technischen Neuerungen wurde die Versorgung mit Nachrichten besser. Das Segelschiff wurde durch das Dampfschiff, die Postkutsche durch die Eisenbahn ersetzt und im Jahr 1848 nahm die erste deutsche Telegrafenlinie ihren Betrieb auf. Von 1800 bis 1900 stieg die Zahl der Zeitungstitel kontinuierlich, hauptsächlich handelte es sich um politische Zeitungen. 1847 existierten circa 1.000 Zeitungen, 1897 weit über 3.000.[29] Langsam entwickelten sich Ressorts: Handels-, Wirtschafts- und Sportteil bildeten sich heraus.

In den 1870er Jahren entstanden in Deutschland die so genannten Generalanzeiger, die als „Prototypen der neuen Massenpresse"[30] gesehen werden können. *Generalanzeiger* sprachen die große Masse, die Arbeiter, an. Sie revolutionierten das Anzeigenwesen, da sie sich nicht allein durch den Verkauf des Blattes, sondern zusätzlich durch den Verkauf von Anzeigen finanzierten. Somit war es möglich, die Generalanzeiger zu einem relativ niedrigen Verkaufspreis anzubieten, wodurch sich ihnen

25 *Stöber* (2005: 79).
26 Ebd.
27 *Wilke* (2002: 468).
28 Vgl. *Stöber* (2005: 122f.).
29 Vgl. *Wilke* (2000: 189).
30 *Stöber* (2005: 257).

ein großes Publikum bot. Außerdem gingen die Generalanzeiger neue Wege der Leser-Blatt-Bindung: Die Redakteure „suchten das Leserinteresse zu antizipieren; sie unterwarfen sich [...] einem angenommenen Lesergeschmack.“[31] Sie legten besonderen Wert auf lokale Geschehnisse, aber auch eine verbesserte Aufmachung der Blätter und Serviceleistungen wie Rechtsinformationen sollten die Leser stärker an die Zeitung binden. Wichtige Titel der Massenpresse waren unter anderem die *Berliner Morgenpost* und die *BZ am Mittag*, die beide von Ullstein herausgegeben wurden.

Vor Beginn des Ersten Weltkrieges stieg die Zahl der in Deutschland erscheinenden Zeitungen auf über 4.000 Titel, nach dem Krieg waren es knapp 1.000 Titel weniger.[32] Bis 1932 erholte sich der Markt von diesem kriegsbedingten Einbruch, für 1932 sind circa 4.700 Zeitungen belegt. Während der nationalsozialistischen Herrschaft wurden zahlreiche Zeitungen eingestellt oder verboten. Hinzu kamen in dieser Zeit lediglich nationalsozialistische Zeitungen. Vielfach wurden Blätter von den Nationalsozialisten aufgekauft, andere Zeitungen verlegten ihren Sitz ins Ausland und versuchten, im Exil zu existieren. Aufgrund der kleinen Leserschaft im Ausland, die vor allem aus Exilanten bestand, hatten sie es jedoch schwer. Dementsprechend hielten viele dieser Blätter nur wenige Monate, manchmal sogar nur einige Wochen, durch.[33]

1.1.4 Der Zeitungsmarkt in der Bundesrepublik Deutschland

Mit dem Kriegsende 1945 begann in Deutschland der Aufbau eines neuen Pressesystems. Zuerst verboten die Alliierten alle deutschen Zeitungen, danach brachten sie eigene Zeitungen heraus und begannen mit der Lizenzvergabe an Deutsche. Es folgte der Übergang von alliierten Zeitungen zu lizenzierten deutschen Medien, die aber weiterhin alliierter Kontrolle unterlagen.[34] Als erste Zeitungen erschienen die *Tägliche Rundschau*, die *Frankfurter Rundschau*, die *Süddeutsche Zeitung* und *Die Welt*. In den meisten deutschen Gebieten endete die Lizenzzeit im September 1949, vier Monate nach Gründung der Bundesrepublik

31 *Ders.* (2005: 259).

32 Vgl. *Wilke* (2000: 260).

33 Als prominentes Beispiel einer relativ erfolgreichen und dazu dauerhaften Existenz im Exil sei hier der New Yorker *Aufbau* genannt. Der *Aufbau* erschien erstmals 1934 als Vereinsorgan des dortigen *German Jewish Club*. Ab 1936 erschien er als reguläre Zeitung, die durch Abonnement- und Anzeigeneinnahmen getragen wurde. Der *Aufbau* erscheint heute als Monatsmagazin mit einer geschätzten Auflage von weniger als 10.000 Exemplaren.

34 Vgl. *Koszyk* (1999: 32).

Deutschland. Viele Altverleger nutzten diese Möglichkeit, um wieder Zeitungen herauszugeben.[35] Im Saarland sowie in West-Berlin wurde der Lizenzzwang erst im Jahr 1955 aufgehoben.

In den ersten Jahren nach dem Entfall des Lizenzzwangs verfünffachte sich die Zahl der Zeitungen, die Zahl der Publizistischen Einheiten – also der Vollredaktionen – hingegen verdoppelte sich lediglich. In den 1960er Jahren mussten viele kleinere Zeitungen den Betrieb aus wirtschaftlichen Gründen einstellen. In den 1970er Jahren sank die Zahl der Publizistischen Einheiten weiter. Vielerorts existierte nur noch eine einzige Zeitung. Anfang des 20. Jahrhunderts gab es in zahlreichen Städten mindestens zwei, teilweise sogar drei oder vier Zeitungen. Nach der Lizenzzeit herrschte in Deutschland wenig Konkurrenz auf dem lokalen beziehungsweise regionalen Zeitungsmarkt, viele Zeitungen hatten – und haben noch heute – eine Alleinanbieterposition.[36] Meyn merkte 2004 an, dass die sieben umsatzstärksten Verlags- und Mediengruppen mehr als 40 Prozent der Gesamtauflage aller Tageszeitungen verkaufen.[37] Folge der Pressekonzentration der vergangenen Jahrzehnte ist eine weitaus geringere lokale und regionale Medienvielfalt als zu Beginn des 20. Jahrhunderts.

1.2 Historische Entwicklung der Familienanzeigen

Zur Geschichte der Familienanzeigen ergeben sich einige Fragen, die im Folgenden beantwortet werden sollen: Wann wurden die ersten Familienanzeigen in Zeitungen veröffentlicht? Wie wurden familiäre Ereignisse wie Geburt, Verlobung, Heirat und Tod vor dem Aufkommen der Familienanzeigen bekannt gemacht? Welche Stellung haben Familienanzeigen heute? Welche zukünftigen Entwicklungen sind denkbar?

1.2.1 Anfänge der Familienanzeige

„Die Anzeige ist so alt wie die Zeitung.“[38] „Die gewerbliche Anzeige beginnt mit der Zeitung selbst.“[39] Beide Zitate machen deutlich, dass Anzeigen seit Entstehung der Zeitung eine besondere Rolle spielen. Anzei-

35 Vgl. *Schütz* (1999: 109).

36 *Ders.* (1999: 128) merkt dazu an, dass der Anteil der Orte, in denen nur eine einzige Zeitung existiert, von 15,2 Prozent im Jahr 1957 auf 55,1 Prozent im Jahr 1997 gestiegen ist.

37 Laut *Meyn* (2004: 122) zählen zu den umsatzstärksten Verlags- und Mediengruppen der Axel-Springer-Verlag, der Holtzbrinck-Verlag, die Verlagsgruppe der Westdeutschen Allgemeinen Zeitung (WAZ), die Verlagsgruppe der Stuttgarter Zeitung, der Verlag DuMont Schauberg, Gruner + Jahr sowie die Verlagsgruppe der Süddeutschen Zeitung.

38 *Dovifat* (1976: 179).

39 *Frey* (1939: 11).

gen gibt es jedoch nicht erst seit dem Aufkommen der ersten Zeitung, sondern schon deutlich länger, wie Frey aufzeigt: „Aus dem Jahr 1450 ist die erste handgeschriebene Ankündigung eines Buchhändlers zu Hagenau erhalten.“[40] Auch in den älteren, nicht periodischen Einblattdrucken waren schon verschiedene Anzeigen zu finden, etwa von Schaustellern und Lotterien.[41] So gesehen sind Anzeigen damit sogar älter als die Zeitung selbst.

Dovifat definiert Anzeigen als „Bekanntmachungen, die sichtbar dem Interesse des Bekanntmachenden dienen und daher meist bezahlt werden.“[42] Weiter stellt er fest:

> *Der Anzeigende nutzt also die Verbreitung, die Publizität [...] der Zeitung für seine privaten Zwecke. Zu seinem Nutzen macht er seine Mitteilung (engl.: „advertisement“, ältere deutsche Formen „Advertissement“, „Notifikation“).*[43]

Bei den ersten gedruckten Anzeigen handelte es sich um gewerbliche Inserate und nicht um Familienanzeigen: „Die ersten Anzeigen waren solche für andere Druckerzeugnisse der Zeitungsverleger und –drucker.“[44] Nach dieser Form der Eigenwerbung folgten Anzeigen für Bücher, „Lebens- und Genußmittel, Mobilien und Immobilien, [...] Heil- und Toilettenmittel, Stellen und Dienstleistungen“.[45]

Anzeigen können als wichtige kultur- und stadtgeschichtliche Quellen dienen. Böning/Moepps merken an, dass sich im *Hamburgischen unpartheyischen Correspondenten* anhand der „Buchhandels- und Verlagsanzeigen [...] fast eine Hamburger Buchhandelsgeschichte schreiben ließe.“[46] Genau wie gewerbliche Anzeigen können auch Familienanzeigen, zu denen die in dieser Arbeit untersuchten Geburts-, Verbindungs- und Todesanzeigen zählen, dem Forschungsinteresse dienen. Sie geben Auskunft darüber, wie sich das Familienbild, die Stellung der Kinder innerhalb der Familie, aber auch die Bedeutung der Ehe – dabei stellt die Rolle der Frau einen besonderen Aspekt dar – und die Trauerkultur im Laufe der Zeit entwickelt haben.

Familienanzeigen, die im Gegensatz zu gewerblichen Anzeigen kein wirtschaftliches Interesse verfolgen, sondern vielmehr reinen Mittei-

---

40 *Ders.* (1939: 55).
41 Vgl. *Dovifat* (1976: 179).
42 Ebd.
43 Ebd.
44 *Straßner* (1999: 27).
45 *Groth* (1930: 215).
46 *Böning/Moepps* (1996: Sp. 215).

lungscharakter haben, tauchen im Vergleich zu den gewerblichen Anzeigen erst relativ spät auf. Die Geschichte der in der Zeitung publizierten Familienanzeigen reicht bis ins 18. Jahrhundert zurück. Mader zufolge erschien die älteste bekannte Todesanzeige vor mehr als 250 Jahren – genauer gesagt 1753 – in einem Ulmer Intelligenzblatt.[47] Heliosch benennt in einem Artikel im Schwäbischen Tageblatt ebenfalls diese Anzeige (Abb. T-1) als erste nachweisbare Todesanzeige, die am 19. April 1753 im *Ulmischen Intelligenzblatt* erschienen ist.[48]

In der Nacht, unterm 14. huj. ist Titl. Herr Johann Albrecht Cramer, weiland des Raths, Zeugherr und Handelsmann allhier, in einem Alter von 70. Jahren an einem Schlagfluß schnell verstorben.

Abb. T-1: *Ulmisches Intelligenzblatt*, 19. April 1753 (Repro: Stadtarchiv Ulm)

Andere Autoren weisen das erste Vorkommen von Familienanzeigen in Intelligenzblättern beziehungsweise Zeitungen für einen späteren Zeitpunkt nach. So datiert Groth die erste bekannte Todesanzeige, die im *Gothaischen Intelligenzblatt* erschienen sein soll, auf das Jahr 1783.[49] Auch bei Straßner ist das Jahr 1783 zu finden, das er für die erste, in einer Zeitung veröffentlichte, Todesanzeige angibt.

Im Jahr 1789 erschienen Böning/Moepps zufolge die ersten Todesanzeigen im *Hamburgischen unpartheyischen Correspondenten*, ab 1795 tauchten erste Verbindungsanzeigen auf, Geburtsanzeigen folgten nur kurze Zeit später.[50] Die erste Geburtsanzeige belegt Straßner für das Jahr 1793, die erste Heiratsanzeige erschien ihm zufolge ein Jahr später, im Jahr 1794.[51] Groth dagegen stellt für die *Lübeckischen Anzeigen* fest: „1792 erschienen dann bereits die Geburts- und Todesanzeigen unter einer besonderen Rubrik.“[52] Dass Groth in den *Lübeckischen Anzeigen* Geburtsanzeigen für das Jahr 1792 nachweist, spricht gegen die Angabe Straßners, der die erste Geburtsanzeige auf das Jahr 1793 datiert. Frese belegt die erste Geburtsanzeige in der *Vossischen Zeitung* sogar für das Jahr 1790.[53]

---

47 Vgl. *Mader* (1990: 18).
48 Vgl. *Heliosch* (2004).
49 Vgl. *Groth* (1930: 190).
50 Vgl. *Böning/Moepps* (1996: Sp. 216).
51 Vgl. *Straßner* (1999: 27).
52 *Groth* (1930: 190).
53 Vgl. *Frese* (1987: 43).

Diese hier aufgeführten, voneinander abweichenden Angaben machen deutlich, dass eine eindeutige Datierung der ersten Familienanzeigen Schwierigkeiten in sich birgt, wenn sie nicht sogar unmöglich ist.[54] Auch wenn eine genaue Jahresangabe für das Erscheinen von Familienanzeigen aufgrund der voneinander abweichenden Daten verschiedener Autoren nicht möglich ist, lässt sich doch sagen, dass es sich bei der zuvor abgedruckten Anzeige (Abb. T-1,) nach heutigen Erkenntnissen um die erste nachweisbare und erhaltene Todesanzeige in einer deutschsprachigen Zeitung – wahrscheinlich sogar in einer Zeitung überhaupt – handelt. Das vermehrte Aufkommen von Familienanzeigen ist dagegen erst für die späten 80er beziehungsweise frühen 90er Jahre des 18. Jahrhunderts festzustellen.

Diese Annahme beruht sowohl auf den Angaben in der Literatur als auch auf den Ergebnissen dieser Arbeit, in der die ersten Todesanzeigen in den vorliegenden Zeitungen für das Jahr 1790 in der *Bayreuther Zeitung*, im *Hamburgischen unpartheyischen Correspondenten* und in der *Vossischen Zeitung* nachgewiesen werden können. Die ersten Geburtsanzeigen in dieser Arbeit sind 1800 im *Hamburgischen unpartheyischen Correspondenten* und der *Vossischen Zeitung* zu finden. In beiden genannten Zeitungen sowie der *Bayreuther Zeitung* sind im Jahr 1800 ebenfalls die ersten Verbindungsanzeigen festzustellen.[55]

Frey verweist darauf, dass sich bei der Verbreitung der Familienanzeige regionale Unterschiede nachweisen lassen. Im Süden Deutschlands – Frey führt speziell die Stadt München an – erscheinen Familienanzeigen später als im Norden. In seiner Abhandlung über die Entwicklung des Zeitungsinserats in München merkt er an:

> *Bis zum Jahr 1880 ist als einziger Typ des Familieninserats nur die Todesanzeige festzustellen. [...] 1789 findet sich die erste Todesanzeige in der Vossischen Zeitung. Erst zehn Jahre später findet sie sich in München.*[56]

Die Tatsache, dass die Familienanzeige in München später Einzug in die Zeitung hält als anderswo, erklärt er folgendermaßen:

54 Sicherlich ist es prinzipiell denkbar, die älteste in einer Tageszeitung veröffentlichte Familienanzeige zu ermitteln, doch dabei ergeben sich verschiedene Probleme: So muss die entsprechende Zeitung erhalten sein; ist dies nicht der Fall, ist eine Datierung der ältesten Anzeige gar nicht möglich. Es kann vielmehr nur die älteste erhaltene Familienanzeige nachgewiesen werden. Und selbst die Datierung der ältesten erhaltenen Familienanzeige in einer Tageszeitung bedeutet einen enormen Zeitaufwand, den allein wegen der Datierung zu bewältigen nicht lohnenswert erscheint.

55 Zum Korpus dieser Arbeit siehe Unterkapitel I.4.

56 *Frey* (1939: 51).

Einmal die kleine Stadt, in der man sich kennt, und in der man durch eigene Boten (Leichenfrauen) Verwandte und Bekannte verständigt. Zum andern ist in dem rein katholischen Bayern die Aufforderung von der Kanzel zum üblich stattfindenden Rosenkranz zugleich die beste Todesanzeige. 3. Die allwöchentlich erscheinenden Totenlisten im Wochenblatt bringen ohnehin die Meldung.[57]

Es ist davon auszugehen, dass die Todesanzeige aus dem *Ulmischen Intelligenzblatt* im Jahr 1753 eine Ausnahme darstellt. Mit ihrem frühen Erscheinungsdatum nimmt sie eine Sonderstellung ein, da zumindest das regelmäßige Erscheinen von Familienanzeigen erst zum Ende des 18. Jahrhunderts einsetzte. Dabei waren Todesanzeigen zahlenmäßig am stärksten verbreitet, Geburts- und Verbindungsanzeigen seltener vertreten.[58]

Diese frühen Familienanzeigen wurden nicht in einer eigens für sie eingerichteten Rubrik, sondern vielfach unter der Rubrik *Vermischte Nachrichten* veröffentlicht. Auf grafische Elemente wie den später bei Todesanzeigen obligatorischen Trauerrand oder die Umrandung von Geburts- und Verbindungsanzeigen wurde verzichtet. Auch die Hervorhebung des Namens war unüblich. Symbole und Sprüche fehlten in diesen Anzeigen gänzlich.

Gerade die ersten Todesanzeigen erfüllten die Funktion, die Geschäftswelt, also Kunden oder Gläubiger, über das Ableben einer Person zu informieren. Teilweise gab es Kombinationen aus Stellen- und Todesanzeige. In solchen Anzeigen wurde dann über den Tod des Stelleninhabers informiert und gleichzeitig ein Nachfolger für diesen gesucht – die Stelle musste schließlich neu besetzt werden (siehe Abb. T-2). Bei Anzei gen mit eindeutig geschäftlichem Bezug wussten die Geschäftspartner, dass sie sich von nun an in geschäftlichen Angelegenheiten an die Erben oder Nachbesitzer zu wenden hatten. Schon Frey macht darauf aufmerksam, dass „die Verbindung von Todesmitteilung und geschäftlicher Veränderung“[59] älter als die eigentliche Todesanzeige ist. Folglich wiesen die ersten gedruckten Mitteilungen fast ausschließlich auf den Tod von Geschäftsleuten hin. Geburts- und Verbindungsanzeigen dienten vor allem dazu, räumlich entfernte Bekannte und Verwandte über das freudige Ereignis in Kenntnis zu setzen und daran teilhaben zu lassen.

57 Ebd.

58 Immerhin liegen zwischen der auf das Jahr 1753 datierten ersten Todesanzeige und den ersten Geburtsanzeigen Anfang der 1790er fast 40 Jahre, in denen – laut vorliegender Literatur – keine Familienanzeigen nachgewiesen werden können.

59 *Frey* (1939: 52).

Anzeigen.

Durch das erfolgte Absterben des Organisten Dalmeyer ist die Organistenstelle in der hiesigen Pfarrkirche erlediget worden, jene, welche hierzu allenfalls Vergnügen haben, und die gehörige Kentnisse besitzen, dann auch die erfoderliche Zeugnisse über ihr Wohlverhalten aufzuweisen haben, können sich auf den 10ten Februar künftigen Monats bei dahiesigem Stadtmagistrat melden, wobei denn diesen zur Nachricht dient, daß mit dieser Stelle ein jährliches festes Einkommen von 68 Rthlr. schwer Geld, und 4 und ein halb Malder Roggen verbunden ist; zugleich auch bemerket wird, daß derjenige, welcher allenfalls zu dieser Stelle angenommen wird, und sonst noch musikalische Kenntnisse hat, sich noch ein Ansehnliches neben dem verdienen kann.

Signatum Borken den 17ten Jänner 1803.

Ex speciali Mandato:

Anton Pulch, Secretarius.

Abb. T-2: KöZ, 23. Januar 1803

Anfangs galten Familienanzeigen im Allgemeinen und Todesanzeigen im Besonderen als unschicklich. Als Ursache ist eine weit verbreitete Scheu zu sehen, persönliche Sachverhalte öffentlich zu machen. Bis zum Aufkommen von Familienanzeigen in Zeitungen wurden „Nachrichten über Familienereignisse [...] von der Kanzel zur Kenntnis gebracht“[60] oder von einem Küster beziehungsweise einer Leichenfrau bekannt gegeben.

Die Verkündung einer Geburt erfolgte auf ähnliche Weise: Da „Kanonen- und Böllerschüsse [...] nur noch Prinzen und Prinzessinnen vorbehalten“[61] waren, griffen die stolzen Eltern Mitte des 18. Jahrhunderts – sofern mit den notwendigen finanziellen Mitteln ausgestattet – auf so genannte ‚Freudenmaidli‘ zurück, die die Geburt eines Kindes gegen Entgelt mündlich verkündeten. Ende des 18. Jahrhunderts empfahl man

60 *Frese* (1987: 24).

61 *Pieske* (1968: 22).

dann „den neuen Ankömmling zur Gewogenheit und Freundschaft“[62] in einer Zeitungsanzeige. „In der zweiten Hälfte des 18. Jahrhunderts verbreitete sich [...] in der gesellschaftlichen Oberschicht [...] der Brauch, gedruckte Geburts- und Vermählungsanzeigen zu versenden.“[63]

Lange bevor Familienanzeigen in Zeitungen publiziert wurden, gab es bereits gedruckte Familienanzeigen. Traueranzeigen beziehungsweise Totenzettel wurden an der Kirchen- oder Haustür angeschlagen, um auf diesem Wege Nachbarn, Angehörige und Freunde über das Eintreten des Todes zu informieren.[64] Der Anschlag am Hauseingang war mit der Einladung verbunden, vom aufgebahrten Verstorbenen Abschied zu nehmen. Auch Geburts- und Verbindungsanzeigen gab es schon im Rokoko in gedruckter Form. Wie Frese anmerkt, waren Geburtsanzeigen Ende des 18. Jahrhunderts weitaus seltener als Verbindungsanzeigen.

Bereits ab 1750 wurden im *Frankfurter Intelligenzblatt* Eheaufgebote abgedruckt, bis Verbindungsanzeigen Ende des 18. Jahrhunderts in Zeitungen aufkamen und im Laufe des 19. Jahrhunderts immer mehr an Popularität gewannen.[65]

Verbindungsanzeigen waren häufig mit schmückenden Ornamenten oder Blumenmotiven versehen:

> *[D]ie vorgefertigten oder bei einem Künstler in Auftrag gegebenen Anzeigen, die von Geburt, Verlobung oder Hochzeit künden – dienten vor allem dazu, Freunde und Verwandte außerhalb der Stadt zu benachrichtigen.*[66]

Anfang des 20. Jahrhunderts „pflegte der Normalmensch“[67] familiäre Ereignisse, etwa Geburt, Heirat oder Umzug, in Form gedruckter Karten bekannt zu geben:

> *In den allermeisten Fällen wird man mit einer bescheidenen typographischen Karte ohne irgendwelchen Schmuck zufrieden sein; und das einzige, worauf man gewöhnlich Wert zu legen pflegt, ist das Papier, auf das diese Anzeigen gedruckt werden; das soll natürlich möglichst „fein“ sein; denn man will doch den lieben Freunden und Bekannten immer ein wenig imponieren.*[68]

Daneben gab es zu Beginn des 20. Jahrhunderts vereinzelt von Künstlern gestaltete Geburts- und Verbindungsanzeigen. Diese Anzeigen sollten

62 Ebd.
63 *Frese* (1987: 26).
64 Vgl. *Ariès* (1999: 715).
65 Vgl. *Munzinger* (1901: 34f.).
66 *Frese* (1987: 25f.).
67 *Braungart* (1920: 391).
68 Ebd.

einen „doppelten Zweck erfüllen: Nachricht zu geben von einem glücklichen [...] Ereignis und dem Empfänger auch durch seine äußere Erscheinung Freude zu machen".[69] Künstlerisch gestaltete Geburtsanzeigen kamen im frühen 20. Jahrhundert auf, waren jedoch nicht sehr verbreitet. Meist wurden sie mit großem Aufwand entworfen:

> *Illustriert sind diese Anzeigen meist mit Kinderwagen, Wiege oder andern kindlichen Motiven und natürlich mit dem Klapperstorch, dem Glücksvogel und zuckerfressenden Kinderbringer.*[70]

Die bereits angesprochene ablehnende Einstellung gegenüber der Zeitung als Medium zur Bekanntmachung familiärer Ereignisse änderte sich, so dass die Anzahl der Familienanzeigen stetig anstieg. Bevor das Schalten von Familienanzeigen allgemein üblich wurde, weitete es sich zunächst von der Geschäftswelt auf die Oberschicht aus. Die Zeitung nahm nun die Aufgabe der Bekanntmachung familiärer Ereignisse wahr, für die bis dahin Küster, Leichenfrauen und Freudenmaidli zuständig waren. Diese privaten Instanzen wurden von der Zeitung verdrängt.

Die persönliche Nachrichtenübermittlung von Angesicht zu Angesicht wich einer unpersönlichen Form, die allerdings den Vorzug aufwies, mehr Adressaten zu erreichen.[71] Besonders bei den frühen Verbindungs- und Geburtsanzeigen ist auffällig, dass sie sich oftmals direkt an Verwandte und Bekannte in der Ferne richteten.[72] Während die älteren Todesanzeigen sehr ausführlich über das Ableben, die Todesursache und das Leid der Hinterbliebenen informierten, waren Verbindungs- und Geburtsanzeigen sehr viel kürzer gefasst. Im Laufe der Zeit nahm die Länge der Todesanzeigen ab, obwohl Todesanzeigen auch heute noch umfangreicher sind als Geburts- und Verbindungsanzeigen.

1.2.2 Familienanzeigen heute

Kierkegaard gibt schon im 19. Jahrhundert zu bedenken, dass mit der Verbreitung der Zeitung eine Anonymisierung verbunden ist und kritisiert die Presse somit als Hauptkraft der Unpersönlichkeit.[73] Die mit der Zeitung einhergehende Anonymisierung gilt für den redaktionellen Teil ebenso wie für den Anzeigenteil, obwohl Anonymisierung hier nicht in

69 *Ders.* (1920: 395).

70 *Frese* (1987: 29).

71 Vgl. *Hosselmann* (2001: 13).

72 Verständlicherweise ist dies nur dann möglich, wenn die Zeitungen, in denen sie veröffentlicht werden, eine große Reichweite haben, also überregional erscheinen. Bei lokalen Zeitungen ist der Aspekt der räumlichen Entfernung folglich nicht relevant.

73 Vgl. *Kierkegaard* (1963: 206f.).

dem Sinn zu verstehen ist, dass das Medium Zeitung den persönlichen, zwischenmenschlichen Kontakt ersetzt. Dies wird am Beispiel der Todesanzeige deutlich: Zwar erfolgte die Todesmitteilung früher von Angesicht zu Angesicht, aber es ist anzunehmen, dass das Ableben – wenn nicht von Küstern oder Leichenfrauen verkündet – auch damals nicht von den nächsten Angehörigen des Verstorbenen bekannt gegeben wurde, sondern von Verwandten, Bekannten oder anderen Mittelspersonen, die für diese Dienstleistung bezahlt wurden. Somit hat sich lediglich die Form von der mündlichen zur schriftlichen Verkündung des Todes geändert, obwohl beide Formen über einen gewissen Zeitraum noch nebeneinander existierten und auch heute – wenn auch in etwas anderer Form – nebeneinander existieren.

Die Todesanzeige nimmt bei den Familienanzeigen eine besondere Stellung ein: Diese Tatsache hängt eng mit der gesellschaftlichen Tabuisierung des Todes zusammen. Während Geburt und Hochzeit beziehungsweise Verlobung als freudige Ereignisse gesehen werden, bedeutet der Tod eines Menschen Verlust und Trauer. Vielen Menschen fällt es schwer, mit dem Thema Tod beziehungsweise mit den trauernden Hinterbliebenen umzugehen. Die ausschließliche Bekanntgabe über Trauerpost und Anzeigen in Zeitungen markiert eine Veränderung der Trauerkultur.[74] Jäger weist darauf hin, dass die gedruckte Todesanzeige nicht nur eine größere Publizität zur Folge hatte, sondern ebenfalls als Mittel der Distanzhaltung zwischen Hinterbliebenen und Benachrichtigten diente.[75]

Heute sind Familienanzeigen fester Bestandteil von Tageszeitungen. Sie erscheinen entweder täglich oder an bestimmten Wochentagen – meist samstags – und sind neben persönlich adressierten Briefen, in denen das familiäre Ereignis bekannt gegeben wird, die einzige Mitteilung über Geburt, Verlobung, Hochzeit oder Todesfall. Natürlich erfolgt die Bekanntgabe eines solchen Ereignisses im engeren Familien- und Bekanntenkreis noch immer von Angesicht zu Angesicht oder im persönlichen Telefonat. Neben der in einer Zeitung aufgegebenen Familienanzeige verschicken die Betroffenen meist zusätzlich Geburts-, Verbindungs- und Todesanzeigen per Post.[76] Bei Todesinseraten, die mit den Worten

74 *Ders.*, a.a.O., der außerdem nachzeichnet, wie die Bedeutung des Abschieds von einem Verstorbenen sich vom durch Riten geprägten gesellschaftlich-öffentlichen Ereignis zum formalen Akt für das soziale Umfeld des Toten verändert hat.

75 Vgl. *Jäger* (2003: 433).

76 Während nach der Geburt eines Kindes die in der Zeitung geschaltete Anzeige auch als Privatbrief verschickt werden kann, zeigen sich bei Verbindungsanzeigen Unterschiede. Die veröffentlichte Anzeige enthält meist nicht viel mehr als die reine Mitteilung über das Ereignis, die persönlich verschickten Briefe dagegen schon: Die vor der Hochzeit aufge-

‚Statt Karten' oder ‚Statt jeder besonderen Anzeige' versehen sind, ist dies ein Hinweis darauf, dass auf private Trauerpost verzichtet wurde und die Todesanzeige die einzige schriftliche Form der Mitteilung des Todesfalls ist.

Während die persönlich adressierten Briefe meist von den direkt Betroffenen – also den Eltern des Neugeborenen, dem Brautpaar und den trauernden Angehörigen – verfasst und verschickt werden, können Familienanzeigen in Zeitungen auch von entfernteren Verwandten, Freunden und Institutionen veröffentlich werden. So werden etwa Geburtsanzeigen auch von den Großeltern des Neugeborenen, Verbindungsanzeigen von den Eltern des Brautpaares und Todesanzeigen von Firmen und Vereinen aufgegeben.

Insgesamt lässt sich sagen, dass Familienanzeigen heute ein übliches Mittel sind, um die familiären Ereignisse Geburt, Verlobung, Heirat und Tod öffentlich mitzuteilen. Dabei sind Todesanzeigen absolut gesehen weitaus häufiger in Tageszeitungen zu finden als Geburts- und Verbindungsanzeigen. Weiterhin fällt auf, dass es in Lokal- beziehungsweise Regionalzeitungen mehr Familienanzeigen gibt als in überregionalen Zeitungen.

Hosselmann weist nach, dass „mindestens 50 Prozent der tatsächlich Verstorbenen eine Todesanzeige"[77] erhalten. Dieser Umstand lässt auf die besondere gesellschaftliche Bedeutung dieser Anzeigenart schließen. Wie viele Neugeborene eine Geburtsanzeige erhalten und wie viele Verlobte und frisch Vermählte eine Verbindungsanzeige schalten, ist dagegen nicht bekannt. Es ist jedoch anzunehmen, dass ihr Anteil deutlich niedriger ist als der der Todesanzeigen.

Die heutigen Familienanzeigen sind durch eine Umrandung gekennzeichnet. Gerade bei Todesanzeigen ist der so genannte Trauerrand obligatorisch, aber auch Geburts- und Verbindungsanzeigen sind mit einem schmückenden Rahmen versehen. Wie noch zu zeigen sein wird, fehlte diese Umrandung bei den älteren Familienanzeigen, setzte sich jedoch allmählich durch. Die heutigen Familienanzeigen zeichnen sich folglich nicht nur durch ihren Inhalt, sondern auch durch ihre grafische Gestaltung aus. Anders als bei den ersten Familienanzeigen werden sie heute in einer eigens für sie eingerichteten Rubrik ‚Familienanzeigen' veröffentlicht.

---

gebenen Briefe beinhalten neben der reinen Mitteilung zusätzlich Informationen zur Feier. Die nach der Hochzeit verschickten Briefe oder Karten informieren nochmals über die stattgefundene Hochzeit und enthalten eine Danksagung.

77 *Hosselmann* (2001: 34).

1.2.3 Zukünftige Entwicklung der Familienanzeigen

Familienanzeigen haben sich trotz anfänglicher Akzeptanzprobleme im Medium Zeitung etabliert und sind dort nicht mehr wegzudenken. Sie dienen dazu, familiäre Ereignisse öffentlich bekannt zu machen. Seit der großflächigen Verbreitung des Internets Ende der 90er Jahre des vergangenen Jahrhunderts muss jedoch die Frage gestellt werden, welchen Einfluss dieses neue, schnellere Medium nicht nur auf das Medium Zeitung im Allgemeinen, sondern auch auf die Familienanzeige im Speziellen hat und in Zukunft haben wird.

Eine Erhebung des Statistischen Bundesamtes für das Jahr 2005 ergab, dass 94 Prozent der deutschen Unternehmen mit mindestens zehn Beschäftigten und 62 Prozent der deutschen Haushalte mit mindestens einem Haushaltsmitglied unter 75 Jahren über einen Internetzugang verfügten.[78] Dabei zeigten sich allerdings deutliche Unterschiede hinsichtlich Altersstruktur und Internetnutzung: „So gingen im ersten Quartal 2005 89% der unter 25-Jährigen online, aber nur 14% der über 65-Jährigen."[79] Diese Zahlen zeigen, wie verbreitet die Internetnutzung heute in Deutschland ist. Es ist anzunehmen, dass diese Zahlen in den kommenden Jahren weiter steigen werden.

Schon jetzt sind Familienanzeigen vermehrt im Internet zu finden.[80] Dabei muss unterschieden werden, ob die Anzeigen auf Internetpräsenzen von Zeitungen oder auf privaten Internetseiten veröffentlicht werden. Handelt es sich um den Internetauftritt einer Zeitung, so werden die Familienanzeigen, die bereits in der Printausgabe erschienen sind, zusätzlich online publiziert.[81] Bei privaten Seiten dagegen kann es sich auch um persönlich gestaltete Anzeigen handeln, in denen das familiäre Ereignis bekannt gegeben wird. Gerade bei Anzeigen beziehungsweise Internetseiten, die Verstorbenen gewidmet sind, handelt es sich jedoch seltener um ‚klassische' Todesanzeigen, sondern vielmehr um Gedenkanzeigen, in denen sich die ‚Inserenten' an den Verstorbenen erinnern, auf dessen Leben zurückblicken und ihre Trauer zum Ausdruck bringen.[82]

78 Vgl. *Statistisches Bundesamt* (2006: 19).

79 *Dass.* (2006: 51).

80 Am häufigsten sind Todesanzeigen im Internet zu finden, was abermals ihre Sonderstellung unter den Familienanzeigen unterstreicht.

81 Dabei unterscheiden sich die Anzeigen in der Printausgabe hinsichtlich Inhalt und grafischer Gestaltung nicht von den Anzeigen auf der Internetseite.

82 Gedenkanzeigen dienen nicht primär der öffentlichen Bekanntgabe des Ablebens eines Menschen.

Bei der Frage, wie sich das Medium *Internet* auf das Vorkommen von Familienanzeigen in Zeitungen auswirkt, werden im Folgenden lediglich die Familienanzeigen berücksichtigt, die auf Internetpräsenzen von Tageszeitungen veröffentlicht werden. Diese Entscheidung lässt sich zum einen damit begründen, dass diese Anzeigen die klassischen – in einer Tageszeitung publizierten – Familienanzeigen am ehesten ersetzen könnten, zum anderen ist der Anteil der eben angesprochenen privaten Anzeigen derzeitig noch so gering, dass sie zumindest zum heutigen Zeitpunkt keinen Ersatz für die in einer Tageszeitung veröffentlichten Familienanzeigen darstellen. Von den in dieser Arbeit berücksichtigen Zeitungen stellen der *Kölner Stadt-Anzeiger* und die *Landshuter Zeitung* die bereits in der Printausgabe veröffentlichten Familienanzeigen zusätzlich auf ihre Internetseiten.[83]

Letztlich lässt sich zur hier aufgezeigten Internet-Thematik sagen, dass momentan keine Anzeichen zu erkennen sind, die darauf hindeuten, dass das Internet die gedruckte Familienanzeige verdrängen oder ersetzen wird. Dies ist verständlicherweise auch nicht im Interesse der Zeitungen, für die Familienanzeigen sowohl eine Einnahmequelle sind als auch der Leser-Blatt-Bindung dienen. Wenn eine Tageszeitung Familienanzeigen zusätzlich online veröffentlicht, dann aus dem Grund, ihren Lesern einen Mehrwert zu bieten, und nicht, um die gedruckten Familienanzeigen langfristig durch Anzeigen im Internet zu ersetzen.

Die Vorteile der Veröffentlichung von Familienanzeigen im Internet sind jedoch nicht von der Hand zu weisen: Einerseits sind die Anzeigen theoretisch weitaus mehr Lesern zugänglich als die in der Printausgabe erschienenen Anzeigen, weil die Internetseite nicht wie die gedruckte Ausgabe auf das regionale Verbreitungsgebiet der Zeitung beschränkt ist und somit prinzipiell mehr Leser erreichen kann.[84] Andererseits besteht die Möglichkeit, die Anzeigen, die online erscheinen, den Lesern länger zugänglich zu machen und diese besser zu archivieren.

Im Internet veröffentlichte Todesanzeigen könnten dank der technischen Mittel über Jahre für interessierte Leser bereitgehalten werden, ohne dass diese mühsam in Archiven in die entsprechende Zeitungsausgabe Einsicht nehmen müssten. 2006 eröffnete die *ISA GmbH & Co. KG*, die drei Jahre zuvor von den Verlagsgruppen *Georg von Holtzbrinck*, *Dr. Ippen* und der *WAZ Mediengruppe* gegründet wurde, das In-

83 Diese Angabe bezieht sich auf den Zeitpunkt der Abgabe dieser Arbeit.

84 Dies gilt vor allem für Lokal- und Regionalzeitungen und weniger für überregionale Zeitungen, deren Verbreitungsgebiet das gesamte Bundesgebiet ist und sogar darüber hinausgeht.

ternetportal *www.trauer.de.* Dort können die Benutzer der Seite elektronisch kondolieren, tröstende Worte austauschen und sich allgemein über Tod und Trauer informieren.

Trotz der oben aufgeführten Vorteile ist mittelfristig nicht zu erwarten, dass die gedruckte Familienanzeige von der Anzeige im Internet verdrängt wird, dazu ist die Stellung der gedruckten Anzeige zu gewichtig. Die Veröffentlichung von Familienanzeigen auf der Internetseite einer Tageszeitung ist eher als Nebenprodukt, das bei der Zeitungsherstellung abfällt, zu sehen. Wie es sich jedoch in 20, 30 oder 40 Jahren verhalten wird, kann hier nicht beantwortet werden. Die Entwicklung der gedruckten Familienanzeige hängt – wie bereits unter I.1.2.1 erläutert – eng mit der Entwicklung des Mediums Zeitung zusammen. Angesichts der raschen und drastischen Veränderung des Informations- und Nachrichtenkonsums durch den Vormarsch von Onlinediensten in den letzten Jahren ist eine Prognose über die Entwicklung der Zeitung in den kommenden Jahrzehnten schwierig.

Es sei darauf verwiesen, dass es sich bei anderen Anzeigen – etwa bei Kleinanzeigen – anders verhält als bei den Familienanzeigen: Hier ist zu den ‚klassischen' Anzeigenträgern Zeitung und Zeitschrift das Internet als weiterer Anzeigenträger hinzugekommen. Das Internet stellt hier schon jetzt eine direkte und finanziell schmerzhafte Konkurrenz zu Zeitungen und Zeitschriften dar. Viele Klein- und Immobilienanzeigen sind bereits ins Internet abgewandert. Als prominentes Beispiel sei das Internet-Auktionshaus *Ebay* genannt, bei dem täglich tausende Verkaufsangebote eingestellt werden. Bedingt durch diese Konkurrenz veröffentlichen immer mehr Zeitungsverlage Kleinanzeigen inzwischen ebenfalls im Internet.

1.3 Familienanzeigen aus publizistischer Sicht

Anzeigen haben aus der Perspektive eines Zeitungsverlages vor allem wirtschaftliche Bedeutung. Die Produktion einer Zeitung finanziert sich sowohl aus dem Verkaufspreis der Zeitung als auch aus den Einnahmen, die durch die Schaltung von Anzeigen generiert werden. Anzeigeneinnahmen sind folglich „eine Teilvergütung für den Kostenaufwand zur redaktionellen und technischen Ausgestaltung der Zeitung".[85] Anzeigen und redaktionelle Inhalte werden dabei strikt voneinander getrennt. Anzeigen, die der Leser aufgrund ihrer Gestaltung nicht auf Anhieb als solche erkennen kann, werden zusätzlich mit entsprechenden Kennzeich-

85 *Institut für Zeitungswissenschaft an der Universität Berlin* (1936: 63).

nungen versehen, da sie sichtbar dem Interesse des Bekanntmachenden dienen. Auch wenn dieser finanzielle Aspekt bei den Familienanzeigen weniger stark ausgeprägt ist als bei den Wirtschafts- beziehungsweise Werbeanzeigen, gilt natürlich auch hier: Familienanzeigen sind für den Verlag eine Einnahmequelle. Darüber hinaus kann ein Verlag aber auch auf anderem Wege Nutzen aus Familienanzeigen ziehen.

Die privatwirtschaftlich organisierte Presse wäre ohne Anzeigen nicht lebensfähig, etwa zwei Drittel der Erlöse gehen auf Anzeigen und Werbebeilagen zurück. In wirtschaftlicher Hinsicht tritt die Bedeutung von Familienanzeigen zwar hinter die der Werbeanzeigen zurück, aus verlegerischer Sicht sind sie trotzdem attraktiv, da die Familienanzeigen – im Gegensatz zu den Werbeanzeigen – die Leserschaft an die Zeitung binden. Sie dienen der Leser-Blatt-Bindung:

> *Es wäre falsch, wegen des geringen Anteils der amtlichen und Familienanzeigen deren wirtschaftliche Bedeutung für das Zeitungsgeschäft zu unterschätzen. Beide üben eine starke Anziehungskraft auf die Leserschaft aus [...], weil sie von den Frauen gesucht werden.*[86]

Zwar muss bezweifelt werden, dass nur Frauen die Familienanzeigen einer Zeitung lesen, wie Groth 1930 behauptet, aber eine gewisse Faszination scheint von diesen Anzeigen auszugehen, die Groth zufolge in der Kategorie ‚treue Inserate' den ersten Platz einnehmen. Dabei beruft er sich auf Duboc:

> *In keinem Punkt pflegt das inserierende Publikum ein Monopol, welches es einmal übertragen hat, hartnäckiger aufrecht zu erhalten, als in den so genannten Familienanzeigen. Es ist eine allgemeine Erfahrung, daß diese Anzeigen durch Generationen hindurch stets an derselben Stelle niedergelegt, stets demselben Blatt zugewendet zu werden pflegen, und daß hierin selbst eine allmählig eintretende Veränderung in den Verhältnissen des Leserkreises, eine Abnahme der Verbreitung des bevorzugten Blattes nur wenig Unterschied macht.*[87]

Wird eine Zeitung für die Veröffentlichung von Familienanzeigen bestimmter Kreise genutzt, dann ist es möglich, dass sie „dadurch eine Charakterisierung, die oft, wenn auch nicht immer, geschäftlich günstig ist",[88] erhält. So sind die Anzeigenpreise für Familienanzeigen häufig weitaus niedriger als die für Geschäftsanzeigen. Anfang des 20. Jahrhunderts hatte „die größte oldenburgische Zeitung [...] den Grundpreis für

86 *Groth* (1930: 237).
87 Ebd.
88 *Dovifat* (1976: 183).

Familienanzeigen um 200 Prozent niedriger festgesetzt als für andere Inserate."[89] Dieses Beispiel zeigt, dass sich eine Zeitung mit strategisch festgelegten Anzeigenpreisen unter Umständen ihre Position auf dem umkämpften Zeitungsmarkt sichern und sich gegen Konkurrenten durchsetzen kann.

Betrachtet man die Gesamtheit der Familienanzeigen, so bleibt die Sonderstellung der Todesanzeigen nicht lange verborgen: Die Zahl der veröffentlichten Todesanzeigen liegt – nahezu immer und in allen untersuchten Zeitungen gleichermaßen – über der Zahl der publizierten Geburts- und Verbindungsanzeigen.[90] In überregionalen Tageszeitungen kommen fast ausschließlich Todesanzeigen vor, auch wenn ihre Anzahl deutlich niedriger ist als in Regional- und Lokalzeitungen, was sich durch den starken lokalen Bezug der Familienanzeigen erklären lässt. Todesanzeigen in überregionalen Zeitungen sind meist Personen gewidmet, die im öffentlichen Leben eine besondere Rolle spielten.

Neuerdings finden sich Versuche einzelner Zeitungen, das Schalten von Familienanzeigen zu forcieren. So etwa beim *Kölner Stadt-Anzeiger*, der jedoch nicht auf die klassischen Anzeigen, die Geburts-, Verbindungs- und Todesanzeigen, abzielt, sondern versucht, eine neue Unterart der Familienanzeige – so genannte Liebesbeweise – zu begründen.[91] Das Vorgehen des *Kölner Stadt-Anzeigers* macht deutlich, welche Bedeutung Familienanzeigen für Zeitung und Verlag haben. Sie binden die Leser an das Blatt und ziehen außerdem geschäftliche Anzeigenkunden an:

> *Mögen also die direkten Einnahmen aus den amtlichen Bekanntmachungen und Familienanzeigen, für die regelmäßig die Zeitungen sehr hohe Rabatte zugestehen, keine entscheidende Rolle spielen, indirekt sind diese beiden Inseratenarten für das Zeitungsgeschäft von großer Wichtigkeit. Vor allem üben die Familienanzeigen, da sie sowohl neue Abonnenten heranziehen, wie die alten an das Blatt fesseln [...] einen starken Anreiz auf die geschäftlichen und gelegentlichen Inserenten.*[92]

Was für die amtlichen Bekanntmachungen und die Familienanzeigen gilt, trifft ebenso für die ‚Kleinen Anzeigen' zu. Alle drei Anzeigenarten bieten dem Zeitungsverlag, in dem sie erscheinen, einen – mehr oder weniger großen – immateriellen Mehrwert. Diez merkte bereits 1910 an,

---

89 *Groth* (1930: 237).

90 Siehe hierzu I.4.2.

91 So finden sich im *Kölner Stadt-Anzeiger* im Jahr 2002 verlagseigene Anzeigen, die die Leser dazu aufrufen, ihren Liebsten in Form einer Anzeige zu zeigen, wie wichtig sie ihnen sind.

92 *Groth* (1930: 238).

dass die Existenz der modernen Zeitung auf dem Anzeigenverkauf und nicht mehr auf dem Neuigkeitenverkauf beruhe.[93] Ohne Anzeigen wäre der Druck einer Zeitung auch heute genauso wenig möglich wie zu Beginn des 20. Jahrhunderts.[94] Wenn es auch die Wirtschaftsanzeigen sind, die die größte Einnahmequelle einer Zeitung bilden, so darf die Bedeutung der Familienanzeigen, aber auch der amtlichen Bekanntmachungen sowie der ‚Kleinen Anzeigen' keinesfalls unterschätzt werden.

2 Forschungsstand

Die Erforschung von Geburts-, Verbindungs- und Todesanzeigen ist in ihrer Quantität relativ unterschiedlich. Während Todesanzeigen sowohl mit wissenschaftlichem als auch ohne wissenschaftlichen Anspruch oft Gegenstand der Forschung beziehungsweise der Beschäftigung waren, standen Geburts- sowie Verbindungsanzeigen bislang weniger oft im Fokus wissenschaftlicher Untersuchungen. Todesanzeigen sind mit Abstand am häufigsten ergründet, Geburts- und Verbindungsanzeigen nur selten.

2.1 Geburtsanzeigen

In ihrer umfassenden Arbeit *Wie Eltern von sich reden machen* untersucht Frese Geburtsanzeigen in Tageszeitungen zwischen 1790 und 1985. Dabei beschränkt sie sich nicht nur auf die sprachliche Analyse der Anzeigen, sondern lässt auch die gesellschaftlichen Veränderungen einfließen. So berücksichtigt sie „die jeweilige Form des Zusammenlebens von Mann, Frau und Kind(ern), [...] Einstellungen zum Kind und einen möglichen Wertewandel in der Familie."[95] Die Autorin kommt nach der Analyse der ihr vorliegenden Geburtsanzeigen unter anderem zu dem Ergebnis, dass die Inserenten zu Beginn des Untersuchungszeitraumes fast ausschließlich aus Adel und gehobenem Bürgertum stammten. Dieser Anteil ging in den folgenden Jahren jedoch zurück, „bis die Zeitungsanzeige von weiten Kreisen der Bevölkerung zur Bekanntgabe von Familienveränderungen eingesetzt wurde."[96] Teilte anfangs lediglich

---

93 Vgl. *Diez* (1910: 102).

94 Trug sich der Druck einer Zeitung nicht allein durch den Anzeigenverkauf und die Verkaufserlöse, so war es auch möglich, dass ein Verlag eine meist politische, nicht gewinnbringende Zeitung mit Hilfe der Gewinne einer populären Zeitung der Massenpresse aus demselben Verlag finanzierte.

95 *Frese* (1987: 17).

96 *Dies.* (1987: 349).

der Vater als Familienvorstand die Geburt eines Kindes mit, so wurde bereits Mitte des 19. Jahrhunderts immer öfter der Name der Mutter sowie ihr Geburtsname genannt.

Weiterhin zeigt Frese auf, wie sich die Anzeigen im Verlauf der Jahre sprachlich gewandelt haben: In den frühen Anzeigen „wurden häufig Angaben zur ‚Art der Entbindung' gemacht"[97] und „die Bezeichnungen, mit denen Eltern [...] ihre Kinder versehen, variieren."[98] Die Autorin macht außerdem darauf aufmerksam, dass die Namen der Kinder in den Geburtsanzeigen lange gar nicht erwähnt wurden. Größen- und Gewichtsangaben des Neugeborenen finden sich laut Frese erst in den 1970er Jahren. Insgesamt kommt sie zu dem Schluss, dass der in den frühen Anzeigen verwendete „beinahe devote, dann nüchterne Ton der Geburtsanzeigen"[99] in den Hintergrund rückte und die Anzeigen stattdessen „eine persönliche Note"[100] erhielten:

> *Die Formen der expliziten und sachlichen Bekanntmachung gingen nach und nach zurück, der Inserent (und seine Reaktionen auf die Geburt des Kindes) trat in den Vordergrund.*[101]

Auch der kurze Aufsatz *Wo die Welt noch heil und lustig ist* von Hoberg beschäftigt sich mit der Sprache von Geburtsanzeigen. Darin stellt der Autor fest, dass sich die Inserenten „an überkommene Muster"[102] halten:

> *In festen sprachlichen Wendungen werden – außer Freude und Glück – der Name und das Geschlecht (Sohn/Tochter) des Kindes, der Tag der Geburt und die Namen sowie die Anschrift der Eltern angegeben.*[103]

Hoberg verweist darauf, dass „dieses Muster, seitdem in deutschen Zeitungen Geburtsanzeigen veröffentlicht werden",[104] besteht.[105] Gleichzeitig bemerkt er, dass sich in jüngerer Vergangenheit vielfach Anzeigen finden, die aus der Perspektive des Neugeborenen oder eines älteren Geschwisterkindes geschrieben sind. Die Eltern versuchen, der Anzeige „eine persönliche Note zu geben",[106] „sie zeigen ihrer Umwelt, welcher

---

97 *Dies.* (1987: 354).
98 *Frese* (1987: 355).
99 *Dies.* (1987: 360).
100 Ebd.
101 Ebd.
102 *Hoberg* (1985: 161).
103 Ebd.
104 *Ders.* (1985: 161f.).
105 Diese Aussage widerspricht den Erkenntnissen von Frese, die in ihrer Arbeit festgestellt hat, dass es in dem Zeitraum von 1790 bis 1985 deutliche Veränderungen hinsichtlich der Inhalte von Geburtsanzeigen gibt.
106 *Hoberg* (1985: 162).

Witz in ihnen steckt".[107] Nach Hoberg haben gerade die Anzeigen, die von den überkommenen Mustern abweichen, weniger eine Mitteilungsfunktion, sondern vielmehr den „Zweck der Selbstdarstellung der Eltern".[108] Weiterhin macht er darauf aufmerksam, dass die Geburtsanzeigen „eine Welt voller Freude und Glück"[109] zeigen und die Anzeigen den Eindruck vermittelten, dass es in „diesem unserem Lande [...] nur glückliche Eltern und gesunde Babys"[110] gäbe.

Pieske beschäftigt sich in *Das freudige Ereignis* nur peripher mit Geburtsanzeigen. Ihr Hauptaugenmerk liegt auf der Entwicklung des Familienbildes insgesamt. Dabei beginnt Pieske bei der Schwangerschaft, fährt mit der Geburt fort, beschreibt die üblichen Taufrituale und geht auf die Erziehung der Kinder ein – sie erläutert die Rolle des Kindes in der damaligen Gesellschaft. Unter anderem macht sie aber auch Ausführungen dazu, wie die Geburt eines Kindes bekannt gegeben wurde und sich Ende des 18. Jahrhunderts langsam die Geburtsanzeige in der Zeitung entwickelte.[111]

2.2 Verbindungsanzeigen

Anders als Geburts- und Todesanzeigen sind Heirats- und Verlobungsanzeigen nur selten Gegenstand wissenschaftlicher Forschung. Nur vereinzelt finden sich wissenschaftliche Abhandlungen zu den unter Verbindungsanzeigen gefassten Verlobungs- und Heiratsanzeigen, weitaus häufiger werden Kontaktanzeigen und Heiratsgesuche thematisiert.[112]

So behandelt die Arbeit Völkers trotz ihres Titels *Die Familienanzeige im „Völkischen Beobachter" während des Zweiten Weltkrieges (insbesondere Gefallenen-Anzeigen)* Heiratsanzeigen nur am Rande, Geburtsanzeigen spielen fast gar keine Rolle. Bei Heiratsanzeigen hebt Völker lediglich die Besonderheit der postmortalen Eheschließung mit gefallenen Soldaten hervor:

> *Ab August 1942 erschienen im VB [=Völkischen Beobachter, S.H.] in der Rubrik „Vermählungsanzeigen" mit dem Eisernen Kreuz, das sonst Gefallenenanzeigen vorbehalten war, versehene Anzeigen, die ohne den bei Traueranzeigen üblichen Trauerrand den Tod eines Soldaten ankündigten und zu-*

107 Ebd.

108 *Ders.* (1985: 163).

109 *Ders.* (1985: 161).

110 Ebd.

111 Vgl. *Pieske* (1968).

112 Als Beispiele seien *Fröhlich* (1956), *Werner* (1908) und *Riemann* (1999) genannt. Zur Verwendung der Bezeichnung *Verbindungsanzeige* siehe Kapitel 4.3.

gleich die nachträgliche Eheschließung der Braut mit den Gefallenen mitteilten.[113]

Als Grund für diese Form der Eheschließung nennt der Autor die Tatsache, dass die Braut auf diese Weise die „volle Rechtsstellung einer Frau und Witwe"[114] erhielt und somit auch Ansprüche auf das Erbe hatte. Bei der postmortalen Heirat handelte es sich keinesfalls um Einzelfälle, laut Völker wurden allein in der späteren britischen Besatzungszone über 3.500 solcher Ehen geschlossen.

In seinem *Modernen Liebesbriefsteller* beschäftigt sich Heltmann unter anderem mit der Bekanntgabe von Familienereignissen. Er merkt an, dass zu der gedruckten Karte oder dem gedruckten Brief die Zeitungsanzeige hinzutritt:

> *So ist es Mode geworden, ein Inserat in der Zeitung an die Stelle der direkten Mitteilung zu wählen, besonders bei Verlobungen, Hochzeiten, Geburten und Todesfällen. Der Text ist immer entsprechend; mit Vorliebe wird er möglichst auf den knappen Inhalt gedrängt.*[115]

Die Verlobungsanzeige ist laut Heltmann formeller als die Heiratsanzeige. Während die Verlobungsanzeige häufig gemeinsam von Brauteltern – in seltenen Fällen werden auch die Eltern des Bräutigams genannt – und den Verlobten aufgegeben wird, geben die Verheirateten allein ihre „stattgefundene Hochzeit selbst [...] durch ein Inserat in der Zeitung"[116] bekannt.

2.3 Todesanzeigen

Todesanzeigen wurden im Vergleich zu Geburts- und Verbindungsanzeigen häufig untersucht. Dabei ist zwischen primär sprachwissenschaftlichen Arbeiten und Untersuchungen aus anderen Wissenschaftsdisziplinen, die zusätzlich linguistische Aspekte beinhalten, zu differenzieren. Hier werden sowohl die sprachwissenschaftlichen als auch die soeben erwähnten Arbeiten aus anderen Fachrichtungen gewürdigt.

2.3.1 Sprachwissenschaftliche Untersuchungen

Eine der jüngeren linguistischen Arbeiten zur Todesanzeige stammt von Lage-Müller und beschäftigt sich mit Todesanzeigen aus Tageszeitungen der deutschsprachigen Schweiz. Ziel der Arbeit aus dem Jahr 1995 ist es,

113 *Völker* (1968: 22).
114 *Ders.* (1968: 23).
115 *Heltmann* (1919: 73).
116 *Ders.* (1919: 74).

einen Überblick über „die heute geltenden Konventionen für die Gestaltung von Todesanzeigen“[117] und die „regionale und zeitungsspezifische Variationsbreite“[118] zu geben. Darüber hinaus will die Autorin eine umfassende Beschreibung der Textsorte Todesanzeige liefern. Dabei werden die Anzeigen nicht in Einzelteile zerlegt, „sondern als textuelle Einheit[en] betrachtet“.[119] Lage-Müller versteht Textsorten als „gesellschaftlich standardisierte Formen (Muster) für den Vollzug von Handlungsmustern, die konventionell mit Texten [...] vollzogen werden“,[120] so dass sie zuerst die situativen Handlungsbedingungen näher betrachtet, dann eine Bestimmung der Textillokution vornimmt und anschließend die für die Todesanzeige obligatorische Texthandlung Todesmitteilung sowie die fakultativen und zusätzlichen Texthandlungen[121] erfasst und beschreibt.

Jürgens untersucht in seinem Aufsatz *Textsorten- und Textmustervariationen am Beispiel der Todesanzeige* ebenfalls die Textsorte Todesanzeige. Anhand textexterner und textinterner Merkmale will er die prototypische Todesanzeige beschreiben. Prototyp versteht er dabei als Abstraktion, weshalb jedes konkrete Textexemplar „in bestimmten Merkmalen mehr oder weniger vom Prototyp abweichen“[122] kann. So weist Jürgens Variationen bei den kommunikativen Merkmalen nach. Wesentliche Aufgaben der Todesanzeige hinsichtlich der Textfunktion sind ihm zufolge die Kontaktfunktion, die Informationsfunktion, die Steuerungsfunktion und die Funktion des Sich-Ausdrückens.[123] Die verschiedenen Textfunktionen können in ihrer Ausprägung variieren, teilweise treten einzelne Textfunktionen in den Hintergrund oder fallen ganz weg.

In ihrer Analyse deutschsprachiger Todesanzeigen[124] setzt sich Linke mit der Beobachtung auseinander, dass vermehrt Anzeigen auftreten, „die ein deutliches Bemühen der Inserenten um eine individuelle Gestaltung des Anzeigentextes verraten.“[125] Mit Hilfe der ihr vorliegenden Todesanzeigen aus den Jahren 1950, 1975, 1990, 1995 sowie 1997-1999 will sie überprüfen, ob sich ihre Beobachtung auch bei systematischer

117 *Lage-Müller* (1995: 3).
118 Ebd.
119 Ebd.
120 *Dies.* (1995: 333).
121 Hierzu zählt *Lage-Müller* (1995: 238-263) unter anderem Kontaktherstellung, Gefühlsäußerung, Handlungsanweisung sowie Ehrung und Würdigung des Verstorbenen.
122 *Jürgens* (1996: 228).
123 *Ders.* (1996: 228-233).
124 *Linke* (2001: 203f.) untersucht insgesamt 1.000 Todesanzeigen aus deutschen und schweizerischen Tageszeitungen.
125 *Dies.* (2001: 196).

Herangehensweise bestätigt. Tatsächlich kommt Linke zu dem Ergebnis, dass sich über den untersuchten Zeitraum eine „allgemeine Lockerung oder ‚Dehnung' des Textmusters der Todesanzeige"[126] feststellen lässt. Diese Lockerung führt sie auf einen Sprachbewusstseinswandel zurück, der sich durch eine Abkehr von Normen und eine Zuwendung zu einem individuellen und kreativen Umgang mit der Sprache auszeichnet. Die beschriebene Dehnung zeigt sich in einer gesteigerten Varianz der jeweiligen Textsorte. So wird der Verstorbene in Todesanzeigen beispielsweise immer häufiger direkt von den Hinterbliebenen angesprochen.[127] Im konkreten Fall der Todesanzeige ist die Entwicklung zu erkennen, dass nicht mehr der Verstorbene beziehungsweise die Information über das Ableben einer Person im Zentrum der Anzeige steht, sondern der „Abschiedsschmerz und die Trauer der Hinterbliebenen"[128] in den Mittelpunkt rücken, sich somit die Illokution der Todesanzeige teilweise verschoben hat.

Unter dem Gesichtspunkt der Textsortenkonventionen vergleicht Reiß deutsche, französische, belgische, englische, spanische und ägyptische Todesanzeigen aus regionalen und überregionalen Tageszeitungen miteinander. Zunächst untersucht und beschreibt Reiß deutsche Todesanzeigen, die sie anschließend den Todesanzeigen der anderen Kommunikationsgemeinschaften gegenüberstellt, um so Konvergenzen und Divergenzen herauszuarbeiten. Sie stellt fest, dass der Trauerrand bei deutschen Todesanzeigen obligatorisch ist, bei englischen und französischen Anzeigen dagegen fehlt. Insgesamt scheint erwähnenswert, dass die nachweisbaren Divergenzen bei der Gestaltung von Todesanzeigen „nicht so sehr die mitgeteilten Inhalte",[129] als vielmehr die „unterschiedliche Gewichtung dieser Inhalte"[130] betreffen. In jeder von ihr untersuchten Kommunikationsgemeinschaft finden sich „feste Sprachmuster und Textaufbaumuster".[131] Innerhalb der jeweiligen Konventionen weisen deutsche Todesanzeigen die größte Variabilität auf, die spanischen Anzeigen sind am stärksten konventionalisiert. Dort bleibt folglich am wenigsten Platz für Individualität.

Piitulainen geht in ihrem Aufsatz *Die Textstruktur der finnischen und deutschsprachigen Todesanzeigen* der Frage nach, aus welchen makro-

---

126 *Dies.* (2001: 204).

127 Als Beispiele mögen Sätze wie ‚Wir werden Dich vermissen' oder ‚Du wirst uns fehlen' dienen.

128 *Linke* (2001: 212).

129 *Reiß* (1977/78: 68).

130 Ebd.

131 *Dies.* (1977/78: 66).

strukturellen Elementen finnische und deutschsprachige Todesanzeigen bestehen und inwiefern sich die Anzeigen aus den beiden Ländern unterscheiden. Sie vergleicht sowohl sprachliche als auch nichtsprachliche Merkmale und kommt zu dem Ergebnis, dass die Gesamtstruktur von Todesanzeigen stark vom jeweiligen „Sprach- und Kulturraum abhängig“[132] ist. So zeigen sich bei finnischen und deutschsprachigen Todesanzeigen nicht nur in der Makrostruktur Unterschiede, sondern auch dabei, wie der Tod mitgeteilt wird. In finnischen Todesanzeigen wird weitgehend auf eine Verbalisierung verzichtet. Hier wird „der Ausdruck des Todes auf ein [...] Kreuzchen reduziert“,[133] während in deutschsprachigen Anzeigen das Sterben vielfach durch ein finites Verb ausgedrückt wird.

Eckkrammer nähert sich der Todesanzeige ebenfalls mittels einer kontrastiven Fragestellung. Im Mittelpunkt ihrer Arbeit stehen „kulturspezifische Textsortenkonventionen“.[134] Sie erstellt eine Typologie der Todesanzeige und führt nach der Wahl „eines ganz spezifischen Typus – dem der ‚klassischen‘ Todesanzeige“[135] – eine Paralleltextanalyse an einem sechssprachigen Korpus[136] durch. Dabei legt sie besonderes Augenmerk auf den Vergleich der jeweiligen makrostrukturellen Komponenten, daneben schließt sie auch syntaktische sowie lexikalische und typografische Aspekte in die Untersuchung ein. Nach Analyse der Anzeigen kommt Eckkrammer zu dem Ergebnis, dass innerhalb der untersuchten Sprachen lediglich drei Sequenzen als textsortenkonstitutive[137] Komponenten herausgefiltert werden können: Familienname und Vorname des Verstorbenen sowie die namentliche Aufzählung der Inserenten. Weiterhin ergeben sich außerdem „hochgradig textsortenkonstitutive Elemente“,[138] etwa Details zur Bestattung und das Sterbedatum. Zudem werden Textsequenzen aufgeführt, die stark von der jeweiligen Sprache abhängig sind: So sind als Besonderheit der italienischen Todesanzeigen die Nennung von Ort und Datum der Aufgabe der Anzeige als abschlie-

132 *Piitulainen* (1993: 177).

133 *Dies.* (1993: 179).

134 *Eckkrammer* (1996: 10).

135 *Dies.* (1996: 10-15).

136 *Eckkrammer* untersucht den deutschen, englischen, französischen, italienischen, spanischen und portugiesischen Sprachraum, ohne dass die Untersuchung dabei auf je ein Land beschränkt ist. Eine Unterscheidung in Sprach- und Kulturräume wird folglich nicht vorgenommen – Anzeigen aus Spanien und Uruguay beispielsweise entstammen unterschiedlichen Kulturräumen, zählen jedoch zum selben Sprachraum.

137 Eine textsortenkonstitutive Komponente liegt *Eckkrammer* (1996: 143) zufolge dann vor, wenn sie interlingual einen Anteil von über 75 Prozent aufweist.

138 Für eine lediglich *hochgradig textsortenkonstitutive* Komponente gilt ein Wert zwischen 50 und 75 Prozent, *dies.*, a.a.O.

ßende Informationen feststellbar, in portugiesischen Anzeigen dagegen werden besonders häufig Fotos der Verstorbenen platziert.[139] Eckkrammers Erkenntnisse zum Standardisierungsgrad entsprechen denen von Reiß: Deutsche Todesanzeigen weisen demnach einen niedrigen Standardisierungsgrad auf, spanische den relativ höchsten.

In seinem Band *Textsorten in der Regionalpresse* erfasst Sommerfeldt anhand eines Textvergleichs die charakteristischen Merkmale einzelner Textsorten in der Presse des 19. und 20. Jahrhunderts. Dazu zählen auch Trauerbekundungen, die in den Jahren 1818, 1845 und 1880 in der *Güstrower Zeitung* erschienen sind. Im Zentrum „stehen Anzahl, Arten und Komposition der Anzeigen sowie die markantesten für die einzelnen Inhalte verwandten sprachlichen Mittel.“[140] Sommerfeldt verweist darauf, dass Trauerbekundungen im 19. Jahrhundert nicht täglich erschienen, sondern „häufig an einem Tag gesammelt“[141] veröffentlicht wurden. Auch ein Trauerrand war zu dieser Zeit noch nicht üblich. Erst gegen Ende des 19. Jahrhunderts finden sich vermehrt Anzeigen mit schwarzem Rand, aber schon zu Beginn des 20. Jahrhunderts hatte der Trauerrand sich etabliert. Im einsetzenden 19. Jahrhundert diente die Todesanzeige laut Sommerfeldt lediglich der Bekanntgabe des Sterbefalls, seit Ende des Jahrhunderts enthielten die Anzeigen zudem Angaben zur Bestattung. Im 20. Jahrhundert wurden die Todesanzeigen dann umfangreicher und boten zusätzlich biografische Informationen.

Hinrichs untersucht im Rahmen ihrer Magisterarbeit deutsche Todesanzeigen aus fünf verschiedenen Regionalzeitungen. Die Anzeigen stammen aus dem Zeitraum von 1949 bis 1994. Die Autorin kommt zu dem Ergebnis, dass die Textsorte Todesanzeige stark konventionalisiert ist, aber „dennoch ein Freiraum für persönliche Gestaltung von Form und Inhalt“[142] bleibt. Außerdem stellt sie fest, dass Todesanzeigen multifunktional sind: Neben der Bekanntgabe des Todes können sie auch der Selbstdarstellung des Senders oder – bei institutionellen Anzeigen – der Werbung dienen.

Weiterhin sind Arbeiten von Rist, Fries und Lenk zu nennen, die alle mit mehrsprachigen Untersuchungen hervorgetreten sind. Rist geht mit seinem Vergleich deutscher und französischer Todesanzeigen in der Regionalpresse bilingual vor.[143] Auf gleiche Weise verfährt Fries, der engli-

139 *Eckkrammer* (1996: 147, 93).
140 *Sommerfeldt* (1998: 151).
141 Ebd.
142 *Hinrichs* (1994: 104).
143 Vgl. *Rist* (2002).

sche und deutsche Anzeigen analysiert.[144] Lenk erforscht die typischen Verwendungsformen von Personennamen Verstorbener in Deutschland, Österreich, Finnland und der deutschsprachigen Schweiz. Sein Fokus liegt auf der Erfassung der Häufigkeit der verschiedenen Vorkommensformen von Vornamen, Familiennamen, usuellen Namenszusätzen und Namenbegleitern.[145]

2.3.2 Abhandlungen anderer Wissenschaftsdisziplinen

Neben rein linguistischen Untersuchungen zu Todesanzeigen gibt es zahlreiche Arbeiten aus anderen Wissenschaftsdisziplinen, die nicht primär sprachwissenschaftliche Fragestellungen als Ausgangspunkt haben, sich jedoch mit verschiedenen sprachlichen Aspekten der Todesanzeige beschäftigen. Diese Abhandlungen stammen vorwiegend aus Theologie und Soziologie.

Dirschauer beschäftigt sich in seiner Arbeit *Der totgeschwiegene Tod* mit den theologischen Aspekten der kirchlichen Bestattung. Er überprüft mit Hilfe von mehr als 10.000 Todesanzeigen aus dem *Weser-Kurier* die Gültigkeit der These der Todesverdrängung. Er analysiert dazu die Verbformen, mit denen der eingetretene Tod und die Todesumstände in den aus den Jahren 1970 und 1971 stammenden Anzeigen beschrieben werden, und zeigt auf, dass der Eintritt des Todes vielfach durch Euphemismen ausgedrückt wird. Die Hinterbliebenen vermeiden anscheinend die Verwendung neutraler Verben zur Bezeichnung des Sterbens.[146] Dirschauer stellt fest, dass die von ihm erhobenen Daten die These der Todesverdrängung bestätigen und der Tod weitgehend tabuisiert wird: „Vorherrschend bleiben bei den untersuchten Anzeigenformeln die Todesverhüllung und Verdrängung.“[147]

Ebenfalls aus theologischer Sicht nähert sich Hosselmann der Todesanzeige. Sie geht der Frage nach, ob Todesanzeigen als memento mori fungieren können und „welcher Umgang mit dem Tod sich aus den jeweiligen Anzeigen [...] ableiten lässt.“[148] Hosselmann kommt nach ihrer Analyse zu dem Ergebnis, dass Todesanzeigen mit „wachsender Tendenz

---

144 Vgl. *Fries* (1990).

145 Vgl. *Lenk* (2001: 163).

146 *Dirschauer* (1973: 174-179) zufolge werden die euphemistischen Verben *entschlafen/einschlafen* am häufigsten verwendet, gefolgt von den ebenfalls als verhüllend eingestuften Verben *verlassen* und *gegangen*. Die von Dirschauer als neutral eingeordneten Verben *versterben* und *sterben* stehen dagegen erst an sechster und zwölfter Stelle.

147 *Dirschauer* (1973: 41).

148 *Hosselmann* (2001: 5).

[...] individuell gestaltet sind“,[149] was sie auf eine „zunehmende Enttabuisierung gegenüber dem Thema Tod und Sterben“[150] zurückführt. Im Gegensatz zu Dirschauer ergibt ihre Untersuchung der für das Sterben verwendeten Bezeichnungen, dass die Verben *sterben* und *versterben* am häufigsten zu finden sind, gefolgt von *einschlafen/entschlafen*. Für Hosselmann sind sowohl die veränderte Verbalisierung[151] des Sterbens als auch die steigende Individualisierung[152] der Todesanzeigen Belege für eine verstärkte Auseinandersetzung mit dem Thema Tod und Sterben, was dazu führt, dass aus ihrer Sicht „Todesanzeigen als memento mori zu verstehen“[153] sind. Todesanzeigen dienen damit der Verinnerlichung des Todes als unausweichlicher Lebensperspektive.[154]

Grümer/Helmrich ziehen die Todesanzeige als Informationsquelle für die Beantwortung der Fragen nach dem „Verhältnis moderner Menschen zum Tod, über die benutzten Todesbilder und -vorstellungen [...] und deren Veränderungen im Zeitablauf“[155] heran. Die historisch-sozialwissenschaftliche Arbeit untersucht 558 im *Kölner Stadt-Anzeiger* erschienene Todesanzeigen aus dem Zeitraum von 1820 bis 1979. An dieser Untersuchung ist hervorzuheben, dass sowohl die Gestaltung der Todesanzeigen als auch inhaltliche Merkmale wie persönliche Daten des Verstorbenen,[156] Informationen zur Todesursache und der Beerdigung Eingang finden. Dies macht die Arbeit auch aus sprachwissenschaftlicher Sicht interessant. Grümer/Helmrich stellen eine Vergrößerung der Anzeigen sowie eine Zunahme inhaltlicher Informationen fest und kommen aufgrund dessen zu dem Schluss, dass die Bedeutung privater Todesanzeigen im Laufe der Zeit zugenommen hat. Des Weiteren wird ihnen zufolge „in heutigen Anzeigen der Versuch unternommen, sich mit dem schmerzlichen Geschehen auseinanderzusetzen.“[157] Die Hinterbliebenen drücken in den Anzeigen vermehrt den Verlust aus, den sie durch den Tod des

---

149 *Dies.* (2001: 106).

150 *Dies.* (2001: 196).

151 Es ist zu berücksichtigen, dass zwischen *Dirschauers* und *Hosselmanns* Untersuchungen immerhin ein Zeitraum von 28 Jahren liegt, was die abweichenden Ergebnisse erklären könnte.

152 Eine Individualisierung kann jedoch nur innerhalb der strengen, für Todesanzeigen geltenden Konventionen stattfinden.

153 *Hosselmann* (2001: 109).

154 *Dies.* (2001: 8).

155 *Grümer/Helmrich* (1994: 62).

156 Dazu zählen *Grümer/Helmrich* (1994: 82) Alter, Familienstand, Konfession, Titel und Berufsnennung.

157 *Dies.* (1994: 107).

Angehörigen erfahren haben. Dies geschieht in älteren Todesanzeigen nur selten oder nie.

Völker geht in seiner Arbeit *Die Familienanzeigen im ,Völkischen Beobachter' während des Zweiten Weltkrieges (insbesondere Gefallenen-Anzeigen)* auf die Reglementierung von Familienanzeigen während des Zweiten Weltkrieges ein. Er zeigt auf, welchen Einfluss die damaligen Zensurbestimmungen auf die Veröffentlichungen von Familienanzeigen hatten. So erhielten Presserundschreiben des Reichspropagandaamtes unter anderem Anordnungen, dass das Wort *Überführung* in Anzeigen für gefallene Soldaten nicht verwendet sowie Todesursache und -ort nicht genannt werden dürfen. Weiterhin wurden „[d]ie Zahlen für Gefallenenanzeigen in einer Nummer [...] auf maximal 25 pro Ausgabe und eine für jede Person"[158] beschränkt. Mit diesen Maßnahmen versuchte das nationalsozialistische Regime eine Demoralisierung der Bevölkerung aufgrund der hohen Gefallenenzahlen zu verhindern. Gleichzeitig wurde unterbunden, dass die Leser von Familienanzeigen Rückschlüsse auf das aktuelle Kriegsgeschehen zogen. Völker weist darauf hin, dass sich selbst der *Völkische Beobachter* – als publizistisches Parteiorgan der NSDAP – nicht immer an alle Anordnungen hielt, die Maßnahmen insgesamt aber den gewünschten Erfolg hatten, da „die Einengung des Aussagevermögens der Inserenten und damit die Uniformierung der Anzeigen"[159] gewährleistet waren.[160]

Es sind weitere Arbeiten aus anderen Wissenschaftsdisziplinen zu benennen, die auch aus linguistischer Sicht interessante Aspekte zu Todesanzeigen beinhalten. Dazu zählen Jägers volkskundliche Arbeit sowie die soziologischen Werke von Fuchs, Möller und Gerhards/Melzer. Für Jäger bietet die Todesanzeige „als Instrument der Bekanntgabe eines Todesfalls"[161] eine einzigartige Quelle für die volkskundliche Forschung. Mit Hilfe der Todesanzeigen zeigt die Autorin den Umgang mit dem Tod auf. Weiterhin zeichnet sie anhand der ihr vorliegenden Anzeigen den Wandel der Trauerkultur im Zeitraum von 1974/75 bis 1999 nach. Möller nähert sich der Todesanzeige aus der Perspektive des Gattungskonzeptes. Sie arbeitet heraus, dass Todesanzeigen in hohem Maße Elemente moralischer Kommunikation enthalten. Allerdings nicht nur, wie es

158 *Völker* (1968: 14).

159 *Ders.* (1968: 90).

160 Im Korpus dieser Arbeit finden sich zahlreiche Zeitungsausgaben, in denen weit mehr als die 25 erlaubten Todesanzeigen veröffentlicht wurden; so etwa im *Kölner Stadt-Anzeiger* und der *Berliner Morgenpost*.

161 *Jäger* (2003: 20).

auf den ersten Blick erscheint, in Bezug auf den Verstorbenen, sondern auch mit Blick auf die Hinterbliebenen und Inserenten. Nicht nur der Tote ist ein guter Toter, sondern auch die Hinterbliebenen sind gute Hinterbliebene.[162] Fuchs untersucht in seiner Arbeit aus dem Jahr 1969 unter anderem, inwiefern sich das herrschende Todesbild der jeweiligen Gesellschaft in Todesanzeigen niederschlägt, stellt jedoch fest, dass „es heute kein einheitliches und konsistentes Todesbild gibt".[163] Gerhards/Melzer gehen der Frage nach, ob die Veränderung der Semantik von Todesanzeigen als Indikator für Säkularisierungsprozesse gesehen werden kann, und kommen zu dem Schluss, dass in den Anzeigen keine Säkularisierungsprozesse feststellbar sind. Im Gegensatz zum allgemeinen Säkularisierungstrend sei bei den Todesanzeigen sogar eine Zunahme des Transzendenzbezuges zu verzeichnen.[164] Der Vollständigkeit halber sollen Geischers theologische Abhandlung, Müller-Callejas medienkundlicher Beitrag, Gronauers religionswissenschaftliche Arbeit sowie Bronischs Aufsatz zur Todesanzeige nicht unerwähnt bleiben, die sich ebenfalls peripher mit Todesanzeigen beschäftigen.[165]

2.3.3 *Nichtwissenschaftliche Veröffentlichungen*

Es sind außerdem Publikationen anzuführen, die keinen wissenschaftlichen Anspruch erheben. Als solche sind insbesondere Sammlungen von Todesanzeigen einzuordnen. Hierzu zählen Veröffentlichungen von Mader, Baum, Brueggenwirth, Nölke/Sprang, Grüb und Ruppert.[166] In diesen Sammlungen werden meist außergewöhnliche Todesanzeigen präsentiert, darunter etwa Selbstanzeigen und so genannte Hassanzeigen. Während Brueggenwirth eine reine Zusammenstellung dieser von der Norm abweichenden Anzeigen vorlegt, geht Baum weiter und kommentiert die abgedruckten Todesanzeigen. Mader stellt seinem Buch einen einleitenden Essay voran, in dem er sich mit einzelnen Aspekten der Todesanzeige beschäftigt, verzichtet im Folgenden aber weitgehend auf Kommentare zu den dargestellten Anzeigen.[167]

Gerade diese nichtwissenschaftlichen Veröffentlichungen zum Thema Todesanzeigen machen deutlich, dass auch ein nichtwissenschaftli-

162 Vgl. *Möller* (2009: 200-204).

163 *Fuchs* (1969: 100).

164 Vgl. *Gerhards/Melzer* (1996).

165 Vgl. *Geischer* (1979), *Müller-Calleja* (1987) und *Bronisch* (1984).

166 Vgl. *Mader* (1990), *Baum* (1980), *Brueggenwirth* (1997), *Nölke/Sprang* (2009), *Grüb* (1995) und *Ruppert* (2008).

167 *Mader* (1990) geht unter anderem auf Lebensdaten, Lebensgeschichte, Todesumstände des Verstorbenen und die verwendeten Symbole ein.

ches Interesse an diesen Anzeigen besteht: Menschen beschäftigen sich in ihrer Freizeit mit Todesanzeigen, sammeln sie, kategorisieren und studieren sie.

3 Theoretische und methodische Grundlagen

Auch wenn sich heute nicht in jeder Zeitungsausgabe Geburts-, Verbindungs- und Todesanzeigen finden, ist doch davon auszugehen, dass die meisten Leser ohne Schwierigkeiten entsprechende Familienanzeigen in einer Tageszeitung erkennen. Sie ordnen sie intuitiv den alltagssprachlichen Textklassen Geburts-, Verbindungs- und Todesanzeige zu. Zu klären ist jedoch, ob sich die Textsorten Geburts-, Verbindungs- und Todesanzeige auch aus sprachwissenschaftlicher Sicht ansetzen lassen.

In diesem Unterkapitel wird nach einem kurzen Überblick zur Textsortenlinguistik auf die erprobte Text- und Textsortenkonzeption von Simmler eingegangen, die dieser Untersuchung als methodische Grundlage dient.

3.1 Das Problem der Methodenvielfalt

Die *Textlinguistik*, die Mitte der 1960er Jahre in Deutschland aufkam, ist eine relativ junge sprachwissenschaftliche Disziplin, deren Gegenstand der *Text* als eine satzübergreifende Entität ist. Als Begründer der Textlinguistik in Deutschland wird Hartmann angesehen, der den Text als „originäre[s] sprachliche[s] Zeichen“[168] versteht. Mit der Einsicht, dass nicht Sätze, sondern vielmehr Texte die grundlegenden Einheiten der Linguistik sind, vollzog sich ein „Paradigmenwechsel von der nahezu ausschließlich systemorientierten Sprachwissenschaft zu einer betont kommunikativen und funktional orientierten Linguistik.“[169] Dressler beschreibt das Gebiet der Textlinguistik wie folgt:

> *Zur Textlinguistik rechnet man gewöhnlich jede sprachwissenschaftliche Forschung, die vom Text (in mündlicher und schriftlicher Form oder Konzipierung) als Grundeinheit menschlicher Sprache ausgeht oder die zumindest die Satzgrammatik so weit überschreitet, dass sie Satzsequenzen oder noch größere Textstücke als Einheiten sui generis behandelt.*[170]

Die zentrale Aufgabe der Textlinguistik ist die Definition der sprachlichen Größe Text. Dies umfasst unter anderem die Beantwortung der Fra-

---

168 *Hartmann* (1971: 10).
169 *Heinemann/Heinemann* (2002: 62).
170 *Dressler* (1978: 1f.).

gen, was einen Text vom Satz abgrenzt – also: was einen Text zum Text macht – und welche Kriterien der Textualität in einem Text erfüllt sein müssen, damit die Unterscheidung eines Textes von einem Nicht-Text möglich ist. Ferner werden der Textlinguistik weitere Aufgaben zugeschrieben, die im direkten Zusammenhang mit der Einheit Text stehen:

> *Die Textlinguistik sieht es als ihre Aufgabe an, die allgemeinen Bedingungen und Regeln der Textkonstitution, die den konkreten Texten zugrunde liegen, systematisch zu beschreiben und ihre Bedeutung für die Textrezeption zu erklären.*[171]

Der Text wurde mit der Entstehen der Textlinguistik zu einem bedeutenden Forschungsgegenstand, was eine Vielzahl wissenschaftlicher Veröffentlichungen zur Folge hatte.[172] Problematisch dabei ist, dass sich die Forschungslage aufgrund unterschiedlicher Ansätze als äußerst heterogen beziehungsweise uneinheitlich darstellt. Schlüter bemerkt dazu:

> *Trotz der zahlreichen Untersuchungen, die [...] vorgenommen wurden, ist es bisher auch nicht ansatzweise gelungen, ein einheitliches Konzept von dem genuinen Gegenstand der verhältnismäßig jungen Disziplin, dem Text, zu entwickeln. [...] Insgesamt entsteht der Eindruck, daß die Textlinguistik im wesentlichen durch das gemeinsame Postulat zusammengehalten wird, daß der Text als eine eigenständige Entität oberhalb der Satzgrenze, d.h. als eine Ganzheit, zu betrachten ist, die sich nicht durch die Summe ihrer Teile erklären und als bloße Aneinanderreihung von Sätzen auffassen läßt und deshalb nicht mit den Mitteln einer Satzgrammatik adäquat beschreibbar ist.*[173]

Mit der Textlinguistik ist die *Textsortenlinguistik* verbunden, die der Frage nachgeht, „welche zusätzlichen (besonderen) Eigenschaften [...] den konkreten Text als Exemplar einer bestimmtem Textsorte“ kennzeichnen.[174] Schlüter führt aus, dass „Textualitäts- und Textsortenuntersuchungen sich gegenseitig bedingen“[175], geradezu miteinander verflochten sind. Daraus ist die Notwendigkeit abzuleiten, Text sowohl als Realisierung der allgemeinen Größe Text als auch als Repräsentant einer Textsorte zu erforschen. Für die Textsortenlinguistik gilt hinsichtlich der Forschungssituation Ähnliches wie für die Textlinguistik: Sie ist uneinheit-

---

171 *Brinker* (1992: 8).

172 Um nur einige Veröffentlichungen zur Textlinguistik zu nennen seien hier *Agricola* (1972), *Bense* (1962), *Brinker* (1991), *Dijk* (1972), *Dressler* (1978), *Ermert* (1979), *Gülich/Raible* (1977), *Harweg* (1968), *Heinemann/Viehweger* (1991), *Isenberg* (1971), *Kallmeyer* (1974), *Lux* (1981), *Schmidt* (1973), *Vater* (2001) und *Weinrich* (1964) beispielhaft angeführt.

173 *Schlüter* (2001: 68).

174 *Brinker* (1983: 127).

175 *Schlüter* (2001: 69).

lich; mannigfaltige Ansätze und Methoden stehen nebeneinander, so dass „die Ergebnisse kaum vergleichbar sind“.[176] Letztlich ist auf Braun zu verweisen, der herausarbeitet,

> *daß sich verschiedene Einzeluntersuchungen durch das Zugrundelegen diverser Theorien und Methoden nicht zueinander in Beziehung setzen lassen. Die Textsortenbestimmung erfolgt letztlich nach verschiedenen Kriterien bzw. Merkmalen, so daß viele Einzelstudien sich als kaum oder gar nicht kompatibel erweisen und isoliert nebeneinander [existieren].*[177]

3.2 Grundlagen der Untersuchung

Wichtiger als einen breiten Forschungsüberblick zur Text- und Textsortenlinguistik zu geben oder alle bisherigen Ansätze zu diskutieren, ist es, im Rahmen dieser empirischen Arbeit „auf einer bereits erprobten, produktiven und validen Theorie aufzubauen“.[178] Die Grundlage dieser Untersuchung bildet die Text- und Textsortenkonzeption von Simmler.

3.2.1 Die Text- und Textsortenkonzeption von Simmler

Die Größe *Text* ist danach als sprachliches Zeichen anzusehen, wobei Simmler Text als Abstraktion, als universale, übereinzelsprachliche Einheit der *langage* versteht. Die einzelsprachlich gebundenen *Textsorten* sind als *langue*-Einheiten aufzufassen, während die konkreten *Textexemplare* als Realisation der abstrakten Einheit Textsorte schließlich Einheiten auf der Ebene der *parole* sind. Bei der Textsortenermittlung, deren Grundlage die einzelnen Textexemplare sind, berücksichtigt Simmler gleichermaßen *textexterne* und *textinterne* Merkmale. Dieses Vorgehen begründet er folgendermaßen:

> *Jedes Vorkommen eines Textexemplars ist an die Existenz einer externen Variablenkonstellation aus Sprecher, Hörer, Ort und Tempus/Zeit gebunden. Diese besitzt eine identifizierende und zugleich eine differenzierende Funktion, weil sich einzelne Variablenkonstellationen ausschließen [...]. In monologischen Kommunikationsakten hängt die Wahl des Mediums oder der Medienkombination in zentraler Weise vom Willen des Sprechers/Schreibers ab [...].*[179]

Die Berücksichtigung des externen Kommunikationsrahmens hat gleichzeitig auch wesentliche Bedeutung für die Definition der Größe *Text*:

> *Ein Text ist ein Merkmalbündel, das aus den externen Merkmalen Sprecher/ Schreiber, Hörer/Leser, Ort und Zeit und einer begrenzten Anzahl interner*

---

176 *Dies.* (2001: 70).
177 *Braun* (2004: 148).
178 Ebd.
179 *Simmler* (1996: 600f.).

Merkmale besteht, die durch die Komponenten der Kohärenz und Komplette tion miteinander verbunden sind.[180]

Simmler zufolge gibt es auch im so genannten Grenzfall „keinen fließenden Übergang vom Satz zum Text".[181] Hierzu merkt er an:

> *[E]in Textexemplar entsteht nur dann, wenn zu einer Satzbasis mindestens ein textuelles Merkmal hinzutritt. Alle Textexemplare müssen aufgrund identifizierender und differenzierender externer und interner Merkmale der Klasse einer Textsorte zugewiesen werden; wegen der erkennbaren Distinktivität gegenüber den Satztypen (Verbal- und Nominalsatztypen) erweisen sich die Textsorten als komplexe sprachliche Zeichen und als hierarchisch gesehen höhere Einheiten der langue.*[182]

3.2.1.1 Textsorte, Textexemplar, Textsortengruppe, Textsortenvariante

Von zentraler Bedeutung innerhalb des strukturalistisch-funktionalen Grammatikmodells ist Simmlers *Textsortendefinition*:

> *Eine Textsorte ist eine nach dem Willen der beteiligten Kommunikationspartner abgeschlossene, komplexe* a-*Einheit, die aus einer begrenzten Auswahl, einer besonderen Kombinatorik und einem regelmäßigen Vorkommen von externen und internen* a-*Einheiten, den textuellen Merkmalen, besteht, die in konstituierender, identifizierender und differenzierender Sinnfunktion zu einem neuen, spezifischen Merkmalbündel zusammengeschlossen sind.*[183]

Bei einem *Textexemplar* handelt es sich, wie eingangs bereits erwähnt, um die konkrete Realisation einer Textsorte auf der Ebene der *parole*.[184]

Einzelne Textsorten können zu *Textsortengruppen* zusammengefasst werden. Diese Arbeit hat die Textsortengruppe der Familienanzeigen zum Gegenstand und legt ihren Fokus auf die Textsorten Geburtsanzeige, Verbindungsanzeige und Todesanzeige.

Weiterhin ist hervorzuheben, dass bei der Textsortentypologie Varianten eine besondere Rolle spielen, die Ermittlung von *Textsortenvarianten* ist sogar als grundlegendes Verfahren zu verstehen. Innerhalb von Textsortenvarianten kann aufgrund einzelner Merkmale weiter in *Gruppen* und *Subgruppen* differenziert werden.[185]

180 *Ders.* (1984: 38).
181 *Ders.* (1996: 601).
182 Ebd.
183 *Simmler* (1984: 37).
184 Vgl. *Braun* (2004: 155), der überdies auf eine terminologische Ungenauigkeit hinweist: Genau müsste es – wäre die Bezeichnung *Textexemplar* nicht bereits etabliert – *Textsortenexemplar* heißen.
185 Die Ausführungen beziehen sich auf *Simmler* (1993: 357-359).

3.2.1.2 Initiator, Terminator, Makrostruktur

In dieser Untersuchung finden die in den Anzeigen auftretenden Initiatoren, Terminatoren und Makrostrukturen als textinterne Kriterien neben der Analyse von Syntax und Lexik besondere Beachtung. Simmlers Makrostrukturbegriff sowie die Definitionen der Textbegrenzungssignale *Initiator* und *Terminator* liegen der Analyse zugrunde. Er definiert *Makrostrukturen* so:

> *Makrostrukturen sind textinterne, aus Ausdrucksseite und Inhaltsseite bestehende satzübergreifende Einheiten der* langue, *die gegenüber anderen satzübergreifenden Einheiten und hierarchisch gesehen kleineren Einheiten wie Satztypen eine distinktive Funktion besitzen und bei ihrem Auftreten mit ihnen zusammen größere Einheiten der* langue, *nämlich Textsorten, konstituieren [...].*[186]

Neben ihren „inhaltsseitig spezifische[n] kommunikative[n] Funktionen“[187] sind Makrostrukturen „auch ausdrucksseitig durch die Wahl von Drucktypen, Größe und Dicke der Drucktypen, durch Spatiengebrauch und Integration in die Layout-Möglichkeiten des Drucks“[188] gekennzeichnet.

Die Struktur der in dieser Arbeit untersuchten Geburts-, Verbindungs- und Todesanzeigen macht es notwendig, die Makrostrukturdefinition anzupassen, um so die Binnenstruktur der Inserate vollständig erfassen zu können. Aufgrund der besonderen Form und Kürze der Inserate kommt zu einem einzelnen Satz häufig lediglich die typografische Ausgestaltung – Fettdruck, Einrückung, Spatien davor und dahinter – hinzu, durch die die Abgrenzung zu den anderen Elementen der Anzeige erfolgt: Solche Strukturen sind in Familienanzeigen als Makrostrukturen aufzufassen, schließlich bilden auch diese einzelnen Sätze, bei denen es sich sowohl um isoliert gebrauchte einfache Verbal- und Nominalsätze als auch um Gesamtsätze handeln kann, die Binnenstruktur der Anzeigen. Sie sind konstitutiver Teil der Gesamtheit des aus ihnen gebildeten Textexemplars. In Familienanzeigen sind damit auch einzelne Sätze die Basis von Makrostrukturen. Sie sind typografisch als Absätze ausgestaltet und besitzen eine klar benennbare, distinktive Funktion.[189] Als Makrostrukturen treten in den untersuchten Familienanzeigen beispielsweise die Geburtsmitteilung, der Name des Kindes, die Angabe der Inserenten, die Angabe

186 *Simmler* (1996: 612).
187 *Ders.* (1997: 66).
188 Ebd.
189 Vgl. *Stäuber* (2009: 320-326)

von Ort und Datum, Mottos sowie Hinweise zur Bestattung und auf religiöse Zeremonien auf.

Sätze und komplexere Einheiten, die als Textbegrenzungssignale verwendet werden, erhalten durch ihre typografische Ausgestaltung und ihre Distribution zusätzlich zu ihren Satzfunktionen neue textuelle Eigenschaften. Dementsprechend sind sie durch eine spezifische Terminologie zu kennzeichnen. Für Textbegrenzungssignale am Textanfang bietet sich die Bezeichnung *Initiator* an, für diejenigen am Textende *Terminator*.[190] Bei Initiatoren und Terminatoren kann es sich um Makrostrukturen handeln. Grundsätzlich ist dies nach Simmlers Definition der Fall, „wenn sie eine Komplexität besitzen, die diejenige eines einfachen oder komplexen Satzes übersteigt".[191]

Es können *indirekte* und *direkte Initiatoren* beziehungsweise *Terminatoren* unterschieden werden. Direkte Textbegrenzungssignale „bestehen aus sprachlichen Merkmalen unterschiedlichen Komplexitätsgrades".[192] Indirekte Textbegrenzungssignale ergeben sich aus der Existenz direkter Textbegrenzungssignale anderer Textexemplare. Weist ein Textexemplar ein direktes Textbegrenzungssignal auf, so ist dies zugleich auch ein indirekter Hinweis auf die Begrenzung des vorhergehenden beziehungsweise folgenden Textexemplars: In einem direkten Initiator ist also gleichzeitig ein indirekter Terminator des vorhergehenden und in einem direkten Terminator ein indirekter Initiator des folgenden Textexemplars zu sehen.

Innerhalb der direkten Initiatoren und Terminatoren wird zwischen *allgemeinen* und *spezifischen Textbegrenzungssignalen* unterschieden. Allgemeine sind solche, die für mehrere Textexemplare einer Textsorte Geltung haben, spezifische leiten ein einzelnes Exemplar ein oder schließen es ab.[193] Da die einzelnen Textexemplare der hier untersuchten Familienanzeigen immer auch einen direkten Initiator beziehungsweise Terminator aufweisen, kann auf Ausführungen zu den indirekten Initiatoren beziehungsweise Terminatoren verzichtet werden. Hinzu kommt der Umstand, dass die überwiegende Zahl der Textexemplare durch Rahmen begrenzt wird, die – wie unter I.3.3.2.1 näher erläutert – als nichtsprachliche Kombination aus Initiator und Terminator zu verstehen sind.

Neben der Unterscheidung zwischen allgemeinen und spezifischen Initiatoren und Terminatoren zeigt sich, dass bei den vorliegenden An-

190 Vgl. *Simmler* (1996: 602).
191 *Ders.* (1996: 612f.).
192 *Ders.* (1996: 603).
193 Vgl. ebd.

zeigen innerhalb der spezifischen Textbegrenzungssignale eine weitere Einteilung sinnvoll ist: die Einteilung in *primäre* und *sekundäre* Initiatoren und Terminatoren. Primäre Initiatoren und Terminatoren sind dabei solche, die ausschließlich in Textbegrenzungsfunktion vorkommen: Bei den untersuchten Geburts-, Verbindungs- und Todesanzeigen sind dies Überschriften als primäre Initiatoren und Rahmen als nichtsprachliche Kombination aus primärem Initiator und Terminator. Um sekundäre Initiatoren und Terminatoren handelt es sich bei Makrostrukturen, die nur im konkreten Einzelfall anstelle eines primären sprachlichen Initiators oder Terminators die Funktion der Textbegrenzung übernehmen. Ein solcher Fall liegt etwa bei Geburtsanzeigen vor, die bei Fehlen des primären Initiators Überschrift durch die Makrostruktur Geburtsmitteilung eingeleitet werden. Sofern Makrostrukturen wie die Geburtsmitteilung in den untersuchten Inseraten zusätzlich die Funktion der Textbegrenzung übernehmen, werden sie als sekundäre Initiatoren behandelt und im entsprechenden Abschnitt beschrieben. Makrostrukturen ohne die Zusatzfunktion der Textbegrenzung werden im entsprechenden Makrostrukturabschnitt behandelt.

In der Textsortenlinguistik können auch Bündel mehrerer spezifischer Initiatoren oder Terminatoren eine Rolle spielen. Initiatorenbündel liegen vor, wenn mehrere spezifische Initiatoren einen „Komplexitätsgrad zeigen, der sich von demjenigen eines einfachen oder komplexen Satzes unterscheidet“.[194] Exemplare der Textsortenvariante *Bericht nach Ereignis* etwa können durch ein Initiatorenbündel aus den Initiatorteilen Haupt-, Ober- und Unterzeile abgegrenzt werden.[195] Die hier untersuchten Textexemplare sind jedoch durch einen – im Vergleich zu vielen anderen Textsorten – geringen Umfang gekennzeichnet, der sich auch darin niederschlägt, dass weder Initiatoren- noch Terminatorenbündel vorkommen, sondern nur Einzelinitiatoren und Einzelterminatoren.[196]

3.2.1.3 Einordnung von Mottos als Teiltext

Bei Mottos handelt es sich – dies lässt sich an dieser Stelle sagen, ohne der Untersuchung vorzugreifen – um nicht selten vorkommende Makrostrukturen. Mottos sind als Makrostrukturen mit potenzieller Texthaftigkeit aufzufassen, die jedoch nach dem mutmaßlichen Willen der Inseren-

194 *Simmler* (1996: 607).

195 Ebd.

196 Wenn also im Folgenden die Rede davon ist, dass neben einem bestimmten Textbegrenzungssignal noch weitere vorkommen, so meint dies stets nur das Vorkommen im Untersuchungszeitpunkt, nicht in einem einzelnen Textexemplar.

ten nicht selbstständig erscheinen sollen, sondern als *Textteile* in die als größere Einheiten zu verstehenden Geburts-, Verbindungs- und Todesanzeigen integriert sind. Um Makrostrukturen mit potenzieller Texthaftigkeit terminologisch hervorzuheben und ihre „gewisse Eigenständigkeit“[197] zu betonen, ohne ihnen dabei den Status eines Textexemplars zuzuerkennen, schlägt Simmler den Ausdruck *Teiltext* vor.[198] Mottos mit potenzieller Texthaftigkeit sind Gedichte und Aussprüche bekannter Persönlichkeiten.

3.2.2 *Prätheoretisches Textklassenwissen und Textsortendifferenzierung*

Außer Frage steht, dass Leser Geburts-, Verbindungs- oder Todesanzeigen in einer Zeitung als solche erkennen, wenn die jeweilige Anzeige nicht zu sehr von den geltenden Konventionen abweicht. Die Rezipienten verfügen über ein *alltagssprachliches Textklassenwissen*, das es ihnen ermöglicht, verschiedene, ihnen bekannte Textexemplare intuitiv einzelnen alltagssprachlichen Textklassen zuzuordnen, wobei Textklasse als Gruppe von Textexemplaren zu verstehen ist.[199]

Vor der linguistischen Analyse von Textsorten muss deshalb die Frage beantwortet werden, inwiefern die alltagssprachlichen Textklassen, die in Anlehnung an die von Schlüter gebrauchte Terminologie im Folgenden als *prätheoretische* beziehungsweise *vorwissenschaftliche* Textklassen bezeichnet werden, bei der Textsortendifferenzierung einzubeziehen sind.[200] Bei einer empirischen Analyse ist es unvermeidbar, dass alltagssprachliches Textklassenwissen in die Untersuchung einfließt, denn schließlich ist für die spezifische Textsortenuntersuchung ein Materialkorpus zusammenzustellen, auf dessen Grundlage die Analyse durchgeführt wird.

Schlüter benennt drei Verfahren zur Einbeziehung prätheoretischer beziehungsweise vorwissenschaftlicher Textklassen in die empirische Untersuchung: *rein induktiv*, *rein deduktiv* oder im Rahmen eines *induktiv-deduktiven Verfahrens*. Beim rein induktiven Verfahren bilden die alltagssprachlichen Textklassen den Ausgangspunkt der Untersuchung, anhand derer „versucht [wird], charakteristische Merkmale jeder Textsorte zu bestimmen.“[201] Das rein deduktive Verfahren geht den umgekehrten Weg: Zunächst wird ein texttheoretisches Konzept erarbeitet, „das Kate-

---

197 *Simmler* (1996: 620).
198 Ebd.
199 Zur Verwendung der Bezeichnung *Verbindungsanzeige* siehe Kapitel 4.3.
200 Vgl. *Schlüter* (2001: 72f.).
201 *Vater* (2001: 157).

gorien bereitstellt, die zur Definition wissenschaftlicher Texttypen im Sinne von theoretischen Konstrukten herangezogen werden."[202] Beim induktiv-deduktiven Verfahren wird wie folgt vorgegangen:

> *Die alltagssprachlichen Textklassen werden zum Ausgangspunkt gewählt, wobei die vorwissenschaftliche Klassenbildung auf der Grundlage einer texttheoretischen Konzeption überprüft, beschrieben, ggf. korrigiert und zu einer linguistischen Textsortendefinition bzw. -differenzierung genutzt wird.*[203]

Beim induktiv-deduktiven Verfahren wird somit „eine systematische Verbindung zwischen der Textklasse als einem intuitiven, alltagssprachlichen, d.h. psychischen Konzept und der linguistischen Textsorte als einem theoretisch definierten Konstrukt hergestellt."[204] Dies bedeutet, dass zwar auf Grundlage der alltagssprachlichen Textklassen eine linguistische Textsortendifferenzierung angestrebt wird, die linguistischen Textsorten aber von den vorhandenen alltagssprachlichen Textklassen abweichen können. Zum einen besteht damit die Möglichkeit, dass für eine alltagssprachliche Textklasse mehrere linguistische Textsorten angesetzt werden müssen, zum anderen ist aber auch denkbar, dass linguistische Textsorten dort angesetzt werden, wo „im Sprachsystem keine Textklassenbezeichnung zur Verfügung steht".[205] Der induktiv-deduktive Ansatz verbindet folglich die Vorteile des rein induktiven und des ausschließlich deduktiven Verfahrens miteinander:

> *Wesentlich ist in diesem Zusammenhang, daß angestrebt wird, zu einer Textsortendifferenzierung zu gelangen, die der alltagssprachlichen Klassenbildung nicht völlig widerspricht. Die prätheoretischen Textklassen bilden somit ein Korrektiv für die Auswahl der Differenzierungskriterien; sie fungieren als Maßstab für die Bewertung der jeweiligen Konzeption im Hinblick auf deren Angemessenheit und damit auch Akzeptabilität.*[206]

In dieser Arbeit wird das induktiv-deduktive Verfahren der Textsortendifferenzierung zugrunde gelegt. Dabei stellt

> *die Textsorte [...] ein theoretisches Konstrukt dar, dessen Ermittlung und Definition sich so weit wie möglich an den prätheoretischen bzw. nichtlinguistischen Textklassenbegriffen orientiert, um so sicherzustellen, daß sich die wissenschaftliche Klassenbildung nicht allzu weit von der Sprachwirklichkeit entfernt.*[207]

---

202 *Schlüter* (2001: 74).
203 *Dies.* (2001: 75).
204 *Dies.* (2001: 87).
205 *Dies.* (2001: 87f.).
206 *Dies.* (2001: 87).
207 *Dies.* (2001: 155).

Die Grundlage für diese Untersuchung bilden die – in ausgewählten regionalen und überregionalen Tageszeitungen publizierten – prätheoretischen Textklassen Geburts-, Verbindungs- und Todesanzeige: In Geburtsanzeigen wird die Geburt eines Kindes, in Verbindungsanzeigen die Verlobung beziehungsweise Heirat eines Paares und in Todesanzeigen der Tod eines Menschen bekannt gegeben.

3.2.3 Analytische Vorgehensweise bei der Textsortenermittlung

Zur Textsortenermittlung schlägt Simmler ein fünfstufiges Analysemodell vor. Im ersten Analyseschritt werden die externen Variablenkonstellationen der vorliegenden Textexemplare, die zuvor auf Basis des alltagssprachlichen Textklassenwissens zu einem Korpus zusammengestellt wurden, erfasst:

> *Die externen Merkmalbündel und die Wahl des Mediums oder der Medienkombination ergeben die Grundlage für das Auftreten sprachlicher Äußerungen. Sie setzen bereits einen ersten Prozeß der Identifikation und Distinktion voraus und bilden somit die erste Abstraktionsebene auf dem Weg zur Ermittlung distinktiver Einheiten.*[208]

Die externe Variablenkonstellation lässt folglich erste Einschränkungen bei der Textauswertung zu. Die weitere Analyse muss aber auf internen Merkmalen beruhen, die die auf die externe Beurteilung zurückgehenden Erkenntnisse dann bestätigen oder korrigieren können.[209]

Auf der zweiten Abstraktionsebene des Analysemodells werden den *externen Variablenkonstellationen* „sprachliche Äußerungen zugeordnet“[210] und die *intern konstituierenden Merkmale* der Textexemplare erfasst, wobei „[w]ichtig ist [...], daß bei dieser Zuordnung zunächst alle ausgewählten sprachlichen Elemente die jeweilige Äußerung konstituieren und an ihrer Funktionalität in gleicher Weise beteiligt sind.“[211] Im dritten Schritt schließlich werden „die verschiedenen sprachlichen Äußerungen, die bei sich wiederholender externer Variablenkonstellation vorkommen, näher analysiert“[212] und miteinander verglichen, was eine Unterscheidung in *konstante* und *variable Merkmale* ermöglicht. Die konstanten Merkmale, bei denen es sich um *interne identifizierende Merkmale* handelt, können makrostrukturelle, syntaktische und lexikalische Merkmale sein.

---

208 *Simmler* (1984: 33).
209 Vgl. *ders.* (1984: 34).
210 *Ders.* (1984: 33).
211 Ebd.
212 Ebd.

Das Ziel der vierten Abstraktionsebene ist es, „die Texthaftigkeit in Abgrenzung von der Satzhaftigkeit zu begründen“.[213] Simmler stellt dazu fest:

> *Die durch identifizierende Merkmale zusammengestellten Äußerungsgruppen sind Erscheinungen der* parole *und sollen nun [...] als Realisierungen von* langue-*Einheiten begriffen werden.*[214]

Diese Abgrenzung ist notwendig, „wenn Textsorten als neue Einheiten der *langue* begründet werden sollen.“[215] Wichtig ist, dass „im Grenzfall [...] Merkmale angegeben werden können, die zu einer Satz-Äußerung hinzutreten müssen, damit ein Text entsteht.“[216] Zu einem Satz muss folglich mindestens ein textuelles Merkmal hinzukommen, wobei es sich beispielsweise um einen Initiator oder Terminator handeln kann:

> *Durch das hinzutretende spezifische textuelle Merkmal wird der einzelne Satz nicht mehr isoliert, sondern als Teil einer neuen Gesamtheit gebraucht; er wird zu einem textuellen Merkmal. Es entsteht eine Texthaftigkeit der Äußerung mit einer spezifischen Sinnfunktion. [...] Die neue Gesamtheit ist wegen ihrer ausdrucks- und inhaltsseitigen Spezifik nicht mehr auf die Einheit des Satzes zurückführbar. Sie ist die Realisation einer neuen Einheit der langue, nämlich der Textsorte und bildet ein Textexemplar.*[217]

Der fünfte Abstraktionsschritt dient „der Begründung der Textsorten als Einheiten der *langue*, d.h. neben die identifizierende Funktion als Textexemplare tritt die Hervorhebung der differenzierenden Funktion zwischen Gruppen von Textexemplaren.“[218] Auf diese Weise lassen sich „[a]ufgrund von gemeinsamen Merkmalen [...] Gruppen von Textexemplaren aufstellen, die sich von anderen Gruppen von Textexemplaren unterscheiden.“[219]

Nach alledem ergibt sich für diese Arbeit, das Korpus hinsichtlich der externen Variablen sowie der makrostrukturellen, syntaktischen und lexikalischen Merkmale eingehend zu untersuchen. Im ersten Schritt wird die externe Variablenkonstellation herausgearbeitet. In der zweiten und dritten Ebene werden die intern konstituierenden Merkmale der Geburts-, Verbindungs- und Todesanzeigen erfasst und verglichen, um konstante und variable Merkmale zu identifizieren. Das Vorgehen führt

---

213 *Ders.* (1984: 35).
214 *Ders.* (1984: 34).
215 *Ders.* (1984: 35).
216 Ebd.
217 Ebd.
218 Ebd.
219 *Ders.* (1984: 35f.).

letztlich zur „Systematisierung verschiedener Gruppen von Textexemplaren“,[220] die zum Ansatz der Textsorten Geburtsanzeige, Verbindungsanzeige und Todesanzeige als Einheiten der *langue* führt.

3.2.4 Die Untersuchung sprachlicher Veränderungen

Diese Arbeit betrachtet die Entwicklung neuhochdeutscher Geburts-, Verbindungs- und Todesanzeigen über einen Zeitraum von mehr als 200 Jahren. Textsorten werden jedoch stets in einem synchronen sprachlichen Zustand ermittelt. Simmler hat bereits eine Untersuchung vorgelegt, die sprachliche Veränderungen und deren Einfluss auf Textsortendifferenzierungen zum Gegenstand hatte. Er führt aus, dass die Konstanz einzelner textueller Merkmale oder ganzer Textsorten zwar Ergebnis eines Vergleichs mehrerer synchroner sprachlicher Zustände sein, jedoch nicht Eingang in eine Definition finden kann. Gleichwohl lassen sich durch die Analyse von Initiatoren, Terminatoren und Makrostrukturen sowie Syntax und Lexik in einer Abfolge synchroner Zustände Kontinuitäten und Veränderungen in den textuellen Merkmalbündeln beobachten.[221]

Ausgehend von einer dem Anfang eines Untersuchungszeitraumes entstammenden Textsortendefinition ist keine neue Textsortenbestimmung notwendig, so lange Kontinuität gegeben ist.[222] Jedoch ist – auch im Falle der Konstanz einer Textsorte – wegen festzustellender Veränderungen damit zu rechnen, dass Varianten der Textsorte auftreten. Simmler hebt hervor:

> *Unter dem diachronen Aspekt des Sprachwandels dürften sich die ersten Wandlungen bei einzelnen textuellen Merkmalen in den [...] Textsortenvarianten vollziehen, ehe es zu Rückwirkungen auf der Textsortenebene kommt.*[223]

3.2.5 Positionsbegriff und quantitative Entwicklung der Makrostrukturen

Wenn im Verlauf der Untersuchung zur Darstellung der Binnenstruktur der Textexemplare, insbesondere der Abfolgen von Makrostrukturen beziehungsweise ihrer Position innerhalb der jeweiligen Anzeige, die Rede ist, so wird folgende Zählreihenfolge angewendet: Initiator, Positionen 1 bis n, Terminator. Wie auch aus Abb. 1 ersichtlich ist, beziehen die Positionsangaben sich ausschließlich auf die Stellung der Makrostrukturen zwischen den Textbegrenzungssignalen Initiator und Terminator. Als

220 *Braun* (2004: 156).
221 Vgl. *Simmler* (1991: 459, 461).
222 *Ders.* (1991: 467).
223 *Ders.* (1993: 358).

weitere Angabe werden die relativen Begriffe *letzte* und *vorletzte* zur Positionsbestimmung verwendet. Gemeint ist hiermit die Position in Relation zum Terminator – die Angabe *letzte Position* meint, dass auf die so bezeichnete Makrostruktur der Terminator folgt.

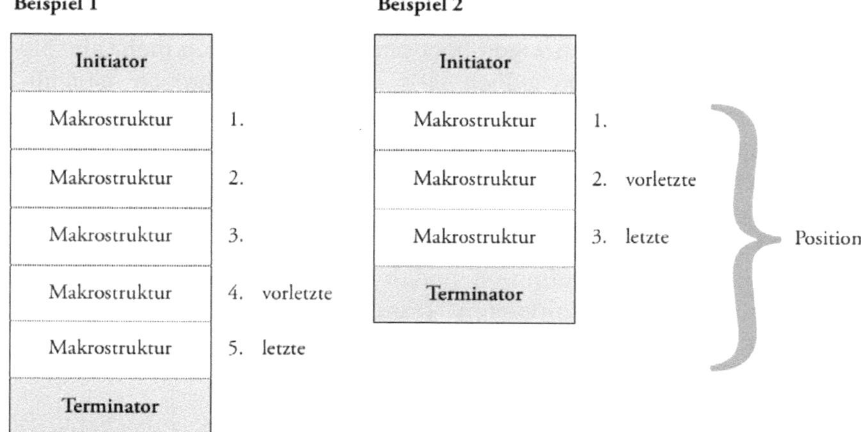

Abb. 1: Positionsbegriff

Weiterhin spielt die quantitative Entwicklung der Makrostrukturen in den Geburts-, Verbindungs- und Todesanzeigen eine Rolle: Zur Veranschaulichung der sich wandelnden Komplexität der Anzeigen wird die Entwicklung der durchschnittlichen Zahl der verschiedenen Makrostrukturen je Textexemplar in den jeweiligen Kapiteln zu den Geburts-, Verbindungs- und Todesanzeigen erläutert. Die durchschnittliche Anzahl der Makrostrukturen, die innerhalb der untersuchten Jahrgänge zwischen Initiator und Terminator tritt, dient der Veranschaulichung der Abweichungen zwischen den Zeitungen und lässt überdies anhand der so dargestellten Entwicklung der Anzahl der Makrostrukturen Rückschlüsse auf Tendenzen hinsichtlich der Frequenz der Makrostrukturen zu. Die durchschnittliche Anzahl der verschiedenen – in den Anzeigen auftretenden – Makrostrukturen wird im Folgenden auch als Jahrgangsdurchschnitt bezeichnet.[224]

224 Die Durchschnittswerte der einzelnen Jahrgänge sind auf zwei Nachkommastellen, die Durchschnittswerte der einzelnen Zeitungen – im jeweiligen Jahrgang – auf eine Nachkommastelle gerundet.

3.3 *Textexterne und textinterne Merkmale*

Das Hauptaugenmerk dieser Arbeit liegt auf der Darstellung regionaler Differenzen und der Nachzeichnung der zeitlichen Entwicklung der Geburts-, Verbindungs- und Todesanzeigen während des Untersuchungszeitraumes. Die externe Variablenkonstellation ermöglicht bereits erste Einschränkungen bei der Auswertung der Textexemplare; die finale Analyse beruht aber auf internen Merkmalen, die die auf die externe Beurteilung zurückgehenden Erkenntnisse bestätigen oder korrigieren können. Für diese Arbeit ergeben sich daraus die untersuchungsrelevanten Kriterien der externen Variablen *Schreiber*, *Leser*, *Ort*, *Zeit* und *Medium*. Als interne textuelle Merkmale werden *Initiatoren*, *Terminatoren* und *Makrostrukturen* sowie *syntaktische* und *lexikalische Merkmale* untersucht, wobei hier sowohl qualitative als auch quantitative Aspekte von Interesse sind.

3.3.1 Die externe Variablenkonstellation

Das Vorkommen eines jeden Textexemplars ist an die Existenz einer Konstellation *externer Variablen* gebunden: Diese Variablen sind *Sprecher/Schreiber*, *Hörer/Leser* sowie *Ort und Zeit*. Daneben ist die Wahl des *Mediums*, in dem der Kommunikationsakt vollzogen wird, Grundlage einer sprachlichen Äußerung. Die Wahl des Mediums hängt vom Willen des Verfassers ab.[225]

Die Kombination externer Merkmale und die Wahl des Mediums führen bereits zu einem ersten Schritt der Identifikation und Distinktion, da sich einzelne Variablen gegenseitig ausschließen. Die innerhalb der Variablenkonstellationen stattfindenden Kommunikationsakte können in monologische und dialogische Kommunikationsakte unterschieden werden. „Bei geschriebenen Äußerungen genügt der Wille des Autors, um eine Abgeschlossenheit und Selbständigkeit zu begründen“.[226] Dies ist bei den Familienanzeigen der Fall. Hierbei handelt sich um monolo-gische Kommunikationsakte.[227]

3.3.1.1 Schreiber

Bei der Variable *Schreiber* ist zu differenzieren: Als Verfasser kommen im Falle privater Anzeigen sowohl Familienangehörige als auch Freunde

225 Vgl. *Simmler* (1996: 600f.; 1984: 32f.).

226 *Ders.* (2009: 14).

227 *Ders.* (1996: 601) weist darauf hin, dass bei dialogischen Kommunikationsakten zusätzlich der Wille des Hörers/Lesers hinzutritt.

in Betracht. Bei Geburtsanzeigen können neben den Eltern auch andere Familienangehörige – beispielsweise die Großeltern des Neugeborenen – die Anzeige aufgeben. Bei Verbindungsanzeigen treten die Verlobten beziehungsweise die Eheleute selbst oder Verwandte als Inserenten auf. Bei Todesanzeigen muss im Gegensatz zu Geburts- und Verbindungsanzeigen eine Unterscheidung in private und institutionelle Anzeigen vorgenommen werden. Die Verfasser institutioneller Todesanzeigen sind Arbeitgeber, Kollegen, Vereine oder Organisationen. Die Inserenten privater Anzeigen sind Familienangehörige und Freunde der Verstorbenen. Eine präzise, die Identifikation ermöglichende Angabe der Verfasser ist in Todesanzeigen nicht möglich, wenn die Hinterbliebenen in den Anzeigen nicht namentlich benannt werden. Als Angabe der Hinterbliebenen finden sich dann Formulierungen wie *die Hinterbliebenen* oder *die trauernde Familie.* In institutionellen Todesanzeigen werden die Inserenten nur selten mit Namen aufgeführt, dort sind meist Funktionsbezeichnungen wie *der Vorstand* oder *Unternehmensleitung und Mitarbeiter* nachzuweisen.

Insgesamt lässt sich bei den untersuchten Anzeigen nur schwer sagen, welchen Einfluss Vorlagen der Zeitungsverlage – oder bei Todesanzeigen Vorlagen der Bestattungsunternehmen – beim Verfassen der jeweiligen Anzeige hatten und in welchem Maße die angegebenen Inserenten tatsächlich an der Formulierung des Anzeigentextes beteiligt waren, denn die Verwendung von Vorlagen ist bei der Erstellung von Familienanzeigen nicht ungewöhnlich. Dies gilt für Geburts- und Verbindungsanzeigen genauso wie für Todesanzeigen. Es ist davon auszugehen, dass sich die Inserenten beim Verfassen einer Anzeige an anderen, bereits veröffentlichten Anzeigen orientieren. Dabei besteht zum einen die Möglichkeit, dass die Inserenten sich explizit auf bekannte Anzeigen beziehen und bestimmte Elemente bewusst in die eigene Anzeige aufnehmen, zum anderen können auch unbewusst Anzeigen als Vorbild in die selbst gestaltete Anzeige einfließen.

Grundsätzlich ist zu unterstellen, dass die Inserenten von Geburts- und Verbindungsanzeigen länger über den Inhalt nachdenken, als dies bei Inserenten von Todesanzeigen der Fall ist. Folglich nehmen Todesanzeigen hier eine Sonderstellung ein. Im Unterschied zu Geburts- und Verbindungsanzeigen, bei denen den Verfassern im Allgemeinen ausreichend Zeit für die Formulierung des Anzeigentextes zur Verfügung steht, sind die Hinterbliebenen nach dem Tod eines Angehörigen in einer anderen Situation: Meist tritt der Tod unerwartet ein und nur selten werden die Hinterbliebenen auf eine bereits vorbereitete Anzeige zurückgreifen können.[228] Im Trauerprozess, der in vier Phasen eingeteilt werden kann, fällt das Aufgeben der Todesanzeige zumeist in die zweite Phase, die drei bis sieben Tage andauert.[229] Die zweite Trauerphase ist die Phase der so genannten ‚doppelten Kontrolle', in der die Trauernden unter anderem der Außenwelt die Todesmitteilung überbringen – sowohl persönlich als auch in Form einer Todesanzeige. Teilweise befinden sich die Angehörigen noch in der nur wenige Stunden dauernden ersten Trauerphase. Die erste Trauerphase, in der die Hinterbliebenen durch die gerade beginnende mentale Verarbeitung des Verlustes nur beschränkt handlungsfähig sind, charakterisiert Spiegel als Schockzustand. Nach der dritten Phase des Trauerprozesses, der Regression, folgt in der vierten Phase das Zurückfinden in den Alltag.

Bestattungsunternehmen und Anzeigenabteilungen von Tageszeitungen halten Vorlagen und Sammlungen von zitierbaren Sprüchen bereit, derer sich die Inserenten bedienen können. Inwieweit einzelne Anzeigen individuell konzipiert sind, lässt sich daher oft nicht sagen. Es ist aber davon auszugehen, dass individuelle Entscheidungen auch bei den Anzeigen eine Rolle spielen, die auf Vorlagen beruhen. Ähnlichkeiten verschiedener vorlagenbeeinflusster Todesanzeigen mögen feststellbar sein, identische sind dennoch praktisch ausgeschlossen.

Die Anzeigenabteilungen der Verlage stellen nicht nur für Todesanzeigen, sondern auch für Geburts- und Verbindungsanzeigen Kataloge zur Verfügung, die verschiedene Anzeigentypen enthalten, an denen sich die Inserenten orientieren können. Daneben haben die Zeitungen eine Auswahl an Symbolen und grafischen Abbildungen. Ebenso ist anzunehmen, dass die Inserenten bei Geburts- und Verbindungsanzeigen aus verschiedenen Schmuckrahmen wählen können.

Eine Besonderheit der Geburts-, Verbindungs- und Todesanzeigen liegt in ihrer starken Konventionalisierung: Nach Lewis ist eine Konvention eine Verhaltensregularität von Mitgliedern einer Gruppe, in der es zum gemeinsamen Wissen gehört, dass beim Auftreten einer bestimmten Situation die Mehrzahl der Mitglieder dieser Verhaltensregularität folgt. Gleichzeitig erwartet die Gruppe, dass entsprechend der bestehenden Verhaltensregularität gehandelt wird.[230] Bei zahlreichen Textsorten haben sich „Konventionen für die Sprachverwendung und die Textgestaltung

228 Der Rückgriff auf eine vorbereitete Anzeige dürfte äußerst selten sein und ist vor allem für den Fall einer längeren Krankheit denkbar.

229 Die Ausführungen zu Trauerprozess und Trauerphasen beziehen sich auf *Spiegel* (1973: 58, 63).

230 Vgl. *Lewis* (1975: 79).

herausgebildet",[231] dies gilt auch für die Textsorten Geburts-, Verbindungs- und Todesanzeigen, die zur Textsortengruppe Familienanzeige gehören. Konventionen bieten Verfassern wie Rezipienten einen gewissen Orientierungsrahmen, sie haben „geltende Konventionen zu befolgen und zu erwarten".[232] Wird zu sehr von den Konventionen abgewichen, scheitert die Kommunikation.

Sowohl Rezipient als auch Verfasser haben in der Regel schon unzählige Familienanzeigen gesehen und verfügen über ein implizites Textsortenwissen, das „eine wichtige Grundlage für die Identifikation und die Produktion"[233] einer Textsorte darstellt. Konventionen sind kulturabhängig und von Sprache zu Sprache verschieden.[234] Mit einer Veränderung der Kultur kann eine Änderung der Konvention einhergehen, dies muss jedoch nicht der Fall sein. Das Maß der Konventionalisierung einer Textsorte zeigt sich an der Freiheit, die der Verfasser eines Textexemplars bei der Produktion hat, ohne die Konventionen zu verletzen. Der Rezipient muss intuitiv in der Lage sein, das Textexemplar der jeweiligen prätheoretischen beziehungsweise alltagssprachlichen Textklasse zuzuordnen. Reiß verweist darauf, dass sich in Todesanzeigen trotz „dieser starken Konventionalisierung [...] ein breiter Spielraum für Variabilität des Ausdrucks bei der inhaltlichen Auffüllung der Textkonstanten"[235] bietet.

Für die Untersuchung der tatsächlich erschienenen Anzeigen sind die Überlegungen zur Entstehung einzelner Inserate insoweit relevant, als sie ein Beleg für die starke Konventionalisierung der Familienanzeigen sind. Unabhängig davon, ob die Anzeigen mit oder ohne Rückgriff auf Vorlagen und Kataloge entstanden sind, vollziehen die Verfasser durch das Schalten der entsprechenden Anzeige eine Handlung. Sie informieren mit dem Inserat über eine familiäre oder – im Falle institutioneller Todesanzeigen – eine institutionelle Veränderung. Mit der Angabe der Inserenten werden somit die Handelnden benannt.

3.3.1.2 Leser

Die Charakterisierung des *Lesers* der vorliegenden Familienanzeigen verlangt Präzision: Prinzipiell kann jeder Leser einer Zeitung auch als

231 *Reiß* (1977/78: 48).

232 Ebd.

233 *Lage-Müller* (1995: 74).

234 Hierin kann auch ein Erklärungsansatz für die Ähnlichkeit der Todesanzeigen aus verschiedenen europäischen Ländern liegen.

235 *Reiß* (1977/78: 48).

Leser der darin enthaltenen Familienanzeigen gesehen werden. Einen Anhaltspunkt zur Einschätzung des Leserkreises bietet dabei die verkaufte Auflage und die Käuferstruktur einer Zeitung.

Es erscheint allerdings sinnvoll, den Leserkreis jedenfalls für private Anzeigen zu beschränken und ihn anhand des Horizonts der Verfasser zu beurteilen: Demnach richten sich die Inserenten vor allem an diejenigen unter den Zeitungskäufern, für die das familiäre Ereignis, das bekannt gegeben wird, von Interesse ist und die Anzeige somit ein Informationsbedürfnis stillt.

Todesanzeigen von Institutionen und Firmen wird gelegentlich unterstellt, dass sie sich an jeden Käufer der Zeitung richten, da der mit der Nachricht verbundenen Nennung der Institution oder Firma auch ein Werbeeffekt zugeschrieben wird.[236]

3.3.1.3 Ort

Die Variable *Ort* ergibt sich aus dem Erscheinungsgebiet der jeweiligen Zeitung – vorliegend handelt es sich dabei um die Großstädte Berlin und Hamburg, die Orte Bayreuth, Landshut, Kiel und Umgebung sowie den Großraum Köln.[237] Bei den überregional erscheinenden Zeitungen, also bei FAZ, Welt, HuC, NPZ und VZ, geht das Erscheinungsgebiet weit über den Erscheinungsort hinaus. Bei Welt und FAZ umfasst das Erscheinungsgebiet neben dem gesamten Bundesgebiet auch Österreich, die deutschsprachigen Gebiete der Schweiz und weitere Länder, in denen die beiden Zeitungen erworben werden können. Bei den regionalen Zeitungen mag auch ein anderer Ort denkbar sein, etwa wenn ein Rezipient als Abonnent die jeweilige Zeitung außerhalb des eigentlichen Erscheinungsgebietes bezieht, dies ist jedoch von untergeordneter Relevanz.

3.3.1.4 Zeit

Die Variable *Zeit* ergibt sich aus dem Erscheinungsdatum der jeweiligen Anzeige. Die hier analysierten Geburts-, Verbindungs- und Todesanzeigen sind zwischen 1790 und 2002 erschienen. Eine genaue Beschreibung der untersuchten Zeiträume ist unter I.4.2 zu finden.

3.3.1.5 Medium

Alle vorliegenden Familienanzeigen sind im *Medium* Zeitung erschienen. Bei den ausgewählten Zeitungen handelt es sich um regionale und

---

236 Vgl. *Eckkrammer* (1996: 13), *Mader* (1990: 19).
237 Siehe hierzu auch I.4.1.

überregionale Tageszeitungen. Für diese Analyse ist die Tatsache, dass Familienanzeigen auch vermehrt im Internet zu finden sind, nur von geringer Bedeutung, da die Inserenten die Anzeigen primär im Medium Zeitung publizieren, die Veröffentlichung im Internet hingegen nicht von der Intention der Verfasser, sondern von der Online-Politik des Verlages abhängig sein dürfte.

Die nahezu flächendeckende Verbreitung des Internets – zumindest in den Industriestaaten – hat aber auch Auswirkungen auf die hier untersuchten Familienanzeigen. Sofern Verlage die in den Zeitungen veröffentlichten Familienanzeigen zusätzlich im Internet publizieren, ergibt sich für diese Inserate eine abweichende externe Variablenkonstellation: Zum einen ändert sich das Medium, in dem die Inserate erscheinen vom Medium Zeitung zum Medium Internet, zum anderen vergrößert sich die Zahl der potenziellen Leser, da die Anzeigen prinzipiell von jedem Ort der Welt, der über einen Internetzugang verfügt, eingesehen werden können.

3.3.2 Textinterne Merkmale

Neben der externen Variablenkonstellation, die sich auf die Äußerungssituation bezieht, fließen auch auf das Sprachsystem bezogene textinterne Merkmale in die Analyse ein. Als interne Kriterien der Textsortenermittlung werden die textsortenspezifischen Initiatoren, Terminatoren und Makrostrukturen, die Syntax sowie die Lexik der vorliegenden Geburts-, Verbindungs- und Todesanzeigen berücksichtigt.

3.3.2.1 Initiatoren, Terminatoren, Makrostrukturen

Besondere Beachtung finden die internen textuellen Merkmale, die in den vorliegenden Familienanzeigen nachzuweisen sind: Im Rahmen der Analyse werden die in den Geburts-, Verbindungs- und Todesanzeigen feststellbaren Initiatoren, Terminatoren und Makrostrukturen beschrieben und analysiert.[238]

Die Untersuchung der direkten Initiatoren ist zweigeteilt und würdigt sowohl *allgemeine* als auch *spezifische Initiatoren.* Da die allgemeinen Initiatoren, also solche Initiatoren, die für mehrere Textexemplare einer Textsorte Geltung haben, für Geburts-, Verbindungs- und Todesanzeigen entweder identisch sind oder aber große Ähnlichkeiten aufweisen, werden sie im Folgenden gemeinsam behandelt, auf Besonderheiten wird im Einzelfall eingegangen.

---

238 Zur Unterscheidung direkter und indirekter Textbegrenzungssignale sowie der Abgrenzung von allgemeinen und spezifischen Initiatoren siehe I.3.2.1.2.

Für Geburts-, Verbindungs- und Todesanzeigen sind insgesamt vier verschiedene allgemeine Initiatoren zu benennen: der Zeitungskopf auf der Titelseite, der allgemeine Seitenkopf, die Rubriküberschrift sowie in einem Fall Zwischenüberschriften. Der Zeitungskopf bildet stets den ersten und allen Zeitungsinhalten gemeinsamen Initiator.[239] Aus ihm sind die externen Merkmale der in dem Medium enthaltenen Anzeigen ersichtlich: Der Name der Zeitung, in der sie erscheinen, der Erscheinungsort und das Datum.[240]

Ein Seitenkopf – sofern vorhanden – ermöglicht dem Rezipienten die Orientierung innerhalb der Zeitung. Üblicherweise weist er am oberen Rand einer Zeitungsseite auf die Seitennummer hin und wiederholt den Namen der Zeitung sowie das Erscheinungsdatum. Teilweise enthält der Seitenkopf eine Angabe zur Sparte, beispielsweise *Sport*, *Lokales* oder *Aus aller Welt*. Der Spartentitel dient meist der Kennzeichnung redaktioneller Inhalte, auf Anzeigen wird mit diesem Mittel nur selten hingewiesen. Der Seitenkopf ist vom eigentlichen Inhalt der Zeitungsseite durch typografische Hervorhebung oder drucktechnische Mittel – verbreitet ist ein horizontaler Strich – abgesetzt. Die Rubriküberschrift ist regelmäßig der letzte allgemeine Initiator einer Anzeige und weist am deutlichsten auf ihren Charakter hin. Rubriküberschriften leiten den folgenden Teil der Zeitung typischerweise mit einem hervorgehobenen Nominalsatz *Familienanzeigen* oder *Familiennachrichten* ein. Alle in die Untersuchung einbezogenen Zeitungen weisen auf der ersten Seite einen Zeitungskopf auf.

Die weiteren allgemeinen Initiatoren sind unterschiedlich verbreitet: So sind die Familienanzeigen in den KN von 1902 auf Anzeigenseiten platziert, die keinen Seitenkopf enthalten, sie sind mit der Rubriküberschrift *Familien-Nachrichten* versehen. In den Proben aus den Jahren 1916/17 und 1921 haben die Seiten der KN Seitenköpfe, Rubriküberschriften fehlen. Ab 1943 sind in den KN auch Rubriküberschriften zu finden, sie lauten *Familienanzeigen* und *Familien-Anzeigen*.[241] Nur 2002 wird dort auch ein Spartentitel *Anzeigen* im Seitenkopf verwendet. Im HuC sind von 1790 bis 1850 keine Seitenköpfe zu belegen, ab 1850 wird von zweizeiligen Rubriküberschriften Gebrauch gemacht. Die relevanten Spalten sind mit *Anzeigen/Proclamata* überschrieben, ab 1875 treten

239 Vgl. *Simmler* (1984: 39).

240 Zu den externen Merkmalen siehe I.3.3.1.

241 In den Proben aus den Jahren 1943 und 2002 ist *Familienanzeigen* nachzuweisen, 1952 und 1972 dagegen *Familien-Anzeigen*.

Seitenköpfe hinzu, der lateinische Rubrikuntertitel entfällt. In den Jahren 1902 und 1917 sind die Rubriken mit *Familien-Anzeigen* überschrieben.

Die KöZ enthält nur 1803 die Rubriküberschrift *Anzeigen*, von 1825 an ist dieser allgemeine Initiator dort nicht mehr nachzuweisen.[242] Im KStA kommen zu keinem der untersuchten Zeitpunkte Rubriküberschriften vor, Seitenköpfe sind dagegen durchgehend vorhanden. Auch in der LZ und der BayZ sind keine Rubriküberschriften festzustellen. Lange Zeit gilt dasselbe bei den beiden süddeutschen Medien auch für die Seitenköpfe, die in der LZ erst ab 1952 auffindbar sind. Seitenköpfe erscheinen auch in der Mopo erst ab 1952, im Jahr 2002 ist erstmals der Spartentitel *Familienanzeigen* im Seitenkopf zu belegen. Die Rubriküberschriften in der Mopo sind einem Wandel unterworfen: 1902 heißt es dort *Familien-Anzeigen*, zwischen 1916/17 und 1942/43 lautet die Rubriküberschrift *Familien-Nachrichten*, 1952 sind keine Rubriküberschriften zu finden, ab 1972 lautet die Bezeichnung *Familienanzeigen.*

In der NPZ tritt eine Besonderheit hervor: Losgelöst vom Wandel der Rubriküberschrift, die 1850 *Familien-Anzeigen* und in den Jahren 1875 und 1902 *Familien-Nachrichten* lautet, wird hier die übliche Unterteilung der Rubrik durch einen weiteren, nur hier feststellbaren allgemeinen Initiator des Typs Zwischenüberschrift für Entbindungs-, Verlobungs-, Heirats- und Todesanzeigen auch textlich deutlich gemacht. Diese Differenzierung wird von 1825 bis 1850 zwar auch in der VZ vorgenommen, jedoch nicht in Gestalt von Zwischenüberschriften als zusätzlicher Gliederungsebene, sondern durch die Verwendung der Rubriküberschriften *Entbindungen, Verlobungen, Verbindungen, Todesfälle.*[243] Ab 1875 wird in der VZ die einheitliche Rubriküberschrift *Familien-Nachrichten* verwendet.

In den jüngeren überregionalen Blättern Welt und FAZ befinden sich die Familienanzeigen regelmäßig zusammen mit anderen Anzeigen in Bereichen, die vom Zeitungsinhalt grafisch abgesetzt sind. Die Seiten verfügen über Seitenköpfe, diese weisen jedoch nicht auf die Familienanzeigen hin. Rubriküberschriften sind in der FAZ nicht und in der Welt – von einer Ausnahme im Jahr 1952 abgesehen – erst 2002 nachzuweisen. Die ab 2002 feststellbare Rubriküberschrift lautet hier jedoch allgemein *Anzeige* und dürfte angesichts ihrer Höhe von nur wenigen Millimetern

242 Anders als in vielen anderen Zeitungen dieses Alters fällt die Identifizierung der Familienanzeigen in der KöZ recht leicht, da diese Anzeigen sich durch Fettungen und geschickte Schriftgrößenwahl sehr gut abheben.

243 1800 wurde lediglich zwischen *Anzeigen* und *Todesfällen* unterschieden, 1790 fehlte es in der VZ sowohl an Seitenköpfen als auch an Rubriküberschriften.

eher als Maßnahme zu sehen sein, werblichen und redaktionellen Inhalt auch in Textform deutlich voneinander abzugrenzen.

Die spezifischen Initiatoren, also solche Initiatoren, die die einzelnen Textexemplare einleiten, werden in den Kapiteln II, III und IV jeweils unter 1.1 in ihrer Variationsbreite näher erläutert.

Rahmen nehmen als Textbegrenzungssignal in Familienanzeigen eine Sonderstellung ein, da es sich bei ihnen nicht um ein sprachliches, sondern um ein drucktechnisches Merkmal handelt. Dem Rahmen kommt dabei nicht nur die Funktion der Textbegrenzung am Textanfang, sondern auch am Textende zu, so dass er sowohl als Initiator als auch als Terminator aufzufassen ist. Ein Rahmen ist ein typografischer Hinweis auf die Einheit des einzelnen Textexemplars, er ist folglich eine nichtsprachliche Kombination aus primärem Initiator und primärem Terminator, zu der fast immer sprachliche Initiatoren und Terminatoren hinzutreten. Bei Geburts- und Verbindungsanzeigen kommen Rahmen in Form von Schmuckrahmen, bei Todesanzeigen in Form von Trauerrändern vor.[244]

3.3.2.2 Syntax

Mit den in Familienanzeigen auftretenden internen textuellen Merkmalen, den vorkommenden Initiatoren, Terminatoren und Makrostrukturen, ist immer eine spezifische Auswahl syntaktischer textueller Merkmale verbunden. Die Syntaxanalyse soll Erkenntnisse über die syntaktische Komplexität der untersuchten Anzeigen zutage fördern. Sie orientiert sich an den von Simmler durchgeführten Untersuchungen.[245]

Es wird insbesondere der Frage nachgegangen, welche Bedeutung die Satztypen *Nominalsatz* und *Verbalsatz* in *isoliert gebrauchten einfachen Sätzen* sowie *komplexen Sätzen* haben. Weitere Gesichtspunkte sind die Verwendung von *isoliert gebrauchten einfachen Sätzen,* von *parataktischen, hypotaktischen* und *parataktisch-hypotaktischen Gesamtsätzen* sowie die Art der Reihung in parataktischen Satzverbindungen. Weiterhin soll in Erfahrung gebracht werden, ob bestimmten Nebensatzarten in Bezug auf Frequenz und Distribution in hypotaktischen beziehungsweise parataktisch-hypotaktischen Verbindungen eine besondere Bedeutung zukommt und welche Rolle die verschiedenen Satztypen spielen. Zudem wird auf die Anzahl, Art und Funktion der auftretenden Satzglieder eingegangen.

---

244 Weitere Ausführungen zu den in den Anzeigen nachweisbaren Rahmen finden sich unter II.1.1.1, III.1.1.1 und IV.1.1.1.

245 Vgl. hierzu beispielsweise *Simmler* (1981 und 1986).

Angesichts der Gesamtzahl von 4.270 Familienanzeigen muss eine syntaktische Analyse auf der Ebene der einzelnen Textexemplare unterbleiben. Jede Anzeige auf verschiedene syntaktische Kriterien hin zu untersuchen, würde den Rahmen der Arbeit sprengen. Vielmehr werden die Ausführungen zur syntaktischen Komplexität im zeitlichen und regionalen Vergleich anhand der soeben aufgezeigten Kriterien exemplarisch demonstriert. Neben dem arbeitsökonomischen Gesichtspunkt spricht hierfür auch die Tatsache, dass Geburts-, Verbindungs- und Todesanzeigen schon anhand ihrer makrostrukturellen Merkmale voneinander abgegrenzt werden können. Das Argument der Unterscheidbarkeit aufgrund makrostruktureller Differenzen führt Simmler bei seiner Untersuchung der Textsorten *Regelwerk* und *Lehrbuch* ebenfalls an.[246] Auch er zeigt die auftretenden syntaktischen textuellen Merkmale in seiner Arbeit lediglich exemplarisch auf.

Die sich anschließenden syntaktischen Analysen beschränken sich auf diejenigen Sätze, die tatsächlich von den Inserenten verfasst wurden. Die in Familienanzeigen verwendeten Mottos enthalten Gedanken, die den Inserenten zwar wichtig sind, aber nicht originär von ihnen stammen. Sie werden daher nicht in die Analyse einbezogen. Ansonsten bestünde die Gefahr, dass die Erkenntnisse zur syntaktischen Komplexität der Anzeigen aufgrund der vielfältigen Herkunft der Mottos verfälscht würden.

Die in den Syntaxanalysen in den Unterkapiteln II.2, III.2 und IV.2 behandelten Gesichtspunkte werden nun in der gebotenen Kürze dargestellt. Dies sind Ausführungen zu Verbal- und Nominalsätzen, zu parataktischen, hypotaktischen sowie parataktisch-hypotaktischen Gesamtsätzen, zur syndetischen und asyndetischen Reihung, zu den Nebensatzarten sowie zu den Satzarten Aussagesatz, Fragesatz, Aufforderungssatz, Ausrufesatz und Wunschsatz.

Nach Simmler ist ein Satztyp eine Einheit der *langue*, die sich durch „eine Einheit der Form, der Fügung (Valenz), der Intonation und des Sinnes konstituiert“,[247] eine kommunikative und pragmatische Funktion besitzt und sich in bestimmten Ausprägungen in der *parole* eines konkreten Textexemplars realisiert. Die Anwendbarkeit dieser Definition erstreckt sich sowohl auf Äußerungen mit finiten Verbformen als auch auf solche, die nur aus nominalen Gliedern bestehen.[248]

---

246 *Ders.* (1991: 270).
247 *Ders.* (1981: 363).
248 Ebd.

Satztypen mit *verbum finitum* können demnach als *Verbalsätze*, Satztypen ohne finite Verbform, die dennoch Satzhaftigkeit aufweisen, als *Nominalsätze* bezeichnet werden. Während Verbalsätze ein verbales Zentrum besitzen, kann ein Zentrum, ein Nukleus, bei Nominalsätzen „von einem Substantiv, einem Pronomen, aber auch einem Adverb oder einem Adjektiv, gebildet werden."[249] Nominalsätze können aus einem oder mehreren Nuklei mit unterschiedlichen Attribuierungen bestehen. Verbal- und Nominalsätze können als einfache Sätze in isolierter Stellung oder als Teile komplexer Sätze vorkommen. Komplexe Sätze, im Folgenden als Gesamtsätze bezeichnet, sind Verbindungen einfacher Sätze zu größeren Einheiten, die nach dem Willen des Sprechers oder Schreibers entstehen und in besonderem Maße die Individualität des Schreibers widerspiegeln.[250]

Bei den Syntaxanalysen werden sowohl isoliert gebrauchte einfache Verbal- und Nominalsätze als auch zusammengesetzte Sätze unterschiedlicher Selbstständigkeit erfasst. Dies sind parataktische, hypotaktische und parataktisch-hypotaktische Gesamtsätze.

Parataktische Gesamtsätze, auch als Parataxe, Koordination oder Satzverbindung bezeichnet, bestehen aus mindestens zwei aneinandergereihten Teilsätzen mit hohem Selbstständigkeitsgrad. Die Teilsätze, bei denen es sich um Hauptsätze handelt, behalten in parataktischen Verbindungen grundsätzlich ihre formale Selbstständigkeit. Das zentrale Kriterium eines Hauptsatzes ist jedoch nicht die potenzielle Selbstständigkeit, sondern seine Unabhängigkeit von anderen Satzrealisationen. In einer Satzrealisation wie ‚Er ging ins Theater und traf dort seinen Freund' liegen zwei zu einem Gesamtsatz verbundene unabhängige einfache Sätze vor. Nur der erste einfache Satz ‚Er ging ins Theater' ist auch selbstständig; der zweite ‚traf dort seinen Freund' ist es nicht; er ist aber unabhängig.

Beim *hypotaktischen Gesamtsatz*, auch Hypotaxe, Subordination oder Satzgefüge genannt, besteht im Gegensatz zu den Teilsätzen eines parataktischen Gesamtsatzes eine grammatische Abhängigkeit zwischen den Teilsätzen.[251] Für einen hypotaktischen Gesamtsatz ist charakteristisch, dass wenigstens ein Teilsatz als Nebensatz einem anderen Teilsatz – einem Hauptsatz – grammatisch untergeordnet ist. Neben rein parataktischen beziehungsweise rein hypotaktischen Verbindungen existieren außerdem Kombinationen aus parataktischer und hypotaktischer Verbindung: *parataktisch-hypotaktische Gesamtsätze*.

---

249 *Simmler* (1992: 155).
250 Vgl. *ders.* (1981: 363).
251 Vgl. *Sitta* (1998: 617).

Die strukturelle Gleichordnung der Teilsätze in einem parataktischen beziehungsweise in einem parataktisch-hypotaktischen Gesamtsatz ist formal durch koordinierende Konjunktionen oder durch unverbundene Aneinanderreihung gekennzeichnet.[252] Im Falle der Verbindung durch ein Verknüpfungszeichen wie *und*, *oder* sowie *aber* wird von einer *syndetischen* Anknüpfung, beim Fehlen eines solchen Verknüpfungszeichens zwischen zwei Teilsätzen eines parataktischen Gesamtsatzes von einer *asyndetischen* Konstruktion gesprochen. Bei der Reihung von drei oder mehr einfachen Sätzen kann es auch zu einer Kombination aus syndetischer und asyndetischer Reihung kommen. Weiterhin lassen sich die Verbindungen in parataktischen Gesamtsätzen aufgrund ihrer inhaltlichen Beziehung in *kopulative*, *disjunktive*, *adversative*, *restriktive*, *kausale*, *konsekutive* sowie *konzessive Satzverbindungen* einordnen.[253]

Nach dem Satzglied beziehungsweise Satzgliedteil, das die Nebensätze ersetzen können beziehungsweise auf das sie sich beziehen, lassen sie sich in *Subjekt-*, *Objekt-*, *Prädikativ-*, *Adverbial-* und *Attributsätze* unterscheiden. *Adverbialsätze* können semantisch weiter in *Temporal-*, *Lokal-*, *Modal-*, *Kausal-*, *Konditional-*, *Konzessiv-*, *Konsekutiv-*, *Final-*, *Substitutiv-* und *Adversativsätze* differenziert werden. Nebensätze, die durch ein Relativpronomen oder Relativadverb eingeleitet werden, werden als *Relativsätze* bezeichnet. Relativsätze können als Subjekt-, Objekt-, Attribut- und *weiterführende Nebensätze* realisiert werden. Infinitivsätze werden im Folgenden in Anlehnung an Helbig/Buscha als reduzierte Nebensätze aufgefasst und damit als Teilsätze hypotaktischer Gesamtsätze behandelt.[254]

Die deutsche Sprache kennt fünf Satzarten. Nach ihrer kommunikative Funktion werden *Aussagesatz*, *Fragesatz*, *Aufforderungssatz*, *Ausrufesatz* und *Wunschsatz* unterschieden. Mitunter werden die Satzarten auch als *Deklarativsatz*, *Interrogativsatz*, *Imperativsatz*, *Exklamativsatz* und *Desiderativsatz* bezeichnet.

Hinsichtlich der Interpunktion zeigt sich bei den Familienanzeigen eine Besonderheit: Sie folgt – wie in den Abschnitten zur Syntax gezeigt werden wird – in den untersuchten Inseraten nicht immer der geltenden Orthografie, oftmals fehlt ein abschließendes Satzzeichen am Satzende. Während der Duden von 1902[255] ausschließlich Ausführungen zum Trennungszeichen, Bindestrich und Apostroph enthält, „kommt den [...] im

252 Vgl. *Bußmann* (1990: 560).
253 Vgl. *Helbig/Buscha* (2005: 561-563).
254 *Dies.* (2005: 573f.).
255 Vgl. *Duden* (1902).

Buchdruckerei-Duden erstmals aufgenommenen Interpungierungen eine quasiautorisierte Bedeutung zu“,[256] die fast wörtlich in die 9. Auflage der Duden-Rechtschreibung von 1915 übernommen wurden und somit Verbindlichkeit besaßen. Der Duden von 1915 und spätere Auflagen verlangen einen Punkt nach einer Überschrift,[257] nach den heutigen Regeln dagegen wird der Punkt „nicht nach frei stehenden (vom übrigen Text deutlich abgehobenen) Zeilen“[258] gesetzt, zu denen auch Überschriften zählen. Obwohl ein Punkt laut Duden nach Überschriften Anfang des 20. Jahrhunderts obligatorisch war, finden sich jedoch ab Mitte des 19. Jahrhunderts in den untersuchten Familienanzeigen Inserate, bei denen ein Punkt als abschließendes Satzzeichen nach einer Überschrift fehlt. Die Inserenten folgen in diesen Fällen nicht den geltenden Regeln.

Für die Anzeigen, in denen die Inserenten auf ein abschließendes Satzzeichen verzichten, wird in dieser Arbeit im Folgenden immer ein Punkt als Interpunktionszeichen angenommen. Dass es sich nach dem Willen der Inserenten in diesen Fällen um einen abgeschlossenen Satz handelt, ergibt sich aus dem Phänomen der grammatischen und semantischen Kongruenz und der diese Einheit unterstützenden typografischen Ausgestaltung der Sätze.

Die in den jeweiligen Unterkapiteln zur Syntax – II.2, III.2 und IV.2 – aufgeführten als Beispiele dienenden Sätze sind den vorliegenden Geburts-, Verbindungs- und Todesanzeigen entnommen. Die Herkunft der Sätze wird angegeben, einzelne Anzeigen werden zur Veranschaulichung auch abgebildet.

3.3.2.3 Lexik

Neben den makrostrukturellen und syntaktischen Merkmalen zeichnen sich Geburts-, Verbindungs- und Todesanzeigen durch eine spezifische Lexik aus. Braun geht von der Annahme aus, dass „jede Textsorte über einen [...] lexikalischen Fingerabdruck aus obligatorischen und fakultativen Schlüsselwörtern verfügt, welche dann im jeweils konkreten Textexemplar realisiert werden.“[259]

Diese Annahme gilt auch für Geburts-, Verbindungs- und Todesanzeigen. Der Umfang des Wortschatzes in Familienanzeigen ist beschränkt: Es treten zahlreiche Verwandtschaftsbezeichnungen sowie Bezeichnungen auf, die sich in das Wortfeld ‚Gefühl‘ einordnen lassen. In

256 *Simmler* (2003: 2496).
257 Vgl. *Duden* (1922: XXXVIII).
258 *Duden* (2006: 92).
259 *Braun* (2004: 162).

Geburts- und Verbindungsanzeigen sind vornehmlich Ausdrücke der Freude und des Glücks, in Todesanzeigen dagegen Bezeichnungen der Trauer und des Verlustes festzustellen. In den vorliegenden Familienanzeigen kommen viele Anthroponyme vor, in den meisten Fällen finden sich auch Toponyme. Bei Todesanzeigen sind außerdem die Bezeichnungen für das Sterben von besonderer Bedeutung, da sie deutlich machen können, ob während des Untersuchungszeitraumes Veränderungen, die die Verbalisierung des Todes betreffen, erkennbar sind. Weiterhin werden die einzelnen Zeitungen miteinander verglichen, wodurch regionale Besonderheiten herausgestellt werden können. Die Analyse der verwendeten lexikalischen Mittel in den vorliegenden Familienanzeigen soll folglich Unterschiede sowohl in synchroner als auch in diachroner Hinsicht herausarbeiten. Kriegsanzeigen werden hinsichtlich der Verbalisierung des Sterbens in Todesanzeigen gesondert untersucht und auch weitere Besonderheiten, die lediglich in Kriegsanzeigen auftreten, werden hervorgehoben.

Im Bereich der Lexik sind verschiedene orthografische Veränderungen zu belegen, was bei einem Zeitraum von mehr als 200 Jahren nicht erstaunt. So sind beispielsweise zu Beginn des Untersuchungszeitraumes die Substantive *Condolenz, Gegencomplimente* und *Commandeur* nachzuweisen. Weiterhin ist bis 1902 die th-Schreibung nachweisbar, etwa bei *Theilnahme*, *mittheilen*, *Antheil* und *Mittheilung*. Danach findet sich die *th*-Schreibung nicht mehr. Dies fällt zeitlich ungefähr mit der so genannten *II. Orthographischen Konferenz* zusammen, die vom 17. bis 19. Juni 1901 in Berlin stattfand. Auf der II. Orthographischen Konferenz wurde unter anderem „der generelle Wegfall der th-Schreibung in deutschen Wörtern sowie die weitere Ersetzung von <c> durch <k> bzw. <z> in assimilierten Fremdwörtern“[260] beschlossen. Im Jahr 1996 unterzeichneten die zuständigen Stellen der deutschsprachigen Länder in Wien schließlich eine Erklärung zur Neuregelung der deutschen Rechtschreibung. Obwohl die neue Rechtschreibung zum 1. August 1998 eingeführt wurde, kommen noch in der 2002er Probe vereinzelt Anzeigen in alter Orthografie vor, so etwa in der FAZ. In den Unterkapiteln II.3, III.3 und IV.3, die sich mit der Lexik der Anzeigen befassen, wird auf orthografische Veränderungen innerhalb des Untersuchungszeitraumes nicht weiter eingegangen.

260 *Nerius* (1989: 250).

4 Das Korpus der Untersuchung

In dieser Arbeit werden Geburts-, Verbindungs- und Todesanzeigen aus elf deutschen Tageszeitungen untersucht.[261] Die ältesten Anzeigen erschienen vor mehr als 200 Jahren, die jüngsten wurden im Jahr 2002 veröffentlicht. Dieses Kapitel beschreibt zunächst die Kriterien, die der Auswahl der Zeitungen zugrunde lagen, und gibt überdies einen qualitativen und quantitativen Überblick hinsichtlich des in den verschiedenen Archiven gewonnenen Materials. Zudem wird erläutert, wie das Korpus der Arbeit aufgebaut ist. Die berücksichtigten Zeitungen werden kurz porträtiert, damit der Leser sich ein möglichst ganzheitliches Bild über das Untersuchungsmaterial machen kann.

Zuletzt wird aufgezeigt, welche Probleme sich bei der Reproduktion der untersuchten Anzeigen ergeben können und wie damit im Rahmen dieser Arbeit umgegangen wird. Relevant ist hierbei zum einen, ob die in dieser Arbeit abgedruckten Anzeigen anonymisiert oder in ihrer ursprünglichen Form reproduziert werden sollten, zum anderen ist zu klären, ob die Familienanzeigen in ihrer Originalgröße abgebildet werden müssen.

4.1 Kriterien zur Auswahl der Zeitungen

Der Auswahl der zu untersuchenden Zeitungen lagen einige fundamentale Kriterien zugrunde, unter anderem die Überlegung, dass die Zeitungen aus verschiedenen Regionen Deutschlands stammen sollten, idealerweise aus dem Norden, Süden, Osten und Westen. Grund für das Kriterium der unterschiedlichen Herkunft ist die Erfassung möglicher regionaler Besonderheiten sowie die Erforschung der Auswirkungen unterschiedlicher religiöser Orientierungen des Leser- und Inserentenkreises.

Weiterhin wäre es wünschenswert gewesen, dass die ausgewählten Zeitungen über den gesamten Untersuchungszeitraum erschienen sind, was jedoch – wie sich schnell herausstellte – bei einem Zeitraum, der mehr als 200 Jahre umfasst, nicht realisierbar ist. Deshalb wurden Zeitungen ausgewählt, die in der jeweiligen Region über einen möglichst langen Zeitraum ohne größere Unterbrechung erschienen sind. Um sicherzustellen, dass der gesamte Untersuchungszeitraum in einer Region abgedeckt ist, wurden dann weitere Zeitungen aus der entsprechenden Region hinzugenommen, wenn der Untersuchungszeitraum nicht durch

261 Alle in dieser Arbeit untersuchten Zeitungen erschienen auf dem Gebiet der heutigen Bundesrepublik Deutschland – das Staatsgebiet der ehemaligen DDR wurde nicht berücksichtigt.

eine einzige Zeitung abgedeckt werden konnte. Wurde in einer Region auf mehr als eine Zeitung zurückgegriffen, was nicht selten der Fall war, dann sollten die Zeitungen in räumlicher Nähe zueinander erschienen sein. Sowohl regionale als auch überregionale Zeitungen fanden Eingang in die Untersuchung. Alle in der Arbeit berücksichtigten Familienanzeigen erfüllen die Grundvoraussetzung, in reproduzierbarer Qualität in Archiven zur Verfügung zu stehen. Der Bereich *Osten* ist mit drei Zeitungen auf die Stadt Berlin begrenzt.

Die ausgewählten Zeitungen erfüllen die genannten Anforderungen. Die Wahl fiel auf insgesamt elf Zeitungen, die im Folgenden abgekürzt zitiert werden. Die untersuchten Zeitungen sind: die *Bayreuther Zeitung* (BayZ), die *Berliner Morgenpost* (Mopo), die *Frankfurter Allgemeine Zeitung* (FAZ), der *Hamburgische unpartheyische Correspondent* (HuC), die *Kieler (Neuesten) Nachrichten* (KN), der *Kölner Stadt-Anzeiger* (KStA), die *Kölnische Zeitung* (KöZ), die *Landshuter Zeitung* (LZ), die *Neue Preußische Zeitung* (NPZ), die *Vossische Zeitung* (VZ) und *Die Welt* (Welt).

Zur regionalen Verteilung (siehe auch Abb. 2) der Zeitungen ist anzumerken: KN und HuC werden der Region Norden, BayZ und LZ der Re gion Süden, KöZ und KStA der Region Westen und NPZ, VZ sowie Mopo der Stadt Berlin und damit der Region Osten zugeordnet. Die Mopo erscheint noch heute in Berlin, bei den anderen beiden handelt es sich um bedeutende Zeitungen, die in der Hauptstadt erschienen sind: die NPZ als Organ der Konservativen und die VZ als Zeitung des liberalen Bürgertums.

Im Korpus nehmen der HuC, die NPZ und die VZ eine Sonderstellung ein. Zwar war der Erscheinungsort des HuC Hamburg und sowohl die NPZ als auch die VZ erschienen in Berlin, aber alle drei Zeitungen hatten über ihren Erscheinungsort hinaus große Bedeutung, so dass sie eher mit den heutigen überregionalen als mit regionalen Zeitungen verglichen werden sollten. Zusätzlich zu diesen neun ausgewählten Zeitungen wurden die FAZ und die Welt, deren Verlagsorte Frankfurt am Main und Hamburg sind, in das Korpus aufgenommen. Mit diesen beiden Tageszeitungen fanden auch überregionale Zeitungen der Gegenwart Eingang in die Untersuchung. Durch die Aufnahme der FAZ und der Welt ergibt sich somit die Möglichkeit, eventuelle Unterschiede zwischen regionalen und überregionalen Zeitungen zu berücksichtigen, die die Veröffentlichung von Familienanzeigen betreffen. Außerdem spiegelt das Korpus so die Struktur des deutschen Zeitungsmarktes nach dem Zweiten Weltkrieg wider.

Abb. 2: Verlagsorte der einbezogenen Zeitungen

Die Zeitungen werden jeweils in Archiven bereitgehalten, namentlich in der *Staats- und Universitätsbibliothek Bremen*, der *Zeitungsabteilung der Staatsbibliothek zu Berlin*, dem *Institut für Zeitungsforschung der Stadt Dortmund*, der *Staats- und Universitätsbibliothek Hamburg*, der *Schleswig-Holsteinischen Landesbibliothek*, der *Universitäts- und Stadtbibliothek Köln* sowie dem *Stadtarchiv Landshut*. Die Medien stehen dort entweder in Form von Mikrofilmaufnahmen oder im Original zur Verfügung und konnten je nach den örtlichen Gegebenheiten auf dem Wege der Fotokopie, in Form einer Rückvergrößerung oder digital mittels Aufsichtsscans reproduziert werden.[262]

4.1.1 Die Bayreuther Zeitung

Heute erscheint in der oberfränkischen Festspiel- und Universitätsstadt Bayreuth der *Nordbayerische Kurier*. Die Geschichte dieser Lokal- be-

262 Zugang zu den Primärquellen ist über die hier dokumentierten lokalen Archive möglich, auf eine Auflistung der Signaturen einzelner Archivbände und der Mikrofilm-Nummern wird verzichtet. Für Details siehe *Mikrofilmarchiv der deutschsprachigen Presse e.V.* (2003).

ziehungsweise Regionalzeitung geht jedoch nur bis zum Gründungsjahr 1968 zurück. In örtlicher Hinsicht mag sie in der Tradition der in diese Untersuchung einbezogenen *Bayreuther Zeitung* stehen. Zur weitergehenden Einordnung des hier untersuchten Periodikums hingegen kann sie nicht herangezogen werden.

Außer den offenkundigen Tatsachen ist nicht viel über die *Bayreuther Zeitung* bekannt. Der Erscheinungsort etwa liegt auf der Hand, auch lassen sich aufgrund der erhaltenen Archivbestände die verschiedenen Namen, die das Medium im Verlaufe seiner Erscheinungszeit von 1736 bis 1870 angenommen hat, nachzeichnen. Das Blatt erschien zunächst unter dem Titel *Bayreuther Zeitungen*, der später zu *Bayreuther Zeitung* umfirmierte. Im weiteren Fortgang ihres Erscheinens wurde die Zeitung noch zwei Mal umbenannt, zunächst 1753 in *Baireuther politische Zeitung*, 1863 in *Neue Bayreuther Zeitung*.

Was darüber hinaus über die Bayreuther Presse seit dem 18. Jahrhundert bekannt ist, ist allein der Arbeit bayerischer Regionalhistoriker zu verdanken. So wurde festgestellt, dass die Bayreuther Zeitungspresse in der Anfangszeit zwei Blätter hervorbrachte: Ab 1738 ein politisches Blatt und schon seit 1736 die *Bayreuther Intelligenzzeitung*. Erhaltene Exemplare aus den Gründungsjahren gibt es nicht, sämtliche Erkenntnisse zur Erscheinungszeit sind auf Archivkataloge und Hinweise in späteren Zeitungsausgaben gestützt. Gedruckte Quellen, die Antworten auf Fragen nach der Entstehung der *Bayreuther Presse* sowie die Gründung und Entwicklung des *Hochfürstlichen Bayreuther Zeitungs-Comtoirs* geben, liegen nicht vor.[263]

4.1.2 Die Berliner Morgenpost

Leopold Ullstein gründete die *Berliner Morgenpost* im Jahr 1898. Als liberaler Großverleger strebte er nach größtmöglicher Übereinstimmung sowohl mit dem Leserkreis als auch mit den herrschenden gesellschaftlichen Kräften. In ihrer Erstausgabe erhob die *Berliner Morgenpost* den Vorsatz *Parteinehmer – nicht Parteigänger* zu ihrem Motto.[264] Als wichtige Zeitung der Massenpresse konnte das Berliner Blatt hohe Auflagen verzeichnen: So lag die Auflage 1899, ein Jahr nach der Gründung, bei 100.000 Exemplaren. Bis zur Weltwirtschaftskrise hatte sich die Auflage bereits auf mehr als 600.000 Exemplare versechsfacht. Danach ging die Auflage zurück, 1939 belief sie sich auf nur noch 440.000 Exemplare.

263 Vgl. *Engelbrecht* (1993: 14).
264 Vgl. *Koszyk* (1972: 251).

Ende des Zweiten Weltkrieges – am 24. April 1945 – wurde das Medium vorläufig eingestellt.

Offiziell erschien die *Berliner Morgenpost* erst im Jahr 1952 wieder unter ihrem alten Namen, aber bereits 1949 wurde in Berlin eine Lizenz „für einen ‚Berliner Anzeiger' erteilt, aus dem am 27. September 1952 unter Rückgriff auf einen traditionellen Namen die ‚Berliner Morgenpost' entstand."[265] Noch 1952 galt die Zeitung als überparteilich.[266] Seit 1959 erscheint die Zeitung im Axel Springer-Verlag und ist heute neben dem *Tagesspiegel* und der *Berliner Zeitung* eine der drei großen Abonnementzeitungen der Hauptstadt. Zum letzten Untersuchungszeitpunkt, also im Jahr 2002, betrug die Auflage des Blattes werktags 180.400, am Wochenende 240.800 Exemplare.[267]

4.1.3 Die Frankfurter Allgemeine Zeitung

Als die *Frankfurter Allgemeine Zeitung* am 1. November 1949 erstmals erschien, verlieh die Redaktion ihrem Selbstverständnis Ausdruck: „Für die Denkfaulen möchten wir nicht schreiben"[268] hieß es unter anderem. Die überregionale Tageszeitung trat von Beginn an nicht ohne Ehrgeiz auf. Sie wollte eine Stimme Deutschlands in der Welt sein und brachte dies durch den Untertitel ‚Zeitung für Deutschland' zum Ausdruck. Herausgeber und Redaktion fühlten sich nicht nur der Wahrheit und einer streng sachlichen Berichterstattung verpflichtet; Gerechtigkeit gegenüber Andersmeinenden und die Bemühung, die Hintergründe des berichteten Geschehens aufzudecken, genossen ebenfalls höchsten Stellenwert. Die *Frankfurter Allgemeine Zeitung* ist eine der wenigen nach Aufhebung des Lizenzzwanges neu gegründeten Zeitungen, die auf Dauer erfolgreich waren und ihr Erscheinen nicht nach kurzer Zeit bereits wieder einstellen mussten.[269]

Das Vorhaben der Gründerväter der *Frankfurter Allgemeinen Zeitung* darf als verwirklicht betrachtet werden. Das Medium hat von Beginn seines Erscheinens nicht an Seriosität eingebüßt und gilt unbestritten als eine der bedeutendsten überregionalen Zeitungen in der Bundesrepublik. Die Leserschaft erfreut sich an der zuverlässigen Berichterstattung und fühlt sich mit der tendenziell konservativen Grundhaltung des Blattes

---

265 *Schütz* (1999: 113).
266 Vgl. *Stamm* (1952: 2/84).
267 *Ders.* (2002: 1b/8).
268 Zitiert nach *Fischer* (1966: 241). Auch die weiteren, nicht anders gekennzeichneten Informationen zur Historie des Mediums folgen *Fischer* (1966: 234-254).
269 Vgl. *Stöber* (2005: 263).

wohl. Im Herbst 2007 zeigte sich sogar, dass zahlreiche Stammleser erheblich traditionsbewusster sind als die Herausgeber. Auch wenn die inhaltliche Ausrichtung davon unberührt blieb, genügte eine dezente Modernisierung des optischen Erscheinungsbildes als Anlass für vernehmbare Proteste aus dem Kreis der Stammleser.[270] Die Auflage des Blattes zu den Untersuchungszeitpunkten dieser Arbeit belief sich auf 56.900 (1952),[271] 330.800 (1972)[272] und 390.726 (2002)[273] Exemplare.

Es soll nicht unerwähnt bleiben, dass bis zu ihrem Verbot im Jahr 1943 in Frankfurt am Main die traditionsreiche und weltweit hoch angesehene *Frankfurter Zeitung* erschienen war. Die *Frankfurter Allgemeine Zeitung* führt die Tradition der *Frankfurter Zeitung* jedoch nur bedingt fort. Obwohl einige Redaktionsmitglieder für beide Organe tätig waren, wurde in der bereits zitierten Erstausgabe der *Frankfurter Allgemeinen Zeitung* deutlich gemacht, dass der Respekt vor einer hervorragenden Leistung nicht dem Wunsch gleichkomme, diese zu kopieren.

4.1.4 Der Hamburgische unpartheyische Correspondent

Als der Verleger und Drucker Hermann Heinrich Holle sich im Jahr 1712 entschloss, in Schiffbeck eine Zeitung herauszugeben, konnte er noch nicht ahnen, dass er damit den Grundstein für das zeitweise meistgelesene Blatt Europas gelegt hatte. Schon sein *Hollsteinischer unpartheyischer Correspondent* war deutlich auf die Interessen des Hamburger Lesepublikums ausgerichtet.[274] Mit der Übergabe der Zeitung an Holles Schwiegersohn Georg Christian Grund manifestierte sich dies auch im Titel: Ab 1731 erschien sie als *Sta[a]ts- u. Gelehrte Zeitung des Hamburgischen unpartheyischen Correspondenten.*[275] Unter dieser Firmierung gelangte die Zeitung zu überragender Bedeutung.

Der HuC galt nicht nur als bedeutendste Zeitung Hamburgs seiner Zeit, sondern war ein in ganz Deutschland und Europa viel beachtetes Blatt.[276] Es war das „auflagenstärkste[s] und repräsentativste[s] Organ im Deutschland des 18. Jahrhunderts",[277] was zur Folge hatte, dass die Ent-

270 Seit dem 5. Oktober 2007 sind Kommentarüberschriften nicht mehr in Fraktur gesetzt, es wird vermehrt auf farbige Abbildungen zurückgegriffen und – dies ist die auffälligste Änderung – auf der ersten Seite erscheint seither regelmäßig ein farbiges Titelfoto.

271 Vgl. *Stamm* (1952: 2/82).

272 *Ders.* (1972: 2/40).

273 Vgl. *IVW* (2002).

274 Vgl. *Böning/Moepps* (1996: Sp. 187).

275 *Dies.* (1996: Sp. 177).

276 Vgl. *Lindemann* (1969: 163).

277 *Wilke* (2000: 170).

wicklung regionaler Zeitungen in Norddeutschland erst im 19. Jahrhundert einsetzte.[278] Die Auflage des HuC wird für 1739 auf 13.000, für 1800 auf 28.000 bis 30.000 und für das Jahr 1808 sogar auf über 50.000 Exemplare geschätzt.[279]

Das thematische Spektrum des Blattes reichte von politischen und diplomatischen über militärisch-kriegerische bis zu sonstigen Angelegenheiten von allgemeinem Interesse.[280] So wurde über Brände, Unfälle, Verbrechen oder Gefahren wie die Pest berichtet. Ihren Ruf und ihre Qualität verdankte die Zeitung vor allem einem Netzwerk von Korrespondenten, die regelmäßig fundierte Berichte aus zahlreichen Ländern lieferten. Die Unparteilichkeit begründet sich mit dem betont sachlichen und nüchternen Ton, den das Blatt pflegte. Mit der Besetzung Hamburgs durch die Franzosen im Jahr 1806 ging die Glanzzeit des HuC zu Ende.[281] Die sich anschließende Phase der Zensur war der Todesstoß für den Ruf der Zeitung, so dass es ihr auch nach dem Abrücken der französischen Truppen im Jahr 1814 nicht gelang, ihre ehemalige Bedeutung wieder zu erlangen: „Der ‚Correspondent' mutierte im Verlauf des Jahrhunderts zu einer Lokalzeitung."[282] Die Bedeutung des Blattes nahm ab und im März des Jahres 1934 erschien die letzte Ausgabe des Blattes, das im Jahr 1869 in *Hamburgischer Correspondent* umbenannt worden war.

4.1.5 Die Kieler (Neuesten) Nachrichten

Die *Kieler Nachrichten* wurden 1946 gegründet und stehen in der Tradition zweier örtlicher Zeitungen. Das Medium führt seine Existenz bewusst auf die 1864 gegründete *Kieler Zeitung* und auf den 1894 von Karl Leonhardt gegründeten *Generalanzeiger für Schleswig-Holstein* zurück, der 1895 in *Kieler Neueste Nachrichten* umbenannt wurde.[283] Die *Kieler Neuesten Nachrichten* waren parteipolitisch unabhängig, aber kaisertreu, und schon kurz nach der Gründung auflagenstärkstes Medium in Schleswig-Holstein. So belief sich die Auflage der Zeitung laut Mosse im Jahr 1922 auf 65.000 Exemplare.[284] Die Zeitung sah sich als „Organ des konservativen Bürgertums [...] und bezeichnet[e] sich selbst als ‚unabhängig national'".[285] In den 1930er Jahren waren die *Kieler Neuesten*

278 Vgl. *Böning/Moepps* (1996: Sp. 185).
279 Vgl. *Stöber* (2005: 83).
280 Vgl. *Böning/Moepps* (1996: Sp. 183).
281 Vgl. *Lindemann* (1969: 162-164).
282 Vgl. *Stöber* (2005: 83).
283 Vgl. *Otzen* (1980: 7), *Göhring* (1995: 24).
284 Vgl. *Mosse* (1922: 69).
285 Ebd.

Nachrichten die „am weitesten verbreitete Tageszeitung in der Provinz Schleswig-Holstein; in Kiel wurde sie statistisch fast in jedem Haushalt gehalten.“[286]

Beide Blätter haben die nationalsozialistische Diktatur nicht überstanden: Die *Kieler Zeitung* wurde 1940 mit dem NS-Organ *Nordische Rundschau* zwangsweise zusammengelegt.[287] Seit der Fusionierung mit dem gauamtlichen Organ der NSDAP hatte die *Kieler Zeitung* mit dem vormaligen Medium außer dem Namen keine Gemeinsamkeiten. Die *Kieler Neuesten Nachrichten* ereilte zwei Jahre später ebenfalls das Schicksal des unfreiwilligen Verkaufs der Verlagsmehrheit an denselben nationalsozialistischen Zeitungskonzern.[288] Fortan trug das Blatt, in dem die *Kieler Neuesten Nachrichten* aufgegangen waren, den Titel *Kieler Zeitung*, im Untertitel zudem die beiden Zeitungstitel *Nordische Rundschau* und *Kieler Neueste Nachrichten.*

Die heutigen *Kieler Nachrichten*, die vom Verleger der *Kieler Neuesten Nachrichten* mitbegründet wurden, gelten als der CDU nahestehend.[289] Sie erscheinen seit der Neugründung sechs Mal pro Woche, zu den Untersuchungszeitpunkten lag die Auflage zwischen 95.000 und 154.000 Exemplaren.[290] Auch hier zeigt sich der Einfluss der Axel Springer AG im deutschen Verlagswesen: Der Großverlag hielt bis Anfang 2009 24,5 Prozent der Anteile der *Kieler Nachrichten.*

Für diese Untersuchung wurden bis zur Probe aus dem Zweiten Weltkrieg die *Kieler Neuesten Nachrichten* verwendet, die Probe aus der Zeit des Zweiten Weltkrieges entstammt der nationalsozialistischen *Kieler Zeitung*, in der die *Kieler Neuesten Nachrichten* aufgegangen sind. Danach wurden die heutigen *Kieler Nachrichten* analysiert. Im Interesse des Leseflusses wurde stets die Bezeichnung *Kieler Nachrichten* (KN) verwendet, denn anders als bei dem *Kölner Stadt-Anzeiger* und der *Kölnischen Zeitung* existierten die hier aufgeführten Kieler Zeitungen zu keinem Zeitpunkt gleichzeitig.[291]

4.1.6 Der Kölner Stadt-Anzeiger

In Selbstdarstellungen bezeichnet der *Kölner Stadt-Anzeiger* sich als führende Tageszeitung im Großraum Köln. Dieses selbstbewusste Auftreten

---

286 *Göhring* (1995: 24).
287 Vgl. *Otzen* (1980: 8).
288 Ebd.
289 Vgl. *Stamm* (1952: 2/92), *Otzen* (1980: 15).
290 Vgl. *Stamm* a.a.O., *ders.* (1972: 2/61), *IVW* (2002).
291 Siehe hierzu I.4.1.6 und I.4.1.7.

ist nicht unbegründet, schließlich konnte der *Kölner Stadt-Anzeiger* zusammen mit der ebenfalls von der Unternehmensgruppe *M. DuMont Schauberg* verlegten *Kölnischen Rundschau* im Jahr des letzten Untersuchungszeitpunktes dieser Arbeit, 2002, eine verkaufte Auflage von werktags fast 400.000 Exemplaren, samstags sogar von knapp 440.000 Exemplaren vorweisen.[292]

Der *Kölner Stadt-Anzeiger* hat einen beachtlichen Werdegang hinter sich, wenn man bedenkt, dass er bei seinem ersten Erscheinen im Jahr 1876 nur als der „großen Mutter"[293] *Kölnische Zeitung* untergeordnet verstanden wurde. Die Motivation zur Gründung des Blattes waren rein wirtschaftliche Erwägungen. Die populäre *Kölnische Zeitung* erfreute sich außerhalb Kölns so großer Beliebtheit, dass Anzeigenkunden fürchteten, ihre an die Kölner Leserschaft adressierten Inserate würden ihre Zielgruppe verfehlen. Grund genug, den Stadt-Anzeiger als attraktives Werbeumfeld zu etablieren. Zudem erschien seit 1875 der *General-Anzeiger der Stadt Köln*, der mit einer Auflage von 15.000 Exemplaren startete. Als Konkurrenzprodukt brachte der Verlag *DuMont Schauberg* 1876 den *Kölner Stadt-Anzeiger* in einer Startauflage von 35.000 Exemplaren heraus und war damit erfolgreich: Schon drei Tage nach dem Erscheinen des Stadt-Anzeigers stellte Joseph La Ruelle, der Herausgeber des *General-Anzeigers der Stadt Köln,* sein Blatt ein.[294]

Der *Kölner Stadt-Anzeiger* nahm sich weniger anspruchsvolle Themen vor als die angesehene *Kölnische Zeitung*, er emanzipierte sich jedoch schnell und im Jahr 1923 wurde aus dem *Stadt-Anzeiger zur Kölnischen Zeitung* der *Stadt-Anzeiger für Köln und Umgebung,* der 1929 eine Auflage von 140.000 Exemplaren hatte.[295] Der *Kölner Stadt-Anzeiger* und die *Kölnische Zeitung* mussten ihr Erscheinen Ende des Zweiten Weltkrieges einstellen, der *Kölner Stadt-Anzeiger* wurde jedoch nach vierjähriger Unterbrechung im Oktober 1949 wiedergegründet. Seit 1962 trägt das Blatt den Untertitel *Kölnische Zeitung.*[296] Hierdurch will der Verlag zum Ausdruck bringen, dass er sich seiner eigenen Geschichte verpflichtet fühlt. Im Jahr 1972 hatte die Zeitung eine Auflage von 237.000 Exemplaren.[297]

292 Vgl. *IVW* (2002).
293 *Schmitz* (1989: 9).
294 Vgl. *Wilke* (2000: 268).
295 Vgl. *Schmitz* (1989: 11, 15), *Mosse* (1929: 67).
296 *Schmitz* (1989: 23, 30, 56).
297 Vgl. *Stamm* (1972: 2/62).

Anfang des 20. Jahrhunderts wurde der *Kölner Stadt-Anzeiger* noch als nationalliberal bewertet, Mitte des 20. Jahrhunderts galt er als überparteilich.[298] Heute ist die Zeitung als linksliberal einzuschätzen.

4.1.7 Die Kölnische Zeitung

Die *Kölnische Zeitung* kann als Vorläufer dessen verstanden werden, was heute als Qualitätszeitung gilt. Sie ging 1798 aus der 35 Jahre zuvor gegründeten *Kaiserlichen Reichs-Ober-Post-Amts-Zeitung zu Cölln* hervor, die von der Schaubergschen Druckerei hergestellt wurde.[299] 1802 übernahmen die Erben Schaubergs das Medium und verkauften ihre Anteile drei Jahre später an Marcus DuMont, der eine der Erbinnen geheiratet hatte.[300] DuMont betrieb die Herausgabe der Zeitung zwar ohne eine Stammredaktion, jedoch nicht ohne inhaltlichen Anspruch. Der Eigentümer war ein studierter Jurist und Philosoph, dem auch volkswirtschaftliches Geschick nachgesagt wird.[301] Seine Fähigkeiten nutzte er, indem er die Zeitung weitgehend selbst verfasste. DuMont scheute sich auch nicht vor freisinnigen bis kritischen Tönen gegenüber dem Regime Napoléons – Folge waren eine mehrmonatige Suspendierung in den Jahren 1805 und 1806 sowie das Verbot der *Kölnischen Zeitung* im Jahr 1809.[302]

Als das Blatt ab 1814 wieder erschien, setzte es erstmals Maßstäbe in der Presselandschaft: DuMont konnte die Leserschaft dank seiner eigenen umfangreichen Sprachkenntnisse über wichtige Entwicklungen im Ausland unterrichten und setzte zudem Akzente, indem er Leitartikel verfasste, in denen erstmals umfangreiche, wertende Ausführungen ihren Weg in die *Kölnische Zeitung* fanden.[303]

Obwohl Koszyk kritisiert, dass die Zeitung sich dann zu einem „bloßen Nachrichtenblatt"[304] gewandelt habe, konnte die *Kölnische Zeitung* ihre Position kontinuierlich stärken. Auflagenanstiege von 2.000 Exemplaren im Jahr 1822[305] auf mehr als 8.000 in den 1840er Jahren[306] bis hin zu 40.000 Druckerzeugnissen pro Erscheinungstag im Jahr 1870[307] kön-

298 Vgl. *Mosse* (1898: Sp. 42, 1909: 70), *Stamm* (1952: 2/93).
299 Vgl. *Lindemann* (1969: 169).
300 Vgl. *Koszyk* (1966: 17), *Lindemann* (1969: 169f.).
301 Vgl. *Lindemann* (1969: 170).
302 Vgl. *Wilke* (2000: 196), *Lindemann* (1969: 170f.).
303 Vgl. *Lindemann* (1969: 171).
304 *Koszyk* (1966: 18).
305 Ebd.
306 *Wilke* (2000: 201).
307 *Ders.* (2000: 228).

nen als eindrucksvolle Entwicklung bezeichnet werden. Am Vorabend der Reichsgründung war die *Kölnische Zeitung* sogar das auflagenstärkste Medium in Deutschland.[308] Der Umstand, dass das Blatt vor allem in der Region um Köln und nicht in der Stadt Köln Verbreitung fand, führte – wie im vorangegangenen Abschnitt dargestellt – zur Gründung des *Kölner Stadt-Anzeigers*.

4.1.8 Die Landshuter Zeitung

Die *Landshuter Zeitung* erscheint seit dem 1. April 1849 in Landshut.[309] Bei der *Landshuter Zeitung* handelt es sich um das tagesaktuelle Medium mit der längsten Erscheinungsdauer in der mit rund 62.000 Einwohnern – nach Regensburg – zweitgrößten Stadt Ostbayerns. Den meisten Tageszeitungen gelang es dort nicht, über einen Zeitraum von mehr als drei Jahren zu erscheinen.[310] Die *Landshuter Zeitung* stellte ihr Erscheinen lediglich zwischen März 1943 und Oktober 1949 ein.

Sie wurde von dem Verleger Johann Baptist von Zabuesnig unter dem Leitgedanken ‚für Wahrheit, Recht und Freiheit' gegründet und erscheint heute in der Verlagsgruppe *Straubinger Tagblatt/Landshuter Zeitung*. Den Grundstein für die Verlagsgruppe legte der Landshuter Drucker Clemens Attenkofer im Jahr 1860.[311] Als 1867 ein Beichtvater aus dem nahe gelegenen Kloster Azlburg in die Redaktion des *Straubinger Tagblatts* eintrat, gab dieser der Zeitung ihre noch heute offensichtliche Prägung: Die Redaktion verfolgt seither eine eindeutig katholisch-heimatliche Linie. Der Verlag fühlt sich auch heute in dieser Tradition den sittlichen und ethischen Werten des Christentums verpflichtet. Er versteht sich als bürgerlich-konservativ mit einem kleinen Anteil Liberalismus. Die *Landshuter Zeitung* fügt sich somit gut in dieses verlegerische Portfolio. Sie ist als konservatives Traditionsblatt einzuordnen. Anfang des 20. Jahrhunderts orientierte sich die *Landshuter Zeitung* politisch an der katholischen Zentrumspartei, nach dem Ersten Weltkrieg stand sie der bayerischen Volkspartei nahe. Mitte des 20. Jahrhunderts galt sie als

---

308 Ebd.

309 Die Erkenntnisse zur *Landshuter Zeitung* beruhen teilweise auf einem unveröffentlichten Redemanuskript, das der Mitarbeiter des Stadtarchivs Hans-Peter Bauer freundlicherweise zur Verfügung gestellt hat.

310 Der *Kurier für Niederbayern* erschien von 1850 bis 1933, die *Bayerische Ostmark* (1934 bis 1942) und die *Isar Post* (1946 bis 1958) brachten es immerhin auf eine Erscheinungsdauer von zwölf Jahren. Acht weitere Blätter wurden nach spätestens drei Jahren eingestellt.

311 Die Informationen über das *Straubinger Tagblatt* und die *Verlagsgruppe Straubing* beruhen auf *Riffert/Schmidt-Fischbach* (1990: 241-250).

christlich-föderalistisch. Seit dem Untersuchungszeitpunkt 1972 ist das Medium als klassische Regional- und Lokalzeitung einzuschätzen. Nachdem auf den ersten Seiten knapp das Weltgeschehen und übergeordnete politische Belange weitgehend überparteilich und überkonfessionell abgehandelt werden, folgen ein Regional- sowie ein umfangreicher Lokalteil, in dem der christliche Akzent deutlich sichtbar wird.

Mitte des 20. Jahrhunderts erschien die *Landshuter Zeitung* nur dreimal wöchentlich in einer Auflage von 8.000 Exemplaren.[312] 1972 und 2002 erschien sie sechsmal wöchentlich in einer Auflage von 46.200 beziehungsweise 41.800.[313]

4.1.9 Die Neue Preußische Zeitung

Den Schilderungen des ersten Chefredakteurs Hermann Wagener zufolge war die Nachricht von der Gründung der *Neuen Preußischen Zeitung* im Jahr 1848 von großem Aufsehen begleitet, das sogar zu Protesten führte.[314] Der Gründung des – wegen des Eisernen Kreuzes im Titel auch als *Kreuzzeitung* bekannten – Blattes, das als Mittel zur Sammlung der Konservativen in Preußen dienen sollte, ging die Konstituierung der konservativen Partei voraus.[315] Politisch Andersdenkende reagierten heftig auf diesen Umstand: Druckfrische Exemplare der deutsch-nationalen Zeitung sollen den Boten in der Anfangszeit auf den Straßen Berlins entrissen, sodann zerrissen und anschließend in den Rinnstein geworfen worden sein.[316] Schlimmer als diese Reaktionen auf das Erscheinen eines Organs der Christlich-Konservativen war jedoch zunächst die geringe Begeisterung im eigenen Lager. Dort stand man dem Medium zu Beginn sehr verhalten gegenüber.[317]

Trotz ungünstiger Vorzeichen gelang es den Gründern, die zum Kreis der königstreuen Konservativen zählten, letztlich, das Blatt zum Leben zu erwecken. Finanziert wurde das Projekt durch die Bildung einer Aktiengesellschaft, deren Stammkapital in Höhe von 20.000 Talern vor allem vom Adel aufgebracht wurde.[318] Die Finanzierung gilt als besonders plakatives Beispiel einer „konservativen Elitenbildung“.[319]

---

312 Vgl. *Mosse* (1898: Sp. 18; 1909: 31; 1922: 8), frühere Auflagenzahlen waren nicht zu ermitteln.
313 Vgl. *Stamm* (1952: 2/94; 1972: 2/65; 2002: 1b/82).
314 Vgl. *Bussiek* (2002: 58).
315 Vgl. *Koszyk* (1966: 131).
316 Vgl. *Mosse* (1922: 24; 1929: 33).
317 Vgl. *Bussiek* (2002: 58).
318 Vgl. *Koszyk* (1966: 132).
319 *Bussiek* (2002: 63).

Das Organ blieb über seinen Erscheinungszeitraum stets den konservativen Leitgedanken verpflichtet, mit denen es ursprünglich angetreten war. Entsprechend hatte die Zeitung bisweilen zu kämpfen: Mit dem Vordringen des Parlamentarismus und dem Zusammenbruch der Monarchie im Jahr 1918 waren nicht nur die Konservativen in einer ungünstigen Lage, auch das altkonservative Medium geriet in Schwierigkeiten. Die Auflage betrug im Jahr 1919 nur 6.000 Exemplare, so dass das Medium auf Unterstützung aus der Wirtschaft angewiesen war.[320]

Im Jahr 1939, 89 Jahre nach ihrer Gründung, erschien die *Neue Preußische Zeitung* zum letzten Mal. Bereits 1937 war das Blatt von den Nationalsozialisten übernommen worden.

4.1.10 Die Vossische Zeitung

Die *Vossische Zeitung* hat eine bewegte Geschichte. ‚Tante Voss', wie das Berliner Medium auch genannt wurde, könnte ob ihrer bisweilen erstaunlichen Entwicklung sogar als Phänomen bezeichnet werden.

Anders als selbst der Verlag es im Jahr 1904 irrtümlicherweise angenommen hatte, war das Blatt nicht erst im Jahr 1704 gegründet worden.[321] Die Ursprünge der *Vossischen Zeitung* lassen sich vielmehr bis ins Jahr 1617 zurückverfolgen.[322] Die bedeutsamen Entwicklungen beginnen jedoch erst im Jahr 1721, als König Friedrich Wilhelm I. dem Buchhändler und Verleger Johann Andreas Rüdiger das Privileg und das Zeitungsmonopol für Berlin erteilte.[323] Die Verantwortung für das von diesem Zeitpunkt an unter dem Titel *Berlinische Privilegirte Zeitung* erschienene Medium übernahm 30 Jahre später Rüdigers Schwiegersohn Christian Friedrich Voß, der das Blatt bis 1790 führte. Danach blieb es für geraume Zeit – zumindest anteilig – im Besitz der Familie. Dass die Zeitung ab 1911 als *Vossische Zeitung* betitelt war, ging auf eben diesen Umstand zurück.[324] Im Volksmund war die Zeitung ohnehin seit Generationen als ‚Vossische' bekannt.[325]

Koszyk stellt fest, dass die Zeitung von dem Ruf, den sie später erworben hatte, noch im Jahr 1809 weit entfernt war.[326] Er bemängelt vor

320 Vgl. *Koszyk* (1966: 138).
321 Vgl. *Mendelssohn* (1982: 212).
322 Vgl. *Kappes* (1970: 14).
323 Vgl. *Lindemann* (1969: 157). Die folgenden, nicht anders gekennzeichneten Ausführungen entstammen ebenfalls *Lindemann* (1969: 157-162).
324 Schon seit 1806 trug das Blatt den Vermerk ‚Im Verlage Vossischer Erben' auf dem Titel.
325 Vgl. *Mendelssohn* (1982: 225).
326 Vgl. *Koszyk* (1966: 14).

allem das Fehlen von Leitartikeln sowie die redaktionelle Ausrichtung: Der Zensur war eine Berichterstattung geschuldet, in der Kuriosa aus fernen Ländern von höherem Gewicht waren als politische Ereignisse. Im Jahr 1826 erwarb die *Vossische Zeitung* als eine der ersten deutschsprachigen Zeitungen eine Schnellpresse, die „den Druckvorgang wesentlich beschleunigte".[327]

Zur Zeit des bereits erwähnten vermeintlichen 200. Jubiläums im Jahr 1904 galt die *Vossische Zeitung* als unerschütterlich, obwohl die besten Zeiten bereits vorüber waren.[328] Bemerkenswert erscheint jedoch der Umstand, dass die Zeitung, obwohl sie im Vergleich zu den anderen Berliner Zeitungen mit 25.000 Exemplaren nur eine relativ geringe Auflage vorweisen konnte, wirtschaftlich auf einer guten Basis stand. Der Grund dafür ist in der Kaufkraft des Leserkreises zu sehen, der sich vor allem aus dem soliden Bürgertum mit liberaler Haltung rekrutierte. Dieser Umstand wirkte sich äußerst positiv auf den Ertrag der Anzeigenverkäufe aus.[329]

Spätestens ab 1907 täuschte jedoch der gefestigte Eindruck, den das Zeitungshaus immer noch nach außen machte, im Inneren häuften sich schließlich Streitfälle und Krisen.[330] Der – auch der Unfähigkeit zu weitreichenden Reformen zuzuschreibende – Niedergang des Blattes schien im Jahr 1910 unaufhaltbar. Mendelssohn merkt an:

> *Das Ganze nannte sich eine Zeitung, war aber selbst für die Begriffe von 1910 schon längst keine mehr, sondern nahm sich im übrigen Berliner Blätterwald wie ein zugleich rührendes und groteskes Unikum aus. Daß die Leser dieser Zeitung, in der sie sich unmöglich zurechtfinden konnten, die Treue hielten, war ein Wunder.*[331]

Gleichwohl überlebte ‚Tante Voss' unter Führung des Ullstein-Verlages sogar die Wirren des Ersten Weltkrieges.[332] Die Vossische Zeitung, die auch im Ullstein-Verlag unrentabel blieb, „ließ [...] nicht davon ab, die Zusammenfassung aller demokratisch gesinnten Kräfte zu fordern und rief ihre Leser vor der Reichstagswahl 1932 noch auf, die Parteien der Mitte zu wählen."[333] Ihr Erscheinen fand letztlich 1934 unter dem Diktat des nationalsozialistischen Regimes ein erzwungenes Ende.

---

327 *Wilke* (2000: 158).

328 Mitte des 19. Jahrhunderts führte die Zeitung den Berliner Markt an.

329 Vgl. *Mendelssohn* (1982: 212f.).

330 *Ders.* (1982: 218).

331 *Ders.* (1982: 225).

332 Ullstein erwarb die *Vossische Zeitung* 1914 und unterzog sie in den folgenden Jahren der notwendigen Modernisierung.

333 *Wilke* (2000: 349).

4.1.11 *Die Welt*

Die Welt zählt heute neben der *Frankfurter Allgemeinen Zeitung* und der *Süddeutschen Zeitung* zu den bedeutenden überregionalen Tageszeitungen auf dem deutschen Markt. Sie gilt als das „seriöse Aushängeschild“[334] der Axel Springer AG, die auch das auflagenstärkste deutsche Boulevardblatt *Bild* verlegt, das wegen der Missachtung publizistischer Grundsätze regelmäßig kritisiert wird.

Erstmals erschien *Die Welt* am 2. April 1946.[335] Unter der Regie der britischen Besatzung gelang es den Machern, eine Zeitung am Markt zu platzieren, die im Nachkriegsdeutschland viele Aufgaben zu erfüllen hatte: Dazu zählte die Vermittlung freiheitlich-demokratischer Grundwerte genauso wie die unparteiische Berichterstattung auf hohem Niveau.[336] Mit einer Startauflage von 160.000 Exemplaren war *Die Welt* auch angetreten, um dem „drohenden Provinzialismus und der begrenzten Universalität der vielfach lokal gefärbten ‚Lizenzblätter‘“ zu begegnen.[337]

Nach dem Wegfall der Lizenzpflicht für Zeitungen im September 1949 musste *Die Welt* einige Rückschläge hinnehmen, insbesondere die erstarkenden Regionalzeitungen gerieten mehr und mehr zu ernsthaften Konkurrenten. Die Briten entschlossen sich daher, die Zeitung zu verkaufen. Im September 1953 erhielt der Hamburger Verleger Axel Springer den Zuschlag.[338] Die als „publizistisches Flaggschiff“[339] zugekaufte liberale Zeitung entwickelte sich unter der verlegerischen Leitung Springers zu einem konservativen Massenmedium, dem innerhalb der deutschen Presselandschaft einige Bedeutung beizumessen ist. Dies ergibt sich auch aus einer Betrachtung der trotz Rückläufigkeit beeindruckenden Auflage: Im Jahr 1952 erschien das Blatt werktags in einer Auflage von gut 234.000 Exemplaren, 1972 waren es knapp 290.000, im ersten Quartal 2002 konnte *Die Welt* immerhin noch eine verkaufte Auflage von knapp 234.000 Stück vorweisen.[340]

4.2 *Das Untersuchungsmaterial*

Um eine hinreichende Basis an Untersuchungsmaterial für den regionalen und chronologischen Vergleich zu gewinnen, wurden die für die

334 *Sonntag* (2006: 37).
335 Vgl. *Fischer* (1966: 193).
336 Vgl. *Sonntag* (2006: 37), *Fischer* (1966: 193).
337 Vgl. *Fischer* (1966: 194f.).
338 *Ders.* (1966: 203, 205).
339 *Sonntag* (2006: 37).
340 Die Zahlen beziehen sich auf *Stamm* (1952: 2/35; 1972: 2/50), *IVW* (2002).

Analyse verbindlichen Zeitpunkte und eine Mindestmenge einzubeziehender Zeitungsausgaben im Vorfeld der Materialbeschaffung festgelegt, so dass eine möglichst hohe Vergleichbarkeit des Materials sichergestellt ist. Die Untersuchung erstreckt sich über einen Zeitraum von mehr als zwei Jahrhunderten. Die ältesten in die Arbeit einfließenden Anzeigen stammen aus dem Jahr 1790[341], die jüngsten wurden 2002 veröffentlicht. Die einzelnen Untersuchungszeitpunkte[342] sind: 1790, 1800/03,[343] 1819/25,[344] 1850, 1875/76,[345] 1902, 1916/17[346], 1921, 1942/43,[347] 1952, 1972 und 2002.

Mit den Proben aus den Jahren 1916/17 und 1942/43 wurden beide Weltkriege einbezogen. Die jeweilige Nachkriegszeit ist durch Proben aus den Jahren 1921 und 1952 erfasst. Soweit möglich, stammen die untersuchten Anzeigen aus dem ersten oder vierten Quartal des jeweiligen Jahres. Es finden sich jedoch auch Anzeigen aus dem zweiten sowie dem dritten Quartal, da in einzelnen Fällen von der Vorgabe des ersten beziehungsweise vierten Quartals abgewichen werden musste. Entweder gab es zu wenig veröffentlichte Anzeigen oder – und dies ist erheblich häufiger der Fall – die Zeitungsseiten waren nicht reproduzierbar beziehungsweise gar nicht archiviert, etwa weil die Archivbestände während des Zweiten Weltkrieges zerstört wurden. Einen Sonderstatus nimmt die Probe ein, die die während des Zweiten Weltkrieges publizierten Anzeigen umfasst. Hier ließ es sich aufgrund der Struktur der Archivbestände nicht vermeiden, dass die Anzeigen aus dem gesamten Zeitraum zwischen Mai 1942 und Dezember 1943 stammen.

341 Zu diesem Zeitpunkt wurden Todesanzeigen in der VZ, der BayZ und dem HuC veröffentlicht.

342 Hierbei handelt es sich nur um die Untersuchungszeitpunkte, zu denen Familienanzeigen in den ausgewählten Zeitungen erschienen sind. Daneben wurden auch, sofern die Zeitungen zu früheren Zeitpunkten bereits existierten, ältere Jahrgänge auf das Vorkommen von Familienanzeigen untersucht. Auf diese Weise wurde versucht, sich den ältesten veröffentlichten Familienanzeigen anzunähern. So wurden bei der BayZ, dem HuC und der VZ zusätzlich zu den oben genannten Zeitpunkten außerdem jeweils zwei Monate aus den Jahren 1770 und 1780 durchgesehen, es konnten jedoch keine Familienanzeigen ausfindig gemacht werden.

343 Obwohl die KöZ erstmals im Jahr 1763 erschien, sind Ausgaben vor 1803 nicht archiviert, so dass dieses Jahr als erster Untersuchungszeitpunkt gewählt werden musste.

344 Die BayZ liegt für das Jahr 1825 nicht vor, stattdessen wurde auf das Jahr 1819 ausgewichen.

345 Da für die KöZ das Jahr 1875 nicht zur Verfügung stand, musste hier auf das Jahr 1876 zurückgegriffen werden.

346 Bei KN, KStA und LZ wurde der Jahreswechsel 1916/17, bei allen anderen Zeitungen wurden Anzeigen aus dem Jahr 1917 untersucht.

347 Bei der LZ wurden aufgrund der Archivbestände Anzeigen aus dem Jahr 1942 analysiert.

Tabelle 1: Anzeigenverteilung

Chronologische Verteilung

	1790	1800 1803	1819 1825	1850	1875 1876	1902	1916 1917	1921	1942 1943	1952	1972	2002	Summe
GA	0	28	30	72	131	71	64	80	85	36	61	63	721
VA*	0	26 13+13	34 20+14	85 42+43	156 52+104	101 22+79	104 44+60	135 66+69	112 63+49	52 24+28	130 43+87	21 16+5	956 405+551
TA	14	82	55	96	195	184	326	172	339	179	463	488	2593

Verteilung auf die Medien

	KN	KStA	LZ	Mopo	NPZ	VZ	HuC	KöZ	BayZ	FAZ	Welt	Summe
GA	187	82	0	18	104	156	93	56	0	18	7	721
VA*	282 118+164	100 55+45	13 8+5	43 9+34	96 36+60	235 85+150	88 48+40	65 29+36	2 2+0	14 6+8	18 9+9	956 405+551
TA	664	546	169	336	170	294	155	76	17	97	69	2593

* zweite Zeile: Aufteilung Heirats- (erster Wert) und Verlobungsanzeigen

Zu jedem Zeitpunkt wurden mindestens sieben Zeitungsausgaben, in denen Familienanzeigen publiziert waren, in die Untersuchung einbezogen. Insgesamt sollten pro Zeitung und Untersuchungszeitpunkt mindestens 15 Anzeigen einfließen. Sofern nach der Durchsicht von sieben Ausgaben 15 oder mehr Anzeigen je Anzeigensorte vorlagen, wurde die Durchsicht abgebrochen. War dies nicht der Fall, wurden weitere Zeitungsausgaben einbezogen, bis die geforderte Anzahl von mindestens 15 Anzeigen erreicht war. Grundsätzlich wurden jedoch nicht mehr als zwei Monate durchgesehen, danach wurde die Durchsicht der jeweiligen Zeitung abgebrochen und nur die in diesem Zeitraum erschienenen Anzeigen in das Korpus einbezogen – unabhängig davon, ob in diesem Zeitraum 15 veröffentlichte Anzeigen ermittelt werden konnten. Diese Vorgabe hat zur Folge, dass einerseits häufig mehr als sieben Ausgaben berücksichtigt wurden, andererseits aber nicht immer die gewünschte Anzahl von 15 Anzeigen erreicht wurde.

Insgesamt umfasst das Korpus dieser Arbeit 4.270 Familienanzeigen, sie erschienen zwischen dem 1. Januar 1790 und dem 22. Februar 2002. Diese mehr als 4.000 Anzeigen lassen sich wie in Tabelle 1 dargestellt aufschlüsseln: 721 Geburtsanzeigen (GA), 956 Verbindungsanzeigen (VA), wovon 551 Verlobungs- und 405 Heiratsanzeigen sind, sowie 2.593 Todesanzeigen (TA). Eine genaue zahlenmäßige Übersicht über das Untersuchungsmaterial liefern die Tabellen GA-1, VA-1 und TA-1 (auf der CD-ROM). Bloße Auflistungen von Geburten, Verlobungen,

Hochzeiten und Todesfällen in den Familiennachrichten, die nicht als Anzeige ausgestaltet sind, bleiben in dieser Arbeit unberücksichtigt.

Bei den Erläuterungen der Untersuchungsergebnisse wird von den jeweiligen Jahren die Rede sein, obwohl genau genommen auf den Zeitraum der Probe aus dem betreffenden Jahr Bezug genommen werden müsste. Diese Vereinfachung dient dem Lesefluss. Der zeitliche Umfang der einzelnen Proben ergibt sich ebenfalls aus den Tabellen GA-1, VA-1 sowie TA-1.

Zuletzt sei darauf verwiesen, dass die Materialbeschaffung nicht immer einfach war. Wie bereits erwähnt, gab es einerseits Lücken in den jeweiligen Zeitungsbeständen, die durch Kriegsschäden beziehungsweise -verluste bedingt sind, andererseits lagen die Anzeigen teilweise in so schlechter Qualität vor, dass eine Reproduktion nicht möglich war. Oftmals waren Anzeigen, die sich am ‚inneren Rand' – also der Zeitungsmitte – befanden, aufgrund der durch die Archivierung bedingten Heftung nach der Verfilmung nicht mehr als ganze Anzeigen auf dem Mikrofilm abgebildet, so dass diese Anzeigen nicht in das Korpus eingeflossen sind.[348] Auch kann nicht ausgeschlossen werden, dass einzelne Anzeigen bei der Durchsicht der Zeitungen übersehen wurden, da gerade die älteren Anzeigen keinen festen Platz in der Zeitung hatten und kaum durch grafische Gestaltungsmittel hervorgehoben waren. Die genannten Umstände beziehen sich auf Einzelfälle, die die Repräsentativität des Korpus nicht beeinträchtigen und damit das Gesamtbild des Untersuchungsergebnisses nicht verändern.

4.3 Bezeichnung und Auswahl der Verbindungsanzeigen

Die Bezeichnung *Verbindungsanzeige* und die Auswahl der darunter subsumierten Textexemplare verdienen gesonderte Erwähnung. Verlobungs- und Heiratsanzeigen werden in dieser Arbeit gleichermaßen als Verbindungsanzeigen betrachtet. Hierfür spricht neben dem Erfordernis der terminologischen Abgrenzung auch die Ähnlichkeit des bekanntgegebenen Ereignisses.

Wenn Laien von Heiratsanzeigen sprechen, meinen sie gleichermaßen Heirats- und Verlobungsanzeigen. Mitunter beziehen sie sich mit dem Terminus Heiratsanzeige auch auf Heiratsgesuche, Kontaktannoncen oder Partnerschaftsanzeigen. Zur Vermeidung von Missverständnissen war daher ein einheitlicher Begriff zu finden. Die Bezeichnung Verbindungsanzeige ist terminologisch eindeutig. Obwohl der gemeine

348 In diesen Fällen lagen einzelne Jahrgänge der Zeitungen in gebundener Form vor.

Sprachverwender den Terminus nicht aktiv gebraucht, ist passives Verständnis gegeben.

Während eine Verlobungsanzeige streng genommen nur das – rechtlich nicht bindende – Versprechen, die Ehe einzugehen, dokumentiert, wird die tatsächliche Verheiratung erst durch eine Heiratsanzeige kundgegeben. Die einheitliche Bewertung beider Varianten als Verbindungsanzeigen ist dennoch angemessen, da es sich bei dem der einzelnen Anzeige zugrunde liegenden Sachverhalt, egal, ob es das Eheversprechen oder die Heirat ist, stets um ein Ereignis handelt, das die beabsichtigte gemeinsame Zukunft eines Paares untermauert und nach außen trägt.

Im Kern geht es immer um die Verbindung, die die beiden Partner miteinander begründen. Ob ein Paar eine Verlobungs- oder eine Heiratsanzeige als öffentlichen ‚Startschuss für die Familienplanung' aufgibt, hängt dabei von ihrem eigenen Willen, von den rechtlichen Rahmenbedingungen und von den allgemeinen Moralvorstellungen im jeweiligen zeitlichen Kontext ab. Nachdem die Verlobung heute seltener geworden ist, hat inzwischen die Heirat die größere Bedeutung. Die Gleichbehandlung von Verlobungs- und Heiratsanzeigen ist trotzdem geboten, da die Verlobung in der historischen Entwicklung hin zum heutigen Zustand ebenfalls von erheblicher Wichtigkeit war. Die Bedeutung der Verlobung zeigte sich unter anderem darin, dass in der Vergangenheit nicht selten die Eltern des Brautpaares als Inserenten der Verlobungsanzeigen fungierten, möglicherweise als Aus- oder Nachwirkung der jeweiligen Personenstandsvorschriften. Das *Allgemeine Landrecht für die Preußischen Staaten* von 1794 sah in vielen Fällen zumindest die Einwilligung der Väter vor. Seit 1875 brauchten eheliche Töchter und Söhne bis zur Vollendung des 24. beziehungsweise 25. Lebensjahrs ebenfalls den väterlichen Segen.[349] Ab 1900 sah das *Bürgerliche Gesetzbuch* vergleichbare Zustimmungserfordernisse vor. Durch eine entsprechende Verlobungsanzeige konnte der Allgemeinheit das für die beabsichtigte Ehe erforderliche Einverständnis mitgeteilt werden.

Es finden sich auch im Fortgang des 20. Jahrhunderts rechtliche Argumente für die Gleichbehandlung von Verlobungs- und Heiratsanzeigen. So steht im Strafverfahren gemäß Paragraf 52 I der Strafprozessordnung (StPO) neben Ehegatten und Lebenspartnern auch Verlobten und zukünftigen Lebenspartnern des Beschuldigten das Zeugnisverweigerungsrecht zu.

---

349 Gemäß § 29 des Gesetzes über die Beurkundung des Personenstandes und die Eheschließung (vom 6. Februar 1875).

Eine weitere gesetzliche Regelung, die möglicherweise Einfluss auf das Vorkommen von Verbindungsanzeigen im 20. Jahrhundert hatte, ist der so genannte Kuppelei-Paragraf, der nicht wenige Paare zu einer Verlobung veranlasst haben dürfte. Bevor das vierte Gesetz zur Reform des Strafrechts vom 23. November 1973 Wirkung entfaltete, enthielt das Strafgesetzbuch (StGB) in § 180 seit dem 25. Juni 1900 den Tatbestand der Kuppelei und in § 181 den Tatbestand der schweren Kuppelei. Mit Freiheitsstrafe von bis zu fünf Jahren wurde bestraft, wer der Unzucht Vorschub leistete. Dies konnte schon durch die Gewährung einer Gelegenheit geschehen. Als unzüchtig wurden solche Handlungen verstanden, die „das allgemeine Scham- und Sittlichkeitsgefühl in geschlechtlicher Beziehung erheblich verletzen".[350] Auf Grundlage der vorherrschenden gesellschaftlichen Wertvorstellungen sollte die Rechtsprechung bei der Anwendung der Kuppelei-Vorschrift einen „Weg zwischen Prüderie und Laxheit"[351] finden.

Unter den Begriff der Unzucht fielen laut der juristischen Literatur der frühen 1970er Jahre nicht nur der Beischlaf und beischlafsähnliche Handlungen, sondern „jede Art unzüchtiger Handlung".[352] Gemäß dem bis 1973 geltenden § 181 Abs. 1 Nr. 2 StGB sahen Eltern, denen Kuppelei vorzuwerfen war, sich sogar wegen schwerer Kuppelei einer erhöhten Mindeststrafe von sechs Monaten gegenüber.[353]

Während der Geltungszeit des § 180 StGB in seiner alten Fassung dürfte als Anlass für zahlreiche Verlobungen der Umstand gesehen werden, dass zwischen Verlobten „auch weitgehende Zärtlichkeiten keine Unzucht"[354] darstellten. Wenn die Verlobten im heiratsfähigen Alter waren und sich mit ernsthaften Heiratsabsichten trugen sowie der Geschlechtsverkehr nach angemessener Verlöbnisdauer diskret vor sich ging,[355] wurde zuletzt ebenfalls keine Unzucht mehr angenommen. Da die Verlobung[356] regelmäßig die Straflosigkeit des Wohnungsgebers zur

350 *Dreher* (1972: 716).

351 Ebd.

352 *Ders.* (1972: 745).

353 Laut *Dreher* (1972: 753) jedoch nur, solange das Schutzverhältnis zwischen Eltern und Kind bestand. Mit Erreichen der Volljährigkeit beziehungsweise der Verheiratung schied eine Bestrafung wegen schwerer Kuppelei daher aus.

354 *Dreher* (1972: 745).

355 Vgl. *ders.* (1972: 745f.).

356 Wobei anzumerken ist, dass der Bezeichnung *Verlobung* im alltäglichen Sprachgebrauch eine andere Bedeutung zukommt als in rechtlicher Hinsicht. Rechtlich ist die Verlobung gemäß § 1297 BGB das Versprechen, einander zu heiraten, welches einer Hochzeit zwangsläufig vorausgeht. In der Umgangssprache hingegen wird darunter vielfach das ausdrückliche, zuweilen auch feierlich begangene, Bekenntnis zweier Personen zueinan-

Folge hatte, kam ihr zu Zeiten der Geltung des Kuppelei-Paragrafen also eine erheblich größere Bedeutung zu als heute.

Diese Tatsache ist auch eine denkbare Erklärung für die außerordentlich hohe Frequenz der Verlobungsanzeigen in der 1972er Probe der KN. Es ist anzunehmen, dass mit dem Wegfall des Kuppelei-Paragrafen die Anzahl der Verlobungsanzeigen abnimmt, da eine Verlobung heute für die Anmietung einer Wohnung nicht mehr – wie damals – zwingend notwendig ist. Bei der Betrachtung des Korpus dieser Arbeit zeigt sich, dass die Anzahl der Verlobungsanzeigen nach 1972 signifikant sinkt.

4.4 Darstellung der Familienanzeigen

Bei der Wiedergabe von Familienanzeigen im Rahmen einer wissenschaftlichen Arbeit stellen sich verschiedene Fragen, die die Darstellung der untersuchten Anzeigen betreffen: Zum einen muss eine Entscheidung getroffen werden, ob die Originalanzeigen abgedruckt werden sollen oder eine Anonymisierung der Anzeigen vorgezogen wird. Zum anderen kommt die Frage auf, ob die Anzeigen in ihrer Originalgröße abgebildet werden sollen.

Gegen eine Unkenntlichmachung der Namen in Familienanzeigen spricht die Tatsache, dass Erkenntnisse dann nicht mittels der ursprünglichen, sondern mittels einer veränderten Version der untersuchten Anzeige belegt würden. Verfasser, die sich für den Abdruck von Familienanzeigen – dies ist insbesondere bei Todesanzeigen der Fall – ohne Namensnennung entscheiden, anonymisieren die abgedruckte Fassung durch Schwärzung oder ‚Leerlassen' der auftretenden Familiennamen sowie gegebenenfalls der Traueradresse.[357] Für diese Vorgehensweise führen die Autoren bei Todesanzeigen Pietätsgründe an. Sie wollen den Verstorbenen auf diese Weise Respekt zollen und Rücksicht auf die Hinterbliebenen nehmen. Diese Begründung ist jedoch kritisch zu hinterfragen: Schließlich wurden alle untersuchten Familienanzeigen in Tageszeitungen veröffentlicht und sind noch heute in Archiven einsehbar. Eine Schwärzung erfüllt ihren Zweck zudem nur scheinbar, denn über die in einer wissenschaftlichen Arbeit unverzichtbaren Quellenangaben ließen sich die geschwärzten Namen dennoch ermitteln. Weiterhin ist bei der Analyse von Todesanzeigen zu fragen, ob die Würde des Verstorbenen und eine wissenschaftliche Untersuchung überhaupt im Widerspruch zu-

der verstanden. Anders ist es nicht zu erklären, dass viele Paare glauben, ohne Verlobung geheiratet zu haben.

357 So verfahren beispielsweise *Hosselmann* (2001) und *Eckkrammer* (1996). Letztere begründet ihre Vorgehensweise jedoch nicht.

einander stehen. Schließlich wird durch eine sprachliche Analyse weder Kritik an der Anzeige noch an der Persönlichkeit des Verstorbenen beziehungsweise der in den Anzeigen genannten Personen geübt. Insgesamt ist festzuhalten, dass die Verwendung der Originalanzeigen zu befürworten ist. Demgemäß sind die Familienanzeigen in dieser Arbeit unverändert abgedruckt. Auf eine Anonymisierung wurde bewusst verzichtet.[358]

Neben der Frage, ob die Familienanzeigen in einer wissenschaftlichen Arbeit anonymisiert abzudrucken sind, stellt sich außerdem die Frage, ob die Anzeigen in ihrer Originalgröße abgebildet werden sollen. Hierzu scheinen einige Ausführungen zu den verschiedenen Reproduktionsverfahren angebracht. Die in dieser Arbeit vorliegenden Anzeigen lagen entweder als Original, auf Mikrofilm oder Mikrofiche vor. Standen die Zeitungen im Original[359] zur Verfügung, wurden die Anzeigen auch in der Originalgröße kopiert. Die meisten Archive halten die Zeitungen jedoch auf Mikrofilm, teilweise auch auf Mikrofiche, bereit. Sowohl auf Mikrofilm als auch auf Mikrofiche sind die Maßstäbe angegeben, durch den die Originalgröße der Anzeigen berechnet werden kann. Die Anzeigen gleich im richtigen Maßstab zu kopieren, ist praktisch unmöglich. Bei der Reproduktion der Anzeigen wurde der Lesbarkeit Vorrang vor der Wiedergabe in Originalgröße gegeben. Anzeigen, die im Original das Format diese Arbeit überschreiten, werden verkleinert abgebildet. Ältere Anzeigen, die nur in schlechter Qualität vorliegen, oder Anzeigen aus den beiden Weltkriegen werden teilweise vergrößert abgebildet, um ihre Lesbarkeit zu gewährleisten.

Für die in der Arbeit abgedruckten, aus den Familienanzeigen stammenden Zitate gilt, dass typografische Besonderheiten der Materialgrundlage wie beispielsweise Schriftgröße, Schriftart, Zeilenumbrüche, Kursivsetzung oder Sperrungen nicht wiedergegeben werden. Einen visuellen Eindruck der typografischen Unterschiede vermitteln die in der Arbeit abgebildeten Anzeigen.

Die Nummerierung der Anzeigen ergibt sich aus der Reihenfolge ihres Vorkommens innerhalb des Arbeitstextes. Die erste Todesanzeige wird mit T-1 bezeichnet, die erste Geburtsanzeige mit G-1, die achte Verbindungsanzeige mit V-8 etc. Anzeigen, die auf der CD-ROM zu finden sind, werden als TA-n, GA-n und VA-n bezeichnet.

---

358 In dieser Hinsicht wird *Lage-Müller* (1995) gefolgt.

359 Dies betrifft die Todesanzeigen von 1902 bis 2002 aus der LZ und die Familienanzeigen der Untersuchungszeitpunkte 1972 und 2002 aus dem KStA.

5 Typografie

Geburts-, Verbindungs- und Todesanzeigen sind im Anzeigenteil von Zeitungen abgedruckt. Zur Gestaltung der Anzeigen wird auf verschiedene typografische Mittel zurückgegriffen. In den bisher vorliegenden Arbeiten über Familienanzeigen wurden diese typografischen Gestaltungsmittel vernachlässigt oder nur unzureichend gewürdigt, obwohl auch auf diese Weise bestimmte Inhalte der Anzeigen betont und hervorgehoben werden können.[360] Gerade Symbole und Abbildungen ermöglichen unter Umständen Interpretationen bezüglich der Einstellungen der Inserenten. Deshalb werden im Folgenden die wichtigsten typografischen Merkmale der untersuchten Anzeigen dargestellt. Der Schwerpunkt liegt neben Ausführungen zum Schriftsatz auf den verwendeten Symbolen und Abbildungen. Letztere sind Gestaltungsmittel, weshalb sie zur Typografie und nicht zur Makrostruktur gezählt werden. Bei Rahmen verhält es sich anders: Auch bei ihnen handelt es sich um typografische Gestaltungsmittel, aber aufgrund ihrer Textbegrenzungsfunktion werden sie – wie unter I.3.3.2.1 bereits erläutert – als nichtsprachliche Kombination aus primärem Initiator und primärem Terminator aufgefasst.

5.1 Schriftsatz

Angesichts der hier betrachteten Zeitspanne von mehr als 200 Jahren mag es zunächst Erstaunen hervorrufen, dass sich die in Familienanzeigen eingesetzten typografischen Mittel über den beobachteten Zeitraum nicht wesentlich verändert haben. In besonderem Maße gilt diese Feststellung für die stark konventionalisierten Todesanzeigen, denen anzusehen ist, dass ein beachtlicher Anteil der heute im Buch- und Zeitungsdruck zum Einsatz kommenden Schriftarten und Gestaltungsmethoden eine Jahrhunderte alte Tradition hat. Auch bei den insgesamt abwechslungsreicher – vor allem aber lockerer – anmutenden Geburts- und Verbindungsanzeigen ist eine Stringenz festzustellen, die sich vor allem in der Andersartigkeit gegenüber den Todesanzeigen manifestiert. Die mit den beiden letztgenannten Anlässen verbundene Freude schlägt sich oft genug auch typografisch nieder. So sind Verbindungs- und Geburtsanzeigen häufig mit Schmuckrahmen und Symbolen verziert.[361]

---

360 So beschränkt sich *Beninga* (2002: 110) auf die Feststellung, Anzeigen seien überwiegend in der Schriftart *Times New Roman* gesetzt. Dies trifft auf die in dieser Arbeit untersuchten Anzeigen nicht zu – abgesehen von wenigen Ausnahmen sind die Inserate in anderen Schriftarten gesetzt.

361 Hinsichtlich schmückender Symbole sei auf I.5.2 verwiesen.

Durch die Ablösung des Bleisatzes und die Einführung des modernen Computersatzes wurde lediglich die Anwendung der typografischen Möglichkeiten erleichtert. Äußere Faktoren, die sich im Laufe der Jahre auf die typografischen Aspekte auswirken, sind weniger im technischen Fortschritt begründet, als vielmehr dem gewandelten Geschmack, den rechtlichen Rahmenbedingungen[362] sowie dem Mangel an Platz[363] geschuldet.

Über den Untersuchungszeitraum wurden Schriften aller Gruppen verwendet: Das Spektrum umfasst Renaissance-Antiquas, barocke, klassizistische, serifenbetonte und serifenlose Antiquas, Dekorationsschriften, Schreibschriften und gebrochene Schriften. Renaissance-Antiquas haben ihren Ursprung im 15. Jahrhundert, sie zeichnen sich durch nur geringe Kontraste zwischen Grund- und Haarstrichen aus, sind durch dreieckige Serifen sowie eine leichte Schräglage der runden Buchstabenformen geprägt und gelten als besonders ausdrucksvoll.[364] Mitte des 17. Jahrhunderts entstanden die barocken Antiquas, die weniger schräge runde Buchstaben sowie leicht ausgerundete Serifen aufweisen und von einem größeren Kontrast zwischen Grund- und Haarstrichen gekennzeichnet sind.[365] Klassizistische Antiquas haben kaum oder keine Ausrundungen bei den Serifen, ferner sind der absolute Kontrast zwischen Haar- und Grundstrichen sowie die senkrechte Achse der ovalen Formen charakteristisch.

Die serifenbetonten Antiquas sind von optisch gleichen Strichstärken geprägt. Serifenlose Antiquas, oft auch als Groteskschriften bezeichnet, entstanden zu Beginn des 19. Jahrhunderts und sind trotz ihres konstruiert wirkenden Erscheinungsbildes in großer Vielfalt verfügbar. Dekorationsschriften vereinen in sich verschiedene Stilelemente und weisen auffällige, originelle oder besonders dekorative Formen auf, während Schreib- und Pinselschriften Imitationen von Handschriften sind. Die Herkunft gebrochener Schriften liegt im 12. Jahrhundert. Zu dieser Zeit gingen aus der karolingischen Minuskel Schriftarten mit gebrochener Linienführung hervor, ein bekannter Vertreter ist die kurz nach 1500 entstandene *Fraktur*, die sich durch schwungvolle Großbuchstaben auszeichnet.

---

362 So wurde die Verwendung gebrochener Schrift Anfang 1941 durch das so genannte *Bormann*-Rundschreiben als unerwünscht erklärt.

363 Der Umfang des Anzeigenteils ist in heutigen Zeitungen oftmals größer als eine gesamte Zeitungsausgabe zu Beginn des 20. Jahrhunderts.

364 Vgl. *Linotype* (1989: 6), wo weiterhin auf die besonders populäre Bearbeitung durch den Franzosen Claude Garamond im 16. Jahrhundert hingewiesen wird.

365 Für die weiteren Ausführungen zur Charakteristik der Schriften: *dies.* (1989: 8-23).

In Todesanzeigen wird von allen gängigen Möglichkeiten des Schriftsatzes Gebrauch gemacht. Die Inserate sind überwiegend im Blocksatz ausgerichtet, hervorgehobene Abschnitte weichen davon ab, sie sind entweder eingerückt oder an der Mittelachse ausgerichtet, also zentriert. Das Mittel des Fettdrucks[366] wird ebenso zur Hervorhebung eingesetzt wie unterschiedlich große Typen, gesperrter[367] Druck, kursive Auszeichnung[368] oder der Satz in Versalien.[369] Die jüngsten Anzeigen wirken insgesamt gefälliger, nicht zuletzt aufgrund der optischen Freiräume, die sich aus den größeren Anzeigenformaten ergeben. An den jüngeren Anzeigen ist auch auffällig, dass sie in zunehmendem Maße in nur einer Schriftart gesetzt sind. Selbiges gilt für die ältesten Anzeigen. Ab Mitte des 19. Jahrhunderts werden die Anzeigen dagegen oft aus mehreren Schriften gesetzt. Am häufigsten kommen Renaissance-Antiquas zum Einsatz, als zweite Schrift werden sowohl barocke und klassizistische[370] als auch serifenlose Antiquas verwendet. Imitationen von Handschriften sind in Todesanzeigen sehr selten. Gebrochene Schriften sind bis 1942/43 zu finden.

Hinsichtlich der Satztechnik von Geburtsanzeigen gilt grundsätzlich das Gleiche wie für Todesanzeigen, insbesondere ist das bei hervorgehobenen Passagen der Fall. Auch das ist nicht allzu erstaunlich, schließlich sind die Art der Ausrichtung, Fettdruck, Größenänderung, Sperrung, kursive Auszeichnung und Versalsatz klassische Gestaltungsmittel. Insgesamt sieht man gerade frühen Geburtsanzeigen an, dass die Inserenten sich damit einen Luxus erlauben. Häufig sind sie flächenmäßig relativ großzügig gestaltet, oft muten sie aufgrund der Wahl der Schriftart, des zurückhaltenden, aber bewussten Einsatzes von Stilmitteln, sowie durch kostspielige und ästhetisch wirkungsvolle Leerflächen besonders edel an. Eine vor allem in der ersten Hälfte des 20. Jahrhunderts zu beobachtende besondere Variante der Hervorhebung des Kindsnamens ist dessen Platzierung neben dem restlichen Anzeigentext, meist einhergehend mit einer Rotation der Grundlinie um 30, 45 oder 90 Grad (Abb. G-1 bis G-3).

366 In fast allen Anzeigen ist der Name des Verstorbenen in einem fetten Schnitt gesetzt.

367 Vor allem zwischen 1942/43 und 1972 sind Ortsnamen und Geburtsnamen von Frauen spationiert.

368 Auffällig ist die typografische Hervorhebung von Sprüchen durch kursiven Satz in den Anzeigen aus dem Jahr 2002.

369 Ausschließlich in Großbuchstaben erscheinen – eher selten – der Name des Verstorbenen und bei Inseraten von Firmen und Institutionen gelegentlich die Bezeichnung des Inserenten.

370 Vor allem zur Betonung des Namens des Verstorbenen.

Die jüngsten Geburtsanzeigen hingegen sind durch weit überwiegenden Einsatz von Dekorationsschriften gekennzeichnet.[371]

Stephanie und Jürgen
11. Januar 1972

Endlich sind Tonis Schwesterchen und Brüderchen angekommen.
Mit ihm freuen sich
Annegret Bärk
geb. Trimborn
Willi Bärk

5 Köln 30, Sömmeringstraße 17
z. Z. Hildegardis-Krankenhaus, Bachemer Straße

Abb. G-1: KStA, 13. Januar 1972

Vera Maria

Unser Jürgen hat ein Schwesterchen bekommen. Dieses zeigen hocherfreut an
Dorothee und Will Düttmann

Essen, den 19. Januar 1952
z. Z. Arnoldhaus, Privatstation Dr. Schildberg

Abb. G-2: Welt, 22. Januar 1952

Abb. G-3: HuC, 30. Januar 1921

Demgemäß fallen die Geburtsanzeigen in der typografischen Analyse auch bei der diachronen und synchronen Betrachtung auf. Hier ist zum einen die Entwicklung hin zu besonders vielfältigen Anzeigen zu nennen. Zum anderen zeigen sich regionale Unterschiede bezüglich der separaten und gedrehten Platzierung des Kindsnamens. Während diese

371 Meist in Kombination mit anderen dekorativen Elementen, siehe hierzu die Ausführungen über die Symbolverwendung in I.5.2.

Präsentation in der Probe von 1916/17 erstmals in KN und HuC festgestellt wird, setzt sie in VZ und KStA erst 1921 ein. Diese Hervorhebung ist im KStA bis 1972 nachzuweisen, in den KN hingegen taucht sie 1921 zuletzt auf. Der Verdacht, dass es sich hierbei um eine Art Mode handelt, wird von dem Umstand erhärtet, dass die FAZ erst 1972 zu diesem Mittel greift.

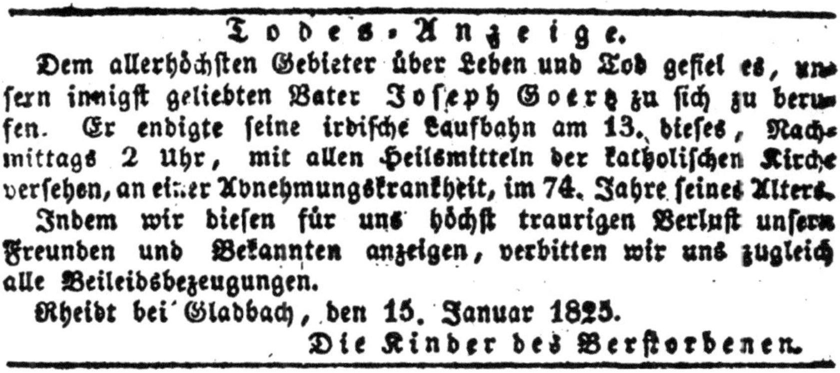

Todes-Anzeige.

Dem allerhöchsten Gebieter über Leben und Tod gefiel es, unsern innigst geliebten Vater Joseph Goertz zu sich zu berufen. Er endigte seine irdische Laufbahn am 13. dieses, Nachmittags 2 Uhr, mit allen Heilsmitteln der katholischen Kirche versehen, an einer Abnehmungskrankheit, im 74. Jahre seines Alters.

Indem wir diesen für uns höchst traurigen Verlust unsern Freunden und Bekannten anzeigen, verbitten wir uns zugleich alle Beileidsbezeugungen.

Rheidt bei Gladbach, den 15. Januar 1825.

Die Kinder des Verstorbenen.

Abb. T-3: KoZ, 20. Januar 1825

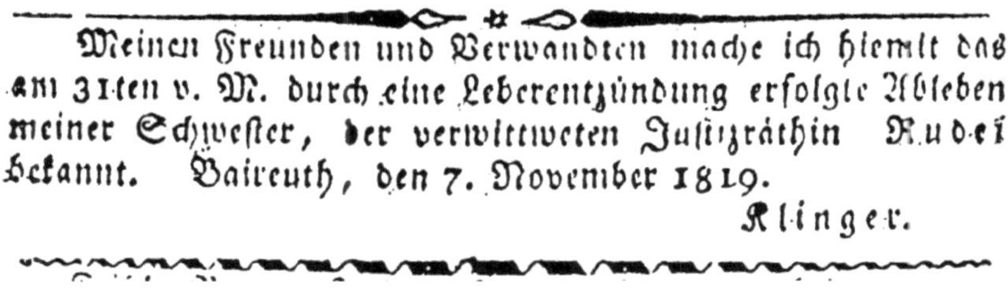

Meinen Freunden und Verwandten mache ich hiemit das am 31ten v. M. durch eine Leberentzündung erfolgte Ableben meiner Schwester, der verwittweten Justizräthin Rudei bekannt. Baireuth, den 7. November 1819.

Klinger.

Abb. T-4: BayZ, 14. November 1819

Verglichen mit Geburtsanzeigen sind Verbindungsanzeigen simpel gestaltet. Optisch auffälliger als die – hier ebenfalls häufige – Hervorhebung von Textpassagen unter Anwendung der bereits dargelegten Mittel des Schriftsatzes sind bei den Verbindungsanzeigen die in diesem Abschnitt nicht behandelten Schmuckrahmen. Der auch in den jüngsten Textexemplaren zurückhaltende Umgang mit schriftsetzerischem Werkzeug mag im Anlass gesehen werden: Während im Falle der Geburt eines Kindes bei den stolzen Inserenten infantile Neigungen gestalterisch Ausdruck finden, soll die Bekanntgabe einer Verlobung oder Eheschließung offenbar etwas feierlich-dezenter vonstatten gehen.

Ebenfalls zu den klassischen Gestaltungselementen von Zeitungsannoncen zählen zudem Rahmen, die die Anzeigen umgeben, und grafische Elemente, die zu Beginn des Untersuchungszeitraumes zwischen den Anzeigen stehen und sowohl dekorative als auch textbegrenzende Funktion haben. Bei den grafischen Elementen, die der Abgrenzung der einzelnen Anzeigen dienen, handelt es sich fast ausnahmslos um horizontale Linien. Vor dem Aufkommen und der flächendeckenden Verwendung von Rahmen in Familienanzeigen sind die Geburts-, Verbindungs- und Todesanzeigen stets durch eine solche Linie voneinander getrennt (Abb. T-3). Lediglich in der BayZ kommen vereinzelt besonders dekorative Elemente zur Abgrenzung der Todesanzeigen vor (Abb. T-4). Bezüglich der Verwendung von Rahmen sind besonders Verbindungsanzeigen zu nennen, die auffällig oft von Schmuckrahmen verziert werden. Durch diese besondere Dekoration heben sich entsprechende Anzeigen von anderen Inseraten ab. Eine eingehende Auseinandersetzung mit der Verwendung von Rahmen zur Abgrenzung der einzelnen Textexemplare erfolgt in den Kapiteln II, III und IV jeweils unter 1.1.1.

Bei näherer Betrachtung der Anzeigengrößen wird die Bedeutung der mit den Inseraten kundgegebenen Ereignisse deutlich. Während Geburts- und Verbindungsanzeigen häufig ähnlich große Flächen einnehmen, heben sich die Todesanzeigen dadurch ab, in der Regel erheblich mehr Raum für sich zu beanspruchen. Genauer gesagt: Die gegenüber den Verbindungsanzeigen meist etwas größeren Geburtsanzeigen nehmen häufig nur Bruchteile der auf die einzelnen Todesanzeigen entfallenden Flächen ein. Nur selten sind Todesanzeigen weniger als doppelt so hoch wie die anderen Anzeigen, häufig nehmen sie zusätzlich auch die doppelte bis dreifache Breite ein. Erst zum Ende des Untersuchungszeitraumes nähern sich die Größenverhältnisse einander an. Zudem ist über den Untersuchungszeitraum eine Tendenz hin zu größeren Anzeigen festzustellen, die in den drei untersuchten Textsorten auffällt.

Während die in der Probe aus dem Ersten Weltkrieg veröffentlichten Anzeigen im diachronen Vergleich nicht hervorstechen, heben sich die Anzeigen aus der 1942/43er Probe deutlich ab: Angesichts einer überwältigenden Mehrheit von nur einspaltigen Anzeigen scheint die bereits zuvor einsetzende Entwicklung hin zu insgesamt größeren Anzeigen vorübergehend ausgesetzt zu sein – ein Umstand, der auf kriegsbedingte Ressourcenknappheit zurückzuführen sein dürfte.

5.2 *Symbole und Abbildungen*

Unter Symbolen werden hier Zeichen verstanden, bei denen „die Beziehung zwischen Zeichen und Bezeichnetem ausschließlich auf Konvention beruht.“[372] Die Bedeutung von Symbolen ist im Gegensatz zu ikonischen und indexikalischen Zeichen kultur- beziehungsweise sprachspezifisch und damit arbiträr, während Ikon und Index in abbildender beziehungsweise realer Beziehung zum Bezeichneten stehen. Abbildungen sind bildliche Darstellungen eines Gegenstandes, also Ikone.

Die vorkommenden Symbole und Abbildungen werden hier als typografische und nicht als makrostrukturelle Merkmale aufgefasst, da sie in erster Linie der Gestaltung dienen und zudem nur dann als Makrostruktur bewertet werden können, wenn sie „mit sprachlichen Mitteln verbunden“[373] sind. Dies ist bei den in Familienanzeigen verwendeten grafischen Darstellungen nicht der Fall. Symbole und Abbildungen treten vielmehr zu der gesamten Anzeige hinzu. Folglich liegen keine Text-Bild-Kombinationen vor. Symbole und Abbildungen sind demnach keine makrostrukturellen Elemente, weshalb sie in diesem Unterkapitel separat behandelt werden.

Es steht jedoch außer Frage, dass Symbolen und Abbildungen eine besondere Funktion innerhalb der Familienanzeigen zukommt. Ein als gestalterisches Mittel eingesetztes Symbol hat vor allem schmückende Funktion. Daneben können die Inserenten – und dies gilt besonders bei Todesanzeigen – durch die Verwendung implizit eine bestimmte, beispielsweise religiöse, Einstellung ausdrücken. Inwiefern einem Symbol nur eine schmückende Funktion zugesprochen werden kann oder aber durch das Symbol eine entsprechende Einstellung vermittelt werden soll, lässt sich ohne eine Befragung der Inserenten nicht klären.[374] In institutionellen Anzeigen, es handelt sich dabei ausschließlich um Todesanzeigen, ist die Verwendung von Symbolen anders einzuschätzen als in privaten Anzeigen: So enthalten institutionelle Inserate – besonders von Vereinen – oft das jeweilige Vereinswappen. Hier ist von einer schmückenden Funktion sowie einer zusätzlichen Kennzeichnung des Senders auszugehen.

Zu den Prozentangaben, die in den folgenden Erläuterungen zu den einzelnen Symbolen und Abbildungen und ihrer Frequenz zu finden

372 *Bußmann* (1990: 758f.).

373 *Simmler* (1996: 613).

374 Zudem besteht die Möglichkeit, dass die Inserenten ein Symbol einfach verwenden, weil es ihnen gefällt, ohne dabei die eigentliche Bedeutung des Symbols zu kennen.

sind, ist anzumerken, dass sie den Anteil des jeweiligen Symbols an allen Symbolen in einem Jahrgang eines Mediums ausdrücken.[375] Zusätzlich zu den Reproduktionen in diesem Unterkapitel liefern die Abbildungen SA-1 bis SA-4 (auf der CD-ROM) eine Übersicht der verwendeten Symbole.

5.2.1 Geburtsanzeigen

Abb. G-4: KN, 5. Januar 2002

Abb. G-5: KN, 19. Januar 2002

Grafische Darstellungen sind in Geburtsanzeigen nur im Jahr 2002 nachzuweisen, sie haben vor allem schmückende Funktion. Die einzigen Zeitungen, die zu diesem Zeitpunkt Geburtsanzeigen und damit auch Abbildungen in Geburtsanzeigen enthalten, sind KN und KStA. In den KN sind 22 Anzeigen mit Abbildungen (46,8 Prozent) zu belegen, im KStA sind es zehn Anzeigen, was einem Anteil von 62,5 Prozent entspricht. Insgesamt verfügen folglich lediglich 4,4 Prozent aller in dieser Arbeit untersuchten Geburtsanzeigen über eine Abbildung. Die verwendeten

---

375 Eine auf die 2002er Probe der LZ bezogene Angabe von 10 Prozent für das Symbol ‚X' bedeutet: 10 Prozent aller Symbole, die 2002 in der LZ festgestellt werden können, sind vom Typ ‚X'.

Abbildungen sind relativ vielfältig, lassen sich dennoch in verschiedene Gruppen einteilen.[376] Die Position der Symbole ist in Geburtsanzeigen relativ variabel: Die meisten Symbole befinden sich am rechten oder linken Rand der Anzeige, es gibt jedoch auch Anzeigen, in denen die Symbole in allen vier Ecken (Abb. G-4) platziert sind oder das Symbol die gesamte Anzeige ‚umschließt' (Abb. G-5).

5.2.1.1 Storch

„Obwohl die Bibel alle Stelzvögel zu den ‚unreinen Tieren' zählt [...], wird der Storch ansonsten als Glückssymbol angesehen".[377] Der Storch ist als „alljährlich wiederkehrender Zugvogel [...] Symbol der Auferstehung; auch als Kinderbringer gilt er wahrscheinlich u.a. deshalb, weil er zur Zeit der erwachenden Natur zurückkehrt".[378]

> *Der alte Name ‚Adebar' wird vom Zeitwort ‚bern, bero' (tragen, bringen) oder ‚Atem' abgeleitet, wobei der Storch entweder als Gaben- oder Besitzbringer oder aber als Bringer des Atems – des Lebens, der Kinder – bezeichnet wurde.*[379]

In beiden Zeitungen lassen sich Abbildungen von Störchen nachweisen, immer in Verbindung mit einem Baby (Abb. S-1). Im KStA ist eine Anzeige vorhanden (10 Prozent), in den KN ist der Anteil mit vier Anzeigen (18,2 Prozent) fast doppelt so hoch.

Abb. S-1: Störche, KStA, 26. Januar 2002 und KN, 19. Januar 2002, 5. Januar 2002

5.2.1.2 Tierfamilie

Die in Geburtsanzeigen abgebildeten Tierfamilien symbolisieren den Familienzuwachs, die Verbindung zwischen Eltern und Kind und das familiäre Zusammenleben. Sowohl in KStA als auch KN sind Tierfamilien festzustellen (Abb. S-2). In den KN finden sich sechs Anzeigen, die eine Abbildung einer Tierfamilie enthalten, was einen Anteil von 27,3 Pro-

376 Zur Verteilung der Symbole in Geburtsanzeigen siehe Tabelle GA-2.
377 *Biedermann* (1989: 428).
378 *Oesterreicher-Mollwo* (1978: 163).
379 *Biedermann* (1989: 428).

zent ergibt: Insgesamt kommen zwei Anzeigen mit einer Entenfamilie (9,1 Prozent), drei Anzeigen mit einer Teddybärenfamilie (9,1 Prozent) vor und eine Anzeige ist mit einer Schneckenfamilie (4,5 Prozent) illustriert. Die im KStA abgebildete Tierfamilie ist eine von hinten dargestellte Elefantenfamilie (10 Prozent). Bei der Enten- sowie der Teddybärenfamilie in den KN handelt es sich stets um die gleichen Abbildungen. Diese Tatsache unterstreicht die unter I.3.3.1.1 erläuterte Annahme, dass die Inserenten in den Anzeigenabteilungen der Zeitungen Kataloge mit verschiedenen Abbildungen vorgelegt bekommen, aus denen sie dann wählen können.

Abb. S-2: Tierfamilien, KN, 5., 19. und 12. Januar 2002 sowie KStA, 26. Januar 2002

5.2.1.3 Tigerente und Teddybär

Sowohl Tigerente als auch Teddybär (Abb. S-3) symbolisieren Kinderspielzeug. Die Tigerente ist eine bekannte Figur des Illustrators und Kinderbuchautors Janosch, eigentlich Horst Eckert, und kommt in vielen seiner Bücher vor.[380] Sie ist eine Holzente auf Rollen mit einem Tigermuster. Genau wie der Teddybär ist die Tigerente ein beliebtes Kinderspielzeug. Tigerente und Teddybär treten nur in den KN auf. Die Tigerente ist in insgesamt drei Geburtsanzeigen (13,6 Prozent) festzustellen, ein Teddybär ist in zwei Anzeigen vorhanden, womit sich der Anteil auf 9,1 Prozent beläuft.

Abb. S-3: KN, 5. und 12. Januar 2002

380 Beispielsweise in *Janosch* (2004).

5.2.1.4 Baby

Ein Kind hat das Licht der Welt erblickt, das Baby ist da. Vermutlich wollen die Inserenten diese Tatsache unterstreichen, wenn sie sich in der Anzeige für den Abdruck eines Babys entscheiden. Babys sind als Abbildungen nur im KStA nachzuweisen. Dort machen sie jedoch 60 Prozent aller grafischen Darstellungen aus. Insgesamt lassen sich fünf unterschiedliche Varianten (Abb. S-4) belegen, was bedeutet, dass nur eine Abbildung in zwei verschiedenen Anzeigen verwendet wurde.

Abb. S-4: Babys, KStA, 2., 12., 19., 5. und 25. Januar 2002

5.2.1.5 Weitere Symbole und Abbildungen

Neben den bereits genannten grafischen Darstellungen treten in beiden Zeitungen weitere Abbildungen auf. Im KStA kommen in einer Anzeige Mond und Sterne (10 Prozent) vor, in einer weiteren ist ein Kleinkind an einer Wiege abgebildet (10 Prozent). In den KN sind zudem Fußabdrücke (9,1 Prozent), ein großer und ein kleiner Hase (4,5 Prozent), ein Engel (4,5 Prozent) sowie eine Lokomotive (4,5 Prozent) festzustellen.

Abb. S-5: KStA, 26. und 19. Januar 2002 sowie KN, 2., 5. und 12. Januar 2002

Bei der Abbildung des kleinen und des großen Hasen handelt es sich um eine Illustration von Anita Jeram aus dem modernen Kinderbuchklassiker *Weißt du eigentlich wie lieb ich dich hab?*[381], bei der abgebildeten Lokomotive ist der Rahmen der Geburtsanzeige als Bahngleis gestaltet, auf dem die Lokomotive fährt. Eine weitere Anzeige in den KN ist mit Sternen und Tannenbäumen illustriert (Abb. G-4). Mit der Wahl dieser Abbildung wird dem besonderen Geburtsdatum des Kindes – dem Heiligen Abend – Rechnung getragen. Zwei Anzeigen in den KN enthalten eine Rakete (9,1 Prozent), beide Kinder wurden am 1. Januar, also Neujahr, geboren.

5.2.2 Verbindungsanzeigen

Von einer Ausnahme abgesehen, finden sich Symbole in Verbindungsanzeigen ebenfalls erst im Jahr 2002. Bei der Ausnahme handelt es sich um eine Verlobungsanzeige, die 1916/17, also während des Ersten Weltkrieges, im KStA erschienen ist (Abb. V-1). Die Anzeige enthält ein Eisernes Kreuz.

Statt Karten.
Als Verlobte empfehlen sich:
Gerta Houbois, Köln
Hans Schoengen
z. Zt.: Res.-Inf.-Reg. 29, im Felde
Köln, Weihnachten 1916.

Abb. V-1: KStA, 28. Dezember 1916

Symbole in Verbindungsanzeigen treten – wie bei den Geburtsanzeigen – nur im KStA und den KN auf. In den anderen Zeitungen sind keine Symbole nachzuweisen. Insgesamt enthalten gerade einmal 13 der 956 Anzeigen ein Symbol, das sind nur 1,4 Prozent aller Verbindungsanzeigen.[382] Im Jahr 2002 lassen sich im KStA sechs Verbindungsanzeigen belegen, von denen zwei ein Symbol haben (33,3 Prozent). In den KN liegt der Anteil der Symbole mit 66,7 Prozent deutlich höher: Dort haben zehn der 15 Anzeigen ein Symbol. Drei dieser Anzeigen sind Verlobungsanzeigen. Die Symbole sind sowohl am rechten als auch am linken Rand der Anzeige positioniert. Weiterhin sind zwei Besonderheiten festzustellen: Zum einen sind Eheringe in einer Anzeige Teil des Rahmens

381 *McBratney/Jeram* (1994).
382 Zur Verteilung der Symbole in Verbindungsanzeigen siehe Tabelle VA-2.

(Abb. V-2), zum anderen finden sich in beiden Zeitungen Anzeigen, in denen Ringe zwischen den Namen der Eheleute platziert sind (Abb. V-3).

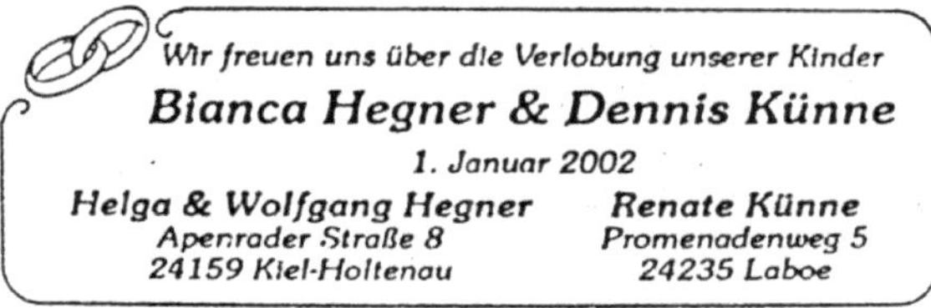

Abb. V-2: KN, 3. Januar 2002

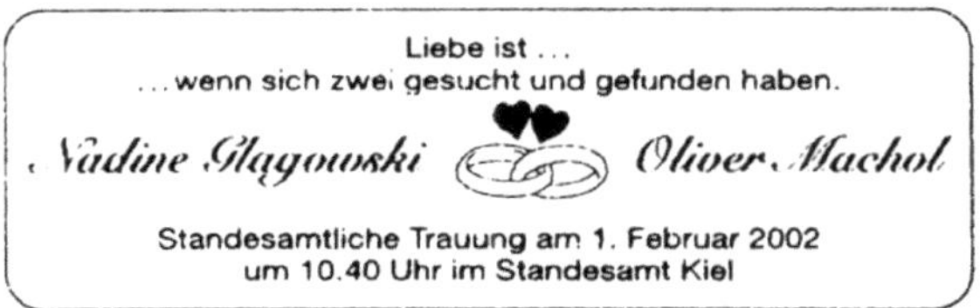

Abb. V-3: KN, 2. Januar 2002

5.2.2.1 Eheringe

Aufgrund seiner runden Form hat der Ring eine ähnliche symbolische Bedeutung wie der Kreis: Er hat weder Anfang noch Ende und steht daher für die Ewigkeit, für Dauer und Beständigkeit. Das ließ ihn wohl zum Symbol der Bindung und Verbindung werden.[383]

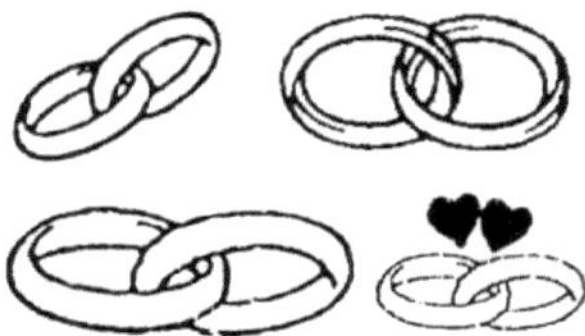

Abb. S-6: Eheringe, KN, 3. und 19. Januar sowie 1. Februar 2002, KStA, 9. Januar 2002

Viele Paare, ob verlobt oder verheiratet, tragen Ringe, um ihre Verbindung öffentlich zu zeigen – Ringe sind Symbol der gegenseitigen Treue. In Verbindungsanzeigen finden sich zwei ineinander verschlungene Ringe, die die von den beiden Partnern eingegangene Verbindung symboli-

383 *Zerbst/Waldmann* (2003: 175).

sieren. Eheringe sind das am häufigsten verwendete Symbol in Verbindungsanzeigen. Im KStA dienen Eheringe ein einziges Mal (50 Prozent) als grafisches Gestaltungsmittel, in den KN sind sie in fünf Anzeigen (50 Prozent) nachzuweisen, einmal in Kombination mit Herzen (Abb. S-6).

5.2.2.2 Herzen

Herzen werden nur in den KN zur Gestaltung von Verbindungsanzeigen verwendet (Abb. S-7). Insgesamt haben drei Anzeigen ein Herz (30 Prozent), eine davon ist eine Verlobungsanzeige. „Das Herz gilt als Symbol für Liebe und Freundschaft.“[384] Im alten Griechenland stand das Herz zunächst für „Denken, Fühlen u. Wollen des Menschen, später verlagerte sich die Bedeutung in Richtung des Geistigen.“[385] Das Herz wird immer wieder „als Sitz der Seele und des Gefühls“[386] gesehen.

Abb. S-7: KN, 5. Januar 2002

5.2.2.3 Pärchen

Abbildungen von Pärchen sind in beiden Zeitungen zu belegen (Abb. S-8). Im KStA handelt es sich um eine Anzeige mit einem Elefantenpärchen (50 Prozent), in den KN sind es ein Katzenpärchen sowie ein menschliches Pärchen (20 Prozent). Die abgebildeten Pärchen sollen vermutlich die Verbindung zwischen den Partnern symbolisieren, die beide mit ihrer Verlobung beziehungsweise Heirat eingehen. Gleichzeitig stehen die Pärchen für Zweisamkeit.

Abb. S-8: Pärchen, KStA, 22. Februar 2002, KN, 2. Februar und 19. Januar 2002

384 *Oesterreicher-Mollwo* (1978: 73).
385 *Dies.* (1978: 72).
386 *Zerbst/Waldmann* (2003: 174).

5.2.3 *Todesanzeigen*

Insgesamt enthalten 735 der 2.593 untersuchten Todesanzeigen ein Symbol, was einem Anteil von 28,3 Prozent entspricht.[387] Die Frequenz ist innerhalb der Zeitungen sehr unterschiedlich.[388] Die LZ weist zu allen Zeitpunkten – lediglich 1942/43 beträgt der Anteil nur 45,8 Prozent – einen enorm hohen Anteil an Symbolen auf. Ihre Anteile liegen zwischen 81,3 und 100 Prozent. Die LZ und die KöZ sind die beiden Zeitungen, in denen Symbole am frühesten nachzuweisen sind, nämlich im Jahr 1875/76. Auffällig ist hier, dass in der KöZ lediglich eine von 39 Todesanzeigen ein Symbol enthält (2,6 Prozent), während in der LZ in jeder der 16 Anzeigen ein Symbol nachzuweisen ist.

In der Mopo sind für die Jahre 1902, 1921 und 1952 keine Symbole festzustellen. Die Anzeigen der 1952er Probe der KN und der FAZ enthalten ebenfalls keine Symbole und auch in der Welt 2002 sind Symbole nicht zu belegen. Während der beiden Weltkriege ergeben sich für die Mopo außerordentlich hohe Symbolanteile, nämlich 1916/17 von 64 und 1942/43 von 51,2 Prozent. Im Jahr 1972 beträgt der Anteil 26,9 Prozent, 2002 liegt er bei 40,7 Prozent. Im KStA und den KN finden sich Symbole erstmals 1902. In NPZ, HuC und VZ sind sie ab der Probe aus dem Ersten Weltkrieg vorhanden, die Anteile für die NPZ belaufen sich zu diesem Zeitpunkt auf 30,3, für die VZ auf 17,5 und für den HuC auf 18,2 Prozent. Im Jahr 1921 fallen die Anteile jedoch rapide ab: Im HuC finden sich keine Symbole, in der NPZ und der VZ ist jeweils nur eine einzige Anzeige mit einem Symbol (4 und 5,6 Prozent) zu belegen.

Die niedrigsten Anteile kommen in der FAZ und der Welt vor, gefolgt von den KN. In der FAZ belaufen sich die Anteile 1972 auf nur 13,3 Prozent und 2002 auf 15,6 Prozent. In der Welt 1952 enthalten 20 Prozent aller Todesanzeigen ein Symbol, 1972 sind es nur 7,7 Prozent. Auch in den KN sind durchgängig niedrige Anteile festzustellen. Lediglich für die beiden Kriegsproben lassen sich Anteile von 45,2 und 49,2 Prozent nachweisen. Ansonsten liegen sie zwischen 4,2 Prozent für das Jahr 1952 und 16,8 Prozent für das Jahr 2002.[389] Im KStA sind starke Schwankungen bezüglich der Symbolverwendung zu verzeichnen. So ergeben sich für die Proben bis einschließlich 1952 – die Probe aus dem Zweiten Weltkrieg ausgenommen – Anteile zwischen 12,1 und 30,6 Pro-

387 Sternchen und Kreuz zur Kennzeichnung der Lebensdaten wurden hier nicht berücksichtigt.

388 Zum Vorkommen von Symbolen in Todesanzeigen siehe Tabelle TA-2, zu ihrer Verteilung Tabelle TA-3.

389 Für die Jahre 1902 und 1921 betragen die Anteile 11,7 beziehungsweise 6,1 Prozent.

zent. Der Anteil weicht in der Probe der Jahre 1942/43 mit 45,5 Prozent deutlich nach oben ab. Nach 1952 nehmen die Anteile der Symbole im KStA zu. So ergibt sich für 1972 ein Anteil von 67,6 und für 2002 von 77,2 Prozent.

Bis einschließlich 1942/43 werden die verwendeten Symbole häufig mittig im oberen Viertel der Todesanzeige über oder unter dem jeweiligen Initiator – entweder einer Überschrift oder der Todesmitteilung – platziert (Abb. T-5). In LZ und KStA ist gelegentlich eine Besonderheit festzustellen: Bis 1942/43 werden die Symbole teilweise in die Überschrift *Todes-Anzeige* integriert (Abb. T-6). In diesen Fällen kann das Symbol als Teil des Initiators, nämlich der Überschrift, aufgefasst werden. Dies geschieht möglicherweise auch aus Gründen der Platzersparnis. Ab 1952 befindet sich das Symbol in der Regel im linken Drittel der Todesanzeige, meist in der oberen Hälfte. Lediglich 2002 existieren einzelne Anzeigen, in denen das Symbol mittig über der Anzeige platziert ist.[390]

In den späteren Proben treten außerdem vermehrt kleine Sternchen (*) und Kreuze (†) in Versalhöhe auf, die in den Anzeigentext integriert sind.[391] Dabei handelt es sich nicht um Symbole mit schmückender Funktion. Sternchen und Kreuz dienen der Kennzeichnung von Geburts- und Sterbedatum, das Sternchen steht direkt vor dem Geburtsdatum und das Kreuz vor dem Sterbedatum. In Ausnahmefällen ist nur das Geburts- beziehungsweise Sterbejahr angegeben.

Es hat dem lieben Gott gefallen, heute morgen 8 Uhr unsere liebe Mutter, Großmutter, Urgroßmutter und Schwester, die Witwe

Elise Marie Christine Sporn

geb. Cwicklinsky

in ihrem 86. Lebensjahre zu sich zu nehmen.

Im Namen der Hinterbliebenen:

P. Sporn.

Weesby 31. Dezbr. 1916.

Die Beerdigung findet Freitagnachmittag 2 Uhr vom Sterbehause aus statt.

Todes- † Anzeige.

Gott dem Allmächtigen hat es gefallen, unsere innigstgeliebte, treubesorgte Mutter, Großmutter, Schwiegermutter, Tante und Großtante,

Frau Anna Forster,

Landgerichtsobersekretärs-Witwe,

im 85. Lebensjahre zu sich in ein besseres Jenseits abzurufen.

Landshut, den 3. Oktober 1921.

1896

Die tieftrauernd Hinterbliebenen.

Der Trauergottesdienst findet am Donnerstag 6. Oktober in der St. Jodokskirche um 9 Uhr mit darauffolgender Beerdigung statt.

Abb. T-5: KN, 2. Januar 1917 und T-6: LZ, 4. Oktober 1921

390 Abb. TA-1.

391 Abb. TA-2.

5.2.3.1 Kreuz

Am häufigsten ist die Verwendung eines Kreuzes in Todesanzeigen, es handelt sich um ein sehr populäres Symbol.[392] Das Kreuz ist eines der ältesten Symbole und ist, bedingt durch den Tod Christi, zunächst ein „Sinnbild des Leidens, aber auch des Triumphes Christi."[393] Es entwickelte sich dann zum allgemeinen Symbol des Christentums, was auch die heutige Bedeutung des Kreuzes ist. Mit dem Kreuz ist der Glaube an Auferstehung und ewiges Leben verbunden. Es muss jedoch die Frage gestellt werden, inwieweit Verfasser und Rezipienten das Kreuz heute noch als christliches Symbol verstehen. Aufgrund seiner hohen Frequenz in Todesanzeigen und auf Grabsteinen sind mit dem Kreuz als Symbol vielfach starke Todesassoziationen verbunden. Daher besteht auch die Möglichkeit, dass das Kreuz lediglich als ein für Todesanzeigen typisches Symbol gesehen wird.

Das Kreuz ist während des gesamten Zeitraumes zu finden, in dem Symbole in Todesanzeigen nachweisbar sind. Häufig treten Kreuze in Kombination mit einem weiteren Symbol auf. Ein allein stehendes Kreuz ist 1902 nur in den KN festzustellen (25 Prozent). In LZ und KStA werden zwar ebenfalls Kreuze verwendet, aber hier sind sie in die Überschrift integriert. Die Probe der LZ aus dem Jahr 1875 stellt eine Ausnahme dar: Die Kreuze, die insgesamt einen Anteil von 93,8 Prozent ausmachen, stehen zu diesem Zeitpunkt am rechten Rand der Anzeige.[394] In der KöZ handelt es sich bei dem einzigen Symbol, das 1876 nachzuweisen ist, um ein Kreuz, womit der Anteil bei 100 Prozent liegt. 1902 beläuft sich der Anteil der Kreuze in der LZ auf 61,5 und im KStA auf 80 Prozent. Während des Ersten Weltkrieges sind in der LZ Anteile von 23,1 Prozent zu verzeichnen, in den KN lediglich von 5,3 Prozent.[395] In allen anderen Medien sind 1916/17 nur das *Eiserne Kreuz* sowie die Kombination Kreuz und Palmzweig vorhanden. Bei dem einzigen Symbol, das 1921 in der VZ vorkommt, handelt es sich ebenfalls um ein Kreuz.

Ab 1952 steht das Kreuz immer separat, ist also nicht mehr Teil der Überschrift. Im KStA sind Anteile zwischen 100 und 66,3 Prozent zu verzeichnen, wobei sich für das Jahr 2002 der niedrigste Anteil ergibt. In

392 Eine Übersicht der vorkommenden Kreuze gibt Abb. SA-1.

393 *Oesterreicher-Mollwo* (1978: 93).

394 In der 1875er Probe der LZ sind sowohl allein stehende Kreuze als auch Kreuze, die auf einem Friedhof stehen, nachzuweisen.

395 Das *Eiserne Kreuz* ist hier nicht berücksichtigt worden, da es unter I.5.2.3.2 ausführlich behandelt wird.

der LZ betragen die Anteile zwischen 100 und 69,4 Prozent, für die Mopo ergeben sich ähnliche Werte. Die Anteile in den KN weichen 2002 stark nach unten ab, sie liegen bei nur 42,9 Prozent, während sie sich in den anderen Zeitungen mindestens auf 63,6 Prozent belaufen. In Welt und FAZ sind Kreuze die einzigen nachweisbaren Symbole – damit beträgt der Anteil immer 100 Prozent. In der Probe aus dem Jahr 1972 ist das Kreuz in allen Zeitungen das einzige vorkommende Symbol. Bis 1952 handelt es sich bei den abgedruckten Kreuzen in der Mehrzahl der Fälle um *Kleeblattkreuze.*[396] Das Kleeblattkreuz wird „symbolisch als Verbindung von Christuskreuz und Dreifaltigkeitszeichen gedeutet.“[397] Später ist fast ausschließlich das *Lateinische Kreuz* belegbar.[398]

Das Kreuz[399] ist das zu allen Untersuchungszeitpunkten – abgesehen von den Proben aus den Kriegsjahren – am häufigsten verwendete Symbol in Todesanzeigen. Es wird regelmäßig mit anderen Symbolen kombiniert. So sind unter anderem Verbindungen aus Kreuz und Rose, Kreuz und Ähre sowie Kreuz und Palmzweig zu finden.[400] Angaben zur Frequenz dieser Kombinationen erfolgen im Abschnitt über das jeweils mit dem Kreuz kombinierten Symbol, so dass der Anteil der in Todesanzeigen vorkommenden Kreuze tatsächlich noch höher liegt, als hier angegeben.

5.2.3.2 Eisernes Kreuz

Das *Eiserne Kreuz* stellt eine Sonderform des Kreuzes dar und gilt als Symbol des deutschen Heeres (Abb. S-9). Es steht für Pflichterfüllung und Zurückhaltung des Soldaten. In beinahe allen Kriegsanzeigen findet sich das Eiserne Kreuz als Symbol. Die jeweiligen Anzeigen werden dadurch explizit als Anzeigen gekennzeichnet, die den Tod eines Soldaten mitteilen. Ursprünglich war das Eiserne Kreuz eine zu Beginn des 19. Jahrhunderts von Preußen gestiftete Auszeichnung, die für die im „Krieg geleisteten Verdienste“[401] bestimmt war. „Aus dem ehemals preußischen und bereits 1814 wegen Kriegsendes geschlossenen Eisernen Kreuz wurde ein nationaler Kriegsverdienstorden“,[402] da das Eiserne Kreuz in

---

396 Vgl. *Kreuz (6)* in Abb. SA-1.

397 *Heinz-Mohr* (1998: 178).

398 Vgl. *Kreuz (1)* in Abb. SA-1.

399 Gemeint sind alle Erscheinungsformen des Kreuzes außer dem militärischen *Eisernen Kreuz.*

400 Vereinzelt sind auch Kombinationen von mehr als zwei Symbolen nachzuweisen, beispielsweise eine Verbindung aus Kreuz, Kelch und Bibel. Diese Kombination ist nur in Todesanzeigen für Geistliche festzustellen.

401 *Hattenhauer* (1998: 208).

402 *Ders.* (1998: 210).

den Kriegen von 1870/71, 1914-1918 und 1939-1945 wiederbelebt und „allen im Kriege Gefallenen verliehen“[403] wurde. Das Eiserne Kreuz ist demnach ausschließlich in den Proben aus dem Ersten und Zweiten Weltkrieg nachzuweisen.[404]

Abb. S-9: Eiserne Kreuze, LZ, 2. Januar 1917, 9. Mai 1942

In den Jahren 1916/17 lassen sich hohe Anteile für die Verwendung des Eisernen Kreuzes feststellen. In Mopo, NPZ, VZ und HuC ist das Eiserne Kreuz das einzige gebrauchte Symbol. In den KN liegt der Anteil bei 52,6 und in der LZ bei 38,5 Prozent. In beiden Zeitungen enthält jede Todesanzeige, die einem Gefallenen gilt, ein Eisernes Kreuz. Im KStA verhält es sich etwas anders: Dort existieren lediglich drei Todesanzeigen mit einem Eisernen Kreuz (18,8 Prozent), zudem gibt es Anzeigen für Kriegstote, die kein Symbol enthalten, was dem KStA hier eine Sonderstellung einbringt. In den Todesanzeigen für die während des Zweiten Weltkrieges gefallenen Soldaten ist auffällig, dass als Symbol nur das Eiserne Kreuz zu belegen ist. Für alle Zeitungen ergibt sich damit ein Anteil von jeweils 100 Prozent, es findet sich in der 1942/43er Probe der KN, Mopo, LZ und des KStA also nur das Eiserne Kreuz als Symbol.

5.2.3.3 Ähre

„Die Ähre wurde im christlichen Bereich Sinnbild des Auferstandenen und Symbol der Eucharistie.“[405] Ähren weisen auf das Brot des Lebens hin und gelten als Symbol „für den in die Unterwelt hinabgestiegenen und wiederauferstandenen Christus.“[406] Die Ähre ist folglich Symbol der Auferstehung. Lediglich in den KN tritt die Ähre allein und nicht in Ver-

403 Ebd.
404 Siehe Tabelle TA-3.
405 *Dill* (1992: 28).
406 *Oesterreicher-Mollwo* (1978: 182).

bindung mit einem Kreuz auf.[407] Für die Probe aus dem Jahr 2002 gibt es vier Belege in den KN, womit sich ein Anteil von 19 Prozent ergibt. Daneben tritt die Ähre außerdem in Verbindung mit einem Kreuz auf. Alle Funde entstammen der 2002er Probe: Im KStA beläuft sich ihr Anteil auf 4,1 Prozent, in den KN auf 4,8 und in der LZ auf 25 Prozent. In der Mopo kommen Ähren als Symbol nicht vor.

5.2.3.4 Palmzweig

Der Palmzweig gilt „als Sinnbild des Lebens und des Sieges",[408] die immergrünen Blätter der Palme sind „Sinnbild für das ewige Leben und die Auferstehung"[409] sowie Symbol des Friedens. Der Palmzweig findet sich sowohl allein als auch in Kombination mit einem Kreuz.[410] Für das alleinige Vorkommen gibt es nur drei Belege, 1916/17 im KStA (6,3 Prozent), 1921 in der LZ (26,7 Prozent)[411] und 2002 in der Mopo (1,8 Prozent). Sehr viel häufiger ist die Kombination aus Kreuz und Palmzweig nachzuweisen, dies gilt besonders für die frühen Proben. Diese Verbindung von Kreuz und Palmzweig tritt nur bis 1921 auf, in der Mopo kommt sie gar nicht vor. In der LZ ergibt sich für Palmzweig und Kreuz in der 1902er Probe ein Anteil von 23,1 und für 1916/17 von 30,7 Prozent. Danach ist diese Kombination dort nicht mehr festzustellen. In KStA und KN ist die Verbindung aus Palmzweig und Kreuz bis 1921 nachzuweisen, wobei sich für den KStA Anteile zwischen 20 (1902) und 68,8 Prozent (1916/17) und für die KN Anteile von 23,7 (1916/17) und 33,3 (1921) Prozent ergeben. In der LZ findet sich 1952 zudem die Kombination Kelch und Palmzweig (13,3 Prozent).[412]

5.2.3.5 Rose

Der Rose können verschiedene Bedeutungen zugeschrieben werden. Zum einen ist sie Symbol „der Liebe und Zuneigung und auch der Verehrung gegenüber den Toten"[413], zum anderen werden mit ihr in der christlichen Symbolik „Vorstellungen von Tod und jenseitigem Weiterleben"[414] verbunden. Daneben kann sie in Todesanzeigen auch als reines Dekorationselement dienen. Die Rose tritt erst 2002 auf, und zwar in

407 Siehe hierzu *Kreuz mit Ähre (1 und 2)* in Abb. SA-2.
408 *Dill* (1992: 28).
409 *Oesterreicher-Mollwo* (1978: 122).
410 Siehe hierzu *Palmzweig (1)* sowie *Kreuz mit Palmzweig (1 und 2)* in Abb. SA-2.
411 Hierbei handelt es sich um zwei gekreuzte Palmzweige, siehe *Palmzweig (2)* in Abb. SA-2.
412 Siehe hierzu *Kelch* in Abb. SA-3.
413 *Oesterreicher-Mollwo* (1978: 134).
414 *Lurker* (1988: 612).

KN, KStA, LZ und Mopo (Abb. S-10). Die Rose kommt nicht nur als allein stehendes Symbol vor, sondern auch in Verbindung mit einem Kreuz. Es können in der Mopo neun Anzeigen, in den KN zwei und im KStA vier Anzeigen belegt werden, die eine Rose enthalten. Der höchste Anteil ist somit für die Mopo mit 16,4 und der niedrigste für den KStA mit 4,1 Prozent festzustellen. Beliebt ist auch ein mit einer Rose geschmücktes Kreuz. Diese Kombination lässt sich ebenfalls nur 2002 nachweisen. In der LZ liegt der Anteil hierfür bei 5,6, im KStA bei 5,1 und in der Mopo bei 1,8 Prozent. In den KN ist diese Kombination nicht zu belegen.[415]

Abb. S-10: Rosen, KN, 3. Januar 2002, KStA, 3. Jamuar 2002, Mopo, 13, Januar 2002

5.2.3.6 Trauerweide

Abb. S-11: Trauerweiden, KStA, 2. und 5. Januar 2002

Ausschließlich im KStA sind Inserate vorhanden, in denen eine Trauerweide als Symbol verwendet wird (Abb. S-11). Während der Baum allgemein als Symbol für Lebenskraft steht, ist die Trauerweide „wegen ihrer an rinnende Tränenströme erinnernden erdwärts geneigten Gestalt oft ein Symbol der Totenklage."[416] Die Trauerweide ist nur für das Jahr

415 Siehe hierzu Abb. SA-2.
416 *Oesterreicher-Mollwo* (1978: 180).

2002 nachzuweisen. Es gibt insgesamt zwölf Anzeigen mit Trauerweide, der Anteil beträgt damit 12,2 Prozent. Nach dem Kreuz ist die Trauerweide das beliebteste Symbol in der 2002er Probe des KStA, wobei das Kreuz mit einem Anteil von 66,3 Prozent weitaus häufiger benutzt wird.

5.2.3.7 Weitere Symbole und Abbildungen

Neben den bereits aufgeführten sind weitere Symbole nachzuweisen, die nur selten vorkommen.[417] 1875 findet sich in der LZ die Kombination Bibel und Kelch (6,3 Prozent) und 1916/17 lässt sich vereinzelt in der LZ ein Engel, der ein Kind in den Armen hält, belegen. Dabei handelt es sich ausschließlich um Todesanzeigen für Kinder. Engel „sind Geisteswesen in der Umgebung Gottes“,[418] sie werden „als Wächter und Begleiter“[419] der verstorbenen Kinder gesehen. In der 2002er Probe sind Albrecht Dürers ‚Betende Hände‘ in den Anzeigen nachzuweisen. In den KN beträgt ihr Anteil 9,5, im KStA 4,1 und in der Mopo 5,5 Prozent. Außerdem ist im KStA in zwei Anzeigen des Jahres 2002 eine Taube festzustellen. Überdies treten in den aus dem Jahr 2002 stammenden Todesanzeigen vermehrt Symbole auf, die nur ein einziges Mal vorkommen. Sie sind Hinweise auf eine verstärkte Individualisierung der Anzeigen. Bei diesen Symbolen handelt es sich um ein Schiff, Tauben, fliegende Vögel, einen Zweig, das Christusmonogramm, einen Violinschlüssel, eine Kerze und einen Anker. Die Mehrzahl dieser Symbole ist in Mopo und KStA belegbar.

5.2.3.8 Vereinswappen und Logos

In institutionellen Todesanzeigen werden Vereinswappen und Logos verwendet, die hier jedoch nicht näher erläutert werden.[420] Insgesamt 16 Anzeigen enthalten ein Vereinswappen. Diese spielen jedoch nur in KN und Mopo eine Rolle. Im Jahr 2002 gibt es in der Mopo eine Anzeige, die das Logo der Caritas beinhaltet. Ebenfalls 2002 sind in der Mopo zwei Anzeigen feststellbar, in denen Winkel und Zirkel, Symbole der Freimaurerei, abgebildet sind. Die in den KN veröffentlichten institutionellen Todesanzeigen enthalten dagegen häufig Vereinswappen, so dass die Anteile hier – zumindest bis 1921 – deutlich höher sind. So liegen die Anteile 1902 bei 75 Prozent, 1916/17 bei 18,4 und 1921 bei 66,7 Prozent, danach sind Vereinswappen auch in den KN nicht mehr von Bedeutung.

---

417 Eine Übersicht findet sich in Abb. SA-3.

418 *Lurker* (1988: 170).

419 *Dill* (1992: 25).

420 Eine Übersicht der vorkommenden Vereinswappen ist Abb. SA-4 zu entnehmen.

5.3 Zusammenfassung

Der Gebrauch von Symbolen in Familienanzeigen ist quantitativ sehr unterschiedlich. Nur 1,4 Prozent aller Verbindungsanzeigen verfügen über ein Symbol, bei den Geburtsanzeigen liegt der Symbolanteil bei 4,4 Prozent. Vergleicht man diese beiden Werte mit dem Anteil der Symbole in Todesanzeigen, der sich auf 28,3 Prozent beläuft, zeigt sich eine deutliche Differenz: Todesanzeigen beinhalten etwa 7-mal so häufig Symbole wie Geburtsanzeigen und 20-mal so häufig Symbole wie Verbindungsanzeigen. Eine weitere Auffälligkeit ergibt sich hinsichtlich des Zeitpunktes des Aufkommens von Symbolen in der jeweiligen Textsorte. Während bei Todesanzeigen Symbole bereits in der Probe 1875/76 festzustellen sind, finden sie sich in Geburts- und Verbindungsanzeigen[421] erstmals im Jahr 2002.

Auch die Untersuchung von Frese ergab, dass Symbole in Geburtsanzeigen erst relativ spät auftreten.[422] Sie weist Symbole – von einer Ausnahme im Jahr 1973 abgesehen – erstmals 1980 nach. Freses Ergebnis widerspricht den Erkenntnissen dieser Arbeit folglich nicht, da die der 2002er Probe vorausgehende Probe aus dem Jahr 1972 stammt, für diesen Zeitpunkt konnte auch Frese noch keine Symbole belegen.

Obwohl Todesanzeigen über den gesamten Untersuchungszeitraum den höchsten Symbolanteil aufweisen, stellt sich für die 2002er Probe ein etwas anderes Bild dar: Im Vergleich zu Geburts- und Verbindungsanzeigen ist der Anteil der Symbole in Todesanzeigen zu diesem Zeitpunkt am geringsten, er beträgt dort lediglich 44,5 Prozent. In Geburtsanzeigen beläuft er sich dagegen auf 50,8 und in Verbindungsanzeigen sogar auf 57,1 Prozent.

Dass Symbole und Abbildungen in Geburts- und Verbindungsanzeigen erst relativ spät nachzuweisen sind, dürfte in den Möglichkeiten der Drucktechnik begründet sein. In Zeiten des Bleisatzes waren schließlich für jedes Symbol Druckformen oder Formvorlagen notwendig. Der vergleichsweise überschaubare Bestand an Symbolen, der in den mengenmäßig weit überwiegenden Todesanzeigen zum Einsatz kam, liefert eine mögliche Erklärung dafür, warum Symbole in Todesanzeigen schon früher zu finden sind als in Geburts- und Verbindungsanzeigen: Man konzentrierte sich naheliegenderweise auf die besonders gefragten Symbole, wozu zweifelsohne das Kreuz in seinen unterschiedlichen Erscheinungs-

---

421 Abgesehen von der einmaligen Verwendung eines Eisernen Kreuzes in der 1916/17er-Probe des KStA.

422 Vgl. *Frese* (1987: 326-348).

formen gehörte. Gerade bei Geburts- und Verbindungsanzeigen wird heute reger Gebrauch von Symbolen gemacht. Dank des allgegenwärtigen Satzes am Computer kann prinzipiell jede beliebige Grafik relativ unproblematisch Eingang in eine Anzeige finden. Dennoch wird aufgrund der Produktionsbedingungen im Tagesgeschäft der Zeitungen meist auf die vom Verlag getroffene Vorauswahl an Symbolen zurückgegriffen.

Zur Verteilung der Symbole lässt sich Folgendes sagen: Bis 1972 tritt in Todesanzeigen fast ausschließlich das Kreuz als Symbol auf, entweder allein oder in Kombination mit einem oder mehreren anderen Symbolen. Erst 2002 sind neben dem Kreuz auch andere Symbole zu verzeichnen, was auf eine gestiegene Individualisierung innerhalb der Anzeigen hindeutet. Bei den Kriegsanzeigen fällt auf, dass die Anteile der Symbole sehr viel höher sind als in der jeweils vorausgehenden Probe.[423] In den Jahren 1916/17 ist das Eiserne Kreuz besonders oft feststellbar, in den Anzeigen aus den Jahren 1942/43 ist es in KStA, KN und Mopo sogar das einzige Symbol. Demzufolge haben die Kriegsanzeigen bei der Verwendung von Symbolen einen Sonderstatus.

Die in Geburtsanzeigen vorkommenden Abbildungen sind sehr vielfältig. So gibt es unter anderem Störche, Babys und Tierfamilien. Diese Tatsache deutet darauf hin, dass die Wahl der Symbole stark mit individuellen Vorlieben der Inserenten zusammenhängt. Bei den Abbildungen in den Geburtsanzeigen der KN zeigen sich aufgrund des gewählten Untersuchungszeitraumes, der am 2. Januar 2002 beginnt, Besonderheiten: Tannenbäume und Raketen als verwendete Abbildungen sind eindeutig auf die Geburtsdaten, den Heiligen Abend und den Neujahrstag, zurückzuführen.[424]

Zwar ist der Anteil der Symbole in Verbindungsanzeigen 2002 relativ hoch, aber die Symbole selbst sind weitaus weniger vielfältig als in Todes- und Geburtsanzeigen. Die Verwendung beschränkt sich auf Eheringe, Herzen und Pärchen.

Bezüglich der Platzierung der Symbole zeigen sich Unterschiede zwischen Geburts-, Verbindungs- und Todesanzeigen: Sowohl bei Geburts- als auch bei Verbindungsanzeigen gibt es keinen festen Platz für die Position der Symbole. Zwar befinden sich die meisten Abbildungen

423 Die Anteile im KStA sind in den Kriegsanzeigen dreimal so hoch wie in den Jahren 1902 und 1921, in den KN sind die Anteile sogar fünfmal so hoch und in der Mopo lassen sich für 1902 und 1921 überhaupt keine Symbole nachweisen, in den Kriegsproben ergeben sich jedoch Anteile über 58 Prozent.

424 Es kann davon ausgegangen werden, dass zu Ostern entsprechend verfahren wird.

am rechten beziehungsweise linken Rand der Anzeige, aber auch an anderen Stellen sind in Geburts- und Verbindungsanzeigen Symbole zu belegen. In Todesanzeigen dagegen haben die Symbole einen festen Platz. Dort sind die Symbole fast ausschließlich am linken Rand platziert – das heißt, auch hinsichtlich der Positionierung sind Todesanzeigen weitaus konventionalisierter als Geburts- und Verbindungsanzeigen.

Heute sind Symbole und Abbildungen in gut der Hälfte aller Familienanzeigen feststellbar. Bei Geburts- und Verbindungsanzeigen kann ihnen eine schmückende Funktion zugeschrieben werden, da sie der Illustration und der Auflockerung der Anzeige dienen. In Todesanzeigen werden Symbole ebenfalls als gestalterisches Mittel benutzt, aber hier können sie daneben auch religiöse Auffassungen ausdrücken. Inwieweit dies tatsächlich der Fall ist, kann ohne eine Befragung der Inserenten nicht beurteilt werden: Es ist nicht bekannt, welche Motivation der Wahl eines bestimmten Symbols zugrunde lag. Grundsätzlich ist jedoch nachweisbar, dass die Todesanzeigen in katholisch geprägten Regionen, in Köln und Landshut, eine besonders hohe Frequenz religiöser Symbole aufweisen.

II Geburtsanzeigen

Die Geburt eines Kindes ist in aller Regel ein freudiges Ereignis, das die Eltern bekannt geben wollen. Oft wählen sie für diese Mitteilung den Weg der Veröffentlichung einer Geburtsanzeige. In dieser Arbeit werden 721 Geburtsanzeigen aus einem Zeitraum von mehr als 200 Jahren untersucht. Bei fast allen Zeitungen und Jahrgängen mussten über sieben Zeitungsausgaben ausgewertet werden, um eine ausreichende Anzahl Anzeigen zu gewinnen.[1]

Die Inserenten der ersten Geburtsanzeigen gehörten ausschließlich gehobenen gesellschaftlichen Kreisen an. Nach und nach breitete sich das Schalten von Anzeigen jedoch auf die übrigen Kreise der Gesellschaft aus. Frese weist darauf hin, dass das Aufkommen der Geburtsanzeige Ende des 18. Jahrhunderts durch die Entstehung eines bürgerlichen Familienideals begründet ist, also auf gesellschaftlichem Wandel beruht:

> *Der Entwurf eines neuen Familienideals, mit dem nicht nur eine Umstrukturierung der Ehebeziehungen, sondern daraus folgend auch eine Emotionalisierung der übrigen Familienbeziehungen, eine höhere Bewertung des Häuslichen und eine verstärkte Hinwendung der Eltern zu ihren Kindern einhergingen, wurde [...] von Vertretern des sich herausbildenden Bürgertums geschaffen.*[2]

Vor diesem Zeitpunkt war das Verhältnis zwischen Eltern und Kindern „in erster Linie davon geprägt, daß die extrem hohe Kindersterblichkeit den Verlust eines Kindes ebenso wahrscheinlich machte wie sein Überleben."[3] Das Bewusstsein der Eltern, dass das Überleben eines Kindes nicht selbstverständlich war, schlug sich auch im Verhältnis der Eltern zu ihren Kindern nieder:

> *Das jeweils einzelne neugeborene Kind wurde aufgrund seiner Überlebenschance einfach nicht als wert erachtet, Gegenstand intensiver emotionaler Zuwendung zu sein.*[4]

Eine veränderte Einstellung zum Kind setzte sich zunächst in den städtischen Familien des Bürgertums durch, dann beim Adel und danach in den übrigen gesellschaftlichen Schichten, wobei grundsätzlich gilt, dass

1 Der quantitative Vergleich der Geburtsanzeigen mit den Todesanzeigen – siehe hierzu auch Unterkapitel I.4 – zeigt deutlich, dass Geburtsanzeigen eine weitaus geringere Bedeutung haben als Todesanzeigen.

2 *Frese* (1987: 84).

3 *Barabas/Erler* (1994: 47).

4 Ebd.

sich dieser Wandlungsprozess in ökonomisch gesicherten Verhältnissen eher vollzog als in finanziell weniger gut situierten Kreisen. Kontrollierte Familienplanung war aufgrund des Fehlens effektiver Methoden der Empfängnisverhütung lange Zeit nicht möglich, so dass „eine Vielzahl unerwünschter Kinder“[5] die Folge war.

Barbabas/Erler weisen darauf hin, dass seit Ende des Zweiten Weltkrieges in ganz Europa ein Geburtenrückgang zu verzeichnen ist.[6] Dieser Geburtenrückgang wird bei der Betrachtung der Geburtenzahlen im Deutschen Reich beziehungsweise der Bundesrepublik Deutschland deutlich: So wurden im Jahr 1875 im Deutschen Reich insgesamt 1.798.591 Kinder geboren, 1902 waren es 2.089.414.[7] Im Ersten Weltkrieg ging die Geburtenzahl stark zurück, die Zahl der Neugeborenen lag 1916 bei 1.062.287 und 1917 sogar nur bei 939.938.[8] Während beider Kriegsjahre überstieg die Zahl der Gestorbenen die der Geborenen. 1921 stieg die Geburtenzahl aber wieder auf 1.611.420. Im Jahr 1952 wurden in der Bundesrepublik nur noch 761.944 Kinder geboren, 1972 lag die Zahl der Geburten bei 701.214 und 2002 bei 719.250.[9] Im Jahr 1972 starben 30.050 mehr Menschen als geboren wurden, 2002 waren sogar 122.436 mehr Sterbefälle als Geburten zu verzeichnen.[10]

Für die Geburtenzahl je 1.000 Einwohner[11] ergeben sich folgende Werte: 1851 beläuft sich die Zahl der Geburten je 1.000 Einwohner auf 38,2, 1875 auf 42,3, 1902 auf 36,2, 1916 auf 15,7, 1917 auf 14,4, 1921 auf 26,1, 1942 auf 14,9, 1943 auf 16,0, 1952 auf 15,7, 1972 auf 11,3 und 2002 auf 8,7.[12]

Es zeigt sich, dass die absolute Geburtenzahl nicht stetig ab- beziehungsweise zunimmt, sondern stark schwankt. Die Verhältniszahlen dagegen – also die Anzahl der Neugeborenen je 1.000 Einwohner – sinken seit 1875 stetig. Während des Ersten Weltkrieges ist ein drastischer Einbruch der Geburten zu belegen. In der Nachkriegsprobe aus dem Jahr 1921 steigen die Geburtenzahlen zwar wieder leicht, aber bereits 1943 fallen sie erneut deutlich. Nach dem Zweiten Weltkrieg erholen sich die

---

5 Ebd.

6 Vgl. *dies.* (1994: 76).

7 Vgl. *Kaiserliches Statistisches Amt* (1880: 18), *Statistisches Reichsamt* (1923: 35).

8 Vgl. *Statistisches Reichsamt* (1923: 35).

9 Vgl. *dass.* (1953: 54), *dass.* (1977: 68), *dass.* (2007: 50).

10 Vgl. *dass.* (2007: 50).

11 Im Jahr 1851 umfasst die angegebene Zahl aller geborenen Kinder auch die Totgeburten, die Angaben ab 1875 beziehen sich auf alle Geborenen ohne Totgeborene.

12 Vgl. *Kaiserliches Statistisches Amt* (1897: 27), *Statistisches Bundesamt* (1953: 56), *dass.* (1977: 68), *dass.* (2007: 50).

Werte schließlich nicht mehr: Von 1952 bis 2002 sinkt die Zahl der Geburten je 1.000 Einwohner kontinuierlich, der Tiefpunkt ist für das Jahr 2002 festzustellen.

Bei der zahlenmäßigen Gegenüberstellung von Geburten und Sterbefällen zeigt sich, dass die Geburtenzahl bis Mitte des 20. Jahrhunderts – abgesehen von den Proben beider Weltkriege – immer über der Zahl der Sterbefälle liegt und erst ab 1972 mehr Sterbefälle als Geburten nachzuweisen sind. Wenn die Kundgabe von Geburten und Todesfällen in Anzeigenform für die Inserenten gleich bedeutsam wäre, müssten in der Mehrzahl der untersuchten Zeitungen und Jahrgänge mehr Geburts- als Todesanzeigen festzustellen sein. Im Untersuchungskorpus gibt es jedoch zu allen Zeitpunkten mehr Todesanzeigen als Geburtsanzeigen. Dies macht deutlich, dass die Mitteilung des Todes einen höheren Stellenwert hat als die Geburtsmitteilung.

Es ist zu betonen, dass die Einstellung der Eltern zum eigenen Kind im Zeitraum der vorliegenden Untersuchung eine Wandlung erfahren hat. Barabas/Erler bemerken:

> *[I]n vorindustrieller Zeit [hatten] Kinder vor allem ökonomische Bedeutung im Sinne der Mitarbeit und späteren Altersversorgung. Heute sind meist andere Überlegungen in den Vordergrund gerückt. Häufig wird bei der Beurteilung des Geburtenrückgangs verkannt, daß nicht die modernen Mittel der Empfängnisverhütung die Ursache hierfür sind, vielmehr haben sie dazu beigetragen, die gewünschte Kinderzahl tatsächlich zu realisieren.*[13]

Dieser gesellschaftliche Wandel hat dazu geführt, dass sich Paare intensiv mit der Familienplanung beschäftigen: „Es gibt heute weniger Kinder und für diese werden wesentlich mehr Leistungen von den Eltern erbracht als früher."[14] In Deutschland – und auch anderen Gesellschaften – hat ein Kind innerhalb der Familie im 20. und 21. Jahrhundert folglich einen anderen Stellenwert als im 19. Jahrhundert.

Gleichzeitig wirkt sich die Erwerbsbeteiligung von Frauen möglicherweise auf die Kinderzahl aus: So weist Schmidt darauf hin, dass Frauen, die sich heute für Kinder entscheiden, oftmals ihre beruflichen Vorstellungen reduzieren oder aufgeben müssten.[15] Hoffmann-Nowotny merkt an, „daß bei berufstätig bleibenden Frauen sowohl der Kinderwunsch sich vermindert als auch die Zahl der effektiv geborenen Kinder geringer ist."[16] Blossfeld/Jaenichen widersprechen dieser Auffassung, ih-

13 *Barabas/Erler* (1994: 76f.).

14 *Dies.* (1994: 196).

15 Vgl. *Schmidt* (2002: 261).

16 *Hoffmann-Nowotny* (1988: 243).

rer Meinung nach sei der Zeitpunkt der Familiengründung in diesen Fällen lediglich verzögert: „Höher gebildete Frauen heiraten nur später und bekommen später ihre ersten Kinder.“[17]

1 Initiatoren, Terminatoren, Makrostrukturen

Die Anzahl und Variationsbreite der Initiatoren, Terminatoren und Makrostrukturen in Geburtsanzeigen ist sehr eingeschränkt. Im Folgenden werden die in den Anzeigen vorkommenden primären und sekundären Initiatoren und Terminatoren sowie Makrostrukturen dargestellt und erläutert.[18] In den untersuchten Geburtsanzeigen finden sich ausschließlich Einzelinitiatoren und Einzelterminatoren, Initiatoren- und Terminatorenbündel sind nicht vorhanden.

1.1 Initiatoren

Als primäre Initiatoren lassen sich in den vorliegenden Geburtsanzeigen Schmuckrahmen und Überschriften nachweisen, als sekundäre Initiatoren sind unter anderem die Geburtsmitteilung, der Name des Kindes, die Angabe von Ort und Datum sowie das Geburtsdatum in Kombination mit weiteren Informationen zu belegen. Eine Übersicht aller in den Geburtsanzeigen feststellbaren sprachlichen Initiatoren ist Tabelle GA-4 zu entnehmen, ein Überblick über die Frequenz von Rahmen findet sich in Tabelle GA-3.

1.1.1 Schmuckrahmen

Schmuckrahmen haben nicht nur die Funktion eines nichtsprachlichen Initiators, sondern auch die eines nichtsprachlichen Terminators: Sie sind folglich als nichtsprachliche Textbegrenzungssignale aufzufassen, die die einzelne Geburtsanzeige grafisch von anderen Teilen der Zeitung – und damit auch von anderen Textexemplaren – abgrenzen.[19] Vor dem Auftreten von Rahmen in Geburtsanzeigen waren die einzelnen Textexemplare durch horizontale Linien, die in allen vorliegenden Zeitungen vorhanden sind, voneinander abgegrenzt.[20]

Erstmals ist ein Rahmen in einer Geburtsanzeige der 1850er Probe der NPZ nachzuweisen, 1875/76 sind in keiner Zeitung Rahmen zu bele-

17 *Blossfeld/Jaenichen* (1990: 189).
18 Zur Unterscheidung von primärem und sekundärem Initiator siehe I.3.3.2.1.
19 Zu den unterschiedlichen in den untersuchten Geburtsanzeigen vorkommenden Rahmenformen siehe Abb. RA-1.
20 Siehe hierzu auch I.5.1.

gen. In den KN haben 1902 schließlich 37,5 Prozent aller Geburtsanzeigen einen Schmuckrahmen, während in der Mopo und der VZ nur jeweils eine Anzeige mit Rahmen festzustellen ist.[21] Die Inserate der Mopo aus den Jahren 1916/17 und 1921 sind rahmenlos, in den anderen Zeitungen sind einige der Geburtsanzeigen mit einem Rahmen versehen: 1916/17 ergeben sich im HuC (26,7 Prozent) die niedrigsten Anteile, gefolgt von denen in der VZ (40 Prozent). In den KN liegen sie bei 93,3, in den übrigen Zeitungen sogar bei 100 Prozent. Für 1921 sind im HuC mit 73,3 Prozent erneut die niedrigsten Werte zu verzeichnen, in den anderen Zeitungen belaufen sich die Anteile 1921 auf 100 Prozent. Während des Zweiten Weltkrieges verfügt keine der untersuchten Geburtsanzeigen über einen Rahmen. In den Proben ab 1952 haben dann alle Anzeigen einen Rahmen, sie können ab diesem Zeitpunkt folglich als obligatorischer Bestandteil von Geburtsanzeigen angesehen werden.

Bis 1921 sind die verwendeten Rahmen besonders verziert, insgesamt existieren über zwei Dutzend verschiedene Arten von Schmuckrahmen. Daneben sind zu diesen Zeitpunkten bereits eckige und abgerundete Rahmen in HuC, KStA und VZ zu belegen. Nach 1921 sind nur noch eckige und abgerundete Rahmen nachzuweisen. In KN und KStA gibt es daneben weitere Rahmenformen, darunter besonders verzierte im Jahr 2002.

1.1.2 Überschrift

Während es sich bei den Schmuckrahmen um eine nichtsprachliche Initiator-Terminator-Kombination handelt, markieren Überschriften mit sprachlichen Mitteln den Beginn eines Textexemplars. Die Überschriften heben sich typografisch – durch Fettdruck, größere Drucktypen, mittige Ausrichtung und teilweise durch die Wahl einer anderen Schriftart – vom übrigen Anzeigentext ab und kennzeichnen die Anzeige somit zusätzlich als Geburtsanzeige.

Zu Beginn der Untersuchung haben Geburtsanzeigen noch keine Überschriften. Nachzuweisen sind sie erst in der 1850er Probe, wobei zwischen den untersuchten Zeitungen Unterschiede sichtbar werden: So sind alle Geburtsanzeigen der NPZ mit der Überschrift ‚Entbindungs-Anzeige.‘ (Abb. G-6) versehen, in der KöZ hingegen haben nur insgesamt 53,3 Prozent der Anzeigen eine Überschrift, von denen die eine Hälfte ‚Entbindungs-Anzeige‘ und die andere Hälfte ‚Geburts-Anzeige‘

21 Bei der Anzeige der Mopo handelt es sich jedoch um die einzige Geburtsanzeige, die in der 1902er Probe zu verzeichnen ist, so dass der Anteil der Rahmen hier bei 100 Prozent liegt.

lautet. Im HuC ist der Anteil der Überschriften (‚Geburts-Anzeige‘) mit 13,3 Prozent weniger ausgeprägt als in der KöZ und der NPZ. In der VZ spielen Überschriften zu diesem Zeitpunkt praktisch keine Rolle, es findet sich nur eine Anzeige mit der Überschrift ‚Entbindungs-Anzeige!‘ (3,7 Prozent) und eine weitere mit der Überschrift ‚Statt jeder besonderen Meldung‘ (3,7 Prozent). In der Probe 1875/76 ändert sich die Verteilung: In der NPZ haben nun nur noch zwei Geburtsanzeigen eine Überschrift (‚Statt jeder besonderen Meldung‘), was einem Anteil von 5,3 Prozent entspricht. Im HuC hat sich der Anteil dagegen um 6,7 auf 20 Prozent erhöht, in der KöZ ist er auf 36,6 und in der VZ auf 19,2 Prozent gestiegen.[22]

Entbindungs-Anzeige.

Die heute früh um 12¼ Uhr erfolgte glückliche Entbindung seiner lieben Frau Blanka, gebornen Urban, von einem gesunden Mädchen, beehrt sich, statt besonderer Meldung, hierdurch anzuzeigen.

Berlin, den 8. Januar 1850.

August Neumann.

Abb. G-6: NPZ, 9. Januar 1850

Im Jahr 1902 treten Überschriften in Geburtsanzeigen der KN (37,5 Prozent), der NPZ (29,4 Prozent), der VZ (23,8 Prozent) und des HuC (6,3 Prozent) auf. Zu belegen sind ‚Geburts-Anzeige‘, ‚Statt besonderer Anzeige‘, ‚Statt besonderer Meldung‘, ‚Statt besonderer Anzeige‘, ‚Statt jeder besonderen Meldung‘ und ‚Statt jeder besonderen Anzeige‘. Während des Ersten Weltkrieges sind bei 33,3 Prozent der Geburtsanzeigen in den KN Überschriften zu verzeichnen – erstmals ist ‚Statt Karten.‘ (20 Prozent) nachzuweisen (Abb. G-7). Im KStA fungiert bei 25, in der NPZ bei 26,7, in der VZ und im HuC bei 20 Prozent der Geburtsanzeigen eine Überschrift als primärer Initiator, es ergeben sich folglich für alle untersuchten Zeitungen ähnliche Werte. Danach nehmen die Anteile der Überschriften in allen Zeitungen ab. So liegen sie in der 1921er Probe in den KN bei 12,5, im KStA und in der VZ bei 13,3, in der NPZ bei 10,5 und im HuC bei 6,7 Prozent.

In der Probe aus dem Zweiten Weltkrieg ist im KStA nur eine Geburtsanzeige mit einer Überschrift feststellbar. Diese Überschrift ist jedoch nicht wie in allen anderen Fällen durch einen vergrößerten Zeichenzwischenraum gekennzeichnet, sondern lediglich an ihrer typografi-

22 In der VZ findet sich einmal die Überschrift ‚Verspätet‘.

schen Hervorhebung als solche erkennbar.[23] Eine denkbare Erklärung für das Fehlen von Überschriften in der 1943er Probe könnte in den besonderen Bedingungen liegen, denen die Zeitungsverlage während des Zweiten Weltkrieges unterworfen waren: Das Papier war knapp, den Verlagen standen nur wenige Seiten für den redaktionellen Teil und die Anzeigen zur Verfügung. Dies hatte zur Folge, dass Platz gespart werden musste. Eine Möglichkeit kann der Verzicht auf Überschriften in Familienanzeigen gewesen sein.

Karl-Heinz

Statt Karten.
Die Geburt eines kräftigen Sonntagsjungen zeigen an
Karl Koberg und Frau Auguste.
Wellingdorf, den 7. Januar 1917.

Abb. G-7: KN, 10. Januar 1917

1952 zeigt sich ein heterogenes Bild: Im KStA verfügen 13,3 Prozent der Geburtsanzeigen über eine Überschrift und in der FAZ ist ein signifikant hoher Überschriftenanteil von 50 Prozent zu belegen, wogegen in Welt und KN keine Überschriften festzustellen sind. Danach spielen Überschriften als Initiator in Geburtsanzeigen keine Rolle mehr, sie sind weder 1972 noch 2002 vorhanden.

Diachron gesehen hat der primäre Initiator Überschrift nur zwischen 1850 und 1952 eine Bedeutung, wobei die Anteile in den vorliegenden Zeitungen zum Teil stark variieren. Besonders deutlich zeigt sich dies bei der NPZ: 1850 liegt dort der Anteil der Überschriften mit 100 Prozent weit über dem der drei anderen Zeitungen, der KöZ, der VZ und dem HuC. In den folgenden Proben, in der Überschriften vorkommen, liegt der Überschriftenanteil der NPZ unter dem der anderen Zeitungen. Zu den meisten Untersuchungszeitpunkten ergeben sich ähnliche Überschriftenanteile: Lediglich 1850 weichen die Werte von HuC und VZ nach unten ab, 1876 sind die Anteile in der KöZ mit 36,6 und 1952 die Anteile in der FAZ mit 50 Prozent relativ hoch.[24]

23 Abb. GA-1.
24 Inwiefern das Ergebnis der Welt repräsentativ ist, lässt sich nicht beurteilen, da das Korpus der Welt im Jahr 1952 lediglich aus zwei Anzeigen besteht.

Unterschiede beim Gebrauch von Überschriften zeigen sich nicht nur bei der Frequenz, sondern auch in ihrer Variationsbreite. Bis Anfang des 20. Jahrhunderts sind vor allem Überschriften wie ‚Entbindungs-Anzeige', ‚Geburts-Anzeige', ‚Statt jeder besonderen Meldung' und ‚Statt besonderer Anzeige' zu belegen. Die Überschrift ‚Entbindungs-Anzeige' ist nur 1850 nachzuweisen, danach finden sich ausschließlich Anzeigen mit Überschriften der Form ‚Statt besonderer ...'. In der Probe aus dem Zweiten Weltkrieg ist erstmals die Überschrift ‚Statt Karten' feststellbar. In synchroner Hinsicht werden bei der Verwendung von Überschriften folgende Unterschiede sichtbar: Während 1850 alle Geburtsanzeigen im HuC die Überschrift ‚Entbindungs-Anzeige' tragen, ist in der KöZ neben ‚Entbindungs-Anzeige' im gleichen Jahr auch ‚Geburts-Anzeige' (jeweils 50 Prozent) nachzuweisen. ‚Statt besonderer Meldung' ist zu diesem Zeitpunkt nur in der VZ zu belegen. 1875/76 finden sich – bis auf eine Anzeige mit der Überschrift ‚Verspätet' in der VZ – nur Überschriften vom Typ ‚Statt besonderer ...', wobei ‚Statt besonderer Meldung' und ‚Statt jeder besonderen Meldung' nur in NPZ und VZ vorkommen. In der KöZ wird dagegen die Überschrift ‚Statt jeder besonderen Anzeige' benutzt – hier zeigt sich ein synchroner Unterschied. ‚Geburts-Anzeige' ist 1875/76 nur in KöZ und HuC zu verzeichnen, in der KöZ lauten 66,7 Prozent der Überschriften ‚Geburts-Anzeige', im HuC alle. Im Jahr 1902 ist nur in den KN ‚Geburts-Anzeige' zu belegen, in den übrigen Zeitungen sind es Überschriften des Typs ‚Statt ...'. Während des Ersten Weltkrieges kommt ‚Statt besonderer Meldung' noch ein einziges Mal in der VZ vor, danach nicht mehr. Zu diesem Zeitpunkt tritt in KN, KStA und HuC erstmals ‚Statt Karten' auf. Ebenfalls 1916/17 ist die Überschrift ‚Statt jeder besonderen Nachricht' in der NPZ zu verzeichnen. In der 1921er Probe ist – von drei Ausnahmen abgesehen[25] – nur noch ‚Statt Karten' festzustellen. In den späteren Proben lassen sich keine synchronen Unterschiede mehr belegen.

1.1.3 Geburtsmitteilung

Die Geburtsmitteilung, die die Funktion hat, das familiäre Ereignis mitzuteilen, ist der mit Abstand häufigste Initiator in den vorliegenden Anzeigen Sie übernimmt weitaus öfter als eine Überschrift die Funktion des Initiators. Die Mitteilung der Geburt ist eine in Geburtsanzeigen obligatorische Makrostruktur, die zum Teil auch die Angabe der Inserenten

25 In den KN findet sich einmal ‚Geburts-Anzeige', in der NPZ zweimal ‚Statt besonderer Anzeige'.

umfasst. In vielen Geburtsanzeigen kommt der Makrostruktur Geburtsmitteilung außerdem Initiatorfunktion zu, in diesen Fällen ist sie ein sekundärer Initiator.

Die Anteile des sekundären Initiators Geburtsmitteilung sind besonders am Anfang des Untersuchungszeitraumes sehr hoch: 1800 beginnen alle Anzeigen in der VZ mit der Geburtsmitteilung, im HuC sind es immerhin 83,3 Prozent (Abb. G-8). In der 1825er Probe ist nur der Initiator Geburtsmitteilung nachzuweisen. Im Jahr 1850 sinken die Anteile, wobei die Geburtsmitteilung als Initiator in der VZ mit 92,6 und im HuC mit 73,3 Prozent eine hohe Frequenz hat. In der KöZ dagegen ist zu diesem Zeitpunkt der Anteil des Initiators Geburtsmitteilung mit 46,7 Prozent – zumindest im Vergleich zu VZ und HuC – niedrig. Anstelle der Geburtsmitteilung tritt in der KöZ häufig eine Überschrift als Initiator auf, in der NPZ findet sich ausschließlich der Initiator Überschrift.

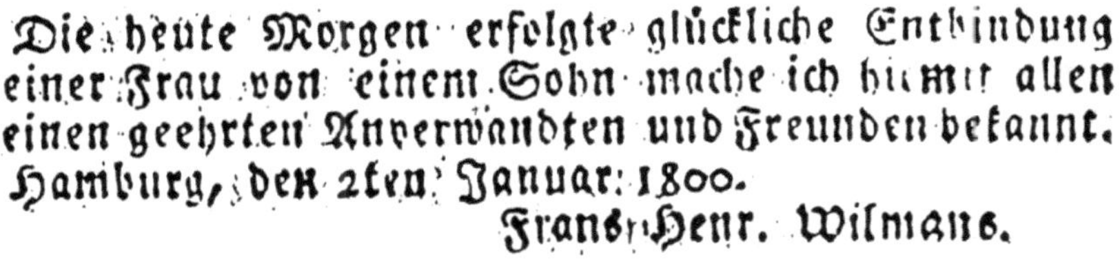

Die heute Morgen erfolgte glückliche Entbindung meiner Frau von einem Sohn mache ich hiemit allen meinen geehrten Anverwandten und Freunden bekannt.
Hamburg, den 2ten Januar 1800.
Frans. Henr. Wilmans.

Abb. G-8: HuC, 4. Januar 1800

In der 1875/76er Probe liegen die Anteile für den Initiator Geburtsmitteilung zwischen 94,7 (VZ) und 63,4 Prozent (KöZ). Für das Jahr 1902 ergeben sich Anteile zwischen 100 (Mopo) und 62,5 (KN) Prozent, 1916/17 zwischen 80 (VZ) und 50 Prozent (KStA). In HuC, KN, VZ und NPZ betragen die Anteile für den Initiator Geburtsmitteilung 1921 zwischen 73,3 und 89,5 Prozent, der KStA weicht mit einem Anteil von 13,3 Prozent deutlich nach unten ab. Während des Zweiten Weltkrieges sinken die Anteile weiter, es ergeben sich für den KStA Anteile von 33,3, für die KN von 25,5 und für die Mopo von 66,7 Prozent. In der 1952er Probe findet sich der Initiator Geburtsmitteilung nur noch in den KN (44,4 Prozent), in KStA, FAZ und Welt ist er nicht vorhanden. Im Jahr 1972 haben in der Mopo 100, in den KN 20, im KStA 5,9, in der FAZ 18,8 und in der Welt 16,7 Prozent der Anzeigen die Geburtsmitteilung als Initiator, wobei die Anteile der Mopo deutlich nach oben und die des KStA deutlich nach unten abweichen. In der jüngsten Probe (2002) liegen die Anteile in den KN bei 68,1 und im KStA bei 87,5 Prozent.

Zusammenfassend lässt sich bei der quantitativen Betrachtung des sekundären Initiators Geburtsmitteilung sagen, dass im 19. Jahrhundert sehr hohe Anteile festzustellen sind. In den Geburtsanzeigen, in denen die Geburtsmitteilung nicht Initiator ist, findet sich entweder der primäre Initiator Überschrift oder die Angabe von Ort und Datum als sekundärer Initiator. Im 20. Jahrhundert nimmt die Geburtsmitteilung in Initiatorfunktion stetig ab, in den Jahren 1952 und 1972 spielt sie so gut wie keine Rolle, an ihre Stelle tritt der Initiator Name des Kindes. 2002 steigt die Frequenz des sekundären Initiators Geburtsmitteilung wieder an.

1.1.4 Name des Kindes

Ein weiterer sekundärer Initiator in Geburtsanzeigen ist der Name des Kindes. Er kann auf verschiedene Weise in die Anzeige integriert werden.[26] Vornamen der Neugeborenen sind erstmals 1916/17 in Geburtsanzeigen zu belegen, davor finden sich für die Kinder lediglich Personenbezeichnungen wie *Junge* oder *Mädchen*.[27] Bereits in der 1916/17er Probe tritt der Name des Kindes als Initiator auf (Abb. G-9). Diese Initiatorfunktion des Namens ist an seiner Positionierung zu erkennen: Meist ist der Name im linken oberen Bereich der Anzeige platziert und typografisch hervorgehoben, beispielsweise durch größere Typen, die Verwendung einer anderen Schriftart als im Anzeigentext oder eine Rotation der Grundlinie um 30, 45 oder 90 Grad.[28] Zudem ist der Name des Kindes durch vergrößerte Zeichenzwischenräume gekennzeichnet.

Susanne

Die Geburt einer Tochter
zeigen an
Hauptmann Schmidt
und Frau Marie
geb. Peters
z. Zt. im Felde.
Hamburg, 1. Januar 1917.
Martin-Allee 16.

Abb. G-9: HuC, 3. Januar 1917

Trotz seiner besonderen Hervorhebung hat der Name des Kindes nicht in allen vorliegenden Geburtsanzeigen die Funktion eines sekundären Initi-

26 Siehe hierzu ausführlicher I.5.1.

27 Siehe auch II.3.2.

28 Ausführlicher unter I.5.1.

ators. Dies ist der Fall, wenn eine Geburtsanzeige neben dem hervorgehobenen Namen außerdem eine Überschrift hat: Dann übernimmt die Überschrift die Funktion des Initiators, der Name des Kindes tritt hier lediglich als Makrostruktur auf.[29] Mit der Nennung des Kindsnamens geben die Eltern zusätzliche Informationen über das Neugeborene preis.

In der Probe aus dem Ersten Weltkrieg ist der Initiator Name des Kindes nur im KStA (25 Prozent) und im HuC (6,7 Prozent), in der 1921er Proben ist er in KStA, VZ und HuC zu belegen. Dabei liegt der Anteil im KStA (73,3 Prozent) deutlich über dem von VZ (13,3 Prozent) und HuC (20 Prozent). Während des Zweiten Weltkrieges ergeben sich für KN und KStA mit 72,7 beziehungsweise 60 Prozent ähnliche Werte, die Mopo weicht dagegen mit einem Anteil von 26,7 Prozent nach unten ab. Im Jahr 1952 liegen die Anteile des Initiators Name des Kindes mindestens bei 50 Prozent: In der FAZ belaufen sie sich auf 50, in den KN auf 55,6, im KStA auf 86,7 und in der Welt auf 100 Prozent. 1972 ist der Initiator Name des Kindes in der Mopo nicht zu verzeichnen, in den übrigen Zeitungen liegen die Anteile zwischen 68,8 (FAZ) und 94,1 Prozent (KStA). In der 2002er Probe kommt der Name des Kindes als Initiator nur noch in den KN vor, dort beläuft sich der Anteil lediglich auf 19,1 Prozent.

Der Name des Kindes spielt somit als Initiator nicht zu allen Zeitpunkten eine Rolle in Geburtsanzeigen: Vor 1916/17 hat der Name des Kindes generell keine Bedeutung, er kommt in den Geburtsanzeigen bis zu diesem Zeitpunkt nicht vor. Während des Ersten Weltkrieges findet er sich lediglich in KStA und HuC als Initiator, wobei in beiden Zeitungen nur geringe Anteile nachzuweisen sind. Zwischen 1921 und 1972 ergeben sich in den untersuchten Zeitungen relativ hohe Anteile für den Initiator Name des Kindes – 1921 ist er im KStA, 1943 in KN und KStA sowie 1952 und 1972 in KN, KStA, FAZ und Welt das am häufigsten verwendete Textbegrenzungssignal am Textanfang. Während für den Initiator Name des Kindes in fast allen Zeitungen eine hohe Frequenz zu verzeichnen ist, kommt er in der Mopo nur selten vor: Im Jahr 1943 ergeben sich dort Anteile von 26,7 Prozent, in den übrigen Proben ist er in der Mopo nicht als Initiator feststellbar.

Eine mögliche Erklärung für das Auftreten des Kindsnamens erst zu Beginn des 20. Jahrhunderts kann die Tatsache sein, dass die Namengebung lange Zeit erst bei der Taufe üblich war. Der Name wurde aus religiösen Gründen vor der Taufe nicht genannt, teilweise ging damit der

---

29 Abb. GA-2.

Glaube einher, dass, „[b]evor ein Kind nicht getauft ist, [...] sein Name verschwiegen werden [muss], um es vor bösen Zugriffen zu schützen.“[30] Die Germanen gingen laut Kunze sogar noch weiter:

> *Namenlosigkeit und Verschweigen des Namens sind bes. bei Neugeborenen von Belang. Hatte ein Vater dem Kind bei den Germanen noch keinen Namen gegeben, wurde eine Tötung des Kindes kaum geahndet.*[31]

1.1.5 Weitere Initiatoren

Neben den Initiatoren Überschrift, Geburtsmitteilung und Name des Kindes lassen sich in Geburtsanzeigen weitere Textbegrenzungssignale zur Kennzeichnung des Textanfangs nachweisen. Dies sind die Angabe von Ort und Datum, das Geburtsdatum, die Angabe der Inserenten, Sinnsprüche beziehungsweise Psalmverse sowie Geburtsdaten. Diese Initiatoren kommen immer als Einzelinitiatoren vor und haben in Geburtsanzeigen nur eine niedrige Frequenz.

Hamburg, den 19 Januar 1800.
Die heutige glückliche Entbindung meiner Frau von einem gesunden Mädchen zeige ergebenst an.
Herm. Wm. Schröder.

Abb. G-10: HuC, 22. Januar 1800

Die Angabe von Ort und Datum als Initiator lässt sich erstmals 1800 im HuC belegen. Dort kommen insgesamt zwei Anzeigen mit einem solchen Initiator vor (16,7 Prozent). Der Initiator Ort und Datum gibt Auskunft darüber, wo und wann die Geburtsanzeige verfasst wurde. Wie dem im weiteren Anzeigentext verwendeten Adjektiv *heutig* beziehungsweise dem Adverb *heute* zu entnehmen ist, handelt es sich bei den angegebenen Daten gleichzeitig um das Geburtsdatum des Kindes (Abb. G-10). Auch in der 1850er Probe des HuC finden sich zwei Anzeigen mit dem Initiator Ort und Datum (13,3 Prozent), in einer Anzeige ist dabei das angegebene Datum zugleich das Geburtsdatum des Kindes. In der anderen kann aufgrund der im weiteren Anzeigentext auftretenden Zeitangabe *letztverflossene Nacht*, die sich sowohl auf die späten Abendstunden des Vortages als auch auf die frühen Morgenstunden des Tages der Anzeigenaufgabe beziehen kann, nicht eindeutig bestimmt werden, ob das Datum gleichzeitig das Geburtsdatum des Kindes ist.[32] Nach 1850

30 *Kunze* (2000: 193).
31 Ebd.
32 Siehe Abb. G-42.

kommt der Initiator Ort und Datum nicht mehr vor. Er ist folglich auf den HuC beschränkt und nur bis Mitte des 19. Jahrhunderts feststellbar.

Ein Datum kann auch losgelöst von einer Ortsangabe als Initiator auftreten: als Geburtsdatum. Ein Geburtsdatum als Initiator ist insgesamt dreimal vorhanden: 1943 in KN und Mopo[33] sowie in der 2002er Probe des KStA. Damit liegen die Anteile für diesen Initiator 1943 in den KN bei 1,8 und in der Mopo bei 6,7 Prozent sowie 2002 im KStA bei 6,3 Prozent.

In den KN treten 2002 drei Sinnsprüche und in einer Anzeige ein Psalmvers – im Folgenden zusammenfassend als Mottos bezeichnet – als Initiator auf. Darüber hinaus sind Initiatoren dieser Art in Geburtsanzeigen nicht zu belegen. Für den Initiator Motto ergeben sich damit in den KN Anteile von 8,5 Prozent. Mit Mottos bringen die Inserenten – in allen Anzeigen sind es die Eltern – ihre Freude über die Geburt des Kindes und das ‚Wunder der Geburt' zum Ausdruck beziehungsweise stellen die Geburtsanzeige unter das von ihnen gewählte Motto. Es sind folgende Mottos zu finden: ‚Jede Schneeflocke fällt auf den ihr vorgesehenen Platz' (Abb. G-11), ‚Das Einzigartigste und Kostbarste dieser Welt ist umsonst und doch unbezahlbar',[34] ‚Es gibt Momente im Leben, die man nicht in Worte fassen kann'[35] und – Psalm 139, Vers 14, – ‚Wunderbar sind deine Werke. Ps. 139'.[36]

Jede Schneeflocke fällt auf den ihr vorhergesehenen Platz.
Wir freuen uns sehr über die Geburt unserer Tochter

Franca Maria

am 3. Januar 2002

Christiane Pries und Holger Dittrich
sowie die Schwestern Scalet und Marlena

Abb. G-11: KN, 5. Januar 2002

In insgesamt drei Anzeigen sind 2002 Geburtsdaten, die Kombinationen aus Geburtsdatum, -gewicht, -größe und/oder -zeit umfassen, als Initiator nachzuweisen. Dass es sich hierbei um einen Einzelinitiator und nicht um ein Initiatorenbündel handelt, ergibt sich aus der typografischen Gestaltung.[37] Zwei Geburtsanzeigen dieser Art finden sich in den

33 Abb. GA-3.
34 Abb. GA-4.
35 Abb. GA-5.
36 Abb. GA-6.
37 Abb. GA-7 und Abb. G-32.

KN, eine im KStA – damit ergibt sich für die KN ein Anteil von 4,3 und für den KStA von 6,3 Prozent.

In zwei Geburtsanzeigen der 1972er Probe der FAZ ist die Angabe der Inserenten, es handelt sich um die Namen der Eltern, als Initiator zu belegen, womit sich für die FAZ hier ein Anteil von 12,5 Prozent ergibt.[38]

1.2 Terminatoren

Neben den bereits behandelten Schmuckrahmen, die in Geburtsanzeigen sowohl die Funktion eines nichtsprachlichen Initiators als auch eines nichtsprachlichen Terminators haben, treten in Geburtsanzeigen verschiedene sprachliche Einzelterminatoren auf, denen die Funktion der Textbegrenzung am Textende zukommt.[39] Hierzu zählen die sekundären Terminatoren Angabe der Inserenten, die Angabe von Ort und Datum, die Adresse, die Kombination aus Adresse und Datum, Danksagungen und Geburtsdaten des Kindes. Eine Übersicht aller in Geburtsanzeigen auftretenden Terminatoren, bei denen es sich ausschließlich um Einzelterminatoren handelt, ist Tabelle GA-5 zu entnehmen.

1.2.1 Angabe der Inserenten

Ein typischer Terminator in Geburtsanzeigen ist die Angabe der Inserenten. Die Nennung der Inserenten ist wie die Mitteilung der Geburt obligatorischer Bestandteil von Geburtsanzeigen, wobei die Angabe der Inserenten fast immer in Form einer eigenen Makrostruktur auftritt. Regelmäßig kommt der Angabe der Inserenten als sekundärer Terminator die Funktion der Textbegrenzung zu. Die Angabe der Inserenten dient der Kennzeichnung des Senders, sie hat damit in den Anzeigen Informationsfunktion. Sofern die Angabe der Inserenten nicht Terminatorfunktion hat, findet sie sich als Makrostruktur in den Geburtsanzeigen.

In der 1800er Probe fungiert die Angabe der Inserenten in allen Anzeigen als Terminator. Im Jahr 1825 kommt die Angabe der Inserenten in der VZ in 80 und im HuC in 86,7 Prozent der Geburtsanzeigen als Terminator vor. 1850 liegt der Anteil zwischen 73,3 (HuC) und 100 Prozent (KöZ). In der 1875/76er Probe tritt die Angabe der Inserenten schließlich seltener als Textbegrenzungssignal auf: Die höchsten Anteile ergeben sich für die NPZ (76,3 Prozent), gefolgt von VZ (63,8 Prozent), KöZ (48,8) sowie HuC (40 Prozent). Im Jahr 1902 bildet die Angabe der Inse-

38 Abb. GA-8.

39 Schmuckrahmen als Kombination aus nichtsprachlichem Initiator und Terminator wurden unter II.1.1.1 bereits behandelt.

renten in der VZ bei 19 Prozent der Geburtsanzeigen den Terminator, in den KN ist dies bei 25 Prozent, in der NPZ bei 35,3, im HuC bei 37,5 Prozent der Geburtsanzeigen der Fall. In der Mopo ergibt sich zu diesem Zeitpunkt sogar ein Anteil von 100 Prozent – mit nur einer Anzeige, die 1902 das Korpus der Mopo bildet, hat dieser Wert jedoch kaum Aussagekraft. Nach 1902 ist die Angabe der Inserenten schließlich nur noch selten als Terminator nachzuweisen. 1916/17 findet sie sich lediglich in der NPZ (26,7 Prozent), 1921 ergeben sich im KStA und HuC Anteile von 13,3, in der NPZ von 26,3 Prozent. In den übrigen Zeitungen wird die Angabe der Inserenten nicht als textbegrenzendes Merkmal verwendet. In der Probe des Zweiten Weltkrieges ergeben sich folgende Werte: KN (9,1 Prozent), KStA (6,7 Prozent) und Mopo (20 Prozent). Die Angabe der Inserenten tritt schließlich 1952 und 1972 nicht mehr als Terminator auf – erst 2002 ist sie wieder in dieser Funktion zu verzeichnen. Zu diesem Zeitpunkt sind in KN und KStA sehr hohe Anteile zu belegen, in den KN liegen sie bei 51,1, im KStA sogar bei 87,5 Prozent.

Ein der besonderen Erwähnung werter Aspekt bei der Angabe der Inserenten ist, wer als Inserent auftritt und die Geburt mitteilt. Während des Untersuchungszeitraumes ist eine Veränderung festzustellen: In der 1800er und 1825er Probe wird die Geburt des Kindes allein vom Vater bekannt gegeben, erst 1850 finden sich in KöZ und HuC Anzeigen, in denen Vater und Mutter gemeinsam über die Geburt ihres Kindes informieren. In der Mehrzahl der Fälle ist es jedoch weiterhin der Vater, der als Inserent in der Geburtsanzeige aufgeführt wird: So entfallen bei der Angabe der Inserenten in der KöZ lediglich 6,7 Prozent auf Vater und Mutter, 93,3 Prozent dagegen auf die alleinige Bekanntgabe durch den Vater.[40] Bis Mitte des 19. Jahrhunderts wurde die Geburt demnach überwiegend durch den Vater angezeigt. Frese begründet diese Tatsache wie folgt:

> *Der Mann und Familienvorstand fungierte als alleiniger Inserent, weil ihm die Aufgabe zufiel, den Kontakt mit der Öffentlichkeit zu pflegen, während die Frau für die „inneren Angelegenheiten" zuständig war [...].*[41]

1875/76 nimmt die gemeinsame Mitteilung beider Elternteile dann zu, obwohl auch zu diesem Zeitpunkt der Vater noch häufig allein als Inserent genannt wird (Abb. G-12). Lediglich in der KöZ geben Vater und

40 Die Prozentangaben beziehen sich nur auf die Angabe der Inserenten, sofern sie als Terminator fungiert. Die Angabe der Inserenten wurde hier nicht berücksichtigt, wenn sie als Makrostruktur und nicht als Terminator auftritt.

41 *Frese* (1987: 93).

Mutter die Geburt in 60 Prozent der Fälle gemeinsam bekannt. In den folgenden Proben nimmt die gemeinsame Geburtsmitteilung durch die Eltern stetig zu, so gibt es 1921 nur noch eine Anzeige in der NPZ, in der der Vater die Geburt allein mitteilt. Bis einschließlich 1943 treten als Inserenten entweder der Vater allein oder die Eltern gemeinsam auf, danach sind es stets beide Elternteile gemeinsam. 2002 zeigt sich erneut ein verändertes Bild: Als Inserenten kommen nicht mehr nur die Eltern des Neugeborenen in Betracht. So sind es bei dem Terminator Angabe der Inserenten in den KN in 45,8 Prozent der Geburtsanzeigen die Eltern, in 29,2 Prozent Eltern und Geschwister gemeinsam,[42] in 12,5 Prozent die Großeltern allein, in 8,3 Prozent Eltern und Großeltern und in 4,2 Prozent der Vater allein, die über die Geburt des Kindes informieren. Im KStA sind die Inserenten weit weniger vielfältig: Dort teilen in 71,4 Prozent der Fälle die Großeltern, teilweise mit anderen Verwandten, die Geburt mit, nur in 28,6 Prozent der Geburtsanzeigen sind es die Eltern des Kindes selbst.[43]

Statt jeder besonderen Meldung.
Allen Verwandten und Bekannten die freudige Nachricht, daß meine liebe Frau Johanna, geb. Hanney, heute Vormittag 11 Uhr von einem gesunden Knaben glücklich entbunden ist.
Berlin, den 2. April 1875.
Arnold Spanke,
kgl. Bauführer.

Abb. G-12: VZ, 3. April 1875

Während des Untersuchungszeitraumes hat folglich nicht nur ein Wandel von der alleinigen Bekanntgabe durch den Vater hin zur gemeinsamem Geburtsmitteilung durch die Eltern stattgefunden. Ab 2002 treten neben dem Vater beziehungsweise den Eltern auch Geschwister, Großeltern und andere Verwandte als Inserenten in den Geburtsanzeigen auf – die Bekanntgabe der Geburt ist demnach nicht mehr nur den Eltern des Neugeborenen vorbehalten, sondern auf weitere Mitglieder der Familie ausgeweitet worden. Diese Veränderung kann durch einen Wandel des Familienbildes erklärt werden.[44]

---

42 Tatsächlich sind es in den Anzeigen, in denen Geschwister die Geburt des Neugeborenen bekannt geben, die Eltern, die die Geburt mitteilen. Die selbst noch sehr jungen Geschwister sind jedoch als Inserenten in der Geburtsanzeige aufgeführt; siehe Abb. GA-9.

43 Siehe Abb. G-32.

44 Siehe hierzu auch Einleitung zu Kapitel II.

Eine weitere Besonderheit bei der Angabe der Inserenten ist die Tatsache, dass sich in den älteren Geburtsanzeigen beim Namen des Vaters in mehreren Fällen eine Berufsangabe findet. Nachzuweisen ist eine solche Berufsangabe beispielsweise 1800 im HuC und 1850 in der NPZ, zu späteren Zeitpunkten sind Berufsangaben sehr selten.[45]

1.2.2 Angabe von Ort, Datum sowie Ort und Datum

Bei den Angaben Ort, Datum sowie Ort und Datum handelt es sich um Makrostrukturen, die meist alternativ in Geburtsanzeigen verwendet werden. Die Inserenten entscheiden sich für eine dieser Makrostrukturen, die dann zusätzlich die Funktion des Terminators übernehmen kann und damit als sekundärer Terminator in den entsprechenden Geburtsanzeigen auftritt. Worauf die Inserenten sich mit der Ortsangabe beziehen, kann nicht eindeutig abgeleitet werden. In Betracht kommen der Geburtsort des Kindes, der Wohnort der Familie des Neugeborenen und der Ort der Anzeigenaufgabe.[46] Das Datum weist auf den Zeitpunkt der Anzeigenaufgabe hin.

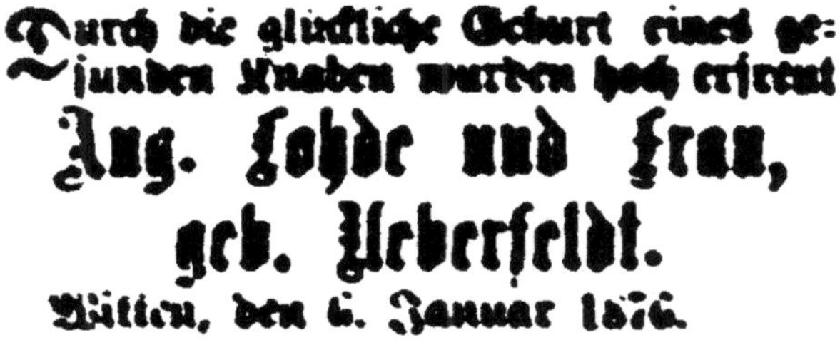

Durch die glückliche Geburt eines gesunden Knaben wurden hoch erfreut

Aug. Lohde und Frau,
geb. Ueberfeldt.

Witten, den 6. Januar 1876.

Abb. G-13: KöZ, 7. Januar 1876

Die Angabe von Ort und Datum fungiert in Geburtsanzeigen regelmäßig als Terminator. Der Terminator hat zu Beginn des Untersuchungszeitraumes eine geringe Frequenz. Bis 1902 steigen die Anteile, danach nimmt der Anteil stetig ab. 2002 kommt der Terminator Ort und Datum in Geburtsanzeigen nicht mehr vor. Zum ersten Mal ist er 1825 in HuC (13,3 Prozent) und VZ (20 Prozent) nachzuweisen. Im Jahr 1850 ergeben sich in NPZ, HuC und VZ Werte zwischen 13,3 und 18,5 Prozent. 1875/76 ist ein Anstieg des Terminators Ort und Datum zu verzeichnen: So liegen die Anteile im HuC bei 20, in der NPZ bei 23,7, in der VZ bei 34 und in der KöZ sogar bei 51,2 Prozent (Abb. G-13). Im Jahr 1902

45 Ausführlicher unter II.3.3.

46 Dies gilt sinngemäß für jegliches Vorkommen von Ortsangaben in Familienanzeigen.

sind in KN (75 Prozent), NPZ (64,7 Prozent) und HuC (62,5 Prozent) hohe Anteile vorhanden, während die Anteile in der VZ lediglich bei 19 Prozent liegen. In KStA und Mopo ist der Terminator Ort und Datum zu diesem Zeitpunkt nicht zu finden. Während des Ersten Weltkrieges sind in KN, KStA, NPZ und HuC Anteile zwischen 40 und 50 Prozent zu belegen, in der VZ belaufen sich die Anteile nur auf 6,7 Prozent und in der Mopo kommt die Angabe Ort und Datum nicht als Terminator vor. In der 1921er Probe ergeben sich die niedrigsten Werte für KStA und VZ (20 Prozent), die höchsten für den HuC (46,7 Prozent) – die Anteile der KN und der NPZ liegen dazwischen, in der Mopo sind keine Anzeigen mit diesem Terminator feststellbar. In den Anzeigen aus dem Zweiten Weltkrieg ist die Angabe von Ort und Datum nur in KN (14,5 Prozent) und KStA (26,7 Prozent) zu belegen. 1952 liegt der Anteil des Terminators Ort und Datum in der Welt bei 100 und in der FAZ bei 50 Prozent. In KN und KStA sind mit 22,2 beziehungsweise 13,3 Prozent deutlich niedrigere Werte festzustellen. Im Jahr 1972 nimmt die Frequenz von Ort und Datum weiter ab, in KN, KStA und Mopo kommt die Angabe nicht vor, in Welt und FAZ liegen die Anteile bei 16,7 beziehungsweise 6,7 Prozent. In der Probe aus dem Jahr 2002 tritt der Terminator Ort und Datum schließlich gar nicht mehr auf.

Beim Terminator Ort und Datum zeigen sich vor allem in der Mopo Besonderheiten. Dort ist die Angabe in keiner Anzeige als Textbegrenzungssignal vorhanden. Eine weitere Auffälligkeit zeigt sich auch in der VZ: Während die Anteile des Terminators Ort und Datum 1850 und 1875/76 über denen der anderen Zeitungen liegen, sind die Anteile 1902, 1916/17 und 1921 im Vergleich zu den anderen Zeitungen sehr niedrig. Im Unterschied zu NPZ und HuC ist bei der VZ das Absinken der Anteile bereits 1902 nachzuweisen und nicht erst in der 1916/17er Probe (Abb. G-14). Es scheint, als sei die VZ den übrigen Blättern hier zeitlich einen Schritt voraus.

Die glückliche Geburt eines kräftigen Jungen zeigen wir hocherfreut an.
Landrat Bodo v. Trott zu Solz
und Frau Anna, geb. Freiin v. Berlepsch.
Schlüchtern, den 4. Januar 1917.

Abb. G-14: NPZ, 5. Januar 1917

Eine Ortsangabe kann auch ohne ein Datum die Terminatorfunktion in einer Geburtsanzeige übernehmen. Der Terminator Ort ist ab 1850 zu belegen, wenn auch nur in wenigen Fällen. So findet sich eine Ortsangabe mit terminierender Textbegrenzungsfunktion 1850 im HuC (6,7 Prozent), 1875 in der VZ (2,1 Prozent), 1916/17 mit jeweils 6,7 Prozent in den KN und der VZ sowie 1921 in der VZ (13,3 Prozent).[47] Während des Zweiten Weltkrieges belaufen sich die Anteile in den KN auf 9,1 Prozent, im KStA liegen sie bei 6,7 Prozent und 2002 ist in den KN bei 8,5 Prozent aller Geburtsanzeigen der Terminator Ort zu verzeichnen. Die niedrige Frequenz des Textbegrenzungssignals Ort macht deutlich, dass ihm in der Funktion des Terminators keine große Bedeutung zukommt. Bis auf eine Ausnahme – die VZ 1921 – liegen die Anteile für diesen Terminator zu keinem Zeitpunkt über 10 Prozent.

Sibylle Auf der Heyde, geb. Löwisch, und Dr. Jörg Auf der Heyde geben dankbar die Geburt ihrer Tochter Ricarda Christina bekannt.

4813 Gadderbaum bei Bielefeld, Schöne Aussicht 5

z. Z. Privatklinik Dr. Hartog, 48 Bielefeld, Kiskerstraße 15

14. Januar 1972

Abb. G-15: FAZ, 17. Januar 1972

Nicht nur eine einzelne Ortsangabe kann den Terminator bilden, sondern auch ein Datum kann allein die Textbegrenzungsfunktion übernehmen. Dies ist im HuC 1850 (6,7 Prozent), 1875 (40 Prozent) und 1917 (13,3 Prozent) sowie 1917 in der VZ (6,7 Prozent) der Fall. Danach tritt ein Datum als Terminator erst wieder während des Zweiten Weltkrieges auf: Zu diesem Zeitpunkt belaufen sich die Anteile in den KN auf 3,6, in der Mopo auf 6,7 und im KStA auf 13,3 Prozent. Im Jahr 1952 ist nur in den KN und im KStA ein Datum als Textbegrenzungssignal zu finden. Während die Anteile in den KN mit 27,8 Prozent sehr hoch sind, lässt sich im KStA lediglich eine Frequenz von 6,7 Prozent nachweisen. 1972 ist ein Datum

47 Abb. GA-10.

nur in der FAZ (6,3 Prozent) zu belegen (Abb. G-15). 2002 ist ein Datum weder in den KN noch im KStA als Terminator feststellbar. Der Terminator Datum spielt demnach keine große Rolle in Geburtsanzeigen.

1.2.3 Adresse sowie Kombination aus Adresse und Datum

Als sekundäre Terminatoren treten außerdem die Adresse, bestehend aus Ort, Straße und Hausnummer, sowie die so genannte Kombination aus Adresse und Datum auf.[48]

Ab 1902 kommt der Terminator Adresse in Geburtsanzeigen vor. Vereinzelt finden sich dabei Geburtsanzeigen, in denen nur Straßenname und Hausnummer aufgeführt sind. Der Ort ergibt sich in diesen Anzeigen aus dem Kontext des Textexemplars, also den externen Variablen Medium und Ort, die dem allgemeinen Initiator Zeitungskopf entnommen werden können. Anzeigen dieser Art sind 1902 in VZ, 1916/17 in KN, KStA und HuC, 1921 in HuC sowie 1943 in KStA und KN nachzuweisen.

1902 ist das Textbegrenzungssignal Adresse nur in der VZ festzustellen, sein Anteil beläuft sich dort auf 4,8 Prozent. Während des Ersten Weltkrieges ist der Terminator Adresse – außer in Mopo und NPZ – schließlich in allen Zeitungen vorhanden: In der VZ belaufen sich die Anteile auf 20, in den KN und dem HuC auf 13,3 sowie im KStA auf 25 Prozent. Im Jahr 1921 liegen die Anteile zwischen 20 (VZ) und 5,3 Prozent (NPZ). Während des Zweiten Weltkrieges ergeben sich in den KN Anteile von 54,5, im KStA von 40 und in der Mopo von 60 Prozent.[49] 1952 tritt die Adresse in der Mopo nicht auf, in den KN ergeben sich Werte von 38,9, im KStA von 6,7 und in der FAZ sogar von 50 Prozent. In der 1972er Probe tritt fast nur die Angabe der Adresse als sekundärer Terminator auf: KN (95 Prozent), KStA und Mopo (jeweils 100 Prozent), FAZ (81,3 Prozent) sowie Welt (83,3 Prozent). Im Jahr 2002 beläuft sich der Anteil des Terminators Adresse in den KN auf 14,9 Prozent, im KStA kommt er nicht vor. Eine Besonderheit, die sich beim Terminator Adresse zeigt, ist die Möglichkeit, dass dieser Terminator vereinzelt zweigeteilt ist: Ein solcher zweigeteilter Terminator ist während des Ersten Weltkrieges jeweils in einer Anzeige der VZ und des KStA zu belegen. Im KStA befindet sich im linken Bereich der Anzeige der Aufenthaltsort der Kindsmutter, nämlich die Klinik mit Ortsangabe, und im rechten Bereich die Wohnanschrift der Eltern (Abb. G-16). Ein derarti-

48 Abb. GA-11.
49 Abb. GA-12.

ger Terminator ist außer in der 1916/17er Probe nur vereinzelt nachzuweisen: 1952 in der FAZ sowie 1972 in FAZ, KStA, KN und Welt.

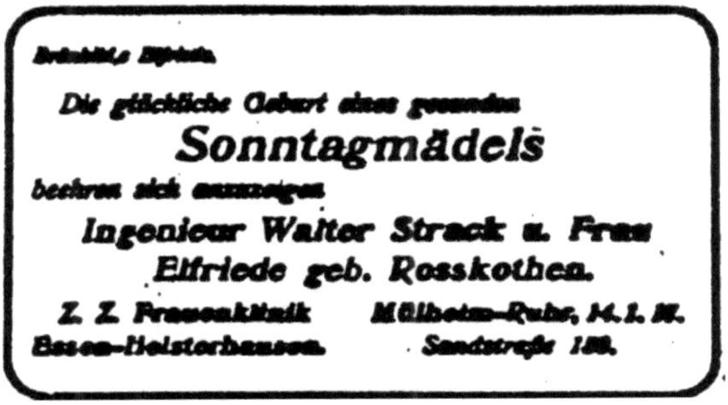
Die glückliche Geburt eines gesunden
Sonntagmädels
beehren sich anzuzeigen
Ingenieur Walter Strack u. Frau
Elfriede geb. Rosskothen.
Z. Z. Frauenklinik Mülheim-Ruhr, 14. 1. 17.
Essen-Holsterhausen. Sandstraße

Abb. G-16: KStA, 16. Januar 1917

Ab 1902 tritt in der VZ ebenfalls zum ersten Mal die Kombination aus Adresse und Datum alternativ zum Terminator Adresse auf. Die – im Folgenden auch so bezeichnete – Kombination aus Adresse und Datum vereinigt die Angaben, Ort, Straße, Hausnummer und Datum. Der Anteil beläuft sich in der VZ auf 57,1 Prozent, damit handelt es sich dort um den Terminator mit der höchsten Frequenz. Während des Ersten Weltkrieges ist die Kombination aus Adresse und Datum schließlich in allen Zeitungen – außer in der Mopo – zu verzeichnen: In der VZ liegen die Anteile bei 60, in den KN bei 40, im KStA bei 25, im HuC bei 26,7 und in der NPZ bei 33,3 Prozent. In KN, VZ und HuC überwiegt die Kombination aus Adresse und Datum, im KStA sind die beiden Terminatoren Adresse sowie die Kombination aus Adresse und Datum gleich verteilt, im HuC findet sich nur die Kombination aus Adresse und Datum. 1921 liegen die Anteile zwischen 60 (KStA) und 31,6 Prozent (NPZ): Die Kombination aus Adresse und Datum wird in allen Zeitungen häufiger verwendet als die alleinige Nennung der Adresse. Im Zweiten Weltkrieg ergeben sich für die Kombination aus Adresse und Datum in den KN Anteile von 9,1, im KStA von 6,7 und in der Mopo von 13,3 Prozent. Erstmals tritt zu diesem Zeitpunkt der Terminator Adresse häufiger auf als die Kombination aus Adresse und Datum. In der 1952er Probe liegt der Anteil für die Kombination aus Adresse und Datum im KStA bei 73,3 und in den KN bei 11,1 Prozent. In der 1972er Probe ist die Kombination aus Adresse und Datum nur noch in den KN (5 Prozent) als Terminator festzustellen, in den übrigen Zeitungen ist der Terminator Adresse zu finden. Wie bei der Angabe der Adresse besteht auch bei der Kombination aus Adresse und Datum die Möglichkeit, dass zusätzlich zur Adresse auch der derzeitige Aufenthaltsort der Mutter, die Klinik, zu den Angaben Ort, Datum, Straße und Hausnummer hinzutritt: Dies ist 1917 in der VZ, 1921 und 1952 im KStA sowie 1943, 1952 und 1972 in den KN der Fall.[50]

Das Textbegrenzungssignal Adresse weist im 20. Jahrhundert fast durchweg eine hohe Frequenz auf. Bis einschließlich 1921 überwiegt in den meisten Zeitungen die Kombination aus Adresse und Datum, danach dominiert die Adresse. Sowohl die Adresse als auch die Kombination aus Adresse und Datum können als zweigeteiltes Textbegrenzungssignal auftreten. Ein zweigeteilter Terminator ist erstmals 1916/17 in KStA und VZ nachzuweisen. Eine weitere Besonderheit bei der Angabe der Adresse sowie der Kombination aus Adresse und Datum: Häufig kommt zur Angabe der Wohnadresse auch der Aufenthaltsort von Mutter und Kind hinzu – meist handelt es sich dabei um eine Klinik. Angaben zur Klinik finden zwischen 1916/17 und 1972, besonders häufig sind sie 1952 und 1972 in KN und KStA (Abb. G-17).

Unsere Tanja ist angekommen!

In Dankbarkeit und Freude

Lieselotte Hurrle, geb. Driller
Wolfgang Hurrle

Kiel, Hasseldieksdammer Weg 14a
29. März 1972

z. Z. Universitäts-[illegible]enklinik

Abb. G-17: KN, 1. April 1972

1.2.4 Weitere Terminatoren

Neben den bereits genannten Terminatoren kommen vereinzelt weitere Terminatoren vor. Dies sind der Hinweis ‚Statt Karten', Danksagungen, Geburtsdaten, Ausdruck von Freude beziehungsweise Freude und Gratulation sowie die Angabe einer E-Mail-Adresse. Die hier aufgeführten Terminatoren finden sich – abgesehen von dem Hinweis ‚Statt Karten' – alle im Jahr 2002. Aus der größeren Variationsbreite der Textbegrenzungssignale kann geschlossen werden, dass die Geburtsanzeigen zu diesem Zeitpunkt individueller sind als in den vorhergehenden Proben.

Der Hinweis ‚Statt Karten' ist nur ein einziges Mal als Terminator festzustellen: 1972 in der FAZ.[51] Er kommt sonst als Überschrift in Ini-

50 Abb. GA-13.
51 Abb. GA-14.

tiatorfunktion vor. Danksagungen haben 2002 in den KN einen relativ hohen Anteil – dort dienen sie bei 17 Prozent der Geburtsanzeigen als Terminator.[52] Im KStA dagegen hat eine Danksagung nur in einer einzigen Anzeige Textbegrenzungsfunktion. In KN und KStA gibt es jeweils eine Geburtsanzeige, in der die Geburtsdaten, bestehend aus einer Kombination aus Geburtsdatum, -gewicht, -größe und/oder -zeit des Kindes, als Terminator fungieren. In den KN sind überdies zwei Anzeigen zu belegen, in denen am Textende Freude beziehungsweise Freude und Gratulation ausgedrückt werden. In einer Geburtsanzeige der KN steht eine E-Mail-Adresse als Terminator.[53]

1.3 Makrostrukturen

In Geburtsanzeigen sind neben Initiatoren und Terminatoren verschiedene Makrostrukturen nachweisbar, die drucktechnisch durch den Beginn einer neuen Zeile beziehungsweise durch ein Spatium am Ende der vorangehenden Zeile als Absätze gekennzeichnet sind. Layout-technisch können die in Geburtsanzeigen vorkommenden Makrostrukturen zudem durch einen Einzug – also eine Einrückung – am Zeilenanfang markiert sein.

Im Folgenden wird ein Überblick über die Makrostrukturen in Geburtsanzeigen gegeben. Auf eine Erfassung mit Angabe der Frequenz der jeweiligen Makrostrukturen wird verzichtet. Es werden jedoch die verschiedenen Makrostrukturen dargestellt, wobei auf bemerkenswerte Einzelaspekte der Vorkommenshäufigkeit einzelner Elemente eingegangen wird. Weiterhin wird angegeben, an welcher Position sich die jeweilige Makrostruktur in den Geburtsanzeigen befindet.[54] Sofern Makrostrukturen auch als sekundäre Initiatoren beziehungsweise Terminatoren belegt werden konnten, wurden sie dort bereits ausführlich erläutert. Sollten sie dagegen erstmals als Makrostruktur auftreten, werden sie in diesem Abschnitt auch inhaltlich beschrieben.

Als Makrostrukturen sind in Geburtsanzeigen die Geburtsmitteilung, die Angabe der Inserenten, die Angabe von Ort, Datum sowie Ort und Datum, die Adresse, die Kombination aus Adresse und Datum, der Name des Kindes, die Geburtsdaten, Gratulation, Danksagung und Ausdruck der Freude festzustellen.

52 Abb. GA-7.
53 Abb. GA-15.
54 Zum Positionsbegriff siehe I.3.2.5.

1.3.1 Geburtsmitteilung

In der Mehrzahl der vorliegenden Anzeigen ist die Geburtsmitteilung als sekundärer Initiator zu belegen. Sofern der Geburtsmitteilung in den Anzeigen nicht die Initiatorfunktion zukommt, tritt sie als Makrostruktur auf. Die Geburtsmitteilung hat die Hauptfunktion, über die Geburt eines Kindes zu informieren.

Gerade zu Beginn des Untersuchungszeitraumes steht die Geburtsmitteilung – wenn sie nicht Initiator ist – als erste Makrostruktur nach dem Initiator (Abb. G-18). Als Initiator fungiert in diesen Anzeigen eine Überschrift. Ab 1921 ist in den Geburtsanzeigen jedoch ein Wechsel zu verzeichnen: Vereinzelt tritt die Geburtsmitteilung nicht mehr direkt nach dem Initiator auf, sondern die Makrostruktur Name des Kindes folgt auf den Initiator. Die Frequenz dieser Reihenfolge ist jedoch relativ niedrig, so ist die Geburtsmitteilung als zweite auftretende Makrostruktur nur in HuC, KStA, VZ, FAZ und KN zu finden. Insgesamt lässt sich feststellen, dass der Name des Kindes weitaus häufiger als Initiator und nicht als Makrostruktur fungiert. Die Geburtsmitteilung folgt somit als erste Makrostruktur auf den Initiator. Lediglich in den Geburtsanzeigen, in denen eine Überschrift als Initiator fungiert und der Name des Kindes angegeben wird, kommt die Geburtsmitteilung erst nach der Makrostruktur Name des Kindes und damit als zweite Makrostruktur nach dem Initiator vor.

Statt jeder besonderen Meldung.

Die heute früh 7¾ Uhr erfolgte schwere, aber glückliche Entbindung meiner lieben Frau Meta, geb. Döhner, von einem kräftigen Knaben zeige ich hierdurch ergebenst an.

Woldenberg, den 3. Januar 1875.

Karnatz,
Königl. Kreisrichter.

Abb. G-18: NPZ, 5. Januar 1875

In Geburtsanzeigen hat die Geburtsmitteilung eine hervorgehobene Stellung: Wenn sie nicht als Initiator auftritt, handelt es sich bei der Geburtsmitteilung zumeist um die erste Makrostruktur, die auf den Initiator folgt. Dies macht deutlich, dass es sich bei der Geburtsmitteilung um die zentrale Makrostruktur von Geburtsanzeigen handelt. Die Inserenten schätzen die Bedeutung des familiären Ereignisses so hoch ein, dass die Geburtsmitteilung in fast allen Anzeigen am Textanfang oder direkt nach dem Initiator steht. Diese Tatsache ist jedoch nicht weiter verwunderlich, da schließlich die Bekanntgabe der Geburt das zentrale Anliegen einer Geburtsanzeige und damit obligatorisches Element der Geburtsanzeigen ist.

1.3.2 Angabe der Inserenten

Neben der Geburtsmitteilung ist auch die Nennung der Inserenten obligatorisch. Sofern die Angabe der Inserenten nicht als sekundärer Terminator in den Geburtsanzeigen auftritt, ist sie in den Inseraten fast ausschließlich als Makrostruktur zu verzeichnen, nur vereinzelt ist die Nennung der Inserenten Teil der Makrostruktur Geburtsmitteilung.

An welcher Position die Makrostruktur Angabe der Inserenten in der Geburtsanzeige auftritt, hängt stark davon ab, über wie viele verschiedene Makrostrukturen die Geburtsanzeige insgesamt verfügt.[55] Das heißt, dass die Angabe der Inserenten gerade in den älteren Anzeigen, bei denen die durchschnittliche Makrostrukturanzahl eher gering ist, meist direkt nach dem Initiator – also als erste Makrostruktur – zu belegen ist, sie ist durch Spatien zwischen Initiator, Makrostruktur und Terminator markiert. Anders verhält es sich bei den späten Proben des 20. Jahrhunderts: Die Geburtsanzeigen verfügen im Vergleich zu den Inseraten aus dem 19. Jahrhundert über weitaus mehr verschiedene Makrostrukturen pro Anzeige und die Angabe der Inserenten rückt weiter nach hinten. Ab Mitte des 20. Jahrhunderts tritt sie folglich häufig als zweite, teilweise auch als dritte Makrostruktur nach dem Initiator auf, so etwa im KStA, den KN und der FAZ.[56] Meist steht die Angabe der Inserenten direkt vor dem Terminator. Während die Geburtsmitteilung den Initiator bildet beziehungsweise als Makrostruktur direkt auf diesen folgt, ist die Angabe der Inserenten eine Makrostruktur, die eher in terminierender Position steht. Sofern die Angabe der Inserenten nicht selbst den Terminator bildet, ist sie in Geburtsanzeigen fast ausschließlich als letzte Makrostruktur direkt vor dem Terminator zu finden.

1.3.3 Angabe von Ort, Datum sowie Ort und Datum

Die Makrostrukturen Ort, Datum beziehungsweise Ort und Datum sind fakultative Elemente von Geburtsanzeigen. Sie schließen sich gegenseitig aus, es tritt folglich immer nur eine der drei Angaben in einer Geburtsanzeige auf. Dabei ist auffällig, dass Ort, Datum beziehungsweise Ort und Datum zu Beginn des Untersuchungszeitraumes weitaus häufi-

55 Zur durchschnittlichen Anzahl der verschiedenen Makrostrukturen in den vorliegenden Geburtsanzeigen siehe II.1.3.8.

56 Abb. GA-14.

ger nachzuweisen sind als am Ende des Untersuchungszeitraumes. Zudem ist die Frequenz der Angabe von Ort und Datum deutlich höher als die eines alleinstehenden Datums oder Ortes. Auf die Reihenfolge des Auftretens in Geburtsanzeigen hat es jedoch keine Auswirkungen, ob Ort, Datum beziehungsweise die Kombination aus Ort und Datum in den Anzeigen vorkommen. Für diese Makrostrukturen gilt Ähnliches wie für die Angabe der Inserenten: Grundsätzlich finden sich Ort, Datum beziehungsweise Ort und Datum in terminierender Funktion beziehungsweise direkt vor dem Terminator. Dabei lassen sich sowohl Geburtsanzeigen belegen, in denen Ort, Datum beziehungsweise Ort und Datum vor der Angabe der Inserenten stehen, als auch solche, bei denen die Makrostruktur Ort, Datum beziehungsweise Ort und Datum auf die Angabe der Inserenten folgt.

Die Angabe von Ort, Datum beziehungsweise Ort und Datum ist nicht in allen Zeitungen als Makrostruktur vorhanden, so etwa nicht in Welt und Mopo. Insgesamt kommt die Angabe von Ort, Datum beziehungsweise Ort und Datum als Makrostruktur nur selten vor: In HuC und VZ ist sie bis 1875 und im KStA nur 1921 zu verzeichnen.[57] In den frühen Geburtsanzeigen treten die Makrostrukturen Ort, Datum beziehungsweise Ort und Datum somit weitaus häufiger auf als in den jüngeren Anzeigen. Im 19. Jahrhundert stehen die genannten Makrostrukturen in vielen Fällen an erster oder zweiter Position nach dem Initiator. Zu späteren Untersuchungszeitpunkten dagegen stehen sie, sofern sie überhaupt als Makrostruktur zu verzeichnen sind, weiter hinten in direkter Nähe zum Terminator.

Als Makrostruktur ist die Angabe von Ort, Datum beziehungsweise Ort und Datum zu Beginn des Untersuchungszeitraumes in Geburtsanzeigen durchaus üblich, ihre Frequenz nimmt im Verlauf der Untersuchung jedoch stark ab. In den Geburtsanzeigen aus dem Jahr 2002 spielt sie schließlich kaum noch eine Rolle.

1.3.4 Adresse sowie Kombination aus Adresse und Datum

Die Adresse, bestehend aus den Angaben Ort, Straße und Hausnummer, sowie die Kombination aus Adresse und Datum, bei der zusätzlich zu den Angaben der Adresse ein Datum gehört, sind selten als Makrostrukturen in Geburtsanzeigen festzustellen, weitaus häufiger treten sie als sekundäre Terminatoren auf. Erstmals als Makrostrukturen sind sie 1952 im KStA zu finden, ansonsten gibt es sie nur noch 1972 in der FAZ so-

57 Siehe Abb. G-8.

wie 2002 in den KN und im KStA.[58] Die Adresse sowie die Kombination aus Adresse und Datum haben nur eine geringe Frequenz. Bei ihnen handelt es sich um fakultative Elemente von Geburtsanzeigen mit geringer Bedeutung.

Was die Reihenfolge des Auftretens betrifft: Die Adresse beziehungsweise die Kombination aus Adresse und Datum ist in der FAZ an erster und zweiter Position nachzuweisen, in den KN ist sie an dritter und im KStA an vierter Position zu belegen.[59]

1.3.5 Name des Kindes

Bis 1921 kommt die Makrostruktur Name des Kindes in Geburtsanzeigen nicht vor. Seit 1921 wird sie zwar in vielen Anzeigen verwendet, ist jedoch noch nicht obligatorisch.[60] Ab 1943 ist der Name des Kindes in fast allen untersuchten Geburtsanzeigen nachweisbar, die Frequenz der Makrostruktur Name des Kindes ist ab Mitte des 20. Jahrhunderts sehr hoch – die Nennung des Kindsnamens ist damit obligatorisch für Geburtsanzeigen. Eltern geben seit diesem Zeitpunkt in Geburtsanzeigen nicht mehr nur die Geburt, sondern auch den Namen ihres Kindes bekannt. Lediglich in den KN 2002 findet sich eine Geburtsanzeige, in der der Name des Kindes nicht genannt wird.[61]

Tritt der Name des Kindes in einer Geburtsanzeige nicht als Initiator, sondern als Makrostruktur auf, so steht er bis 1972 stets an erster Position und folgt somit direkt auf den Initiator. Der Name des Kindes fungiert dann als erste Makrostruktur, wenn der Initiator der Geburtsanzeige von einer Überschrift gebildet wird. Fehlt eine solche Überschrift, übernimmt der Name des Kindes selbst die Initiatorfunktion. Der Name des Kindes ist erstmals 1921 als Makrostruktur vorhanden. In der FAZ 1972 schließlich ist er erstmalig nicht als erste, sondern als zweite Makrostruktur, die auf den Initiator folgt, festzustellen. Außerdem ist der Name des Kindes im KStA und den KN 2002 an zweiter Position zu belegen, im KStA 2002 findet er sich in einem Fall erst als dritte Makrostruktur. Besonders im Jahr 2002 zeigt sich, dass der Name des Kindes entweder als Initiator fungiert oder aber als Makrostruktur direkt auf die Geburtsmitteilung folgt.

---

58 Abb. GA-16.

59 Die Frequenz der Adresse beziehungsweise der Kombination aus Adresse und Datum ist als Terminator weitaus höher als als Makrostruktur; siehe hierzu auch II.1.2.3.

60 Der Name des Kindes kommt bereits 1916/17 in KStA und HuC vor, dort hat er allerdings zusätzlich Initiatorfunktion: siehe hierzu II.1.1.4.

61 Abb. GA-17.

Ab 1952 tritt mit der Makrostruktur Name des Kindes häufig auch das – mitunter in kleinerer Schrift gesetzte – Geburtsdatum des Kindes auf, das unverkennbar zur Makrostruktur Name des Kindes gehört. Die Kombination dieser Angaben bildet eine typografische Einheit, die sich vor allem durch die Spatien zeigt, die sie umgeben. Im Jahr 2002 kommen noch Angaben zur Größe und dem Gewicht des Neugeborenen hinzu (Abb. G-19). 2002 zeigt sich bei der Verwendung des Namens des Kindes ein weiterer Wechsel: Der Name des Kindes tritt vereinzelt nicht mehr als eigene Makrostruktur auf, sondern ist Teil der Makrostruktur Geburtsmitteilung. In diesem Fall wird der Name des Kindes zwar typografisch – meist durch Fettdruck – hervorgehoben, ist jedoch eindeutig der Makrostruktur Geburtsmitteilung zuzuordnen.[62]

Die Prinzessin ist da!

Sara Henrich

17.12.2001 – 9.01 Uhr – 50cm – 3040g

Es freuen sich

Petra, Klaus und Christopher Henrich
sowie die Familien Vandersander und Henrich

Abb. G-19: KStA, 5. Januar 2002

1.3.6 Geburtsdaten

Eine weitere Makrostruktur, die in Geburtsanzeigen auftritt, ist die Makrostruktur Geburtsdaten, die aus Geburtsdatum, -gewicht, -größe und/ oder -zeit des Neugeborenen besteht. Diese Makrostruktur ist in Geburtsanzeigen nur im Jahr 2002 zu verzeichnen, sie findet sich ausschließlich in KN und KStA. In fast allen Geburtsanzeigen kommen diese Angaben nicht als separate Makrostruktur vor, sondern sind Teil der Makrostruktur Name des Kindes.[63] Als eigene Makrostruktur sind die Geburtsdaten nur vereinzelt 2002 in den KN zu belegen, die Makrostruktur steht dann an zweiter Position nach dem Initiator.[64]

62 Abb. GA-9.
63 Siehe hierzu auch II.1.3.7.
64 Abb. GA-9.

1.3.7 Weitere Makrostrukturen

Neben den genannten Makrostrukturen kommen 2002 außerdem die Makrostrukturen Gratulation, Danksagung und Ausdruck der Freude in Geburtsanzeigen vor.

Die Makrostruktur Gratulation findet sich im KStA, sie folgt entweder als erste Makrostruktur direkt auf den Initiator oder steht als zweite Makrostruktur nach der Makrostruktur Name des Kindes. Gleichzeitig ist sie damit in den meisten Anzeigen direkt vor dem Terminator positioniert, der in diesen Fällen von der Angabe der Inserenten gebildet wird.[65] Die Makrostruktur Ausdruck der Freude steht meist an gleicher Position wie die Makrostruktur Gratulation, nämlich an erster oder zweiter Position nach dem Initiator.[66] Der Ausdruck der Freude kann auch Teil der Makrostruktur Angabe der Inserenten sein, wenn die Angabe der Freude syntaktisch in die Angabe der Inserenten integriert ist, beispielsweise durch ‚es' als Korrelat für die Inserenten.[67] Die Makrostruktur Danksagung findet sich wie auch die Makrostrukturen Gratulation und Ausdruck der Freude direkt vor dem Terminator. Die Makrostruktur Danksagung ist nur in den KN 2002 nachzuweisen.[68]

1.3.8 Anzahl und Reihenfolge der Makrostrukturen

Im Folgenden wird ein Überblick über die Reihenfolge und die durchschnittliche Anzahl der verschiedenen Makrostrukturen, die in Geburtsanzeigen zwischen Initiator und Terminatoren treten, gegeben. Zwischen Initiator und Terminator findet sich in Geburtsanzeigen in der Regel eine Makrostruktur. Teilweise sind zwei, vereinzelt drei und maximal vier Makrostrukturen zwischen den Textbegrenzungssignalen festzustellen. Daneben sind auch Geburtsanzeigen nachzuweisen, die nur aus Initiator und Terminator bestehen, bei denen also keine weitere Makrostruktur hinzutritt.[69]

Die durchschnittliche Anzahl der verschiedenen Makrostrukturen zwischen Initiator und Terminator in Geburtsanzeigen liegt während des Beobachtungszeitraumes zwischen 0,71 in der 1800er Probe und 1,84 im Jahr 2002.[70] Der Jahrgangsdurchschnitt nimmt jedoch während des Untersuchungszeitraumes nicht stetig zu, sondern schwankt stark: So sind

65 Abb. GA-18.
66 Siehe Abb. G-32.
67 Abb. GA-5.
68 Ebd.
69 Siehe hierzu Tabellen GA-6 und GA-7.
70 Zur Erläuterung des Jahrgangsdurchschnittes siehe I.3.2.5.

1825 durchschnittlich 0,93 Makrostrukturen und 1850 durchschnittlich 1,33 Makrostrukturen nachweisbar, 1875/76 sinkt der Wert auf 1,13 und im Jahr 1902 sind im Mittel sogar nur 1,11 Makrostrukturen belegbar. Im Ersten Weltkrieg beläuft sich der Jahrgangsdurchschnitt auf 1,31 und in der 1921er Probe auf 1,45 Makrostrukturen. Während des Zweiten Weltkrieges sinken die Werte erneut, sie liegen mit einem Wert von 1,27 auf ähnlichem Niveau wie in der 1916/17er Probe. 1952 ergibt sich ein Jahrgangsdurchschnitt von 1,81, 1972 von 1,48 und im Jahr 2002 schließlich von 1,84 Makrostrukturen. Im Ergebnis hat sich die Zahl der Makrostrukturen von 1800 bis 2002 also mehr als verdoppelt.

Weit aussagekräftiger als die Jahrgangsdurchschnitte sind die Durchschnittswerte der einzelnen Zeitungen. So zeigt sich bei der VZ eine stetige Zunahme der durchschnittlichen Anzahl der Makrostrukturen: Zu Beginn des Untersuchungszeitraumes beträgt die Zahl der Makrostrukturen 0,6, steigt 1825 auf 0,9 und liegt dann in den Proben der Jahre 1850, 1875/76 und 1902 konstant bei 1 Makrostruktur. Während des Ersten Weltkrieges sind durchschnittlich 1,1 Makrostrukturen in den Geburtsanzeigen zu finden, 1921 sind es 1,3. Ähnliche Werte wie in der VZ sind auch im HuC zu verzeichnen. Dort steigt die Zahl der Makrostrukturen von 1800 (0,8) bis 1875 auf durchschnittlich 1,2 Makrostrukturen. Allerdings sinken die Werte im HuC 1902 auf durchschnittlich 1 Makrostruktur, bevor sie dann während des Ersten Weltkrieges auf 1,3 Makrostrukturen pro Anzeige ansteigen. Dieser Wert ergibt sich auch für das Jahr 1921.

Während VZ und HuC bei der Entwicklung der Anzahl der Makrostrukturen ein ähnliches Muster aufweisen, ist die Entwicklung der Makrostrukturen in der NPZ nahezu gegenläufig: In der NPZ sind 1850 durchschnittlich 1,9 Makrostrukturen zu belegen, 1875 fällt der Durchschnittswert auf 1,1, 1902 beläuft er sich auf 1,4 Makrostrukturen. Danach nimmt die Zahl der Makrostrukturen in den Geburtsanzeigen der NPZ weiter ab: 1917 liegt er bei 1,3 und 1921 bei 1,1 Makrostrukturen. In der KöZ sind Geburtsanzeigen nur in der 1850er und der 1876er Probe vorhanden, die Durchschnittswerte belaufen sich dort auf 1,5 beziehungsweise 1,3 Makrostrukturen.

In den KN schwankt die Anzahl der Makrostrukturen stark. 1902, 1943 und 1972 kommen dort in den Geburtsanzeigen durchschnittlich 1,2 Makrostrukturen vor, 1916/17 ergibt sich ein durchschnittlicher Wert von 1,5, 1921 von 1,8 und 1952 von 1,4 Makrostrukturen. Im Jahr 2002 haben die Anzeigen in den KN dann durchschnittlich 2,0 Makrostrukturen zwischen Initiator und Terminator. Im KStA liegt die durchschnittliche Anzahl der Makrostrukturen mindestens bei 1,4. Dies ist im Jahr 2002 der Fall. Hier ist auffällig, dass der niedrigste Wert in der 2002er Probe zu belegen ist: 1916/17 sind dort durchschnittlich 1,5, 1943 durchschnittlich 1,7 sowie 1921 und 1972 durchschnittlich 1,9 Makrostrukturen zu verzeichnen. Der absolut höchste Wert im KStA ist 1952 mit 2,3 Makrostrukturen nachweisbar.

In der Mopo lassen sich im Gegensatz zu KN und KStA insgesamt nur sehr niedrige Werte für die durchschnittliche Anzahl der Makrostrukturen feststellen: 1943 beläuft sich der Wert auf 1,2 und 1972 auf eine Makrostruktur. Eine Besonderheit ergibt sich im Jahr 1902: Zu diesem Zeitpunkt ist nur eine einzige Geburtsanzeige zu finden – in dieser Anzeige tritt keine Makrostruktur zwischen Initiator und Terminator, so dass die durchschnittliche Zahl der Makrostrukturen in diesem Fall 0 ist. In der FAZ liegt die durchschnittliche Anzahl der Makrostrukturen in den Geburtsanzeigen 1952 bei 1 und 1972 bei 1,4 Makrostrukturen. In der Welt treten 1952 durchschnittlich 2 und 1972 durchschnittlich 1,5 Makrostrukturen zwischen die Textbegrenzungssignale Initiator und Terminator.

In der Mehrzahl der Geburtsanzeigen steht folglich mindestens eine Makrostruktur zwischen Initiator und Terminator. Es finden sich aber auch Geburtsanzeigen, die nur aus Initiator und Terminator bestehen: So gibt es 1902 und 1943 in der Mopo, 1921, 1943 und 2002 im KStA, 1921 in der NPZ, in allen Proben der VZ, 1800, 1850, 1902 und 1921 im HuC sowie 1902 und 1943 in den KN Geburtsanzeigen, bei denen zwischen Initiator und Terminator keine weitere Makrostruktur tritt (Abb. G-20).

Die glückliche Geburt eines gesunden Mädchens zeigen an

Albert Bloch u. Frau,
Emma, geb. Katzenstein.

Abb. G-20: VZ, 8. Januar 1902

In den meisten Geburtsanzeigen lässt sich eine ähnliche Reihenfolge für das Auftreten der verschiedenen Makrostrukturen feststellen. Die Binnenstruktur der Geburtsanzeigen ist stark davon abhängig, welches textuelle Element in dem jeweiligen Textexemplar als Initiator beziehungsweise Terminator fungiert. Aus der Verteilung der Textbegrenzungssignale lässt sich also zugleich zumindest in einem gewissen Maß die Reihenfolge der in den Anzeigen auftretenden Makrostrukturen ableiten. Eine häufig belegbare beziehungsweise für das Korpus repräsentative Reihenfolge der in Geburtsanzeigen auftretenden Makrostrukturen sieht wie folgt aus: Nach dem Initiator steht entweder der Name des Kindes oder die Geburtsmitteilung. Danach kommen unter anderem – jedoch stark abhängig vom jeweiligen Terminator des einzelnen Textexemplars – die Angabe von Ort, Datum beziehungsweise Ort und Datum oder die Angabe der Adresse beziehungsweise die Kombination aus Adresse und Datum. Die Makrostruktur Angabe der Inserenten steht meist an letzter oder vorletzter Position in direkter Nähe zum Terminator, sofern sie nicht selbst als Terminator fungiert. Weitere Makrostrukturen, die vereinzelt in Geburtsanzeigen auftreten, sind die Geburtsdaten, Danksagung, Gratulation und Ausdruck der Freude. Sie sind zumeist in der Nähe des Terminators zu belegen.

1.4 Zusammenfassung

Die Anzahl und Variationsbreite der Initiatoren, Terminatoren und Makrostrukturen in Geburtsanzeigen ist relativ eingeschränkt. Zwischen den einzelnen Zeitungen existieren synchron Unterschiede in Bezug auf das Auftreten und die Verteilung der Initiatoren, Terminatoren und Makrostrukturen, zudem können diachrone Entwicklungen nachgewiesen werden.

1.4.1 Initiatoren

Der Textanfang in Geburtsanzeigen wird zu Beginn des Untersuchungszeitraumes fast ausschließlich durch die Geburtsmitteilung – vereinzelt auch durch die Angabe von Ort und Datum – markiert. Die Geburtsmitteilung ist der einzige Initiator, der über den gesamten Untersuchungszeitraum nachgewiesen werden kann. In der Probe aus dem Jahr 1850 treten zu den beiden Einzelinitiatoren Geburtsmitteilung und Angabe von Ort und Datum zwei weitere Initiatoren hinzu: der Schmuckrahmen und die Überschrift. Während ein Schmuckrahmen 1850 nur in einer Anzeige der NPZ zu belegen ist, sind Überschriften in NPZ, VZ, HuC und KöZ zu verzeichnen, wobei die Frequenz des primären Initiators Überschrift deutlich variiert. In der Probe aus dem Ersten Weltkrieg kommt erstmals der Name des Kindes als Textbegrenzungssignal in Geburtsanzeigen vor. Bis einschließlich 1972 sind die Initiatoren Überschrift, Name des Kindes und Geburtsmitteilung festzustellen, lediglich 1943 findet sich in KN und Mopo sowie 2002 im KStA der Initiator Geburtsdatum. Erst in der 2002er Probe sind neben den genannten weitere Initiatoren in

Geburtsanzeigen zu belegen: Dies sind die sekundären Initiatoren Motto, Geburtsdaten sowie die Angabe der Inserenten.

Das Auftreten neuer Initiatoren zeigt, dass die Geburtsanzeigen in den vergangenen zwei Jahrhunderten eine Entwicklung durchlaufen haben: Während der sekundäre Initiator Angabe von Ort und Datum nur zu Beginn des 19. Jahrhunderts im HuC nachweisbar ist, kommen im Verlauf der Untersuchung zahlreiche Initiatoren hinzu, unter anderem der primäre Initiator Überschrift und der sekundäre Initiator Name des Kindes. Der Initiator Überschrift tritt jedoch nur zwischen 1850 und 1952 auf, der Name des Kindes dagegen findet sich bis zum Ende der Untersuchung als Initiator in Geburtsanzeigen, wenn auch nur in den KN.

1.4.2 Terminatoren

Die Terminatorfunktion wird in den Geburtsanzeigen von der Angabe der Inserenten, der Angabe von Ort und Datum, der Adresse, der Kombination aus Adresse und Datum, einer Ortsangabe, Danksagungen und Geburtsdaten übernommen. Sehr dominant als Terminator ist die Angabe der Inserenten, sie kommt zu allen Zeitpunkten vor und hat stets eine hohe Frequenz: Zu Beginn der Untersuchung ist es der Vater, der die Geburt des Kindes mitteilt, im 20. Jahrhundert sind es die Eltern gemeinsam, die die Geburt bekannt geben. Im Jahr 2002 schließlich gibt es auch Anzeigen, in denen Geschwister, Großeltern und andere Verwandte über das freudige Ereignis informieren.

Während die Terminatoren Adresse sowie die Kombination aus Adresse und Datum erstmals 1902 auftreten, ist ein Datum in textbegrenzender Funktion nur bis 1902 zu belegen. Bis einschließlich 1952 kommen die Terminatoren Angabe der Inserenten, die Angabe von Ort und Datum, die Angabe eines Datums, eines Ortes, einer Adresse sowie die Kombination aus Adresse und Datum vor. Im Jahr 2002 ist eine Vielzahl neuer Terminatoren nachzuweisen: Dies sind die Textbegrenzungssignale Danksagung, Geburtsdaten sowie der Ausdruck von Freude beziehungsweise Gratulation.

1.4.3 Makrostrukturen

Als Makrostrukturen lassen sich in den Geburtsanzeigen die Geburtsmitteilung, die Angabe der Inserenten, die Angabe von Ort, Datum sowie Ort und Datum, die Adresse, die Kombination aus Adresse und Datum, der Name des Kindes, Geburtsdaten, Gratulation, Ausdruck der Freude und Danksagungen feststellen. Die Makrostrukturen Geburtsdaten, Gratulation, Ausdruck der Freude und Danksagungen sind erstmals im Jahr 2002 nachzuweisen, keine von ihnen kommt besonders häufig vor.

Dass die Variationsbreite der Makrostrukturen – und auch der Initiatoren und Terminatoren – im Verlauf der Untersuchung zunimmt und besonders im Jahr 2002 viele neue Makrostrukturen sowie Initiatoren hinzutreten, spricht für eine stärkere Individualisierung der Geburtsanzeigen. Zudem steigt die durchschnittliche Anzahl der Makrostrukturen in Geburtsanzeigen. Sie hat sich von 1800 bis 2002 mehr als verdoppelt; ein Zeichen dafür, dass die jüngeren Geburtsanzeigen mehr Informationen enthalten als die älteren.

2 Syntax

Die syntaktischen Strukturen von Geburtsanzeigen sind nur wenig komplex. Vorwiegend kommen isoliert gebrauchte einfache Sätze vor, wobei sowohl Nominal- als auch Verbalsätze auftreten. Komplexe Sätze werden nur vereinzelt verwendet. Zu finden sind parataktische, hypotaktische sowie parataktisch-hypotaktische Gesamtsätze.

Als Satzarten können in den vorliegenden Geburtsanzeigen ausschließlich Aussage- und Ausrufesätze nachgewiesen werden, wobei das Vorkommen von Aussagesätzen deutlich dominiert.

2.1 Isoliert gebrauchte einfache Sätze

Im Folgenden wird insbesondere auf die Frequenz und Distribution der isoliert gebrauchten einfachen Nominal- und Verbalsätze in den untersuchten Geburtsanzeigen eingegangen.

2.1.1 Nominalsätze

Der primäre Initiator Überschrift ist von seinem ersten Auftreten in der 1850er Probe bis zu seinem letzten Vorkommen im Jahr 1952 ausschließlich als eingliedriger Nominalsatz realisiert. Hierbei verwenden die Inserenten häufig einen Punkt, um das Ende der Überschrift zu kennzeichnen (1 bis 5).[71] Vereinzelt verzichten die Inserenten ab 1875 auf ein abschließendes Interpunktionszeichen, ab 1952 ist ein Punkt am Ende einer Überschrift überhaupt nicht mehr zu belegen (6):

(1) Entbindungs-Anzeige. (NPZ, 1. Januar 1850)
(2) Statt besonderer Anzeige. (NPZ, 6. September 1921)
(3) Geburts-Anzeige. (HuC, 9. Februar 1875)

71 Zur Interpunktion bei Überschriften siehe ausführlich I.3.3.2.2.

(4) Verspätet. (VZ, 4. Januar 1850)
(5) Statt jeder besonderen Meldung. (Abb. G-21)
(6) Statt Karten (KStA, 5. Januar 1952)

Statt jeder besonderen Meldung.
Die glückliche Ankunft eines kräftigen Knaben
zeigen hiermit an
Moritz Tauber u. Frau,
geb. Sieburg.
Berlin, den 1. April 1875.

Abb. G-21: VZ, 3. April 1875

Neben Satzgliedern im Nominativ (1 und 3), die die Anzeige als solche bezeichnen, sind in den eingliedrigen Überschriften häufig präpositionale Satzglieder im Genitiv (2, 5 bis 8) zu belegen, mit denen auf den Verzicht anderer Bekanntgabemodalitäten der Geburt hingewiesen wird. Eine Überschrift, die aus einem modalen Satzglied besteht, das die Umstände der Anzeigenaufgabe präzisiert (4), ist nur in der VZ zu belegen.

Bei den Überschriften handelt es sich überwiegend um Aussagesätze. Vereinzelt sind auch Ausrufesätze festzustellen (7 und 8), die mit einem Ausrufezeichen als Interpunktionszeichen enden:

(7) Statt Karten! (KStA, 3. Dezember 1943)
(8) Statt besonderer Meldung! (VZ, 4. Januar 1917)

Ebenfalls weit überwiegend als eingliedriger Nominalsatz – bestehend aus einem Satzglied im Nominativ – tritt ab 1916/17 der Name des Kindes auf, wodurch sich die Frequenz der Nominalsätze erhöht. Bis 1942/43 verfügen diese Sätze, die der individuellen Benennung des Neugeborenen dienen, teilweise über einen Punkt als abschließendes Interpunktionszeichen (11). Ab 1952 kommt der Name des Kindes (9, 10 und 12) nur noch ohne einen Punkt am Satzende vor:

(9) Ricarda (HuC, 19. Januar 1921)
(10) Nils Fritz (KN, 2. April 1943)
(11) Ingrid. (KStA, 3. Dezember 1943)
(12) August · Wilken · Christof (Abb. G-22)

Zum Namen des Kindes tritt vereinzelt auch das Geburtsdatum des Neugeborenen hinzu (13 bis 16). Es ergeben sich in diesen Fällen zweigliedrige Nominalsätze, bestehend aus einem Satzglied im Nominativ, dem Kindsnamen, und einem Temporaladverbiale, dem Geburtsdatum:

(13) Natalie, 2.1.1972 (Abb. G-23)
(14) Heidemarie, geb. 31.3.1943. (KN, 2. April 1943)
(15) Stefanie und Jürgen, 11. Januar 1972 (KStA, 13. Januar 1972)
(16) Steffen, 7.2.52 (KN, 9. Februar 1952)

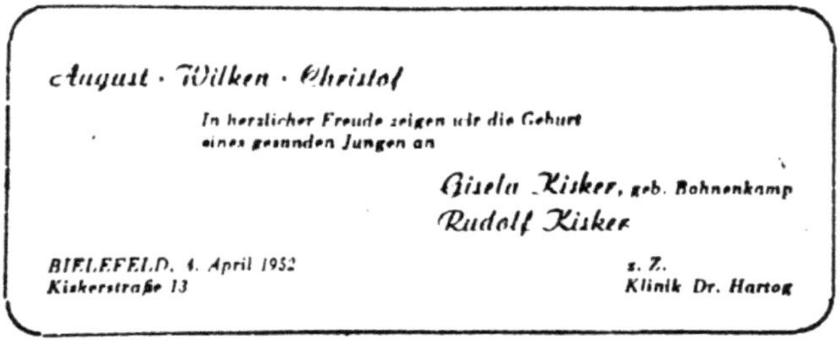

August · Wilken · Christof

In herzlicher Freude zeigen wir die Geburt
eines gesunden Jungen an

Gisela Kisker, geb. Bohnenkamp
Rudolf Kisker

BIELEFELD, 4. April 1952
Kiskerstraße 13

z. Z.
Klinik Dr. Hartog

Abb. G-22: FAZ, 7. April 1952

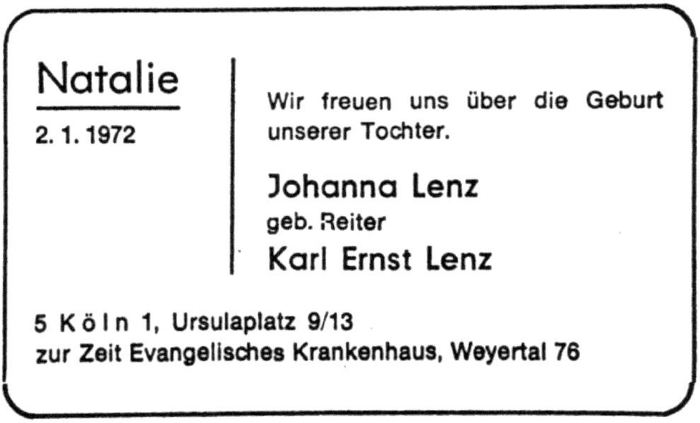

Natalie

2. 1. 1972

Wir freuen uns über die Geburt
unserer Tochter.

Johanna Lenz
geb. Reiter
Karl Ernst Lenz

5 Köln 1, Ursulaplatz 9/13
zur Zeit Evangelisches Krankenhaus, Weyertal 76

Abb. G-23: KStA, 5. Januar 1972

Auch die Makrostruktur Angabe der Inserenten stellt sich während des gesamten Untersuchungszeitraumes meist als eingliedriger Nominalsatz aus einem Satzglied im Nominativ dar (17 bis 21, 24 bis 29). Die Nominalsätze bezeichnen diejenigen, die die Handlung – das Schalten der Anzeige – vollziehen, also die Inserenten. Dabei lassen sich besonders oft Nominalsätze feststellen, bei denen zum Familiennamen ein Vorname als enge Apposition (17 bis 20, 22 bis 30) hinzutritt. Teilweise kommt außerdem noch eine Berufsangabe (20) oder ein Titel (28), ebenfalls als enge Apposition, hinzu. Vereinzelt ist auch der Vorname der Ehefrau als enge Apposition zur Bezeichnung *Frau* zu belegen (23, 24 und 28).

Es finden sich bei der Angabe der Inserenten sowohl Sätze mit einem abschließenden Interpunktionszeichen (17, 18, 20, 25 bis 29) als auch Sätze, bei denen ein Punkt am Satzende fehlt (19, 21 bis 24 und 30). Besonders zu Beginn des Untersuchungszeitraumes verfügen die Sätze häufig über einen Punkt am Satzende, später wird meist darauf verzichtet:

(17) Moses Jakob. (HuC, 11. Januar 1800)
(18) Hugo Schröder. (HuC, 20. Januar 1875)
(19) Heinz Badelt (Mopo, 7. April 1972)
(20) Pastor Aug. Treplin. (Abb. G-24)

Meine liebe Frau **Louise**, geb. **Meyer**, wurde heute von einem gesunden Knaben glücklich entbunden.
Hademarschen, 9. Febr. 1875.
Pastor **Aug. Treplin.**

Abb. G-24: HuC, 11. Februar 1875

Ebenfalls als eingliedriger Nominalsatz realisiert ist die Angabe der Inserenten, wenn mehrere Personen als Inserenten in der Geburtsanzeige angegeben sind. Bei diesen Nuklei-Reihungen kann die Verknüpfung sowohl asyndetisch durch Kommata als auch syndetisch durch *und* erfolgen. Bei mehr als zwei aufgeführten Inserenten kommen zudem asyndetisch-syndetische Reihungen vor, vereinzelt treten hier Verwandtschaftsbezeichnungen als enge Apposition zu einem Vornamen auf (21):

(21) Oma, Opa und Tante Sandra (KStA, 2. Januar 2002)

Ausnahmsweise sind die Angaben der Inserenten im 20. Jahrhundert auch in Gestalt zweigliedriger Nominalsätze zu belegen (22, 23 und 30). Das erste Satzglied ist dabei in allen Fällen ein präpositionales Satzglied im Dativ, mit dem ein emotionaler Zustand, die Freude über die Geburt eines Kindes, ausgedrückt wird. Bei dem zweiten Satzglied handelt es sich um ein Satzglied im Nominativ, das die Akteure, die Inserenten der Anzeige, benennt:

(22) In großer Freude Klaus und Ingrid Raspl (Mopo, 26. März 1972)
(23) Zu großer Freude Kurt Walcher u. Frau Hildegard geb. Streubel (KStA, 28. September 1921)

Bei der Angabe der Inserenten ist überdies festzustellen, dass sie neben der engen Apposition oft auch eine lockere, nachgestellte Apposition beinhaltet. Dabei handelt es sich regelmäßig um den Geburtsnamen der Mutter (24 und 25) sowie den Beruf des Kindsvaters (26 und 27). Diachron gesehen zeigen sich bei den Appositionen Unterschiede: Während sich die Berufsbezeichnungen des Kindsvaters nur bis Anfang des 20. Jahrhunderts finden, ist der Geburtsname der Mutter über den gesamten Untersuchungszeitraum nachweisbar:

(24) Manfred Röger und Frau Renate, geb. Reichel (FAZ, 12. Januar 1972)
(25) Hans Stubenrauch und Frau, geb. Hofmann. (Abb. G-25)
(26) Adolph Rüster, Ministerialreferent. (HuC, 14. Januar 1850)
(27) Paul Richel, Mühlenmeister. (VZ, 9. April 1875)

Wir zeigen hocherfreut an, daß uns heute ein gesundes und kräftiges Mädchen geboren ist.

Hans Stubenrauch
und Frau, geb. Hofmann.

Ahrensburg, den 2. Januar 1917.

Abb. G-25: NPZ, 9. Januar 1917

Die Inserenten können in den Anzeigen auf verschiedene Arten genannt werden. Meist werden mehrere Inserenten in ein- (24, 25 und 28) oder zweigliedrigen (22 und 23) Nominalsätzen syndetisch durch *und* verbunden. Daneben sind vereinzelt Angaben zu den Inserenten in Gestalt eines eingliedrigen Nominalsatzes mit zwei gereihten Nuklei (29) zu finden, die durch ein Komma voneinander abgetrennt werden. Mitunter fehlt das Komma als Interpunktionszeichen, in diesen Fällen ergibt sich die syntaktische Einheit aus der typografischen Ausgestaltung der Anzeige, wie in Beispiel 30, einem zweigliedrigen Nominalsatz, zu erkennen ist. Außerdem kommen im Jahr 2002 Kombinationen aus asyndetischer und syndetischer Verknüpfung vor, jedoch nur, wenn mehr als zwei Personen als Inserenten in der Anzeige angegeben werden (21):

(28) Dr. Fritz Schwiefert und Frau Else. (VZ, 7. Januar 1917)
(29) Hanni Niet geb. Severin, Wilh. Niet. (KStA, 1. Dezember 1943)
(30) In dankbarer Freude: Renate Camps geb. Vollmer Wilhelm Camps (Abb. G-26)

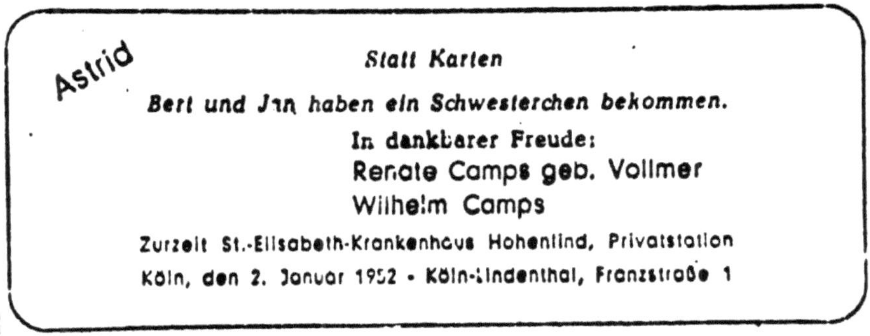

Astrid

Statt Karten

Bert und Jan haben ein Schwesterchen bekommen.

In dankbarer Freude:

Renate Camps geb. Vollmer

Wilhelm Camps

Zurzeit St.-Elisabeth-Krankenhaus Hohenlind, Privatstation

Köln, den 2. Januar 1952 · Köln-Lindenthal, Franzstraße 1

Abb. G-26: KStA, 5. Januar 1952

Auch bei der Makrostruktur Geburtsmitteilung sind einige Nominalsätze vorhanden. Es handelt sich hierbei vorwiegend um eingliedrige Nominalsätze (31 bis 33), nur selten sind zweigliedrige Nominalsätze festzustellen (34 und 35). Diese Nominalsätze, die vor allem vom Ende des 19. Jahrhunderts bis Mitte des 20. Jahrhunderts auftreten, sind meistens Aussagesätze mit einem Punkt am Satzende. Die eingliedrigen Nominalsätze bestehen aus einem Satzglied im Nominativ, das das Neugeborene bezeichnet, die zweigliedrigen Nominalsätze enthalten neben diesem Satzglied im Nominativ außerdem ein modales Satzglied, das auf die Geburt Bezug nimmt:

(31) Ein prächtiges Mädchen. (KöZ, 4. Januar 1876)
(32) Eine Tochter. (Abb. G-27)
(33) Ein gesundes, kräftiges Töchterchen. (HuC, 6. Januar 1917)
(34) Geboren ein Sohn. (HuC, 9. Januar 1921)
(35) Kräftiger Sonntagsjunge angekommen, Helgas Brüderchen. (KStA, 8. Dezember 1943)

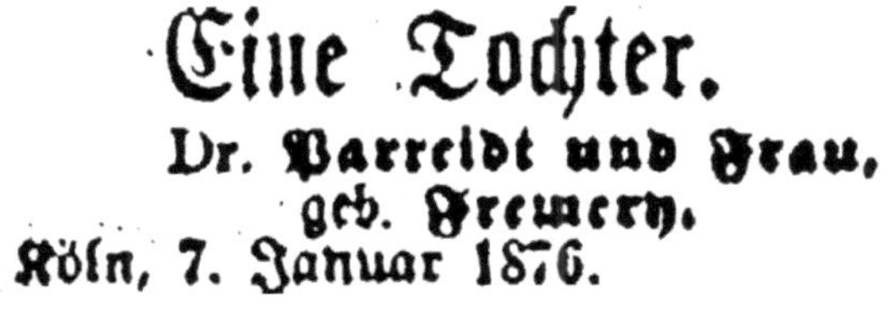

Eine Tochter.

Dr. Parreidt und Frau,
geb. Fremery.

Köln, 7. Januar 1876.

Abb. G-27: KöZ, 8. Januar 1876

Äußerst selten treten ein- (37 und 38) und zweigliedrige (36 und 39) Nominalsätze in den Geburtsmitteilungen auch als Ausrufesätze auf, sie kommen fast ausschließlich in den KN vor. Ab Mitte des 20. Jahrhunderts nimmt die Frequenz der Ausrufesätze in den KN jedoch merklich zu. Die eingliedrigen Nominalsätze bestehen entweder aus einem Satzglied im Nominativ (37), das das Neugeborene bezeichnet, oder aus einem Temporaladverbiale (38), das sich auf den Zeitpunkt der Geburt bezieht. Die zweigliedrigen Nominalsätze enthalten beide ein modales Satzglied, das auf die Geburt hinweist. Darüber hinaus findet sich in dem einen Satz ein Satzglied im Nominativ zur Bezeichnung des Kindes (36), in dem anderen ein Temporaladverbiale (39), das angibt, dass ein erwartetes Ereignis eingetreten ist:

(36) Kräftiger Junge angekommen! (KN, 30. September 1921)
(37) Eine tolle Neujahrsüberraschung! (Abb. G-28)
(38) Endlich!!! (KN, 12. Januar 2002)
(39) Endlich gelandet! (KN, 19. Januar 2002)

Eine tolle Neujahrsüberraschung!
Über die Geburt von
Pia Kristina
am 1. Januar 2002 (21.48 Uhr)
freuen sich die stolzen Eltern
Kerstin und Pjotr Petuhov
sowie die Großeltern
Christa und Jochen Heidemann
Lailja und Pjotr Petuhov (Tartu/Estland)

Abb. G-28: KN, 12. Januar 2002

Die nur in der 2002er Probe vorkommenden Danksagungen sind etwa zur Hälfte als Nominalsätze ausgestaltet, sie haben zwei (40 und 41) oder mehr (42) Satzglieder. Mit Danksagungen, die auch als Verbalsätze realisiert werden können, danken die Eltern öffentlich – nämlich in einer Zeitung – Ärzten, Hebammen und Krankenhauspersonal für die gute Betreuung vor, während und nach der Geburt, so dass die Danksagung als Anerkennung für die geleistete Arbeit verstanden werden kann. Diejenigen, denen die Inserenten danken, werden in den vorliegenden Nominalsätzen aufgeführt – dabei zeigen sich verschiedene Möglichkeiten der Nennung. Es finden sich ein Satzglied im Dativ (40) sowie präpositionale Satzglieder im Akkusativ (41 und 42):

(40) Ein herzlicher Dank dem ganzen Team der UFK Kiel (Abb. GA-7)
(41) Dank an das Team vom KKH Preetz, Sigrid und Margrit (KN, 5. Januar 2002)

(42) Herzlichen Dank für die nette Betreuung an die Praxis Dr. Dietz, Jana Puls und das Team der UFK. (Abb. GA-17)

In den Makrostrukturen Ort und Datum, Adresse sowie der Kombination aus Adresse und Datum werden verschiedene Teilinformationen mit hohem Selbstständigkeitsgrad übermittelt, so dass es auch denkbar wäre, sie als parataktischen Gesamtsatz aus zwei oder drei Teilsätzen aufzufassen. Da die Angaben jedoch nach außen als Einheit in Erscheinung treten – ein Umstand, der sich ebenfalls dahingehend manifestiert, dass diese Angaben auch Makrostrukturen darstellen – werden sie im Folgenden als zwei- (43 bis 50) und mehrgliedrige (51 und 52) Nominalsätze eingeordnet. Im Falle der Makrostruktur Ort und Datum (43 bis 45) bestehen die Sätze aus einem Lokaladverbiale, einer Ortsangabe, die den Ort der Geburt beziehungsweise Anzeigenaufgabe nennt, sowie einem Temporaladverbiale, einem Datum, das den Zeitpunkt der Anzeigenaufgabe angibt:

(43) Stade, den 5. Januar 1825. (HuC, 8. Januar 1825)
(44) Berlin, den 29. Dezbr. 1849. (VZ, 2. Januar 1850)
(45) Harburg, den 24. Februar 1850. (HuC, 26. Februar 1850)

In der Makrostruktur Adresse (46 bis 50) sind beide Satzglieder Lokaladverbialien, eines ist eine Ortsangabe, das andere eine Straßenangabe einschließlich Hausnummer. Zusammen ergeben beide Angaben die gültige Anschrift der Inserenten:

(46) Köln-Delbrück, von Quadt-Straße 75. (KStA, 6. Dezember 1943)
(47) Charlottenburg, Pestalozzistraße 41. (Mopo, 18. April 1943)
(48) Berlin 61, Arndtstraße 11 (Mopo, 23. März 1972)
(49) 4134 Rheinsberg, Kiefernstraße 3 (Welt, 11. Januar 1972)
(50) Kiel, Muhliusstraße 61 (FAZ, 26. Februar 1972)

Die Makrostruktur Kombination aus Adresse und Datum besteht aus drei Satzgliedern (51 und 52). Zu den beiden Lokaladverbialien, der Ortsangabe und der Straßenangabe einschließlich Hausnummer, tritt ein Datum als Temporaladverbiale hinzu, das – wie auch schon bei der Angabe von Ort und Datum – den Zeitpunkt der Anzeigenaufgabe angibt:

(51) Berlin-Wilmersdorf, Landhauerstraße 2, 7. September 1921. (VZ, 11. September 1921)
(52) Berlin-Steglitz, Schillerstr. 8, 2. Januar 1917. (VZ, 4. Januar 1917)

2.1.2 Verbalsätze

Die Geburtsmitteilung wird nicht nur als Nominalsatz realisiert, sondern – und das ist weitaus häufiger der Fall – auch als Verbalsatz. Oft teilen die

Inserenten das freudige Ereignis in der Makrostruktur Geburtsmitteilung in zwei- oder mehrgliedrigen Verbalsätzen mit, deren Satzglieder teilweise den Geburtsnamen der Frau (54 und 56) sowie die Namen der Neugeborenen (61 und 62) als lockere Appositionen aufweisen. Als enge Appositionen sind Vornamen, die bei Verwandtschaftsbezeichnungen (60) und Familiennamen (55, 56, 63 und 64) vorkommen, sowie Berufsbezeichnungen (56), die Anredeform *Frau* (56) und Titel (63), die bei Personennamen zu finden sind, zu belegen. Verbalsätze zur Mitteilung der Geburt finden sich während des gesamten Untersuchungszeitraumes in den Anzeigen, ein Punkt als Interpunktionszeichen am Satzende ist üblich. Die Verbalsätze sind selten zwei- (59 und 64), meist mehrgliedrig (55 bis 58, 60 bis 63):

(53) Meine gute Frau beschenkte mich gestern Abend mit einem gesunden Knaben. (VZ, 11. Januar 1800)

(54) Heute ward meine Frau, geb. Schulz, von einem gesunden Knaben glücklich entbunden. (HuC, 7. Januar 1825)

(55) Durch die Geburt einer Tochter wurden hoch erfreut Alfred Blohm u. Frau. (HuC, 14. Januar 1902)

(56) Die glückliche Geburt eines gesunden Sonntagsmädels beehren sich anzuzeigen Ingenieur Walter Strack u. Frau Elfriede geb. Rossloothen. (Abb. G-16)

(57) Unsere kleine Martha-Ilse ist heute angekommen. (KStA, 28. September 1921)

(58) In Deutschlands größter und schwerster Zeit wurde unserem Fränzchen ein gesundes, kräftiges Brüderchen geschenkt. (KStA, 5. Dezember 1943)

(59) Unser Stammhalter ist da. (KN, 2. April 1943)

(60) Unser Uwepeter hat ein Brüderchen Hans-Rainer bekommen. (Abb. G-29)

(61) Zu unserem Meinhard gesellte sich ein Zwillingspärchen, Ursula und Peter. (KStA, 28. November 1943)

(62) Ein gesundes Töchterlein, Christiane, wurde uns heute geschenkt. (KN, 11. Februar 1952)

(63) Die Geburt ihres dritten Kindes beehren sich anzuzeigen Erika Becker Dr. jur. Carl Becker IV. (KStA, 12. Januar 1952)

(64) Eva Bilo ist da. (Abb. G-32)

Unser Uwepeter hat ein Brüderchen Hans-Rainer bekommen. Dies zeigen hocherfreut an: Frau Herta Suessenguth, geb. Werner, u. Richard Suessenguth. Berlin, den 13. März 1943, z. Z. Charlottenburg, Pulsstraße.

Abb. G-29: Mopo, 18. März 1943

Die Verbalsätze, mit denen die Inserenten die Geburt bekannt geben, sind sehr unterschiedlich ausgestaltet: Als Subjekt kommt in vielen Anzeigen eine Bezeichnung für das Neugeborene vor (57 bis 59, 61, 62 und 64), aber auch die Eltern als Inserenten (55, 56 und 63), die Kindsmutter (53 und 54) und Geschwisterkinder (60) sind als Subjekt festzustellen. Als Prädikat finden sich fast ausschließlich Ausdrücke, die sich auf den Familienzuwachs beziehen (53 bis 55, 57 bis 62 und 64), vereinzelt treten als Prädikat auch Verben der Bekanntgabe des Ereignisses auf (56 und 63). In den Verbalsätzen sind zudem oft Temporaladverbialien (53, 54, 57, 58 und 62) nachzuweisen, die den Zeitpunkt der Geburt angeben. Weiterhin sind Akkusativobjekte, die das familiäre Ereignis (56 und 63), den Inserenten (53) und das Neugeborene (60) benennen, sowie Präpositionalobjekte, die eine Bezeichnung für das Neugeborene (53, 54), das Ereignis (55) oder eine Bezeichnung für ein Geschwisterkind (61) enthalten, festzustellen. Dativobjekte, die bei *schenken* obligatorisch hinzutreten (58 und 62), und Modaladverbiale, die den näheren Umstand der Geburt bezeichnen (54), sind nur selten zu belegen.

Die als Verbalsätze realisierten Geburtsmitteilungen kommen mehrheitlich als Aussagesätze vor, mitunter entscheiden die Inserenten sich ab Mitte des 20. Jahrhunderts auch für Ausrufesätze, die ausschließlich aus Subjekt – bei dem es sich immer um das Neugeborene handelt – und Prädikat bestehen (65 bis 69):

(65) Die Prinzessin ist da! (KStA, 5. Januar 2002)
(66) „Regina“ ist da! (Abb. G-43)
(67) Ulf, unser Junge, ist da! (KN, 11. Februar 1952)
(68) Unser Zwillingspärchen ist angekommen! (KN, 1. April 1972)
(69) Unser Christmädchen ist da! (Abb. GA-17)

Auch bei der Angabe der Inserenten kommen Verbalsätze vor. Sie sind meist zwei- (70 und 74) und vereinzelt mehrgliedrig (71 bis 73) ausgestaltet. In Beispiel 70 fungiert ‚es‘ als Korrelat, es ist Platzhalter für das Subjekt.[72] Es sind sowohl Sätze mit (70 bis 72) als auch ohne (73 und 74) Interpunktionszeichen am Satzende belegbar. Ferner lassen sich – wie schon bei den Nominalsätzen – neben engen Appositionen, bei denen entweder Vornamen (70 bis 74), Verwandtschaftsbezeichnungen (70 und 71) oder die Anredeform *Frau* (72) bei den vorkommenden Personennamen stehen, gelegentlich auch lockere Appositionen feststellen. Bei diesen lockeren Appositionen handelt es sich ausschließlich um den

72 Vgl. *Helbig/Buscha* (2005: 241).

Geburtsnamen der Frau, der als Nachstellung zu ihrem Ehenamen hinzutritt (72 bis 74):

(70) Es freuen sich Petra, Klaus und Christopher Henrich sowie die Familien Vandersander und Henrich (Abb. G-19)
(71) Mit den glücklichen Eltern Franziska und Christian Hinz freuen sich die Großeltern. (KN, 2. Januar 2002)
(72) Dies zeigen hocherfreut an: Frau Herta Suessenguth, geb. Werner, u. Richard Suessenguth. (Mopo, 18. März 1943)
(73) Dies zeigen hocherfreut an: Jos. Klein u. Frau Agnes geb. Mausbach (KStA, 12. Oktober 1921)
(74) Es freuen sich Ingeborg Breitbach geb. Putmans Alfred Breitbach (Abb. GA-13)

Danksagungen, die vereinzelt in den KN sowie einmal im KStA zu verzeichnen sind, werden nicht nur als Nominalsätze, sondern auch als mehrgliedrige (75 und 76) Verbalsätze realisiert. Sie sind mit (75) und ohne (76) Interpunktionszeichen am Satzende zu belegen:

(75) Wir bedanken uns ganz herzlich bei den Hebammen Jana Puls und Monika Martens sowie Frau Dr. Bessai und dem Team der Uniklinik Kiel für die wundervolle Betreuung. (KN, 12. Januar 2002)
(76) Wir danken dem Team von Dr. Adam im Geburtshaus Nußdorf (KStA, 26. Januar 2002)

2.2 Gesamtsätze

Gesamtsätze sind in Geburtsanzeigen nur selten zu finden. Die Frequenz von parataktischen Gesamtsätzen ist etwas höher als die von hypotaktischen. Parataktisch-hypotaktische Gesamtsätze stellen Ausnahmen dar.

2.2.1 Parataktische Gesamtsätze

Parataktische Gesamtsätze kommen in den untersuchten Geburtsanzeigen nur selten vor, diachrone Besonderheiten hinsichtlich ihres Auftretens sind nicht festzustellen. Die Interpunktion der parataktischen Gesamtsätze ist sehr unterschiedlich: Gerade zu Beginn des Untersuchungszeitraumes sind besonders häufig Sätze mit einem Punkt als abschließendem Satzzeichen nachweisbar, ab Mitte des 20. Jahrhunderts verzichten die Inserenten vermehrt darauf.

Die meisten parataktischen Gesamtsätze gibt es in der Makrostruktur Geburtsmitteilung, sie haben immer einen Punkt. Parataktische Gesamtsätze, die nur aus nominalen Teilsätzen bestehen, treten nicht auf. Solche, die aus zwei verbalen (77 bis 79) oder drei (80 und 81) nominalen und verbalen Teilsätzen bestehen, sind gelegentlich zu registrieren. Die

Teilsätze sind asyndetisch (77) beziehungsweise syndetisch durch *und* verknüpft (78 und 79), bei den folgenden Beispielen handelt es sich ausschließlich um kopulative Satzverbindungen (77 bis 79):

(77) Mit Dank zum Herrn geben wir das Eintreffen eines Stammhalters bekannt; sein Name ist Rüdiger. (Abb. G-30)

(78) Markus hat ein Brüderchen bekommen und freut sich mit seinen Eltern. (KStA, 22. Januar 1972)

(79) Allen entfernten Freunden und Verwandten zeige ich hierdurch die glückliche Niederkunft meiner Frau mit einem kleinen Knaben ganz ergebenst an, und halte mich des wärmsten Antheils versichert. (VZ, 4. Januar 1800)

Mit Dank zum Herrn geben das Eintreffen eines Stammhalters bekannt; sein Name ist Rüdiger.

Luipold von Wedel,
Ltn. d. R. a. D. ehemals 1. Brandenb. Dragoner-Regt. 2.
Irene von Wedel,
geb. Freiin von Stackelberg.
Berlin-Lichterfelde I, Hindenburgdamm 12,
den 31. August 1921.

Abb. G-30: NPZ, 6. September 1921

Nur in der 2002er Probe werden Gesamtsätze aus nominalen und verbalen Teilsätzen gelegentlich bei der Geburtsmitteilung verwendet (80 und 81). Auch hier sind sowohl syndetische (81) – etwa in Form der adversativen Satzverbindung *aber* – als auch asyndetische Verknüpfungen (80) festzustellen. Meist bestehen die parataktischen Gesamtsätze aus zwei Teilsätzen (80), parataktische Gesamtsätze mit drei Teilsätzen kommen nur in Ausnahmefällen vor (81):

(80) Hurra, meine Schwester Saskia ist da. (Abb. GA-9)

(81) Sorry, etwas zu spät, aber jetzt bin ich da. (KN, 5. Januar 2002)

Parataktische Gesamtsätze existieren auch als Ausrufesatz, häufig besteht der nominale Teilsatz dabei aus einer Interjektion wie *hurra* (82 und 83) oder *hoppla* (84), mit der ein emotionaler Zustand beschrieben wird. So wird mit *hurra* Freude ausgedrückt, *hoppla* dagegen weist auf die neue Situation nach der Geburt des Kindes hin; das Kind ist ‚ins Leben gestolpert'. In Beispiel 83 geben die Großeltern aus Kiel die Geburt ihrer in Amerika geborenen Enkelin bekannt, während in den Beispielen 82 und 84 das Neugeborene ‚selbst' seine Geburt mitteilt. Die Ausrufesätze (82 bis 84) bestehen aus zwei Teilsätzen und sind asyndetisch durch Kommata verbunden, die Interjektionen dienen der Unterstützung beziehungsweise Verstärkung des Ausrufes:

(82) Hurra, hier bin ich! (KN, 12. Januar 2002)
(83) Hurra, unsere Amerikanerin ist da! (Abb. G-31)
(84) Hoppla, hier bin ich! (KN, 11. Januar 2002)

Hurra, unsere Amerikanerin ist da!
Eyleen **10. Januar 2002**
Die glücklichen Eltern **Katja und Frank Prühs**
Sterling/Virginia – USA
Es gratulieren herzlichst die Großeltern
Elly und Erich Bortz – Kiel

Abb. G-31: KN, 19. Januar 2002

Weitere parataktische Gesamtsätze sind in den Makrostrukturen Angabe der Inserenten (85), Freude (86) und Geburtsdaten (87) zu belegen. Die im Folgenden aufgeführten kopulativen Satzverbindungen setzen sich aus zwei (86) oder drei (85 und 87) nominalen (87) oder verbalen (85 und 86) Teilsätzen zusammen, sie sind sowohl asyndetisch (85 und 87) als auch syndetisch (86) durch *und* verknüpft:

(85) Meine Eltern Jessika Mende, geb. Lenz, und Oliver Mende sind überglücklich, meine Groß- und Urgroßeltern sind stolz, Freunde und Verwandte freuen sich riesig (KN, 5. Januar 2002)
(86) Wir sind dankbar und freuen uns sehr. (FAZ, 5. Januar 1972)
(87) 28.12.2001 – 50 cm – 2730 g (Abb. G-32)

Abb. G-32: KStA, 2. Januar 2002

2.2.2 *Hypotaktische Gesamtsätze*

In quantitativer Hinsicht sind hypotaktische Gesamtsätze nur von marginaler Bedeutung. Sie treten ausschließlich in der Makrostruktur Geburtsmitteilung auf, hier vor allen in den Jahrgängen, in denen die Inserenten noch bewusst den Adressatenkreis in der Geburtsmitteilung nennen, was jedoch nur bis Anfang des 20. Jahrhunderts üblich ist. Alle hypotaktischen Gesamtsätze bestehen aus zwei Teilsätzen und haben einen Punkt am Satzende.

Als Nebensatzarten finden sich nicht selten mit *dass* eingeleitete Subjunktionalsätze, bei denen es sich ausschließlich um Objektsätze handelt (88 bis 91):

(88) Allen Freunden und Bekannten zeige ich hiermit an, daß meine Frau gestern Abend von einem gesunden Knaben glücklich entbunden ist. (HuC, 29. Januar 1800)

(89) Für auswärtige Freunde und Verwandte mache ich hierdurch die Anzeige, daß meine Frau, Luise Elisabeth Henriette, geborene von Scholten, heute von einem gesunden Knaben glücklich entbunden worden ist. (Abb. G-33)

(90) Wir zeigen hiermit hocherfreut an, daß uns heute Morgen ein gesundes kräftiges Mädchen geboren wurde. (NPZ, 5. Januar 1917)

(91) Wir zeigen hocherfreut an, daß uns heute ein gesundes und kräftiges Mädchen geboren ist. (NPZ, 9. Januar 1917)

Für auswärtige Freunde und Verwandte mache ich hierdurch die Anzeige, daß meine Frau, Louise Elisabeth Henriette, geborne von Scholten, heute von einem gesunden Knaben glücklich entbunden worden ist.
Bremen, den 12ten Januar 1825.
W. H. Carsal.

Abb. G-33: HuC, 18. Januar 1825

Während die Objektsätze immer als Verbalsätze realisiert sind, kommen die übergeordneten Hauptsätze nicht nur als Verbal- (88 bis 91), sondern auch als Nominalsätze vor (92 und 93):

(92) Allen Verwandten hiermit die fröhliche Nachricht, daß meine liebe Frau Caroline, geb. Gmundt, heute früh von einem gesunden Knaben glücklich entbunden wurde. (KöZ, 19. Januar 1850)

(93) Entfernten Verwandten und Freunden hierdurch die frohe Mitteilung, daß wir heute Morgen mit einem kräftigen Knaben beschert worden sind. (KöZ, 3. Januar 1876)

Bei der Geburtsmitteilung sind außerdem Relativsätze als Teilsätze hypotaktischer Gesamtsätze festzustellen. Hierbei handelt es sich sowohl um weiterführende Nebensätze (94 bis 96), die sich auf den gesamten übergeordneten Hauptsatz beziehen, als auch um Attributsätze (97 bis 100). Die Relativsätze treten fast immer als Nachsatz auf (94 bis 99), nur vereinzelt ist ein Relativsatz als Zwischensatz (100) im übergeordneten Hauptsatz zu belegen:

(94) Heute früh 4 ½ Uhr wurde meine liebe Frau Amalie, geb. Krapp, von einem gesunden Mädchen glücklich entbunden, welches ich mich beehre, statt besonderer Meldung, ergebenst anzuzeigen. (VZ, 3. Januar 1850)

(95) Heute früh 2 Uhr wurde meine liebe Frau Marie, geb. Dann, von einem gesunden kräftigen Mädchen glücklich entbunden, was ich statt jeder besonderen Meldung hierdurch ergebenst anzeige. (NPZ, 5. Januar 1875)

(96) Heute früh wurde meine Frau von einem gesunden Sohne glücklich entbunden; welches ich allen meinen Verwandten und Freunden unter Verbittung der Gratulation hiermit bekannt mache. (Abb. G-34)

Heute früh wurde meine Frau von einem gesunden Sohne glücklich entbunden; welches ich allen meinen Verwandten und Freunden unter Verbittung der Gratulation
hierdurch bekannt mache. Gollnow in Pommern, den
2ten Januar. 1800. Berendt.

Abb. G-34: VZ, 9. Januar 1800

(97) Udo heißt unser langersehnter erster Sprößling, über dessen Geburt wir uns sehr gefreut haben. (KStA, 15. Januar 1972).

(98) Der Gnade meines Gottes verdanke ich das sechste Kind, ein Mädchen, womit mich heute Abend um 7 Uhr mein theures Weib beschenkt hat. (NPZ, 26. Januar 1850)

(99) Am 21ten d. M. wurde meine Frau, ohne besonders schlimme Folgen für ihre Gesundheit, von einem Mädchen entbunden, welches todt zur Welt kam. (VZ, 4. Januar 1825)

(100) Meinen Freunden und Verwandten mache ich die am 6ten dieses Monats erfolgte Entbindung von einem jungen Sohn, der aber wenige Stunden nach seiner Geburt verstarb, hierdurch bekannt. (HuC, 11. Februar 1800)

2.2.3 *Parataktisch-hypotaktische Gesamtsätze*

Parataktisch-hypotaktische Gesamtsätze spielen in Geburtsanzeigen eine völlig untergeordnete Rolle. Solche Gesamtsätze gibt es nur äußerst selten. Beispiel 101 enthält neben dem Hauptsatz zwei asyndetisch gereihte Attributsätze:

(101) Ich zeige dies allen den guten Menschen an, die zerstreut und weit entfernt jetzt von uns wohnen, deren Liebe aber auch hierher uns nachgefolgt ist. (VZ, 14. Januar 1800)

2.3 *Zusammenfassung*

Die Inserenten von Geburtsanzeigen verwenden weit überwiegend isoliert gebrauchte einfache Sätze. Nominalsätze kommen in dem primären Initiator Überschrift und den Makrostrukturen Name des Kindes, Angabe der Inserenten, Geburtsmitteilung, Danksagung, Ort und Datum, Adresse sowie der Kombination aus Adresse und Datum vor. Verbalsätze finden sich in den Makrostrukturen Geburtsmitteilung, Angabe der Inserenten und Danksagung.

Gesamtsätze sind äußerst selten. Die Frequenz hypotaktischer Gesamtsätze ist noch geringer als die der parataktischen. Parataktisch-hypotaktische Gesamtsätze haben Ausnahmecharakter. Die parataktischen Gesamtsätze, welche in den Makrostrukturen Geburtsmitteilung, Angabe der Inserenten, Freude und Geburtsdaten auftreten, setzen sich sowohl aus verbalen als auch aus nominalen Teilsätzen zusammen.

Hypotaktische Gesamtsätze sind von untergeordneter Bedeutung, sie sind nur in der Makrostruktur Geburtsmitteilung nachzuweisen. Häufig sind mit *dass* eingeleitete Subjunktionalsätze mit Objektfunktion zu belegen. Als übergeordnete Hauptsätze kommen sowohl Verbal- als auch Nominalsätze vor. Weiterhin sind Relativsätze als Teilsätze hypotaktischer Gesamtsätze festzustellen, bei denen es sich sowohl um weiterführende Nebensätze als auch um Attributsätze handelt.

In Geburtsanzeigen werden nur Aussage- und Ausrufesätze verwendet. Aussagesätze dominieren dabei deutlich. Ausrufesätze sind ausschließlich bei dem primären Initiator Überschrift und in der Makrostruktur Geburtsmitteilung zu verzeichnen.

Diachrone Unterschiede zeigen sich unter anderem bei den Appositionen in der Makrostruktur Angabe der Inserenten. So ist die Berufsbezeichnung des Vaters des Kindes nur bis zum Anfang des 20. Jahrhunderts nachzuweisen, der Geburtsname der Mutter hingegen findet sich über den gesamten Untersuchungszeitraum. Ab Mitte des 20. Jahrhunderts ist eine Frequenzsteigerung der Ausrufesätze zu bemerken. Dies gilt sowohl für die Nominal- als auch für die Verbalsätze. Nur in der 2002er Probe werden Gesamtsätze aus nominalen und verbalen Teilsätzen gebraucht. Nicht mehr üblich ist es zum Ende des Untersuchungszeitraumes, in der Makrostruktur Geburtsmitteilung von hypotaktischen Gesamtsätzen Gebrauch zu machen. Diese kommen vor allem in den Jahrgängen vor, in denen die Inserenten bewusst den Adressatenkreis ihrer Mitteilung benennen. Dies war nur bis Anfang des 20. Jahrhunderts der Fall.

Geburtsanzeigen sind insgesamt aufgrund ihres Umfangs durch wenig komplexe syntaktische Strukturen gekennzeichnet.

3 Lexik

In Geburtsanzeigen wird ein freudiges Ereignis bekannt gegeben: die Geburt eines Kindes. Die Natur der Sache lässt erwarten, dass sich die Anzeigen durch einen bestimmten, relativ eingeschränkten Wortschatz auszeichnen. Es sollten sich unter anderem Bezeichnungen für die Geburt des Kindes, für das Kind selbst sowie für seine Eltern finden. Aufgrund des Untersuchungszeitraumes sollten Veränderungen im Wortschatz nachweisbar sein. Gleichzeitig ist anzunehmen, dass die beiden Weltkriege sich in der Lexik nur bedingt niederschlagen.

3.1 Die Geburt

Die Geburt eines Kindes ist es, die die Inserenten in der Geburtsanzeige mitteilen möchten. Dabei können sie zum einen Substantive zur Bezeichnung des Ereignisses verwenden, zum anderen kann die Geburt eines Kindes durch Verben ausgedrückt werden.

Besonders häufig werden die beiden Substantive *Entbindung* und *Geburt* gebraucht. *Entbindung* findet sich erstmals in der 1800er Probe des HuC und der VZ. Zum letzten Mal wird es 1875/76 in KöZ, NPZ und VZ benutzt. Zu diesem Zeitpunkt tritt in diesen drei Zeitungen bereits das Substantiv *Geburt* auf. Im HuC ist es schon seit 1850 zu belegen; ab 1902 ist ausschließlich *Geburt* festzustellen. Auffällig ist, dass in KöZ und HuC 1850 im Anzeigentext noch *Entbindung* verwendet wird, die Überschriften der Anzeigen in Einzelfällen jedoch bereits *Geburts-Anzeige* (Abb. G-35) beziehungsweise *Geburt-Anzeige* lauten.[73]

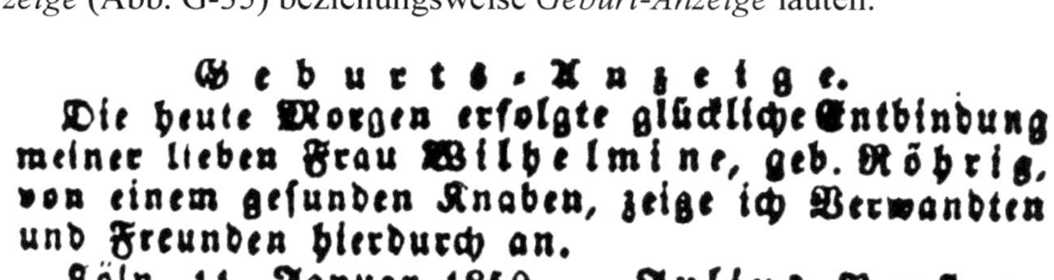

Geburts-Anzeige.

Die heute Morgen erfolgte glückliche Entbindung meiner lieben Frau Wilhelmine, geb. Röhrig, von einem gesunden Knaben, zeige ich Verwandten und Freunden hierdurch an.

Köln, 11. Januar 1850. Julius Rorster.

Abb. G-35: KöZ, 12. Januar 1850

73 Siehe hierzu II.1.1.2.

Neben *Entbindung* und *Geburt* ist 1800 und 1825 in der VZ jeweils in einer Geburtsanzeige *Niederkunft*[74] zu belegen, 1921 wird in der NPZ das *Eintreffen eines Stammhalters* und in den KN 1943 die *Ankunft* eines Kindes bekannt gegeben. Die genannten Substantive stehen oft in Verbindung mit den Adjektivattributen *glücklich,*[75] *erfolgt* und *schnell*. Eine Erklärung dafür, dass in den frühen Anzeigen häufig betont wird, die Geburt sei *glücklich* verlaufen, dürfte darin liegen, dass früher weitaus mehr Kinder tot zur Welt kamen beziehungsweise kurz nach der Geburt verstarben und die Mütter – anders als heute – die Geburt oftmals nicht überlebten. So ist etwa in der VZ 1875 und den KN 1902 die Formulierung *schwere, aber glückliche Geburt* nachzuweisen.[76]

Bis 1902 findet sich die passivische Verwendung des Verbs *entbinden,* oft in Verbindung mit *leicht* und *glücklich.* Als obligatorische Ergänzung im Nominativ und damit als Subjekt des Satzes tritt immer eine Bezeichnung für die Mutter des Neugeborenen auf, meist handelt es sich um das Substantiv *Frau,* das den Nukleus des Satzgliedes bildet. Das Objekt des Satzes bildet in allen Fällen eine Bezeichnung für das Neugeborene, fakultativ treten außerdem Temporalangaben dazu:

- Heute Abend 6 Uhr wurde meine Frau, geb. Arens, von einem gesunden Jungen glücklich entbunden. (HuC, 27. Februar 1850)
- Gestern Abend wurde meine Frau Elise, geb. Rahm, glücklich von einem kräftigen Knaben entbunden. (NPZ, 5. Januar 1875)

In der 1875/76er Probe der KöZ, der NPZ und der VZ wird das Verb *beschenken* verwendet, bis 1952 ist *schenken* zu belegen. Während bei dem Verb *beschenken* in allen Fällen ‚meine liebe Frau' Subjekt des Satzes ist, kommen bei dem Verb *schenken* neben ‚meine liebe Frau' außerdem ‚der liebe Gott' und ‚Gottes Gnade' als Nominativ-Ergänzungen vor, wobei die beiden Letztgenannten ausschließlich in der NPZ nachzuweisen sind, ‚meine liebe Frau' ist in der KöZ festzustellen:

- Meine liebe Frau beschenkte mich mit einem gesunden Jungen. (VZ, 3. April 1875)
- Meine liebe Frau Christine, geb. Glück, schenkte mir heute Zwillinge, ein Mädchen und einen Knaben (KöZ, 8. Januar 1876)

74 Abb. GA-19.

75 Abb. GA-20.

76 Lediglich bei 28 Todesfällen führt das *Statistische Bundesamt* (2007: 243) für das Jahr 2005 Schwangerschaft, Geburt und Wochenbett als Todesursache an. Dies entspricht 0,1 Todesfällen je 100.000 Einwohner, womit deutlich wird, wie gering das Risiko heute ist, bei der Geburt zu versterben.

- Zum Neujahrstage schenkte uns der liebe Gott einen kräftigen Knaben. (NPZ, 3. Januar 1875)
- Gottes Güte schenkte uns am Neujahrstage ein gesundes Töchterchen. (NPZ, 2. Januar 1902)

Bis Mitte des 19. Jahrhunderts gibt der Vater häufig allein die Geburt des Kindes bekannt, seit Ende des 19. Jahrhunderts informieren die Eltern meist gemeinsam über die Geburt des Kindes: Die Eltern teilen mit, dass ein Kind *angekommen* (Abb. G-36) ist oder *geboren* wurde. Geschwisterkinder *erhalten* oder *bekommen* ab 1943 ein *Brüderchen*[77] beziehungsweise *Schwesterchen.*

Am 8. April 1943 ist unser Jürgen angekommen. Dies zeigen mit großer Freude an: Meta Peter, geb. Schmidt, und Richard Peter. Berlin-Reinickendorf-Ost, Lettealle 6.

Abb. G-36: Mopo, 11. April 1943

Während des Zweiten Weltkrieges informieren Eltern in der Mopo erstmals darüber, dass das Kind *da ist,* danach geschieht dies nur noch in den KN. Die KN sind es auch, in denen ein Kind 1952 seine Geburt zum ersten Mal ‚selbst' mit den Worten ‚Ich bin da' bekannt gibt.[78] Ebenfalls 1943 findet sich in KN und Mopo der Phraseologismus *das Licht der Welt erblicken*, der ansonsten nur noch einmal 2002 in den KN verwendet wird. In der Mopo ist 1972 die Abwandlung *das Licht des Kreißsaals erblicken* belegt. 2002 kommen in den KN zudem die beiden Sätze ‚Wir sind komplett' und ‚Der fünfte Sitzplatz ist vergeben' vor.

3.2 Das Neugeborene

Die verwendeten Bezeichnungen für das Neugeborene sind vielfältig. Für Jungen sind etwa die Substantive *Sohn*, *Knabe*, *Junge* und *Bub* belegbar. Bezeichnungen für Mädchen sind unter anderem *Tochter*, *Mädchen* und *Mädel*. Die höchste Frequenz ist für *Sohn*, *Junge*, *Tochter* und *Mädchen* nachzuweisen. Alle vier Substantive werden seit Beginn des Untersuchungszeitraumes benutzt. *Junge* und *Mädchen* sind bis 1952,

77 Abb. G-29.

78 Daneben kommen 2002 in den KN weitere Anzeigen vor, in denen Kinder unter anderem mit den Worten ‚Aber jetzt bin ich da', ‚Ich bin schon da!', und ‚Hoppla, hier bin ich!' als Inserenten in den Anzeigen auftreten und so der Anschein erweckt wird, sie würden selbst über ihre Geburt informieren.

Sohn ist bis 1972 und *Tochter* noch im Jahr 2002 festzustellen. Außerdem ist das Substantiv *Knabe* bis zur Probe aus dem Jahr 1921 relativ häufig (Abb. G-37).

Die Geburt eines kräftigen Knaben
zeigen hocherfreut an [10574]
Leo von Köppen,
Oberleutnant im 4. Garde-Feldartillerie-
Regiment,
Christa von Köppen,
geb. von der Landen.
Potsdam, den 6. Januar 1902.

Abb. G-37: NPZ, 7. Januar 1902

Neben den genannten Substantiven *Tochter*, *Sohn* und *Knabe* kommen Hypokoristika mit dem Diminutivsuffix *-chen* vor: *Töchterchen*, *Söhnchen* und *Knäbchen.*[79] Hierbei ist auffällig, dass die Frequenz von *Tochter* und *Töchterchen* bis einschließlich 1943 ähnlich ist, danach zeigt sich eine differenzierte Verwendungsweise der beiden Substantive. *Töchterchen* wird 1952 nur noch im KStA gebraucht, während *Tochter* auch 1972 und 2002 – in FAZ, KN und KStA – noch zu belegen ist. In den KN finden sich zudem die Hypokoristika *Töchterlein* (1952) und *Mädelchen* (1916/17).

Ab 1921 sind die beiden Hypokoristika *Schwesterchen* und *Brüderchen* vereinzelt zu verzeichnen, das Substantiv *Bruder* tritt nur 1972 in der FAZ auf und *Schwester* findet sich ausschließlich in der 2002er Probe der KN. Weitere Bezeichnungen für die Neugeborenen sind *Sprößling*, *Kind*, *Zwillingspaar*,[80] *Zwillinge* und *Zwillingspärchen.* Als Komposita treten *Sonntagsjunge*, *Sonntagsmädel* und *Stammhalter* auf. *Sonntagsjunge* ist seit Beginn des 20. Jahrhunderts vereinzelt in VZ, KN, HuC und KStA feststellbar, zum letzten Mal wird *Sonntagsjunge* 1972 in den KN verwendet. *Sonntagsmädel* ist insgesamt nur dreimal, 1916/17 im KStA und 1921 in KN und KStA nachzuweisen. *Stammhalter* taucht erstmals 1916/17 im KStA auf, während des Zweiten Weltkrieges ist die Frequenz von *Stammhalter*[81] am höchsten.[82] 1972 schließlich wird das

79 Abb. GA-21.

80 *Zwillingspaar* ist 1850 in der NPZ zu belegen. In der Anzeige finden sich zudem die Substantive *Knabe* und *Mädchen.*

81 Siehe Abb. GA-22.

82 1943 kommt *Stammhalter* neunmal in den KN und dreimal im KStA vor, zu allen anderen Zeitpunkten ist die Bezeichnung weitaus seltener nachzuweisen.

Substantiv nur noch in KStA und FAZ gebraucht.[83] Überdies haben die beiden Weltkriege kaum Einfluss auf den Wortschatz von Geburtsanzeigen: Im HuC ist 1916/17 einmal *Kriegsjunge* und in der Mopo einmal *Kriegskind* feststellbar.

Eine deutliche Veränderung in der Lexik zeigt sich im Jahr 2002: Im Vergleich zu den anderen Proben sind die Bezeichnungen für das Neugeborene individueller und vielfältiger. Zwar finden sich 2002 auch weiterhin die Substantive *Tochter*, *Schwesterchen*, *Bruder* und *Schwester*, hinzu kommen jedoch Substantive wie *Christmädchen*,[84] *Neujahrsrakete*, *Neujahrsüberraschung*, *Zauberfee*, *Prinzessin*, *Bursche* und *Enkelkind*. Daneben sind *schönstes Geschenk*, *kleiner Schatz* und *Fixstern am Himmel des Glücks* zu belegen.

Ab 1916/17 treten in den Geburtsanzeigen erstmals die Vornamen der Neugeborenen auf. Dies hat zunächst keine Auswirkungen auf das Vorkommen der Bezeichnungen für das Neugeborene. Eine Abnahme dieser Bezeichnungen ist erst ab 1972 nachzuweisen: Oftmals steht der Name des Kindes dann im oberen Bereich der Geburtsanzeige und auf eine weitere Bezeichnung des Neugeborenen wird verzichtet – aus dem Namen geht das Geschlecht des Kindes schließlich hervor. Die Nennung der Vornamen bedeutet gleichzeitig eine erhöhte Verwendung von Anthroponymen, da zuvor lediglich der Name des Vaters beziehungsweise die Namen der Eltern in den Anzeigen zu belegen waren. Seit Beginn des 20. Jahrhunderts ist es, wie bereits erwähnt, üblich, dass die Eltern gemeinsam – und nicht wie zuvor der Vater allein – die Geburt ihres Kindes bekannt geben. Ab 1902 wird folglich auch das Personalpronomen *wir* beziehungsweise das Possessivpronomen *unser* vermehrt verwendet.

Zu den Bezeichnungen für das Neugeborene treten vielfach beschreibende Adjektive hinzu. Am häufigsten ist das Adjektiv *gesund*, das ab 1800 benutzt wird. Seine Frequenz geht jedoch ab 1875/76 stetig zurück. Nach 1943 ist *gesund* nur noch selten nachzuweisen, letztmalig 1972 – jeweils ein einziges Mal – in KN und Welt. Zu Beginn des Untersuchungszeitraumes ist einmal *lebend* und zweimal *todt* (Abb. G-38) festzustellen.

83 Laut *Duden* (2006: 962) wird *Stammhalter* lediglich scherzhaft zur Bezeichnung des ersten männlichen Nachkommens verwendet, *Wahrig* (2000: 1191) dagegen weist *Stammhalter* keiner besonderen Stilebene zu.

84 Die Verwendung des Kompositums *Christmädchen* hängt mit dem ausgewählten Untersuchungszeiträumen zusammen. Gleiches gilt für das Substantiv *Weihnachtsjunge*, das 1916/17 in den KN zu belegen ist.

Heute früh wurde meine liebe Frau von einem todten Mädchen entbunden. Kyritz, den 4. Januar 1850. Bobbin.

Abb. G-38: VZ, 8. Januar 1850

Eine mögliche Erklärung für die Abnahme des Adjektivs *gesund* könnte darin liegen, dass die Zahl der Totgeburten beziehungsweise der im ersten Lebensjahr verstorbenen Kinder bis 1972 stetig gesunken ist. In Berlin starben laut Hubbard Mitte des 19. Jahrhunderts 217 von 1.000 Lebendgeborenen im ersten Lebensjahr, in Preußen waren es 194, in Bayern sogar 307 Kinder.[85] Mitte des 20. Jahrhunderts – also zu dem Zeitpunkt, als das Adjektiv *gesund* nur noch selten auftritt – lag die Säuglingssterblichkeit pro 1.000 Lebendgeborene deutlich niedriger: in Berlin und Bayern bei 5 Prozent, in der gesamten Bundesrepublik bei 4,7 Prozent. Ende der 1970er Jahre sank die Säuglingssterblichkeit bundesweit auf 1,5 Prozent.

Daneben gibt es weitere Adjektive, die attributiv zur Bezeichnung für das Neugeborene hinzutreten. Vereinzelt ist *kräftig* bis 1952 zu finden, *stramm* wird bis 1943, *prächtig* bis 1921 und *munter* bis 1916/17 verwendet. Die beiden Adjektive *derb* und *stark* sind bis 1875/76 nachzuweisen. Zudem kommen einige Adjektive nur in bestimmten Zeitungen vor: *langersehnt* 1943 in den KN und 1972 im KStA, *nett* 1875 in der VZ und *herzig* 1921 im KStA, wobei *nett* in einer Geburtsanzeige für einen Jungen und *herzig* ausschließlich bei neugeborenen Mädchen benutzt wird.

In der Lexik von Geburtsanzeigen sind außerdem Ordinalia zu belegen: In diesen Anzeigen wird die Geburt des *ersten, zweiten, dritten* oder *vierten*,[86] aber auch des *fünften, sechsten* und *zehnten* Kindes bekannt gegeben. Ordinalia sind über den gesamten Untersuchungszeitraum nachzuweisen. In der VZ ist 1825 sogar eine Anzeige zu belegen, in der das Neugeborene als *Nro. 7* bezeichnet wird (Abb. G-39).

Nro. 7. ist deshalb gestern Abend noch sehr schnell und glücklich angekommen, um seinen Freunden und Verwandten heute „zum neuen Jahre Glück wünschen zu können." Auch mich erfreute seine Ankunft um so mehr, da es der erste meiner Söhne ist, der so höflich in die Welt tritt.
Demerthin, den 1sten Januar 1825. v. Klitzing.

Abb. G-39: VZ, 6. Januar 1825

85 Alle Angaben beziehen sich auf *Hubbard* (1983: 120f.).

86 Abb. GA-23.

3.3 Personenbezeichnungen

Zum Wortschatz von Geburtsanzeigen zählen neben den Bezeichnungen für das Neugeborene weitere Personenbezeichnungen. Benannt werden in den älteren Anzeigen die Ehefrau des Inserenten und die Adressaten der Anzeigen, teilweise kommen auch Berufsbezeichnungen vor. In jüngeren Anzeigen treten vereinzelt Verwandtschaftsbezeichnungen auf, andere Personenbezeichnungen sind kaum zu belegen.

Mit Abstand am häufigsten wird die Personenbezeichnung *Frau* in Geburtsanzeigen benutzt.[87] Das Substantiv bezieht sich dabei auf die Mutter des Neugeborenen und damit regelmäßig auf die Ehefrau des Inserenten. Denn gerade in den älteren Anzeigen ist es der Mann, der die Geburt des Kindes bekannt gibt. Der Mann teilt in dem Zeitungsinserat mit, dass seine *Frau* ein Kind geboren hat. Dies ist vor allem bei Anzeigen aus dem 19. Jahrhundert der Fall, kommt aber auch im 20. Jahrhundert noch vor. *Frau* wird seit 1800 in allen Zeitungen gebraucht, die Frequenz ist bis einschließlich 1875/76 sehr hoch, ab 1902 nimmt sie jedoch stetig ab. Im Jahr 1943 ist *Frau* überhaupt nicht nachzuweisen, danach nur noch 1952 in den KN und 1972 in der Welt. Je nachdem, ob die Anzeige in der 1. oder 3. Person Singular verfasst ist, werden zudem die Possessivpronomen *mein* und *sein* verwendet. Es ist darauf hinzuweisen, dass das Pronomen *mein* zu allen Zeitpunkten dominiert – nach 1875/76 tritt *sein* gar nicht mehr auf. Neben diesen Possessivpronomen sind bei dem Substantiv *Frau* attributiv verschiedene Adjektive beziehungsweise Perfektpartizipien zu belegen: Es kommen die Kombinationen *meine liebe Frau*, *meine gute Frau* und *meine geliebte Frau* vor.[88]

Wie bereits unter II.3.2 erläutert, werden zur Bezeichnung des Neugeborenen verschiedene Verwandtschaftsbezeichnungen gebraucht, beispielsweise *Sohn*, *Tochter*, *Brüderchen* und *Schwesterchen*. Im Jahr 2002 treten in den Geburtsanzeigen erstmals Verwandtschaftsbezeichnungen auf, die nicht das Neugeborene bezeichnen, sondern entweder als enge Apposition bei den Namen der Inserenten stehen oder – wenn auf die Verwendung von Anthtroponymen verzichtet wird – der Bezeichnung der Inserenten dienen. Diese Verwandtschaftsbezeichnungen sind: *Eltern*, *Großeltern*, *Mutter*, *Vater*, *Oma*, *Opa*, *Tante* und *Onkel*.[89] Die Substantive *Mutter* und *Vater* sind nur in den KN, *Onkel* und *Tante* nur im

87 In allen Anzeigen findet sich zur Bezeichnung das Substantiv *Frau*, nur ein einziges Mal – 1850 in der NPZ – ist *theures Weib* nachzuweisen.

88 In der VZ 1875 ist zudem in einer Anzeige *innigst geliebte Frau* zu finden.

89 Abb. GA-24 und Abb. G-32.

KStA vorhanden, alle anderen Verwandtschaftsbezeichnungen sind in beiden Zeitungen zu belegen.

In einigen Geburtsanzeigen sind Berufsbezeichnungen nachzuweisen. Diese beziehen sich immer auf den Beruf des Vaters, nie auf den der Mutter. Zeitungen, in denen Berufsbezeichnungen existieren, sind die VZ 1825, die KN 1916/17, 1921, 1943 und 2002 sowie die Mopo 1943. In der VZ sind das etwa *Garnisonsprediger*, *Kaufmann*, *Oberlehrer*, *Major im Kadetten-Corps* und *Geheimer Kalkulator*. Bei den in den KN vorkommenden Berufsbezeichnungen während der beiden Weltkriege handelt es sich fast ausschließlich um militärische Bezeichnungen wie *Kapitänsleutnant*, *Stabs- und Lagerarzt*, *Marine-Oberingenieur*, *Marine-Oberstabsarzt* und *Korvettenkapitän*, aber auch *Amtsrichter* und *Stadtrat* sind zu belegen. In den KN 1921 kommt zweimal *Ingenieur*, in der Mopo 1943 einmal *Reichsbahngehilfe* vor. Eine Besonderheit zeigt sich 2002 in den KN: Dort tritt die Berufsbezeichnung *Hebamme* in vier Geburtsanzeigen auf, in denen die Eltern der *Hebamme* für die Betreuung und Unterstützung während der Geburt danken.[90]

Zu Beginn des Untersuchungszeitraumes ist der Wortschatz der Geburtsanzeigen zusätzlich durch weitere Personenbezeichnungen gekennzeichnet: Die Inserenten verweisen explizit darauf, an wen sie sich mit der Anzeige wenden – sie benennen die Adressaten: Die Anzeigen sind *Verwandten*,[91] *Anverwandten*, *Gönnern*, *Freunden* und *Bekannten* gewidmet (Abb. G-40). Die genannten Substantive sind bis einschließlich 1875/76 in KöZ, HuC, NPZ und VZ vorhanden, danach nicht mehr. Attributiv treten verschiedene Adjektive im engeren Sinn und Adjektive in der Form von Partizipien zu diesen Personenbezeichnungen hinzu: beispielsweise *theilnehmend*, *hiesig*, *entfernt*, *auswärtig*, *sämtlich*, *geehrt* und *zerstreut*. In der VZ kommt 1875 zudem zweimal das Indefinitpronomen *all* vor.

Entbindungs-Anzeige.

Heute Morgen 2¼ Uhr ward meine liebe Frau **Bertha**, geborne **von Schack**, aus dem Hause Wustrow, von einem kräftigen Knaben glücklich entbunden. Statt besonderer Meldung zeige ich Freunden und Verwandten dies hierdurch gehorsamst an.

Kowalz, den 7ten Januar 1850.

Josias von Plüskow.

Abb. G-40: NPZ, 10. Januar 1850

90 In den KN 2002 danken die Eltern in weiteren Anzeigen dem *Kreißsaalteam*, der *Praxis Dr. Dietz*, dem *Städtischen Krankenhaus* und *dem Team der UFK* (Kieler Universitätsfrauenklinik).

91 *Anverwandte* kann 1850 zweimal im HuC nachgewiesen werden.

3.4 Bekanntgabe der Geburt

Eine Geburtsanzeige hat aus Sicht der Inserenten den Zweck, das familiäre Ereignis Geburt mitzuteilen. Für die Bekanntgabe wählen die Inserenten zumeist Verben: Am häufigsten ist das Verb *anzeigen*, gefolgt von *melden, vermelden, bekanntgeben* und *mitt(h)eilen.* Vereinzelt *machen* die Inserenten auch eine *Anzeige* oder *widmen* sie Freunden und Bekannten.[92] Die Frequenz der Verben zur Bekanntgabe der Geburt ist bis 1943 relativ hoch, danach nimmt sie stark ab. Der Vater teilt die Geburt des Kindes bis Mitte des 19. Jahrhunderts häufig allein mit, weshalb die genannten Verben meist in der 1. Person Singular zu belegen sind. Informieren die Eltern dagegen gemeinsam über die Geburt, stehen die verwendeten Verben in der 1. Person Plural.

Gerade in älteren Geburtsanzeigen findet sich im Anzeigentext außerdem vielfach der Hinweis *Statt besonderer Meldung,*[93] sofern die Geburtsanzeige nicht eine entsprechende Überschrift[94] hat. In der NPZ 1875 ist daneben einmal *auf diesem Wege* festzustellen. Alternativ werden in vielen Fällen die Adverbien *hierdurch* und *hiermit* verwendet: Mit den genannten Adverbien unterstreichen die Inserenten, dass die Geburtsanzeige die einzige Mitteilung der Geburt ist. Insgesamt kommt das Adverb *hierdurch* häufiger vor als das Adverb *hiermit. Hierdurch* ist von 1800 bis 1921 nachweisbar, *hiermit* von 1850 bis 1921. Die Häufigkeit beider Adverbien ist bis 1875/76 relativ hoch, danach sinkt sie stetig. Ab 1943 werden *hierdurch* und *hiermit* in den vorliegenden Geburtsanzeigen nicht mehr benutzt. Zu diesem Zeitpunkt scheint die Bekanntgabe der Geburt durch eine Anzeige folglich nichts Ungewöhnliches mehr zu sein. Zu den Verben, die zur Bekanntgabe der Geburt verwendet werden, kommt teilweise das Adjektiv *ergeben* in adverbieller Funktion. Zu belegen ist das Adjektiv von 1800 bis 1921 – und zwar in HuC, KöZ, NPZ und VZ.

3.5 Ausdruck von Freude und Dankbarkeit

Die Geburt eines Kindes ist für die meisten Eltern ein erfreuliches Ereignis. Diese Freude drücken sie auch in den Geburtsanzeigen aus: Sie sind über den Familienzuwachs *erfreut* oder *hocherfreut*, wobei *hocherfreut* deutlich häufiger nachzuweisen ist als *erfreut*. Das Partizip *erfreut* tritt seit Beginn des Untersuchungszeitraumes im Jahr 1800 auf, nach 1921

92 Abb. GA-25 und Abb. GA-26.
93 *Statt besonderer Meldung* kommt von 1850 bis 1916/17 vor.
94 Siehe hierzu II.1.1.2.

ist es nicht mehr nachzuweisen. *Hocherfreut* ist dagegen erstmals 1876 in der KöZ zu belegen und wird bis 1972 verwendet. Diachrone Unterschiede bei der Verwendung sind nicht festzustellen. Seit 1972 wird das Verb *freuen* benutzt, das besonders häufig in Anzeigen des KStA vorkommt. Die Inserenten zeigen vereinzelt die *frohe Begebenheit* an, machen die *freudige Anzeige*, die *freudige Nachricht* beziehungsweise die *frohe Mitteilung,* meist in Verbindung mit den Verben *anzeigen* und *mitteilen.* Teilweise wird die Geburt des Kindes *in dankbarer, herzlicher* oder *großer Freude* bekannt gegeben. In KN und KStA, den beiden Zeitungen, in denen 2002 Geburtsanzeigen erschienen sind, finden sich die Adjektive *riesig*, *glücklich*, *überglücklich* und *stolz*. Zudem ist in den KN *endlich* nachweisbar. In beiden Zeitungen bringen die Eltern ihre Freude über die Geburt zu diesem Zeitpunkt auch durch die Interjektion *hurra* zum Ausdruck.[95]

Ab 1916/17 wird neben der Freude über die Geburt in den Anzeigen auch Dankbarkeit ausgedrückt. Besonders häufig ist das Adjektiv *dankbar*, meist in attributiver Verwendung zu dem Substantiv *Freude*. Das Substantiv *Dankbarkeit* dagegen ist nur ein einziges Mal – im Jahr 1952 in der FAZ – zu belegen (Abb. G-41).

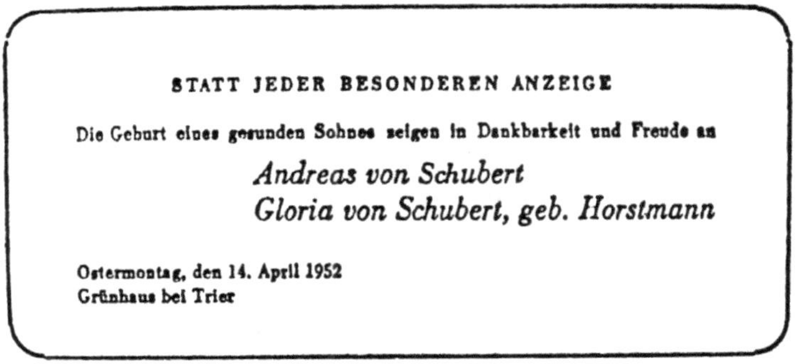

STATT JEDER BESONDEREN ANZEIGE

Die Geburt eines gesunden Sohnes zeigen in Dankbarkeit und Freude an

Andreas von Schubert
Gloria von Schubert, geb. Horstmann

Ostermontag, den 14. April 1952
Grünhaus bei Trier

Abb. G-41: FAZ, 23. April 1952

Im Jahr 2002 sprechen die Eltern der *Hebamme*, dem *Praxisteam*, dem *Krankenhaus* oder der *Uniklinik* ihren *Dank* für die *wundervolle Betreuung* aus, *danken herzlich* für die *Betreuung* oder sagen einfach nur *Dankeschön*. Auffällig hierbei ist, dass Anzeigen dieser Art häufig in den KN, jedoch nur selten im KStA vorkommen.[96] Es scheint sich hierbei um

95 Abb. GA-27.
96 Abb. GA-17.

eine regionale Besonderheit zu handeln – in den KN ist es demnach üblicher, Dank ausdrücken; im KStA dagegen findet sich die Makrostruktur Danksagung nur einmal.

3.6 Anthroponyme und Toponyme

Einen nicht zu unterschätzenden Anteil am Wortschatz der Geburtsanzeigen haben Anthroponyme und Toponyme. Anthroponyme spielen bei der Angabe der Inserenten eine besondere Rolle, ab 1916/17 kommen die Namen der Neugeborenen hinzu, ab 1943 sind in einigen Geburtsanzeigen außerdem die Namen der Geschwister des Neugeborenen zu belegen. Titel sind in Geburtsanzeigen selten.[97]

Während in der Probe aus dem Jahr 1800 nur der Name des Vaters des Neugeborenen in den Geburtsanzeigen genannt wird, finden sich in der 1825er Probe erstmals Geburtsnamen der Frauen. Auf den Geburts- beziehungsweise Mädchennamen wird mit *geborene* beziehungsweise *geb.* verwiesen. Anfangs geschieht dies im Anzeigentext, später tritt der Geburtsname der Frau – und dementsprechend die Abkürzung *geb.* – nur noch als Teil der Makrostruktur Angabe der Inserenten auf. Die Abkürzung *geb.*, an die sich der Geburtsname der Mutter des Neugeborenen anschließt, ist bis 1972 in den Anzeigen zu belegen. Im Jahr 2002 spielt der Geburtsname dann kaum noch eine Rolle. Teilweise stehen 2002 in den Anzeigen gar keine Familiennamen mehr, sondern nur die Vornamen der Inserenten. In den KN gibt es neun Anzeigen, in denen die Eltern unterschiedliche Familiennamen tragen.[98] Welchen Familiennamen das Kind trägt, geht aus den Anzeigen meist nicht hervor; wenn doch, dann ist es der Name des Vaters.

Der Name des Neugeborenen wird in Geburtsanzeigen lange nicht erwähnt: Erstmals wird der Kindsname 1916/17 in einigen Geburtsanzeigen genannt, aber bereits kurz nach dem ersten Auftreten der Namen der Neugeborenen – nämlich Mitte des 20. Jahrhunderts – ist die Nennung des Kindsnamen in Geburtsanzeigen obligatorisch. 2002 gibt es nur eine einzige Anzeige in den KN, in der der Name des Neugeborenen nicht erwähnt wird. Das Kind wird lediglich als *Christmädchen* bezeichnet.[99] Ab 1943 sind in den Geburtsanzeigen zum erstem Mal auch Vornamen der Geschwister des Neugeborenen zu finden. Während die Namen

97 Abb. GA-15.

98 Entweder findet sich nur der Ehename der Eltern oder Vater und Mutter tragen verschiedene Familiennamen, d.h., sie sind nicht verheiratet beziehungsweise beide Partner haben nach der Heirat ihren Geburtsnamen behalten.

99 Abb. GA-17.

der Geschwister 1943 im Anzeigentext – in der Geburtsmitteilung – auftreten, sind sie 2002 Teil der Makrostruktur Angabe der Inserenten.[100]

Neben Anthroponymen kommen auch Toponyme vor, entweder steht der Ortsname allein oder in Verbindung mit einem Datum. Die Geburtsanzeigen, die während der beiden Weltkriege veröffentlicht wurden, enthalten ebenfalls Toponyme. In den Kriegsanzeigen im HuC, den KN und der Mopo wird zusätzlich vereinzelt angegeben, wo sich der Kindsvater befindet, beispielsweise *im Felde*, *z. Zt. auf See*, *z. Zt. Wehrmacht*, *z. Zt. im Osten*, *z. Zt. Kriegsmarine*, *z. Zt. Luftwaffenlazarett*, *im Osten* und *Ostfront*. Eine solche Angabe ist einmal in den KN 1916/17, ansonsten nur in Geburtsanzeigen nachzuweisen, die aus dem Zweiten Weltkrieg stammen. Daneben sind 1972 in einigen Anzeigen die Substantive *Privatklinik*, *Universitätsfrauenklinik* und *Klinik* vorhanden, die anstelle eines Toponyms den Aufenthaltsort der Mutter bezeichnen.

3.7 Weitere lexikalische Besonderheiten

Viele Geburtsanzeigen enthalten Zeitangaben, wobei das Vorkommen zu Beginn des Untersuchungszeitraumes besonders hoch ist und dann stetig abnimmt. Im 19. Jahrhundert sind Adverbien wie *gestern* und *heute* oft zu finden. Die genannten Adverbien stehen dabei meist in Verbindung mit den Substantiven *Morgen*, *Mittag*, *Nachmittag*, *Abend* und *Nacht*. Zeitangaben dieser Art sind von 1800 bis 1943 in allen Zeitungen zu belegen. Vereinzelt sind auch Verbindungen aus Demonstrativpronomen und Substantiv, etwa *diesen Abend* oder *diese Nacht*. Außerdem kommen die Zeitangaben *früh*, *heute früh*, *heutig* und *abends* vor. Jeweils nur ein einziges Mal sind *letztverflossene Nacht* (Abb. G-42), *am heutigen Christabend*,[101] *am 2. Feiertage* sowie zweimal *Neujahrstag* nachzuweisen. Zwischen 1825 und 1902 sind vereinzelt in KöZ, VZ und NPZ Uhrzeiten im Anzeigentext zu belegen – eine besonders hohe Frequenz ergibt sich dabei 1875 in NPZ und VZ.[102]

Nach 1943 wird ein Datum nur noch vereinzelt im Anzeigentext verwendet, wobei die Form *1.2.1952* zu belegen ist. Weitaus häufiger als im Anzeigentext tritt es als Terminator, teilweise in Verbindung mit einer Ortsangabe, oder als Geburtsdatum beim Namen des Neugeborenen auf. Dabei kommt das Datum in den Formen *1.2.1952* und *1. Februar 1952*[103] vor, zudem finden sich Zeitangaben wie *Februar 1952*.

100 Abb. GA-28 und Abb. GA-29.
101 Abb. GA-30.
102 In der NPZ sind acht, in der VZ 16 Anzeigen mit der Angabe der Uhrzeit zu belegen.
103 Abb. GA-31.

Göttingen, den 21. Januar 1850.
In letztverflossener Nacht wurde meine liebe Frau, Theodore, geb. von Müller, von einem gesunden Sohne glücklich entbunden.
Barckhausen, Universitäts-Rath.

Abb. G-42: HuC, 28. Januar 1850

Im Jahr 2002 machen die Inserenten in vielen Anzeigen Angaben zur Größe, dem Gewicht und der Geburtszeit des Kindes. Es treten demzufolge das Substantiv *Uhr* sowie die Abkürzungen *g* für Gramm beziehungsweise *cm* für Zentimeter für die mitgeteilten Maßangaben auf.[104]

Bis 1921 ist vereinzelt das Substantiv *Gott* in Geburtsanzeigen belegbar. Die Inserenten danken *Gott* für seine *Hülfe*, *Gnade* oder *Güte*. Das Substantiv *Gott* wird nur in VZ, KöZ und NPZ gebraucht, wobei die Frequenz zu allen Zeitpunkten sehr niedrig ist. Im 20. Jahrhundert ist es nur noch in der NPZ nachzuweisen.

3.8 Zusammenfassung

Während des Untersuchungszeitraumes lassen sich Veränderungen in der Lexik von Geburtsanzeigen feststellen, diese Veränderungen sind sowohl diachroner als auch synchroner Natur.

Zur Bekanntgabe der Geburt werden Substantive weitaus häufiger verwendet als Verben. Die beiden Substantive *Entbindung* und *Geburt* sind dabei besonders oft nachzuweisen. *Entbindung* tritt bis einschließlich 1875/76 auf, *Geburt* ab 1850. Im Jahr 1850 werden im HuC sowohl *Entbindung* als auch *Geburt* benutzt, 1875 kommt nur noch *Geburt* vor. Ebenfalls 1850 lauten die Überschriften in KöZ und HuC vereinzelt bereits *Geburts-Anzeige* beziehungsweise *Geburt-Anzeige*, in den folgenden Anzeigenteilen wird dagegen noch das Substantiv *Entbindung* verwendet. 1875/76 sind in KöZ, NPZ und VZ die Substantive *Entbindung* und *Geburt* zu belegen, ab 1902 ist nur noch *Geburt* nachzuweisen. Hier zeigt sich folglich ein diachroner Schnitt beim Gebrauch von *Entbindung* und *Geburt,* der sich zuerst im HuC abzeichnet. Eine synchrone Besonderheit findet sich in der VZ: Nur in dieser Zeitung ist das Substantiv *Niederkunft* zu verzeichnen.

Der Gebrauch von Verben ist zu keinem Untersuchungszeitpunkt besonders hoch: Das ausschließlich passivisch benutzte Verb *entbinden* kommt nur bis 1902 vor, das aktivisch benutzte Verb *beschenken* wird

104 Abb. GA-32.

nur 1875/76 verwendet. Das ebenfalls aktivisch gebrauchte Verb *schenken* tritt zwischen 1875/76 und 1952 auf, wobei sich bei *schenken* Besonderheiten beim Subjekt zeigen: Während in der KöZ ‚meine liebe Frau' das Subjekt bildet, finden sich in der NPZ ‚der liebe Gott' und ‚Gottes Gnade' als Subjekt. Die einzigen beiden Zeitungen, in denen die Eltern bekannt geben, dass ein Kind *angekommen* ist, sind die KN und der KStA. Phraseologismen treten zum ersten Mal 1943 auf. Im Jahr 2002 scheinen Eltern besonderen Wert auf Individualität der Anzeigen zu legen: Jeweils ein einziges Mal sind Ausdrücke wie ‚Wir sind komplett', ‚Der fünfte Sitzplatz ist vergeben' und ‚Meine Eltern sind...' feststellbar.

Als Bezeichnungen für das Neugeborene sind besonders häufig *Sohn*, *Tochter*, *Junge* und *Mädchen* nachzuweisen. Dazu kommen Hypokoristika wie *Söhnchen* und *Töchterchen*, wobei die Frequenz von *Töchterchen* deutlich höher ist als die von *Söhnchen*. Die Verwendung der Hypokoristika *Schwesterchen* und *Brüderchen* ist erst ab 1921 zu belegen und 2002 tritt nur noch einmal *Schwesterchen* im KStA auf, dagegen finden sich 2002 in den KN fünf Belege für *Schwester*, 1972 ist in einer Geburtsanzeige das Substantiv *Bruder* zu verzeichnen. Eine mögliche Erklärung für diese Veränderung ist, dass die Inserenten im Jahr 2002 die Substantive *Schwester* und *Bruder* den entsprechenden Hypokoristika *Brüderchen* und *Schwesterchen* vorziehen. Die Tatsache, dass Anfang des 20. Jahrhunderts erstmals die Verwandtschaftsbezeichnungen *Schwesterchen* und *Brüderchen* auftreten, deutet auf ein verändertes Familienbild: Während zuvor vereinzelt darauf verwiesen wurde, das wievielte Kind das Neugeborene war, werden die älteren Geschwister des Neugeborenen in den Geburtsanzeigen ab 1921 explizit – teilweise auch mit Nennung des Namens – erwähnt (Abb. G-43).

„Regina" ist da! Heidi hat ein Schwesterchen erhalten. Y 10. März 1943. Dies zeigen hocherfreut an. Edi Kiellag, Horst Kiellag, Uffz. d. Feldgendarmerie 1. e. Lw. Felddivision Ostfront. Berlin, den 13. März 1943.

Abb. G-43: Mopo, 16. März 1943

Im Jahr 2002 scheinen die Eltern insgesamt größeren Wert auf eine individuelle Gestaltung der Anzeigen zu legen, was sich auch in der Wahl der Bezeichnungen für das Neugeborene niederschlägt: So treten *Zauberfee*, *Prinzessin* und *kleiner Schatz* 2002 erstmals auf und sind jeweils nur in einer einzigen Anzeige zu belegen. Vornamen der Kinder finden sich ab 1916/17 in den Geburtsanzeigen. Während sie in den frühen Anzeigen keine Rolle spielten, sind sie heute obligatorischer Bestandteil von Geburtsanzeigen. Mögliche Erklärungen für die Nichtnennung des Kindsnamens wurden bereits in Kapitel I unter 1.1.4 aufgeführt, darunter die Tatsache, dass die Namengebung lange Zeit traditionell erst bei der Kindstaufe erfolgte.

Die Zahl der in den Geburtsanzeigen auftretenden Anthroponyme steigt im Untersuchungszeitraum deutlich: Während anfangs nur der Name des Vaters, der die Geburt mitteilt, in den Inseraten angeführt wird, treten später der Name der Kindesmutter, ihr Geburtsname sowie der Name des Neugeborenen hinzu. Toponyme finden sich in den Makrostrukturen Ort, Ort und Datum, Adresse und der Kombination aus Adresse und Datum.

Die Inserenten geben die Geburt bis 1943 meist mit Hilfe der Verben *anzeigen* und *mitteilen* bekannt, danach werden diese Verben nur noch selten gebraucht. In älteren Anzeigen finden sich zudem oft der Hinweis *Statt besonderer Meldung* sowie die Adverbien *hierdurch* und *hiermit*, womit die Inserenten explizit darauf aufmerksam machen, dass die Schaltung von Geburtsanzeigen im 19. Jahrhundert noch nicht üblich ist. Daneben benennen die Inserenten bis 1875/76 auch die Adressaten der Geburtsanzeigen: *Verwandte*, *Bekannte*, *Gönner*, *Freunde* und *Anverwandte*.

Die synchronen Unterschiede sind weniger gravierend: Der jahreszeitliche Bezug hat nur in den KN Einfluss auf die für das Neugeborene verwendeten Substantive. Dort werden – bedingt durch die gewählten Untersuchungszeiträume – die Neugeborenen als *Weihnachtsjunge*, *Christmädchen*, *Neujahrsrakete*, *Neujahrsüberraschung* und *schönstes Geschenk* bezeichnet. Das Substantiv *Mädel* ist nur in VZ, KN und KStA zu belegen, in allen anderen Zeitungen tritt ausschließlich *Mädchen* auf. Ähnlich verhält es sich mit dem Kompositum *Stammhalter*: Es ist lediglich in KStA, KN, HuC und FAZ feststellbar, wobei es besonders häufig und über den längsten Zeitraum im KStA vorkommt.

Die beiden Weltkriege wirken sich auf den Wortschatz der Geburtsanzeigen praktisch nicht aus: Vereinzelt sind Komposita mit dem Bestimmungswort *Krieg* wie *Kriegsjunge* und *Kriegskind* belegbar. Während beider Weltkriege wird das Substantiv *Stammhalter* besonders häufig gebraucht – im Zweiten Weltkrieg ist für *Stammhalter* die höchste

Frequenz zu verzeichnen und auch im Ersten Weltkrieg ist die Frequenz sehr hoch. Daraus ist zu schließen, dass Nachwuchs zu Kriegszeiten eine besondere Rolle gespielt hat. Es sei jedoch dahingestellt, ob die Inserenten durch die Verwendung des Substantivs *Stammhalter* ausdrücken wollten, ihren Anteil zur Sicherung des Fortbestandes des Volkes geleistet zu haben, oder ob sie lediglich deutlich machen wollten, dass mit der Geburt des Kindes – es handelt sich immer um einen Jungen – die Erhaltung des Familienstamms gesichert war.

Danksagungen finden sich in Geburtsanzeigen erst im Jahr 2002, sie sind nur in den KN und nicht im KStA festzustellen.

Insgesamt zeigt sich bei der Betrachtung der Lexik, dass der Wortschatz von Geburtsanzeigen relativ eingeschränkt ist, am zahlreichsten sind die Bezeichnungen für das Neugeborene.

4 Die Textsorte Geburtsanzeige

Auf Basis der über den gesamten Untersuchungszeitraum konstanten und damit obligatorischen Merkmale der vorliegenden Textexemplare ergibt sich folgende Definition: Die Geburtsanzeige ist eine Textsorte, durch die sich extern der Vater, die Eltern oder andere Familienangehörige im Medium Zeitung vor allem an diejenigen Leser wenden, für die das Ereignis von Interesse ist, um intern durch spezifische sinnkonstituierende Merkmalbündel aus Makrostrukturen, Satztypen und Lexik über die Geburt eines Kindes zu informieren. Makrostrukturell stehen die Geburtsmitteilung und die Angabe der Inserenten im Zentrum, weitere Informationen können hinzutreten. Syntaktisch sind wenig komplexe Strukturen kennzeichnend für die Textsorte. In lexikalischer Hinsicht sind Bezeichnungen für die Geburt, das Neugeborene und die Inserenten vorhanden, daneben Ausdrücke der Freude und Dankbarkeit sowie Anthroponyme und Toponyme. Besondere Varianten der Textsorte Geburtsanzeige existieren nicht.

Die Konstanz der Textsorte ist über den gesamten Untersuchungszeitraum gegeben, auch wenn von 1800 bis 2002 einzelne – nachfolgend spezifizierte – makrostrukturelle, syntaktische und lexikalische Merkmale wegfallen oder hinzukommen: Einen häufigen sekundären Initiator stellt die Geburtsmitteilung dar, die während des gesamten Untersuchungszeitraumes festzustellen ist und mit Abstand am häufigsten verwendet wird. Zwischen 1850 und 1952 – mit Ausnahme der Kriegsjahrgänge – ist auch der primäre Initiator Überschrift gebräuchlich. Nachdem zuvor lediglich Personenbezeichnungen wie *Junge* oder *Mädchen* für das Neugeborene benutzt wurden, ist ab 1916/17 der Name des Kindes als möglicher sekundärer Initiator vorhanden. Ab 1943 ist das Geburtsdatum als Initiator zu belegen, seit 2002 sind Mottos sowie die Angabe der Geburtsdaten (Datum, Zeit, Gewicht, Größe) des Kindes als Option nachweisbar. Die Angabe von Ort und Datum als Initiator ist eine regionale Zeiterscheinung, die nur 1800 und 1825 im HuC belegbar ist. Dasselbe gilt für die Angabe der Inserenten, die nur 1972 in der FAZ als Initiator festzustellen ist.

Ein oft gebrauchter sekundärer Terminator ist die Angabe der Inserenten. Die Nennung der Inserenten fungiert in der 1800er Probe in allen Textexemplaren als Terminator. Ein Wandel ist hinsichtlich der Identität der Inserenten vorhanden: Bis 1825 gibt der Vater die Geburt bekannt, ab 1850 vermehrt beide Elternteile gemeinsam. Von 1943 an informieren ausschließlich die Eltern gemeinsam als Inserenten über die Geburt, bis 2002 auch Geschwister, Großeltern und andere Verwandte als Sender der Mitteilung vorkommen. Bis 1972 können am Textende die Angaben Ort, Datum beziehungsweise Ort und Datum stehen. Seit 1902 ist zudem der Terminator Adresse zu finden. Zeitweilig übernimmt auch die Kombination aus Adresse und Datum die Funktion des Terminators, sie tritt erstmals 1902 auf, ist von 1916/17 bis 1943 in allen Zeitungen belegbar und nach ihrem letzten Auftreten in den Jahren 1952 und 1972 im Jahr 2002 nicht mehr nachweisbar. Die Terminatoren Danksagung, Geburtsdaten, E-Mail-Adresse sowie Freude sind 2002 erstmals feststellbar. Sie indizieren – wie auch die Vielfalt der Inserenten im letzten Untersuchungszeitpunkt – die zunehmende Individualisierung von Geburtsanzeigen.

Schmuckrahmen, die die Funktion eines nichtsprachlichen Initiators und eines nichtsprachlichen Terminators haben, sorgen für eine grafische Abgrenzung der einzelnen Textexemplare voneinander und von anderen Teilen der Zeitung. Schmuckrahmen als nichtsprachliche Initiator-Terminator-Kombinationen kommen ab 1850 vor und sind ab 1952 obligatorisch. Seit 2002 ist eine verstärkte Individualisierung der Rahmen erkennbar. Bevor Rahmen verwendet wurden, waren die Textexemplare durch horizontale Linien voneinander abgegrenzt.

Geburtsanzeigen sind im Untersuchungszeitraum umfangreicher geworden: Die durchschnittliche Zahl der als Absatz ausgestalteten Makrostrukturen, die zwischen Initiator und Terminator treten, hat sich während des Untersuchungszeitraumes von 0,71 auf 1,84 mehr als verdoppelt. Als fakultative Makrostrukturen sind unter anderem die Angaben von Ort und Datum (einzeln und in Kombination), die Angabe der Adresse sowie die Kombination aus Adresse und Datum zu nennen. Ab

1921 taucht der Name des Kindes auf, 2002 kommen Geburtsdaten, Danksagung und der Ausdruck der Freude auf. Eine repräsentative Reihenfolge der vorkommenden Makrostrukturen sieht wie folgt aus: Nach dem Initiator steht entweder der Name des Kindes oder die Geburtsmitteilung. Danach folgen die Angabe von Ort, Datum beziehungsweise Ort und Datum oder die Angabe der Adresse beziehungsweise die Kombination aus Adresse und Datum. Die Angabe der Inserenten steht meist in direkter Nähe zum Terminator, sofern sie nicht selbst als Terminator fungiert.

Grafische Darstellungen sind in Geburtsanzeigen erst im Jahr 2002 nachzuweisen. Symbole und Abbildungen treten stets zur gesamten Anzeige hinzu: Häufig sind Abbildungen von Störchen, von Tierfamilien zur Symbolisierung des Familienzuwachses und des Zusammenlebens, von Kinderspielzeug und von Babys.

Wenig komplexe syntaktische Strukturen sind kennzeichnend für Geburtsanzeigen. Überwiegend verwenden die Inserenten isoliert gebrauchte einfache Sätze, wobei die Frequenz von Nominal- und Verbalsätzen ausgewogen ist. Unter den seltenen Gesamtsätzen sind parataktische häufiger als hypotaktische, parataktisch-hypotaktische Gesamtsätze stellen eine Ausnahme dar. Bei den parataktischen Gesamtsätzen in der Geburtsmitteilung handelt es sich fast ausschließlich um kopulative Satzverbindungen, die asyndetisch durch Komma beziehungsweise Semikolon oder syndetisch durch *und* verknüpft sind. Adversative Satzverbindungen, die durch *aber* verbunden sind, kommen nur selten vor. Die parataktischen Gesamtsätze bestehen aus maximal drei Teilsätzen, die sowohl nominal als auch verbal sein können. Hypotaktische Gesamtsätze zeigen sich nur bei der Geburtsmitteilung, es handelt sich entweder um mit *dass* eingeleitete Subjunktionalsätze in Objektfunktion oder um Relativsätze. Letztere treten sowohl in Funktion eines weiterführenden Nebensatzes als auch in Funktion eines Attributsatzes auf.

Neben Aussagesätzen, die in den Geburtsanzeigen dominieren, sind vereinzelt Ausrufesätze bei der Überschrift und der Geburtsmitteilung nachzuweisen. Appositionen werden während des gesamten Untersuchungszeitraumes verwendet. Während der Geburtsname der Mutter in allen Jahrgängen zu belegen ist, ist die Berufsbezeichnung des Vaters nur bis Anfang des 20. Jahrhunderts zu finden.

In lexikalischer Hinsicht sind in Geburtsanzeigen über den gesamten Zeitraum Bezeichnungen für die Geburt und für das Neugeborene genauso zu finden wie Personenbezeichnungen, Ausdrücke der Freude und Dankbarkeit sowie Anthroponyme, Toponyme und Zeitangaben. Die Geburt wird anfangs noch als *Entbindung* (bis 1875) und *Niederkunft* (bis 1825) bezeichnet, danach wird das Substantiv *Geburt* benutzt. Als Verben sind etwa *entbinden* (1850), *schenken* (1875 bis 1952), *geboren* (1943 bis 2002), *ein Kind bekommen* (1943 bis 1972) sowie der Phraseologismus *das Licht der Welt erblicken* (1943 bis 2002) belegbar. 2002 werden individuelle Umschreibungen wie ‚Wir sind komplett' üblicher. Individueller sind 2002 auch die Bezeichnungen für das Kind (*Zauberfee*, *Prinzessin*, *Neujahrsüberraschung*). 2002 werden Adjektive wie *gesund*, *kräftig* und *prächtig*, die von 1800 bis 1972 den Gesundheitszustand des Kindes beschreiben, nicht mehr gebraucht. Gleiches gilt für Bezeichnungen zur Bekanntgabe der Geburt wie *anzeigen*, *vermelden*, *mitteilen* und *die Meldung machen*.

Die Konstruktion der Geburtsanzeige zeigt ein hohes Maß kontinuierlich verwendeter makrostruktureller, syntaktischer und lexikalischer Merkmale. Innerhalb dieser Merkmalbündel bleibt den Inserenten jedoch genügend Spielraum für Variabilität bei ihrer inhaltlichen Ausgestaltung. Die untersuchten Anzeigen spiegeln im Untersuchungsverlauf eine zunehmende Individualisierung wider. Weiterhin lassen sich anhand der angegebenen Inserenten ein gewandeltes Familienbild und Rollenverständnis ableiten. Dies wird an dem Umstand deutlich, dass bis 1825 stets der Vater die Geburt bekannt gibt, ab 1850 dann vermehrt beide Elternteile gemeinsam als Inserenten auftreten, bis 2002 schließlich sogar Geschwister, Großeltern und andere Verwandte als Sender der Mitteilung fungieren.

III Verbindungsanzeigen

Das Korpus dieser Arbeit enthält insgesamt 956 Verbindungsanzeigen, von denen 405 Heirats- und 551 Verlobungsanzeigen sind. Die Anzeigen stammen aus einem Zeitraum von mehr als 200 Jahren. In diesem Zeitraum hat die gesellschaftliche Einstellung zur Partnerschaft und zur Institution Ehe Veränderungen erfahren. Bereits zu Beginn des Untersuchungszeitraumes ist ein Wandel in der Einstellung zur Ehe zu belegen. Während die Ehe zuvor „vorwiegend der Besitzvererbung, der sozialen Integration und der ökonomischen Sicherheit“[1] diente, entwickelt sich eine intimere Beziehung zwischen den Ehepartnern:

> *Beim Bürgertum des ausgehenden 18. Jahrhunderts wird Liebe zum ersten Mal in der Geschichte zur Grundvoraussetzung für die Ehe. Die Eheschließung aus ausschließlich sachlichen, also ökonomischen oder hereditären Erwägungen, wird abgelehnt.*[2]

Burkart/Fietze/Kohli verweisen darauf, dass es bis „zum 16. Jahrhundert [...] keine allgemein verbindliche Form der Legalisierung privater (zweigeschlechtlicher) Lebensformen“[3] gab. Mit dem gesellschaftlichen Wandel im 18. Jahrhundert ist „die Liebe [...] zum ersten Mal in der Geschichte zweiseitig mit der Ehe gekoppelt [...]: Liebe ist unabdingbare Voraussetzung für die Ehe und Liebe außerhalb der Ehe ist illegitim.“[4]

Trotz der genannten Veränderungen hatte die Versorgungsehe jedoch auch weiterhin eine nicht zu vernachlässigende Bedeutung: In der Folge des Todes des Ehepartners „wurde nach kurzer Trauerzeit bald die nächste Ehe eingegangen.“[5] Ein Witwer brauchte jemanden, der ihm den Haushalt führte und die Kindererziehung abnahm, eine Witwe jemanden, der sie materiell versorgte. Auch Möhle weist auf Basis einer biografischen Untersuchung von Göttinger Handwerksfamilien nach, dass die Partnerwahl noch zu Beginn des 19. Jahrhunderts nicht selten materiell begründet war:

> *Die in den Quellen des 18. und frühen 19. Jahrhunderts überlieferten Erwartungen und Hoffnungen von Männern und Frauen bei ihrer Eheschließung lassen keinen Zweifel daran, was für sie die höchste Priorität hatte:*

1 *Burkart/Fietze/Kohli* (1989: 70).
2 Ebd.
3 *Dies.* (1989: 71f.).
4 *Dies.* (1989: 71).
5 *Mitterauer* (1977: 82).

daß ihr jeweiliger Ehepartner genügend Arbeitskraft, Fähigkeiten und materielle Güter in die Ehe mitbringen würde, um eine Familie zu ernähren.[6]

Spätestens in den 1970er Jahren kommt zur traditionellen Ehe eine weitere familiäre Lebensform hinzu: die nichteheliche Lebensgemeinschaft. Belief sich die Zahl der nichtehelichen Lebensgemeinschaften im Jahr 1972 noch auf 137.000, so verzehnfachte sie sich bis zum Jahr 1995 auf 1.338.000.[7]

Ein Grund für diese Verzehnfachung kann der am 23. November 1973 erfolgte Wegfall des so genannten Kuppelei-Paragrafen, § 180 des Strafgesetzbuches (StGB), sein, der bis zu diesem Zeitpunkt den Tatbestand der Kuppelei enthielt, der strafrechtlich verfolgt wurde. Nur durch eine Verlobung, die die anschließende Heirat implizierte, war einem Paar der Austausch intimer Zärtlichkeiten in der Wohnung der Eltern beziehungsweise des Bräutigams erlaubt und hatte die Straflosigkeit des Wohnungsgebers – der Eltern oder des Vermieters – zur Folge.[8] Die nichteheliche Lebensgemeinschaft, deren Zahl seit den 1970er Jahren in Deutschland stark zugenommen hat, ist nach Schmidt jedoch nicht als Gegenmodell zur Ehe zu interpretieren, sondern „eine moderne Form der Verlobung bzw. eine ‚Ehe auf Probe'".[9] Durch die Änderung des Strafrechts ist die Verlobung eines Paares nun nicht mehr zwingend notwendig, somit können beide Partner auch ohne Verlobung und Heirat in einer gemeinsamen Wohnung zusammenleben.

Das Phänomen des Zögerns junger Paare mit der Heirat beschreibt ein Artikel in der Süddeutschen Zeitung vom 25. August 2008 sehr anschaulich. Die Frage, ob es sich bei der Ehe um ein Auslaufmodell handelt, wird dort mit einem klaren Nein beantwortet:

Mit mehr als 18 Millionen [...] solcher Verbindungen ist die Ehe in Deutschland immer noch die häufigste Form des Zusammenlebens von Paaren. Allerdings haben sich die Motive verschoben. Der gesellschaftliche und wirtschaftliche Druck, eine feste Beziehung einzugehen, spielt eine geringere Rolle. Ungebrochen ist aber offenbar die Sehnsucht nach dauerhafter Liebe und Partnerschaft – und das, obwohl fast jede zweite Ehe geschieden wird.[10]

Bei der Betrachtung statistischer Daten zu Eheschließungen zeigt sich, dass die Anzahl der Eheschließungen in den Jahren 1851, 1875 und 1900 stetig ansteigt: Die Anzahl der Eheschließungen wächst von 296.753

6 *Möhle* (1993: 39).
7 Vgl. *Schmidt* (2002: 298).
8 Zum so genannten Kuppelei-Paragrafen siehe auch I.4.3.
9 *Schmidt* (2002: 303).
10 *Hardenberg* (2008).

über 386.746 auf 476.491.[11] Im Jahr 1916 sinkt sie auf 279.076, steigt 1917 aber bereits wieder leicht auf 308.446 an und ist 1921 mit einer Anzahl von 731.157 mehr als doppelt so hoch wie im Jahr 1851.[12] Im Jahr 1952 beläuft sich die Zahl der Eheschließungen auf 455.256, 1972 auf 415.132 und im Jahr 2002 – trotz der Wiedervereinigung 1990 – schließlich nur auf 391.963.[13] Während die Zahl der Eheschließungen seit Mitte des 20. Jahrhunderts stetig sinkt, nimmt die Anzahl der Scheidungen ab Mitte der 1950er Jahre zu: So erfasst das Statistische Bundesamt für das Jahr 1952 insgesamt 51.593 gerichtliche Ehelösungen.[14] Im Jahr 1972 liegt die Zahl der Scheidungen bereits bei 86.734 und im Jahr 2002 sogar bei 204.605.[15]

Für die Anzahl der Eheschließungen je 1.000 Einwohner ergibt sich folgendes Bild: 1851 beläuft sich die Zahl auf 8,3, 1875 auf 9,1, 1902 auf 7,9, 1916 auf 4,1, 1917 auf 4,7 sowie 1921 auf 11,8. Während des Zweiten Weltkrieges sinken die Eheschließungen je 1.000 Einwohner im Vergleich zu 1921 deutlich: Sie liegen 1942 bei 7,4 und 1943 bei 7,3. Im Jahr 1952 steigen die Anteile wieder, nämlich auf 9,4 Eheschließungen je 1.000 Einwohner. 1972 beläuft sich die Zahl der Eheschließungen je 1.000 Einwohner nur noch auf 6,7, 2002 sogar nur auf 4,8.[16] Die Zahl der Eheschließungen wächst bis 1952 – mit Ausnahme beider Weltkriege – stetig an, ab 1972 sinkt sie dann deutlich.

1 Initiatoren, Terminatoren, Makrostrukturen

Verbindungsanzeigen zeichnen sich wie Geburtsanzeigen durch verschiedene primäre und sekundäre Initiatoren und Terminatoren sowie unterschiedliche Makrostrukturen aus.[17] Ihre Anzahl und Variation in den Verbindungsanzeigen ist allerdings sehr eingeschränkt. In den Verbindungsanzeigen treten nur Einzelinitiatoren und -terminatoren auf, Initiatoren- und Terminatorenbündel sind nicht zu finden.

11 Vgl. *Kaiserliches Statistisches Amt* (1902: 11f.).
12 Vgl. *Statistisches Reichsamt* (1923: 26).
13 Vgl. *Statistisches Bundesamt* (1952: 54), *dass.* (1977: 68).
14 Vgl. *dass.* (1953: 56).
15 Vgl. *dass.* (1977: 76), *dass.* (2007: 56).
16 Vgl. *Kaiserliches Statistisches Amt* (1902: 11), *Statistisches Bundesamt* (1953: 56), *dass.* (1977: 68), *dass.* (2007: 50, 52).
17 Zur Unterscheidung von primärem und sekundärem Initiator siehe I.3.3.2.1.

1.1 Initiatoren

Bei Verbindungsanzeigen lassen sich verschiedene Initiatoren feststellen, insgesamt ist die Variationsbreite jedoch gering: Als primäre Initiatoren fungieren Schmuckrahmen und Überschriften. Als sekundäre Initiatoren kommen die Mitteilung der Verbindung und die Angabe der Inserenten vor, vereinzelt sind außerdem die Angabe von Ort und Datum, ein Motto und ein Ausruf als einleitende Textbegrenzungssignale zu belegen. Eine Besonderheit bei Verbindungsanzeigen liegt darin, dass neben den Anzeigen, die einen spezifischen Initiator aufweisen, auch Anzeigen zu verzeichnen sind, die über keinen spezifischen Initiator verfügen. Eine Übersicht aller in Verbindungsanzeigen auftretenden Initiatoren ist Tabelle VA-4 zu entnehmen, ein Überblick über die Frequenz der Rahmen findet sich in Tabelle VA-3.

1.1.1 Schmuckrahmen

Rahmen waren in Verbindungsanzeigen nicht zu allen Zeitpunkten üblich. Vor dem Auftreten von Rahmen, bei denen es sich um eine nichtsprachliche Kombination aus Initiator und Terminator handelt, waren die einzelnen Textexemplare – wie die Geburtsanzeigen – durch horizontale Linien voneinander abgegrenzt.[18] Diese grafischen Elemente der Textbegrenzung sind für Verbindungsanzeigen in allen vorliegenden Zeitungen zu belegen, sofern sie nicht von einem Rahmen umfasst sind.[19]

In der KöZ ist 1850 erstmals eine Verbindungsanzeige mit einem Rahmen nachzuweisen, 1876 gibt es in der KöZ zwei Anzeigen mit Rahmen. Im Jahr 1902 treten Schmuckrahmen in Verbindungsanzeigen dann auch in der VZ (6,4 Prozent) und den KN (23,5 Prozent) auf, ihr Anteil steigt von diesem Zeitpunkt an kontinuierlich, bis sie 1916/17 schließlich in allen Zeitungen festzustellen sind: Während die Anteile in Mopo (30 Prozent), HuC (50 Prozent), KN (70,4 Prozent) und VZ (57,9 Prozent) noch unter 100 Prozent liegen, haben in der LZ und dem KStA zu diesem Zeitpunkt alle Verbindungsanzeigen einen Rahmen. Eine Besonderheit zeigt sich im Jahr 1942/43: Im KStA, den KN und der Mopo findet sich zu diesem Zeitpunkt keine einzige Anzeige mit Schmuckrahmen, in der LZ dagegen verfügen die Anzeigen über einen Rahmen. Ab 1952 ergibt sich für alle untersuchten Zeitungen dagegen ein Wert von

18 Siehe hierzu auch I.5.1.

19 Zu den unterschiedlichen in den untersuchten Verbindungsanzeigen vorkommenden Rahmenformen siehe Abb. RA-2.

100 Prozent. Rahmen sind somit ab diesem Zeitpunkt obligatorisches Merkmal von Verbindungsanzeigen.

Die anfangs in Verbindungsanzeigen verwendeten Schmuckrahmen sind besonders verziert und verspielt. Diese Art Rahmen ist jedoch nur bis einschließlich 1921 nachzuweisen. Ab 1916/17 tauchen schlichte eckige, ab 1921 Rahmen mit abgerundeten Ecken auf. In Verbindungsanzeigen sind Rahmen ebenso wie in Geburts- und Todesanzeigen als nichtsprachliche Kombination aus Initiator und Terminator aufzufassen, da sie sowohl den Textanfang als auch das Textende markieren.

1.1.2 Überschrift

Eine Überschrift zur Kennzeichnung des Textbeginns ist erstmals 1850 zu belegen, bereits zu diesem Zeitpunkt sind die Anteile sehr hoch: Die höchste Frequenz lässt sich mit 76,9 Prozent in HuC und NPZ nachweisen, gefolgt von der KöZ mit 60 Prozent. In der VZ sind 1850 keine Überschriften festzustellen. Als Überschriften kommen im HuC ‚Verlobungs-Anzeige' und ‚Heirath-Anzeige' vor, in der NPZ sind ‚Verbindungs-Anzeige', ‚Verlobungs-Anzeige', ‚Heiraths-Anzeige' und ‚Verheiratet', in der KöZ ‚Verlobungs-Anzeige' sowie ‚Heiraths-Anzeige' vorhanden. In der 1875/76er Probe liegen die Anteile der Überschriften bei 88,3 (VZ), bei 66,7 (HuC) und bei 21,7 Prozent (KöZ), in der NPZ gibt es nur eine Anzeige mit Überschrift (3,3 Prozent). Während alle Überschriften im HuC ‚Hochzeits-Anzeige' lauten, ist in der VZ fast ausschließlich die Überschrift ‚Statt jeder besonderen Meldung!' zu finden (Abb. V-4). Die größte Variation der Überschriften lässt sich in der KöZ belegen: ‚Statt jeder besonderen Anzeige', ‚Statt jeder besonderen Meldung!', ‚Verlobungs-Anzeige' und ‚Verspätet'.

Statt jeder besonderen Meldung!
Carl Pander,
Ara Pander, geb. Philipp.
Vermählte.
Berlin, S.-O., den 30. März 1875.
Neanderstr. 30., 1 Tr. rechts.

Abb. V-4: VZ. 3. April 1875

Im Jahr 1902 sinken die Anteile der Überschriften deutlich: In den KN ergibt sich mit einem Anteil von 35,3 Prozent die höchste Frequenz, in VZ und HuC belaufen sich die Werte lediglich auf 19,1 beziehungsweise 6,3 Prozent. In Mopo und NPZ sind Überschriften nicht zu verzeichnen.

Die Überschrift ‚Statt besonderer Anzeige' taucht nur in KN, HuC und VZ auf, ‚Statt besonderer Meldung' ist in KN und VZ und ‚Statt jeder besonderen Anzeige' nur in der VZ nachzuweisen. In der Probe aus dem Ersten Weltkrieg treten außer der LZ in allen vorliegenden Zeitungen Überschriften als Initiator auf. Während sich für HuC, KN, Mopo, NPZ und VZ Anteile zwischen 25 und 36,8 Prozent ergeben, zeigen sich im KStA mit einem Anteil von 53,3 Prozent deutlich höhere Werte. Fast ausschließlich wird die Überschrift ‚Statt Karten' verwendet, lediglich im KStA ist eine Anzeige mit der Überschrift ‚Statt jeder besonderen Anzeige' und in der NPZ eine Anzeige mit der Überschrift ‚Verspätet' nachzuweisen. In KN und HuC und Mopo findet sich während des Ersten Weltkrieges ausschließlich die Überschrift ‚Statt Karten', im KStA sind ‚Statt Karten' und ‚Statt jeder besonderen Anzeige', in der VZ ‚Statt Karten' und ‚Statt besonderer Anzeige' zu belegen. Die größte Variationsbreite bei den Überschriften ist 1916/17 in der NPZ nachweisbar: Dort finden sich ‚Statt Karten', ‚Statt jeder besonderen Anzeige' und ‚Verspätet'.

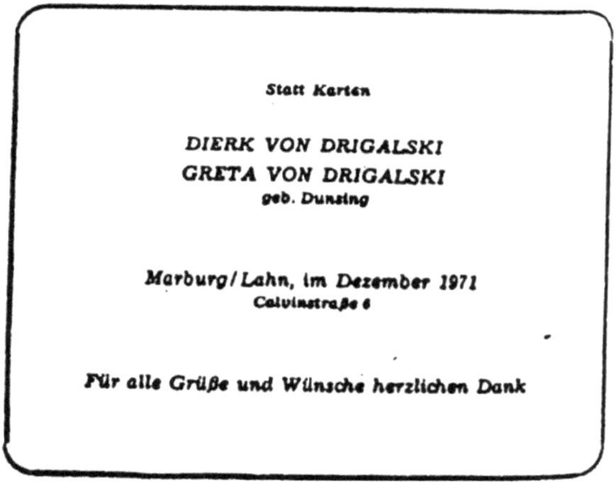

Statt Karten

DIERK VON DRIGALSKI
GRETA VON DRIGALSKI
geb. Dunsing

Marburg/Lahn, im Dezember 1971
Calvinstraße 6

Für alle Grüße und Wünsche herzlichen Dank

Abb. V-5: Welt, 11. Januar 1972

Im Jahr 1921 ist in allen untersuchten Zeitungen die Überschrift ‚Statt Karten' zu belegen. Außerdem ist ‚Statt jeder besonderen Anzeige' im HuC, ‚Statt besonderer Anzeige' sowie ‚Statt besonderer Meldung' in KN und NPZ festzustellen. Der höchste Überschriftenanteil ergibt sich 1921 mit einem Wert von 35,3 Prozent in der VZ, gefolgt von der NPZ (33,3 Prozent), der Mopo (25 Prozent), dem HuC (23,5 Prozent) sowie dem KStA (17,6 Prozent). In der LZ belaufen sich die Anteile auf 12,5 und in den KN auf 10,6 Prozent. In den Verbindungsanzeigen aus dem Zweiten Weltkrieg ist der Initiator Überschrift nicht nachzuweisen. Im Jahr 1952 sind Überschriften als Initiator nur im KStA (33,3 Prozent), in der Welt und der FAZ (jeweils 20 Prozent) zu verzeichnen. Während im KStA und der Welt nur die Überschrift ‚Statt Karten' vorkommt, findet sich in der FAZ ausschließlich die Überschrift ‚Statt jeder besonderen Anzeige'. In der 1972er Probe gibt es nur noch die Überschrift ‚Statt Karten': Sie ist im KStA (13,3 Prozent), in der Welt (12,5 Prozent) und der FAZ (11,1 Prozent) festzustellen (Abb. V-5). 2002 treten Überschriften in Verbindungsanzeigen nicht auf.

Der Initiator Überschrift ist nur zwischen 1850 und 1972 in Verbindungsanzeigen nachweisbar. Dies bedeutet nicht, dass der Initiator zu diesen Zeitpunkten grundsätzlich nicht vorkommt, sondern lediglich, dass die entsprechenden Verbindungsanzeigen im Korpus nicht über eine Überschrift verfügen. Trotzdem ist das Fehlen von Überschriften zu den genannten Zeitpunkten ein Indiz dafür, dass Überschriften zu bestimmten Zeiten in Verbindungsanzeigen nicht als Initiator verwendet wurden, zu anderen Zeiten dagegen schon. In der 1850er Probe liegen die Anteile der Überschriften in KöZ, NPZ und HuC mindestens bei 60 (KöZ) und maximal bei 76,9 Prozent (HuC), in der VZ kommen Überschriften nicht vor. Auch in der Probe aus dem Jahr 1875/76 zeigt sich in NPZ und HuC eine hohe Frequenz für den Initiator Überschrift, während sich in der KöZ mit einem Anteil von 21,7 Prozent ein weitaus niedrigerer Wert ergibt, in der NPZ sind keine Überschriften vorhanden. 1902 sinken die Anteile deutlich, steigen in der Probe des Ersten Weltkrieges jedoch wieder leicht an. 1921 ergeben sich ähnliche Anteile wie 1916/17, im Zweiten Weltkrieg gibt es keine einzige Anzeige, in der eine Überschrift als Initiator auftritt. 1952 und 1972 sind Überschriften ausschließlich in Welt, FAZ und KStA zu verzeichnen, in keiner dieser Zeitungen ist die Frequenz sonderlich hoch. 2002 sind Überschriften nicht mehr zu finden. Also kommen Überschriften nicht durchgehend und nicht in allen Zeitungen vor.

Zur Variationsbreite der Überschriften ist festzustellen, dass zu Beginn des Untersuchungszeitraumes verschiedene Überschriften zu belegen sind, diese Variationsbreite im Laufe der Untersuchung jedoch abnimmt: Die Überschriften ‚Hochzeits-Anzeige' und ‚Verlobungs-Anzeige' sind letztmals im Jahr 1875/76 vertreten, danach kommen nur noch Überschriften der Form ‚Statt ...' vor, bis sich 1972 schließlich nur noch die Überschrift ‚Statt Karten' belegen lässt.

1.1.3 Mitteilung der Verbindung

Die Mitteilung der Verbindung ist in Verbindungsanzeigen obligatorisch, sie hat Informationsfunktion. Oft übernimmt die Mitteilung der Verbindung – in der zum Teil auch die Inserenten genannt werden – die Funktion des Initiators in den Anzeigen, sie ist somit häufig in den vorliegenden Inseraten als sekundärer Initiator nachzuweisen.

Für die Mitteilung der Verbindung als einleitendes Textbegrenzungssignal ergeben sich 1800/03 in der VZ Anteile von 6,3, im HuC von 87,5 und in der BayZ von 100 Prozent (Abb V-6). In der 1819/25er Probe beläuft sich der Anteil in allen Zeitungen (HuC, KöZ und VZ) auf 100 Prozent. Im Jahr 1850 sinken die Anteile schließlich in fast allen Zeitungen: Während in der VZ noch ein Anteil von 100 Prozent festzustellen ist, beträgt er in der KöZ 40 und in HuC sowie NPZ 23,1 Prozent. 1875/76 zeigt sich in der NPZ mit einem Anteil von 93,3 Prozent eine sehr hohe Frequenz für das Textbegrenzungssignal Mitteilung der Verbindung, in KöZ und HuC ist es mit 21,7 beziehungsweise 33,3 Prozent deutlich niedriger.

Unsern auswärtigen Freunden machen wir unsere
heute vollzogene eheliche Verbindung hiedurch bekannt.
Celle, den 10ten Januar 1800.
Johann Jacob Heitmann aus Lüneburg.
Johanna Carolina Heitmann, gebohrne
Jührs.

Abb. V-6: HuC, 25. Januar 1800

Zu Beginn des 20. Jahrhunderts ergeben sich für die NPZ hohe Anteile (100 Prozent), für VZ (61,7 Prozent), Mopo (50 Prozent) und HuC (31,3 Prozent) mittlere und für die KN (23,5 Prozent) niedrige Anteile. Während des Ersten Weltkrieges beläuft sich der sekundäre Initiator Mitteilung der Verbindung auf Anteile zwischen 6,7 (KStA) und 60 Prozent (NPZ), in der LZ ist die Mitteilung der Verbindung nicht in Initiatorfunktion zu belegen. Im Jahr 1921 sind die Anteile zum Teil weit gestreut: In NPZ (61,9 Prozent), KN (57,4 Prozent) und Mopo (50 Prozent) ist die Frequenz für den Initiator Mitteilung der Verbindung deutlich höher als in den übrigen Zeitungen, in denen sich Anteile zwischen 29,4 (VZ) und 11,8 Prozent (KStA) ergeben.

In der Probe aus dem Zweiten Weltkrieg beträgt der Anteil für die Mitteilung der Verbindung in fast allen Zeitungen 100 Prozent; die Ausnahme wird von der LZ gebildet, in der sich Anteile von 50 Prozent ergeben. 1952 sind in LZ und Mopo für den Initiator Mitteilung der Verbindung Anteile von 100 und in den KN von 95 Prozent nachzuweisen. In der Welt dagegen sind die Anteile lediglich bei 30 und im KStA bei 26,7 Prozent – in der FAZ kommt die Mitteilung der Verbindung nicht in Initiatorfunktion vor. 1972 ist sie schließlich auch in FAZ (44,4 Prozent) als Textbegrenzungssignal zu verzeichnen. In KStA (86,7 Prozent), Welt (62,5 Prozent), KN (99 Prozent) sowie Mopo (100 Prozent) ist die Frequenz jedoch deutlich höher als in der FAZ. Im Jahr 2002 ergibt sich für den Initiator Mitteilung der Verbindung im KStA ein Anteil von 83,3 und in den KN von 66,7 Prozent.

Eine hohe Frequenz für den Initiator Mitteilung der Verbindung ist somit besonders zu Beginn des Untersuchungszeitraumes zu belegen. In der 1850er Probe sinkt das Vorkommen des Initiators Mitteilung der Verbindung in NPZ, HuC und KöZ signifikant. Eine Erklärung hierfür kann im erstmaligen Auftreten des primären Initiators Überschrift liegen – statt der Mitteilung der Verbindung verwenden die Inserenten der Anzeige nun eine Überschrift als texteinleitendes Element. Bis einschließlich 1921 sind für den Initiator Mitteilung der Verbindung in fast allen Zeitungen mittlere Anteile feststellbar, lediglich in der VZ ergeben sich Mitte des 19. Jahrhunderts Anteile von bis zu 100 Prozent. Im Zweiten Weltkrieg steigt der Initiator Mitteilung der Verbindung in allen Zeitungen – außer der LZ – auf 100 Prozent und ist zu diesem Zeitpunkt folglich neben der Angabe der Inserenten der einzige nachweisbare Initiator in Verbindungsanzeigen. Der Grund für den Verzicht auf Überschriften als Initiator könnte auf den Papier- und den daraus resultierenden Platzmangel während des Krieges zurückzuführen sein. Im Jahr 1952 ergibt sich für den Initiator Mitteilung der Verbindung mit Ausnahme von Welt und KStA in allen untersuchten Zeitungen eine hohe Frequenz. Eine durchgehend hohe bis mittlere Frequenz ist auch 1972 und 2002 nachzuweisen, lediglich für die FAZ 1972 lassen sich nur Anteile von 44,4 Prozent belegen.

1.1.4 Angabe der Inserenten

Die Nennung der Inserenten ist in Verbindungsanzeigen obligatorisch, sie dient der Kennzeichnung des Senders. Die Makrostruktur Angabe der Inserenten hat häufig Textbegrenzungsfunktion, sie tritt meist als sekundärer Initiator oder Terminator in den Anzeigen auf. Wenn die Angabe der Inserenten nicht sekundärer Initiator oder Terminator ist, kann sie auch als eigene Makrostruktur oder als Teil der Makrostruktur Mitteilung der Verbindung vorkommen.

Die Angabe der Inserenten ist seit Beginn des Untersuchungszeitraumes als sekundärer Initiator in Verbindungsanzeigen festzustellen, wenn auch nicht in allen vorliegenden Zeitungen. So findet sich die Angabe der Inserenten 1800/03 in der VZ in 93,8 Prozent aller Anzeigen als Textbegrenzungssignal, in BayZ und HuC ist sie dagegen nicht als Initiator nachzuweisen. Danach kommt die Angabe der Inserenten erst wieder im Jahr 1875/76 vor, wobei sich in der KöZ mit einem Anteil von 56,5 Prozent signifikant hohe Werte ergeben (Abb. V-7). In der VZ belaufen sich die Anteile lediglich auf 11,7, in der NPZ sogar nur auf 3,3 Prozent. Im HuC kommt der Terminator Angabe der Inserenten 1875/76 nicht vor. 1902 ist ein deutlicher Anstieg der Angabe der Inserenten zu verzeichnen: Sie liegt im HuC bei 62,5, in der Mopo bei 50, in den KN bei 41,2 und in der VZ bei 19,1 Prozent. Während des Ersten Weltkrieges sinken die Anteile deutlich. Die höchste Frequenz ist mit 100 Prozent in der LZ, die niedrigste mit 6,7 Prozent in der NPZ vorhanden. In den übrigen Zeitungen beläuft sich die Angabe der Inserenten auf Anteile zwischen 20 (Mopo) und 47,4 Prozent (KN). In der 1921er Probe ergeben sich für den Initiator Angabe der Inserenten im KStA Anteile von 64,7, in der LZ von 62,5 Prozent, in VZ und HuC von 35,3, in der Mopo von 25 und in den KN von 19,1 Prozent. Während des Zweiten Weltkrieges spielt die Angabe der Inserenten als sekundärer Initiator quantitativ so gut wie keine Rolle: Die LZ ist die einzige Zeitung, in der der Initiator Angabe der Inserenten nachgewiesen werden kann – sein Anteil liegt bei 50 Prozent. Auch nach dem Zweiten Weltkrieg nimmt die Frequenz der Angabe der Inserenten nicht wieder zu. So findet sie sich 1952 nur im KStA (26,7 Prozent) sowie der FAZ (20 Prozent) und dann erst wieder 2002 im KStA (16,7 Prozent).

Erna Kaehler
Wilhelm Dahmlos
Verlobte.
Kiel, Maßmannstr. 19, den 28. September 1921.

Abb. V-7, 29. September 1921

Der Initiator Angabe der Inserenten kommt zu Beginn des Untersuchungszeitraumes lediglich in der VZ vor. In der 1819/25er und 1850er Probe ist er in keiner Zeitung zu belegen. Die höchsten Anteile für die Angabe der Inserenten treten zwischen 1875/76 und 1921 auf, wobei die

Anteile der einzelnen Zeitungen deutlich voneinander abweichen: So sind Anteile von mindestens 50 Prozent 1850 in KöZ, 1902 in Mopo und HuC, 1916/17 in LZ sowie 1921 in LZ und KStA feststellbar. Anteile unter 20 Prozent sind dagegen 1875/76 in NPZ und VZ, 1902 in VZ, 1917 in NPZ sowie 1921 in KN nachzuweisen. Sowohl in der Probe aus dem Zweiten Weltkrieg als auch in den folgenden Proben hat die Angabe der Inserenten als Initiator nur eine untergeordnete Bedeutung, sie kommt lediglich vereinzelt vor.

Diachron gesehen spielt die Angabe der Inserenten somit nur zwischen 1875/76 und 1921 als Initiator eine Rolle. Nach 1942/43 ist sie nur noch in KStA und FAZ zu belegen. Synchron betrachtet hat die Angabe der Inserenten im Jahr 1917 besonders in der LZ eine Bedeutung. Dort beträgt ihr Anteil 100 Prozent.

1.1.5 Weitere Initiatoren

Als weitere sekundäre Initiatoren treten in Verbindungsanzeigen vereinzelt die Angabe von Ort und Datum, ein Motto oder ein Ausruf auf, die Frequenz dieser Initiatoren ist jedoch zu allen Zeitpunkten niedrig.

Die Angabe von Ort und Datum lässt sich aufgrund ihrer Platzierung lediglich in einer einzigen Anzeige als Textbegrenzungssignal am Textanfang nachweisen, 1800 im HuC (Abb. V-8). Ein Datum oder eine Kombination aus Ort und Datum beziehungsweise aus Ort, Datum und Straße kommen häufiger als sekundäre Terminatoren vor.[20]

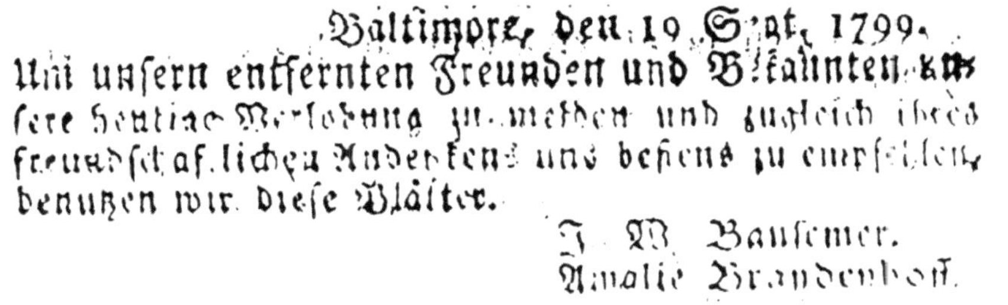

Baltimore, den 19. Sept. 1799.
Um unsern entfernten Freunden und Bekannten unsere heutige Verlobung zu melden und zugleich ihres freundschaftlichen Andenkens uns bestens zu empfehlen, benutzen wir diese Blätter.
J. M. Bausemer.
Amalie Brandenhoff.

Abb. V-8: HuC, 11. Januar 1800

Die Initiatoren Motto und Ausruf sind ausschließlich 2002 in den KN zu belegen. Insgesamt gibt es drei Verbindungsanzeigen mit einem Motto und zwei Anzeigen mit einem Ausruf, damit ergeben sich für Mottos Anteile von 20 Prozent und für Ausrufe von 13,3 Prozent. Als Mottos sind

20 Siehe hierzu III.1.2.3, III.1.2.4 sowie III.1.2.6.

ein Gedicht[21] sowie die beiden Sinnsprüche ‚Der Himmel ist der Platz an Deiner Seite!‘[22] und ‚Liebe ist ... wenn sich zwei gesucht und gefunden haben‘[23] feststellbar. Als Ausrufe kommen ‚... endlich!‘ und ‚Tschüss, Kiel!‘ vor.[24] Möglicherweise entscheiden sich die Inserenten für die Verwendung eines Mottos beziehungsweise eines Ausrufs, um die Anzeigen auf diese Weise individueller zu gestalten. Ob es sich bei dem Gebrauch eines Mottos oder Ausrufs in Verbindungsanzeigen um eine Ausnahme oder um eine Makrostruktur handelt, die sich in Verbindungsanzeigen allmählich durchsetzt, lässt sich nur durch weitere Untersuchungen zu späteren Untersuchungszeitpunkten ermitteln. In den KN ist es im Jahr 2002 nicht unüblich, ein Motto oder einen Ausruf als Initiator zu verwenden, während weder das eine noch das andere 2002 im KStA vorhanden ist.

Motto und Ausruf sind makrostrukturelle Elemente, die sich in Verbindungsanzeigen langsam durchsetzen: In Todesanzeigen sind Mottos schon länger zu verzeichnen, in Geburtsanzeigen treten sie wie in Verbindungsanzeigen erstmals im Jahr 2002 auf. Grundsätzlich kommen viele makrostrukturelle Elemente – beispielsweise Überschrift und Schmuckrahmen – zuerst in Todesanzeigen vor, bevor sie dann auch in Geburts- und Verbindungsanzeigen zu belegen sind.

1.1.6 Kein spezifischer Initiator

Nicht alle Verbindungsanzeigen verfügen über einen spezifischen Initiator. Bei den Anzeigen ohne spezifischen Initiator handelt es sich um Anzeigen, in denen sowohl die Eltern der Braut als auch der Bräutigam beziehungsweise das Brautpaar die Verbindung bekannt geben. Vereinzelt teilen anstelle der Eltern auch andere Verwandte der Braut, etwa Onkel und Tante, die Verbindung mit.[25] Diese Anzeigen, die aus zwei Teilanzeigen bestehen, werden im Folgenden als ‚Doppelanzeigen‘ bezeichnet. Doppelanzeigen gibt es hauptsächlich bei Verlobungsanzeigen, bei Heiratsanzeigen kommen sie nur vereinzelt vor.[26] Insgesamt enthält das Korpus 147 Doppelanzeigen, von denen 55 nebeneinander und 92 untereinander angeordnet sind.

---

21 Abb. VA-2.

22 Abb. VA-3.

23 Abb. VA-4.

24 Abb. V-25 und Abb. VA-5.

25 Es ist anzunehmen, dass die Eltern der Braut in diesen Fällen bereits verstorben sind und die Fürsorgepflicht für die Braut bei anderen Verwandten liegt; siehe Abb. VA-6.

26 Eine Heiratsanzeige als Doppelanzeige ist 1875 in der VZ sowie ein weiteres Mal 1921 im KStA zu belegen.

Die Doppelanzeigen sind seit 1819/25 festzustellen, wobei sich in den untersuchten Zeitungen deutliche Unterschiede zeigen. Während die Teilanzeigen von Brauteltern beziehungsweise Verwandten der Braut und Bräutigam anfangs untereinander stehen, befinden sie sich 1916/17 in KN, NPZ, VZ und HuC erstmals nebeneinander in einem Rahmen, meist sind sie typografisch durch eine vertikale Linie voneinander getrennt. Mit dem Aufkommen von Rahmen als nichtsprachlichem Textbegrenzungsmerkmal ist die Variante der nebeneinander stehenden Teilanzeigen häufiger zu belegen als die Variante der untereinander stehenden Teilanzeigen.

Doppelanzeigen gibt es zwischen 1819/25 und 1972 in KN, VZ, HuC, KStA, KöZ, LZ, NPZ, Welt und FAZ. Bei der Zählung werden diese aus zwei Teilanzeigen bestehenden Doppelanzeigen aufgrund ihrer engen Verbindung und ihrer sowohl inhaltlichen als auch typografischen Zusammengehörigkeit als eine Verbindungsanzeige berücksichtigt – wenn auch mit der Angabe zweier unterschiedlicher Inserenten. Die beiden Teilanzeigen einer Doppelanzeige bilden aufgrund gemeinsamer Strukturen wie Schmuckrahmen, Initiatoren und Terminatoren sowie auch semantisch durch die Namensnennung der Beteiligten eine textuelle Einheit.

Die Verlobung meiner Tochter Doudy mit Herrn Wilhelm Krahmer, Rittmeister d. R. des Kürassier-Regiments Königin (Pomm.) Nr. 2, zeige ich hierdurch an.

Magdeburger Platz 2,
Berlin W 35.

Marie Klußmann,
geb. Kraft.

Meine Verlobung mit Fräulein Doudy Klußmann, Tochter des verstorbenen Herrn Otto Klußmann und seiner Frau Gemahlin Marie, geb. Kraft, zeige ich hierdurch an.

Wilhelm Krahmer,
Rittmeister d. R.
Kürassier-Regiments Königin
(Pomm.) Nr. 2,
Führer einer Kavall.-Abteilung,
z. Z. im Felde.

Wiesbaden, Weihnachten 1916.

Abb. V-9: NPZ, 6. Januar 1917

Bei den nebeneinander angeordneten Teilanzeigen besteht die Möglichkeit, dass ein spezifischer Initiator oder ein spezifischer Terminator fehlt.

Wenn eine solche Doppelanzeige als Initiator eine Überschrift hat, dann steht diese Überschrift immer über beiden Teilanzeigen, womit sie als spezifischer Initiator der gesamten Anzeige aufgefasst werden kann.[27] Fehlt der spezifische Initiator Überschrift, beginnt die Doppelanzeige meist mit einer links platzierten Teilanzeige, Inserenten dieser Teilanzeige sind fast immer die Brauteltern oder andere Angehörige der Braut (Abb. V-9). In diesen Fällen hat die gesamte Anzeige keinen spezifischen Initiator, da der Anzeigenbeginn sich nicht auf die gesamte Anzeige bezieht, sondern ausschließlich auf die linke Teilanzeige. Auch das Fehlen eines spezifischen Terminators ist in Doppelanzeigen möglich.[28] Durch den Rahmen als nichtsprachliche Initiator-Terminator-Kombination lassen sich die Doppelanzeigen deutlich von anderen Anzeigen abgrenzen, auch wenn sie über keinen spezifischen Initiator oder Terminator verfügen.

Bei den Doppelanzeigen mit untereinander stehenden Teilanzeigen findet sich dagegen in allen Fällen ein spezifischer Initiator, da hier eine eindeutige lineare Abfolge der einzelnen Makrostrukturen vorliegt (Abb. V-10). Bei diesen Anzeigen fungiert der Initiator der ersten Teilanzeige – bei der ebenfalls meist die Brauteltern die Inserenten sind – zugleich als Initiator der Doppelanzeige. Den Terminator dieser Doppelanzeigen konstituiert der Terminator der zweiten Teilanzeige.

Statt besonderer Meldung.

Die Verlobung ihrer Tochter **Käthe** mit Herrn Apothekenbesitzer **Carl Wolansky** in Sande-Bergedorf beehren sich anzuzeigen

Fritz Herrmann u. Frau
Elise geb. Kuhlmann.

Bremerhaven, Januar 1902.

Käthe Herrmann
Carl Wolansky
Verlobte

Bremerhaven Sande-Bergedorf.

Abb. V-10: KN, 15. Januar 1902

27 Abb. VA-7, zu dieser Anzeige sei angemerkt, dass das Erscheinungsdatum der Anzeige der 11. Januar 1952, das in der Anzeige aufgeführte Datum jedoch der 12. Januar ist.

28 Siehe hierzu III.1.2.6.

Doppelanzeigen ohne spezifischen Initiator treten erstmals während des Ersten Weltkrieges auf: Die höchste Frequenz ergibt sich mit einem Anteil von 15,8 Prozent in der VZ, gefolgt von der NPZ (6,7 Prozent) und dem HuC (6,3 Prozent). Die niedrigsten Anteile sind in den KN festzustellen (3,7 Prozent). 1921 sind Anzeigen ohne spezifischen Initiator in HuC, KN, LZ, KStA und NPZ zu finden, die Anteile betragen zwischen 4,7 (NPZ) und 17,6 Prozent (HuC). In der Probe aus dem Zweiten Weltkrieg sind solche Doppelanzeigen nicht zu belegen. Im Jahr 1952 dagegen lassen sich Anzeigen ohne spezifischen Initiator im KStA, den KN, der FAZ und der Welt nachweisen. Während die Anteile in KN und KStA lediglich bei 5 beziehungsweise 13,3 Prozent liegen, ergeben sich in FAZ und Welt mit 60 beziehungsweise 50 Prozent signifikant höhere Anteile. 1972 gibt es Anzeigen ohne spezifischen Initiator nur in FAZ (44,4 Prozent) und Welt (25 Prozent).[29]

Verbindungsanzeigen, die über keinen spezifischen Initiator verfügen, sind nur in den Proben aus dem 20. Jahrhundert zu verzeichnen. Sie kommen nur in einzelnen Zeitungen vor und ihre Anteile sind – abgesehen von der FAZ und der Welt – zu keinem Zeitpunkt besonders hoch.

1.2 Terminatoren

Als sekundäre Terminatoren in Verbindungsanzeigen fungieren typischerweise die Angabe der Inserenten, die Angabe von Ort, Datum beziehungsweise Ort und Datum, eine Adresse, eine Kombination aus Adresse und Datum oder die Mitteilung der Verbindung selbst. Nur selten sind Hinweise auf einen Empfangstag, Informationen zur Trauung, eine Tagesadresse, Danksagungen sowie der Ausdruck der Freude. Der Hinweis ‚Statt Karten‘ kommt nur ein einziges Mal als Terminator vor. Eine Übersicht der in Verbindungsanzeigen auftretenden sekundären Terminatoren, bei denen es sich ausschließlich um Einzelterminatoren handelt, ist Tabelle VA-5 zu entnehmen.[30]

1.2.1 Angabe der Inserenten

Die Angabe der Inserenten tritt in Verbindungsanzeigen regelmäßig als sekundärer Terminator auf. Die Makrostruktur Angabe der Inserenten dient der Kennzeichnung des Senders. Sofern die Angabe der Inserenten in Verbindungsanzeigen nicht als Terminator fungiert, findet sie sich als

29 Abb. VA-8.

30 Schmuckrahmen als Kombination aus nichtsprachlichem Initiator und Terminator wurden bereits unter III.1.1.1 behandelt.

Makrostruktur, als sekundärer Initiator oder ist Teil der Makrostruktur Mitteilung der Verbindung.

Zu Beginn des Untersuchungszeitraumes ist die Angabe der Inserenten ein sehr häufiger sekundärer Terminator in Verbindungsanzeigen: In der 1800/03er Probe belaufen sich die Anteile in BayZ und HuC auf 100 sowie in der VZ auf 87,5 Prozent (Abb. V-11). 1819/25 liegen die Anteile in der KöZ bei 100 Prozent, in HuC und VZ sind sie leicht gesunken, nämlich auf 86,7 beziehungsweise 80 Prozent. Im Jahr 1850 sinken die Anteile für die Angabe der Inserenten in der Funktion des Terminators weiter: Sie liegen bei 73,3 Prozent in der KöZ, bei 46,2 Prozent in der NPZ, bei 38,5 Prozent im HuC und bei 18,2 Prozent in der VZ. 1875/76 ist die Angabe der Inserenten im HuC nicht als Terminator belegbar, in der KöZ ergibt sich ein Anteil von 13 und in der VZ von 28,6 Prozent. In der NPZ sind mit 73,3 Prozent weitaus höhere Anteile als in den übrigen Zeitungen festzustellen.

Meine Verlobung mit der ältesten Demoiselle Kalsow, habe ich die Ehre, unsern auswärtigen Verwandten und Freunden hiermit, unter Verbittung der Gratulation, ergebenst anzuzeigen. Colberg, den 11ten Januar 1800.
C. F. Schröder.

Abb. V-11: VZ, 21. Januar 1800

Im Jahr 1902 ist die Angabe der Inserenten in den KN bei 5,9 Prozent aller Verbindungsanzeigen als Terminator nachzuweisen. Im HuC liegen die Anteile bei 12,5, in der VZ bei 23,4 und in der NPZ bei 70,6 Prozent. In der Mopo findet sich keine Anzeige, in der die Angabe der Inserenten als Textbegrenzungsmerkmal fungiert. Während sich in der 1902er Probe signifikante Unterschiede beim Vorkommen des Terminators Angabe der Inserenten in den einzelnen Zeitungen feststellen lassen, zeigt sich in der Probe aus dem Ersten Weltkrieg ein homogenes Bild: Lediglich in der NPZ ergibt sich ein Anteil von 46,7 Prozent, in den anderen Blättern kommt die Angabe der Inserenten zu diesem Zeitpunkt nicht als sekundärer Terminator vor. 1921 ist die Angabe der Inserenten in Mopo (25 Prozent) und NPZ (28,6 Prozent) vorhanden. Während des Zweiten Weltkrieges sind die KN die einzige Zeitung, in der die Angabe der Inserenten in textbegrenzender Funktion auftritt: Dort liegt der Anteil jedoch lediglich bei 6,8 Prozent. Sowohl 1952 als auch 1972 kommt die Angabe der Inserenten in den vorliegenden Zeitungen nicht in Terminatorfunktion vor. Erst im Jahr 2002 ist diese Angabe wieder als Terminator in Verbindungsanzeigen zu verzeichnen. Die Anteile liegen in KN und KStA jeweils bei 33,3 Prozent – bei einem Drittel aller Verbindungsanzeigen steht die Angabe der Inserenten also am Textende.

Die Angabe der Inserenten ist zu Beginn des Untersuchungszeitraumes der am häufigsten gebrauchte Terminator in Verbindungsanzeigen. Bereits 1850 sinken die Anteile dieses Terminators deutlich, bis die Angabe der Inserenten schließlich in der 1916/17er Probe nur noch in der NPZ als Terminator nachzuweisen ist. Nach dem ersten Weltkrieg kommt die Angabe der Inserenten vereinzelt in KN, Mopo, NPZ und KStA vor. Während sich 1952 und 1972 keine Anzeigen mit der Angabe der Inserenten in terminierender Funktion belegen lassen, ergeben sich 2002 sowohl in KN als auch in KStA Anteile über 30 Prozent (Abb. V-12), was den Schluss zulässt, dass der sekundäre Terminator Angabe der Inserenten wieder an Bedeutung gewinnt. Diese Annahme müsste jedoch durch weitere Proben zu späteren Zeitpunkten überprüft werden. Eine Sonderstellung bei der Verwendung der Angabe der Inserenten als Terminator nimmt die NPZ ein: Dort ist die Angabe der Inserenten in allen Proben als Textbegrenzungssignal festzustellen, wobei durchweg eine hohe Frequenz für diesen Terminator zu belegen ist – die Anteile betragen mindestens 28,6 und maximal 73,3 Prozent.

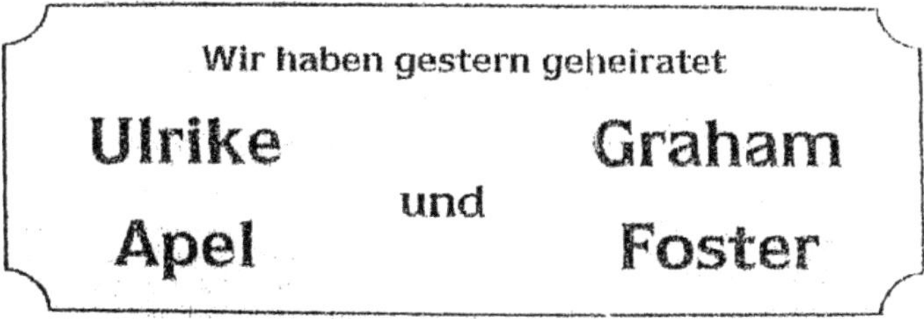

Abb. V-12: KStA 26. Januar 2002

1.2.2 Angabe von Ort, Datum sowie Ort und Datum

Die Terminatoren Angabe von Ort und Datum, Ort beziehungsweise Datum sind Textbegrenzungssignale, die nicht nebeneinander in einer Verbindungsanzeige stehen, sondern alternativ benutzt werden. Die Inserenten entscheiden sich folglich für einen der drei sekundären Terminatoren, bei denen es sich um fakultative Elemente von Verbindungsanzeigen handelt.

Marianne Huber

Carl Oberhofer
Zollpraktikant

Verlobte

Landshut — Simbach

1. Oktober 1921.

9517

Abb. V-13: LZ, 1. Oktober 1921

Zu Beginn ist die Angabe von Ort und Datum am Textende nicht sehr stark ausgeprägt: 1800 findet sich dieser Terminator nur in der VZ (6,3 Prozent) sowie 1825 in VZ und HuC (jeweils 13,3 Prozent). 1850 steigen die Anteile dann deutlich an: In der KöZ belaufen sie sich auf 26,7, in der NPZ auf 46,2, in der VZ auf 54,4 und im HuC auf 61,5 Prozent. In der 1875/76er Probe ergeben sich Anteile zwischen 23,3 (HuC) und 73,9 Prozent (KöZ).[31] 1902 liegen die Anteile in KN, NPZ (jeweils 23,5 Prozent) und HuC (25 Prozent) auf ähnlichem Niveau, lediglich die VZ weicht mit einem Anteil von 6,4 Prozent signifikant nach unten ab. Während des Ersten Weltkrieges schließlich steigen die Anteile für die Angabe von Ort und Datum leicht an, sie belaufen sich auf Werte zwischen 13,3 (NPZ) und 50 Prozent (HuC). Lediglich in der LZ ist der Terminator Ort und Datum nicht nachzuweisen. 1921 ergeben sich ähnlich Anteile wie in der Probe aus dem Ersten Weltkrieg (Abb. V-13): Die höchste Frequenz ist mit einem Anteil von 52,4 Prozent in der NPZ, die niedrigste mit einem Anteil von 17,7 Prozent in der VZ zu belegen. In der Mopo ist dieser Terminator nicht vorhanden. Während des Zweiten Weltkrieges ergeben sich in KStA, Mopo und KN Anteile zwischen 18,8 und 27,1 Prozent. In der 1952er Probe findet sich der Terminator Ort und Datum in LZ, Mopo und FAZ nicht, in den KN liegt er bei 15, in KStA und Welt bei 20 Prozent. Im Jahr 1972 zeigen sich dann deutliche Unterschiede zwischen den einzelnen Zeitungen: In den KN belaufen sich die Anteile nur auf 4,1 Prozent, in der FAZ auf 11,1 Prozent, in der Welt dagegen

31 Abb. VA-9.

sind sie mit 37,5 Prozent um ein Vielfaches höher. 2002 tritt der Terminator Angabe von Ort und Datum dann nur noch in den KN auf (40 Prozent).[32] Hinsichtlich der regionalen Verteilung des sekundären Terminators Angabe von Ort und Datum zeigen sich nur wenige Unterschiede: Zwar schwanken die Anteile für dieses Textbegrenzungssignal innerhalb der Proben stark, es sind jedoch durchweg in keiner Zeitung besonders hohe beziehungsweise niedrige Anteile für die Angabe von Ort und Datum nachzuweisen, da die Anteile innerhalb der einzelnen Zeitungen ebenfalls stark schwanken. In Mopo, LZ, FAZ, Welt, KöZ und KStA gibt es Proben, in denen der Terminator Ort und Datum nicht vorkommt.

Als Verlobte empfehlen sich

Charlotte Hartwig

Oskar Albrecht

Berlin-Wilmersdorf.

Berlin-Siemensstadt.

Abb. V-14: Mopo, 28. August 1921

Ein Ort kann auch allein als Terminator am Ende einer Verbindungsanzeige stehen. Dies ist 1825 und 1850 nur in der VZ der Fall (6,7 beziehungsweise 6,8 Prozent). 1875/76 tritt dieser Terminator dann in allen Zeitungen auf: In der NPZ ergeben sich Anteile von 3,3, in der KöZ von 6,5, in der VZ von 10,4 und im HuC von 33,3 Prozent. 1902 steigen die Anteile des Textbegrenzungssignals Ortsangabe an, sie liegen zwischen 5,9 (NPZ) und 50 Prozent (Mopo). Während des Ersten Weltkrieges zeigen sich deutliche Divergenzen: So ergeben sich in VZ, HuC, KStA, NPZ und KN Anteile zwischen 5,3 und 14,8 und in der Mopo Anteile von 60 Prozent. 1921 liegen die Anteile für den Terminator Ort höchstens bei 25 Prozent (Mopo) (Abb. V-14). In der VZ sind Anteile von 23,5 Prozent und in der LZ von 12,5 Prozent zu verzeichnen. Es ergeben sich auch Anteile unter 10 Prozent (KN, KStA und NPZ). 1942/43 finden sich nennenswerte Anteile nur in der Mopo (26,3 Prozent), die Anteile von 1,7 Prozent in den KN sind zu vernachlässigen. 1952 tritt eine Ortsangabe nur in KN (20 Prozent) und FAZ (60 Prozent), 1972 nur in KN

32 Abb. V-28.

(23,7 Prozent), KStA (6,7 Prozent) und Welt (12,5 Prozent) als Teminator auf. 2002 ist eine Ortsangabe ohne die Angabe eines Datums lediglich in den KN nachzuweisen – der Anteil beträgt 6,7 Prozent.

Eine Ortsangabe als Terminator ist ab 1825 festzustellen. Insgesamt ist die Frequenz für dieses Textbegrenzungssignal in den untersuchten Zeitungen jedoch niedrig. Mittlere Anteile über 25 Prozent lassen sich nur 1875 im HuC, 1902 in den KN und der Mopo sowie 1916/17 in der Mopo belegen.

Der Terminator kann in einer Verbindungsanzeige nicht nur von einer Ortsangabe gebildet werden, sondern auch von einem für sich stehenden Datum. Ein Datum als Terminator tritt erstmals Mitte des 19. Jahrhunderts auf. 1876 ergibt sich in der KöZ für diesen Terminator ein Anteil von 6,5 Prozent, 1902 belaufen sich die Anteile in den KN auf 29,4 Prozent. Während des Ersten Weltkrieges findet sich das Textbegrenzungsmerkmal dann flächendeckend in fast allen Zeitungen. Es ergeben sich folgende Anteile: in der LZ von 100, in den KN von 33,3, im KStA von 20, im HuC von 18,8, in der VZ von 15,8 und in der NPZ von 6,7 Prozent. In der Mopo kommt ein Datum in der 1916/17er Probe nicht als Terminator vor. Im Jahr 1921 liegen die Anteile für das Textbegrenzungssignal Datum maximal bei 23,5 Prozent (KStA), lediglich in der LZ ergeben sich mit einem Anteil von 75 Prozent signifikant höhere Werte, in der NPZ kommt ein Datum zu diesem Zeitpunkt nicht als Terminator auf. Während des Zweiten Weltkrieges sind die höchsten Anteile erneut in der LZ (50 Prozent) zu verzeichnen, gefolgt vom KStA (37,5 Prozent), den KN (15,3 Prozent) und der Mopo (10,5 Prozent). Im Jahr 1952 gibt es ein Datum als Terminator nur in Welt, KStA und KN, die Anteile liegen dort maximal bei 50 und mindestens bei 20 Prozent. Sowohl in der 1972er als auch in der 2002er Probe ist ein Datum als Textbegrenzungssignal nur noch in den KN belegbar, 1972 ergeben sich dort Anteile von 17,5 und 2002 Anteile von 6,7 Prozent.

Die Bedeutung des Terminators Datum schwankt stark: Erstmals kommt ein Datum als Terminator in der 1875/76er Probe vor. Zu diesem Zeitpunkt ist jedoch die VZ die einzige Zeitung, in der dieser Terminator nachweisbar ist. 1902 existiert ein Datum als Terminator nur in den KN (29,4 Prozent), während des Ersten Weltkrieges ist es schließlich in allen Zeitungen außer der Mopo zu finden. Von diesem Zeitpunkt an ist das Datum ein durchaus üblicher Terminator in Verbindungsanzeigen, obwohl die Frequenz dieses Terminators nach dem Zweiten Weltkrieg abnimmt. Seine höchste Frequenz hat der Terminator Datum zwischen 1916/17 und 1942/43, regional gesehen hat er die größte Bedeutung in den KN und der LZ: In den KN ist der Terminator Datum in allen Proben festzustellen und in der LZ ist 1916/17 mit einem Anteil von 100, 1921 mit einem Anteil von 75 sowie 1942 mit einem Anteil von 50 Prozent eine hohe Frequenz zu belegen.

1.2.3 Adresse sowie Kombination aus Adresse und Datum

Als sekundäre Terminatoren treten außerdem die Adresse sowie die Kombination aus Adresse und Datum auf. Die Adresse besteht aus den Angaben Ort, Straße und Hausnummer, die Kombination aus Adresse und Datum enthält zusätzlich ein Datum.

Ab 1875/76 ist der Terminator Adresse zu verzeichnen, zu diesem Zeitpunkt ist er lediglich in einer einzigen Anzeige der VZ festzustellen. 1902 steigt die Frequenz der Adresse stark an, obwohl sie nur in der VZ (27,7 Prozent) und dem HuC (50 Prozent) vorkommt. Erst 1916/17 findet sich der Terminator Adresse auch in KN und KStA. Die Inserenten der VZ sind also beim Gebrauch einer Adresse in terminierender Funktion Vorreiter, bis dieser Terminator schließlich in der Probe aus dem Ersten Weltkrieg auch in anderen Zeitungen auftritt: Er kommt in HuC, KN, VZ und KStA vor, wobei sich Anteile zwischen 6,3 und 20 Prozent ergeben. Im Jahr 1921 zeigen sich Divergenzen hinsichtlich der Verwendung einer Adresse als Terminator: In KN, KStA und NPZ belaufen sich die Anteile auf maximal 8,5 Prozent, während in Mopo, VZ und HuC durchweg Anteile über 35 Prozent nachgewiesen werden können. 1942/43 ergeben sich in Mopo (36,8 Prozent) und KN (32,2 Prozent) ähnliche Werte, die Anteile in KStA und LZ dagegen sind mit 43,8 beziehungsweise 50 Prozent deutlich höher, befinden sich aber ebenfalls auf ähnlichem Niveau. 1952 ist der Terminator Adresse außer in der Mopo in allen untersuchten Zeitungen nachzuweisen. Folgende Anteile sind dabei zu belegen: in der FAZ von 20 Prozent, in den KN und der Welt von 30 Prozent, im KStA von 53,3 Prozent und in der LZ von 100 Prozent. In der 1972er Probe ist schließlich die höchste Frequenz für die Adresse belegbar. In der Welt beträgt ihr Anteil 25, in den KN 44,3, im KStA 53,3, in der FAZ 55,6 und in der Mopo 100 Prozent. In den KN finden sich 1972 häufig zwei Adressen in den Verbindungsanzeigen, eine ist die der Braut, die andere die des Bräutigams (Abb. V-15). Im KStA gibt es neben dem Terminator Adresse auch eine Tagesadresse in terminierender Funktion, die Anteile für diesen Terminator belaufen sich im KStA auf 13,3 und in der FAZ auf 11,1 Prozent.[33] 2002 liegen die Anteile

33 Abb. V-31.

für das Textbegrenzungssignal Adresse in den KN bei 6,7 und im KStA bei 33,3 Prozent. Eine Adresse kommt in Verbindungsanzeigen folglich nicht selten als Terminator vor.

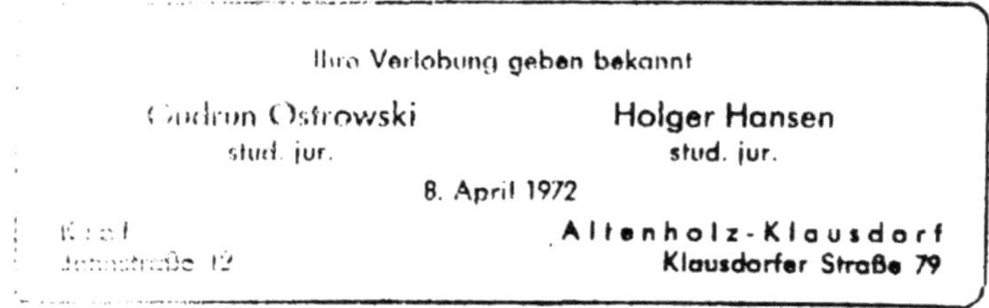

Ihre Verlobung geben bekannt

Gudrun Ostrowski
stud. jur.

Holger Hansen
stud. jur.

8. April 1972

Kiel
[illegible]straße 12

Altenholz-Klausdorf
Klausdorfer Straße 79

Abb. V-15: KN, 8. April 1972

Nicht nur der Terminator Adresse tritt in Verbindungsanzeigen auf, sondern auch eine Kombination aus Adresse und Datum (Abb V-16).[34] Erstmals ist ein Terminator dieser Art während des Ersten Weltkrieges in der NPZ (13,3 Prozent) und der VZ (15,8 Prozent) feststellbar, dann 1921 im KStA (23,5 Prozent), 1952 in der Mopo (100 Prozent) und der FAZ (20 Prozent) sowie 1972 im KStA (6,7 Prozent) und der Welt (12,5 Prozent). Die Kombination aus Adresse und Datum ist in mehreren Zeitungen zu belegen, die Anteile sind jedoch zu keinem Zeitpunkt hoch, ihre Bedeutung ist für Verbindungsanzeigen gering.

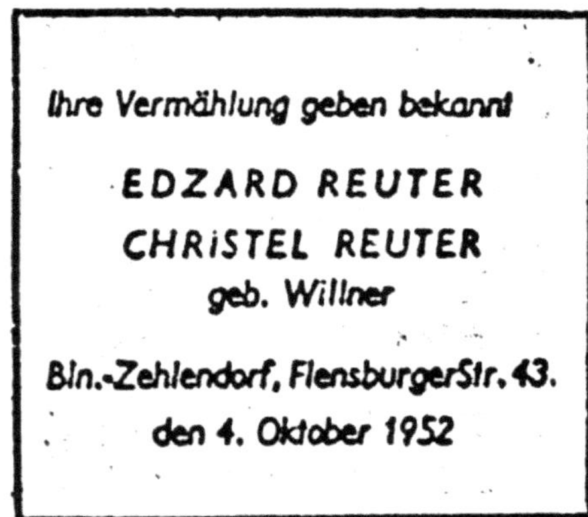

Ihre Vermählung geben bekannt

EDZARD REUTER
CHRISTEL REUTER
geb. Willner

Bln.-Zehlendorf, FlensburgerStr. 43.
den 4. Oktober 1952

Abb. V-16: Mopo, 5. Oktober 1952

34 Bei dieser Anzeige handelt es sich um die Heiratsanzeige von Edzard Reuter, dem Sohn Ernst Reuters.

1.2.4 Mitteilung der Verbindung

Die Mitteilung der Verbindung ist obligatorisch in Verbindungsanzeigen, sie hat Informationsfunktion. Sofern sie zusätzlich zu dieser Informationsfunktion auch Terminatorfunktion hat, fungiert sie in den Verbindungsanzeigen als sekundärer Terminator. Die Mitteilung der Verbindung tritt sowohl als sekundärer Initiator als auch als sekundärer Terminator auf. Außerdem ist sie auch als Makrostruktur ohne Textbegrenzungsfunktion nachzuweisen.

Die Mitteilung der Verbindung kommt zwischen 1800/03 und 1916/17 als sekundärer Terminator vor. 1800/03 ist dieser Terminator nur in der VZ nachzuweisen, 1819/25 tritt er in keiner Zeitung auf. 1850 findet sich die Mitteilung der Verbindung ausschließlich in der NPZ (7,7 Prozent) und der VZ (20,5 Prozent) in terminierender Funktion. 1875/76 ist die Mitteilung der Verbindung nur in der VZ zu belegen, ihr Anteil beträgt 15,3 Prozent. Zu Beginn des 20. Jahrhunderts ergibt sich mit einem Anteil von 50 Prozent in der Mopo die höchste Frequenz für den Terminator Mitteilung der Verbindung, gefolgt von der VZ mit 17 und den KN mit 5,9 Prozent. In der Probe des Ersten Weltkrieges ist die Mitteilung der Verbindung als Terminator im KStA (6,7 Prozent) und in der VZ (10,5 Prozent) feststellbar, danach tritt sie in dieser Funktion nicht mehr auf.

Das Vorkommen des Terminators Mitteilung der Verbindung ist in den untersuchten Anzeigen zeitlich eingeschränkt: Er ist nur in den Proben der Jahre 1800/03, 1850, 1875/76, 1902 und 1916/17 vorhanden. Zudem ist die Verteilung dieses Textbegrenzungsmerkmals auffällig: Durchgehend ist es nur in der VZ festzustellen. Außer in der VZ ist der Terminator Mitteilung der Verbindung nur noch in NPZ, Mopo und KStA zu verzeichnen, jeweils jedoch nur in einer Probe.

1.2.5 Weitere Terminatoren

Neben den aufgeführten Terminatoren können am Ende einer Verbindungsanzeige außerdem der Hinweis auf einen Empfangstag, Informationen zur Trauungsform, eine Danksagung, der Ausdruck der Freude sowie der Hinweis ‚Statt Karten' als Terminatoren stehen.

Auf einen Empfangstag wird erstmals zu Beginn des 20. Jahrhunderts verwiesen.[35] 1902 gibt es solche Hinweise nur in der VZ, ihr Anteil beläuft sich auf 14,9 Prozent. 1916/17 sind Informationen zu Empfangstagen, die in den Verbindungsanzeigen Aufforderungsfunktion haben,

35 Abb. VA-11.

nicht nur in der VZ (10,5 Prozent), sondern auch in den KN (7,4 Prozent) und dem HuC (18,8 Prozent) zu belegen. 1921 gibt es entsprechende Hinweise in VZ (11,8 Prozent) und HuC (17,6 Prozent). Danach treten Hinweise auf Empfangstage erst wieder 1972 als Terminatoren auf: Die Anteile belaufen sich in den KN auf 1 Prozent und in der FAZ auf 11,1 Prozent. Der Hinweis auf einen Empfangstag existiert nur in den Proben der Jahre 1902, 1916/17, 1921 und 1972 und ist damit zeitlich sehr eingeschränkt. Zu dieser zeitlichen kommt eine regionale Einschränkung hinzu: Hinweise auf Empfangstage sind nur in der VZ, dem HuC, den KN und der FAZ zu verzeichnen. In der 1916/17er Probe des HuC weisen die Inserenten dreier Anzeigen (18,8 Prozent) darauf hin, dass sie sich Besuche verbitten.

Informationen zur standesamtlichen beziehungsweise kirchlichen Trauung sind ausschließlich in den Jahren 1972 und 2002 in KN und KStA zu belegen.[36] Während die Anteile in den KN bei 5,2 beziehungsweise 6,7 Prozent liegen, belaufen sie sich im KStA auf 20 beziehungsweise 16,7 Prozent. Im KStA kommen Informationen zur Trauungsform folglich häufiger vor als in den KN. Gleichzeitig ist festzustellen, dass Informationen zur Trauungsform nur in regionalen Zeitungen auftreten. Dies könnte dadurch begründet sein, dass der Adressatenkreis dieser Zeitungen regional beschränkt ist und die Informationen zur Trauungsform dementsprechend von den Inserenten als Einladung zur Teilnahme an der Trauungszeremonie gemeint sind und von den Adressaten als solche verstanden werden. Hier zeigt sich deutlich, dass sich Familienanzeigen nicht an alle Zeitungsleser richten, sondern im engeren Sinne nur an die Zeitungsleser, die – im Falle von Verbindungsanzeigen – die Verlobten oder das Brautpaar besser kennen.

Danksagungen sind erstmals 1921 als Terminator zu belegen. Zu diesem Zeitpunkt sind in den KN Anteile von 25,5, im KStA und der VZ von 5,9 Prozent nachzuweisen. Während des Zweiten Weltkrieges sind Danksagungen in terminierender Funktion nur in den KN festzustellen, die Anteile belaufen sich dort auf 16,9 Prozent. Auch im Jahr 1952 ist dieser Terminator nur in den KN nachweisbar (15 Prozent), 1972 schließlich finden sich Danksagungen neben den KN (4,1 Prozent) auch in der Welt (12,5 Prozent) (Abb. V-17). 2002 kommen Danksagungen nicht vor. Bei der Danksagung handelt es sich zum einem um einen Terminator, der nur im 20. Jahrhundert eine Bedeutung hat. Zum anderen sind Danksagungen nur vereinzelt feststellbar, wobei die KN die einzige Zeitung ist, in

36 Abb. VA-12.

der Danksagungen in mehr als einer Probe zu belegen sind. Dort nimmt die Frequenz der Danksagungen allerdings von 1921 bis 1972 stetig ab.

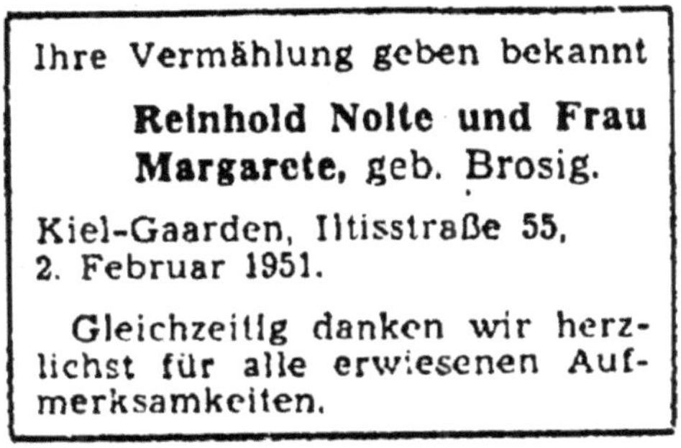

Ihre Vermählung geben bekannt

Reinhold Nolte und Frau Margarete, geb. Brosig.

Kiel-Gaarden, Iltisstraße 55,
2. Februar 1951.

Gleichzeitig danken wir herzlichst für alle erwiesenen Aufmerksamkeiten.

Abb. V-17: KN, 5. Februar 1952

Nur vereinzelt sind der Ausdruck der Freude sowie einmal der Hinweis ‚Statt Karten' als Terminatoren in Verbindungsanzeigen zu verzeichnen. Freude wird explizit nur in einer einzigen Verbindungsanzeige ausgedrückt, nämlich im Jahr 2002 im KStA. Damit ergibt sich dort ein Anteil von 16,7 Prozent. In der 1972er Probe der FAZ ist einmal der Hinweis ‚Statt Karten' nachzuweisen.[37] Ein solcher Hinweis in terminierender Funktion ist unüblich. Weitaus häufiger ist der Hinweis ‚Statt Karten' in Form einer Überschrift als Initiator.[38]

1.2.6 Kein spezifischer Terminator

Bei Doppelanzeigen lässt sich neben dem Fehlen eines spezifischen Initiators auch das Fehlen eines spezifischen Terminators nachweisen.[39] Das Fehlen eines spezifischen Terminators tritt genau wie das Fehlen eines spezifischen Initiators erstmals während des Ersten Weltkrieges auf. Doppelanzeigen, die keinen gemeinsamen sekundären Terminator haben und damit über keinen spezifischen Terminator verfügen, können 1916/17 in der VZ (10,5 Prozent), der NPZ (6,7 Prozent) und den KN (3,7 Prozent) belegt werden. Danach ist ein fehlender spezifischer Terminator nur noch im Jahr 1921 in folgenden Zeitungen festzustellen: in den KN (4,3 Prozent), der NPZ (9,5), dem KStA (11,8 Prozent) und der LZ (12,5 Prozent).[40]

37 Abb. V-18.
38 Vgl. III.1.1.2.
39 Zur Erläuterung siehe III.1.1.6.
40 Abb. VA-13.

Das Fehlen eines spezifischen Terminators ist damit weitaus seltener und über einen sehr viel kürzeren Zeitraum festzustellen als das Fehlen eines spezifischen Initiators. Die Doppelanzeigen verfügen häufig über einen gemeinsamen Terminator, der unter beiden Teilanzeigen steht. Bei den meisten Anzeigen handelt es sich dabei um die Angabe von Ort, Datum oder von Ort und Datum.[41]

1.3 Makrostrukturen

Wie in Geburtsanzeigen sind auch in Verbindungsanzeigen verschiedene Makrostrukturen nachzuweisen. Die Makrostrukturen sind genau wie in Geburtsanzeigen drucktechnisch als Absätze ausgestaltet. Diese Kennzeichnung erfolgt durch Spatiengebrauch: Dies kann der Beginn einer neuen Zeile beziehungsweise eine Auslassung am Ende der vorangehenden Zeile, eine Leerzeile oder die Markierung eines Absatzes durch einen Einzug am Zeilenanfang sein.

Im Folgenden wird ein Überblick über die Makrostrukturen in Verbindungsanzeigen gegeben.[42] Auf eine Erfassung mit Angabe der Frequenz der jeweiligen Makrostrukturen wird verzichtet. Die verschiedenen Makrostrukturen werden jedoch dargestellt und auf die Vorkommenshäufigkeit besonderer Einzelaspekte wird eingegangen. Daneben wird angegeben, an welcher Position die jeweilige Makrostruktur in den vorliegenden Verbindungsanzeigen auftritt.[43]

Als Makrostrukturen sind in Verbindungsanzeigen die Mitteilung der Verbindung, die Angabe der Inserenten, die Angabe von Ort, Datum sowie Ort und Datum, die Adresse, die Kombination aus Adresse und Datum sowie Danksagung und Informationen zur Trauung zu belegen.

1.3.1 Mitteilung der Verbindung

Die Mitteilung der Verbindung ist in fast allen Anzeigen als erste Makrostruktur nach dem Initiator festzustellen, sofern sie nicht selbst die Funktion des Initiators übernimmt. Bis 1850 ist die Mitteilung der Verbindung nur im HuC als Makrostruktur nachzuweisen, ab 1850 schließlich – mit dem Aufkommen der Überschrift als primärem Initiator – findet sie sich dann auch in den übrigen Zeitungen als Makrostruktur. Seit 1875/76

41 Abb. VA-14.

42 Sofern Makrostrukturen auch als sekundäre Initiatoren beziehungsweise Terminatoren belegt werden konnten, wurden diese dort bereits ausführlich erläutert. Sollten sie dagegen nur als Makrostruktur auftreten, werden sie in diesem Abschnitt auch inhaltlich beschrieben.

43 Zum Positionsbegriff siehe I.3.2.5.

ist die Mitteilung der Verbindung vereinzelt auch als zweite Makrostruktur in den Verbindungsanzeigen nachweisbar. Dies ist der Fall, wenn die jeweilige Anzeige als Initiator eine Überschrift enthält und die erste Makrostruktur von der Angabe der Inserenten gebildet wird.[44] Die Mitteilung der Verbindung ist als Makrostruktur während des Zweiten Weltkrieges nicht in KN und LZ, 1952 nicht in LZ, KN, Mopo und FAZ sowie 1972 nicht in Mopo und Welt zu verzeichnen.

1.3.2 Angabe der Inserenten

Die Nennung der Inserenten ist wie auch die Mitteilung der Verbindung obligatorischer Bestandteil von Verbindungsanzeigen. Sie findet sich vielfach als terminierendes Textbegrenzungssignal, tritt aber auch als Makrostruktur ohne die zusätzliche Funktion der Textbegrenzung auf. Wenn die Angabe der Inserenten als Makrostruktur festzustellen ist, übernimmt zwangsläufig ein anderes makrostrukturelles Element die Funktion des Terminators, beispielsweise die Angabe von Ort und Datum oder die Angabe einer Adresse.

Als Makrostruktur steht die Angabe der Inserenten in fast allen Anzeigen in direkter Nähe zum Terminator, so dass sie – je nach Anzahl der Makrostrukturen – als erste oder zweite Makrostruktur auftritt.[45] Es gibt jedoch in allen Proben Verbindungsanzeigen, in denen die Angabe der Inserenten nicht als Makrostruktur vorkommt. Dort hat sie entweder die Funktion des sekundären Initiators oder Terminators. Die Angabe der Inserenten kann hier anders als in Geburts- und Todesanzeigen folglich als Initiator, Terminator und auch als Makrostruktur fungieren.

1.3.3 Angabe von Ort, Datum sowie Ort und Datum

Weitere Makrostrukturen sind die Angabe von Ort oder Datum sowie die Angabe von Ort und Datum. Die genannten Makrostrukturen schließen sich gegenseitig aus, sie stehen immer in ähnlicher Position.

Die Angabe von Ort und Datum tritt während des gesamten Untersuchungszeitraumes auf und steht in direkter Nähe zum Terminator. Abhängig von der Anzahl der durchschnittlichen Makrostrukturen ist die Kombination von Ort und Datum als erste oder zweite Makrostruktur in den vorliegenden Anzeigen zu verzeichnen. Die ausschließliche Angabe eines Datums ist als Makrostruktur in Verbindungsanzeigen nur selten festzustellen: Sie ist vereinzelt in KN, KStA, BayZ, Mopo, FAZ, Welt,

44 Abb. V-4.

45 Vereinzelt geben 2002 nicht die Brautleute selbst, sondern die Eltern des Brautpaares die Heirat bekannt; siehe Abb. VA-1.

HuC und KöZ zu belegen. Einen Sonderfall stellen die KN aus dem Jahr 1972 dar: Dort ist die Angabe eines Datums besonders häufig nachzuweisen. Die KN weichen hier von den anderen Zeitungen ab. Die Makrostruktur Datum tritt ausnahmslos als erste oder zweite Makrostruktur nach dem Initiator auf und steht in allen vorliegenden Anzeigen in direkter Nähe zum Terminator. Auch die Frequenz der alleinigen Angabe eines Ortes in Verbindungsanzeigen ist sehr niedrig: Sie findet sich vor allem bis zur Mitte des 20. Jahrhunderts in einigen Anzeigen in KN, KStA, Mopo, HuC, LZ, Welt und KöZ. In NPZ, VZ, BayZ sowie FAZ ist die Makrostruktur Ort nicht vorhanden. Die Angabe eines Ortes ist in den meisten Anzeigen an erster oder zweiter Position nachzuweisen, lediglich in KN und KStA sind Verbindungsanzeigen festzustellen, in denen sie erst als dritte Makrostruktur auftritt.

1.3.4 Adresse sowie Kombination aus Adresse und Datum

Die Makrostrukturen Adresse, bestehend aus Ort, Straße und Hausnummer, sowie die Kombination aus Adresse und Datum finden sich seit 1902 in Verbindungsanzeigen.

1902 kommt die Makrostruktur Adresse nur in der VZ vor. 1916/17 ist sie auch in den KN sowie dem HuC und 1921 im KStA belegbar. In der Mopo ist die Adresse nur einmal während des Zweiten Weltkrieges nachzuweisen. Die Frequenz der Adresse ist insgesamt gering, lediglich in der 1943er Probe des KStA und der 1972er Probe der KN ergeben sich im Vergleich zu den übrigen Untersuchungszeitpunkten höhere Anteile. In der Mehrzahl der vorliegenden Anzeigen findet sich die Adresse als zweite Makrostruktur, sie ist vereinzelt aber auch als erste und dritte Makrostruktur in den Verbindungsanzeigen zu verzeichnen. Ab 1952 tritt sie oft im linken Bereich der Anzeigen auf. In den KN existieren 1972 zudem Verlobungsanzeigen, in denen zwei Adressen angegeben sind: die der Braut und die des Bräutigams. In diesen Fällen sind die Adressen am linken beziehungsweise rechten Rand der Anzeige ausgerichtet, es handelt sich hier folglich um eine zweigeteilte Makrostruktur.[46]

Die Kombination aus Adresse und Datum kommt in den vorliegenden Anzeigen äußerst selten vor. Ihre Bedeutung in Verbindungsanzeigen ist folglich gering, weitaus häufiger wird nur die Adresse angegeben.[47] In NPZ, KöZ und LZ ist die Angabe einer Adresse beziehungs-

46 Abb. VA-15.
47 Abb. V-5.

weise die Kombination aus Adresse und Datum nicht als Makrostruktur zu finden.

1.3.5 Weitere Makrostrukturen

Außer den genannten Makrostrukturen sind die Makrostruktur Danksagung und die Makrostruktur Informationen zur Trauungsform zu belegen. Beiden kommt in Verbindungsanzeigen lediglich periphere Bedeutung zu. Es handelt sich um fakultative makrostrukturelle Elemente, die nur selten nachweisbar sind.

Eine Danksagung ist als Makrostruktur nur 1921 in der VZ sowie während des Zweiten Weltkrieges in der Mopo festzustellen, wobei sie in der VZ als erste und in der Mopo als zweite Makrostruktur nach dem Initiator auftritt.[48] Vereinzelt ist die Danksagung auch Teil des sekundären Initiators Mitteilung der Verbindung. Sie wird dann nicht als eigenständige Makrostruktur gewertet.[49] Die Makrostruktur Informationen zur Trauungsform ist 1952, 1972 und 2002 im KStA sowie 1972 in der FAZ nachzuweisen. Im KStA 1972 findet sich diese Makrostruktur als dritte Makrostruktur, in allen übrigen Fällen steht sie als zweite Makrostruktur (Abb. V-18).

IHRE VERMÄHLUNG GEBEN BEKANNT

WOLF-ULRICH SCHILLING

ILKA-CHRISTIANE SCHILLING

GEB. v. KATTE

TRAUUNG 22. JANUAR 1972, 15.00 UHR,
IN DER DORFKIRCHE ZU SAARN.

MÜLHEIM-RUHR, LEONHARD-STINNES-STR. 71

— STATT KARTEN —

Abb. V-18: FAZ, 21. Januar 1972

1.3.6 Anzahl und Reihenfolge der Makrostrukturen

Im Folgenden wird ein Überblick über die Reihenfolge und die durchschnittliche Anzahl der Makrostrukturen, die in Verbindungsanzeigen zwischen Initiator und Terminatoren treten, gegeben. Alle in Verbindungs-

48 Abb. VA-24.
49 Abb. VA-16.

anzeigen vorkommenden Makrostrukturen sind typografisch als Absätze ausgestaltet. Zwischen den Textbegrenzungssignalen Initiator und Terminator kommt in der Regel nur eine einzige Makrostruktur vor, vereinzelt sind zwei oder mehr Makrostrukturen belegbar. Maximal sind sieben verschiedene Makrostrukturen zwischen Initiator und Terminator in Verbindungsanzeigen nachzuweisen. Genauso gibt es jedoch auch Anzeigen, in denen keine Makrostruktur zwischen Initiator und Terminator auftritt; diese Anzeigen bestehen folglich nur aus den beiden Textbegrenzungssignalen Initiator und Terminator.[50]

Der Jahrgangsdurchschnitt der verschiedenen Makrostrukturen ist in den Verbindungsanzeigen zu Beginn sehr niedrig, steigt dann an und sinkt zum Ende des Untersuchungszeitraumes wieder.[51] Er liegt zwischen 0,71 (1800 und 1942/43) und 2,31 Makrostrukturen (1952).[52] Von 1800/03 bis 1942/43 steigen die Jahrgangsdurchschnitte stetig an: 1819/25 liegen sie durchschnittlich bei 1,06, 1850 bei 1,29, 1875/76 bei 1,55, 1902 bei 1,75, 1916/17 bei 2,09 und 1921 bei 2,21. Im Zweiten Weltkrieg sinkt die Anzahl der Makrostrukturen dann auf 0,71, steigt aber 1952 wieder auf 2,31 an. Im Jahr 1972 beläuft sich die Zahl der durchschnittlichen Makrostrukturen auf 2,06, 2002 auf 1,33 Makrostrukturen.

Aussagekräftiger als der Jahrgangsdurchschnitt sind die Durchschnittswerte der einzelnen Zeitungen. Dort liegt die Anzahl der Makrostrukturen während des Beobachtungszeitraumes zwischen 0,3 in der 1943er Probe der KN und 3,7 im Jahr 1952 in der Welt. Zu Beginn der Untersuchung liegt der Durchschnittswert in der VZ bei 0,5, in BayZ und HuC bei einer Makrostruktur. In der VZ steigt die Anzahl der Makrostrukturen bis 1917 auf durchschnittlich 2,9 Makrostrukturen, 1921 sinkt sie dann auf 2,2 Makrostrukturen. Im HuC beläuft sich die Anzahl der Makrostrukturen in den Jahren 1800, 1825, 1850, 1875/76 und 1902 auf 0,9 Makrostrukturen beziehungsweise eine Makrostruktur. Im Ersten Weltkrieg steigt die Zahl der Makrostrukturen auf 1,4, die höchste Frequenz ergibt sich dort schließlich im Jahr 1921 mit durchschnittlich 2,7 Makrostrukturen. In der KöZ ist die Anzahl der Makrostrukturen relativ stabil: 1825 liegt sie bei 1,3, 1850 bei 1,5 und 1876 bei 1,3 Makrostrukturen. In der NPZ schwanken die Werte. So belaufen sie sich 1850 auf 1,6, 1875 auf 2,1 und 1902 auf 1,8 Makrostrukturen. In der 1917er und

50 Siehe hierzu Tabellen VA-6 und VA-7.

51 Zur Erläuterung des Jahrgangsdurchschnittes siehe I.3.2.5.

52 Die Durchschnittswerte der einzelnen Jahrgänge sind auf zwei Nachkommastellen, die Durchschnittswerte der einzelnen Zeitungen – im jeweiligen Jahrgang – auf eine Nachkommastelle gerundet.

der 1921er Probe liegt der Durchschnittswert bei 2,5 beziehungsweise 2,6 Makrostrukturen.

In den KN ergeben sich Durchschnittswerte – mit einer Ausnahme in der 1943er Probe – zwischen 1,7 (1952 und 2002) und 2,1 (1921) Makrostrukturen. Während des Zweiten Weltkrieges dagegen ist die Zahl der Makrostrukturen mit 0,3 unterdurchschnittlich. Im KStA liegt die Anzahl der Makrostrukturen in den Jahren 1916/17 und 1921 durchschnittlich bei 1,9. 1943 beläuft sie sich auf 1,3, 1952 auf 2,2 und 1972 auf 2,1. Die niedrigste Anzahl der Makrostrukturen ergibt sich 2002 mit einem Wert von 0,8. In der LZ sinkt die Anzahl der Makrostrukturen während des Untersuchungszeitraumes ebenfalls: von 2 in den Jahren 1916/17 und 1921 über 0,5 im Jahr 1942 bis hin zum Fehlen von Makrostrukturen im Jahr 1952. In der Mopo ist die durchschnittliche Zahl der Makrostrukturen mit 0,5 im Jahr 1902 am niedrigsten, in den Jahren 1916/17 und 1921 lassen sich in der Mopo durchschnittlich 1,3 Makrostrukturen nachweisen. 1943 beläuft sich die Zahl der Makrostrukturen auf 1,1, 1952 und 1972 auf 1. In der Welt finden sich 1952 durchschnittlich 3,7 und 1972 durchschnittlich 2,5 Makrostrukturen, in der FAZ sind es 1952 3,0 und 1972 3,1 Makrostrukturen.

Anzeigen, bei denen keine Makrostruktur zwischen Initiator und Terminator tritt, sind zu allen Zeitpunkten und in allen untersuchten Zeitungen zu belegen. Sie bestehen lediglich aus den beiden Textbegrenzungssignalen Initiator und Terminator. Anzeigen dieser Art gibt es 1902, 1921 und 1943 in der Mopo, 1825, 1850, 1902, 1917 und 1921 im HuC, 1902 und 1943 in den KN, 1921, 1943 und 2002 im KStA, 1876 in der KöZ, 1942 in der LZ sowie in allen Proben der NPZ und der VZ.

Der Regiments-Quartiermeister Brinck meldet seine Verheirathung mit der verwittweten Madame Kunst den beiderseitigen Freunden, und verbittet alle Wünsche.

Abb. V-19: 9. Januar 1800

Außerdem findet sich im Korpus – anders als bei Geburts- und Todesanzeigen – eine Anzeige, die nur aus einem einzigen parataktischen Gesamtsatz mit zwei verbalen Teilsätzen besteht.[53] Diese Heiratsanzeige ist

53 Für die Berechnung der durchschnittlichen Anzahl der Makrostrukturen wurde diese Verbindungsanzeige so behandelt wie die Verbindungsanzeigen, die nur über Initiator und Terminator verfügen – sie geht folglich mit dem Wert Null in die Durchschnittsberechnung ein.

in der Form einer Kurzmeldung realisiert. Das heißt, dass hier in der Makrostruktur Mitteilung der Verbindung die gleichen Informationen vermittelt werden, die in anderen Verbindungsanzeigen durch klar markierte Initiatoren, Terminatoren und Makrostrukturen gegeben werden (Abb. V-19).

Verbindungsanzeigen mit mindestens fünf Makrostrukturen zwischen Initiator und Terminator sind 1876 in der KöZ, 1902, 1916/17 und 1921 in der VZ, 1952 in Welt, KStA und FAZ, 1972 in Welt und FAZ sowie 1902, 1916/17, 1921, 1952 und 1972 in den KN sowie 1921 im HuC feststellbar. Besonders häufig ist eine hohe Anzahl Makrostrukturen in der VZ zu belegen: Viele Makrostrukturen finden sich dort in den aus zwei Teilanzeigen bestehenden Doppelanzeigen, in denen die Verlobung sowohl vom Bräutigam als auch vom Vater beziehungsweise den Eltern der Braut bekannt gegeben wird.[54] Weitaus seltener als kombinierte Verlobungsanzeigen sind kombinierte Heiratsanzeigen nachweisbar. Diese Doppelanzeigen gibt es vor allem vom Ende des 19. Jahrhunderts bis Mitte des 20. Jahrhunderts. Danach finden sich Anzeigen dieser Art hauptsächlich in den überregionalen Zeitungen Welt und FAZ.

Eine häufig belegbare beziehungsweise für das Korpus repräsentative Reihenfolge der in Verbindungsanzeigen auftretenden Makrostrukturen sieht – in Abhängigkeit vom jeweiligen Initiator und Terminator – folgendermaßen aus: Auf den Initiator folgt entweder die Mitteilung der Verbindung oder die Angabe der Inserenten. Danach stehen unter anderem die Angabe von Ort, Datum beziehungsweise Ort und Datum, die Angabe der Adresse beziehungsweise die Kombination aus Adresse und Datum. Die Makrostrukturen Danksagung und Informationen zur Trauungsform stehen meist in direkter Nähe zum Terminator.

1.4 Zusammenfassung

Verbindungsanzeigen verfügen über weniger Makrostrukturen als Geburts- und Todesanzeigen. Aber auch bei ihnen lassen sich während des Untersuchungszeitraumes Veränderungen im Hinblick auf die Verwendung von Initiatoren, Terminatoren und Makrostrukturen nachweisen.

1.4.1 Initiatoren

Es kommen ausschließlich Einzelinitiatoren vor. Der Initiator Mitteilung der Verbindung ist das einzige einleitende Textbegrenzungsmerkmal, das über den gesamten Untersuchungszeitraum vorhanden ist. Alle anderen

54 Abb. VA-8.

Initiatoren sind nur in einzelnen Proben und nicht über den gesamten Zeitraum feststellbar. Weit verbreitet ist neben der Mitteilung der Verbindung die Angabe der Inserenten als Initiator, die bis auf die Proben 1819/25 und 1850 zu allen Zeitpunkten im Korpus existiert. Die höchsten Anteile für die Angabe der Inserenten ergeben sich zwischen 1875/76 und 1921. Schmuckrahmen treten genau wie der primäre Initiator Überschrift erstmals im Jahr 1850 auf. Die Verwendung von Überschriften ist in der 1850er Probe in NPZ, HuC und KöZ mit einem Anteil zwischen 76,9 und 60 Prozent relativ hoch. Ein höherer Überschriftenanteil lässt sich mit 88,3 Prozent nur in der 1875er Probe der VZ belegen, danach ergeben sich in allen Zeitungen geringere Anteile. In der Probe aus dem Zweiten Weltkrieg sowie aus dem Jahr 2002 findet sich der Initiator Überschrift überhaupt nicht. Der Initiator Angabe von Ort und Datum hat nur eine untergeordnete Bedeutung, er ist nur 1800 im HuC festzustellen. Die Initiatoren Motto und Ausruf werden nur im Jahr 2002 in den KN gebraucht, insgesamt ist ihre Frequenz nicht sonderlich hoch.

Nur in Verbindungsanzeigen gibt es Anzeigen, die über keinen spezifischen Initiator verfügen: Dies ist in den Doppelanzeigen der Fall, in denen Brauteltern beziehungsweise andere Verwandte der Braut gemeinsam mit Bräutigam beziehungsweise Brautpaar das Ereignis – zumeist die Verlobung – bekannt geben. Eine mögliche Erklärung für diese Doppelanzeigen könnte darin liegen, dass die Brauteltern beziehungsweise diejenigen, die anstelle der Eltern die Fürsorgepflicht für die Braut haben, auf diese Weise deutlich machen wollen, dass sie die Braut in die Ehe geben. Doppelanzeigen ohne spezifischen Initiator kommen zwischen 1916/17 und 1972 vor, außer in FAZ und Welt ergeben sich für diese Anzeigen keine hohen Anteile.

1.4.2 Terminatoren

Die Terminatorfunktion wird meist von der Angabe der Inserenten, der Angabe von Ort beziehungsweise Ort und Datum, einer Adresse, der Kombination aus Adresse und Datum oder der Mitteilung der Verbindung selbst übernommen. Nur vereinzelt lassen sich Hinweise auf einen Empfangstag, Informationen zur Trauungsform, eine Tagesadresse, eine Danksagung, der Ausdruck der Freude sowie der Hinweis ‚Statt Karten' belegen.

Zu Beginn des Untersuchungszeitraumes dominiert die Angabe der Inserenten als Terminator in Verbindungsanzeigen, vereinzelt treten außerdem eine Ortsangabe beziehungsweise die Angabe von Ort und Datum in der Funktion des terminierenden Textbegrenzungssignals auf. In der 1850er Probe kommt die Angabe von Ort und Datum in Konkurrenz zur Angabe der Inserenten vor: In der VZ und dem HuC überwiegt die Angabe von Ort und Datum, in der NPZ liegen die Angabe der Inserenten und die Angabe von Ort und Datum auf gleichem Niveau, lediglich in der KöZ ergeben sich weit höhere Anteile für die Angabe der Inserenten als für die Angabe von Ort und Datum. Im Jahr 1875/76 wird erstmals eine Adresse als Terminator in Verbindungsanzeigen verwendet. Zwischen 1921 und 1972 liegen die Anteile dieses Terminators häufig über der Angabe Ort und Datum. Hier hat ein Wechsel innerhalb der Terminatoren stattgefunden: Die Angabe der Adresse ist in den meisten Zeitungen als Terminator häufiger zu finden als die Angabe Ort und Datum. Eine besonders hohe Frequenz ergibt sich in der 1972er Probe der KN, dort belaufen sich die Anteile auf 71,2 Prozent. Neben den bereits aufgeführten Terminatoren treten außerdem Hinweise auf einen Empfangstag, Danksagungen, Informationen zur Trauungsform, eine Tagesadresse und der Ausdruck von Freude auf. Diese Terminatoren sind jedoch nur in einzelnen Zeitungen und nur zu bestimmten Zeitpunkten nachzuweisen.

1.4.3 Makrostrukturen

Die im Laufe des Untersuchungszeitraumes neu hinzutretenden Initiatoren und Terminatoren haben Auswirkungen auf die Makrostrukturen. So wird die Mitteilung der Verbindung als Initiator teilweise von einer Überschrift verdrängt, die Mitteilung kommt dann als Makrostruktur vor. Die Anzahl der durchschnittlichen Makrostrukturen ist im Vergleich zu Geburts- und Todesanzeigen niedrig: Die Mehrzahl der Verbindungsanzeigen verfügt nur über eine einzige Makrostruktur, die zwischen Initiator und Terminator tritt. Dies bedeutet, dass sie nur wenige Informationen enthalten. Die Verbindungsanzeigen scheinen besonders Anfang des 20. Jahrhunderts nach dem Prinzip ‚Keep it short and simple' kurz und einfach gestaltet zu sein. Erst 2002 werden die Anzeigen individueller und enthalten mehr Informationen, darunter in den KN auch auflockernde Elemente wie Ausrufe und Mottos.

Während sich die Anzeigen aus dem Ersten Weltkrieg nicht von den Anzeigen der Jahre 1902 und 1921 unterscheiden, weichen die Anzeigen aus dem Zweiten Weltkrieg deutlich von den Anzeigen davor liegender Proben ab. Sie sind – die Gestaltung und den Aufbau betreffend – noch einmal deutlich kürzer als die übrigen Verbindungsanzeigen.

2 Syntax

Für die syntaktischen Strukturen von Verbindungsanzeigen gilt dasselbe wie für die der Geburtsanzeigen: Sie sind wenig komplex. Deutlich überwiegen isoliert gebrauchte einfache Sätze, es treten sowohl Nominal- als auch Verbalsätze auf. Bei den wenigen Vorkommen komplexer Sätze handelt es sich ausschließlich um parataktische Gesamtsätze. Hypotaktische und parataktisch-hypotaktische Gesamtsätze werden in den vorliegenden Verbindungsanzeigen nicht verwendet.

Auch das Spektrum der Satzarten in den Inseraten ist beschränkt. Es kommen nur Aussage- und Ausrufesätze vor, die Frequenz der Aussagesätze überwiegt dabei deutlich.

2.1 Isoliert gebrauchte einfache Sätze

Die folgenden Ausführungen befassen sich insbesondere mit der Frequenz und Distribution der isoliert gebrauchten einfachen Nominal- und Verbalsätze.

2.1.1 Nominalsätze

Vom ersten Auftreten des primären Initiators Überschrift im Jahre 1825 bis zu seinem letzten Vorkommen in der 1972er-Probe ist er ausschließlich als eingliedriger Nominalsatz realisiert. Die Sätze bestehen aus einem Satzglied im Nominativ (4 bis 6), das das Inserat als Verbindungsanzeige bezeichnet, aus einem präpositionalen Satzglied im Genitiv (1, 2, 7 bis 10), das die Bekanntgabemodalität angibt, oder aus einem modalen Satzlied (3), in dem die Umstände der Anzeigenaufgabe näher benannt werden. Zur Kennzeichnung des Endes der Überschrift verwenden die Inserenten häufig einen Punkt (1 bis 4).[55] Ab 1850 verzichten sie jedoch teilweise auch auf ein abschließendes Interpunktionszeichen (5 bis 8):

(1) Statt Karten. (LZ, 4. Oktober 1921)
(2) Statt jeder besonderen Anzeige. (KStA, 29. Dezember 1916)
(3) Verspätet. (NPZ, 8. Januar 1902)
(4) Verlobungs-Anzeige. (KöZ, 4. Januar 1876)
(5) Heirats-Anzeige (KöZ, 8. Januar 1850)
(6) Hochzeits-Anzeige (HuC, 25. Februar 1875)
(7) Statt Karten (Welt, 11. Januar 1972, Abb. V-5)
(8) Statt jeder besonderen Anzeige (FAZ, 14. April 1972)

Die Überschriften sind überwiegend als Aussagesätze realisiert (1 bis 8). In Einzelfällen treten die Überschriften auch als Ausrufesätze auf, die

55 Zur Interpunktion bei Überschriften siehe ausführlich I.3.3.2.2.

mit einem Ausrufezeichen als Interpunktionszeichen beendet werden (9 und 10):

(9) Statt Karten! (KStA, 27. Dezember 1916)
(10) Statt besonderer Meldung! (KN, 1. Januar 1902)

Als eingliedriger Nominalsatz stellt sich häufig auch die Makrostruktur Angabe der Inserenten dar (11 bis 19), die stets aus einem Satzglied im Nominativ besteht und diejenigen benennt, die die Handlung – das Schalten der Verbindungsanzeige – vollziehen. Dabei finden sich sowohl Nominalsätze mit abschließendem Satzzeichen (12 bis 14, 17 und 19) als auch isoliert gebrauchte einfache Nominalsätze ohne ein Interpunktionszeichen am Satzende (11, 15, 16 und 18).

Gerade zu Beginn des Untersuchungszeitraumes beinhaltet die Angabe der Inserenten oft eine Apposition. Sowohl als enge (12) als auch als lockere (13 und 14) Apposition kommt regelmäßig der Beruf des Ehemannes vor. Dies gilt besonders für die Anzeigen, in denen der Bräutigam allein die Verbindung bekannt gibt (11 bis 14). Als enge Apposition treten fast immer Vornamen (11, 13 bis 19) sowie vereinzelt Titel (12 und 13) zu den Familiennamen der Inserenten hinzu:

(11) Ernst August Eversbusch (Welt, 11. Januar 1952)
(12) Der Stadt-Inspector Baron von Streit. (BayZ, 24. Januar 1800)
(13) Dr. Berthold Haase, Rechtsanwalt. (VZ, 11. Januar 1902)
(14) Franz Siegfried, Geheimer Regierungsrat. (Abb. V-20)

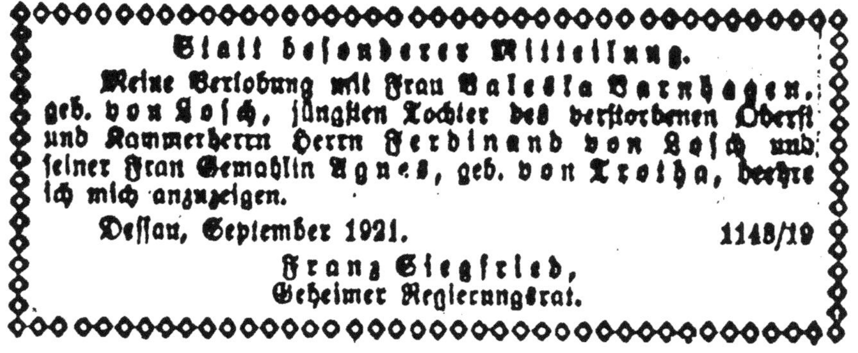

Statt besonderer Mitteilung.

Meine Verlobung mit Frau Valeska Varnhagen, geb. von Losch, jüngsten Tochter des verstorbenen Oberst und Kammerherrn Herrn Ferdinand von Losch und seiner Frau Gemahlin Agnes, geb. von Trotha, beehre ich mich anzuzeigen.

Dessau, September 1921. 1148/19

Franz Siegfried,
Geheimer Regierungsrat.

Abb. V-20: NPZ, 7. September 1921

Wenn das Paar gemeinsam die Verbindung mitteilt, findet sich beim Namen der Braut häufig der Geburtsname (15, 17 und 19) in Form einer lockeren Apposition. Wie bei den Geburtsanzeigen wird die Angabe mehrerer Inserenten teilweise syndetisch (15) durch *und* verbunden, zudem besteht die Möglichkeit, die Verbindung durch das mathematische Pluszeichen (16) zu kennzeichnen, welches dann als *und* zu lesen ist:

(15) Rolf Praaß und Frau Irmgard, geb. Schmöcker (Abb. V-21)
(16) Andrea Gawlich + Norman Spies (Abb. V-32)

Wir haben geheiratet

Rolf Praaß und Frau
Irmgard, geb. Schmöckel
29. März 1972

Kiel, Lüdemannstraße 37
Gleichzeitig danken wir für erwiesene Aufmerksamkeiten

Abb. V-21: KN, 8. April 1972

Die Angabe der Inserenten ist auch als eingliedriger Nominalsatz mit zwei asyndetisch gereihten Nuklei festzustellen, die durch ein Komma voneinander abgetrennt sind (17). Relativ häufig fehlt dieses Interpunktionszeichen, dann wird die syntaktische Einheit der jeweiligen Anzeige aufgrund ihrer typografischen Ausgestaltung deutlich (18 und 19):

(17) Carl Joseph Riffart, Odilia Riffart, geb. Bohr. (KöZ, 16. Februar 1825)
(18) Karl-Heinz Schmidt Rosemarie Tuscherer (Abb. V-22)
(19) Herbert Bardt – Gerda Bardt, geb. Petersen. (KN, 3. April 1943)

Wir haben uns verlobt

Karl-Heinz Schmidt
Rosemarie Tuscherer

Silvester 1971

Köln-Flittard
Georg-Zapf-Straße

Abb. V-22: KStA, 6. Januar 1972

Auch bei der Makrostruktur Mitteilung der Verbindung sind Nominalsätze zu belegen, die meist eingliedrig sind (20 bis 24). Sie treten insbesondere vom Ende des 19. Jahrhunderts bis zur Mitte des 20. Jahrhunderts auf, sowohl mit (21, 23 und 24) als auch ohne (20 und 22) abschließendes Interpunktionszeichen. Sofern die Mitteilung der Verbindung als eingliedriger Nominalsatz realisiert ist, besteht dieser entweder aus einem Satzglied im Nominativ (20 bis 22), das die Akteure, also das Paar, bezeichnet, oder aus einem modalen Satzglied (23 und 24), das die Art der eingegangenen Verbindung (23) beziehungsweise den neuen Verwandtschaftsgrad (24) angibt:

(20) Verlobte (KStA, 27. Dezember 1916)
(21) Verlobte. (KN, 1. Januar 1902)
(22) Vermählte (Abb. V-23)
(23) Kriegsgetraut. (KStA, 29. Dezember 1916)
(24) Verheiratet. (HuC, 9. Januar 1921)

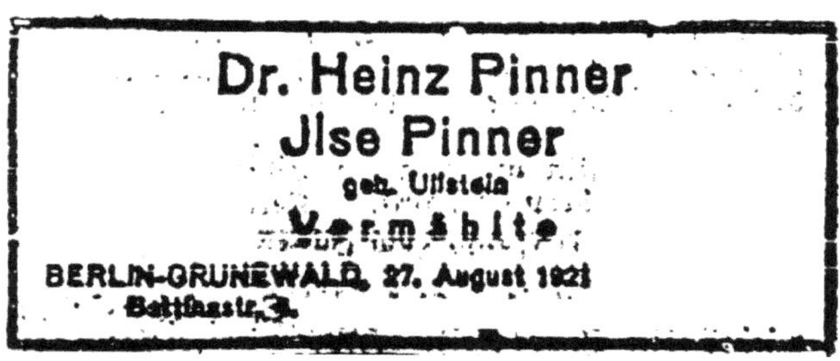
Dr. Heinz Pinner
Jlse Pinner
geb. Ullstein
Vermählte
BERLIN-GRUNEWALD, 27. August 1921
Bettinastr. 3.

Abb. V-23: Mopo, 28. August 1921

Neben diesen eingliedrigen Nominalsätzen sind – wenn auch erheblich seltener – zweigliedrige Nominalsätze (25 bis 29) bei der Mitteilung der Verbindung nachzuweisen. Auch bei diesen zweigliedrigen Nominalsätzen tritt nicht selten der Beruf des Mannes als lockere Apposition auf (25, 27 und 28). Sofern die syntaktische Struktur der Nominalsätze nicht durch Interpunktionszeichen in Form der asyndetischen Reihung deutlich wird (26 bis 28), ist sie aufgrund der typografischen Gestaltung der Anzeige erkennbar (25).

Die zweigliedrigen Nominalsätze bestehen meist aus zwei Satzgliedern im Nominativ (25 bis 27), bei denen das erste Satzglied stets die beiden Handlungsträger namentlich benennt, und das zweite die Handlungsträger als Paar als bezeichnet. Vereinzelt kommen zweigliedrige Nominalsätze aus einem modalen Satzglied, das den neuen Verwandtschaftsgrad bezeichnet, und einem Satzglied im Nominativ, das die Handlungsträger namentlich anführt, vor (28):

(25) Berta Müller Eduard Steininger Hafner, Verlobte. (Abb. V-24)
(26) Emilie Wegener, Arthur Schütte, Verlobte (KöZ, 1. Januar 1876)

(27) Gertrud Boersch, Emil Köhler, Architect, Verlobte. (VZ, 2. April 1875)

(28) Verheirathet: Wolfgang von Hagen, Lieutenant und Adjut. im 31. Inf. Regm., Amalie von Hagen, geb. Silberschlag. (NPZ, 29. Januar 1850)

Berta Müller
Eduard Steininger
Hafner,
VERLOBTE.
Landshut. Freising.
Weihnachten 1916.

Abb. V-24: LZ, 23. Dezember 1916

Außerdem treten zweigliedrige Nominalsätze aus einem Satzglied im Dativ, das die Adressaten bezeichnet, und einem Satzglied im Nominativ auf, welches das Ereignis mitteilt (30). Ausrufesätze sind bei der Mitteilung der Verbindung äußerst selten. Ein isoliert gebrauchter einfacher Nominalsatz ist im Jahr 2002 in den KN nachzuweisen, er besteht aus einem Temporaladverbiale, mit dem ausgedrückt wird, dass ein erwartetes Ereignis nun eingetreten ist (29):

(29) ... endlich! (KN, Abb. V-25)

(30) Verwandten, Freunden und Bekannten die Anzeige unserer heute hier stattgehabten ehelichen Verbindung. (HuC, 25. Januar 1825)

. . . endlich!
Meine Mama & mein Papa
Christiane Buttkus Jörn Mathea
heiraten heute um 12.20 Uhr im Standesamt zu Kiel.
Jch freue mich ganz doll!!!
Anton

Abb. V-25: KN, 1. Februar 2002

Die Makrostruktur Danksagung, die insgesamt nur selten in Verbindungsanzeigen vorkommt, ist als zwei- (32) oder mehrgliedriger (31) Nominalsatz ausgestaltet. Danksagungen finden sich sowohl mit (31) als auch ohne (32) Interpunktionszeichen am Satzende. Die Beispielsätze 31 und 32 enthalten beide ein präpositionales Satzglied im Akkusativ sowie ein Satzglied im Akkusativ. Der mehrgliedrige Satz in Beispiel 31 umfasst zudem ein Modaladverbiale, das die Bekanntgabemodalität angibt, und ein Satzglied im Dativ, das die Adressaten der Danksagung benennt:

(31) Für die anläßlich unserer Vermählung erwiesenen Aufmerksamkeiten allen Verwandten, Freunden und Bekannten sowie der Nachbarschaft auf diesem Wege unseren innigsten Dank. (KStA, 29. September 1921)
(32) Für alle Grüße und Wünsche herzlichen Dank (Welt, 11. Januar 1972)

Informationen zur Trauung sind erst ab Mitte des 20. Jahrhunderts festzustellen, sie sind als mehrgliedrige Nominalsätze (33 bis 35) realisiert. Die Sätze enthalten alle ein Satzglied im Nominativ (33 bis 35), das das Ereignis bezeichnet. Hinzu treten Temporaladverbialien, die den Tag beziehungsweise das Datum und die Uhrzeit (33 bis 35) der Trauung angeben, sowie Lokaladverbialien, die den Ort der Trauung benennen (33 bis 35):

(33) Trauung: Samstag, 16. Februar 1952, 10.30 Uhr, St. Andreas, Köln (KStA, 13. Februar 1952)
(34) Kirchliche Trauung 15 Uhr in St. Columba (KStA, 21. Januar 1972)
(35) Trauung 22. Januar 1972, 15.00 Uhr, in der Dorfkirche zu Saarn. (Abb. V-18)

Die Makrostruktur Datum (36 bis 40) ist ausschließlich als eingliedriger Nominalsatz ausgestaltet, fast immer wird dabei auf einen Punkt am Satzende verzichtet (36, 38 bis 40). Die Satzglieder, bei denen es sich um Temporaladverbialien handelt, geben den Zeitpunkt der Verbindung beziehungsweise den Zeitpunkt der Anzeigenaufgabe an:

(36) 22.01.1972 (Welt, 22. Januar 1972)
(37) November 1943. (KStA, 28. November 1943)
(38) Weihnachten 1916 (KStA, 27. Dezember 1916)
(39) Ostern 1972 (KN, 1. April 1972)
(40) Silvester 1971 (KStA, 3. Januar 1972)

Selbiges gilt für die Makrostruktur Ort, die immer als eingliedriger Nominalsatz (41 bis 45) realisiert wird. Bei der Ortsangabe kommen nicht selten Nuklei-Reihungen vor: Es finden sich sowohl zwei syndetisch durch *und* gereihte (42 und 43) als auch asyndetisch durch ein Komma (44) beziehungsweise einen Schrägstrich (45) gereihte Nuklei. Die Ortsangabe gibt als Lokaladverbiale den Ort der Anzeigenaufgabe beziehungsweise die Wohnorte der Inserenten an:

(41) Berlin. (Mopo, 14. Februar 1902)
(42) Berlin und Hannover. (VZ, 2. Januar 1850)
(43) Lauenburg und Hamburg. (Abb. V-26)
(44) Dresden, Leipzig. (Mopo, 1. Januar 1943)
(45) Kiel / Bad Oldesloe (KN, 19. Januar 2002)

V e r l o b t e.
Ottilde Lohmann.
Ernst Mertens.
Lauenburg und Hamburg.

Abb. V-26: HuC, 21. Februar 1850

Bei den Makrostrukturen Ort und Datum, Adresse sowie Kombination aus Adresse und Datum gilt dasselbe wie in Kapitel II unter 2.1.1: Auch wenn hier Teilinformationen mit hohem Selbstständigkeitsgrad übermittelt werden, treten diese als Einheit auf, so dass sie als mehrgliedrige Nominalsätze einzuordnen sind. Die Makrostruktur Ort und Datum wird als zweigliedriger Nominalsatz realisiert (46 bis 50). Die Sätze bestehen aus einem Lokaladverbiale und einem Temporaladverbiale, wobei die Ortsangabe den Ort der Eingehung der Verbindung oder den Ort der Anzeigenaufgabe nennt und das Datum den Zeitpunkt des Ereignisses oder der Anzeigenaufgabe angibt:

(46) Köln-Ehrenfeld, den 1. Oktober 1921. (KStA, 30. September 1921)
(47) Essen, den 7. Januar 1972 (FAZ, 9. Januar 1972)
(48) Berlin, den 21. Januar 1917 (Mopo, 21. Januar 1917)
(49) Berlin, Silvester 1916. (Mopo, 1, Januar 1917)
(50) Standesamt Molfsee, 28. Dezember 2001 (KN, 19. Januar 2002)

In der Makrostruktur Adresse (51 bis 53) sind beide Satzglieder Lokaladverbialien, eines ist eine Ortsangabe, das andere eine Straßenangabe einschließlich Hausnummer. Zusammen ergeben beide Angaben die gültige Anschrift der Inserenten:

(51) Köln-Ehrenfeld, Herkulesstraße 27. (KStA, 5. Dezember 1943)
(52) Berlin, Pasteurstraße 41. (Mopo, 28. August 1921)
(53) Hamburg, Quickbornstraße 49. (HuC, 24. Januar 1902)

Die Makrostruktur Kombination aus Adresse und Datum besteht aus drei Satzgliedern (54 und 55). Zu den beiden Lokaladverbialien, der Ortsangabe und der Straßenangabe einschließlich Hausnummer, tritt ein Datum als Temporaladverbiale hinzu, das – wie auch schon bei der Angabe von Ort und Datum – den Zeitpunkt der Anzeigenaufgabe angibt:

(54) Köln, 24. Sept. 1921, Motkestraße 129. (KStA, 24. September 1921)
(55) Köln-Deutz, Gotenring 20, 27. Nov 1943. (KStA, 1. Dezember 1943)

2.1.2 Verbalsätze

Die Mitteilung der Verbindung wird nicht nur als Nominalsatz realisiert, vielmehr muss das Vorkommen dieser Makrostruktur als Verbalsatz als üblich bezeichnet werden. Die Inserenten, in der Regel das Paar selbst, der Bräutigam oder die Eltern der Braut, informieren über die Verbindung meist in mehrgliedrigen Verbalsätzen (58 bis 61 und 63 bis 65). Nur selten kommen zweigliedrige Verbalsätze vor, wobei in (56) das Verb *kriegstrauen* und in (57) und (62) das reflexive Verb *sich verloben* angesetzt werden. Letzteres findet sich ausschließlich als reflexives Verb, eine Verwendung des Verbs *verloben* wie in dem Satz ‚Er verlobte seine Tochter mit dem Prinzen' ist im Korpus nicht zu belegen. Meist verfügen die Verbalsätze über einen Punkt als abschließendem Satzzeichen (56, 57, 59 bis 61 und 63 bis 65), der nur in wenigen Fällen fehlt (58 und 62):

(56) Wir wurden kriegsgetraut. (KStA, 1. Dezember 1943)
(57) Wir haben uns verlobt. (KStA, 28. November 1943)
(58) Die Verlobung unserer ältesten Tochter, Minna, mit dem Herrn Julius Wiechels zeigen wir hierdurch ergebenst an (HuC, 2. Februar 1850)
(59) Wir haben unseren gemeinsamen Lebensweg begonnen. (KStA, 4. Februar 1952)
(60) Wir haben am 30. Dezember geheiratet. (FAZ, 4. Januar 1972)
(61) Meine Verlobung mit Fräulein Renate Schmidt gebe ich hiermit bekannt. (Mopo, 5. Januar 1952)
(62) Wir verloben uns (KN, 1. April 1972)
(63) Meine Verlobung mit Fräulein Doris Hardt beehre ich mich anzuzeigen. (Welt, 11. Januar 1952)
(64) Am 16. d. M. feierten wir auf Helgoland unsere eheliche Verbindung. (HuC, 18. Februar 1850)
(65) Meine heute erfolgte Verlobung mit der ältesten Tochter des verstorbenen Polizei-Commissarius Müller I., Vornamens Emilie, vermelde ich meinen und ihren auswärtigen Freunden und Bekannten hierdurch ergebenst. (Abb. V-27)

Meine heute erfolgte Verlobung mit der ältesten Tochter des verstorbenen Polizei-Commissarius Müller I., Vornamens Emilie, vermelde ich meinen und ihren auswärtigen Freunden und Bekannten hierdurch ergebenst.
Berlin, den 1sten Januar 1825.
Albert Klaaß, Prem.-Lieut. und expd. Stadtgerichts-Secretair.

Abb. V-27: VZ, 6. Januar 1825

Bei der Mitteilung der Verbindung treten neben Subjekt und Prädikat vereinzelt ein Lokaladverbiale, das den Ort der Trauung bezeichnet (64, 66 und 67), und ein Temporaladverbiale, das den Zeitpunkt der Trauung angibt (60, 64, 65 und 67), auf. Daneben kommen Akkusativobjekte vor, die das Ereignis benennen (58, 61, 63 bis 65), das Anlass für die Anzeige ist, beziehungsweise eine Bezeichnung für die Verbindung enthalten (59). Ein Dativobjekt zur Bezeichnung des Adressatenkreises (65) und Modaladverbialien (58 und 65), die die Art und Weise der Bekanntgabe angeben, finden sich nur selten in den Verbindungsanzeigen.

Vorkommen der Makrostruktur Mitteilung der Verbindung als mehrgliedriger Ausrufesatz mit einem (66) oder mehreren Ausrufezeichen (67) sind nur selten 2002 in den KN zu belegen. Neben den vorkommenden Lokaladverbialien (66 und 67) und einem Temporaladverbiale (67) tritt vereinzelt auch ein Modaladverbiale auf, das die Empfindungen der Akteure zum Ausdruck bringt (67):

(66) Wir haben in Venedig geheiratet! (Abb. V-28)
(67) Wir sind am 12.01.02 traumhaft in St. Andreasberg/Harz in unser gemeinsames Glück gerodelt!!! (KN, 19. Januar 2002)

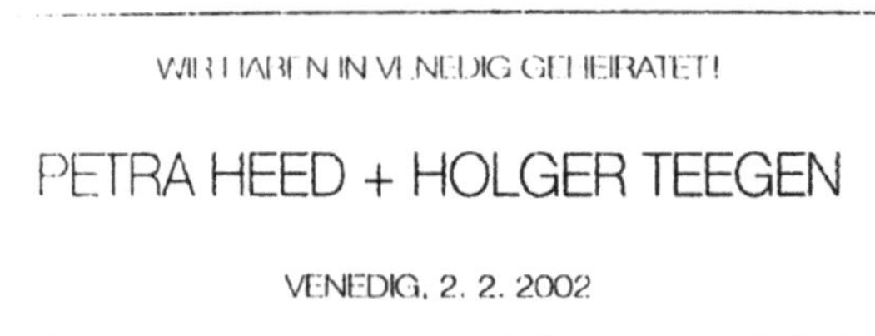
WIR HABEN IN VENEDIG GEHEIRATET!

PETRA HEED + HOLGER TEEGEN

VENEDIG, 2. 2. 2002

Abb. V-28: KN, 2. Februar 2002

Bei der Angabe der Inserenten, die auch die Mitteilung der Verbindung beinhalten kann, sind ebenfalls Verbalsätze festzustellen. Diese sind mehrgliedrig ausgestaltet (68 bis 73) und beinhalten meist Appositionen. Als enge Appositionen stehen Vornamen (68 bis 72) beziehungsweise die Initialen des Vornamens (73), Berufsangaben (72), militärische Dienstgrade (69 und 70) und die Anredeform *Herr* (68) bei den vorkommenden Familiennamen sowie Vornamen bei den auftretenden Verwandtschaftsbezeichnungen (68 und 72). Als lockere Apposition ist gelegentlich der Geburtsname der Braut (69 und 71) oder der Brautmutter (68 und 72) nachzuweisen.

Wie die folgenden Beispiele deutlich machen, treten bei den Verbalsätzen ebenso wie bei Nominalsätzen neben durch *und* verknüpften Nuklei (68 und 72) und gereihten, durch Kommata voneinander getrennten Nuklei (70 und 73) auch gereihte Nuklei auf, die nicht durch ein Komma als Interpunktionszeichen voneinander abgegrenzt werden. Hier ergibt sich die syntaktische Einheit aus der typografischen Ausgestaltung der Anzeige (71). Bei der Mehrzahl der Sätze, die alle mehrgliedrig sind (68 bis 73), findet sich ein Punkt am Satzende (68 bis 70, 72 und 73), vereinzelt fehlt dieser auch (71):

(68) Die Verlobung unserer Tochter Erny mit Herrn Karl Kohlhauer beehren sich anzuzeigen Georg Siebert u. Frau Lin geb. Hackländer. (KStA, 4. Februar 1917)

(69) Ihre Kriegstrauung geben bekannt Ogfr Paul Göser, Änne Göser, geb. Niederstein. (KStA, 28. November 1943)

(70) Als Verlobte grüßen: Elisabet Krautwig, Obergefreiter Peter Wirts. (KStA, Dezember 1943)

(71) Ihre Vermählung geben bekannt Ulrich Voswinckel Sylvia Voswinckel geb. Petrik (Abb. V-29)

(72) Die Verlobung ihrer Tochter Käthe mit Herrn Apothekenbesitzer Carl Wolansky in Sande-Bergdorf beehren sich anzuzeigen Fritz Hermann u. Frau Elise geb. Kuhlmann. (KN, 15. Januar 1902)

(73) Als Verlobte empfehlen sich: P. Wildenhayn, E. Pommerenke. (Mopo, 19. Februar 1902)

Ihre Vermählung geben bekannt

ULRICH VOSWINCKEL

SYLVIA VOSWINCKEL

GEB. PETRIK

19. Februar 1972

2 Hamburg 13,
Feldbrunnenstraße 12

Abb. V-29: FAZ, 19. Februar 1972

Die Makrostruktur Danksagung, die nur selten in Verbindungsanzeigen zu belegen ist, kommt ausschließlich in den KN vor. Dort tritt sie als mehrgliedriger Verbalsatz auf, der neben Subjekt und Prädikat ein Präpositionalobjekt, ein Modal- sowie ein Temporaladverbiale (74) enthält:

(74) Gleichzeitig danken wir für die vielen Glückwünsche und Geschenke recht herzlich. (KN, 6. Februar 1952)

Daneben wird im Jahr 2002 außerdem in KStA und KN die Makrostruktur Freude als Verbalsatz realisiert. Dabei sind zwei- (76) und mehrgliedrige (75) Ausrufesätze nachzuweisen, die mit einem (75) oder – zur Verstärkung des Ausrufes – mehreren (76) Ausrufezeichen abschließen. Neben Subjekt und Prädikat enthält Beispiel 75 ein Modaladverbiale, das die Intensität der Freude angibt:

(75) Ich freue mich ganz doll!!! (KN, 1. Februar 2002)
(76) Wir freuen uns! (KStA, 17. Januar 2002)

2.2 Gesamtsätze

Gesamtsätze haben in Verbindungsanzeigen Ausnahmecharakter. Es sind weder hypotaktische noch parataktisch-hypotaktische Gesamtsätze vorhanden. Allein parataktische Gesamtsätze lassen sich in Einzelfällen nachweisen.

2.2.1 Parataktische Gesamtsätze

Parataktische Gesamtsätze sind in den untersuchten Verbindungsanzeigen nur selten festzustellen. Die wenigen belegbaren parataktischen Gesamtsätze bestehen immer aus zwei Teilsätzen. Es handelt sich ausschließlich um kopulative Satzverbindungen, die stets einen Punkt am Satzende haben (77 bis 80).

Die nachfolgend benannten Beispiele dienen der Veranschaulichung des Vorkommens von syndetisch durch *und* (77 bis 80) verknüpften parataktischen Gesamtsätzen aus zwei Teilsätzen. Sie treten einzig in der Makrostruktur Mitteilung der Verbindung auf und sie kommen ausschließlich Anfang des 19. Jahrhunderts vor:

(77) Der Regiments-Quartiermeister Brinck meldet seine Verheiratung mit der verwitweten Madame Bunst den beiderseitigen Freunden, und verbittet alle Wünsche. (VZ, 9. Januar 1800)
(78) Unsere vollzogene eheliche Verbindung machen wir unsern hochzuehrenden Verwandten und Freunden ergebenst bekannt, und verbitten die Glückwünsche. (VZ, 25. Januar 1800)
(79) Meinen Anverwandten, Gönnern und Freunden mache ich meine am 26. December vollzogene eheliche Verbindung mit Fräulein Therese Haller

von Hallerstein aus Grävenberg, schuldigst bekannt, und empfehle mich und meine Frau Ihrer Liebe, Gewogenheit und Freundschaft. (BayZ, 14. Januar 1800)

(80) Unsere heute vollzogene eheliche Verbindung zeigen wir unsern wohlwollenden Verwandten und Freunden ergebenst an, und empfehlen uns ihrem fernern Andenken. (Abb. V-30)

Unsere heute vollzogene eheliche Verbindung zeigen wir unsern wohlwollenden Verwandten und Freunden ergebenst an, und empfehlen uns ihrem fernern Andenken.

Düsseldorf und Königswinter, den 15 Jänner 1825.

Friedrich Caspers.

Marie Anne Caspers, geborne Meyer.

Abb. V-30: KöZ, 20. Januar 1825

2.2.2 Weitere Gesamtsätze

Wie eingangs bereits erwähnt, sind neben parataktischen Gesamtsätzen keine weiteren Gesamtsätze in den untersuchten Verbindungsanzeigen zu finden: Hypotaktische und parataktisch-hypotaktische Gesamtsätze kommen in den Verbindungsanzeigen nicht vor.

2.3 Zusammenfassung

Die Inserenten von Verbindungsanzeigen entscheiden sich deutlich überwiegend für die Verwendung isoliert gebrauchter einfacher Sätze. Nominalsätze sind bei dem primären Initiator Überschrift und in den Makrostrukturen Angabe der Inserenten, Mitteilung der Verbindung, Danksagung, Informationen zur Trauung, Datum, Ort sowie Ort und Datum, Adresse sowie der Kombination aus Adresse und Datum zu belegen.

Neben den in einer Vielzahl von Makrostrukturen auftretenden Nominalsätzen, sind Verbalsätze üblich. Sie sind in den Makrostrukturen Mitteilung der Verbindung und Danksagung nachzuweisen.

Im Gegensatz zu den sehr häufigen isoliert gebrauchten einfachen Sätzen haben Gesamtsätze in Verbindungsanzeigen Ausnahmecharakter. Hypotaktische Gesamtsätze sind genauso wenig zu finden wie parataktisch-hypotaktische Gesamtsätze. Allein parataktische Gesamtsätze sind in Einzelfällen Anfang des 19. Jahrhunderts festzustellen. Die wenigen parataktischen Gesamtsätze setzen sich aus maximal zwei Teilsätzen zusammen und sind syndetisch durch *und* verknüpft. Sie kommen ausschließlich in der Makrostruktur Mitteilung der Verbindung vor.

Enge wie lockere Appositionen stellen eine der wenigen syntaktischen Besonderheiten der Verbindungsanzeigen dar. In der Makrostruktur Angabe der Inserenten sowie der Makrostruktur Mitteilung der Verbindung sind nicht selten Angaben zum Beruf des Bräutigams sowie die Nennung des Geburtsnamens der Braut oder der Brautmutter als lockere Apposition zu belegen. Als enge Appositionen treten Berufsangaben, militärische Dienstgrade, Vornamen sowie die Verwandtschaftsbezeichnungen *Frau* und *Herr* auf, die bei den Familiennamen stehen. Außerdem kommen Vornamen als enge Apposition zu Verwandtschaftsbezeichnungen vor.

Bei den auftretenden Satzarten zeigt sich eine deutliche Dominanz der Aussagesätze. Daneben sind gelegentlich Ausrufesätze zu finden. Sie sind vor allem im Jahr 2002 nachweisbar und treten zu diesem Zeitpunkt ausschließlich bei der Mitteilung der Verbindung sowie in der Makrostruktur Freude auf, die erstmals in dieser Form im Jahr 2002 zu belegen sind. Vorher sind Ausrufesätze lediglich beim primären Initiator Überschrift zu verzeichnen.

Verbindungsanzeigen sind also durch wenig komplexe syntaktische Strukturen gekennzeichnet. Diese fehlende Komplexität ist wenig erstaunlich: Schließlich ist ein geringer Umfang kennzeichnend für Verbindungsanzeigen, so dass gerade das Nichtvorhandensein komplexer syntaktischer Merkmale für die Verbindungsanzeigen typisch ist. Zur Definition der Textsorte Verbindungsanzeige tragen spezifische syntaktische Strukturen wenig bei, entscheidend sind die makrostrukturellen und lexikalischen Besonderheiten, die sie von anderen Textsorten abgrenzen.

3 Lexik

Wie unter II.3 gezeigt wurde, zeichnen sich Geburtsanzeigen durch einen spezifischen Wortschatz aus. Dies gilt auch für die Lexik in Verbindungsanzeigen. Der Wortschatz ist hier ebenfalls auf wenige Bereiche beschränkt: So werden unter anderem die Ereignisse Verlobung beziehungsweise Heirat mitgeteilt, die involvierten Personen aufgeführt und Freude zum Ausdruck gebracht. Zudem werden weitere Informationen wie Berufsbezeichnungen, Angaben zu Feierlichkeiten und Danksagungen gegeben.

3.1 *Verlobung, Vermählung, Heirat*

In Verlobungsanzeigen findet sich, sofern von den Inserenten ein Substantiv für die Benennung des familiären Ereignisses verwendet wird, ohne Ausnahme das Wort *Verlobung*. Das gilt sowohl für Anzeigen aus der 1800er Probe als auch für Anzeigen aus dem Jahr 2002.

Bei Heiratsanzeigen verhält es sich anders: Hier sind verschiedene Bezeichnungen nachzuweisen. Am häufigsten sind die beiden Substantive *Verbindung* und *Vermählung*. Zu dem Substantiv *Verbindung* treten in den meisten Fällen die Adjektivattribute *vollzogen* und *ehelich* hinzu, zu *Vermählung* lediglich *vollzogen*. Es werden folglich die *vollzogene eheliche Verbindung*[56] oder die *vollzogene Vermählung* bekannt gegeben. Daneben sind bis 1902 in einigen Anzeigen Kombinationen des Nukleus *Verbindung* mit den Adjektivattributen *gehabt*, *stattgehabt*,[57] *geschehen*, *erfolgt* und *geschlossen* vorhanden. Auffällig ist der Verwendungszeitraum der beiden genannten Substantive: Während *Verbindung* von 1800 bis 1875/76 in allen Zeitungen feststellbar ist, findet sich *Vermählung* – von einer Ausnahme 1825 in der VZ abgesehen – nur in der Zeit von 1902 bis 1972. Es ist diachron folglich ein Schnitt festzustellen: Im Zeitraum zwischen 1875/76 und 1902 wurde *Verbindung* von *Vermählung* abgelöst.

Zum beiderseitigen Vergnügen haben

Sylvester Frings
Renato Magalhaes

am 4. Januar 2002 im Historischen Rathaus
in E.-Lechenich ihre Lebenspartnerschaft besiegelt.

E.-Gymnich, Kohlstraße 15

Abb. V-31: KStA, 5. Januar 2002

Vereinzelt kommen zudem *Ehe*, *Verheiratung*, *Heirat*, *Hochzeit* und *Lebenspartnerschaft* (Abb. V-31), *Bund fürs Leben* und *gemeinsamer Le-*

56 Abb. V-30.
57 Abb. VA-17.

bensweg vor. 1921 tritt zum ersten und einzigen Mal das Wort *Trauung* in der Mopo auf. In der Probe aus dem Jahr 1972 ist *Trauung* in FAZ, KN und KStA zu verzeichnen, teilweise mit dem Adjektiv *kirchlich* verbunden. 2002 ist *Trauung* nur im KStA nachzuweisen, einmal davon in Verbindung mit dem Adjektiv *standesamtlich*. Bereits während des Ersten Weltkrieges wird das Kompositum *Kriegstrauung*[58] in den KN verwendet, 1943 ist es in KN und KStA zu verzeichnen.

Die Bezeichnung *Kriegstrauung* impliziert, dass der Bräutigam zum Zeitpunkt der Eheschließung als Soldat dem Vaterland diente. Kurz vor Beginn des Zweiten Weltkrieges wurden der Kriegstrauung über eine Verordnung des Personenstandsgesetzes zudem verschiedene rechtliche Privilegien verliehen, wozu unter anderem die beschleunigte Eheschließung für Wehrmachtsangehörige sowie der Wegfall des bis dahin obligatorischen Ariernachweises für Heiratswillige zählten.[59] Diese Abschwächung der Ehehindernisse führte zu einem deutlichen Anstieg der Eheschließungen:

> *Im ersten Vierteljahr des Krieges heirateten in den 56 Großstädten des „Altreichs" 55,3 Prozent mehr Paare als im vergleichbaren Zeitraum des Vorjahres.*[60]

Die hohe Zahl der Eheschließungen mit Soldaten kann dadurch erklärt werden, dass die Ehe mit einem Soldaten Vorteile für die Ehefrau hatte, womit auch allein pragmatische Gründe für eine Heirat nicht auszuschließen sind:

> *Tatsächlich bedeutete die Ehe mit einem Berufssoldaten eine finanzielle Versorgung, auch nach dem Tode des Mannes. Zudem war es Ehefrauen von Berufssoldaten, selbst wenn sie kein Kind hatten, verboten, einen Beruf auszuüben.*[61]

Bei der Kriegstrauung waren – im Gegensatz zur Fernehe – beide Partner anwesend. Die Fernehe, die während des Zweiten Weltkrieges eingeführt worden war, ermöglichte es der Braut, „in Abwesenheit des Soldaten-Bräutigams [zu] heiraten."[62] Die so genannte Stahlhelmtrauung „vollzog der Standesbeamte am Wohnort der Verlobten [...] dadurch, daß er ihre Erklärung, daß sie die Ehe mit dem entsprechenden Mann einge-

58 Abb. VA-18.
59 Vgl. *Conte/Essner* (1996: 208f.).
60 *Dies.* (1996: 209).
61 *Dies.* (1996: 216).
62 *Dies.* (1996: 208).

hen wollte",[63] entgegennahm und die Eheschließung vornahm. Der Bräutigam hatte seinen Heiratswillen bereits zuvor am Einsatzort mitgeteilt.[64]

Mit den aufgeführten Substantiven zur Bezeichnung der Verbindung sind die Possessivpronomen *mein*, *sein* und *unser* verbunden, die attributiv bei den jeweiligen Substantiven stehen. Gerade zu Beginn des Untersuchungszeitraumes finden sich Verlobungsanzeigen, in denen der Bräutigam die Verlobung in der 3. Person Singular bekannt gibt – dementsprechend oft wird in diesen Fällen das Possessivpronomen *sein* verwendet. Aber auch in den frühen Anzeigen werden bereits die Possessivpronomen *mein* und *unser* benutzt. In den jüngeren Verbindungsanzeigen ist fast ausschließlich das Possessivum *unser* festzustellen, die Anzeigen sind von dem Paar gemeinsam verfasst und stehen folglich in der 1. Person Plural.

3.2 Verliebt, verlobt, verheiratet

Verlobung und Heirat lassen sich nicht nur durch Substantive ausdrücken, sondern auch durch die entsprechenden Verben *sich verloben, heiraten* und *sich verheiraten*. In Verlobungsanzeigen kommt nur das reflexive Verb *sich verloben* vor, das erst relativ spät zu verzeichnen ist. So findet es sich 1943 in KStA, KN und Mopo, 1972 in Welt sowie KN und 2002 nur in den KN. Die mit Abstand höchste Frequenz ist 1972 in den KN nachzuweisen, in den anderen Zeitungen handelt es sich bei der Verwendung von *sich verloben* um Einzelfälle.

In Heiratsanzeigen ist das Verb *heiraten* am häufigsten festzustellen. Erstmals tritt es 1943 in der Mopo auf, 1952 kommt es in den KN sowie 1972 in FAZ, KStA und Welt vor. 2002 ist es nur noch in den KN zu belegen. Außer *heiraten* wird das reflexive Verb *sich verheiraten* verwendet, es tritt jedoch nur im HuC auf – und zwar nur in den Jahren 1902, 1917 und 1921. Neben *heiraten* und *sich verheiraten* sind so gut wie keine anderen Verben in Heiratsanzeigen vorhanden – in der Mopo 1943 und dem KStA 1952 ist jeweils einmal *sich vermählen* zu verzeichnen. Alle anderen Verben kommen in Phraseologismen vor: 1943 in den KN *schließen* in *den Bund fürs Leben schließen,* im selben Jahr *beginnen* in *seinen gemeinsamen Lebensweg beginnen* im KStA und *besiegeln* in Verbindung mit *Lebenspartnerschaft* 2002 im KStA. Ebenfalls 2002 findet sich in den KN *rodeln* in *traumhaft ins gemeinsame Glück rodeln.*

---

63 *Dies.* (1996: 209f.).

64 Für weitere Ausführungen zur Fernehe siehe *Conte/Essner* (1996), wo überdies die so genannte Leichentrauung, die nachträgliche Eheschließung mit einem bereits gefallenen Soldaten, behandelt wird.

Die hier aufgeführten Verben stehen fast ausschließlich in der 1. Person Plural, nur vereinzelt tritt *heiraten* in der 3. Person Plural auf. Dabei handelt es sich jedoch ausschließlich um Anzeigen, die nicht von dem Brautpaar selbst geschaltet worden sind. In einer Heiratsanzeige aus dem Jahr 2002 ist es beispielsweise das Kind des Brautpaares, das bekannt gibt, dass seine Eltern *heiraten.*[65] Ebenfalls 2002 kommen vermehrt Phraseologismen zur Bekanntgabe der Heirat vor, ein Hinweis auf die zunehmende Individualität der Anzeigen. Die in den Verbindungsanzeigen gebrauchten Verben stehen entweder im Präsens oder im Perfekt. Bei der Verwendung des Präsens handelt es sich allerdings um einen relativen Gebrauch: Das Präsens steht hier statt des Futur I und drückt dementsprechend ein zukünftiges Geschehen aus (Abb. V-32). Die Verben stehen im Indikativ Aktiv.

Heute heiraten im Historischen Rathaus
zu Köln

Andrea Gawlich + Norman Spies

Wir freuen uns!

Abb. V-32: KStA, 17. Januar 2002

3.3 Personenbezeichnungen

Während bei Heiratsanzeigen in den meisten Fällen das Brautpaar gemeinsam oder der Bräutigam allein die Heirat bekannt geben, wird eine Verlobung häufig von den Eltern der Braut, dem Brautvater, der Mutter der Braut oder – ausnahmsweise – auch von anderen Verwandten der Braut mitgeteilt. Dementsprechend finden sich in Heiratsanzeigen andere Personenbezeichnungen als in Verlobungsanzeigen.

So sind in Verlobungsanzeigen beispielsweise die Verwandtschaftsbezeichnungen *Tochter,*[66] *Nichte*, *Schwester* und *Enkelin* nachzuweisen. Dabei ist *Tochter* mit Abstand am häufigsten festzustellen – erstmals in der 1800er Probe und zum letzten Mal 1972 in Welt, FAZ und KN. Die Frequenz nimmt ab Mitte des 20. Jahrhunderts stetig ab, bis *Tochter* 2002 schließlich nicht mehr vorhanden ist. Zu diesen aufgeführten Substantiven können attributiv gebrauchte Adjektive wie *einzig*, *alt* und *jung* hinzutreten, wobei die beiden Letztgenannten im Superlativ stehen – also die

65 Abb. V-25.
66 Abb. VA-19.

Verlobung der *ältesten* beziehungsweise *jüngsten Tochter* bekannt gegeben wird. Dies ist besonders in Anzeigen aus dem 19. Jahrhundert der Fall, danach kommt eine solche Verwendung nur noch einmal vor, nämlich 1952 in der Welt. Zudem sind in den Proben der NPZ aus den Jahren 1850 und 1875 die Ordinalia *zweite* und *dritte* in Verbindung mit dem Substantiv *Tochter* zu belegen.[67] 2002 sind in einer Anzeige im KStA die beiden Substantive *Kinder* und *Eltern* festzustellen. Bei dieser Anzeige handelt es sich um eine Anzeige, die beide Elternpaare für ihre Kinder – das Brautpaar – aufgegeben haben. Im selben Jahr gibt es in den KN eine Heiratsanzeige, in der ein kleines Kind die Eheschließung seiner Eltern bekannt gibt, wobei die Verwandtschaftsbezeichnungen *Mama* und *Papa* verwendet werden.[68] Bei den genannten Verwandtschaftsbezeichnungen stehen häufig die Possessivpronomen *mein*, *sein*, *ihr* und *unser*.

Außer diesen Verwandtschaftsbezeichnungen treten oft die Substantive *Frau*, *Fräulein* und *Herr* in den Anzeigen auf, die als enge Appositionen bei den in den Anzeigen aufgeführten Anthroponymen stehen und die Funktion der Geschlechterkennzeichnung haben. Darüber hinaus beinhalten die aufgeführten Substantive auch eine Respektsbekundung gegenüber der genannten Person. Das Substantiv *Herr* ist fast über den gesamten Untersuchungszeitraum nachzuweisen, lediglich in der 2002er Probe ist es nicht mehr zu finden. Besonders oft wird *Herr* in den Jahren 1850, 1875 und 1902 in der VZ benutzt, aber auch in den anderen Zeitungen hat es eine hohe Frequenz. Im Laufe des 20. Jahrhunderts nimmt die Verwendung von *Herr* stetig ab, wobei auffällig ist, dass *Herr* 1952 in FAZ und KStA noch relativ oft gebraucht wird. Im Jahr 1972 ist die höchste Frequenz in der FAZ nachzuweisen. Sowohl die Anzeigen in der FAZ als auch im KStA sind im Vergleich zu den Anzeigen in den anderen Zeitungen daher als konservativ zu bezeichnen.

Für Frauen werden verschiedene Substantive zur Bezeichnung des Geschlechts verwendet: Bereits seit 1800 findet sich *Fräulein*, das bis in die 1980er Jahre zur Bezeichnung einer unverheirateten Frau gebräuchlich war:

> *Als ‚unverheiratete Frau aus dem Adelsstande' hält es sich bis ins beginnende 19. Jh., wird dann auch für bürgerliche Mädchen verwendet und löst damit die Entlehnungen aus dem französischen Demoiselle, Mamsell [...] ab [...]. Das Wort wird heute im Zuge der Gleichberechtigung verdrängt.*[69]

---

67 Abb. VA-20.

68 Abb. V-25.

69 *Kluge* (1999: 283).

Die Verdrängung des Substantivs *Fräulein* zeigt sich im Korpus dadurch, dass *Fräulein* ab 1972 nur noch in FAZ und Welt gebraucht wird, in den 2002er Proben wird es nicht mehr benutzt. Laut Wahrig gilt *Fräulein* zu diesem Zeitpunkt bereits als veraltet.[70] Das Diminutiv *Fräulein* findet sich zur Bezeichnung der Verlobten in den Inseraten.

Neben *Fräulein* kommt im Zeitraum 1850 bis 1972 außerdem das Substantiv *Frau* vor. Es wird sowohl für die Braut als auch für die Mutter der Braut benutzt. Die Apposition *Frau* beim Namen der Mutter der Verlobten tritt jedoch nur in den Doppelanzeigen auf, in denen sowohl der Bräutigam als auch die Eltern der Braut die Verlobung in einer gemeinsamen Anzeige mitteilen. Jeweils in einer einzigen Anzeige sind *Madame*[71] und *Demoiselle* nachzuweisen. *Madame* ist laut Grimm „als modische allgemeine anrede an höher gestellte frauen seit dem 16. jahrh. aus dem französischem übernommen“[72] worden und wurde „bis auf die jüngste vergangenheit (heute hat sich das deutsche frau wieder geltend gemacht) als allgemeine titulatur für verheiratete frauen [...] aller besserer stände verwendet“[73] Das einmalige Vorkommen von *Madame* spricht dafür, dass das Substantiv *Madame* bereits zu Beginn des 19. Jahrhunderts nur noch selten verwendet wurde. Zu *Demoiselle* findet sich nicht einmal im Deutschen Wörterbuch ein Eintrag. Des Weiteren ist zwischen 1902 und 1972 für die Mutter der Verlobten in einigen Fällen die Bezeichnung *Frau Gemahlin* zu verzeichnen (Abb. V-33).

Die Verlobung ihrer Tochter **Margarete** mit Hrn. **Adolf Noelle** beehren sich anzuzeigen **Adolf Laspe** u. Frau **Helene** geb. **Voelcker** Hamburg, Januar 1921 Abteistraße 7 Empfang: Sonntag, 16. Januar.	Meine Verlobung mit Fräulein **Margarete Laspe**, Tochter des Herrn **Adolf Laspe** u. seiner Frau Gemahlin **Helene** geb. **Voelcker** beehre ich mich anzuzeigen **Adolf Noelle** Lüdenscheid Sauerfelderstraße 27.

Abb. V-33: HuC, 4. Januar 1921

70 *Wahrig* (2000: 497).
71 Abb. VA-21.
72 *Grimm* (1885: Sp. 1417).
73 Ebd.

In den Anzeigen gibt es auch Bezeichnungen für das Paar selbst. In Verlobungsanzeigen ist hier nur ein einziges Substantiv – und zwar von 1850 bis einschließlich 1952 – nachzuweisen: *Verlobte.*[74] Eine besonders hohe Frequenz zeigt sich dabei zwischen 1875/76 und 1921, vor allem in HuC, KStA, KN, Mopo und VZ. 1952 ist das Wort *Verlobte* schließlich nur noch im KStA feststellbar, danach kommt es in den untersuchten Verlobungsanzeigen nicht mehr vor. In Heiratsanzeigen finden sich die Bezeichnungen *ehelich Verbundene*, *Neuvermählte* und *Vermählte* für das Ehepaar. Auffällig ist, dass die Bezeichnung *ehelich Verbundene* nur 1850 und 1875 in NPZ und VZ auftritt. Das Substantiv *Neuvermählte* ist ebenfalls nur zu diesen Zeitpunkten belegbar: 1850 in KöZ und VZ, 1875 nur in der VZ. Mit Abstand am häufigsten ist in Heiratsanzeigen die Verwendung von *Vermählte* nachzuweisen. Die erste Verwendung ist 1875 in NPZ und VZ, die letzte 1972 in der Welt feststellbar.[75]

Zudem benennen die Inserenten in den älteren Anzeigen vielfach den Adressatenkreis. Die Anzeigen richten sich an *Gönner*, *Verwandte*, *Anverwandte*, *Bekannte* und *Freunde.* Diese Substantive sind nur bis einschließlich 1850 nachzuweisen, teilweise in Verbindung mit Adjektiven und Partizipien wie *hiesig*, *auswärtig*, *hochzuehrend*, *entfernten*, *teilnehmend*, *nah* und *wohlwollend.*

3.4 Bekanntgabe der Verbindung

Besonders in den älteren Anzeigen verweisen die Inserenten darauf, dass sie die Verbindung mit einer Anzeige mitteilen. Dementsprechend gibt es in den Anzeigen Verben wie *bekanntmachen, bekanntgeben*, *melden* und *anzeigen* – häufig in Verbindung mit Adjektiven in adverbieller Verwendung, die eine gewisse Untertänigkeit oder Demut ausdrücken: *schuldig*, *ergeben* und *gehorsam.* Teilweise werden die Adjektive durch *ganz* attributiv verstärkt. Die genannten Verben sind über den gesamten Untersuchungszeitraum nachzuweisen, wobei ihre Verwendung im Laufe des 20. Jahrhunderts abnimmt. Während *bekanntmachen* im 19. Jahrhundert oft benutzt wird, wechselt der Gebrauch ab 1921 zu *bekanntgeben.* Weiterhin sind vereinzelt die Substantive *Anzeige, Nachricht* und *Meldung* feststellbar, jedoch nur bis Mitte des 19. Jahrhunderts.

Die Inserenten weisen explizit darauf hin, dass die Anzeige die einzige Mitteilung der Verbindung ist. Dies geschieht fast ausschließlich durch den Gebrauch der beiden Adverbien *hierdurch* und *hiermit.* Bis

74 Abb. VA-22.
75 Abb. VA-23.

zur 1902er Probe finden sich sowohl *hiermit* als auch *hierdurch*. Danach wird nur noch *hierdurch* benutzt, letztmalig 1952 in der Welt. Gerade zu Beginn des Untersuchungszeitraumes wird von den Inserenten betont, dass die Bekanntgabe der Verbindung allein durch eine Anzeige in der Zeitung erfolgt. Dies zeigt, dass ein solches Vorgehen zum Mitteilen von Familienereignissen noch nicht selbstverständlich war. Ähnliches konnte bei Geburtsanzeigen belegt werden.[76] Der Wegfall von *hiermit* und *hierdurch* ist ein Indiz für den Wandel der Bekanntgabemodalitäten – spätestens nach 1952 ist es nicht mehr ungewöhnlich, ein familiäres Ereignis in einer Zeitungsanzeige mitzuteilen.

3.5 Berufsbezeichnungen

Bis einschließlich 1902 sind in den vorliegenden Anzeigen häufig Berufsbezeichnungen zu finden. Dabei handelt es sich sowohl um den Beruf des Bräutigams als auch um den des Brautvaters. Berufsbezeichnungen sind häufiger in Verlobungs- als in Heiratsanzeigen zu belegen. Exemplarisch seien hier nur einige der vorkommenden Berufsbezeichnungen genannt: *Regiments-Chirurgus*, *Doktor*, *Hauptmann*, *Fabrikant*, *Königlicher Regierungs-Kalkulator*, *Kaufmann*, *Lieutenant*,[77] *Prediger*, *Arzt*, *Gutsbesitzer*, *Obergerichts-Assessor*, *Apotheker*, *Gasthofbesitzer*, *Bäckermeister*, *Justizrath*, *Gymnasiallehrer*, *Professor*, *Obermaschinist*, *Turnwart*, *Oberst*, *Rechtsanwalt*, *Schiffsoffizier* und *Studienrat*.

Grundsätzlich ist festzuhalten, dass es sich bei den auftretenden Berufsbezeichnungen fast ausschließlich um akademische oder angesehene Berufe der gehobeneren Gesellschaft handelt. Daneben kommen bis 1902 und in den beiden Kriegsjahrgängen militärische Dienstgrade vor, teilweise mit weiteren Angaben wie *Infanterie-Regiment*, *zur See*, *Wehrmacht*, *Dragoner-Regiment* oder *bei einer Fliegertruppe*. Nach 1943 tauchen Berufsbezeichnungen nur noch in Einzelfällen auf, so etwa 1952 in Welt und KStA sowie 1972 in FAZ und KStA. 2002 ist keine Berufsbezeichnung nachzuweisen.

Die Berufsbezeichnungen sind meist in den Anzeigentext integriert, teilweise stehen sie als zusätzliche Information bei der Angabe der Inserenten. In der VZ 1800 findet sich eine Anzeige mit der Bezeichnung *Kaufmannswitwe*, die sich auf die Mutter der Braut bezieht. Gleiches gilt für die Verwendung *Frau Majorin*. Darüber hinaus sind Berufsbezeichnungen bei Frauen nicht zu belegen.

---

76 Siehe hierzu II.3.4 und II.3.7.

77 Bis einschließlich 1875/76 ist die Schreibweise *Lieutenant* nachzuweisen, danach die Schreibweise *Leutnant*.

3.6 *Anthroponyme und Toponyme*

In Verbindungsanzeigen haben Anthroponyme eine besondere Bedeutung, sie treten während des gesamten Untersuchungszeitraumes auf. Ebenso wie in Geburtsanzeigen sind Anthroponyme in Verbindungsanzeigen sowohl im Anzeigentext – als Teil der Makrostruktur Mitteilung der Verbindung – als auch bei der Angabe der Inserenten feststellbar. Dabei werden in den Verbindungsanzeigen die Namen der Verlobten, der Eheleute und der Brauteltern genannt. Bei verheirateten Frauen, sowohl bei der Braut als auch bei der Brautmutter, findet sich außerdem sehr häufig der Geburtsname, der meist an die Abkürzung *geb.* angeschlossen ist. Die Abkürzung *geb.* wird während des gesamten Untersuchungszeitraumes verwendet. Daneben ist 1800 im HuC *gebohrne* und 1825 in HuC, KöZ und VZ *geborne* belegbar. Vereinzelt finden sich in den Inseraten auch Titel, meist handelt es sich dabei um einen Doktortitel.[78]

Toponyme sind in Verbindungsanzeigen nicht im Anzeigentext vorhanden: Sie sind jedoch während des gesamten Untersuchungszeitraumes als Terminator, teilweise in Verbindung mit einem Datum, zu belegen. Außerdem tritt eine Ortsangabe als Teil der Makrostruktur Adresse beziehungsweise der Kombination aus Adresse und Datum auf.

3.7 *Weitere lexikalische Besonderheiten*

Zu Beginn des Untersuchungszeitraumes sind oft Zeitangaben im Anzeigentext nachweisbar. Besonders häufig ist die Variante *am* in Verbindung mit der genauen Angabe des Datums. Daneben ist vielfach das Adverb *heute* – in der VZ 1825 auch *heut* – zu verzeichnen. Vereinzelt werden auch *heutig*, *gestern* sowie *am heutigen Tage* verwendet. Diese Zeitangaben beziehen sich in beinahe allen Fällen auf das zusätzlich in der Anzeige genannte Datum. Das Datum in der Anzeige stimmt nicht mit dem Datum der Zeitungsausgabe überein, sondern gibt den Zeitpunkt der Anzeigenaufgabe an.

Bis 2002 kommen Zeitangaben im Anzeigentext vor, die Frequenz sinkt jedoch seit 1902 stetig. Zwar haben auch nach 1902 die meisten Verbindungsanzeigen immer noch ein Datum, dieses ist aber nicht mehr in den Anzeigentext integriert, sondern steht separat, meist in Verbindung mit einer Ortsangabe. In der Mehrzahl der Anzeigen findet sich dementsprechend neben der Angabe eines Datums auch ein Toponym. Bedingt durch die gewählten Untersuchungszeiträume lassen sich daneben die Substantive *Weihnachten* (Abb. V-34), *Silvester*, *Neujahr*

---

78 Abb. V-23.

und *Ostern* belegen, die anstelle eines Datums in den Anzeigen verwendet werden.

Statt Karten.

Die Verlobung meiner Tochter **Hildegard** mit Herrn Referendar **Dr. Walter Schmidt,** z. Zt. Hilfsarbeiter in der Kaiserl. Zivilverwaltung in Belgien, beehre ich mich ergebenst anzuzeigen.

Oberstabsarzt
Prof. Dr. **Edmund Meyer**
Berlin, Viktoria-Luise-Platz 9
z. Zt. Warschau
Festungslazarett I.

Meine Verlobung mit Fräulein **Hildegard Meyer,** Tochter des Herrn Oberstabsarzt Professor Dr. Edmund Meyer und seiner verstorbenen Frau Elise, geb. Boy, beehre ich mich ergebenst anzuzeigen.

Referendar
Dr. Walter Schmidt
Berlin-Südende
z. Zt. Brüssel, Zivilverwaltung.

Weihnachten 1916.

Abb. V-34: VZ, 5. Januar 1917

Zwischen 1921 und 1972 sind einige Anzeigen nachzuweisen, die eine Danksagung enthalten. In diesen Anzeigen geben die Eheleute ihre Heirat bekannt und *danken* gleichzeitig für *erwiesene Aufmerksamkeiten*,[79] *Glückwünsche* oder *Geschenke*. Diese Art der Heiratsanzeige ist nur in KN, KStA, VZ und Mopo zu verzeichnen und tritt auch dort nur selten auf. Zu Beginn des Untersuchungszeitraumes gibt es Anzeigen in HuC und VZ, in denen die Inserenten sich *Wünsche*, *Gratulation*, *Glückwünsche, Gegenkomplimente* oder *schriftliche Gegenwünsche* verbitten.

Neben dem Verbitten von Glückwünschen existieren auch Anzeigen, in denen auf einen *Empfangstag* hingewiesen wird. Solche Hinweise sind jedoch selten: In der VZ wird 1902 einmal und im HuC 1921 zweimal auf einen *Empfangstag* verwiesen. 1972 ist zudem in KN und KStA jeweils einmal der Hinweis vorhanden, dass es einen *Empfang* gibt.

Freude wird in Verbindungsanzeigen weitaus seltener ausgedrückt, als es zu erwarten wäre. So *feyern* die Brautleute im HuC 1825 den *frohen Tag ihrer ehelichen Verbindung.* Weiterhin ist 1850 sowie 1875 im HuC und 1972 in der Mopo das Verb *feiern* festzustellen. Erst im Jahr 2002 wird die Freude über das Ereignis explizit ausgedrückt: In KStA und KN ist das Verb *freuen* nachweisbar und ein Paar besiegelt seine Le-

79 Abb. VA-24.

benspartnerschaft im KStA *zum beiderseitigen Vergnügen*. In den KN freuen sich die Inserenten *riesig* beziehungsweise *ganz doll*.

3.8 Zusammenfassung

Die Lexik innerhalb der Anzeigen ist relativ eingeschränkt. Neben den Substantiven zur Benennung der Verbindung sind vor allem Substantive aus den Bereichen Personen-, Verwandtschafts- und Berufsbezeichnungen nachzuweisen. Nur in Einzelfällen zeigen sich regionale Unterschiede im Wortschatz: Das Verb *feyern* beziehungsweise *feiern* ist nur im HuC sowie 1972 in der Mopo nachweisbar. In der VZ 1800 finden sich – jeweils einmal – die aus dem Französischen übernommenen Substantive *Madame* und *Demoiselle*. Weiterhin ist die Verwendung von *Herr* und *Fräulein* Mitte des 20. Jahrhunderts nur noch in FAZ und KStA zu belegen, beide Zeitungen haben eine eher konservative Leserschaft. Ansonsten sind synchrone Unterschiede in den Verbindungsanzeigen nicht feststellbar.

Diachrone Unterschiede dagegen sind in den Anzeigen durchaus vorhanden: So findet sich das Substantiv *Verbindung* nur bis 1875/76, danach wird in den Anzeigen bis 1972 *Vermählung* benutzt – *Vermählung* tritt somit an die Stelle von *Verbindung*. Die beiden Weltkriege schlagen sich ebenfalls in der Lexik der Verbindungsanzeigen nieder. Sowohl während des Ersten als auch während des Zweiten Weltkrieges wird das Substantiv *Kriegstrauung* gebraucht, daneben sind vereinzelt militärische Grade belegbar. Die Verben *sich verloben*, *heiraten* und *sich verheiraten* tauchen erst ab 1902 auf, Phraseologismen wie *den Bund fürs Leben schließen* und *seinen gemeinsamen Lebensweg beginnen* sind erst ab 1942/43 zu verzeichnen.

Auch bei den verwendeten Personen-, Verwandtschafts- und Berufsbezeichnungen sind innerhalb des Untersuchungszeitraumes deutliche Veränderungen erkennbar: Die Frequenz der Apposition *Herr* nimmt im 20. Jahrhundert stark ab und auch *Fräulein* wird 1972 nur noch in der FAZ benutzt. Berufsbezeichnungen sind besonders bis 1902 festzustellen. Der angegebene Beruf ist entweder der des Bräutigams oder der des Brautvaters. Ab 1943 werden Berufsbezeichnungen in Verbindungsanzeigen immer seltener, in der zweiten Hälfte des 20. Jahrhunderts gibt es sie fast nur noch in Welt, KStA und FAZ.[80] Bei den vorkommenden Berufsbezeichnungen handelt es sich um angesehene und akademische Be-

80 Wie bereits erwähnt, kann die Leserschaft von FAZ und KStA als konservativ eingeordnet werden, ebenso verhält es sich mit den Lesern der Welt.

rufe. Daraus lassen sich Rückschlüsse auf die Inserenten der Verbindungsanzeigen ziehen: Es handelt sich um sozial und damit auch finanziell besser gestellte Personen höherer sozialer Schichten. „Liebe war [...] bis ins 18. Jahrhundert selten und auch später [...] nicht das wesentliche Motiv zur Eheschließung“,[81] vielfach wurde damals aus dem Grund der Besitzwahrung und -erhaltung geheiratet.

Bei Frauen finden sich keine Berufsangaben, was der Tatsache geschuldet sein dürfte, dass Frauen lange nicht berufstätig waren, sondern die Kindererziehung und Haushaltsführung verantworteten. Die Berufstätigkeit der Frau spielt erst in der zweiten Hälfte des 20. Jahrhunderts eine größere Rolle, zu diesem Zeitpunkt sind in Verbindungsanzeigen jedoch nur noch vereinzelt Berufsbezeichnungen feststellbar und auch in diesen Fällen handelt es sich um den Beruf des Bräutigams.

Eine Besonderheit stellen die auftretenden Anthroponyme und Toponyme in den Verbindungsanzeigen dar. Toponyme kommen in den Makrostrukturen Ort, Ort und Datum, Adresse sowie der Kombination aus Adresse und Datum vor. Neben den Namen von Braut und Bräutigam finden sich gerade bis Mitte des 20. Jahrhunderts außerdem die Namen der Brauteltern. Sowohl bei der Braut als auch bei der Brautmutter ist das Hinzutreten des Geburtsnamens zu bemerken.

Freude wird – anders als zu erwarten war – nicht oft in den Verbindungsanzeigen ausgedrückt. Vereinzelt kommt das Verb *feiern* vor, aber erst im Jahr 2002 geben die Paare, teilweise auch die Eltern oder Kinder des Brautpaares, ihre Freude über das Ereignis in den Anzeigen explizit bekannt.

4 Die Textsorte Verbindungsanzeige

Auf Basis der über den gesamten Untersuchungszeitraum konstanten und damit obligatorischen Merkmale der untersuchten Textexemplare ergibt sich folgende Definition: Die Verbindungsanzeige ist eine Textsorte, durch die sich extern das Ehepaar, die Verlobten oder Verwandte des Paares im Medium Zeitung vor allem an diejenigen Leser wenden, für die das Ereignis von Interesse ist, um intern durch spezifische sinnkonstituierende Merkmalbündel aus Makrostrukturen, Satztypen und Lexik über eine stattgefundene oder unmittelbar bevorstehende Heirat oder Verlobung zu informieren. Makrostrukturell stehen die Mitteilung der Verbindung und die Angabe der Inserenten im Zentrum, weitere Infor-

81 *Burkart/Fietze/Kohli* (1989: 70).

mationen können hinzutreten. Syntaktisch sind wenig komplexe Strukturen kennzeichnend für die Textsorte. In lexikalischer Hinsicht sind Bezeichnungen für die Verbindung, für das Paar und für weitere Personen sowie Anthroponyme und Toponyme typisch.

Es sind zwei Varianten der Textsorte zu unterscheiden. Abgrenzungskriterium ist die Zahl der inserierenden Parteien. Danach ergeben sich die Varianten Einzelanzeige und Doppelanzeige. Den Regelfall stellt die Einzelanzeige dar, in der nur eine Partei das Ereignis bekannt gibt. Zwischen 1819/25 und 1972 kommt zusätzlich die Textsortenvariante Doppelanzeige vor. Hier wird die Verbindung innerhalb eines Textexemplars durch zwei – neben- oder untereinander platzierte – Teilanzeigen bekannt gegeben. Neben dem Bräutigam beziehungsweise Brautpaar treten hier die Eltern oder andere Verwandte als weitere Inserenten auf. Die beiden Teilanzeigen einer Doppelanzeige bilden aufgrund gemeinsamer Strukturen wie Schmuckrahmen, Initiatoren und Terminatoren sowie durch die Namensnennung der Beteiligten eine textuelle Einheit. Im Falle nebeneinander stehender Doppelanzeigen können sich Textexemplare ohne spezifischen Initiator und Terminator ergeben. Doppelanzeigen stellen eine zahlenmäßig erhebliche Größe dar. 147 der untersuchten 956 Verbindungsanzeigen sind Doppelanzeigen.

Die Konstanz der Textsorte ist über den gesamten Untersuchungszeitraum gegeben, auch wenn von 1800 bis 2002 einzelne – nachfolgend spezifizierte – makrostrukturelle, syntaktische und lexikalische Merkmale wegfallen oder hinzutreten: Einen häufigen sekundären Initiator stellt die Mitteilung der Verbindung dar, die während des gesamten Zeitraums festzustellen ist. Mit Ausnahme der Zeitpunkte 1825 und 1972 kommt auch die Angabe der Inserenten als sekundärer Initiator vor. Zwischen 1850 und 1972 – mit Ausnahme des Kriegsjahrgangs 1942/43 – ist der primäre Initiator Überschrift gebräuchlich. 2002 kommen Mottos und Ausrufe als mögliche sekundäre Initiatoren hinzu.

Die Angabe der Inserenten stellt einen üblichen sekundären Terminator dar. Sie wird von 1800 bis 2002 verwendet, ist anfangs sogar der häufigste Terminator. 1952 und 1972 ist sie nicht als Markierung des Textendes belegbar. Ebenfalls üblich ist die Angabe von Ort und Datum als sekundärer Terminator. Ab 1825 tritt der sekundäre Terminator Ort als Option auf. Ab 1875/76 sind die Datumsangabe und die Adresse mögliche sekundäre Terminatoren. Ab 1972 können am Textende Informationen zur Trauung stehen, erst 2002 findet sich der Ausdruck der Freude als sekundärer Terminator. Eine Danksagung als sekundärer

Terminator stellt eine zeitliche wie regionale Besonderheit dar, sie kommt vor allem in den KN und nur im 20. Jahrhundert vor.

Schmuckrahmen, die die Funktion eines nichtsprachlichen Initiators und eines nichtsprachlichen Terminators haben, sorgen für eine grafische Abgrenzung der einzelnen Textexemplare voneinander und von anderen Teilen der Zeitung. Schmuckrahmen als nichtsprachliche Initiator-Terminator-Kombinationen kommen ab 1850 vor und sind ab 1952 obligatorisch. Bis 1921 verleihen die aufwändig verzierten Rahmen den jeweiligen Textexemplaren ein feierliches Aussehen, danach sind sie zurückhaltender gestaltet. Bevor Rahmen verwendet wurden, waren die Textexemplare durch horizontale Linien voneinander abgegrenzt.

Zwischen 1819/25 und 1972 ist die Textsortenvariante Doppelanzeige festzustellen, die aus zwei Teilanzeigen besteht, mit denen zwei Parteien, etwa das Ehepaar und ein Elternpaar, eine Verbindung bekannt geben. Zunächst stehen diese Teilanzeigen untereinander, ab 1916/17 treten sie auch nebeneinander angeordnet auf. Die nebeneinander stehenden Teilanzeigen sind voneinander durch eine vertikale Linie abgegrenzt und haben einen gemeinsamen Schmuckrahmen. Da diese nebeneinander angeordneten Anzeigen sich mitunter keine Überschrift oder Datumsangabe teilen, verfügen sie teilweise weder über einen spezifischen Initiator noch über einen spezifischen Terminator.

Verbindungsanzeigen sind im Untersuchungszeitraum umfangreicher geworden: Die durchschnittliche Zahl der als Absatz ausgestalteten Makrostrukturen, die zwischen Initiator und Terminator treten, schwankt während des Untersuchungszeitraumes stark, hat sich jedoch insgesamt von durchschnittlich 0,71 auf durchschnittlich 1,33 beinahe verdoppelt. Als fakultative Makrostrukturen sind neben der obligatorischen Mitteilung der Verbindung die Angabe der Inserenten, die Angaben von Ort und Datum (einzeln und in Kombination), die Angabe der Adresse, die Kombination aus Adresse und Datum sowie Danksagungen und Informationen zur Trauung zu nennen. Eine repräsentative Reihenfolge der auftretenden Makrostrukturen sieht wie folgt aus: Auf den Initiator folgt entweder die Mitteilung der Verbindung oder die Angabe der Inserenten. Danach stehen unter anderem die Angabe von Ort, Datum beziehungsweise Ort und Datum, die Angabe der Adresse beziehungsweise die Kombination aus Adresse und Datum. Die Makrostrukturen Danksagung und Informationen zur Trauungsform sind meist in direkter Nähe zum Terminator positioniert.

Grafische Darstellungen sind in Verbindungsanzeigen – von einem Eisernen Kreuz in der Probe 1916/17 abgesehen – erst im Jahr 2002 nachzuweisen. Die von den Inserenten ausgewählten Symbole lassen sich in drei Gruppen einteilen: Abbildungen von Eheringen, die teilweise in den Schmuckrahmen integriert sind, Herzen und Pärchen.

Für Verbindungsanzeigen sind wenig komplexe syntaktische Strukturen kennzeichnend. Deutlich überwiegen isoliert gebrauchte einfache Sätze, wobei sowohl Verbal- als auch Nominalsätze vorkommen. Bei den seltenen komplexen Sätzen handelt es sich ausnahmslos um parataktische Gesamtsätze aus zwei Teilsätzen, die Anfang des 19. Jahrhunderts nur in der Makrostruktur Mitteilung der Verbindung verwendet werden, wobei es sich um kopulative Satzverbindungen handelt, die durch die Konjunktion *und* miteinander verknüpft sind. Hypotaktische und parataktisch-hypotaktische Gesamtsätze werden in den vorliegenden Verbindungsanzeigen nicht gebraucht.

Eine der wenigen syntaktischen Besonderheiten sind enge und lockere Appositionen, die bei der Angabe der Inserenten und in der Makrostruktur Mitteilung der Verbindung unter anderem in Gestalt der Nennung von Berufsangaben und Geburtsnamen vorkommen. Auch das Spektrum der Satzarten in den Inseraten ist beschränkt: Es ist eine deutliche Dominanz von Aussagesätzen zu bemerken, nur im Jahr 2002 werden die Mitteilung der Verbindung und der Ausdruck der Freude gelegentlich als Ausrufesatz realisiert.

Die fehlende syntaktische Komplexität ist eine Folge des geringen Umfangs der Textexemplare. Gerade das Nichtvorhandensein komplexer syntaktischer Merkmale ist für die Verbindungsanzeigen typisch.

In lexikalischer Hinsicht liegt ein auf wenige Bereiche beschränkter Wortschatz vor. So werden unter anderem Bezeichnungen für die Ereignisse Verlobung beziehungsweise Heirat benutzt, die involvierten Personen werden aufgeführt und Freude zum Ausdruck gebracht. Zudem werden weitere Informationen wie Berufsbezeichnungen, Angaben zu Feierlichkeiten und Danksagungen gegeben. Dabei schlagen sich sowohl der Wandel der Sprache als auch veränderte gesellschaftliche Verhaltensweisen nieder. So werden einzelne Lexeme im Verlauf der Untersuchung abgelöst, statt der Bezeichnung *Vermählung* wird *Ehe* verwendet. Andere Lexeme entfallen aufgrund veränderter Verhaltensweisen ganz: So kommt das Lexem *Tochter* infolge des Wegfalls der Bekanntgabe der Verbindung durch den Brautvater ab Mitte des 20. Jahrhunderts immer seltener vor und ist zum Ende des Untersuchungszeitraumes nicht mehr zu belegen. Zu allen Zeitpunkten finden sich Substantive zur Bezeichnung der Verbindung; erst im Verlauf der Untersuchung sind Verbalisierungen festzustellen, ab 1902 *sich vermählen*, ab 1943 *heiraten* sowie der Phraseologismus *den Bund fürs Leben schließen*. Ab 2002 ist in Gestalt von Ausdrücken wie *traumhaft ins gemeinsame Glück rodeln* auch lexikalisch eine Individualisierung erkennbar. Ebenfalls immer nachweisbar sind Anthroponyme, Toponyme und Zeitangaben. Die Verwendung der Verben *bekanntmachen* oder *anzeigen* geht zurück, die Substantive *Anzeige*, *Nachricht* oder *Meldung* werden nur bis Mitte des 19. Jahrhunderts verwendet. Berufsbezeichnungen verlieren ebenfalls an Bedeutung und tauchen 2002 nicht mehr auf.

An den untersuchten Verbindungsanzeigen werden geänderte gesellschaftlichen Haltungen zur Partnerschaft und zur Institution Ehe deutlich. Innerhalb der für Verbindungsanzeigen relevanten Merkmalbündel haben die Inserenten Spielraum für Variabilität bei der inhaltlichen Ausgestaltung der makrostrukturellen, syntaktischen und lexikalischen Merkmale. Wie schon bei Geburtsanzeigen zeigt sich auch bei der Konstruktion der Verbindungsanzeigen eine zunehmende Individualisierung.

IV Todesanzeigen

Insgesamt fließen 2.593 Todesanzeigen in das Korpus dieser Arbeit ein, die in der Zeit zwischen 1790 und 2002 erschienen sind. Anders als Geburts-, und Verbindungsanzeigen sind Todesanzeigen in allen Proben nachzuweisen. Nur bei Todesanzeigen sind als Verfasser sowohl private als auch institutionelle Inserenten zu finden.

Private Inserenten sind Angehörige und Freunde der Verstorbenen, institutionelle Inserenten sind Unternehmen und Vereine. Die Frequenz der institutionellen Todesanzeigen liegt in fast allen untersuchten Zeitungen unter denen der privaten Todesanzeigen.[1] Zu Beginn des Untersuchungszeitraumes kommen institutionelle Anzeigen nur selten vor. In der BayZ sind sie überhaupt nicht belegbar, in der VZ finden sie sich erstmals 1850, im HuC sowie der KöZ ab 1875/76 und in der NPZ ab 1902. Die Anteile betragen im 19. Jahrhundert meist weit unter 10 Prozent, lediglich im HuC 1875 belaufen sich die Anteile auf 26,7 Prozent.

Im 20. Jahrhundert liegt die Frequenz der institutionellen Todesanzeigen meist um 20 Prozent, nur in den Proben des Zweiten Weltkrieges sind institutionelle Inserate nicht zu verzeichnen. Während maximal ein Drittel der Todesanzeigen in den regionalen Zeitungen von institutionellen Inserenten verfasst wurden, zeigt sich in den beiden überregionalen Zeitungen ein anderes Bild: In Welt und FAZ ist die Frequenz der institutionellen Anzeigen zu allen Zeitpunkten höher als die der privaten Todesanzeigen. Sie beträgt mindestens 53,5 Prozent (Welt 1952) und höchstens 86,7 Prozent (FAZ 1952).

Zu Beginn des Untersuchungszeitraumes sind institutionelle Todesanzeigen nicht feststellbar. Die älteren Anzeigen im Korpus, die von Angehörigen aufgegeben wurden, beinhalten jedoch vereinzelt Hinweise auf mit dem Tod des Verstorbenen verbundene geschäftliche Veränderungen.[2] Hier wird der bereits erläuterte Ursprung der Todesanzeigen in der Geschäftswelt sichtbar. Das Schalten institutioneller Todesanzeigen, deren Inserenten Unternehmen und Vereine sind, kam dagegen erst gegen Mitte des 19. Jahrhunderts auf. Mit diesen institutionellen Anzeigen würdigen die Inserenten den Verstorbenen.

Neben der Einteilung in institutionelle und private Todesanzeigen erfolgt hier in den Proben der beiden Weltkriege eine Unterscheidung in kriegsbezogene und nicht kriegsbezogene Todesanzeigen. Kriesgsbezoge-

1 Siehe hierzu Tabelle TA-4.
2 Abb. TA-25.

ne Inserate sind solche Todesanzeigen, die Verstorbenen gewidmet sind, deren Tod in direktem Zusammenhang mit dem Kriegsgeschehen steht. Entweder handelt es sich bei den Verstorbenen um getötete Soldaten oder um zivile Kriegsopfer. In der 1916/17er Probe machen die kriegsbezogenen Annoncen einen Anteil von 27,3 Prozent aus, in der Probe aus dem Zweiten Weltkrieg liegt dieser Wert bei 50,4 Prozent. Im Ersten Weltkrieg wurden im Deutschen Reich insgesamt 13.250.000 Personen für den Militärdienst mobilisiert, von denen über 2.000.000 starben.[3]

Overmans beziffert die Zahl der Einbeziehungen zu den Wehrmachtteilen während des Zweiten Weltkrieges auf 17.300.000 Personen.[4] Abhängig davon, welche „territoriale Abgrenzung Deutschlands"[5] bei der Frage nach der Höhe der Verluste zugrunde gelegt wird, ergeben sich deutliche Unterschiede bezüglich der Anzahl der Kriegstoten:

> *Innerhalb des Territoriums Deutschlands in seinen heutigen Grenzen waren ca. 3,55 Millionen der Toten geboren, aber aus dem Großdeutschen Reich, das den Zweiten Weltkrieg geführt hat, stammten ca. 4,92 Millionen Menschen, deren Tod in der Deutschen Dienststelle registriert ist. Faßt man den Begriff ‚deutsch' noch weiter und bezieht die aus Ost- und Südosteuropa stammenden Personen ein, weil es sich in der Regel um Deutschstämmige aus den dortigen deutschen Siedlungsgebieten handelte, dann steigt die Summe der deutschen Verluste auf ca. 5,26 Millionen.*[6]

In den in dieser Arbeit berücksichtigten Kriegsjahren 1942 und 1943 beliefen sich die Zahlen der Kriegstoten auf 572.000 beziehungsweise 812.000. Zum Vergleich: Die meisten Kriegstoten gab es mit insgesamt 1.802.000 im Jahr 1944.[7] Zu Beginn des Zweiten Weltkrieges waren die Verluste auf deutscher Seite begrenzt: „Verluste in größerem Umfang ergeben sich erst ab Juni 1941 mit dem Angriff auf die Sowjetunion und dann im Zeitraum Dezember 1942 bis Februar 1943, als alleine 330.000 – vorwiegend Heeressoldaten im Kessel von Stalingrad und an den benachbarten Fronten – ums Leben kamen."[8]

Putzger gibt die Zahl der gefallenen Soldaten des Deutschen Reiches während des Zweiten Weltkrieges mit 3.250.000 Toten an, die Zahl der getöteten Zivilisten schätzt er auf 3.800.000.[9]

---

3 Vgl. *Statistisches Reichsamt* (1921/22: 27f.).
4 *Overmans* (2004: 226).
5 *Ders.* (2004: 228).
6 *Ders.* (2004: 228f.).
7 Die Zahlen beziehen sich auf *Overmans* (2004: 239).
8 *Ders.* (2004: 237).
9 *Putzger* (1993: 117); die Österreichischen Verluste sind bei diesen Zahlen nicht berücksichtigt.

Die Zahlen der Verstorbenen für die einzelnen Zeitpunkte der Untersuchung entstammen Veröffentlichungen des Statistischen Reichsamtes sowie des Statistischen Bundesamtes, entsprechende Zahlen liegen ab 1851 vor: Im Jahr 1851 beläuft sich die Zahl der Gestorbenen auf 944.402, im Jahr 1875 auf 1.246.572 und im Jahr 1900 auf 1.300.900, während des Ersten Weltkrieges liegen die Zahlen der Gestorbenen erstmalig über denen der Geborenen, im Jahr 1917 verzeichnet das Statistische Reichsamt 1.373.253 Verstorbene.[10] In der Nachkriegsprobe aus dem Jahr 1921 beträgt die Zahl der Gestorbenen 911.192 und im Jahr 1952 507.496; in beiden Proben ist die Zahl der Gestorbenen niedriger als die Zahl der Geborenen.[11] Im Jahr 1972 steigt die Zahl der Verstorbenen auf 731.264 und 2002 liegt sie bei 814.686.

1 Initiatoren, Terminatoren, Makrostrukturen

In Todesanzeigen treten verschiedene primäre und sekundäre Initiatoren und Terminatoren sowie unterschiedliche Makrostrukturen auf.[12] In den untersuchten Todesanzeigen finden sich ausnahmslos Einzelinitiatoren und -terminatoren, Initiatoren- und Terminatorenbündel kommen nicht vor.

1.1 Initiatoren

Insgesamt zeigt sich bei den spezifischen Initiatoren von Todesanzeigen eine moderate Variationsbreite: Hierzu zählen der Trauerrand, eine Überschrift, die Todesmitteilung, ein Motto, die bekanntgebende Personengruppe sowie die Angabe von Ort und Datum. Alle in Todesanzeigen nachweisbaren sprachlichen Initiatoren sind Tabelle TA-5 zu entnehmen, einen Überblick über Vorkommen und Frequenz von Rahmen findet sich in Tabelle TA-14.

1.1.1 Trauerrand

Rahmen – in Todesanzeigen Trauerrand genannt – als nichtsprachliche Kombination aus Initiator und Terminator nehmen eine Sonderstellung in den untersuchten Familienanzeigen ein. Heute sind alle in deutschen Tageszeitungen veröffentlichen Todesanzeigen mit einem Trauerrand versehen; der Trauerrand ist damit typisches Merkmal einer Todesanzei-

10 Vgl. *Statistisches Reichsamt* (1897: 27), *dass.* (1902: 11), *dass.* (1921/22: 31).
11 Vgl. *dass.* (1923: 26), *dass.* (1953: 54).
12 Zur Unterscheidung von primärem und sekundärem Initiator siehe I.3.3.2.1.

ge.[13] Durch die Verwendung des Trauerrandes heben sich die todesfallbezogenen Anzeigen, zu denen neben Todesanzeigen auch Danksagungen und Gedenkanzeigen zu zählen sind, von den übrigen Familienanzeigen ab, da die Umrandung von Geburts- und Verbindungsanzeigen meist dünner ist und die Ecken des Rahmens dort häufig abgerundet sind.

Früher waren Trauerränder bei Todesanzeigen nicht obligatorisch. Bis 1850 finden sich keine Trauerränder in den vorliegenden Zeitungen, es sind aber drucktechnische Hervorhebungen festzustellen.[14] Vor dem Auftreten von Rahmen in Todesanzeigen waren die einzelnen Textexemplare – wie auch bei Geburtsanzeigen und Verbindungsanzeigen – durch horizontale Linien voneinander abgegrenzt, die in allen vorliegenden Zeitungen nachzuweisen sind.[15]

Am 2. Januar entschlummerte
friedlich in ihrem achtzigsten
Lebensjahre
Frau **Mathilde Elkan**
geborene **Hahn.**
Tief betrauert von
Kindern und Kindeskindern.
Einäscherung: Donnerstag,
4./1. 17, 9½ Uhr
Von Beileidsbesuchen bitten
wir abzusehen.

Abb. T-7: HuC, 3. Januar 1917

Die Frequenz der Verwendung von Trauerrändern ist anfangs sehr unterschiedlich und variiert von Zeitung zu Zeitung. Erstmals treten sie 1850 in HuC, KöZ und NPZ auf, wobei der Anteil beim HuC mit 25 Prozent am höchsten ist.[16] In der 1875/76er Probe gibt es im HuC keine Todesan-

13 Der Trauerrand findet sich nicht nur in Anzeigen, sondern auch bei persönlicher Trauerpost. Ein schwarz umrandeter Briefumschlag ist bereits ein Hinweis auf die darin enthaltene Todesmitteilung.

14 In der BayZ werden dabei nicht einfach schwarze Linien, sondern Ornamente verwendet, um die einzelnen Todesanzeigen voneinander abzugrenzen; siehe Abb. TA-3.

15 Siehe hierzu auch I.5.1.

16 In den beiden anderen Zeitungen ist jeweils nur eine Anzeige mit Trauerrand zu belegen, wodurch sich für den KöZ ein Anteil von 5 und für die NPZ ein Anteil von 6,7 Prozent ergibt.

zeigen mit Rahmen, in VZ (9,8 Prozent), NPZ (12,1 Prozent), KöZ (28,2 Prozent) und LZ (100 Prozent) dagegen sind Trauerränder nachzuweisen. Im Jahr 1902 haben 50 Prozent im HuC und 86,3 Prozent der Anzeigen in der VZ einen Rahmen, bei allen anderen Zeitungen liegt der Anteil bei 100 Prozent. Ab 1916/17 scheint sich der Trauerrand als obligatorisches Element von Todesanzeigen endgültig durchgesetzt zu haben, auch wenn sich 1916/17 sowie 1921 in HuC und KN noch vereinzelt Anzeigen ohne Rahmen belegen lassen (Abb. T-7). Nach 1921 beläuft sich der Anteil der Todesanzeigen mit Trauerrand in allen Zeitungen auf 100 Prozent.

Die Dicke der Trauerränder liegt je nach Zeitung anfangs zwischen 1,5 und fünf Millimetern. In Ausnahmefällen sind Trauerränder mit einer Breite von neun Millimetern festzustellen, dabei handelt es sich jedoch um überdurchschnittlich große Todesanzeigen. Anzeigengröße und Breite des Trauerrandes stehen folglich in Relation zueinander.[17] Ab 1942/43 werden die Rahmen schmaler. In Mopo, KN und KStA beträgt die Breite nur einen, in der LZ noch zwei Millimeter. 1952 finden sich in den KN und der Mopo ein und zwei Millimeter breite Rahmen, in KStA, FAZ, Welt und LZ sind aus zwei Linien bestehende Trauerränder (Doppelrahmen) belegbar. Der äußere dickere Rahmen ist etwa zwei Millimeter breit, der innere dünnere Rahmen einen Millimeter. Die Ecken der inneren Rahmen sind in der LZ teilweise abgerundet.[18] Ab 1972 werden in allen Zeitungen einen Millimeter breite Trauerränder verwendet, lediglich in der LZ kommen 1972 auch Rahmen mit einer Breite von zwei Millimetern vor und in der Mopo bestehen die Trauerränder im Jahr 2002 aus einer einen Millimeter breiten Außenlinie und einer feineren Innenlinie.

Bei den Todesanzeigen für Kriegstote des Ersten Weltkrieges zeigt sich in Mopo, HuC, KN und VZ eine Besonderheit bezüglich des Trauerrandes: In Mopo, VZ und HuC befindet sich in der linken oberen Ecke des etwa zwei bis drei Millimeter breiten Trauerrandes ein *Eisernes Kreuz*, das in einen quadratischen Rahmen eingefasst ist. Die linke und obere Begrenzung dieses Rahmens sind Teil des die Anzeige umgebenden Trauerrandes, der an dieser Stelle eine entsprechende Aussparung aufweist.[19] Bei den Inseraten in den KN dagegen ist das *Eiserne Kreuz* in den Trauerrand integriert, es ist mittig in der oberen Linie des Trauerrandes platziert. Der Querbalken des Kreuzes ist dabei ähnlich breit wie der Trauerrand.

---

17 Abb. TA-4.
18 Abb. TA-5.
19 Abb. TA-6.

1.1.2 *Überschrift*

Ein in Todesanzeigen weit verbreiteter Initiator ist die Überschrift. Unter einer Überschrift sind vor allem solche – häufig durch Fettdruck und Zentrierung hervorgehobenen – Zeilen zu verstehen, die auf die Eigenschaft des Inserats als Todesanzeige hinweisen. Besonders verbreitet sind ‚Todes-Anzeige', und ‚Nachruf', weiterhin sind formelle Hinweise wie ‚Statt Karten', ‚Statt besonderer Anzeige' und ‚Statt jeder besonderen Anzeige' zu nennen, mit denen die Inserenten mitteilen, dass der Tod nur über die geschalteten Anzeigen bekannt gegeben wird, also auf persönliche Trauerpost verzichtet wird.[20]

Todes=Anzeige.

Gestern Morgen um 6 Uhr entschlummerte meine liebe Tante, Eberhardina Baurichter, verwittwete Roermondt, nach einem langen schmerzhaften Krankenlager, in einem Alter von 73 Jahren. Allen ihren Anverwandten und Freunden mache ich diesen Todesfall bekannt, und der Theilnahme versichert, verbitte ich mir alle Beileidsversicherungen. Rheinberg den 24 Nivos 11 Jahrs.

J. R. Roermondt.

Abb. T-8: KöZ, 19. Januar 1803

In der 1790er Probe existieren noch keine Überschriften, im Jahr 1800/1803 sind sie nur in der KöZ zu verzeichnen. Dort fungiert die Überschrift ‚Todes-Anzeige'. jedoch in beiden vorliegenden Todesanzeigen als Initiator, womit sich ein Anteil von 100 Prozent ergibt (Abb. T-8). 1825 ist eine Überschrift in KöZ (40 Prozent) und in VZ (6,7 Prozent) als primärer Initiator nachzuweisen; zumeist findet sich ‚Todes-Anzeige', nur einmal ist ‚Todesanzeige' zu belegen. In der 1850er Probe kommen im HuC keine Überschriften vor und auch in der VZ spielen sie mit einem Anteil von 4,4 Prozent nur eine geringe Rolle. In der KöZ (75 Prozent) und der NPZ (100 Prozent) dagegen verfügt die Mehrzahl der Anzeigen über eine Überschrift. Am häufigsten ist 1850 die Überschrift ‚Todes-Anzeige', erstmals treten zu diesem Zeitpunkt ‚Nachruf' in der KöZ und ‚Statt besonderer Meldung.' in der VZ auf.[21] 1875/76 beläuft sich der Anteil der Überschriften in der LZ auf 100, in der KöZ auf 69,2, im HuC auf 40 und in der VZ auf 8,7 Prozent. In der NPZ sind keine

20 Sie sind als ‚Statt Karten' und ‚Statt ...' gezählt.

21 Abb. TA-7.

Überschriften vorhanden. Insgesamt ist die höchste Frequenz für ‚Todes-Anzeige' festzustellen, gefolgt von ‚Statt besonderer Meldung' beziehungsweise ‚Statt besonderer Anzeige' und ‚Nachruf'.

Im Jahr 1902 gibt es in allen Zeitungen Überschriften als primären Initiator. Mit einem Anteil von 93,8 beziehungsweise 82,4 Prozent sind die Anteile der Überschriften in LZ beziehungsweise KN sehr hoch, während sich in den anderen Zeitungen nur mittlere Werte zwischen 16,7 (HuC) und 36,8 Prozent (KStA) ergeben. Während des Ersten Weltkrieges sind in allen vorliegenden Zeitungen Überschriften zu belegen: Hohe Anteile gibt es in der LZ (86,7 Prozent), mittlere in KN und NPZ (33,3 Prozent) sowie im KStA (29,7 Prozent) und niedrige Anteile in Mopo (12 Prozent), HuC (13,6 Prozent) und VZ (17,5 Prozent). Die Variationsbreite der Überschriften nimmt zu Beginn des 20. Jahrhunderts zu: Eine hohe Frequenz ist für ‚Todes-Anzeige' zu verzeichnen, vermehrt treten auch ‚Nachruf', ‚Statt besonderer Meldung' und ‚Statt besonderer Anzeige' auf. Die Überschrift ‚Todesanzeige' ist nur in den KN nachzuweisen.

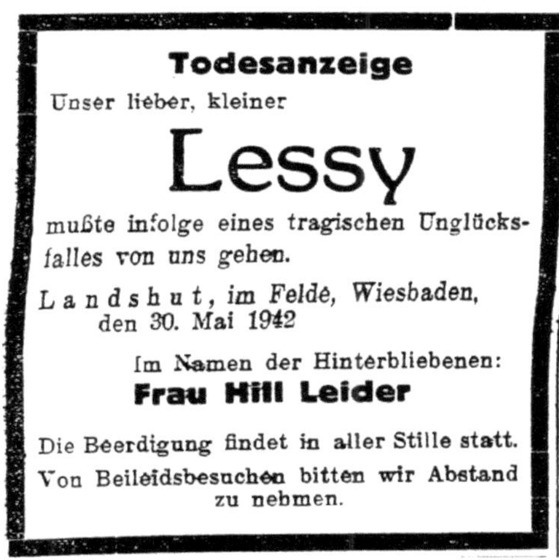

Todesanzeige

Unser lieber, kleiner

Lessy

mußte infolge eines tragischen Unglücksfalles von uns gehen.

Landshut, im Felde, Wiesbaden, den 30. Mai 1942

Im Namen der Hinterbliebenen:

Frau Hill Leider

Die Beerdigung findet in aller Stille statt.
Von Beileidsbesuchen bitten wir Abstand zu nehmen.

Abb. T-9: LZ, 30. Mai 1942

In der 1921er Probe verfügen zwischen 22,2 und 30,3 Prozent der Todesanzeigen in KN, KStA, NPZ und VZ über eine Überschrift. In der LZ haben alle Anzeigen eine Überschrift, während es in der Mopo nur 6,7 Prozent der Anzeigen sind; im HuC gibt es keine einzige Überschrift. Im Zweiten Weltkrieg sinkt der Anteil der Überschriften rapide. Lediglich in der LZ sind noch 37,5 Prozent der Todesanzeigen mit einer Überschrift versehen; in den übrigen Zeitungen spielt sie 1942/43 nur eine geringe Rolle. So belaufen sich die Anteile für den primären Initiator Überschrift im KStA während des Zweiten Weltkrieges auf 5,4, in der Mopo auf 1,3 Prozent. In den KN sind überhaupt keine Überschriften vorhanden. In der LZ ist 1942 erstmals die Überschrift ‚Todesanzeige' (Abb. T-9) zu belegen, obwohl ‚Todes-Anzeige' dort immer noch dominiert. In der Mopo ist zu diesem Zeitpunkt zum ersten Mal ‚Statt Karten!' nachzuweisen.[22]

Ab 1952 nimmt die Bedeutung des primären Initiators Überschrift stetig ab. In der Nachkriegsprobe aus dem Jahr 1952 kommen lediglich in der Welt (26,7 Prozent) und dem KStA (19,4 Prozent) höhere Werte für Überschriften vor. In der LZ und den KN betragen die Anteile 6,3 beziehungsweise 2,4 Prozent, in der Mopo sind keine Überschriften feststellbar. Im Jahr 1972 sind Überschriften nur in KStA (22,8 Prozent), Mopo (1,9 Prozent) und KN (1,2 Prozent) nachzuweisen. 2002 liegen die Anteile der Überschriften nicht über 10 Prozent: KStA (9,4 Prozent), LZ (4,9 Prozent) und FAZ (4,4 Prozent). In KN, Mopo und Welt treten keine Überschriften auf.

Die Frequenz des primären Initiators Überschrift steigt nach seinem ersten Vorkommen in der 1800/03er Probe bis 1902 stetig. Der höchste Anteil ist zu Beginn des 20. Jahrhunderts zu belegen. Nach dem Zweiten Weltkrieg werden Überschriften kaum noch als Initiator verwendet – die Ausnahme bildet der KStA, bei dem die Frequenz im Jahr 2002 noch bei 9,4 Prozent liegt und damit im Vergleich zu den anderen Zeitungen relativ hoch ist. Die Überschrift ‚Todes-Anzeige' ist ab 1952 in keiner Zeitung mehr zu finden. Im KStA wird sie nur bis 1916/17 gebraucht, in den KN bis 1921. ‚Todesanzeige' wird noch seltener und nur punktuell verwendet, besonders häufig ist diese Überschrift in den KN. Ab 1850 treten Belege für ‚Nachruf' auf, Fundstellen sind insbesondere die KN und der KStA. Die Überschriften ‚Statt jeder besonderen Anzeige' und ‚Statt besonderer Anzeige' bleiben ab 1943 in den KN aus, im KStA werden sie bis 2002 benutzt. Ab 1952 sind die Überschriften ‚Nachruf', ‚Statt Karten', ‚Statt besonderer Meldung' sowie ‚Todesanzeige' zu verzeichnen.

1.1.3 Todesmitteilung

Die dominierende Funktion der Todesanzeige ist die obligatorische Todesmitteilung: Sie tritt entweder als sekundärer Initiator oder als Makro-

22 Abb. TA-8.

struktur auf und bildet den funktionalen Kern der Anzeige: Sie informiert über das Ableben einer Person. Die kürzeste Form der Todesmitteilung besteht aus dem typografisch – meist durch Fettdruck, größere Typen oder Sperrung – hervorgehobenen Namen[23] des Verstorbenen und der Angabe der Lebensdaten. Diese Form der Todesmitteilung findet sich erst ab 1952.

Zumeist besteht die Todesmitteilung aus dem hervorgehobenen Namen und einer sprachlichen Mitteilung, in der das Sterben verbalisiert wird. Nur in wenigen Fällen ist der Name des Verstorbenen nicht besonders hervorgehoben, sondern lediglich Teil des Anzeigentextes – beispielsweise 1800 in der BayZ.[24] Neben der expliziten Todesmitteilung und dem obligatorischen Namen des Verstorbenen kann die Mitteilung außerdem Angaben zur Todeszeit, zur Todesursache und zu den Todesumständen, eine Würdigung des Verstorbenen sowie Angaben über dessen sozialen Status[25] enthalten. Es sind weiterhin Todesmitteilungen feststellbar, in denen die Angehörigen zusätzlich ihre Trauer über den Verlust ausdrücken.

Bei der Todesmitteilung handelt es sich über den gesamten Untersuchungszeitraum um den am weitesten verbreiteten Initiator. In der 1790er Probe fungiert die Todesmitteilung in VZ, HuC und BayZ in allen Anzeigen als Initiator, in der KöZ ist dies bei 88,9 Prozent der Todesanzeigen der Fall. 1800/03 ergeben sich in der BayZ und der VZ Anteile von 100 und im HuC von 90,2 Prozent. In der KöZ wird der Initiator 1803 in allen Fällen von einer Überschrift gebildet. Die dominierende Stellung des sekundären Initiators Todesmitteilung ist auch in den Proben der Jahre 1819/25 und 1850 zu belegen: So belaufen sich die Anteile 1819/25 in der VZ auf 93,3 und im HuC sowie BayZ auf 100 Prozent, 1850 ergeben sich für die VZ Anteile von 95,6 und für den HuC von 100 Prozent. Für die KöZ lassen sich 1825 Anteile von 60 Prozent und 1850 von 25 Prozent festzustellen. In der NPZ ist im Jahr 1850 kein einziges Mal der Initiator Todesmitteilung nachweisbar. In der 1875/76er Probe zeigt sich schließlich ein differenzierteres Bild: Während die Anteile in NPZ und VZ bei 97 beziehungsweise 90,2 Prozent liegen, betragen sie in HuC und KöZ lediglich 53,3 beziehungsweise 28,2 Prozent.

23 Der Name besteht in den meisten Fällen aus Rufnamen und Familiennamen, teilweise treten auch Beivornamen hinzu. Bei Todesanzeigen für Kinder kann auch nur der Rufname stehen. Vereinzelt sind auch Hypokoristika festzustellen.

24 Abb. TA-9.

25 So kann in der Todesmitteilung der Beruf des Verstorbenen angegeben oder bei Frauen zusätzlich der Geburtsname beziehungsweise der Familienstand – etwa Witwe – aufgeführt sein.

Die Todesmitteilung konkurriert in der Funktion des Initiators bis 1942/43 mit der Überschrift und 2002 mit der Verwendung eines Mottos. Bei der Todesmitteilung zeigen sich im 20. Jahrhundert zwischen den Zeitungen deutliche Unterschiede: 1902 ist sie in KStA (52,6 Prozent), Mopo (86,7 Prozent), NPZ (64,5 Prozent), VZ (68,6 Prozent) sowie HuC (77,8 Prozent) der am häufigsten gebrauchte Initiator, während in KN (14.7 Prozent) und LZ (6,7 Prozent) der primäre Initiator Todesmitteilung selten ist. Während des Ersten Weltkrieges findet sich nur in der LZ ein hoher Anteil von Anzeigen mit Überschrift, in den anderen Zeitungen dominiert die Todesmitteilung als Initiator. In der 1921er Probe ergeben sich in KStA, KN, NPZ und VZ Anteile zwischen 77,8 (VZ) und 59,2 Prozent (KN). Während in der Mopo bei 93,3 Prozent aller Todes--anzeigen die Todesmitteilung als Initiator fungiert, ist 1921 in der LZ keine Anzeige zu belegen, in der die Todesmitteilung am Textanfang steht.[26] Ab 1942/43 ist die Todesmitteilung in allen Zeitungen der am meisten verwendete Initiator, die Anteile liegen zwischen 62,5 (LZ) und 100 Prozent (KN).

Die hohe Frequenz der Todesmitteilung als Initiator zeigt sich auch in den Jahren 1952 und 1972. Die niedrigsten Anteile ergeben sich 1952 in der Welt (66,7 Prozent) und 1972 im KStA (67,6 Prozent). Im Jahr 1952 ist sie in 100 Prozent der Todesanzeigen, die in Mopo und FAZ veröffentlicht wurden, als Initiator zu finden. 1972 belaufen sich die Anteile in Welt und LZ auf 100 Prozent. Die dominierende Stellung der Todesmitteilung geht erst 2002 zurück: Sie ist zwar auch zu diesem Zeitpunkt mit Ausnahme der Welt in fast allen Zeitungen der häufigste Initiator, aber ihre Anteile nehmen im Vergleich zu 1952 und 1972 ab. So haben in den KN 60, in der LZ 53,7, in der Mopo 53,3, in der FAZ 57,8 und in der Welt 86,7 Prozent der Anzeige die Todesmitteilung am Textanfang.[27] Nur im KStA übersteigen im Jahr 2002 die Anteile der Anzeigen mit einem Motto als Initiator bereits die Inserate mit Todesmitteilung. Für die Todesmitteilung ergibt sich damit ein Anteil von lediglich 23,6 Prozent, während in 66,9 Prozent der Anzeigen Mottos als Initiatoren fungieren.

Für die Todesmitteilung als sekundären Initiator ergeben sich während des gesamten Untersuchungszeitraumes hohe Anteile, zu Beginn überwiegt sie deutlich, bis sie Anfang des 20. Jahrhunderts zum Teil von

26 In allen Anzeigen der LZ aus dem Jahr 1921 wird der Initiator von einer Überschrift gebildet.

27 Im Jahr 2002 nehmen besonders die Anzeigen zu, in denen ein Motto die Funktion des Initiators übernimmt.

dem primären Initiator Überschrift verdrängt wird, wobei die Todesmitteilung zu fast allen Untersuchungszeitpunkten der am häufigsten belegbare Initiator in den Todesanzeigen ist. In der Probe aus dem Jahr 2002 übernimmt regelmäßig ein Motto die Funktion des Initiators, obwohl die Todesmitteilung in fast allen Zeitungen weiterhin als Initiator dominiert. Hier ist ein möglicher Umschwung hinsichtlich der verwendeten Initiatoren zu erkennen. Ob tatsächlich ein Umschwung eingesetzt hat, erfordert weitere Untersuchungen und kann zu diesem Zeitpunkt noch nicht beurteilt werden.

1.1.4 Motto

Als sekundärer Initiator kann auch ein Motto fungieren. Es steht dann als Wahl- beziehungsweise Leitspruch über der gesamten Todesanzeige und kann der zusätzlichen inhaltlichen Kennzeichnung des Inserats dienen. Unter einem Motto werden im Folgenden religiöse Aussagen, sprichwörtliche Redensarten, Gedichte, Zitate aus literarischen Werken, Aussprüche bekannter Persönlichkeiten, aber auch persönlich formulierte Sentenzen und Gedanken der Hinterbliebenen verstanden.[28] Dabei kann „profane Dichtung jedweder Art“[29] als Quelle dienen. Bei religiösen Aussagen werden sowohl Zitate aus dem Alten und Neuen Testament als auch Auszüge aus Kirchenliedern herangezogen. In den Todesanzeigen lassen sich verschiedene Varianten ein- und desselben Mottos feststellen. Bei Bibelzitaten können Varianten dadurch erklärt werden, dass unterschiedliche Bibelausgaben als Quelle dienten. In Einzelfällen handelt es sich bei dem Motto um ein von den Angehörigen selbst verfasstes Gedicht (Abb. T-10).

Reiß zufolge lässt sich ein Motto „als literarische Ausschmückung [...] auffassen.“[30] Es ermöglicht Rückschlüsse auf die Weltanschauung, die religiöse Orientierung, die emotionale Betroffenheit oder aber auch nur den literarischen Geschmack der Inserenten. Ein Motto beinhaltet häufig Aussagen über das Leben des Verstorbenen und darüber, wie die Hinterbliebenen mit dem Thema Tod und Sterben umgehen. Dazu merken Grümer/Helmrich an:

---

28 Neben der Bezeichnung ‚Motto‘, die von *Reiß* (1977/78) und *Piitulainen* (1993) gebraucht wird, sind auch andere Benennungen üblich. So verwendet *Hosselmann* (2001) die Bezeichnung ‚Spruch‘, *Bronisch* (1984) ‚Sinnspruch‘ und *Grümer/Helmrich* (1994) sprechen von ‚Vorsprüchen‘.

29 *Grümer/Helmrich* (1994: 81).

30 *Reiß* (1977/78: 51).

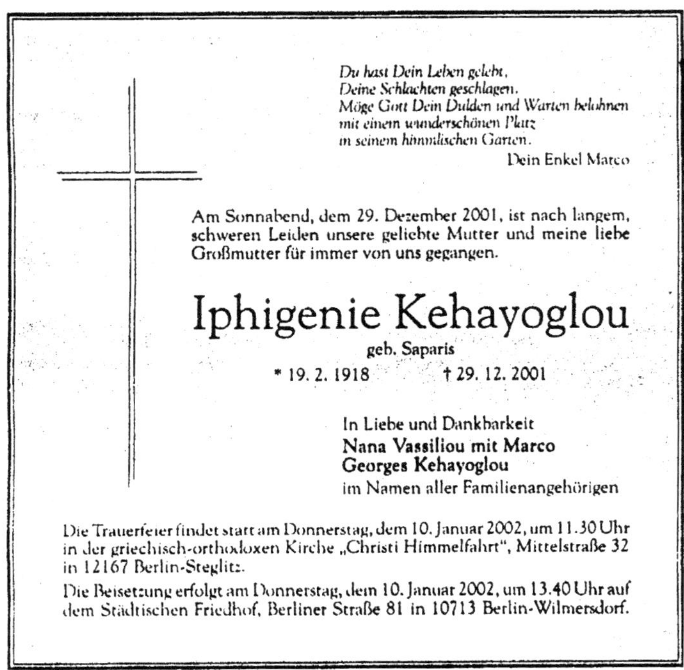

Du hast Dein Leben gelebt,
Deine Schlachten geschlagen.
Möge Gott Dein Dulden und Warten belohnen
mit einem wunderschönen Platz
in seinem himmlischen Garten.
Dein Enkel Marco

Am Sonnabend, dem 29. Dezember 2001, ist nach langem, schweren Leiden unsere geliebte Mutter und meine liebe Großmutter für immer von uns gegangen.

Iphigenie Kehayoglou
geb. Saparis
* 19. 2. 1918 † 29. 12. 2001

In Liebe und Dankbarkeit
Nana Vassiliou mit Marco
Georges Kehayoglou
im Namen aller Familienangehörigen

Die Trauerfeier findet statt am Donnerstag, dem 10. Januar 2002, um 11.30 Uhr in der griechisch-orthodoxen Kirche „Christi Himmelfahrt", Mittelstraße 32 in 12167 Berlin-Steglitz.
Die Beisetzung erfolgt am Donnerstag, dem 10. Januar 2002, um 13.40 Uhr auf dem Städtischen Friedhof, Berliner Straße 81 in 10713 Berlin-Wilmersdorf.

Abb. T-10: Mopo, 6. Januar 2002

> *Charakteristisch für Vorsprüche ist der persönliche, individuelle, häufig geradezu intime Tenor und Inhalt, durch den die Schmerzlichkeit des erlittenen Verlusts und die Besonderheit des Verstorbenen ausgedrückt werden soll.*[31]

Der Gebrauch eines Mottos ist fakultativ und auf private Todesanzeigen beschränkt. Es gibt nur eine institutionelle Todesanzeige, die ein Motto enthält (T-42).[32] Insgesamt sind in den privaten Inseraten 263 Mottos als Initiatoren nachzuweisen. Es entsteht der Eindruck, dass die Verfasser institutioneller Inserate um Neutralität bemüht sind. Da in einem Motto oft Gefühle und Einstellungen ausgedrückt werden, ist die Verwendung eines Mottos den Angehörigen und Freunden des Verstorbenen vorbehalten.

Meist ist das Motto am oberen Rand der Todesanzeige platziert. Einige Mottos stehen zentriert über der restlichen Anzeige, die Mehrheit ist

31 *Grümer/Helmrich* (1994: 81).
32 Es handelt sich dabei um eine Anzeige der Caritas aus dem Jahr 2002. Daneben findet sich eine Anzeige einer Freimaurerloge, die ein Motto als Initiator enthält, siehe Abb. T-72.

jedoch bündig an der rechten oder linken Begrenzung des Inserats ausgerichtet.[33] Sie fungieren also als Initiator. Häufig kommt ein kursiver Schriftschnitt zum Einsatz, bei wörtlicher Wiedergabe kann ein Motto im Einzelfall in Anführungszeichen gesetzt sein, auch die Nennung des Urhebers beziehungsweise der Quelle ist möglich, oft wird jedoch darauf verzichtet. Verweise auf die Quelle sind in den hier untersuchten Anzeigen relativ selten. So steht bei Bibelzitaten gelegentlich die dazugehörige Bibelstelle, bei Zitaten bekannter Dichter oder Persönlichkeiten ist der Name des Urhebers unter dem Motto nachzuweisen.[34]

Es treten Mottos auf, denen eine potenzielle Texthaftigkeit zukommt, insbesondere ist hier an Gedichte zu denken. Bibel- und Literaturzitate sind Textteile eines Textexemplars. Ursache für die potenzielle Texthaftigkeit ist die Möglichkeit, dass solche Makrostrukturen „in einer anderen externen Variablenkonstellation mit ähnlichen, jedoch nie völlig identischen textuellen Merkmalbündeln auch selbständig und mit eigenem Textsinn vorkommen können und dann Textexemplare konstituieren."[35] Nach dem mutmaßlichen Willen der Hinterbliebenen ist jedoch davon auszugehen, dass Mottos nicht selbstständig erscheinen sollen, sondern als Textteile in die – als größere Einheiten zu verstehenden – Todesanzeigen integriert werden. Um Makrostrukturen mit potenzieller Texthaftigkeit terminologisch hervorzuheben und ihre „gewisse Eigenständigkeit"[36] zu betonen, ohne ihnen dabei den Status eines Textexemplars zuzuerkennen, schlägt Simmler den Ausdruck ‚Teiltext' vor.[37] Demnach sind Mottos, die für sich gesehen auch als selbstständige Textexemplare betrachtet werden könnten, im Falle ihrer Einbindung in Todesanzeigen als Teiltexte aufzufassen.[38] Eine Übersicht der in den analysierten Todesanzeigen verwendeten Mottos ist Tabelle TA-15 zu entnehmen.

Insgesamt 36,1 Prozent der Mottos beinhalten ein Bekenntnis zum christlichen Glauben beziehungsweise den Glauben an die Auferstehung der Toten.[39] Der Tod wird positiv bewertet und mit der Hoffnung auf Weiterleben und Wiedersehen verbunden. Einen hohen Anteil haben da-

33 Abb. T-60 und Abb. T-32.

34 Es ist eine Anzeige zu verzeichnen, bei der ein Zitat fälschlicherweise Antoine de Saint-Exupéry zugewiesen wird; siehe Abb. TA-10. *Scholze-Stubenrecht* schreibt das Zitat jedoch Jean Paul zu (1996: 38f.).

35 *Simmler* (1996: 617).

36 *Ders.* (1996: 620).

37 Ebd.

38 Mottos, die nicht selbstständig erscheinen könnten, sind davon ausgenommen

39 Darunter fallen vielfach Bibelzitate, aber auch Aussprüche bekannter Persönlichkeiten, bei denen die Jenseitsvorstellung im Mittelpunkt steht; siehe Tabelle TA-6.

neben Mottos, die positive Aussagen über den Verstorbenen und dessen Leben machen.[40] Lage-Müller zeigt auf, dass es sich oft „um eine Idealisierung, ja Glorifizierung der verstorbenen Person“[41] handelt. Hier lässt sich ein Anteil von 22,4 Prozent feststellen. Weiterhin ist auf Mottos zu verweisen, die den Tod als Erlösung, als Ende von Leid und Schmerzen, darstellen. Dies geschieht in immerhin 9,5 Prozent der Fälle. In den restlichen Anzeigen (31,9 Prozent) finden sich Mottos, die in die Kategorie ‚sonstiges‘ eingeordnet werden, also weder religiöse Inhalte, noch Totenlob oder Erlösungsgedanken beinhalten.[42] Erstaunlich ist, dass sich 2002 für alle Zeitungen ähnliche Werte ergeben. So liegt der Anteil der Mottos mit religiösem Inhalt zwischen 22,4 (KN) und 58,8 Prozent (LZ). Nur in der Welt ist der außerordentliche Anteil von 100 Prozent zu verzeichnen. Der Anteil der Mottos, in denen positiv über den Verstorbenen gesprochen wird, liegt zwischen 25,9 (LZ) und 11,8 Prozent (FAZ) und der Anteil der Mottos, die den Tod als Erlösung darstellen, zwischen 18,4 (KN) und 5,9 Prozent (Mopo).

Neben der Einordnung nach inhaltlichen Kriterien gibt es weitere Möglichkeiten der Kategorisierung. So lassen sich Mottos nach ihrer Herkunft in *Bibelzitat*, *Volksweisheit* und *Ausspruch einer bekannten Persönlichkeit* einordnen. Als weiteres Kategorisierungskriterium ließe sich nach Piitulainen „die (grammatische) Person, durch die die Botschaft im [...] Motto übermittelt wird“,[43] heranziehen. So ergeben sich die vier Kategorien *Ich-Perspektive*, *Du-Perspektive*, *Es-/Er-/Sie-Perspektive* und *Wir-Perspektive*.[44]

Die Verwendung von Mottos in Todesanzeigen war nicht immer üblich. Zu Beginn des Untersuchungszeitraumes sind keine Mottos als Initiatoren festzustellen. Erstmals sind sie in der Probe aus dem Jahr 1875/76 nachzuweisen: In jeweils einer Anzeige in NPZ (3 Prozent) und KöZ (2,6 Prozent) findet sich ein religiöses Motto (Abb. T-11 und T-12). Danach sind 1916/17 zwei Mottos als Initiatoren im KStA vorhanden (2,7 Prozent). 1952 gibt es Mottos in KStA, LZ und Welt, jedoch nicht in KN, Mopo sowie FAZ. In der LZ sind Mottos erst wieder 2002 zu belegen, während ihre Anzahl ab 1952 im KStA stetig zunimmt.[45] In der

40 Es lassen sich Mottos unterscheiden, in denen der Tote direkt angesprochen wird, und Mottos, die in der dritten Person Singular stehen.

41 *Lage-Müller* (1995: 181).

42 Zur inhaltlichen Einordnung der Mottos in Initiatorfunktion siehe Tabelle TA-6.

43 *Piitulainen* (1993: 165).

44 Ebd.

45 Für 1952 sind im KStA drei Anzeigen, für 1972 bereits 14 und für 2002 sogar 85 Anzeigen auszumachen, die ein Motto enthalten.

1972er Probe treten Mottos in KStA, FAZ und Mopo auf. 2002 sind sie in allen Zeitungen zu finden, zu diesem Zeitpunkt haben durchschnittlich 47,7 Prozent der Anzeigen ein Motto.

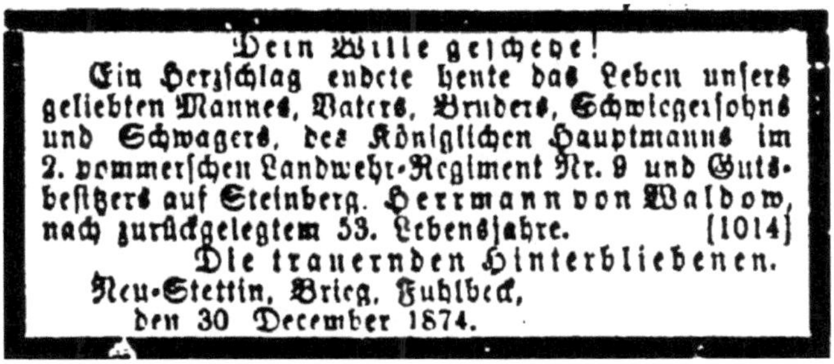

Dein Wille geschehe!
Ein Herzschlag endete heute das Leben unsers geliebten Mannes, Vaters, Bruders, Schwiegersohns und Schwagers, des Königlichen Hauptmanns im 2. pommerschen Landwehr-Regiment Nr. 9 und Gutsbesitzers auf Steinberg, Herrmann von Waldow, nach zurückgelegtem 53. Lebensjahre. [1014]
Die trauernden Hinterbliebenen.
Neu-Stettin, Brieg, Fuhlbeck, den 30 December 1874.

Abb. T-11: NPZ, 3. Januar 1875

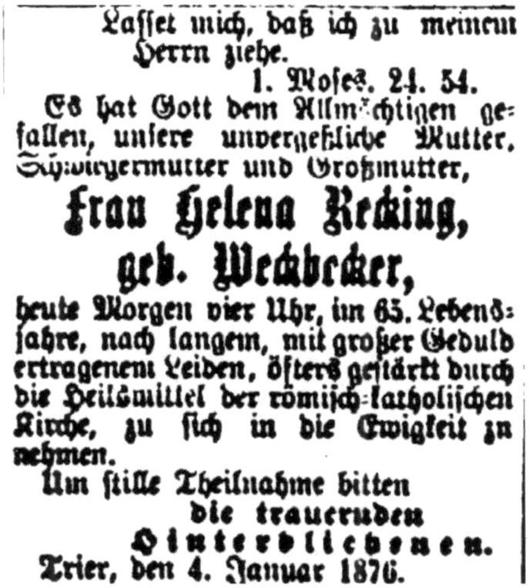

Lasset mich, daß ich zu meinem Herrn ziehe.
1. Moses. 24. 54.
Es hat Gott dem Allmächtigen gefallen, unsere unvergeßliche Mutter, Schwiegermutter und Großmutter,
Frau Helena Recking,
geb. Weckbecker,
heute Morgen vier Uhr, im 65. Lebensjahre, nach langem, mit großer Geduld ertragenem Leiden, öfters gestärkt durch die Heilsmittel der römisch-katholischen Kirche, zu sich in die Ewigkeit zu nehmen.
Um stille Theilnahme bitten die trauernden Hinterbliebenen.
Trier, den 4. Januar 1876.

Abb. T-12: KöZ, 6. Januar 1876

Der Anteil der Mottos liegt 1875/76 und 1916/17 nicht über 3 Prozent.[46] Ab 1952 steigen die Anteile zwar, aber selbst 1972 betragen sie erst 5,4 (FAZ), 9,6 (Mopo) und 9,7 Prozent (KStA). In der LZ, den KN und der Welt kommen Mottos als Initiator im Jahr 1972 nicht vor. 2002 ist ein deutlicher Anstieg zu verzeichnen: In der Welt gibt es nur wenige Mottos

46 Die Prozentangaben beziehen sich nur auf die Zeitungen, in denen zu den jeweiligen Zeitpunkten Mottos zu verzeichnen sind.

als sekundäre Initiatoren (13,3 Prozent), für KN, LZ, Mopo und FAZ ergeben sich Werte um 40 Prozent, im KStA sogar von 66,9 Prozent. Die Anteile der Mottos im KStA weichen im Vergleich zu den anderen Zeitungen zu allen Zeitpunkten deutlich nach oben ab. Der Gebrauch eines Mottos scheint insgesamt populär geworden zu sein, obwohl sich Unterschiede zwischen den Zeitungen zeigen.

Die Ergebnisse dieser Arbeit widerlegen die von Reiß aufgestellte Vermutung, es handele sich bei Mottos „um eine aussterbende Konvention".[47] Reiß begründet ihre Annahme mit der Tatsache, dass nur 12 Prozent der von ihr untersuchten Anzeigen ein Motto enthalten und diese „fast ausschließlich in Lokalzeitungen anzutreffen"[48] sind. Reiß legt nicht dar, wie sie zu diesem Schluss kommt. Die von ihr analysierten Todesanzeigen stammen alle aus dem Jahr 1976. Eine Angabe, auf welche Vergleichswerte sie ihre Folgerung stützt, ist nicht zu finden.

Auch andere Untersuchungen zur Todesanzeige bestätigen die Vermutung von Reiß nicht: So verzeichnet Dirschauer bei 10,2 Prozent der von ihm analysierten Anzeigen aus den Jahren 1970/71 ein Motto.[49] Piitulainen, die Anzeigen aus dem Jahr 1989 untersucht, kommt auf einen Wert von 25 Prozent.[50] Eckkrammer weist in 40 Prozent der von ihr ausgewählten Todesanzeigen aus dem Jahr 1994 ein Motto nach.[51] Hosselmann stellt für die aus dem Jahr 1999 stammenden Anzeigen einen durchschnittlichen Anteil von 64,3 Prozent fest, wobei anzumerken ist, dass die Anteile hier von der jeweiligen Zeitung abhängig sind und stark schwanken.[52]

Tatsächlich nimmt die Anzahl der Mottos in Todesanzeigen seit Dirschauers Untersuchung stetig zu. Der Anteil der Mottos erreicht sein Maximum im Jahr 1999 mit 64,3 Prozent. Danach – also zum Untersuchungszeitpunkt 2002 – scheint die Anzahl der Mottos bereits wieder abzunehmen, obwohl der hier festgestellte Anteil von 47,7 Prozent immer noch als sehr hoch zu bewerten ist, da lediglich Hosselmann für das Jahr 1999 einen höheren Wert nachweisen kann. Zur Klärung der Frage, ob der Anteil der Mottos nach 1999 tatsächlich abnimmt, müssen weitere Untersuchungen zu späteren Zeitpunkten durchgeführt werden.

---

47 *Reiß* (1977/78: 51).

48 Ebd.

49 *Dirschauer* (1973: 34).

50 *Piitulainen* (1993: 164).

51 *Eckkrammer* (1996: 40).

52 *Hosselmann* (2001: 73) stellt für die *Passauer Neue Presse* lediglich einen Anteil von 37,4 Prozent fest, der Anteil der Mottos in den *Westfälischen Nachrichten* beträgt dagegen 90,8 Prozent.

1.1.5 Bekanntgebende Personengruppe

Bei institutionellen Todesanzeigen findet sich als Initiator vereinzelt der Name der bekanntgebenden Personengruppe, also der Name des Inserenten. Meist handelt es sich dabei um einen Verein. Todesanzeigen, bei denen die bekanntgebende Personengruppe als Initiator feststellbar ist, sind selten.

Dieser Initiator ist 1875 in der VZ (1,1 Prozent) und 1902 in KN (2,9 Prozent), NPZ (3,2 Prozent), VZ (3,9 Prozent), HuC (5,6 Prozent) sowie KStA (10,5 Prozent) nachweisbar.[53] 1921 ergeben sich mit einem Anteil von 12,2 Prozent relativ hohe Werte für die KN, in den übrigen Zeitungen ist der Name der bekanntgebenden Personengruppe nicht zu verzeichnen.[54] Nach 1921 ist dieser Initiator – mit einer Ausnahme in den KN 2002 – nicht mehr vorhanden. Spätestens seit 1942/43 spielt die bekanntgebende Personengruppe damit als Initiator in Todesanzeigen keine Rolle mehr. In der LZ und der Mopo sind keine Inserate mit der bekanntgebenden Personengruppe als Initiator zu belegen. Nur vereinzelt können in institutionellen Anzeigen in den KN, dem KStA, der NPZ, der VZ und dem HuC Inserate mit der bekanntgebenden Personengruppe als Initiator belegt werden.

1.1.6 Weitere Initiatoren

Außer den genannten Initiatoren wird in den Todesanzeigen vereinzelt der Initiator Angabe von Ort und Datum benutzt: Er tritt erstmals 1875 in einer Anzeige im HuC auf, danach ist er jeweils in einer Anzeige 1902 in der VZ sowie 1917 im HuC nachzuweisen (Abb. T-13). Bei der Ortsangabe handelt es sich um den Wohnort beziehungsweise die Wohnorte der Hinterbliebenen; das Datum gibt an, wann die Todesanzeige verfasst wurde.

Daneben wird in einer Anzeige der 1790er Probe des HuC eine allein stehende Ortsangabe als Initiator verwendet (T-46).

1.2 Terminatoren

Auch die spezifischen sekundären Terminatoren variieren bei Todesanzeigen, ihre Variationsbreite ist größer als die der Initiatoren. Alle Terminatoren, bei denen es sich ausschließlich um Einzelterminatoren handelt, sind in Tabelle TA-7 aufgeführt. Vielfach geht von den Terminatoren Aufforderungsfunktion aus: So bitten die Hinterbliebenen um Teilnahme

53 Abb. TA-12.

54 Ein einziges Mal, im Jahr 2002, ist die Landeshauptstadt Kiel als bekanntgebende Personengruppe nachzuweisen.

an den Trauerfeierlichkeiten beziehungsweise drücken bestimmte Erwartungen oder Wünsche hinsichtlich der Spenden und Beileidsbekundungen aus.[55]

Wilhelmsburg/Elbe, den 5. Januar 1917.

Infolge eines Unglücksfalles, der ihn auf dem Heimwege von der unter seiner Leitung stehenden Abteilung unserer Werke ereilte, verstarb plötzlich unser Herr

Alfred Flegel

Dipl.-Ing.

Während seiner mehrjährigen Tätigkeit in unseren Betrieben hat der Verstorbene es verstanden, sich in gleicher Weise die Achtung und die Liebe seiner Vorgesetzten und Untergebenen zu erwerben. Wir werden dauernd seine Mitarbeit vermissen und ihm stets in Dankbarkeit ein ehrenvolles Andenken bewahren.

Die Trauerfeier wird am Dienstag, den 9. ds. Mts., morgens 9 Uhr, auf unserem Werke, Abtl. Elektro-Zinn, Veringstraße, stattfinden.

Zinnwerke Wilhelmsburg

Gesellschaft mit beschränkter Haftung.

Abb. T-13: HuC, 8. Januar 1917

1.2.1 Angabe der Hinterbliebenen und der Inserenten

Bei der Angabe der Inserenten muss zwischen Inserenten von institutionellen und privaten Todesanzeigen unterschieden werden. Die Angabe der Inserenten dient der Kennzeichnung der Verfasser, also der Sender, des jeweiligen Textexemplars. Eckkrammer zufolge treten die Inserenten „als aktiv sprachhandelnde Instanz in Erscheinung".[56] Bei institutionellen Anzeigen wird im Folgenden von Inserenten gesprochen, bei privaten Anzeigen von Hinterbliebenen.[57]

55 Trauerränder als nichtsprachliche Initiator-Terminator-Kombination wurden unter IV.1.1.1 bereits behandelt.

56 *Eckkrammer* (1996: 55).

57 Zur Verteilung institutioneller und privater Todesanzeigen siehe Einleitung zu Kapitel IV sowie Tabelle TA-4.

Vor allem in institutionellen Todesanzeigen hat die Angabe der Inserenten terminierende Funktion, wobei die Inserenten dort in der Regel nicht namentlich aufgeführt sind. Vielmehr ist eine funktionale Angabe wie *Geschäftsführung und Betriebsrat, Mitarbeiter*[58] oder *Gesellschafterausschuß, Unternehmensleitung und Mitarbeiter*[59] üblich, die zumeist fett gedruckt ist. Die in Todesanzeigen obligatorische Angabe der Hinterbliebenen findet sich während des gesamten Untersuchungszeitraumes als sekundärer Terminator. Im Jahr 1790 liegen die Anteile in der VZ bei 100 und im HuC bei 88,9 Prozent.[60] In der 1800/03er Probe ergeben sich Anteile von mindestens 96,6 (VZ) und maximal von 100 Prozent (HuC, KöZ und BayZ). 1819/25 sinken sie mit Ausnahme der BayZ leicht: in der KöZ auf 93,3 Prozent, in der VZ auf 86,7 Prozent und im HuC auf 78,9 Prozent. Im Jahr 1850 nehmen die Anteile für den Terminator Angabe der Hinterbliebenen weiter ab. In NPZ, KöZ und HuC ergeben sich mit 73,3, 70 beziehungsweise 62,5 Prozent ähnlich Werte, die Anteile in der VZ sind mit 44,4 Prozent deutlich niedriger. Zu diesem Zeitpunkt ist in der VZ erstmals eine institutionelle Anzeige mit der Angabe der Inserenten als sekundärem Terminator zu verzeichnen. 1875/76 ergeben sich Anteile zwischen 54,5 (NPZ) und 31,3 Prozent (LZ), die Angabe der Inserenten tritt in LZ, VZ sowie HuC auf, wobei die Anteile in allen Zeitungen unter 7 Prozent liegen.

1902 nimmt die Angabe der Hinterbliebenen weiter ab. In der Mopo belaufen sich die Anteile auf 20, in der NPZ auf 16,1, im HuC auf 11,1 und in der VZ auf lediglich 2 Prozent. In KN und KStA findet sich die Angabe der Hinterbliebenen nicht in Terminatorfunktion. Erstmals ist 1902 die Frequenz der Angabe der Inserenten höher als die der Angabe der Hinterbliebenen: So ergeben sich für die Angabe der Inserenten Anteile zwischen 33,3 (Mopo) und 10,5 Prozent (KStA). Während des Ersten Weltkrieges liegen die Anteile der Inserenten in KN, KStA, LZ, NPZ und VZ über der Angabe der Hinterbliebenen und im HuC bewegen sich beide Werte auf ähnlichem Niveau. Lediglich in der Mopo kommt die Angabe der Inserenten nicht in textbegrenzender Funktion vor, dort ergibt sich für die Angabe der Hinterbliebenen ein Anteil von 32 Prozent. Im Jahr 1921 kommt die Angabe der Hinterbliebenen ausschließlich in der Mopo (6,7 Prozent) und in der VZ (11,1 Prozent) vor. Die Angabe

58 Abb. TA-13.

59 Abb. TA-14.

60 In der BayZ 1790 ist der Terminator Angabe der Hinterbliebenen nicht zu finden, dort wird der Terminator der einzigen Todesanzeige von der Angabe von Ort und Datum gebildet.

der Inserenten hingegen ist – außer in der LZ – in allen Tageszeitungen nachzuweisen. Die Anteile belaufen sich für diesen Terminator mindestens auf 11,1 (VZ) und maximal auf 56 Prozent (NPZ), wobei der Wert in der NPZ überdurchschnittlich hoch ist. Während des Zweiten Weltkrieges ist die Angabe der Inserenten nicht als Terminator zu belegen, die Angabe der Hinterbliebenen findet sich nur im KStA (0,9 Prozent) und in der Mopo (1,3 Prozent).

Im Unterschied zu der 1942/43er Probe tritt die Angabe der Hinterbliebenen im Jahr 1952 nicht auf, die Angabe der Inserenten hingegen schon: Sie ist in allen untersuchten Zeitungen zu belegen, wobei sich Anteile zwischen 2,8 Prozent (KStA) und 13,3 Prozent (FAZ und Mopo) nachweisen lassen. 1972 ist lediglich in der FAZ die Angabe der Hinterbliebenen festzustellen (2,7 Prozent). Für die Angabe der Inserenten ergeben sich folgende Werte: in der LZ von 4,2 Prozent, im KStA von 6,9 Prozent, in der Welt von 7,7 Prozent, in den KN von 10,8 Prozent, in der Mopo und der FAZ von 13,5 Prozent. In der 2002er Probe nimmt die Frequenz der Angabe der Hinterbliebenen leicht zu. Der höchste Anteil ergibt sich mit 8,8 Prozent für die KN, gefolgt von der Mopo (3,7 Prozent), der FAZ (2,2 Prozent) und dem KStA (0,8 Prozent). In den übrigen Zeitungen tritt sie nicht in terminierender Funktion auf. Für die Angabe der Inserenten ergeben sich Anteile zwischen 8,7 Prozent im KStA und 46,7 Prozent in der Welt. Die Anteile für die Angabe der Inserenten liegen in den regionalen Tageszeitungen maximal bei 22,2 Prozent (Mopo), während sich in den beiden überregionalen Zeitungen Anteile von 37,8 (FAZ) und 46,7 Prozent (Welt) ergeben (Abb. T-14). Die Angabe der Inserenten hat folglich in institutionellen Anzeigen eine hohe Frequenz als Terminator. Entsprechend der Verteilung der institutionellen Todesanzeigen kommt die Angabe der Inserenten häufiger in überregionalen als in regionalen Zeitungen vor.

Während die Angabe der Hinterbliebenen zu Beginn des Untersuchungszeitraumes häufig als Terminator verwendet wird, nimmt ihre Bedeutung im 20. Jahrhundert stetig ab. An ihre Stelle treten andere Textbegrenzungssignale, meist Hinweise zur Bestattung und auf religiöse Zeremonien. Die Angabe der Inserenten ist im 19. Jahrhundert nur vereinzelt zu belegen, da institutionelle Todesanzeigen zu diesem Zeitpunkt noch sehr selten waren. Mit dem Aufkommen institutioneller Anzeigen gegen Ende des 19. Jahrhunderts findet sich schließlich auch die Angabe der Inserenten als Terminator. Seit 1902 ist die Angabe der Inserenten häufiger in terminierender Funktion nachzuweisen als die Angabe der Hinterbliebenen.

Am 26. Januar 2002 verstarb im Alter von 92 Jahren unser
ehemaliges Aufsichtsratsmitglied

Professor Dr. Kurt Hansen

Herr Professor Hansen gehörte von 1971 bis 1979 dem Aufsichtsrat der VEBA AG an. Mit seiner beeindruckenden internationalen Erfahrung und seinem klugen Rat hatte er maßgeblichen Anteil an der dynamischen Entwicklung, die unser Konzern nach der Erstprivatisierung im Jahre 1966 genommen hat.

Wir trauern um eine überragende Persönlichkeit, die sich durch großes Fachwissen und Engagement, Verantwortungsbewußtsein und unternehmerischen Weitblick auszeichnete. Er war ein Vorbild, dem in Wirtschaft und Wissenschaft höchste Wertschätzung entgegengebracht wurde.

Der Name Professor Dr. Kurt Hansen wird stets eng mit der Geschichte der E.ON AG verbunden bleiben.

Wir werden sein Andenken in Ehren halten

E.ON AG

Aufsichtsrat, Vorstand,
Konzernbetriebsrat und Mitarbeiter

Abb. T-14: Welt, 31. Januar 2002

Die Angabe der Hinterbliebenen erfolgt in Todesanzeigen auf unterschiedliche Weise: So können die Hinterbliebenen namentlich aufgeführt sein, wobei die Aufzählung bei den engsten Verwandten beginnt und der Grad der Verwandtschaft dann abnimmt.[61] Grümer/Helmrich merken an, dass die Angehörigen meist der gesetzlichen Erbfolge entsprechend genannt werden.[62] Die Hinterbliebenen werden meist mit Ruf- und Familiennamen aufgeführt, bei „jüngeren Familienmitgliedern wie [...] Kindern, Enkeln, Neffen oder Nichten“[63] wird vielfach nur der Rufname genannt. Auch bei Todesanzeigen, die von Freunden geschaltet werden,

61 Häufig wird zuerst der Ehepartner genannt, es folgen die Kinder – meist in der Reihenfolge der Geburt – und danach Eltern und Geschwister des Verstorbenen. Beim Tod eines Kindes stehen die Eltern an erster Stelle, gefolgt von Geschwistern und Großeltern.

62 *Grümer/Helmrich* (1994:89).

63 *Eckkrammer* (1996: 55).

sind oft nur die Rufnamen aufgeführt, auf die Familiennamen wird verzichtet.[64]

Daneben besteht die Möglichkeit, dass die Angehörigen als Kollektiv auftreten.[65] Vor allem zu Beginn des Untersuchungszeitraumes tritt die Formulierung *im Namen der Hinterbliebenen* auf, der dann keine vollständige Auflistung der Angehörigen folgt, sondern nur ein Name oder einige wenige Namen von Hinterbliebenen. Es gibt auch Anzeigen, in denen auf eine Namensnennung verzichtet wird. In diesen Fällen stehen die Formulierungen *die Hinterbliebenen* oder *die trauernde Familie* – ohne Nennung der Namen – als Kennzeichnung der Verfasser.

Typografisch ist die Angabe der Hinterbliebenen in der Mehrzahl der Anzeigen durch Fettdruck oder Sperrung hervorgehoben. Sofern die Angabe ohne Nennung der Namen erfolgt, werden die genannten Formulierungen auf diese Weise betont, ansonsten sind die Namen der Angehörigen hervorgehoben. In der LZ ist bis einschließlich 1921 vereinzelt die Verwendung einer fetten Groteskschrift festzustellen, während die restliche Anzeige in gebrochener Schrift gesetzt ist.[66]

Mit der Angabe der Hinterbliebenen sind häufig Trauerbekundungen verbunden.[67] Die namentliche Aufzählung der Hinterbliebenen beziehungsweise die kollektive Angabe der Hinterbliebenen schließt sich direkt an Trauerbekundungen wie *in stiller Trauer* und *in tiefem Schmerz* an. Jürgens schreibt diesen Trauerbekundungen die Funktion des Sich-Ausdrückens zu, ihm zufolge gehen die Verfasser „mit [ihren] Gefühlen gewissermaßen in die Öffentlichkeit."[68]

1.2.2 Angabe von Ort sowie Ort und Datum

Als sekundäre Terminatoren können auch eine Ortsangabe oder die Angabe von Ort und Datum stehen. Dadurch machen die Inserenten kenntlich, wo und wann die Anzeige verfasst wurde.[69] Im Jahr 1790 lässt sich

64 Hier führt der Verzicht der Nennung der Familiennamen zu einer gewissen Anonymisierung der Verfasser. In der als Abb. TA-16 abgebildeten Todesanzeige wird außerdem nur der Rufname des Verstorbenen genannt, so dass vermutet werden kann, dass hier nicht die Todesmitteilung, sondern die Funktion des Sich-Ausdrückens im Vordergrund steht.

65 Dies ist der Fall, wenn die Familie geschlossen auftritt und als Familienverband trauert; siehe Abb. TA-17.

66 Siehe hierzu auch I.5.1.

67 Zu den verschiedenen Bezeichnungen der Trauerbekundung siehe IV.3.8.

68 *Jürgens* (1996: 229).

69 Teilweise sind mehrere Orte in den Todesanzeigen angegeben: Bei den Ortsbezeichnungen handelt es sich dann um die Wohnorte der Angehörigen, bei den Kriegsanzeigen handelt es sich um die Einsatzorte der Angehörigen, die sich zum Zeitpunkt der Anzeigenaufgabe im Kriegseinsatz befinden.

für den Terminator Angabe von Ort und Datum im HuC ein Anteil von 11,1 und in der BayZ von 100 Prozent verzeichnen. 1800/03 kommt dieser Terminator in keiner Zeitung vor. In den folgenden Proben nimmt die Angabe von Ort und Datum zu: 1819/25 ergeben sich Anteile zwischen 6,7 (KöZ) und 15,8 Prozent (HuC), 1850 liegen die Anteile sogar zwischen 20 (KöZ) und 37,5 (Prozent). Für das Jahr 1875/76 ist die höchste Frequenz für den Terminator Angabe von Ort und Datum zu belegen. Während sich die Anteile in der VZ lediglich auf 9,8 Prozent belaufen, liegen sie in der KöZ und der NPZ bei 33,3 und im HuC bei 46,7 Prozent (Abb. T-15). Im 20. Jahrhundert sinkt die Frequenz der Angabe von Ort und Datum rapide: So betragen die Anteile 1902 in den KN 2,9, im KStA 5,3, in der VZ 5,9 sowie in der NPZ 6,5 Prozent. In den anderen Zeitungen findet sich dieser Terminator nicht. Auch während des Ersten Weltkrieges liegen die Anteile nicht sonderlich hoch: VZ (2,5 Prozent), KN, (2,4 Prozent), HuC (9,1 Prozent) und NPZ (12,1 Prozent). 1921 sind die Anteile mit 13,3 Prozent im HuC relativ hoch, in KN, KStA und VZ liegen sie mit maximal 5,6 Prozent deutlich niedriger. In der Probe aus dem Zweiten Weltkrieg tritt der Terminator Angabe von Ort und Datum nur in den KN auf, wo sich ein Anteil von 5,6 Prozent ergibt. Im Jahr 1952 gewinnt der Terminator signifikant an Bedeutung: Im KStA liegt sein Anteil bei 8,3, in der Welt und der Mopo bei 6,7 und in der FAZ sogar bei 46,7 Prozent. 1972 belaufen sich die Anteile mindestens auf 1,9 (Mopo) und höchstens auf 15,4 Prozent (Welt).[70] 2002 ergibt sich für die Angabe von Ort und Datum mit einem Anteil von 13,3 Prozent in der Welt die höchste Frequenz, in Mopo, KN, FAZ und KStA betragen die Anteile zwischen 1,5 und 4,7 Prozent. Einen Sonderfall stellt die LZ dar – dort ist der Terminator Angabe von Ort und Datum kein einziges Mal vorhanden.

Todes-Anzeige.
Am gestrigen Tage entschlief im Kreise ihrer Verwandten zu Göttingen, unsere liebe Mitschwester, die Chanoinesse **Luise von Uslar Gleichen**, nach längerer Krankheit sanft und schmerzlos; herzlich betrauert von
der Aebtissin und Chanoinessen des Klosters Ebstorf.
Ebstorf, den 18. Januar 1875.

Abb. T-15: HuC, 20. Januar 1875

70 Abb. TA-18.

Diachron gesehen ergeben sich für den Terminator Ort und Datum zu Beginn des Untersuchungszeitraumes mittlere Werte. Anfang des 20. Jahrhunderts sinken die Anteile deutlich, nach dem Zweiten Weltkrieg erhöhen sie sich wieder. Die höchsten Anteile für die Angabe von Ort und Datum sind im HuC 1850, im HuC, der Mopo und der KöZ 1875/76, der NPZ 1917, im HuC 1921, der FAZ 1952 sowie der Welt 1972 und 2002 zu belegen.

Der Angabe eines Ortes in Terminatorfunktion hat in den vorliegenden Todesanzeigen nur geringe Bedeutung: Zu keinem Zeitpunkt liegen die Anteile über 6,7 Prozent, meist liegen sie sogar unter 2,5 Prozent. Die Angabe eines Ortes ist als Terminator nur 1875 und 1917 in der NPZ, 1916/17, 1943, 1972 und 2002 in den KN, sowie 1952 und 2002 in der Mopo und 2002 in der FAZ zu verzeichnen.[71] Zwar besteht die Möglichkeit, statt der Angabe von Ort und Datum nur eine Ortsangabe als Terminator zu verwenden, praktisch machen die Inserenten davon jedoch keinen Gebrauch.

Unter den vorliegenden Todesanzeigen gibt es keine Anzeige, in der ein Datum allein den Terminator bildet. Hier liegt ein Unterschied zu Geburts- und Verbindungsanzeigen, bei denen ein Datum auch allein als Terminator fungieren kann.[72]

1.2.3 Traueranschrift sowie Kombination aus Traueranschrift und Datum

Die Adresse, in Todesanzeigen im Folgenden als Traueranschrift bezeichnet, sowie die Kombination aus Traueranschrift und Datum treten ebenfalls als sekundäre Terminatoren auf. Die Traueranschrift besteht aus den Angaben Ort, Straße und Hausnummer, sie kann zusätzlich mit einem Datum den sekundären Terminator Kombination aus Traueranschrift und Datum bilden.

Die Traueranschrift kommt erst zu Beginn des 20. Jahrhunderts vor. Relativ häufig ist sie als Terminator in KN, Mopo, KStA und VZ, in NPZ, Welt sowie FAZ ist sie nur selten und in HuC und LZ nie nachzuweisen.[73] Bis einschließlich 1921 sind für die Traueranschrift maximal Anteile von 6 Prozent zu verzeichnen, in der Probe aus dem Zweiten Weltkrieg ergeben sich für die Mopo Anteile von 41,8 und in den KN von 24,2 Prozent. Im KStA dagegen liegen die Anteile lediglich bei 5,4 Prozent. In der 1952er Probe ergeben sich die höchsten Anteile mit 6,7 Prozent in der Mopo.

---

71 Abb. TA-19.

72 Siehe hierzu II.1.2.2 sowie III.1.2.2

73 Abb. TA-20.

Die hohen Anteile in den Jahren 1942/43 sind dadurch zu erklären, dass eine Beerdigung der gefallenen Soldaten in der Heimat häufig nicht möglich war. Deshalb entfallen die Hinweise zur Bestattung vielfach. Stattdessen fungiert oft die Traueranschrift als Terminator. Von der Traueranschrift geht ähnlich wie von den Hinweisen zur Bestattung eine auffordernde Funktion aus, da sie kennzeichnet, an welche Adresse etwaige Kondolenzbriefe geschickt werden können.

Alternativ zu einer Traueranschrift kann auch eine Kombination aus Traueranschrift und Datum als Terminator auftreten. Die Traueranschrift und die Kombination aus Traueranschrift und Datum schließen sich gegenseitig aus, unabhängig davon, ob es sich um einen Terminator oder eine Makrostruktur ohne die Funktion der Textbegrenzung handelt. Insgesamt ist die Frequenz der Kombination aus Traueranschrift und Datum nicht sehr hoch: Erstmals ist sie während des Ersten Weltkrieges im KStA mit einem Anteil von 1,4 und in den KN mit einem Anteil von 2,4 Prozent zu belegen. 1921 ist die Kombination aus Traueranschrift und Datum im KStA (3 Prozent) nachzuweisen, 1943 liegen die Anteile in KN und KStA unter 3 Prozent, in der Mopo dagegen bei 8,9 Prozent. 1952 und 1972 findet sich dieser Terminator nur noch in Welt und FAZ, maximal belaufen sich die Anteile auf 6,7 Prozent (Abb. T-16).

Nach langer, schwerer Krankheit verschied heute der Gesellschafter- und Geschäftsführer unserer Firma

Kaufmann

Clemens Meller

im gesegneten Alter von 75 Jahren. Sein Leben war Arbeit und Sorge für seinen Betrieb, dem er zwei Monate nach seiner Gründung im Jahre 1899 beitrat.

Für seine Mitarbeiter und viele andere war er das Vorbild eines aufrechten, gewissenhaften und ehrbaren Kaufmanns.

Wir werden ihm, unserem gerechten Lehrherrn und vorbildlichen Chef, ein ständiges Gedenken bewahren und in seinem Sinne an seinem Lebenswerk weiterarbeiten.

Gesellschafter und Belegschaft
der Firma
Lohmar & Meller o. H.

Oberhausen, den 1. Januar 1952
Buschhausener Straße 20—30.

Abb. T-16: Welt, 3. Januar 1952

1.2.4 Hinweise zur Bestattung und auf religiöse Zeremonien

Ab 1850 sind Hinweise zur Bestattung und auf religiöse Zeremonien ein vielfach feststellbarer sekundärer Terminator in Todesanzeigen. Vor 1850 sind Hinweise dieser Art weder als Terminator noch als Makrostruktur nachzuweisen.

Die Angabe zur Bestattung kann auf verschiedene Weise erfolgen: Sie kann Informationen über Zeitpunkt und Ort der Trauerfeierlichkeiten enthalten oder es wird darauf hingewiesen, dass die Bestattung im engsten Familienkreis stattfindet beziehungsweise bereits stattgefunden hat. Sofern die Hinweise zur Bestattung Zeit und Ort der Beisetzung beinhalten, ist diese Information als Einladung aufzufassen, der Terminator hat somit Aufforderungsfunktion.[74] Hinweise auf religiöse Zeremonien informieren unter anderem über Zeit und Ort des Trauergottesdienstes oder der Messfeiern. Folgende Formen der Hinweise zur Bestattung und auf religiöse Zeremonien sind in den vorliegenden Todesanzeigen feststellbar: Sowohl die Hinweise zur Bestattung als auch die Hinweise auf religiöse Zeremonien können allein auftreten, nicht selten findet sich jedoch eine Kombination aus beiden.

Hinweise zur Bestattung und auf religiöse Zeremonien sind ab 1850 als Terminatoren in Todesanzeigen belegbar: Während in der 1850er Probe Hinweise dieser Art nur in der VZ (33,3 Prozent) und der KöZ (10 Prozent) nachzuweisen sind, kommen sie im Jahr 1875/76 in allen fünf untersuchten Zeitungen vor. Die höchste Frequenz zeigt sich in der LZ (62,5 Prozent), gefolgt von der VZ (42,4 Prozent) – in den übrigen drei Zeitungen liegen die Anteile zwischen 9,1 (NPZ) und 17,9 Prozent (KöZ). 1902 belaufen sich die Anteile auf mindestens 46,7 Prozent (Mopo) und maximal auf 100 Prozent (LZ). Hinweise auf religiöse Zeremonien beziehungsweise die Kombination von Hinweisen zur Bestattung und auf religiöse Zeremonien sind nur im KStA und der LZ zu verzeichnen, in den anderen Zeitungen finden sich ausschließlich Informationen zur Bestattung.

Im Ersten Weltkrieg sind Hinweise zur Bestattung und auf religiöse Zeremonien – wie auch schon 1875/76 und 1902 – in fast allen Zeitungen der häufigste Terminator. Die niedrigste Frequenz ist mit 27,3 Prozent im HuC zu belegen, die höchste in der LZ (93,3 Prozent). In der LZ

74 Prinzipiell weiß jeder Leser der Todesanzeige, wann und wo die Trauerfeierlichkeiten stattfinden und könnte daran teilnehmen. Es werden sich jedoch –wie unter I.3.3.1.2 angeführt – nur die Leser angesprochen fühlen und tatsächlich daran teilnehmen, die den Verstorbenen oder die Hinterbliebenen persönlich kennen, um auf diesem Wege ihre Anteilnahme auszudrücken.

sind Kombinationen aus Hinweisen zur Bestattung und auf religiöse Zeremonien am häufigsten, gefolgt von Hinweisen auf religiöse Zeremonien; am seltensten sind Hinweise zur Bestattung. Die Anteile für Hinweise zur Bestattung und auf religiöse Zeremonien dominieren 1921 weiterhin in allen Zeitungen, wobei sie mindestens bei 36 (NPZ) und maximal bei 100 Prozent (LZ) liegen. Während des Zweiten Weltkrieges ist die Frequenz der Anzeigen im KStA und in der LZ besonders hoch, die nur Informationen zu religiösen Zeremonien als Terminator enthalten: Im KStA ist dies bei 35,7 und in der LZ bei 50 Prozent aller Todesanzeigen der Fall. In den KN und der Mopo gibt es keine Anzeige, in der auf religiöse Zeremonien hingewiesen wird.

Erlöst.

Hubert Straub

* 7. 7. 1939 † 29. 12. 2001

Andrea Straub mit Christine, Alexander und Jörg
Roland und Wiebke Müggenburg, geb. Straub mit Nina, Tanja und Marc
Cornelia Straub mit Normen und Norbert
Katharina Straub
Manfred und Ingrid Voß, geb. Straub mit Michaela und Tanja
Ria Kluge, Sascha Kluge

Im Namen unseres Vaters sagen wir noch einmal herzlichen Dank an Schwester Wiebke.

Auf Wunsch des Verstorbenen wurde sein Leichnam dem Anatomischen Institut in Kiel zur Verfügung gestellt.

Abb. T-17: KN, 3. Januar 2002

In der 1952er Probe liegen die Anteile für die Hinweise zur Bestattung und auf religiöse Zeremonien in den vier regionalen Tageszeitungen bei 66,7 (Mopo), 69,4 (KStA), 79,3 (KN) und 87,6 Prozent (LZ). In den beiden überregionalen Zeitungen sind die Anteile mit 60 Prozent in der Welt auf ähnlichem Niveau wie in den regionalen Medien, in der FAZ sind sie mit 26,7 Prozent deutlich niedriger. 1972 belaufen sich die Anteile in FAZ und Welt auf 45,9 beziehungsweise 33,4 Prozent; in der FAZ sind sie im Vergleich zum Jahr 1952 gestiegen, in der Welt dagegen gesunken. Die Werte in den regionalen Zeitungen haben sich im Vergleich zur vorhergehenden Probe in den KN (75,3 Prozent) und der LZ (95,8 Prozent) nur marginal verändert, im KStA sind sie um fast 25 Prozent auf 44,9 Prozent gesunken, in der Mopo um mehr als 10 Prozent auf 78,8 Prozent gestiegen. Während 2002 der sekundäre Terminator Hinweise zur Bestattung und auf religiöse Zeremonien in der LZ mit 80,5 Prozent eine hohe Frequenz hat und sich für KN, Mopo und KStA mittlere Werte zwischen 60,8 und 53,3 Prozent ergeben, ist der sekundäre Terminator Hinweise zur Bestattung und auf religiöse Zeremonien in der Welt (20 Prozent) und der FAZ (11,1 Prozent) nur von geringer Bedeutung. In den KN ist zudem eine Todesanzeige zu verzeichnen, in der die Hinterbliebenen darüber informieren, dass der Verstorbene seinen Leichnam dem Anatomischen Institut in Kiel zur Verfügung gestellt hat. Hinweise auf eine Bestattung, eine Trauerfeier oder auf religiöse Zeremonien gibt es in dieser Anzeige nicht (Abb. T-17).

Zusammenfassend ist bezüglich der Hinweise zur Bestattung und auf religiöse Zeremonien festzustellen, dass in den Proben der beiden Weltkriege in allen Zeitungen eine große Zahl an Todesanzeigen existiert, in denen Hinweise zur Bestattung fehlen.[75] Hinweise auf eine bereits stattgefundene beziehungsweise im engsten Familienkreis stattfindende Beerdigung sind zu Beginn des Untersuchungszeitraumes nicht nachzuweisen, sie treten erst ab 1952 auf.[76] Die alleinigen Hinweise zur Bestattung dominieren in Mopo, KN, HuC, NPZ, VZ sowie Welt und FAZ zu jedem Untersuchungszeitpunkt als Terminator. In den katholisch geprägten Zeitungen – also im KStA und der LZ – finden sich in vielen Todesanzeigen ausschließlich Hinweise auf religiöse Zeremonien.[77] Als Terminator kommen Informationen auf religiöse Zeremonien ohne Hinweise zur Bestattung in der LZ 1916/17 in 33,3 Prozent, 1921 in 27,3 Prozent und 1942 sogar in 50 Prozent der Anzeigen vor, womit diese Form überwiegt. Die hohen Anteile in den Kriegsproben lassen darauf schließen, dass die Soldaten nicht überführt wurden, weshalb keine Beerdigung stattfand.

Eine hohe Frequenz der alleinigen Angabe religiöser Zeremonien ist zudem 1902 (15,8 Prozent), 1916/17 (25,7 Prozent), 1921 (27,3 Prozent) und 1943 (35,7 Prozent) im KStA zu verzeichnen. Daneben kommen Hinweise auf religiöse Zeremonien in der VZ 1921, in der Welt 1952, in den KN 1972 und 2002 vor. In Mopo, HuC und NPZ finden sich Hinweise auf religiöse Zeremonien nicht allein, sondern – wenn überhaupt –

75 Siehe hierzu auch IV.3.5.

76 Dies gilt auch für Hinweise auf eine bereits stattgefundene Bestattung.

77 Die verschiedenen Bezeichnungen der religiösen Zeremonien sind unter IV.3.5 aufgeführt.

nur in Kombination mit Hinweisen zur Bestattung, und auch in KN und FAZ spielen sie kaum eine Rolle. Weitaus zahlreicher als das alleinige Vorkommen von Informationen zu religiösen Zeremonien sind Hinweise auf religiöse Zeremonien in Kombination mit Hinweisen zur Bestattung.[78] Besonders häufig ist dieser Terminator in der LZ, aber auch in KStA, NPZ, Welt und Mopo ist die Kombination nachweisbar.

Hinweise zur Bestattung und auf religiöse Zeremonien sind bis zur 1850er Probe in Todesanzeigen unüblich. Informationen zur Bestattung und auf religiöse Zeremonien waren bis zu diesem Zeitpunkt nicht Bestandteil von Todesanzeigen, sondern erfolgten auf anderem Wege, etwa in Form von Trauerbriefen oder mündlich von Angesicht zu Angesicht. Nach ihrem erstmaligen Auftreten im Jahr 1850 in der KöZ und der VZ nimmt ihre Frequenz kontinuierlich zu und bleibt bis 2002 auf hohem Niveau. Es zeigen sich jedoch markante Unterschiede hinsichtlich der Hinweise zur Bestattung und auf religiöse Zeremonien: Hinweise auf religiöse Zeremonien finden sich fast ausschließlich in der LZ und dem KStA. In den übrigen Zeitungen kommen sie entweder gar nicht vor oder nur in Verbindung mit Hinweisen zur Bestattung.

Eine Begründung hierfür könnte in der Tatsache liegen, dass Religiosität und christlicher Glaube in den katholisch geprägten Regionen Köln und Landshut zu allen Zeitpunkten einen höheren Stellenwert hatten als in Berlin, Hamburg und Kiel. Bei den religiösen Zeremonien handelt es sich fast ausschließlich um katholische Zeremonien wie *Seelenmesse*, *Seelenamt*, *Seelengottesdienst*, die als *Rosenkranz* bezeichnete Rosenkranzandacht, *Exequien* oder *Requiem*.[79] Zudem haben Hinweise zur Bestattung und auf religiöse Zeremonien in den beiden überregionalen Tageszeitungen nur eine geringe Bedeutung: Dies ist darauf zurückzuführen, dass in Welt und FAZ ein hoher Anteil institutioneller Todesanzeigen zu belegen ist. Hinweise zur Bestattung und auf religiöse Zeremonien sind in institutionellen Anzeigen grundsätzlich seltener als in privaten Anzeigen.

1.2.5 Einladung zur Trauerfeier

Einladungen zur Trauerfeier sind nur im KStA und der NPZ als Terminator zu finden. In der NPZ ist dieser Terminator nur in einer Anzeige während des Ersten Weltkrieges und im KStA in den Jahren 1902, 1916/17, 1921, 1952, 1972 sowie 2002 nachzuweisen. Entweder handelt es sich bei der in die Todesanzeige integrierte Einladung um die einzige Form

78 In der Mehrzahl der Fälle folgen auf die Informationen zu den religiösen Zeremonien die Informationen zur Bestattung; siehe Abb. TA-21.

79 Siehe hierzu IV.3.5.

der Einladung – sie erfolgt dann anstelle einer persönlichen Einladung – oder um eine zusätzliche Benachrichtigung.[80] Für 1902 ergibt sich im KStA ein Anteil von 36,8 Prozent, für 1916/17 von 16,2 Prozent und für 1921 von 21,2 Prozent. 1952 sinken die Anteile auf 5,6 Prozent, 1972 liegen sie dagegen bei 18,6 Prozent. 2002 schließlich ergeben sich Anteile von 11 Prozent. In der Probe aus dem Jahr 1943 gibt es keinen Beleg. In den übrigen Zeitungen sind zu keinem Zeitpunkt Einladungen zur Trauerfeier zu verzeichnen, weder als Terminator noch als Makrostruktur ohne die zusätzliche Funktion der Textbegrenzung.

Eine in die Todesanzeige integrierte Einladung zur Trauerfeier ist – bei Vernachlässigung der Anzeige in der NPZ – nur im KStA zu belegen und damit eine regionale Besonderheit der Kölner Todesanzeigen. Es handelt sich dort um einen durchaus üblichen Terminator: Im Jahr 1902 ist die Einladung zur Trauerfeier der am häufigsten, 1921 und 2002 immerhin der am zweithäufigsten feststellbare Terminator.

1.2.6 Spendenaufforderung

Unter einer Spendenaufforderung werden Wünsche der Hinterbliebenen bezüglich der zugedachten Spenden verstanden. Todesanzeigen können zum einen Hinweise enthalten, wohin Blumenspenden gewünscht werden, zum anderen können explizit Geldspenden erbeten werden.[81] In diesen Fällen ist meist ein Spendenkonto angegeben. Daneben sind Anzeigen nachzuweisen, in denen die Angehörigen dazu auffordern, von Spenden abzusehen. Die Bitte um Geldspenden findet sich erst ab 1972.

Erstmals ist eine Spendenaufforderung 1902 in der VZ belegbar, wo jedoch nur eine einzige Anzeige mit diesem Terminator existiert, dies entspricht einem Anteil von 2 Prozent (Abb. T-18). Während des Ersten Weltkrieges sind Spendenaufforderungen in der NPZ (1,5 Prozent), im KStA (2,7 Prozent) und im HuC (13,6 Prozent) zu verzeichnen. Im Jahr 1921 kommen sie nur in den KN und der Mopo vor, es ergeben sich maximal Anteile von 6,7 Prozent. In der Probe aus dem Zweiten Weltkrieg tritt der Terminator Spendenaufforderung nicht auf und auch 1952 hat er nur eine geringe Bedeutung: Er findet sich nur in den KN, wo sich der Anteil auf lediglich 2,4 Prozent beläuft. Höhere Anteile sind erst ab 1952 festzustellen: Während die Anteile in den KN und der FAZ mit 1,2 beziehungsweise 5,4 Prozent relativ niedrig sind, belaufen sie sich im

80 ‚Sollte jemand aus Versehen eine Einladung nicht erhalten haben, so bitten wir, dieses als solche zu betrachten' ist eine oft verwendete Form der in die Anzeige integrierten Einladung; siehe Abb. TA-22.

81 Abb. TA-23.

KStA auf 20,7 sowie in der Welt auf 17,9 Prozent. 2002 zeigen sich ebenfalls Divergenzen bezüglich des Auftretens des Terminators Spendenaufforderung in den Zeitungen: In den regionalen Zeitungen KN, KStA und Mopo liegen die Anteile zwischen 7,9 und 11,1 Prozent, in den beiden überregionalen Zeitungen dagegen betragen sie 20 (Welt) und 35,6 Prozent (FAZ). In der LZ sind Spendenaufforderungen zu keinem Zeitpunkt nachzuweisen.

Statt jeder besonderen Meldung.

Freitag, Nachts 2½ Uhr, entschlief sanft nach längerem schweren Leiden mein innigst geliebter Mann, unser heißgeliebter, guter Vater, Großvater und Schwiegervater, der Kaufmann

Jacob Falk,

im 77. Lebensjahre.

Dies zeigen tief betrübt an

die trauernden Hinterbliebenen.

Beerdigung Dienstag, Vormittag 11 Uhr, von der Leichenhalle des jüdischen Friedhofes, Weißensee.

Kranzspenden im Sinne des Entschlafenen dankend verbeten.

Abb. T-18: VZ, 4. Januar 1902

Eine Spendenaufforderung spielt vor 1902 in Todesanzeigen keine Rolle. Bis Mitte des 20. Jahrhunderts – mit Ausnahme des HuC im Ersten Weltkrieg – liegen die Anteile maximal bei 6,7 Prozent. Während sich 1972 noch keine spezifische Verteilung der Spendenaufforderung belegen lässt, ist 2002 zu erkennen, dass in den überregionalen Zeitungen deutlich höhere Anteile für diesen Terminator nachzuweisen sind als in den regionalen Blättern.

1.2.7 Beileidsbekundungen

Ab 1916/17 steht in Todesanzeigen als sekundärer Terminator vereinzelt der Hinweis, dass von Beileidsbekundungen und Beileidsbesuchen abzusehen ist. Während des Ersten Weltkrieges liegen die Anteile im HuC bei 9,1, in der VZ bei 7,5, im KStA bei 5,4 und in den KN bei 4,8 Prozent. In LZ, Mopo und NPZ kommt der Terminator Beileidsbekundungen in der 1916/17er Probe nicht vor. 1921 ergeben sich mit 27,8 Prozent in der VZ im Vergleich zu den anderen Zeitungen enorm hohe Anteile, denn in HuC, Mopo, KStA und KN belaufen sie sich maximal auf 6,7 Prozent.[82] In der Probe aus dem Zweiten Weltkrieg liegt die Frequenz in den KN bei 3,2, in der Mopo bei 1,3 und im KStA bei 0,9 Prozent. Im Jahr 1952

82 Abb. TA-24.

sind Beileidsbekundungen in den KN (6,1 Prozent), dem KStA (13,9 Prozent) und der Welt (13,3 Prozent) als Terminator zu finden. 1972 liegen die Anteile zwischen 3,8 (Mopo) und 13,5 Prozent (FAZ). In der 2002er Probe ergibt sich mit 12,2 Prozent in der LZ die höchste Frequenz, im KStA betragen die Anteile 7,9, in den KN 2,4 und in der Mopo 1,5 Prozent. In der Welt und der FAZ kommt der Terminator Beileidsbekundungen nicht vor.

Beileidsbekundungen in der Funktion des Terminators treten erst im 20. Jahrhundert während des Ersten Weltkrieges auf. Der Hinweis der Hinterbliebenen, dass von Beileidsbesuchen und -bekundungen abgesehen werden soll, kann als Zeichen der Privatisierung des Todes und gegebenenfalls als Hinweis auf eine veränderte Trauerkultur gedeutet werden.

1.2.8 Weitere Terminatoren

Vereinzelt kommen in Todesanzeigen unter anderem geschäftliche Informationen, Trauerbekundungen des Betriebes, in dem der Verstorbene arbeitete, Mottos sowie in die Anzeige integrierte Danksagungen als sekundäre Terminatoren vor.

Zu Beginn des Untersuchungszeitraumes gibt es in der VZ aus dem Jahr 1800 sowie in der 1825er Probe des HuC jeweils eine Todesanzeige, in der geschäftliche Informationen als Terminator auftreten. In beiden Fällen handelt es sich dabei um Informationen, die die Fortführung des Geschäftes betreffen.[83]

Ebenfalls sehr selten sind Würdigungen in terminierender Funktion. Während des Zweiten Weltkrieges ist eine Anzeige in den KN zu belegen, im Jahr 2002 kommen Würdigungen einmal in den KN und einmal in der FAZ als Textbegrenzungssignal vor.[84] Alle Todesanzeigen mit einer Würdigung als Terminator sind institutionelle Inserate.

Ein Motto kann nicht nur als Initiator auftreten, sondern auch als Terminator. Mottos, die am Textende stehen, sind 1916/17, 1921 und 1952 nachzuweisen.[85] Für 1916/17 sind Mottos als Terminatoren in KN (3,6 Prozent), KStA (1,4 Prozent) und Mopo (28 Prozent) zu verzeichnen.[86] Bei den meisten verwendeten Mottos handelt es sich um Wünsche für den Verstorbenen, wie ‚Ruhe sanft in fremder Erde!‘ (Abb. T-20) oder einfach ‚Ruhe sanft!‘. Aber auch Mottos, die in die Kategorien Totenlob (Abb. T-19) und Erlösung fallen, sind zu belegen. In der 1921er Probe

83 Abb. TA-25.
84 Abb. TA-26.
85 Eine Übersicht über die verwendeten Mottos liefert Tabelle TA-15.
86 Zur Frequenz und Einordnung der Mottos siehe Tabelle TA-8.

sind lediglich in den KN zwei Anzeigen (4,1 Prozent) mit einem Motto am Textende vorhanden.[87] Eine weitere Todesanzeige mit einem Motto findet sich – ebenfalls in den KN – im Jahr 1952, womit der Anteil für ein Motto als Terminator dort bei 1,2 Prozent liegt. Diese drei in den KN vorkommenden Mottos lassen sich als religiöse Mottos einordnen, wobei es sich bei einem Motto nicht um ein Zitat, sondern lediglich um einen Verweis auf Nummer und Vers eines Bibelpsalms handelt.[88] Mottos als Terminatoren sind selten, obwohl ein Motto 1916/17 und 1921 bevorzugt als Terminator oder als Makrostruktur auftritt. In höherer Frequenz sind Mottos als Initiatoren erst ab 1972 zu belegen.[89]

Nach 28monatigen Kämpfen und zweimaliger Verwundung fiel am 24. Dezember 1916 mein lieber, unvergeßlicher Mann, unser guter Vater, lieber Bruder, Schwiegersohn und Schwager

Richard Weihrauch

Res.-Inf.-Reg. 5, 5. Komp.
Ritter des Eisernen Kreuzes.

Er folgte seinem Bruder

Wilhelm

nach 1 Jahr 7 Monaten.

Die trauernde Gattin Frieda Weihrauch
und Kinder.

Mag auch heiß das Scheiden brennen,
Treuer Mut hat Trost und Licht;
Mag auch Hand von Hand sich scheiden,
Liebe läßt von Liebe nicht.

Abb. T 19: Mopo, 7. Januar 1917

In den privaten Kriegsanzeigen der Probe 1942/43 sind als Terminatoren Trauerbekundungen des Betriebes festzustellen, in dem der Verstorbene tätig war. Eine solche Todesanzeige enthält neben den dominierenden privaten Inhalten zusätzlich institutionelle Inhalte.[90] In den KN lässt sich für diese betrieblichen Trauerbekundungen ein Anteil von 9,7 Prozent nachweisen. Im KStA und in der Mopo ergeben sich weit niedrigere Anteile, nämlich von 1,8 beziehungsweise 2,5 Prozent. In der LZ gibt es betriebliche Trauerbekundungen nicht.

87 Abb. TA-27.
88 Abb. TA-28.
89 Es sind 1916/17 zwei Mottos im KStA zu finden, die als Initiator fungieren.
90 Weit verbreitet ist die Formulierung ‚Mit den Angehörigen trauern Betriebsführer und Gefolgschaft der Firma XY'; siehe Abb. TA-29.

Heute erhielten wir die traurige Nachricht, dass unser lieber, einziger Sohn und guter Bruder

Karl

Jäger in einem Res.-Jäger-Batl.,
beim Sturmangriff im Südosten den Heldentod erlitten hat.

In tiefer Trauer
E. Bothe und Frau geb. Martens.
Erna Bothe.
Kiel, Hamburger Chaussee 17.
Ruhe sanft in fremder Erde!

Abb. T-20: KN, 31. Dezember 1916

Daneben drücken die Angehörigen in den KN und der Mopo am Textende der Todesanzeige im Einzelfall ihren Dank gegenüber Ärzten und Pflegepersonal oder gegenüber den Personen aus, die ihnen nach dem Todesfall zur Seite standen. Eine Danksagung tritt erstmals 1943 in den KN (0,8 Prozent) und der Mopo (1,3 Prozent) auf. 2002 liegen die Anteile in den KN bei 1,6 und in der Mopo bei 0,7 Prozent.[91] Die niedrige Frequenz dieses Terminators kann dadurch erklärt werden, dass die Hinterbliebenen – wenn sie Dank sagen wollen – dies meist in einer separaten Anzeige, einer Danksagung, mitteilen beziehungsweise dies mündlich tun.

Der KStA und die NPZ sind die einzigen Zeitungen des Korpus, in der sich der Hinweis ‚Statt Karten‘ als Terminator findet. Dieses Textbegrenzungssignal ist in der 1917er Probe in der NPZ in einer Anzeige und im Jahr 2002 in drei Anzeigen im KStA nachweisbar, womit sich ein Anteil von maximal 2,4 Prozent ergibt.[92] Darüber hinaus kommt der Hinweis ‚Statt Karten‘ in den vorliegenden Todesanzeigen nicht in terminierender Funktion vor, sondern ausnahmslos als Initiator.

Vereinzelt werden Todesanzeigen nicht mit Hinweisen zur Bestattung beendet, sondern mit Zusatzinformationen zur Bestattung.[93] Diese Zusatzinformationen enthalten beispielsweise die Information, dass zur Beförderung der Trauergäste zum Friedhof eine Straßenbahn bereit steht. Für 1917 ergeben sich in der NPZ Anteile von 1,5 und in der VZ von 2,5 Prozent, 1921 liegen die Anteile für dieses Textbegrenzungssignal im

91 Abb. TA-30.
92 Abb. TA-31.
93 Abb. TA-32.

KStA bei 3 und in der NPZ bei 8 Prozent.[94] In der 1952er Probe belaufen sich die Anteile in Welt und FAZ jeweils auf 6,7 und 2002 im KStA auf 0,8 Prozent. Zu keinem Zeitpunkt liegen die Zusatzinformationen über 8 Prozent und kommen insgesamt betrachtet auch nur selten vor.

In der 1972er Probe der FAZ und der Welt ist jeweils eine institutionelle Todesanzeige zu belegen, in der der Hinweis auf eine betriebliche Gedenkstunde die Terminatorfunktion übernimmt. Beide Anzeigen sind derselben Person gewidmet und inhaltlich identisch, typografisch jedoch unterschiedlich gesetzt.[95]

Schließlich fungiert in der FAZ 2002 in einer einzigen Anzeige die Adresse des Beerdigungsinstitutes als Terminator.[96] Bei dieser Anzeige handelt es sich um eine Todesanzeige, die in Antwerpen aufgegeben wurde. Die Tatsache, dass es sich bei der Angabe des Beerdigungsinstitutes um eine Konvention belgischer Todesanzeige handelt, kann jedoch nicht bestätigt werden. So führt Reiß, die in ihrer Arbeit unter anderem auch belgische Inserate untersucht, die Angabe des Beerdigungsinstitutes nicht als Merkmal belgischer Todesanzeigen auf.[97]

1.3 Makrostrukturen

In Todesanzeigen lassen sich neben Initiatoren und Terminatoren verschiedene Makrostrukturen nachweisen. Die Makrostrukturen sind genau wie in Geburts- und Verbindungsanzeigen drucktechnisch als Absätze gekennzeichnet. Diese Kennzeichnung erfolgt durch den Beginn einer neuen Zeile beziehungsweise ein Spatium am Ende der vorangehenden Zeile, zudem besteht die Möglichkeit der Markierung eines Absatzes durch einen Einzug am Zeilenanfang von zwei oder mehreren Buchstaben.

Im Folgenden wird ein Überblick über die Makrostrukturen in Todesanzeigen gegeben. Die verschiedenen Makrostrukturen werden dargestellt, wobei auch auf die Vorkommenshäufigkeit besonderer Einzelaspekte eingegangen wird.[98] Auf eine Erfassung mit Angabe der Frequenz der jeweiligen Makrostrukturen wird verzichtet. Außerdem wird ange-

94 Abb. TA-33.
95 Abb. TA-34 und Abb. TA-35.
96 Abb. TA-36.
97 Vgl. *Reiß* (1977/78).
98 Sofern die hier dargestellten Makrostrukturen bereits als sekundäre Initiatoren beziehungsweise Terminatoren belegt werden konnten, wurden sie dort bereits ausführlich erläutert. Sollten sie dagegen erstmals als Makrostruktur auftreten, werden sie in diesem Abschnitt – diese Vorgehensweise ist aus den vorangegangenen Kapiteln bekannt – auch inhaltlich beschrieben.

geben, an welcher Position sich die jeweilige Position in den Todesanzeigen befindet.[99]

In Todesanzeigen sind folgende Makrostrukturen zu belegen: die Todesmitteilung, die Angabe der Hinterbliebenen und der Inserenten, die Angabe von Ort, Datum sowie Ort und Datum, die Traueranschrift beziehungsweise die Kombination aus Traueranschrift und Datum, die Würdigung, Hinweise zur Bestattung und auf religiöse Zeremonien sowie vereinzelt geschäftliche Informationen, die Nennung des Adressatenkreises, Mottos, Trauerbekundungen des Betriebes, eine Spendenaufforderung, Hinweise zu Beileidsbekundungen und zusätzliche Informationen zur Bestattung sowie Einladungen zur Trauerfeier.

1.3.1 Todesmitteilung

Die Todesmitteilung ist ein obligatorisches Element der Todesanzeige. Sie tritt als Makrostruktur auf oder fungiert als sekundärer Initiator, wenn sie zusätzlich Textbegrenzungsfunktion übernimmt. In der Regel folgt die Makrostruktur Todesmitteilung direkt auf den Initiator, steht also an erster Position. Nur in Ausnahmefällen steht zwischen Initiator und Todesmitteilung noch eine weitere Makrostruktur, so dass die Todesmitteilung die zweite Makrostruktur ist. Im Jahr 2002 finden sich im KStA vereinzelt Anzeigen, bei denen der Initiator von einer Überschrift gebildet wird, auf die ein Motto folgt. Die Todesmitteilung steht dann nach dem Motto (Abb. T-21) und ist damit die zweite Makrostruktur in der Anzeige. Im KStA ist – ebenfalls in der 2002er Probe – eine Todesanzeige zu belegen, in der zwei Mottos am Textanfang stehen. Hier konstituiert das erste Motto den Initiator und das zweite Motto eine Makrostruktur. Es wäre auch möglich, zwei nebeneinander angeordnete Mottos als einen Initiator aus zwei Teilen zu werten, aufgrund der Leserichtung von links nach rechts wird hier jedoch nur das erste Motto als Initiator gewertet.[100] Anfang des 20. Jahrhunderts folgt in den institutionellen Todesanzeigen der KN auf den primären Initiator Überschrift vereinzelt die Angabe des Vereins, der die Anzeige aufgegeben hat.[101]

Die Todesmitteilung ist in allen hier untersuchten Anzeigen zu finden. Als Makrostruktur tritt sie immer dann auf, wenn sie nicht bereits am Textanfang als Initiator steht. Die Todesmitteilung kommt somit besonders oft als Makrostruktur vor, wenn die Frequenz des Initiators Überschrift sehr hoch ist, beispielsweise 1803 in der KöZ, 1850 in der NPZ,

99 Zum Positionsbegriff siehe I.3.2.5.
100 Abb. TA-37.
101 Abb. TA-38.

1902 in den KN sowie 1921 in der LZ.[102] Danach ist die Todesmitteilung erst wieder 2002 verstärkt als Makrostruktur festzustellen, da zu diesem Zeitpunkt vermehrt ein Motto als Initiator fungiert; die Todesmitteilung folgt dann direkt auf diesen Initiator.

Statt Karten

In deine Hände befehle ich meinen Geist;
Du hast mich erlöst, Herr, du treuer Gott!
Psalm 31,6

Emmy Paul

* 1. Oktober 1901 † 1. Januar 2002

Ihr sehnlichster Wunsch, ihrer im Februar 1998 verstorbenen jüngeren Schwester Mimi nachfolgen zu dürfen, hat sich heute erfüllt.

In stillem Gedenken:
Ursula Ude
Rosemarie Daab und Familie

51103 Köln-Höhenberg, Fuldaer Straße 65
früher: Köln-Höhenberg, Weimarer Straße 4

Die Beerdigung findet am Mittwoch, dem 9. Januar 2001, auf dem Friedhof in Köln-Höhenberg, Frankfurter Straße, statt. Einlass in die Trauerhalle ist um 11.00 Uhr.

Die Exequien werden am Donnerstag, dem 10. Januar 2002, um 14.30 Uhr in der Pfarrkirche St. Elisabeth, Köln-Höhenberg, gehalten.

Abb. T-21: KStA, 5. Januar 2002

1.3.2 Angabe der Hinterbliebenen und der Inserenten

Eine weitere Makrostruktur stellt die Angabe der Hinterbliebenen beziehungsweise der Inserenten der Todesanzeige dar.[103] In privaten Todesanzeigen handelt es sich bei der der Angabe der Hinterbliebenen[104] um ein textuelles Merkmal, das sich in allen hier untersuchten privaten Inseraten findet, wobei ein deutlicher diachroner Einschnitt zu verzeichnen ist:

102 Zur Frequenz des Initiators Überschrift siehe IV.1.1.1.

103 Unter IV.1.2.1 wurde bereits zwischen Inserenten institutioneller Anzeigen und Hinterbliebenen – den Verfassern privater Anzeigen – unterschieden. Diese Vorgehensweise ist auch hier angebracht.

104 Wie bereits unter IV.1.2.2 erläutert, können die Hinterbliebenen dabei sowohl namentlich als auch als Kollektiv auftreten.

Im 18. und 19. Jahrhundert übernimmt die Angabe der Hinterbliebenen in den meisten Todesanzeigen die Funktion des Terminators und ist folglich nur selten als Makrostruktur zu belegen.[105] Bereits ab 1850 werden andere Terminatoren dominanter und übernehmen die textbegrenzende Funktion, die bis dahin die Angabe der Inserenten innehatte.

In der 1850er Probe treten erstmals Hinweise zur Bestattung und auf religiöse Zeremonien auf, die oftmals als Terminator fungieren.[106] Die Angabe der Hinterbliebenen ist somit nicht mehr als Terminator, sondern als letzte Makrostruktur festzustellen. Sie folgt – genau wie bei den institutionellen Inseraten – auf die Todesmitteilung beziehungsweise die Würdigung. Während die Angabe der Inserenten in institutionellen Todesanzeigen vielfach terminierende Funktion hat, enthalten die privaten Anzeigen noch weitere makrostrukturelle Elemente. So können der Angabe der Hinterbliebenen in privaten Todesanzeigen weitere makrostrukturelle Elemente wie Hinweise zur Bestattung und auf religiöse Zeremonien sowie Spendenaufforderungen oder Hinweise zu Beileidsbekundungen folgen. Zwar sind auch in institutionellen Todesanzeigen sowohl Hinweise zur Bestattung und auf religiöse Zeremonien als auch Spendenaufforderungen zu finden, aber dies ist weitaus seltener der Fall als in privaten Anzeigen.[107]

In institutionellen Anzeigen kommt die Angabe der Inserenten nur selten als Makrostruktur vor, sie fungiert fast ausschließlich als Terminator. Die Angabe der Inserenten ist dann eine Makrostruktur, wenn ein anderes textuelles Element als Terminator nachweisbar ist. Dies können etwa Hinweise zur Bestattung oder die Angabe von Ort und Datum sein. Bei der Mehrzahl der institutionellen Inserate tritt die Angabe der Inserenten als Terminator auf, als Makrostruktur tritt sie fast nicht auf. Die Angabe der Inserenten folgt entweder auf die Todesmitteilung oder – soweit vorhanden – auf die Würdigung, danach steht der spezifische Terminator.

1.3.3 Angabe von Ort, Datum sowie Ort und Datum

Die Angaben eines Ortes, eines Datums sowie die Angabe von Ort und Datum sind thematisch verwandte Makrostrukturen, die in Todesanzeigen weit verbreitet sind. Diese Makrostrukturen sind zwar verschiedene Makrostrukturen; da sie sich jedoch gegenseitig ausschließen und immer in ähnlicher Position zu finden sind, werden sie gemeinsam erläutert.

105 Siehe hierzu Tabelle TA-7 sowie Abb. TA-39.
106 Abb. TA-40.
107 Abb. TA-41.

Bei der Angabe eines Ortes handelt es sich entweder um den Wohnort Angehöriger oder um den Ort, an dem die Anzeige aufgegeben wurde. Sofern die Ortsangabe den oder die Wohnorte der Angehörigen angibt, kann es vorkommen, dass in einer Anzeige mehrere Orte aufgeführt sind.[108] Das in der Todesanzeige angegebene Datum gibt den Zeitpunkt an, an dem die Anzeige verfasst beziehungsweise aufgegeben wurde. Da auch Inserate zu verzeichnen sind, in denen die Angabe von Ort, Datum beziehungsweise Ort und Datum nicht zu finden ist, sind die hier aufgeführten Makrostrukturen fakultative Elemente in Todesanzeigen. Beim Fehlen dieser beiden Angaben in den Inseraten ergibt sich die Fixierung von Ort und Zeit dann nur durch Verbreitungsgebiet und Erscheinungsdatum der Zeitung.

Die Angabe von Ort, Datum beziehungsweise Ort und Datum tritt seit Beginn des Untersuchungszeitraumes in Todesanzeigen auf. Die ausschließliche Angabe eines Datums ist nur äußerst selten in Todesanzeigen zu belegen, so dass dieser Makrostruktur eine untergeordnete Bedeutung zukommt. Die Makrostruktur Ort ist zwar häufiger als die Makrostruktur Datum nachzuweisen, aber auch sie ist nur selten zu verzeichnen, nämlich unter anderem 1875 in der NPZ, 1902 in der VZ, 1917 in der NPZ und der Mopo sowie 1972 in der LZ und der FAZ.

Weitaus häufiger als die ausschließliche Angabe von Ort beziehungsweise Datum ist die Angabe von Ort und Datum. Die Makrostruktur Ort und Datum lässt sich während des gesamten Untersuchungszeitraumes feststellen. Die Platzierung der Angabe von Ort und Datum variiert in den Zeitungen: Sie kann an erster oder zweiter Position nach der Todesmitteilung und vor der Angabe der Hinterbliebenen – und damit vor den Hinweisen zur Bestattung – stehen. Es ist aber auch möglich, dass Ort und Datum auf die Angabe der Inserenten folgen.[109] Ab Mitte des 20. Jahrhunderts ist die Angabe von Ort und Datum vereinzelt links neben der Aufzählung der Angehörigen nachweisbar.

Fast in allen Anzeigen kommt die Makrostruktur Angabe von Ort und Datum in direkter Nähe zum Terminator vor. Je nach Anzahl der Makrostrukturen der jeweiligen Todesanzeige folgt die Makrostruktur Ort und Datum als erste, zweite, dritte – und vereinzelt auch als vierte – Makrostruktur auf den Initiator.

108 Bei Anzeigen aus den Kriegsproben finden sich hier vielfach auch die Einsatzorte der Angehörigen.

109 Dies ist beispielsweise häufig in KN und KStA der Fall.

1.3.4 Traueranschrift sowie Kombination aus Traueranschrift und Datum

Die Angabe der Traueranschrift, die aus Ort, Straße und Hausnummer besteht, und die Kombination aus Traueranschrift und Datum sind fakultative Elemente in Todesanzeigen, die sich gegenseitig ausschließen.

Die Makrostrukturen Traueranschrift beziehungsweise die Kombination aus Traueranschrift und Datum sind in den frühen Todesanzeigen nicht zu belegen, sondern erst ab 1902, wobei sie zu diesem Zeitpunkt nur in den KN vorkommen. Im Laufe des 20. Jahrhunderts nimmt die Frequenz leicht zu. Traueranschrift beziehungsweise Kombination aus Traueranschrift und Datum finden sich in allen Zeitungen außer der BayZ und der KöZ. Die Frequenz ist in den KN und dem KStA sehr hoch, sie erreicht aber auch in der Mopo hohe Anteile.

Für die Positionierung gilt Ähnliches wie für die Platzierung der Angabe von Ort und Datum: Die Traueranschrift beziehungsweise die Kombination aus Traueranschrift und Datum kann zwischen die Todesmitteilung und die Angabe der Inserenten treten, auf die Angabe der Inserenten folgen[110] oder – ab 1952 – links neben der Angabe der Inserenten stehen.

Seit einigen Jahren warnt die Polizei regelmäßig davor, in Todesanzeigen eine Anschrift anzugeben, um so dem Missbrauch der Daten vorzubeugen. Im Sommer 2008 erhielten zahlreiche Angehörige Mahnungen eines nicht existierenden Gen-Labors mit der Aufforderung, den Rechnungsbetrag für einen angeblich vom Verstorbenen durchgeführten Vaterschaftstest innerhalb der nächsten Tage zu begleichen. Auf diese Weise versuchten Kriminelle, die Angehörigen kürzlich Verstorbener zu betrügen. Die Polizei nimmt an, dass Kriminelle Todesanzeigen verschiedener Zeitungen ausgewertet und die Mahnungen an die dort angegebenen Traueranschriften verschickt haben:

> *Die Masche ist nicht neu: Die Täter setzen darauf, dass sich die Opfer in einer psychischen Ausnahmesituation befinden und überrumpelt den Betrag bezahlen, um den Ruf des Verstorbenen nicht posthum zu beschädigen.*[111]

Immer wieder kommt es zudem zu Einbrüchen während der Trauerfeierlichkeiten, sofern Zeitpunkt der Bestattung und die Traueranschrift in der Todesanzeige bekannt gegeben werden. Auch in diesen Fällen ist davon auszugehen, dass die Einbrecher die notwendigen Informationen den in Zeitungen veröffentlichten Todesanzeigen entnehmen.

---

110 Abb. TA-42.

111 *Obst* (2008).

Inwiefern der Missbrauch der in Todesanzeigen veröffentlichten Informationen Auswirkungen darauf hat, welche Informationen die Angehörigen in einer Anzeige preisgeben, kann nicht geklärt werden. Es soll aber aufgezeigt werden, dass mit der Bekanntgabe bestimmter Daten auch Risiken verbunden sind. Ohne dass ein kausaler Zusammenhang zwischen der Angabe der Traueranschrift und der Warnung der Polizei vor der Veröffentlichung solcher Daten in Todesanzeigen unterstellt wird, sei darauf hingewiesen, dass die Frequenz der Verwendung einer Traueranschrift beziehungsweise der Kombination aus Traueranschrift und Datum im Jahr 2002 im Vergleich zu der 1972er Probe leicht gesunken ist.

1.3.5 Würdigung

Auch bei der Würdigung handelt es sich ab dem 20. Jahrhundert um eine häufig auftretende Makrostruktur. Unter Würdigung ist hier nur die Würdigung in Form einer eigenständigen Makrostruktur zu verstehen, nicht die in der Todesmitteilung enthaltene und damit integrierte Würdigung. Besonders oft ist eine Würdigung in institutionellen Todesanzeigen, zumeist in von Arbeitgebern geschalteten Anzeigen, zu finden und eher selten in privaten Inseraten. Sie folgt meist direkt an erster Position auf die Todesmitteilung und enthält Angaben über Charaktereigenschaften und den beruflichen Tätigkeitsbereich des Verstorbenen.[112]

In institutionellen Inseraten sind ab 1952 häufig mehrere Absätze zu belegen, in deren Fokus die Würdigung des Verstorbenen liegt (Abb. T-22). Die einzelnen Absätze behandeln unterschiedliche Teilaspekte, zunächst den beruflichen Werdegang beziehungsweise Angaben zur Dauer der Betriebszugehörigkeit, weiterhin eine Betonung der Charaktereigenschaften und Beliebtheit sowie zuletzt den Hinweis auf das ehrende Andenken, das dem Verstorbenen bewahrt werden soll. Es werden also Informationen auf mehrere Absätzen ‚verteilt', die auch in einem einzigen Absatz stehen könnten. Möglicherweise dient diese Vorgehensweise der Übersichtlichkeit, da ein solches Konstrukt ohne Bedenken als Sinneinheit aufgefasst werden kann. In dieser Arbeit wurden solche Absätze dennoch als einzelne Makrostrukturen gezählt, da sie unterschiedliche Gesichtspunkte des beruflichen Wirkens des Verstorbenen thematisieren. Sie können als eigene Makrostrukturen bewertet werden, die der Intention nach jedoch eng mit einer zusammenfassenden Würdigung verwandt sind. Im Folgenden wird wegen der intentionalen Verwandtschaft so-

112 Abb. TA-42.

wohl bei Vorliegen eines umfangreichen Absatzes zur Würdigung des Verstorbenen als auch bei der Verteilung dieser Informationen auf mehrere Absätze lediglich von Würdigung die Rede sein, eine weitere Differenzierung unterbleibt.

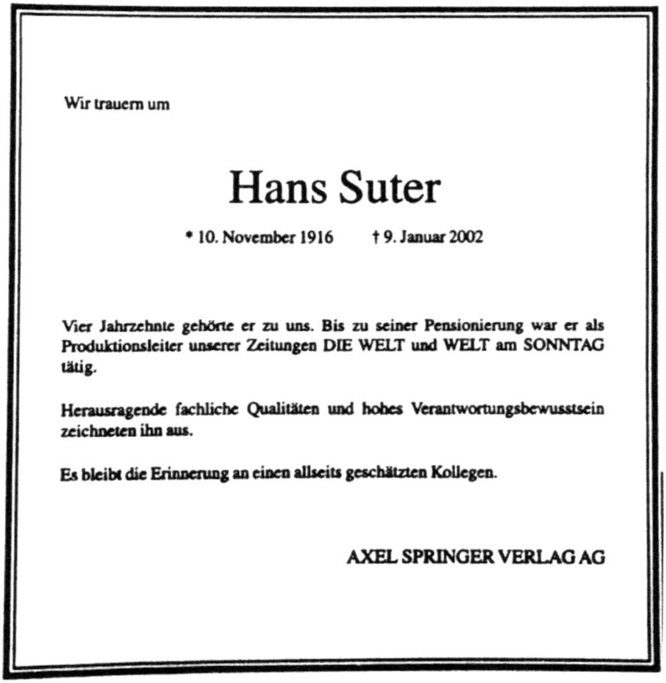

Wir trauern um

Hans Suter

* 10. November 1916 † 9. Januar 2002

Vier Jahrzehnte gehörte er zu uns. Bis zu seiner Pensionierung war er als Produktionsleiter unserer Zeitungen DIE WELT und WELT am SONNTAG tätig.

Herausragende fachliche Qualitäten und hohes Verantwortungsbewusstsein zeichneten ihn aus.

Es bleibt die Erinnerung an einen allseits geschätzten Kollegen.

AXEL SPRINGER VERLAG AG

Abb. T-22: Welt, 19. Januar 2002

Zu Beginn des Untersuchungszeitraumes sind Würdigungen äußerst selten, erst zu Anfang des 20. Jahrhunderts sind sie vermehrt festzustellen, vor allem in Anzeigen von Institutionen. Dort sind sie bis 1921 in den KN, dem KStA und der Mopo nachweisbar, jedoch nicht in privaten Anzeigen. Ab 1952 finden sich vereinzelt auch Würdigungen in privaten Inseraten, die Mehrzahl ist aber weiterhin in institutionellen Anzeigen zu belegen. Aufgrund der hohen Frequenz institutioneller Anzeigen in den überregionalen Zeitungen Welt und FAZ sind dort viele Würdigungen vorhanden. In der LZ dagegen gibt es nur wenige Würdigungen. In privaten Todesanzeigen spielt die Makrostruktur Würdigung eine untergeordnete Rolle, dort ist sie meist in die Todesmitteilung integriert.

1.3.6 Hinweise zur Bestattung und auf religiöse Zeremonien

In vielen privaten Todesanzeigen – mit Ausnahme der Anzeigen für gefallene Soldaten – sind ab 1850 Hinweise zur Bestattung festzustellen. Sofern sie nicht als sekundärer Terminator am Textende stehen, handelt es sich um Makrostrukturen. Erstmals tritt diese Makrostruktur 1850 in der KöZ und dann 1875 in der VZ auf. Im HuC und der NPZ sind Hinweise auf die Bestattung erst sehr spät, in der 1916/17er Probe, zu verzeichnen.

Besonders häufig sind Hinweise zur Bestattung[113] im KStA und der LZ als Makrostruktur nachzuweisen, da die Terminatorfunktion in den beiden katholisch geprägten Zeitungen vielfach von Hinweisen auf religiöse Zeremonien, im KStA aber auch von der Einladung zur Trauerfeier sowie von Spendenaufforderungen gebildet wird. In den übrigen Zeitungen fungieren die Hinweise zur Bestattung fast ausschließlich als Terminator. Hinweise auf religiöse Zeremonien sind ebenfalls erst ab 1902 und nur in KStA und LZ zu belegen. In den anderen Zeitungen kommen sie als Makrostruktur fast nicht vor, sie sind nur sehr selten feststellbar und haben damit nur eine geringe Bedeutung; so sind sie etwa 1917 in der VZ und 2002 in den KN und der Mopo vorhanden.

In institutionellen Todesanzeigen treten Hinweise zur Bestattung nur selten auf, dann jedoch immer als Terminator.[114] Hinweise auf religiöse Zeremonien fehlen fast völlig, sie sind nur vereinzelt im KStA und in der LZ nachzuweisen. In institutionellen Inseraten spielen Hinweise zur Bestattung als Makrostruktur keine Rolle. Zu Beginn des 20. Jahrhunderts findet sich in institutionellen Todesanzeigen von Vereinen vereinzelt der Aufruf um rege Beteiligung der Mitglieder an der Bestattung (Abb. T-23).

Sofern die Todesanzeigen nur Hinweise zur Bestattung enthalten, stehen diese oft am Ende der Anzeigen, bilden also den Terminator. Nur in Ausnahmefällen fungieren sie nicht als Terminator, sondern als Makrostruktur. Sie finden sich dann immer in letzter Position in direkter Nähe zum Terminator, der meist von Beileidsbekundungen, Spendenaufforderungen oder zusätzlichen Informationen zur Bestattung gebildet wird. Dies gilt auch für die Kombination von Hinweisen zur Bestattung und auf religiöse Zeremonien. Kommen in den Todesanzeigen sowohl Hinweise zur Bestattung als auch auf religiöse Zeremonien vor, so sind die Hinweise auf religiöse Zeremonien vielfach vor den Hinweisen zur Bestattung platziert, aber auch die umgekehrte Reihenfolge ist zu belegen.

---

113 Hierunter wird auch eine Kombination aus Informationen zur Bestattung und den religiösen Zeremonien verstanden.

114 Abb. TA-43.

Kriegerverein Satrup.

Unser im Felde gestorbener Kamerad

Asmus Petersen

aus dem Harm wird am Donnerstag, den 4. d. M., nachmittags 2.30 Uhr hier beerdigt.

Die Kameraden werden sehr dringend gebeten, demselben zahlreich die letzte Ehre zu erweisen.

Die Fahne wird um 1½ Uhr abgeholt.

Satrup, den 1. Jan. 1917.

Der Vorstand.

Abb. T-23: KN, 2. Januar 1917

1.3.7 Weitere Makrostrukturen

Makrostrukturen mit geringer Frequenz sind geschäftliche Informationen, die Nennung des Adressatenkreises, Mottos, Trauerbekundungen des Betriebes, eine Spendenaufforderung, Hinweise zu Beileidsbekundungen, zusätzliche Informationen zur Bestattung sowie Einladungen zur Trauerfeier.

Geschäftliche Informationen treten 1819/25 in der BayZ, der KöZ und der VZ als Makrostruktur auf. In allen Fällen stehen sie an letzter Position in direkter Nähe zum Terminator, der Angabe der Hinterbliebenen (Abb. T-24).

In den frühen Anzeigen ist vereinzelt die Makrostruktur Adressatenkreis nachzuweisen. Gerade in den älteren Todesanzeigen, als es noch nicht üblich war, einen Sterbefall durch eine Zeitungsannonce bekannt zu geben, nennen die Inserenten die Adressaten der Anzeige explizit. Dies ist 1819 in der BayZ (Abb. T-24), 1850 und 1876 in der KöZ und von 1825 bis 1917 in der VZ der Fall. Die Makrostruktur Adressatenkreis ist fast immer direkt nach dem Initiator in erster Position zu belegen.

In einigen Todesanzeigen fungiert ein Motto weder als Initiator noch als Terminator, sondern tritt als Makrostruktur auf. Dabei handelt es sich jedoch um Ausnahmen. Diese Mottos stehen nach der Todesmitteilung, der Angabe der Inserenten oder der Angabe von Ort und Datum.[115] In einigen Fällen folgen Mottos auch direkt auf die Überschrift. In der VZ 1917 ist eine Todesanzeige nachzuweisen, die ein selbst verfasstes Gedicht enthält. Vereinzelt sind in einer Todesanzeige auch zwei Mottos zu verzeichnen. Das erste Motto bildet dabei den Initiator, das zweite Motto tritt lediglich als Makrostruktur auf. Beispiele hierfür finden sich 2002 in Mopo und FAZ.[116] Zudem sind in den frühen Proben Todesanzeigen mit Mottos zu belegen, die als Wünsche für den Verstorbenen bezeichnet werden können. Mottos dieser Art sind etwa in der VZ 1790, der KöZ und der NPZ 1850, den KN 1902 und 1921 enthalten, als Beispiele seien *‚Sanft ruhe seine Asche!'*, und *‚Sie ruhe in Frieden'* genannt.[117]

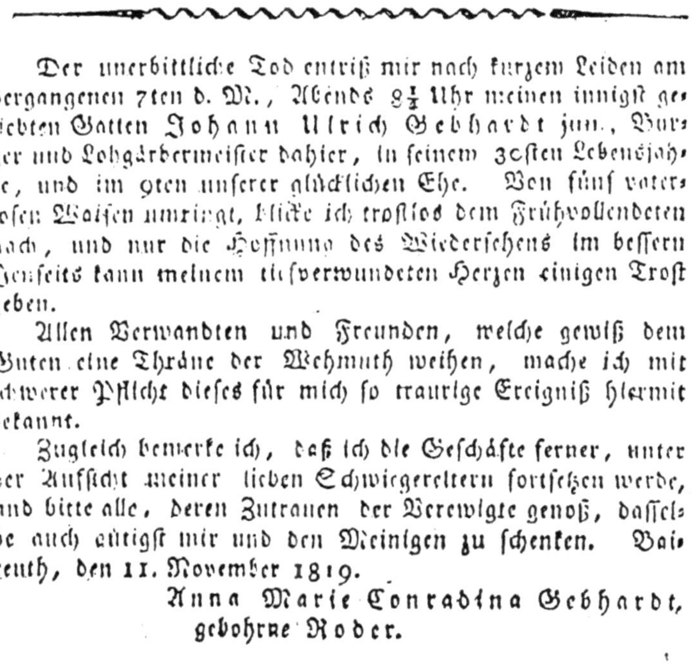

Der unerbittliche Tod entriß mir nach kurzem Leiden am vergangenen 7ten d. M., Abends 8½ Uhr meinen innigst geliebten Gatten Johann Ulrich Gebhardt jun., Burger und Lohgärbermeister dahier, in seinem 36sten Lebensjahre, und im 9ten unserer glücklichen Ehe. Von fünf vaterlosen Waisen umringt, blicke ich trostlos dem Frühvollendeten nach, und nur die Hoffnung des Wiedersehens im bessern Jenseits kann meinem tiefverwundeten Herzen einigen Trost geben.

Allen Verwandten und Freunden, welche gewiß dem Guten eine Thräne der Wehmuth weihen, mache ich mit schwerer Pflicht dieses für mich so traurige Ereigniß hiermit bekannt.

Zugleich bemerke ich, daß ich die Geschäfte ferner, unter der Aufsicht meiner lieben Schwiegereltern fortsetzen werde, und bitte alle, deren Zutrauen der Verewigte genoß, dasselbe auch gütigst mir und den Meinigen zu schenken. Baireuth, den 11. November 1819.

Anna Marie Conradina Gebhardt,
gebohrne Roder.

Abb. T-24: BayZ, 16. November 1819

115 Abb. TA-44.
116 Abb. TA-45.
117 Abb. TA-46.

Im KStA gibt es während des Zweiten Weltkrieges Trauerbekundungen des Betriebes – im Gegensatz zu KN und Mopo – auch als Makrostruktur in letzter Position vor dem Terminator in privaten Todesanzeigen. Sie folgen meist auf die Angabe der Hinterbliebenen oder die Traueranschrift, teilweise sind sie fettgedruckt.[118] Danach steht nur noch der Terminator, wobei es sich in der Regel um Informationen zu religiösen Zeremonien handelt.

Hinweise zu Beileidsbekundungen kommen 1819/25 und Spendenaufforderungen Anfang der 20. Jahrhunderts zum ersten Mal vor. Meistens folgen diese Hinweise auf die Angabe der Hinterbliebenen beziehungsweise auf die Traueranschrift, stehen also an erster oder zweiter Position in den Todesanzeigen. Im KStA sind diese Informationen besonders häufig in letzter Position vor der Einladung zur Trauerfeier, die dort vielfach den Terminator bildet. Sowohl Spendenaufforderung als auch Hinweise zu Beileidsbekundungen sind in den vorliegenden Todesanzeigen nur selten als Makrostruktur festzustellen.

Weitere Makrostrukturen, die es vereinzelt in Todesanzeigen gibt, sind zusätzliche Informationen zur Bestattung sowie die Einladung zur Trauerfeier. Einladungen zur Trauerfeier sind nur im KStA nachweisbar. Auch dort kommen sie nur selten vor, nach 1921 sind sie nicht mehr zu belegen. Zusätzliche Informationen zur Bestattung – etwa hinsichtlich der Beförderung zum Friedhof – sind Anfang des 20. Jahrhunderts nur in KStA und KN als Makrostrukturen nachweisbar.[119] Beide genannten Makrostrukturen sind stets im unteren Bereich der Todesanzeigen nahe des Terminators platziert, meist in letzter oder vorletzter Position.

1.3.8 Anzahl und Reihenfolge der Makrostrukturen

Neben Initiatoren und Terminatoren finden sich in Todesanzeigen die soeben aufgeführten Makrostrukturen, die typografisch als Absätze ausgestaltet sind. Im Folgenden wird ein Überblick über die Reihenfolge und die durchschnittliche Anzahl der verschiedenen Makrostrukturen gegeben. Zwischen Initiator und Terminator steht in der Regel mindestens eine Makrostruktur. Bei der Mehrzahl der Todesanzeigen sind zwei oder drei Makrostrukturen festzustellen, teilweise sind bis zu acht Makrostrukturen zu belegen. Es gibt auch Anzeigen, die nur aus Initiator und Terminator bestehen, bei denen also keine weitere Makrostruktur hinzutritt.

---

118 Abb. TA-47.
119 Abb. TA-48.

Der Jahrgangsdurchschnitt der Makrostrukturen zeigt deutlich, dass die Anzahl der durchschnittlichen Makrostrukturen im Laufe des Untersuchungszeitraumes steigt.[120] So haben die Todesanzeigen aus dem Jahr 1790 durchschnittlich 0,93 Makrostrukturen, im Jahr 1800/03 sind es 0,94 und in der 1819/25er Proben durchschnittlich bereits 1,38 Makrostrukturen pro Anzeige.[121] 1850 steigt die Zahl der Makrostrukturen auf 1,58, im Jahr 1875/76 auf 1,79, in der 1902er Probe auf 2,12, im Ersten Weltkrieg auf 2,23 und im Jahr 1921 schließlich auf durchschnittlich 2,41 Makrostrukturen. Während des Zweiten Weltkrieges kommt es erstmals zu einem Rückgang der Makrostrukturanzahl: Die durchschnittliche Zahl fällt auf 1,84 Makrostrukturen pro Todesanzeige. Aber bereits in der Nachkriegsprobe liegt die Durchschnittszahl wieder bei 2,53. Im weiteren Verlauf der Untersuchung steigt die Anzahl der Makrostrukturen auf 2,66 Makrostrukturen im Jahr 1972 an, 2002 beläuft sich die Anzahl auf durchschnittlich 2,72.

Die Anzahl der Makrostrukturen ist zu Beginn des Untersuchungszeitraumes sehr niedrig, steigt im weiteren Zeitablauf jedoch, obwohl es innerhalb der Zeitungen immer wieder zu starken Schwankungen kommt. Der absolut höchste Wert ergibt sich für die Welt, dort waren 1952 durchschnittlich 4,1 Makrostrukturen vorhanden. Die wenigsten Makrostrukturen sind mit einem Mittelwert von 0,5 Makrostrukturen 1800 in der BayZ nachzuweisen.[122] In der 1790er Probe liegt die Anzahl der Makrostrukturen bei 0,9 (HuC) beziehungsweise bei 1 (VZ und BayZ). Während die Zahl der verschiedenen Makrostrukturen 1800 in VZ und HuC bei 1 liegt, sinkt sie in der BayZ auf 0,5. In der KöZ sind 1803 durchschnittlich 1,5 Makrostrukturen festzustellen. Im Jahr 1819/25 zeigt sich folgendes Bild: Durchschnittlich sind es in der VZ 0,8, im HuC 1,2, in der BayZ 1,7 und in der KöZ 2,1 Makrostrukturen. 1850 finden sich durchschnittlich 0,9 Makrostrukturen im HuC und 1,3 Makrostrukturen in der VZ. In der NPZ (2,4) sowie der KöZ (2,1) sind deutlich höhere Werte zu verzeichnen. In der LZ ergibt sich 1875/76 mit einem Wert von 3,6 eine signifikant hohe Anzahl Makrostrukturen, gefolgt von der KöZ (2,7). In NPZ, VZ und HuC dagegen sind nur durchschnittlich maximal 1,8 Makrostrukturen zu belegen.

---

120 Zur Erläuterung des Jahrgangsdurchschnittes siehe I.3.2.5.

121 Die Durchschnittswerte der einzelnen Jahrgänge sind auf zwei Nachkommastellen, die Durchschnittswerte der einzelnen Zeitungen – im jeweiligen Jahrgang – auf eine Nachkommastelle gerundet.

122 Die genauen Werte ergeben sich aus den Tabellen TA-9 und TA-10.

Zu Beginn des 20. Jahrhunderts liegt die durchschnittliche Zahl der Makrostrukturen in fast allen Zeitungen bei mindestens 2. Lediglich in der Mopo (1,7) und dem HuC (1,4) sind niedrigere Werte nachzuweisen. Im Ersten Weltkrieg ergibt sich für die Anzahl der Makrostrukturen ein ähnliches Niveau wie in der 1902er Probe, nur die LZ weicht mit einem Wert von 3,3 deutlich nach oben ab. Die anderen Zeitungen liegen durchschnittlich bei 2 Makrostrukturen. 1921 ergeben sich folgende Durchschnittswerte: 1,5 in der Mopo, 1,9 im HuC, 2,3 in KN, NPZ und VZ, 2,9 in der LZ sowie 3,2 Makrostrukturen im KStA. Im Zweiten Weltkrieg sinkt die Anzahl der Makrostrukturen schließlich in allen vier Zeitungen – in der Mopo auf 1,4, in den KN auf 1,7, im KStA auf 2,2 und in der LZ auf 2,4 Makrostrukturen.

In der Nachkriegsprobe aus dem Jahr 1952 steigen die Werte in KN, KStA und Mopo auf mindestens 2,1 Makrostrukturen, in der LZ dagegen sinken sie von 2,4 auf 1,8 Makrostrukturen. In den beiden überregionalen Zeitungen FAZ und Welt liegt die Anzahl der Makrostrukturen mit 3,5 beziehungsweise 4,1 Makrostrukturen signifikant höher als in den vier regionalen Tageszeitungen. Im Jahr 1972 steigen die Werte in den regionalen Zeitungen marginal, in den überregionalen Zeitungen dagegen ist eine leichte Abnahme zu verzeichnen, so dass sich folgende Werte ergeben: 2 in der LZ, 2,2 in den KN, 2,3 in der Mopo, 3,2 im KStA und in der FAZ sowie 3,3 in der Welt; damit liegen Welt, FAZ und KStA auf ähnlichem Niveau. 2002 sinkt die durchschnittliche Anzahl der Makrostrukturen in der Mopo von 2,3 auf 2,1 und in der FAZ von 3,2 auf 3,1. In den übrigen Zeitungen dagegen ist eine Steigerung der Makrostrukturen zu belegen: in der LZ auf 2,4, in den KN auf 2,5, im KStA auf 3,5 und in der Welt auf 3,7 Makrostrukturen.

Von 1790 bis 2002 kann eine deutliche Zunahme der Makrostrukturen nachgewiesen werden. Die Anzahl der verschiedenen Makrostrukturen hat sich in dieser Zeit mehr als verdoppelt. Zwar sind innerhalb der einzelnen Zeitungen immer wieder Schwankungen feststellbar, über den gesamten Untersuchungszeitraum ist jedoch in allen Medien eine signifikante Steigerung zu verzeichnen.

Diese Steigerung der Makrostrukturen ist unter anderem dadurch bedingt, dass bestimmte Makrostrukturen wie etwa Hinweise zur Bestattung und auf religiöse Zeremonien nicht von Beginn an zu finden sind, sondern erst im Verlauf der Untersuchung als fakultative Elemente hinzutreten. Besonders viele Makrostrukturen gibt es in den katholisch geprägten Blättern KöZ, KStA und LZ sowie den beiden überregionalen

Zeitungen Welt und FAZ.[123] Die hohe Zahl der Makrostrukturen in den katholisch geprägten Zeitungen ist dadurch begründet, dass dort besonders häufig Hinweise zur Bestattung und auf religiöse Zeremonien existieren, während in den übrigen regionalen Zeitungen – wenn überhaupt – nur über die Modalitäten der Bestattung informiert wird. Die überdurchschnittliche Zahl der Makrostrukturen in den beiden überregionalen Zeitungen FAZ und Welt ist durch die Würdigungen in den vorwiegend institutionellen Todesanzeigen zu erklären.

Unter den vorliegenden Todesanzeigen lassen sich – ebenso wie bei Geburts- und Verbindungsanzeigen – Anzeigen belegen, die nur aus Initiator und Terminator bestehen und dementsprechend keine weiteren Makrostrukturen beinhalten: Todesanzeigen ohne weitere Makrostrukturen finden sich 1790, 1800, 1825, 1850, 1902 und 1917 im HuC, 1902, 1916/17 und 2002 in den KN, 1943, 1972 und 2002 im KStA, 1952 in der LZ, 1902, 1916/17, 1943 und 2002 in der Mopo, 1875, 1902 und 1917 in der NPZ, 1800, 1825, 1850, 1875, 1902, 1917 und 1921 in der VZ, 1850 in der KöZ sowie 1800 in der BayZ. In Welt und FAZ tritt immer mindestens eine Makrostruktur zwischen Initiator und Terminator.

In den meisten Todesanzeigen lässt sich eine ähnliche Reihenfolge für das Auftreten der einzelnen Makrostrukturen feststellen, gewisse Variationen der Abfolge sind jedoch stets zu belegen. Die Absatzstruktur in Todesanzeigen ist stark davon abhängig, welches Element in dem jeweiligen Textexemplar als Initiator beziehungsweise Terminator fungiert. Aus der Verteilung der Textbegrenzungssignale lässt sich also zugleich die Absatzstruktur der Anzeigen ableiten. Eine sehr verbreitete beziehungsweise für das Untersuchungsmaterial repräsentative Reihenfolge der Makrostrukturen bei Todesanzeigen ist: Todesmitteilung, Angabe der Inserenten, Angabe von Ort und Datum, Traueranschrift beziehungsweise die Kombination aus Traueranschrift und Datum sowie Hinweise zur Bestattung oder auf religiöse Zeremonien. Die letztgenannten Informationen treten erstmals 1850 auf und sind vor allem in den drei Zeitungen aus den katholisch geprägten Regionen als Makrostrukturen zu finden. In institutionellen Inseraten tritt zwischen die Todesmitteilung und die Angabe der Inserenten in den meisten Fällen eine Würdigung, die sich über mehrere Absätze erstrecken kann.

123 In der LZ gilt dies jedoch nur bis einschließlich 1942, danach liegt die Anzahl der Makrostrukturen auf ähnlichem Niveau wie in KN und Mopo.

1.4 Zusammenfassung

Die Analyse der makrostrukturellen Merkmale in Todesanzeigen ergibt eine starke Konventionalisierung der Todesanzeigen. Dennoch zeigen sich sowohl bei diachroner als auch bei synchroner Betrachtung deutliche strukturelle Unterschiede.

1.4.1 Initiatoren

Als primäre Initiatoren lassen sich in Todesanzeigen Trauerrand und Überschrift feststellen, daneben kommen die sekundären Initiatoren Todesmitteilung, Motto, bekanntgebende Personengruppe, Angabe von Ort und Datum sowie Ort vor.

Der primäre Initiator Überschrift, der erstmals 1803 in der KöZ auftritt, spielt nur bis zu der Probe des Zweiten Weltkrieges eine Rolle, danach nimmt seine Bedeutung stark ab und die Todesmitteilung dominiert als Initiator. Als weitere Initiatoren sind die bekanntgebende Personengruppe sowie die Angabe von Ort und Datum zu belegen. Die Verwendung eines Mottos ist als Initiator erstmals in der 1875/76er Probe nachweisbar, verstärkt wird es jedoch erst im Jahr 2002 gebraucht. Die bekanntgebende Personengruppe dagegen ist nur zu Beginn des Untersuchungszeitraumes zu finden. Die Angaben Ort und Datum beziehungsweise Ort haben nur eine geringe Bedeutung, sie sind nur zu Beginn des Untersuchungszeitraumes nachzuweisen.

1.4.2 Terminatoren

Bei den Terminatoren zeigt sich eine deutlich höhere Variationsbreite als bei den Initiatoren. Neben dem Trauerrand als nichtsprachlicher Initiator-Terminator-Kombination existieren die Angabe der Hinterbliebenen beziehungsweise der Inserenten, die Angabe von Ort und Datum, die Traueranschrift beziehungsweise die Kombination aus Traueranschrift und Datum und weitere Terminatoren in den Todesanzeigen zur Textbegrenzung.

So sind ab Mitte des 19. Jahrhunderts Hinweise zur Bestattung in Terminatorfunktion zu belegen. Sie kommen besonders in den katholisch geprägten Zeitungen vor, wobei vor allem dort häufig auch Kombinationen aus Hinweisen zur Bestattung und auf religiöse Zeremonien zu belegen sind. Besonders im KStA sind Terminatoren nachzuweisen, die in den anderen Zeitungen nicht zu finden sind, etwa die Einladung zur Trauerfeier und ab 1972 Spendenaufforderungen.

Eine Datumsangabe ist in Todesanzeigen nicht in Terminatorfunktion festzustellen. In Geburts- und Verbindungsanzeigen dagegen ist die Angabe eines Datums zumindest vereinzelt als terminierendes Textbegrenzungssignal nachzuweisen. Hier zeigt sich bei den Todesanzeigen eine Abweichung im Vergleich zu Geburts- und Verbindungsanzeigen.

1.4.3 *Makrostrukturen*

Zentrale makrostrukturelle Elemente sind die Todesmitteilung und die Angabe der Hinterbliebenen beziehungsweise der Inserenten. Beide kommen ebenso wie die Angabe von Ort und Datum über den gesamten Untersuchungszeitraum vor. Alle übrigen in Todesanzeigen auftretenden makrostrukturellen Merkmale sind nur zu bestimmten Zeitpunkten vorhanden. So sind Hinweise zur Bestattung beispielsweise erstmals in der 1850er Probe zu belegen. Zu Beginn des Untersuchungszeitraumes finden sich in den Anzeigen vereinzelt geschäftliche Informationen; hier ist noch der Ursprung der Todesanzeigen in der Geschäftswelt zu erkennen.

Die Todesmitteilung und die Angabe der Hinterbliebenen beziehungsweise der Inserenten sind obligatorischer Bestandteil von Todesanzeigen, unabhängig davon, ob sie als Makrostruktur oder als sekundärer Initiator beziehungsweise Terminator auftreten. Zum Zentralbereich der Todesanzeige gehören ab Mitte des 19. Jahrhunderts Hinweise zur Bestattung und auf religiöse Zeremonien und Würdigungen. Im 20. Jahrhundert treten vermehrt Elemente auf, die zuvor kaum eine Rolle spielten, beispielsweise Mottos und Wünsche zu Spenden. Dieser Wandel deutet auf eine Änderung der Konventionen hin.

Sowohl bei institutionellen Todesanzeigen als auch bei Inseraten für Kriegstote der beiden Weltkriege sind Besonderheiten festzustellen. So ist die Makrostruktur Würdigung fast ausschließlich in institutionellen Anzeigen und dementsprechend besonders häufig in Welt und FAZ zu finden. In Kriegsanzeigen fehlen vielfach Hinweise zur Bestattung, an ihrer Stelle kommt in diesen Fällen ein anderer Terminator vor, zumeist die Traueranschrift. Außerdem kommen hier teilweise Trauerbekundungen des Betriebes hinzu.

Die Anzahl der Makrostrukturen ist aufgrund der zahlreichen Informationen, die in den Todesanzeigen enthalten sind, höher als in Geburts- und Verbindungsanzeigen. Die Anzahl der Makrostrukturen steigt im Laufe des Untersuchungszeitraumes an, Ende des 20. Jahrhunderts und in der 2002er Probe sind Todesanzeigen mit den meisten Makrostrukturen im KStA, der Welt und der FAZ zu verzeichnen. Während die Welt und die FAZ viele institutionelle Anzeigen mit umfangreichen Würdigungen beinhalten, sind in den Todesanzeigen des KStA fast immer Hinweise zur Bestattung und auf religiöse Zeremonien vorhanden.

In der 2002er Probe ergibt sich in allen Zeitungen eine hohe Anzahl von Makrostrukturen, diese Entwicklung hat bereits 1952 begonnen, zu diesem Zeitpunkt werden die Todesanzeigen – besonders auffällig ist dies in KN und Mopo – umfangreicher und nehmen mehr Platz ein.[124] Den Inserenten steht damit mehr Raum für die Todesmitteilung und zusätzliche Informationen zur Verfügung.

2 Syntax

Die syntaktischen Strukturen von Todesanzeigen sind komplexer als die von Geburts- und Verbindungsanzeigen. Neben isoliert gebrauchten einfachen Nominal- und Verbalsätzen finden sich regelmäßig parataktische und hypotaktische Gesamtsätze. Parataktisch-hypotaktische Gesamtsätze sind in den vorliegenden Todesanzeigen dennoch nur selten festzustellen.

Die Bandbreite der in den Todesanzeigen vorkommenden Satzarten ist stark beschränkt: Es dominieren Aussagesätze, nur vereinzelt kommen auch Ausrufesätze vor.

2.1 Isoliert gebrauchte einfache Sätze

Die Frequenz und Distribution isoliert gebrauchter einfacher Nominal- und Verbalsätze sind Gegenstand der folgenden Ausführungen.

2.1.1 Nominalsätze

Der primäre Initiator Überschrift ist in Todesanzeigen ausschließlich als eingliedriger Nominalsatz realisiert. Er besteht aus einem Satzglied im Nominativ, das eine Bezeichnung für das Inserat enthält (1 und 4), einem präpositionalen Satzglied, das die Bekannntgabemodalität angibt (2 und 5), oder aus einem modalen Satzglied, mit dem die besonderen Umstände der Anzeigenaufgabe bekannt gegeben werden (3). Von seinem ersten Auftreten im Jahr 1803 in der KöZ bis zu seinem letzten Vorkommen im Jahr 2002 wird dieser Initiator von Aussagesätzen dominiert (1 bis 5). Als Interpunktionszeichen am Ende der Überschrift verwenden die Inse-

124 Die Todesanzeigen in der LZ und dem KStA sind über den gesamten Untersuchungszeitraum relativ groß, während die Inserate in den KN erst ab 1952, in der Mopo sogar erst ab 1972, größer werden. In der Probe aus dem Zweiten Weltkrieg sind die Inserate im KStA sehr viel kleiner als in den übrigen Proben, ab 1972 haben die Anzeigen in allen vier Zeitungen ähnliche Größen.

renten zu Beginn des Untersuchungszeitraumes häufig einen Punkt als abschließendes Satzzeichen (1 bis 3).[125] Ab Anfang des 20. Jahrhunderts wird auf Interpunktionszeichen verzichtet (4 und 5):

(1) Todes-Anzeige. (KöZ, 19. Januar 1803)
(2) Statt besonderer Anzeige. (NPZ, 3. Januar 1875)
(3) Verspätet. (VZ, 3. Januar 1850)
(4) Nachruf (Mopo, 24. Februar 1972)
(5) Statt Karten (FAZ, 7. Januar 2002)

Neben den dominierenden Aussagesätzen sind vereinzelt auch eingliedrige Ausrufesätze beim Initiator Überschrift festzustellen, sie enden mit einem Ausrufezeichen als Interpunktionszeichen (6 und 7):

(6) Statt Karten! (Abb. T-25)
(7) Statt jeder Anzeige! (Mopo, 4. September 1921)

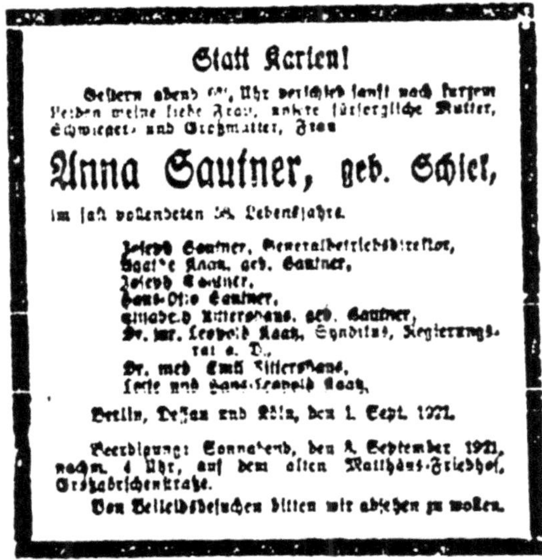

Statt Karten!

Gestern abend [illegible] Uhr verschied sanft nach kurzem Leiden meine liebe Frau, unsere fürsorgliche Mutter, Schwieger- und Großmutter, Frau

Anna Gaufner, geb. Schiel,

im fast vollendeten [illegible] Lebensjahre.

Joseph Gaufner, Generalbetriebsdirektor,
[illegible] Raak, geb. Gaufner,
Joseph Gaufner,
Hans-Otto Gaufner,
Elisabeth [illegible], geb. Gaufner,
Dr. jur. Leopold Raak, Syndikus, Regierungsrat a. D.,
Dr. med. Emil [illegible],
[illegible] und Hans-Leopold Raak,

Berlin, Dessau und Köln, den 1. Sept. 1921.

Beerdigung: Sonnabend, den [illegible] September 1921, nachm. 4 Uhr, auf dem alten Matthäus-Friedhof, Großgörschenstraße.

Von Beileidsbesuchen bitten wir absehen zu wollen.

Abb. T-25: VZ, 3. September 1921

Während bei der Überschrift ausschließlich Nominalsätze nachweisbar sind, haben sie in der Makrostruktur Todesmitteilung Ausnahmecharakter. Die wenigen Vorkommen, die stets aus einem Satzglied im Nominativ bestehen, resultieren aus der alleinigen Nennung des Namens des Verstorbenen, die als eine Form der Nichtverbalisierung des Sterbens

125 Zur Interpunktion bei Überschriften siehe ausführlich I.3.3.2.2.

auftritt.[126] Es handelt sich um eingliedrige Nominalsätze ohne abschließendes Interpunktionszeichen (8 und 9):

(8) Berta Hinfurtner geb. Geier (Abb. T-26)
(9) Julia (KN, 3. Januar 2002)

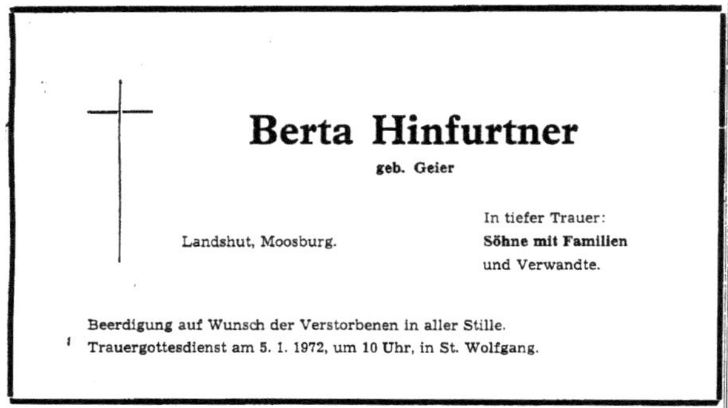

Berta Hinfurtner

geb. Geier

Landshut, Moosburg.

In tiefer Trauer:
Söhne mit Familien
und Verwandte.

Beerdigung auf Wunsch der Verstorbenen in aller Stille.
Trauergottesdienst am 5. 1. 1972, um 10 Uhr, in St. Wolfgang.

Abb. T-26: LZ, 4. Januar 1972

In einem Textexemplar der KN aus der Probe des Jahres 2002 findet sich als Todesmitteilung ein zweigliedriger Nominalsatz (10). Die Interjektion *Tschüss* stellt einen informellen letzten Gruß beziehungsweise Ausdruck des Abschieds dar, das Satzglied im Nominativ, bei dem es sich um eine Verwandtschaftsbezeichnung handelt, benennt den Verstorbenen:

(10) Tschüss, Opa (Abb. TA-73)

Häufig als Nominalsatz realisiert ist die Makrostruktur Angabe der Inserenten. Es sind hauptsächlich ein- (11 bis 14 und 17) und zweigliedrige (15, 16 und 18), vereinzelt aber auch mehrgliedrige (19) Nominalsätze zu belegen. Es kommen dabei sowohl Sätze mit einem Punkt als abschließendem Interpunktionszeichen vor (11 bis 15) als auch Sätze, bei denen die Inserenten auf eine Interpungierung am Satzende verzichten (16 bis 19). Alle ein-, zwei- und mehrgliedrigen Sätze enthalten ein Satzglied im Nominativ, das diejenigen, die die Anzeige aufgeben beziehungsweise dort als Inserenten auftreten, bezeichnet. Bei den zwei- und mehrgliedrigen Nominalsätzen finden sich in der Regel zudem Modaladverbialien, die die Intensität der Trauer (15 und 19) beziehungsweise die Art des Abschieds (18) angeben, oder darauf verweisen, dass der namentlich genannte Inserent die Nachricht stellvertretend übermittelt (16 und 19):

126 Siehe hierzu ausführlich IV.3.12.6.

(11) Die Kinder. (HuC, 9. Januar 1921)
(12) Die trauernden Hinterbliebenen. (KN, 1. Januar 1902)
(13) Der Vorstand. (NPZ, 3. Januar 1902)
(14) Gesangsverein Gemüthlichkeit. (KN, 3. Januar 1902)
(15) In tiefer Betrübnis Anna Zoller. (Abb. T-27)
(16) Im Namen der Angehörigen Else Ullrich, geb. Odrich (Mopo, 22. Oktober 1952)
(17) Axel Springer Verlag AG (Welt, 19. Januar 2002)
(18) In Verbundenheit und Liebe Bianca (KN, 5. Januar 2002)
(19) In stiller Trauer: Lotte Danzer Anneliese Fischer im Namen ihrer Freunde und Bekannten (Abb. T-28)

Am 30. August starb nach kurzem, schwerem Leiden im 52. Lebensjahre mein innigstgeliebter, treusorgender Mann, der Kaufmann

Max Zoller.

In tiefster Betrübnis

Anna Zoller.

Die Einäscherung findet am Donnerstag, 1. September, vorm. 9½ Uhr, im Krematorium Gerichtstraße statt.

Bescheiden für sich,
großzügig und hilfsbereit für uns –
das war ihr Leben.

Wir nehmen Abschied von

Frau Brunhilde Betz

Fachoberlehrerin

geb. 17. 3. 1919 · gest. 30. 12. 2001

Landshut, München, Aschau,
den 2. Januar 2002

In stiller Trauer:
Lotte Danzer
Anneliese Fischer
im Namen ihrer Freunde und Bekannten

Beerdigung am Freitag, 4. Januar 2002, um 12.45 Uhr im Städtischen Hauptfriedhof. Trauergottesdienst anschließend um 13.30 Uhr in St. Jodok.

Abb. T-27: Mopo, 31. August 1921 und Abb. T-28: LZ, 2. Januar 2002

Nicht selten sind in dieser Makrostruktur zusätzlich Angaben zum Beruf des Inserenten oder bei Frauen die Nennung des Geburtsnamens als nachgestellte, lockere Apposition angeführt. Der Geburtsname bei Frauen ist während des gesamten Untersuchungszeitraumes festzustellen (23 bis 25), eine Berufsangabe (20 bis 22) kommt dagegen am Ende des Untersuchungszeitraumes nicht mehr vor. Als enge Appositionen bei den Familiennamen sind Initialen des Vornamens (20) sowie Vornamen (21 bis 25) zu belegen:

(20) Namens der Hinterbliebenen J. Hauberg, Tischler. (KN, 31. Dezember 1916)
(21) Johann Wolfgang Pöhlmann, Bürgermeister. (BayZ, 14. Januar 1800)
(22) Der tieftrauernde Sohn: Jakob Wiklinger, Oekonom. (LZ, 13. Januar 1902)
(23) Friederika Christiana verwitw. v. Bornstedt, geborne v. Drachstedt. (VZ, 20. Januar 1790)
(24) Im Namen der Hinterbliebenen: Maria Grytzell, geb. Ulrich. (Abb. T-29)
(25) Die trauernde Witwe Amalie Andreesen geb. Grabowzkie. (KN, 7. Januar 1902)

Heute entschlief sanft mein geliebter Mann, unser treuer Vater, Großvater, Schwiegervater, Schwager und Onkel

Carl Leonhard Leberecht Grytzell

im 75. Lebensjahre.

Im Namen der Hinterbliebenen:

Maria Grytzell,

geb. **Urich.**

Wandsbek, den 5. Januar 1917.

Beerdigung vom Trauerhause, Jüthornstraße 7, am Dienstag, den 9. Januar, nachmittags ½3 Uhr, auf dem alten Wandsbeker Friedhofe.

Abb. T-29: HuC, 7. Januar 1917

Wie bei den Geburts- und Verbindungsanzeigen sind auch bei den vorliegenden Todesanzeigen drei verschiedene Arten festzustellen, wie die Inserenten aufgeführt werden. Mehrere Inserenten sind teilweise syndetisch durch *und* verbunden (26 bis 28), mitunter sind die einzelnen Inserenten auch als gereihte Nuklei zu finden, die durch ein Komma voneinander abgetrennt werden (30, 31 und 33). Vereinzelt tritt auch eine Kombination aus asyndetischer und syndetischer Reihung auf (29). Weiterhin kommt es vor, dass weder die syndetische Verknüpfung noch die asyndetische Reihung durch Interpunktionszeichen vorliegt, in diesen Fällen ergibt sich die syntaktische Einheit der Makrostruktur Angabe der Inserenten aus ihrer typografischen Ausgestaltung (32):

(26) In stiller Trauer: Familie Böhm und Verwandte. (LZ, 3. Januar 1972)
(27) In tiefer Trauer Gisela Bartelt und Familie (Mopo, 6. Januar 1972)
(28) Robert Schwebel u. Frau. (NPZ, 22. Januar 1850)

(29) In tiefer Trauer: Gattin, Kinder und Verwandtschaft. (LZ, 9. Januar 1952
(30) Deine Skatfreunde Horst, Jochen, Josi, Klaus (KStA, 9. Januar 2002)
(31) In tiefem Schmerz Tony Meyer, geb. Poppenhagen Irma Meyer, Schwägerin Margarete Darendorf (Mopo, 8. Oktober 1952)
(32) Lotte Kanzler geb. Krieger Gerd, Rolf, Fritz, Antje (Abb. T-30)
(33) In tiefem Schmerz: Bruno Breier, Gerda Breier. (Mopo, 3. Januar 1943)

Nach schwerer Krankheit nahm Gott meinen über alles geliebten Mann, unseren guten Vater

Dr. med.

Fritz Kanzler

im fast vollendeten 53. Lebensjahre zu sich in die Ewigkeit.

Lotte Kanzler geb. Krieger
Gerd, Rolf, Fritz, Antje

Velbert, Offerstr. 14, den 31. Dezember 1951.

Auf Wunsch des Verstorbenen findet die Beerdigung in aller Stille statt.
Von Beileidsbesuchen bitten wir Abstand nehmen zu wollen.

Abb. T-30: Welt, 2. Januar 1952

Sofern die Makrostruktur Ort in den Todesanzeigen auftritt, ist sie als eingliedriger Nominalsatz, bestehend aus einem Lokaladverbiale, realisiert (34 bis 37). Das Lokaladverbiale bezeichnet den beziehungsweise die Wohnorte der Hinterbliebenen oder den Ort der Anzeigenaufgabe. Bei der Nennung mehrerer Orte sind diese meist asyndetisch (37) durch Kommata gereiht, vereinzelt finden sich auch Kombinationen aus asyndetisch-syndetischer Reihung mit *und* als syndetischem Verknüpfungszeichen (36):

(34) Kiel (KN, 2. Januar 2002)
(35) München (FAZ, 7. Januar 1972)
(36) Trier, Dresden und Gießen. (NPZ, 5. Januar 1875)
(37) Köln, Köln-Nippes, Prag, Oberdollendorf, Brüssel, Mülheim am Rhein. (Abb. T-31)

Gott dem Allmächtigen hat es gefallen, unsern guten, treuen, unvergeßlichen Gatten, Vater, Großvater, Schwiegervater und Bruder, den wohlachtbaren Herrn

Wilhelm Kaus,

Kaufmann,

heute den 2. Januar, 3½ Uhr morgens, nach kurzem Leiden, vorher gestärkt durch die Heilsmittel der römisch-katholischen Kirche, im Alter von 70 Jahren zu sich zu nehmen.

Um stille Teilnahme bitten

Die trauernden Hinterbliebenen.

Köln, Köln-Nippes, Prag, Oberdollendorf, Brüssel, Mülheim am Rhein.

Die Beerdigung findet statt am Samstag den 4. Januar 1902, nachmittags 1½ Uhr, vom Sterbehause Köln, Heumarkt 74.

Abb. T-31: KStA, 3. Januar 1902

Bei den Makrostrukturen Ort und Datum, Traueranschrift sowie Kombination aus Traueranschrift und Datum gilt dasselbe, was in den Kapiteln II und III unter 2.1.1 ausgeführt wurde: Auch wenn hier Teilinformationen mit hohem Selbstständigkeitsgrad übermittelt werden, treten diese als Einheit hervor, so dass sie nicht als parataktische Gesamtsätze, sondern als mehrgliedrige Nominalsätze einzuordnen sind. Die Makrostruktur Ort und Datum wird als zweigliedriger Nominalsatz realisiert (38 bis 43), der aus einem Lokaladverbiale und einem Temporaladverbiale besteht. Letzteres gibt den Zeitpunkt der Anzeigenaufgabe an. Teilweise verwenden die Inserenten einen Punkt als abschließendes Interpunktionszeichen (38, 39 und 42), oftmals verzichten sie jedoch auch auf eine Interpungierung am Satzende (40, 41 und 43):

(38) Magdeburg, den 5. Januar 1850. (NPZ, 8. Januar 1850)
(39) Altheim, den 15. Dezember 1916. (LZ, 17. Dezember 1916)
(40) Wiesbaden, den 5. März 1952 (FAZ, 7. März 1952)
(41) Berlin, 11. Februar 1902 (Mopo, 12. Februar 1902)
(42) Im Felde, 22. Dezember 1916. (LZ, 2. Januar 1917)
(43) Landshut, 8. Januar 1972 (LZ, 10. Januar 1972)

In der Makrostruktur Traueranschrift, die immer als zweigliedriger Nominalsatz realisiert ist (44 bis 47), sind beide Satzglieder Lokaladverbialien, eines ist eine Ortsangabe, das andere eine Straßenangabe einschließlich Hausnummer. Zusammen ergeben beide Angaben die gültige Anschrift der Inserenten. Die Makrostruktur Kombination aus Traueranschrift und Datum besteht aus drei Satzgliedern (48 und 49). Zu den beiden Lokaladverbialien, der Ortsangabe und der Straßenangabe einschließlich Hausnummer, tritt ein Datum als Temporaladverbiale hinzu, das – wie auch schon bei der Angabe von Ort und Datum – den Zeitpunkt der Anzeigenaufgabe angibt:

(44) Berlin-Mariendorf, Großbeerenstr. 3. (Mopo, 3. Januar 1943)
(45) 21521 Aumühle, Rehkoppel 4 (Abb. T-32)
(46) 50933 Köln, Meister-Johann-Straße 1 (KStA, 2. Januar 2002)
(47) Berlin W 15, Ludwigkirchstr. 9a. (NPZ, 6. September 1921)
(48) Neuwied, Feldkircher Strasse 20a, 3. Januar 1972 (Welt, 5. Januar 1972)
(49) Kiel, Krusenrotter Weg 10, im Sept. 1921. (Abb. T-33)

Die Makrostruktur Hinweise zur Bestattung und auf religiöse Zeremonien ist häufig in Form zwei- (50) und mehrgliedriger Nominalsätze (51 bis 55) realisiert. Das Satzglied im Nominativ bezeichnet stets eine Bestattungsform (50, 51, 53 bis 55) beziehungsweise einen organisatorischen Aspekt (52) ebendieser. Daneben enthalten die Sätze meist Temporaladverbialien, die den Zeitpunkt der Bestattung nennen (50, 51 und 53) oder über den zeitlichen Ablauf der Trauerfeierlichkeiten informieren (52, 54 und 55). Letztgenannte Variante lässt für die Adressaten zudem wichtige Rückschlüsse auf Ausgestaltung und Form der Abschiedszeremonie zu. Außerdem sind Lokaladverbialien nachzuweisen, die den Ort der Bestattung beziehungsweise der Trauerfeierlichkeiten benennen (51, 53 und 55). Vereinzelt kommen Lokaladverbialien vor, die eine Richtungsangabe enthalten (52). Auch Modaladverbialien, die die Umstände der Bestattung näher bezeichnen, sind nur selten zu belegen (54):

(50) Beerdigung am Sonnabend, den 18. Januar, 10 Uhr. (HuC, 16. Januar 1902)
(51) Beerdigung am Dienstag nachmittags 3 Uhr im Waldfriedhof (LZ, 26. September 1921)
(52) Anschließend Überführung ins Krematorium. (Mopo, 24. Februar 1972)
(53) Beisetzung Freitag, den 7. Jan., 11 Uhr, von Kapelle 5 des Ohlsdorfer Friedhofes. (HuC, 6. Januar 1921)
(54) Anschließend Beisetzung im Familienkreis. (FAZ, 3. Januar 1972)
(55) Trauerfeier vorher im Hause. (Abb. T-34)

Befiehl dem Herrn Deine Wege
und hoffe auf Ihn.
Er wird's wohl machen.
Psalm 37,5

Am 31. Januar 2002 nahm Gott der Herr meinen geliebten Mann, unseren lieben Vater, Großvater, Bruder und Schwager zu sich.

Hans Jochen v. Knebel Doeberitz

Dr. rer. pol.
Friedrichsdorf, Hinterpommern
geb. 2. Januar 1918

Maria Claudia v. Knebel Doeberitz, geb. Giulini di Giulino

Margarethe Reichsgräfin v. Magnis, geb. v. Knebel Doeberitz
Johannes Reichsgraf v. Magnis
Claudia und Georg, Caroline und Axel, Johannes
Maria-Theresia, Benedicta, Philipp, Annunziata, Donata

Dr. Gisela Matthaei, geb. v. Knebel Doeberitz
Dr. Dieter Matthaei
Lorenzo, Hanno, Mario, Emilio

Dorothea v. Knebel Doeberitz

Prof. Dr. Magnus v. Knebel Doeberitz
Dr. Christina v. Knebel Doeberitz, geb. Becker
Philipp, Nikolaus, Caroline, Victoria

Bettina v. Knebel Doeberitz

Ros[illegible] v. [illegible]etinchem de Rande, geb. v. Knebel Doeberitz

Ina v. Knebel Doeberitz, geb. v. Bonin

Rita Giulini di Giulino, geb. v. Campe

Berto Giulini di Giulino
Almuth Giulini di Giulino, geb. v. Eck

21521 Aumühle, Rehkoppel 4

Trauerfeier und Beerdigung am Freitag, dem 8. Februar 2002, um 14.00 Uhr, Bismarck-Gedächtniskirche, Börnsener Straße 25, Aumühle.

Statt zugedachter Kranzspenden wären wir im Sinne des Verstorbenen für eine Spende an die Johanniter Hilfsgemeinschaft Hamburg, Konto-Nr. 562 735 700, Dresdner Bank Hamburg, BLZ 200 800 00, dankbar. Stichwort: Friedrichsdorf

Abb. T-32: Welt, 6. Februar 2002

Weitere Vorkommen von isoliert gebrauchten einfachen Nominalsätzen mit einem (58 und 59), zwei (60) oder mehr (56 und 57) Satzgliedern sind in den Makrostrukturen Adressatenkreis (56 und 57), Beileidsbekundungen (58 und 59) und Würdigung (60) festzustellen. Die mehrgliedrigen Nominalsätze in der Makrostruktur Adressatenkreis bestehen neben einem Satzglied im Nominativ zur Bezeichnung der Todesanzeige aus einem Satzglied im Dativ zur Benennung der Adressaten sowie einem präpositionalen Satzglied im Genitiv, das auf die Bekanntgabemodalität hinweist (57).

Todes-Anzeige.

Am Donnerstag, den 22. d. Mts., wurde uns infolge eines schweren Unglücksfalles mein lieber Mann, meiner beiden Kinder lieber Vater

Hermann Hoffmann

in seinem 44. Lebensjahre durch den Tod entrissen.

Martha Hoffmann
nebst Kindern und Familie.

Kiel, Krusenrotter Weg 10, im Sept. 1921.

Die Beerdigung findet am Mittwochnachmittag 3½ Uhr von der Kapelle des Friedhofs Eichhof aus statt.

Abb. T-33: KN, 27. September 1921

Heute abend 5¾ Uhr entschlief nach langem Leiden meine liebe Frau, Schwester und Schwägerin

Maria Hinz

geb. Knuth

im 45. Lebensjahre. In tiefer Trauer

Ludwig Hinz und Familie.

Kiel-Ellerbek, Friedenstraße 32,
den 30. September 1921.

Die Beerdigung findet am Dienstag, den 4. Oktober, nachmittags 4½ Uhr, vom Sterbehause aus statt. Trauerfeier vorher im Hause.

Abb. T-34: KN, 2. Oktober 1921

Hermann Friedrich Bruhn

8. 1. 1931 1. 1. 1972

Wir haben Dich unendlich geliebt.

Gudrun Bruhn, geb. Stascheit
Hermann Friedrich

Es trauern mit uns

Momme und Erika Bruhn
Peter Schürer und Frau Elke, geb. Bruhn
Andrea Schürer
Owe und Carla Bruhn
Sönke und Jutta Bruhn
Ilse Stascheit, geb. Helling
Hans Hinrich Blank und Frau Ellen, geb. Stascheit
Harald und Sonja Stascheit
Gerd und Brigitte Stascheit

Die Trauerfeier findet am Mittwoch, dem 12. Januar 1972, um 11.45 Uhr in der Halle B des Krematoriums auf dem Friedhof Hamburg-Ohlsdorf statt.

Bitte keine Beileidsbesuche

Abb. T-35: FAZ, 6. Januar 1972

Die eingliedrigen Nominalsätze in der Makrostruktur Beileidsbekundungen (58 und 59) bestehen aus einem Satzglied im Akkusativ, mit dem die Angehörigen ihren Wunsch ausdrücken, von Beileidsbesuchen abzusehen. Diese Aufforderung wird durch die Partikel *bitte* höflich betont. Die zweigliedrigen Würdigungen (60 und 61) enthalten ein Satzglied im Nominativ und ein Satzglied im Dativ:

(56) Dies ihren Verwandten und vielen Freunden nur hierdurch zur Nachricht. (VZ, 3. Januar 1917)

(57) Statt jeder besonderen Anzeige diese Trauernachricht allen Verwandten, Bekannten und Freunden des Verstorbenen. (VZ, 7. April 1850)

(58) Bitte keine Beileidsbesuche (Abb. T-35)

(59) Bitte keine Besuche. (KN, 6. Februar 1952)

(60) Ehre seinem Andenken. (KN, 28. September 1921)

Bei den Makrostrukturen Adressatenkreis, Beileidsbekundungen und Würdigung sind fast ausschließlich Aussagesätze zu finden (56 bis 60), lediglich in Ausnahmefällen sind bei der Makrostruktur Würdigung auch Ausrufesätze nachzuweisen (61):

(61) Ehre seinem Andenken! (HuC, 4. Januar 1917)

2.1.2 Verbalsätze

In der Mehrzahl der Inserate wird die Todesmitteilung als Verbalsatz realisiert. Dabei fällt auf, dass diese Sätze häufig stark erweitert sind. Neben der reinen Todesmitteilung enthalten sie zusätzlich beispielsweise Angaben zum Sterbealter (63, 64, 67, 68 und 69), zur Todesursache (65, 67 und 68), zu den Todesumständen (63, 65, 67-68) und dem Zeitpunkt des Todes (62, 64 bis 69).

Ebenfalls nicht selten sind Appositionen belegbar. Als lockere Appositionen kommen der Geburtsname bei Frauen (62, 63 und 64) sowie zu Verwandtschaftsangaben die Namen der Verstorbenen (63 bis 65) hinzu. Als enge Appositionen finden sich Vornamen (62 bis 66 und 69), Anredeformen (63 und 69), Berufsbezeichnungen (65) sowie Verwandtschaftsbezeichnungen (62, 67 und 69) bei Familiennamen:

(62) Heute früh wurde mir meine liebe Frau Elise, geborne Königs, durch den Tod entrissen. (Abb. T-36)

(63) Im gesegneten Alter von fast 92 Jahren verstarb plötzlich durch einen sanften Tod unsere liebe Tante, Frau Katharina Koppe geb. Uthke (Mopo, 24. Februar 1972)

(64) Am 6sten dieses Monats entschlummerte meine mir unvergeßliche Gattin, Anna Magdalena Pohlmännin, geborne Müllerin, in ihrem 62sten Jahre. (BayZ, 14. Januar 1800)

(65) Am 2. Januar endete ein Lungenschlag das Leben unseres theuern Gatten und Vaters, des Schiffsherrn Carl Liepelt. (NPZ, 8. Januar 1850)

(66) Am 4.1.1972 haben wir unseren lieben Freund Manö Paulsen in Aachen zu Grabe getragen. (KStA, 5. Januar 1972)

(67) Heute Nacht starb nach kurzem Leiden unser innigst geliebtes jüngstes Töchterchen Hertha im zarten Alter von 13 Monaten. (KöZ, 3. Januar 1876)

(68) Nach langem Leiden verstarb am 28. Januar 1952 mein lieber Mann, unser guter Vater, Schwiegervater und Großvater im 73. Lebensjahre. (KN, 2. Februar 1952)

(69) Nach Gottes hl. Willen verschied heute unsere liebe Tante Fräulein Cäcilie Hofstetter versehen mit den hl. Sakramenten im 84. Lebensjahr. (LZ, 5. Januar 1972)

Heute früh wurde mir meine liebe Frau Elise, geborne Königs, durch den Tod entrissen. Sie starb in Folge eines Wochenbettes, im 40. Jahre ihres Alters und im 22. unserer glücklichen Ehe. Mit mir beweinen neun Kinder diesen unersetzlichen Verlust. Rheydt, den 14. Januar 1850.

Carl Friederichs.

Abb. T-36: KöZ, 17. Januar 1850

Die Makrostruktur Angabe der Inserenten ist nur selten als Verbalsatz realisiert (70 bis 72). Wenn dies der Fall ist, dann treten die Hinterbliebenen als Subjekt des Satzes auf, weiterhin ist ein Präpostionalobjekt (70 und 71) festzustellen, das die Wünsche der Hinterbliebenen zu Beileidsbezeugungen angibt. Vereinzelt finden sich auch ein Modaladverbiale, das die Gefühlslage der Inserenten benennt (72), und ein Dativobjekt, das die Adressaten angibt (72):

(70) Um stille Teilnahme bitten die hinterbliebenen Kinder und Schwiegerkinder. (KöZ, 8. Januar 1850)

(71) Um stille Theilnahme bitten die Hinterbliebenen. (NPZ, 1. Januar 1875)

(72) Dies zeigt Verwandten und Freunden in tiefsten Schmerz an Wally Gregorovius. (NPZ, 8. Januar 1902)

Sowohl die Makrostruktur Beileidsbekundung (73 bis 76) als auch die Makrostruktur Hinweise zur Bestattung und auf religiöse Zeremonien (77 bis 81) sind nicht selten als zwei- (74 und 78) oder mehrgliedrige (73, 75 bis 77, 79 bis 81) Verbalsätze ausgestaltet:

(73) Diesen für mich und meine 5 noch kleinen Kinder so harten Verlust bitte ich durch Beileidsbezeigungen nicht zu erhöhen (KöZ, 10. Februar 1825)
(74) Um stilles Beileid wird gebeten. (Mopo, 14. Oktober 1952)
(75) Von Beileidsbesuchen bitten wir Abstand zu nehmen. (Mopo, 12. März 1972)
(76) Von Beileidsbezeigungen am Grab bitten wir Abstand zu nehmen. (LZ, 3. Januar 2002)
(77) Er ruht auf einem Heldenfriedhof. (Abb. T-37)
(78) Die Beerdigung hat stattgefunden. (Mopo, 5. Januar 1917)
(79) Die Beerdigung wird noch bekanntgegeben. (KN, 2. Oktober 1921)
(80) Die Beisetzung findet auf Wunsch des Verstorbenen in aller Stille statt. (FAZ, 13. März 1952)
(81) Die Beerdigung findet am Sonntag Mittag, präcise 1 Uhr, von der Jannowitzbrücke No. 2 aus statt. (VZ, 4. Januar 1850)

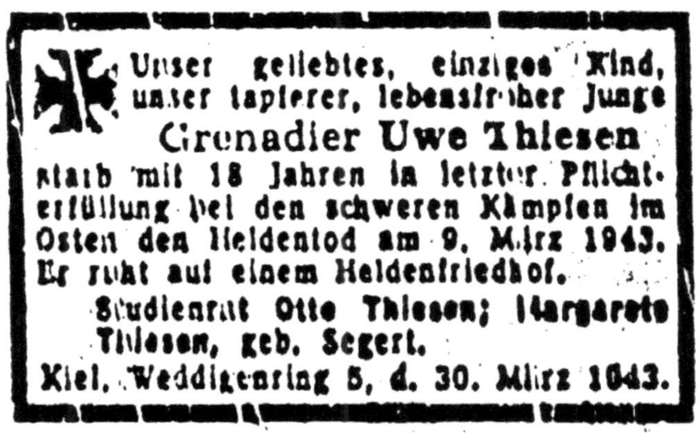

Unser geliebtes, einziges Kind, unser tapferer, lebensfroher Junge
Grenadier Uwe Thiesen
starb mit 18 Jahren in letzter Pflichterfüllung bei den schweren Kämpfen im Osten den Heldentod am 9. März 1943.
Er ruht auf einem Heldenfriedhof.
Studienrat Otto Thiesen; Margarete Thiesen, geb. Segert.
Kiel, Weddigenring 5, d. 30. März 1943.

Abb. T-37: KN, 1. April 1943

Ebenfalls häufig als Verbalsatz realisiert ist die Makrostruktur Würdigung. Diese mehrgliedrigen Verbalsätze (82 bis 87) haben in der Regel einen Punkt als abschließendes Interpunktionszeichen:

(82) Der Verstorbene stand 8 Jahre im Dienste der Post. (Mopo, 25. Februar 1972)
(83) Sein Tod bedeutet für unsere Gesellschaft einen schweren Verlust. (FAZ, 6. März 1952)
(84) Wir werden sein Andenken in Ehren halten. (Mopo, 19. August 1921)
(85) Ich verliere in ihm einen wahren Freund und Berater. (NPZ, 10. September 1921)
(86) Sein freundliches Wesen und seine gute Arbeitsleistung soll uns immer ein Vorbild sein. (LZ, 16. Januar 1952)

(87) Ideenreichtum und Unternehmergeist zeichneten neben außergewöhnlicher Pflichttreue seine Arbeit aus. (Abb. T-38)

Mitten aus voller Schaffenskraft wurde uns durch einen Autounfall unser Mitbegründer und Gesellschafter

Herr

Hans-Julius Ahlmann

im Alter von 32 Jahren durch den Tod genommen.

Für unsere in der Entwicklung befindlichen Unternehmungen bedeutet sein Tod eine [illegible] Lücke. Ideenreichtum und Unternehmergeist zeichneten neben außergewöhnlicher Pflichttreue seine Arbeit aus.

Er wird uns für die Zukunft stets ein Vorbild sein.

Severin Ahlmann
und alle Mitarbeiter
der Firmen
Translanta GmbH.
Ahlmann-Transport K.G.

Rendsburg, Carlshütte, den 10. Januar 1952.

Die Trauerfeier findet am 1[illegible]. Januar 1952, um 14.00 Uhr im Werk Carlshütte statt. Anschließend Beisetzung auf dem Büdelsdorfer Friedhof.

Abb. T-38: Welt, 11. Januar 1952

Weiterhin kommen Verbalsätze bei der Makrostruktur Spendenaufforderungen (88 und 89) vor, dort finden sich ausschließlich mehrgliedrige Verbalsätze:

(88) Im Sinne meiner Frau bitte ich anstelle von Blumen um eine Spende für ein Krankenhaus in Bolivien. (Mopo, 27. Januar 2002)

(89) Im Sinne des Verstorbenen wird an Stelle von zugedachten Blumen um eine Spende auf das Konto der Arbeitsgemeinschaft Christlicher Vereine Junger Männer bei der Bayerischen Hypotheken- und Wechsel-Bank Aschaffenburg Nr. 120 898 gebeten. (FAZ, 3. Januar 1972)

2.2 *Gesamtsätze*

In Todesanzeigen sind nicht nur isoliert gebrauchte einfache Sätze nachzuweisen, sondern auch Gesamtsätze. Parataktische und hypotaktische Gesamtsätze treten regelmäßig in den Inseraten auf, quantitativ kommt ihnen dabei ähnliche Bedeutung zu. Parataktisch-hypotaktische Gesamtsätze hingegen sind nur gelegentlich zu belegen.

2.2.1 Parataktische Gesamtsätze

Parataktische Gesamtsätze sind in Todesanzeigen regelmäßig zu verzeichnen. Sie treten unter anderem in der Makrostruktur Todesmitteilung auf. Eher selten handelt es sich dabei um Verbindungen aus Nominalsätzen (90), häufiger bestehen diese kopulativen Satzverbindungen aus Verbalsätzen (91 und 92). Die Teilsätze dieser parataktischen Gesamtsätze sind sowohl syndetisch durch *und* (92) als auch asyndetisch (90 und 91) verknüpft:

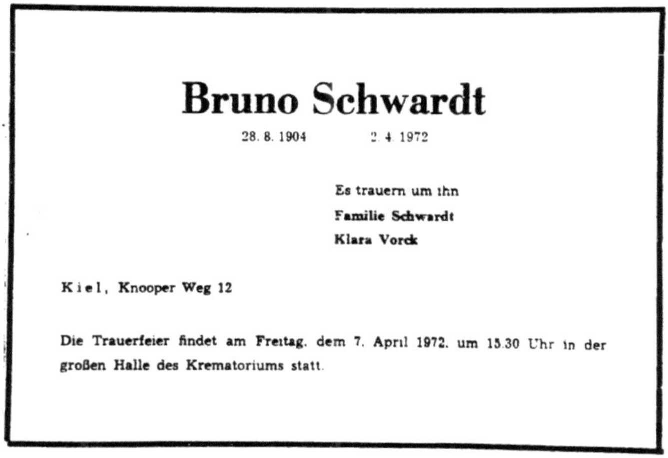

Bruno Schwardt

28. 8. 1904   2. 4. 1972

Es trauern um ihn
Familie Schwardt
Klara Vorck

Kiel, Knooper Weg 12

Die Trauerfeier findet am Freitag, dem 7. April 1972, um 15.30 Uhr in der großen Halle des Krematoriums statt.

Abb. T-39: KN, 5. April 1972

(90) Bruno Schwardt 28.8.1904 2.4.1972 (Abb. T-39)
(91) Sie hat sehr treu gearbeitet, und ist nun eingegangen zu ihrer Ruhe. (VZ, 4. Januar 1800)

(92) Sein junges Leben gab er für Führer und Großdeutschland, wir gaben unseren Stolz. (KN, 2. April 1943)

Die Makrostruktur Beileidsbekundung (93 bis 95) ist gelegentlich als parataktischer Gesamtsatz realisiert, es handelt sich dabei um kopulative Satzverbindungen aus zwei verbalen Teilsätzen. Wie in der Todesmitteilung sind diese sowohl asyndetisch (93) als auch syndetisch durch *und* (94 und 95) verbunden:

(93) Unser Respekt begleitet ihn, unser Mitgefühl und unsere Trauer gilt seiner Frau und seiner Familie. (KStA, 2. Januar 2002)

(94) Ueberzeugt von ihrer gütigen Theilnahme verbitte ich mir alle Beileidsbezeugungen und empfehle mich und meinen noch einzigen Sohn Ihrer fernern Gewogenheit und Freundschaft. (Abb. T-40)

(95) Wir zeigen dieses allen unseren Verwandten und Freunden hierdurch ergebenst an, und verbitten die gewöhnlichen Beileidsbezeugungen. (VZ, 14. Januar 1800)

Den 14ten dieses, wurde mir mein jüngster Sohn, Christian von Hiller, nach einer viertägigen Krankheit am Scharlachfieber und zuletzt erfolgten Schlag, 12 Jahr 3 Monat seines Alters, durch den Tod entrissen; alle die dies Hoffnungsvolle Kind kannten, werden meinen tiefen Schmerz billigen, welches ich hiemit meinen verehrungswürdigen Verwandten und Freunden bekannt mache. Ueberzeugt von ihrer gütigen Theilnahme verbitte ich mir alle Beyleidsbezeugungen und empfehle mich und meinen noch einzigen Sohn Ihrer fernern Gewogenheit und Freundschaft. Bayreuth, den 16. Februar 1800.

Wilhelmine von Ising, geborne von Montmartin.

Abb. T-40: BayZ, 21. Februar 1800

In der Makrostruktur Hinweise zur Bestattung und auf religiöse Zeremonien sind gelegentlich parataktische Gesamtsätze nachzuweisen, die aus einem verbalen und einem nominalen Teilsatz bestehen, diese sind asyndetisch gereiht. Der nominale Teilsatz 96, der auch Ellipse von *erfolgt* sein könnte, wird hier als nominaler Teilsatz gewertet, da solche Nominalsätze auch in isolierter Stellung zur Benennung der Bestattungsmodalitäten in den vorliegenden Todesanzeigen vorkommen (52 bis 55):

(96) Die Einsegnung erfolgt Sonnabend, den 4. Januar, Vormittags 10 Uhr, in der Kapelle des Garnisons-Lazareths Tempelhof, im Anschluß daran die Ueberführung nach dem Bahnhof daselbst. (Abb. T-41)

Statt jeder besonderen Meldung.
Es hat dem Herrn über Leben und Tod gefallen, unseren geliebten Gatten, Vater, Sohn, Schwiegersohn, Bruder, Neffen und Schwager
Ernst Moritz von Mandelsloh,
Leutnant im Königl. Sächs. 6. Infanterie-Regiment Nr. 105 „König Wilhelm II von Württemberg", commandirt zur Kriegsakademie,
am 1. Januar in Berlin nach mehrwöchiger Krankheit heimzurufen.
Berlin, Dresden und Niederlößnitz, am 2. Januar 1902. [7028]
Die trauernden Hinterbliebenen.
Die Einsegnung erfolgt Sonnabend, den 4. Januar, Vormittags 10 Uhr, in der Kapelle des Garnison-Lazareths Tempelhof, im Anschluß daran die Ueberführung nach dem Bahnhof daselbst. Die Beerdigung findet in Dresden statt.

Abb. T-41: NPZ, 2. Januar 1902

Auch in der Makrostruktur Würdigung (97 bis 103) sind oft parataktische Gesamtsätze zu belegen, wobei hier vorwiegend kopulative Satzverbindungen aus zwei (97 bis 102) sowie vereinzelt auch drei (103) Teilsätzen festzustellen sind, die überwiegend asyndetisch (97, 98, 100, 102 und 103) verknüpft, teilweise aber auch syndetisch (99 und 101) durch *und* verbunden sind:

(97) Du hast die Musik geliebt, Deine Lieder werden weiterklingen in uns. (KN, 2. Januar 2002)

(98) Sein Leben gehörte der Gemeinde Molfsee, sein Wirken war voller Erfolge. (KN, 1. April 1972)

(99) Sie ist mir 14 Jahre eine treue Lebensgefährtin gewesen und hinterläßt mir 7 unerzogene Kinder. (VZ, 10. Januar 1825)

(100) Unter sechs Bischöfen hat er gearbeitet, sechs Präsidenten des Deutschen Caritasverbandes hat er erlebt. (Abb. T-42)

(101) Wir verlieren in ihm ein treues Mitglied und werden ihm stets ein ehrendes Andenken bewahren. (KN, 5. Januar 1917)

(102) Frau Stendenbach gehörte unserem Hause seit 1976 an, seit 1986 war sie als Sekretärin eines unserer Vorstandsmitglieder tätig. (FAZ, 5. Januar 2002)

(103) Der Aufbau der Kunstsammlung Nordrhein-Westfalen war in ganz besonderer Weise sein Verdienst, auf diese Leistung war er stolz, er sah darin einen seiner wichtigsten Beiträge für unser Land. (Welt, 30. Januar 2002)

Gott, der Herr über Leben und Tod, nahm seinen treuen Diener,
Diözesan-Caritasdirektor i. R.

Hubert Pohl

am Vormittag des 1. Januar 2002 im Alter von 76 Jahren
zu sich in sein ewiges dreifaltiges Leben auf.

Am 1. März 1956 wurde Hubert Pohl Caritassekretär und Vertreter des Caritasdirektors und am 1. April 1965 Verwaltungsleiter des damaligen Caritasverbandes für (West-) Berlin unter Caritasdirektor Prälat Wilhelm Albs in der Schöneberger Kolonnenstraße.

Am 1. August 1972 wurde Hubert Pohl gemäß dem Dekret des Bischofs von Berlin, Alfred Kardinal Bengsch, zum Caritasdirektor und Geschäftsführer des Caritasverbandes für Berlin e. V. und des Caritasverbandes für das Bistum Berlin e. V. ernannt. Das Amt als Diözesan-Caritasdirektor übte er über 20 Jahre bis zum 31. Dezember 1992 aus. Unter sechs Bischöfen hat er gearbeitet, sechs Präsidenten des Deutschen Caritasverbandes hat er erlebt. Er hat die Teilung der Stadt Berlin und ihrer Caritas mit erlitten und ihre Wiedervereinigung mit gefeiert. 42 Jahre tat er insgesamt Dienst beim Caritasverband. Am 8. Januar 1993 wurde er im Beisein vieler Vertreter aus Caritas, aus anderen Wohlfahrtsverbänden, aus katholischer und evangelischer Kirche und aus der Politik dann offiziell im Charlottenburger Frauenbundhaus in den Ruhestand verabschiedet.

Wir verneigen uns in Ehrfurcht und Dankbarkeit vor diesem Mann christlicher Caritas und empfehlen ihn und seine Familie Ihrem fürbittenden Gebet.

Für die Caritas im Erzbistum Berlin

Franz-Heinrich Fischler
Diözesan-Caritasdirektor

Prälat Georg Walf
Vorsitzender des Caritasverbandes
für das Erzbistum Berlin e. V.

Den Auferstehungsgottesdienst begehen wir am Montag, 14. Januar 2002, um 11.00 Uhr in der St. Hedwigs-Kathedrale am Bebelplatz in Berlin-Mitte, die Beisetzung beginnt anschließend um 13.30 Uhr auf dem Domfriedhof St. Hedwig, Ollenhauerstraße 24-28, Berlin-Reinickendorf. Für die Fahrt zum Friedhof werden Busse bereitgestellt.

Anstelle von Kranz- und Blumenspenden wäre es im Sinne des Verstorbenen, wenn Sie die Arbeit für Familien des Caritasverbandes für Berlin e. V. mit einer Spende auf das Konto 22 51-105 bei der Postbank Berlin (BLZ 100 100 10), Stichwort "Trauerfeier Pohl", unterstützten.

Abb. T-42: Mopo, 6. Januar 2002

Es ist außerdem eine Würdigung nachzuweisen, die aus vier asyndetisch verbundenen Teilsätzen besteht, von denen es sich bei einem um einen Nominalsatz handelt (104):

(104) Du starbst an Deinen schweren Wunden, die Feindeskugel traf Dich schwer; vorbei des Lebens goldne Stunden, für Dich gibts keinen Frühling mehr. (Mopo, 7. Januar 1917)

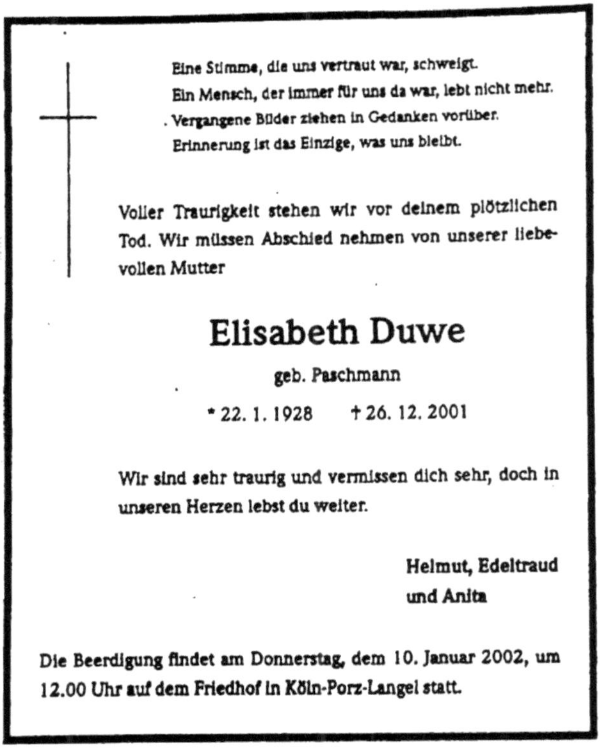

Eine Stimme, die uns vertraut war, schweigt.
Ein Mensch, der immer für uns da war, lebt nicht mehr.
Vergangene Bilder ziehen in Gedanken vorüber.
Erinnerung ist das Einzige, was uns bleibt.

Voller Traurigkeit stehen wir vor deinem plötzlichen Tod. Wir müssen Abschied nehmen von unserer liebevollen Mutter

Elisabeth Duwe

geb. Paschmann

* 22. 1. 1928 † 26. 12. 2001

Wir sind sehr traurig und vermissen dich sehr, doch in unseren Herzen lebst du weiter.

Helmut, Edeltraud
und Anita

Die Beerdigung findet am Donnerstag, dem 10. Januar 2002, um 12.00 Uhr auf dem Friedhof in Köln-Porz-Langel statt.

Abb. T-43: KStA, 5. Januar 2002

Vereinzelt sind bei der Makrostruktur Würdigung neben kopulativen Satzverbindungen auch adversative Satzverbindungen (105 bis 107), die meist mit *aber* verknüpft sind (105 und 106), zu belegen. Hier wird der Sachverhalt des zweiten Teilsatzes dem des ersten Teilsatzes entgegengesetzt. Im KStA findet sich zudem eine Würdigung in Form eines parataktischen Gesamtsatzes aus drei Teilsätzen, bei dem die beiden ersten Teilsätze – als kopulative Satzverbindung – syndetisch durch *und* verknüpft sind und der dritte Teilsatz durch *doch* angeschlossen wird, womit eine adversative Satzverbindung vorliegt (107):

(105) Unsere Trauer ist so groß, aber wir sind dankbar für unser gemeinsames, glückliches Leben. (Mopo, 20. Januar 2002)

(106) Unsere Arbeit wird weitergehen, aber der menschliche Verlust wird eine große Lücke hinterlassen. (Mopo, 27. Januar 2002)

(107) Wir sind sehr traurig und vermissen dich sehr, doch in unseren Herzen lebst du weiter (Abb. T-43)

2.2.2 Hypotaktische Gesamtsätze

Hypotaktischen Gesamtsätzen kommt in Todesanzeigen in quantitativer Hinsicht eine ähnliche Bedeutung wie parataktischen Gesamtsätzen zu. Sie sind vor allem in den Makrostrukturen Todesmitteilung, Beileidsbekundungen und Würdigung festzustellen. Während des gesamten Untersuchungszeitraumes sind hypotaktische Gesamtsätze in der Makrostruktur Todesmitteilung vorhanden. Mehrheitlich sind mit *dass* eingeleitete Subjunktionalsätze belegbar, bei denen es sich um Objektsätze handelt (108 bis 110):

(108) Mit blutenden Herzen machen wir unsern Anverwandten, Gönnern und Freunden hiermit bekannt, daß unsere Mutter, Frau Maria Barbara Ordung, geborne Langebach, am 21sten dieses im 46sten Jahre uns durch den Tod entrissen wurde. (BayZ, 28. Januar 1800)

(109) Entfernten Verwandten und Freunden theilen wir hierdurch mit, daß unsere liebe Gattin, Mutter, Schwiegermutter, Großmutter, Schwester und Schwägerin Clementine Zimmermann, geb. Prior, nach längerem, mit großer Ergebenheit getragenen Leiden heute Abend 11 Uhr im steten Glauben an ihren Erlöser Jesus Christus ihre gesegnete irdische Laufbahn vollendet hat. (KöZ, 1. Januar 1876)

(110) Statt jeder besonderen Meldung beehre ich mich ganz ergebenst anzuzeigen, daß heute Morgen halb 7 Uhr unsere am 4ten d. M. geborne Tochter an Magenerweichung gestorben ist. (Abb. T-44)

Todes-Anzeige.

Statt jeder besondern Meldung beehre ich mich ganz ergebenst anzuzeigen, daß heute Morgen halb 7 Uhr unsere am 4ten d. M. geborne Tochter an Magenerweichung gestorben ist.

Berlin, den 17ten Januar 1850.

v. Borcke,
Hauptmann im Kaiser Franz Grenadier-Regiment.

Abb. T-44, NPZ, 19. Januar 1850

Häufig sind sowohl der Haupt- als auch der Nebensatz als Verbalsatz (108 bis 110) realisiert, ein nicht untypisches Phänomen stellen zudem hypotaktische Gesamtsätze dar, deren Hauptsatz als Nominalsatz ausgestaltet ist (111 und 112):

(111) Allen Verwandten und Bekannten die traurige Mitteilung, dass unsere liebe, treusorgende Mutter und Grossmutter Magdalena Wrangel geb. Einfeld, am 31. Dezember 1916 nach kurzer Krankheit eingeschlafen ist. (KN, 3. Januar 1917)

(112) Allen Bekannten zur Nachricht, daß Frl. Else Kalanke am 1. Februar nach langem Leiden verstorben ist. (Mopo, 4. Februar 1902)

Ebenfalls nicht selten sind in der Makrostruktur Todesmitteilung hypotaktische Satzkonstruktionen belegbar, bei denen von dem *dass*-Satz außerdem noch ein Infinitivsatz abhängt (113 und 114):

(113) Unsern auswärtigen Verwandten und Freunden ertheilen wir hiermit die traurige Nachricht, daß es dem Allmächtigen gefallen hat, unsern vielgeliebten Bruder und resp. Schwager Georg Albert Schulgen aus diesem Leben in ein besseres abzuberufen. (Abb. T-45)

(114) Vom tiefsten Schmerze gebeugt bringen wir die Nachricht, daß es Gott gefallen hat, unser innigstgeliebtes Söhnchen Joseph nach kurzem, aber qualvollem Leiden in zartem Alter von zwölf Monaten in die Schar seiner hl. Engel abzuberufen. (LZ, 7. Januar 1902)

Unsern auswärtigen Verwandten und Freunden ertheilen wir hiermit die traurige Nachricht, daß es dem Allmächtigen gefallen hat, unsern vielgeliebten Bruder und resp. Schwager Georg Albert Schülgen, aus diesem Leben in ein besseres abzurufen. Er starb am 2. dieses, durch die Leiden eines neunwochentlichen Krankenlagers entkräftet, mit den Heilsmitteln der christkatholischen Kirche versehen, im 33. Jahre seines blühenden Alters. Von ihrer gütigen Theilnahme überzeugt, verbitten wir alle Beileidsbezeugungen, und empfehlen uns zur Fortdauer ihres Wohlwollens.

Köln, den 5. Februar 1825.

Die Geschwister des Verstorbenen.

Abb. T-45: KöZ, 10. Februar 1825

Als Vertreter hypotaktischer Gesamtsätze mit zwei abhängigen Nebensätzen seien die Beispiele 115 und 116 genannt: Bei dem ersten hypotaktischen Gesamtsatz (115) handelt es sich um einen Hauptsatz, von dem ein weiterführender Nebensatz abhängt, von dem wiederum ein Instrumentalsatz abhängig ist. Der zweite hypotaktische Gesamtsatz (116) besteht aus drei Teilsätzen, wobei von dem vom Hauptsatz abhängigem Temporalsatz noch ein Attributsatz zum Nukleus *Krankenlager* abhängt:

(115) Gestern Morgen, um 5 1/2 Uhr, entschlief unser uns am 4. d. M. geborenes Töchterchen, was wir Freunden und Bekannten hiermit ergebenst anzeigen, indem wir um stille Teilnahme bitten. (VZ, 4. Januar 1850)

(116) Der Verstorbene entschlief sanft, nachdem er ein langes und schweres Krankenlager erduldet, auf welchem endlich die Brustwassersucht seinem Leiden ein Ende machte. (Abb. T-46)

Segeberg. Da es dem Höchsten gefallen hat, am 2ten d. M. meinen von mir innigst geliebten Ehemann, den weyl. Königl. Dänischen Conferenzrath und Amtmann zu Segeberg, wie auch des Dannebrogs-Ordens-Ritter, aus dieser Zeitlichkeit abzufordern; so werden seine und meine Gönner, Verwandte und Freunde von mir ersucht, diese Nachricht, statt der Trauerbriefe, gütigst anzunehmen. Der Verstorbene entschlief sanft, nachdem er ein langes und schweres Krankenlager erduldet, auf welchem endlich die Brustwassersucht seinem Leiden ein Ende machte. Völlig überzeugt von dem gütigen Andenken, welches seiner Asche diejenigen, die ihn kannten, schenken werden, und von dem aufrichtigen Antheil, welche meine Freunde und Gönner an diesem für mich und meine unmündige Kinder unersetzlichen Verlust eines geliebten Gatten und zärtlichen Vaters nehmen, verbittet sich alle Condolenzbriefe, des Verstorbenen tiefgebeugte Wittwe

S. H. N. Schumacher, geb. Weddi.

Abb. T-46: HuC, 8. Januar 1790

Zudem existieren in der Makrostruktur Todesmitteilung vereinzelt aus zwei Teilsätzen bestehende hypotaktische Gesamtsätze mit Instrumental- (117), Kausal- (118), Attribut- (119) und Subjektsätzen (120) als Nebensätzen, wobei die Nebensätze sowohl als Vorder- (117 und 120) als auch als Nachsatz (118 und 119) stehen:

(117) Indem ich diese Trauerkunde den Mitbrüdern und Freunden des Verblichenen mittheile, empfehle ich denselben dem frommen Andenken im Gebete. (LZ, 19. Januar 1875)

(118) Einsam beweine ich an ihrem Grabe den Verlust derselben, da sie mir nur außer einem Bruder von den Meinigen mehr übrig war. (HuC, 1. Januar 1800)

(119) Wir trauern um unsere geliebte Mutter, Oma und Uroma, die im Kreise der Familie friedlich gestorben ist. (LZ, 3. Januar 2002)

(120) Wer ihn gekannt hat, wird unseren Schmerz ermessen. (Mopo 7. Januar 1917)

Bei der Makrostruktur Beileidsbekundungen fallen neben vereinzelten Kausalsätzen (121) vor allem hypotaktische Gesamtsätze mit als Vordersatz stehenden Instrumentalsätzen (122 und 123) auf, wobei die letztgenannten Konstruktionen besonders während des 19. Jahrhunderts vorkommen:

(121) Schriftliche Beileidsbezeugungen verbitten wir ergebenst, weil solche unsern ohnehin schon tiefen Schmerz nur noch erneuern würden. (Abb. T-47)

(122) Indem wir diesen für uns höchst traurigen Verlust unseren Freunden und Bekannten anzeigen, verbitten wir uns zugleich Beileidsbezeugungen. (KöZ, 20. Januar 1825)

(123) Indem wir Verwandten und Freunden diese Trauernachricht mittheilen, bitten wir um stille Theilnahme. (NPZ, 3. Januar 1875)

Mit innigster Betrübniß zeigen wir unsern auswärtigen Freunden und Verwandten ergebenst an, daß es Gott gefallen hat, am 3ten Januar, Morgens um 1 Uhr, unsre geliebte Tochter, Fräulein Wilhelmine Sophie Auguste von Eichmann, nach einer kurzen Nerven-Krankheit, in der Blüte ihrer Jahre, von dieser Welt abzufordern. Schriftliche Beileidsbezeugungen verbitten wir ergebenst, weil solche unsern ohnehin schon tiefen Schmerz nur noch erneuern würden. Cöslin, den 4ten Januar 1800.

Carl August von Eichmann.

Auguste Friederike von Eichmann, geborne von Schmeling.

Abb. T-47: VZ, 14. Januar 1800

Auch die Makrostruktur Würdigung ist oft als hypotaktischer Gesamtsatz ausgestaltet. Besonders erwähnenswert sind hier – mitunter eingeschobene (128 und 129) – Relativsätze als Attributsätze (124 bis 127 und 130), die häufig bei der Würdigung nachzuweisen sind:

(124) Der Dahingeschiedene war ein stets pflichttreuer Mann, dessen Andenken wir in Ehren halten werden. (KN, 8. Januar 1902)

(125) Der Verewigte diente dem Staat mit Treue, Redlichlkeit und rastloser Thätigkeit bis an die Stunde seines Todes, die ihn an seinem Arbeitstische unvermuthet überraschte. (BayZ, 28. Januar 1819)

(126) Wir verlieren mit Herrn Meixner einen wegen seines ausgezeichneten Könnens und seiner steten Hilfsbereitschaft geschätzten Mitarbeiter, dem wir immer ein ehrendes Andenken bewahren werden. (FAZ, 7. März 1952)

(127) Er war und bleibt für uns immer das Große Vorbild eines selbstlosen Menschen, der seine ganze Lebenskraft und seine finanziellen Mittel in den Dienst der notleidenden Menschen stellt. (FAZ, 7. Januar 2002)

(128) Wir werden dem Verstorbenen, der unserem Vereine von Beginn seines Bestehens an zugehörte, stets ein treues Andenken bewahren. (NPZ, 2. Januar 1917)

(129) Dem Verstorbenen, der uns während einer langen Reihe von Jahren treuer Pflichterfüllung seine Dienste gewidmet hat, werden wir ein ehrendes Andenken bewahren. (Abb. T-48)

(130) Danke für die schönen Jahre, die wir mit dir verbringen durften. (KStA, 5. Januar 2002)

Am 10. d Mts. starb nach längerem Leiden im 57. Lebensjahre unser Expedient Herr

Ernst Leberecht.

Dem Verstorbenen, der uns während einer langen Reihe von Jahren in treuer Pflichterfüllung seine Dienste gewidmet hat, werden wir ein ehrendes Andenken bewahren.

Berlin, 11. Februar 1902.

Ullstein & Co.

Abb. T-48: Mopo, 12. Februar 1902

Zudem tragen Vorkommen von Temporal- (131 bis 133), Komparativ- (134), Final- (135) und Instrumentalsätzen (136) dem Umstand Rechnung, dass unterschiedlichste Sachverhalte in den Würdigungen dargestellt werden, wobei Temporalsätze als Adverbialsätze dominieren. Sie alle haben einem Punkt als abschließendes Interpunktionszeichen am Satzende:

(131) Der Verstorbene gehörte viele Jahre unserem Hause an, bis er 1944 in den wohlverdienten Ruhestand versetzt wurde. (Mopo, 2. November 1952)

(132) Auch nachdem der nun Dahingeschiedene mit Rücksicht auf sein hohes Alter den Vorsitz niedergelegt hatte, durften wir stets auf seinen klugen und erfahrenen Rat zählen. (VZ, 2. Januar 1917)

(133) Als er diesen Kampf für die verbotene SPD fortsetzte, verurteilte ihn der nationalsozialistische Staat 1935 zu zwei Jahren Gefängnis. (FAZ, 10. Januar 2002)

(134) Es bleibt die Erinnerung an eine schöne Zeit mit ihr, als sie der heitere, strahlende Mittelpunkt unserer Familie war. (KStA, 5.Januar 2002)

(135) UNICEF schenkte er eine einzigartige Kunstsammlung, damit seine Arbeit in Afrika fortgeführt werden kann. (Abb. T-49)

(136) Wir ehren sein Andenken, indem wir das von ihm aufgebaute Werk in seinem Sinne weiterführen. (Mopo, 24. Februar 1952)

In Dankbarkeit und Hochachtung nehmen wir Abschied von

Dr. Dr. Gustav Rau

* 21. 1. 1922 † 3. 1. 2002

Gustav Rau widmete sein Leben der Hilfe für notleidende Kinder in Afrika. Jahrelang arbeitete er als Arzt in der Republik Kongo. Sein aufopfernder Einsatz für die Armen machte ihn zu einem modernen Albert Schweitzer. UNICEF schenkte er eine einzigartige Kunstsammlung, damit seine Arbeit in Afrika fortgeführt werden kann.

Gustav Raus Lebenswerk wird uns Verpflichtung bleiben.

Dietrich Garlichs
UNICEF-Stiftung

Abb. T-49: FAZ, 7. Januar 2002

Konditionalsätze sind ausschließlich im KStA festzustellen. Dort sind sie in der Makrostruktur Einladung zur Trauerfeier zu finden, die gerade zu Beginn des 20. Jahrhunderts oft vorkommt (137 bis 139):

(137) Sollte jemand aus Versehen keine Einladung erhalten haben, so bitten wir, dieses als solche zu betrachten. (Abb. T-50)

(138) Sollte jemand aus Versehen eine Einladung nicht erhalten haben, so bitten wir, diese Anzeige als solche zu betrachten. (KStA, 28. Dezember 1916)

(139) Sollte jemand aus Versehen keine besondere Anzeige erhalten haben, so bitten wir, diese als solche zu betrachten. (KStA, 2. Januar 2002)

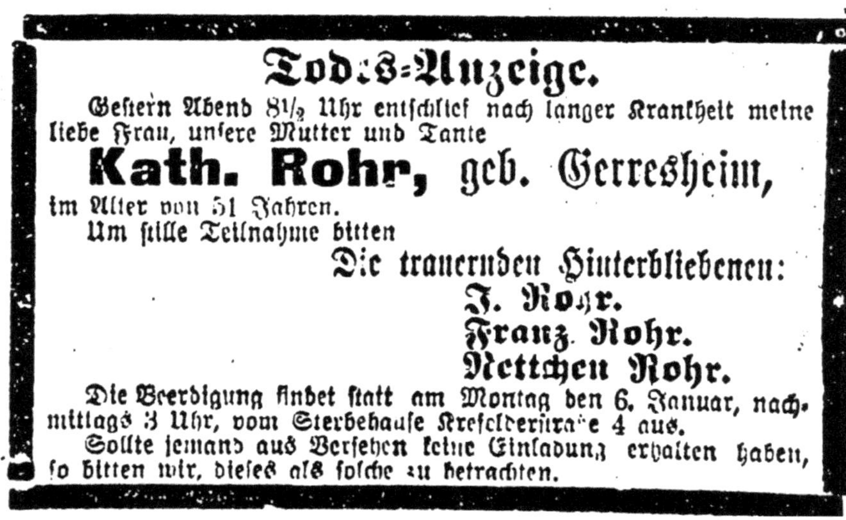

Todes-Anzeige.

Gestern Abend 8½ Uhr entschlief nach langer Krankheit meine liebe Frau, unsere Mutter und Tante

Kath. Rohr, geb. Gerresheim,

im Alter von 51 Jahren.

Um stille Teilnahme bitten

Die trauernden Hinterbliebenen:

J. Rohr.

Franz Rohr.

Nettchen Rohr.

Die Beerdigung findet statt am Montag den 6. Januar, nachmittags 3 Uhr, vom Sterbehause Krefelderstraße 4 aus.

Sollte jemand aus Versehen keine Einladung erhalten haben, so bitten wir, dieses als solche zu betrachten.

Abb. T-50: KStA, 5. Januar 1902

2.2.3 *Parataktisch-hypotaktische Gesamtsätze*

Nur selten machen die Inserenten Gebrauch von parataktisch-hypotaktischen Gesamtsätzen. Innerhalb von parataktisch-hypotaktischen Gesamtsätzen sind die Hauptsätze in der Regel asyndetisch verbunden (140 bis 142), als Nebensätze treten Kausal- (140), mit *dass* eingeleitete Objekt- (140) und Attributsätze (141 und 142) auf:

(140) Da ich ohnehin weis, daß alle meine guten Freunde Bedauerniß mit mir haben werden, so verbitte ich mir alles Beileid, ersuche aber um die fernere Gewogenheit. (Abb. T-51)

(141) Ein hervorragender Soldat, ein fürsorgender Vorgesetzter und stets hilfsbereiter und treuer Kamerad: So wird sein Andenken weit über den Kreis seines alten Regiments hinaus in dankbarer Erinnerung bei denen fortleben, die ihm im Leben nahe gestanden haben. (NPZ, 6. September 1921)

(142) Er war so edel, er war so gut, der nun in kalter Erde ruht. (Mopo, 7. Januar 1917)

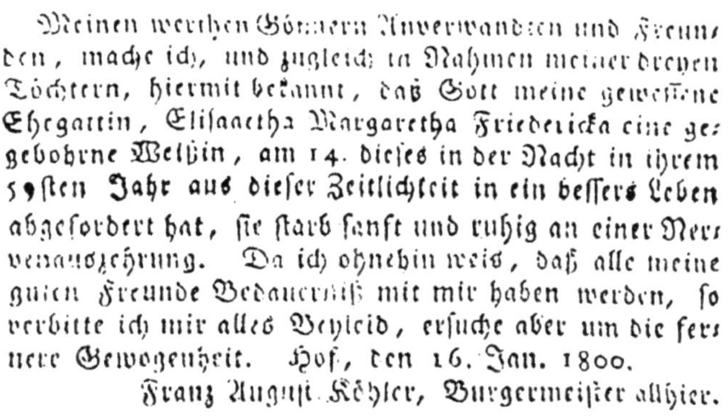

Meinen werthen Gönnern Anverwandten und Freunden, mache ich, und zugleich in Nahmen meiner dreyen Töchtern, hiermit bekannt, daß Gott meine gewesene Ehegattin, Elisabetha Margaretha Friederica eine gebohrne Welßin, am 14. dieses in der Nacht in ihrem 59sten Jahr aus dieser Zeitlichkeit in ein bessers Leben abgefordert hat, sie starb sanft und ruhig an einer Nervenauszehrung. Da ich ohnehin weis, daß alle meine guten Freunde Bedauerniß mit mir haben werden, so verbitte ich mir alles Beyleid, ersuche aber um die fernere Gewogenheit. Hof, den 16. Jan. 1800.

Franz August Köhler, Burgermeister allhier.

Abb. T-51: KStA, 5. Januar 1902

Beispiel 143 zeigt eine parataktisch-hypotaktische Konstruktion, die aus drei Hauptsätzen und einem vom Nukleus *Personen* innerhalb des ersten Hauptsatzes abhängigen Attributsatz besteht. Die Hauptsätze sind sowohl asyndetisch als auch syndetisch durch *und* miteinander verknüpft:

(143) Wir machen dieses hierdurch allen verehrungswürdigen Personen, welche die Verstorbene in ihrem Leben mit ihrer gütigen Gewogenheit und Zuneigung beehrten, bekannt, überzeugen uns ganz von der gütigen Theilnahme an unsern unersetzlichen Verlust, und statten für alle der Seligen geschenkte Freundschaft, zugleich unsern Pflichtschuldigsten gehorsamsten Dank ab. (Abb. T-53)

2.3 *Zusammenfassung*

Die Inserenten von Todesanzeigen verwenden überwiegend isoliert gebrauchte einfache Sätze, mehrheitlich entscheiden sie sich dabei für Verbalsätze, aber auch isoliert gebrauchte einfache Nominalsätze sind regelmäßig zu finden. So ist der primäre Initiator Überschrift ausschließlich als Nominalsatz realisiert. Die Makrostruktur Angabe der Inserenten ist ebenfalls häufig als Nominalsatz ausgestaltet, weitere Vorkommen von Nominalsätzen sind in den Makrostrukturen Ort, Ort und Datum, Traueranschrift, Hinweise zur Bestattung und auf religiöse Zeremonien, Adressatenkreis, Beileidsbekundungen und Würdigung zu belegen. Verbalsätze sind sehr häufig in den Makrostrukturen Todesmitteilung, Beileidsbekundung, Hinweise zur Bestattung und auf religiöse Zeremonien, Würdigung und Spendenaufforderungen nachzuweisen. Die Makrostruktur Angabe der Inserenten hingegen ist nur selten als Verbalsatz realisiert.

Auch wenn die Frequenz parataktischer Gesamtsätze nicht sehr hoch ist, so sind sie in Todesanzeigen dennoch erheblich häufiger als in den untersuchten Geburts- und Verbindungsanzeigen. Sie sind in den Makrostrukturen Todesmitteilung, Beileidsbekundung, Hinweise zur Bestattung und auf religiöse Zeremonien sowie Würdigung festzustellen. Ähnlich häufig wie parataktische Gesamtsätze sind hypotaktische Gesamtsätze. Sie treten über den gesamten Untersuchungszeitraum in der Makrostruktur Todesmitteilung auf. Daneben werden die Makrostrukturen Beileidsbekundungen und Würdigung gelegentlich als hypotaktische Gesamtsätze realisiert. Als Nebensätze tauchen Objekt-, Subjekt-, Adverbial- und Attributsätze sowie weiterführende Nebensätze auf. Parataktisch-hypotaktische Gesamtsätze sind äußerst selten, sie kommen fast ausschließlich zu Beginn des Untersuchungszeitraumes vor.

Syntaktische Besonderheiten sind in den Makrostrukturen Angabe der Inserenten, Todesmitteilung und Würdigung nachzuweisen: In der Makrostruktur Angabe der Inserenten finden sich Angaben zum Beruf des Verstorbenen – teilweise auch Angaben zum Beruf der Inserenten – sowie bei Frauen der Geburtsname als nachgestellte, lockere Appositionen. In der Makrostruktur Todesmitteilung sind häufig durch verschiedene Satzglieder stark erweiterte Sätze festzustellen, die neben der reinen Todesmitteilung Angaben zum Sterbetag, zur Todesursache oder zu den näheren Umständen des Todes enthalten. In der Makrostruktur Würdigung sind relativ häufig hypotaktische Gesamtsätze zu verzeichnen, deren Teilsätze sehr unterschiedlich ausgestaltet sind. Neben eingeschobenen Relativsätzen als Attributsätzen kommen Temporal-, Final- und Instrumentalsätze vor. Diese Vielfalt spiegelt den Umstand wider, dass innerhalb der Makrostruktur Würdigung sehr individuelle und damit unterschiedliche Sachverhalte ausgedrückt werden.

Auch die Textsorte Todesanzeige ist von Aussagesätzen dominiert. Ausrufesätze sind äußerst selten, sie kommen beim primären Initiator Überschrift und in der Makrostruktur Würdigung vor.

Bei vergleichender Betrachtung mit den anderen in dieser Arbeit untersuchten Textsorten handelt es sich bei der Todesanzeige zwar um die syntaktisch komplexeste Textsorte, insgesamt sind auch Todesanzeigen jedoch über den gesamten Untersuchungszeitraum als nur als wenig komplex zu charakterisieren. Ein wesentlicher Grund dafür, dass die Todesanzeigen syntaktisch komplexer sind als Geburts- und Verbindungsanzeigen dürfte in den abweichenden Strukturen der Todesanzeigen und auch ‚in der Natur der Sache' liegen: So enthalten Todesanzeigen im Gegensatz zu Geburts- und Verbindungsanzeigen beispielsweise die Makrostruktur Hinweise zur Bestattung und auf religiöse Zeremonien. Hinzu tritt in Todesanzeigen vielfach die Makrostruktur Würdigung: Am Ende eines Lebensweges gibt es über den Verstorbenen mehr zu sagen als bei der Geburt eines Menschen oder zum Zeitpunkt der Verlobung beziehungsweise Heirat. Dieser Umstand schlägt sich bei der Würdigung und somit in der syntaktischen Komplexität der Todesanzeigen nieder.

Genau wie bei Geburts- und Verbindungsanzeigen tragen die spezifischen syntaktischen Strukturen auch bei Todesanzeigen nur wenig zur Definition der Textsorte bei. Die Abgrenzung gegenüber anderen Textsorten ergibt sich bereits aus den makrostrukturellen und lexikalischen Besonderheiten der Todesanzeigen.

3 Lexik

De mortuis nil nisi bene. Über die Toten soll nur gut geredet werden. Diese lateinische Redewendung entfaltet ihre Wirkung insbesondere auf dem Gebiet der Todesanzeigen. Als „Toter wird ein jeder als idealer Mensch hingestellt“,[127] wie Mischke notiert. Der Tod gilt als tabuisierter, stark kommunikationsgehemmter Bereich, man setzt sich nur ungern mit ihm auseinander.[128] Diese Tatsache führt zum verstärkten Gebrauch von Euphemismen und hauptsächlich positiv konnotierten Lexemen. Grundsätzlich wird in Todesanzeigen eine Sprache gewählt, die sich von der Alltagssprache abhebt.

Der in Todesanzeigen verwendete Wortschatz ist sehr beschränkt. Die für die Todesanzeigen typischen Lexeme entstammen einigen wenigen Wortfeldern. Zunächst wird hier auf allgemeine Erkenntnisse eingegangen, die die Lexik von Todesanzeigen betreffen. So sind in fast allen Anzeigen Verwandtschaftsbezeichnungen zu finden, die die Beziehung der Hinterbliebenen zum Verstorbenen aufzeigen. Zudem werden besondere Fähigkeiten und Eigenschaften des Verstorbenen in Form einer Würdigung hervorgehoben. Daneben enthalten Todesanzeigen teilweise Angaben zur Todesursache sowie Trauerbekundungen der Hinterbliebenen. Lexikalische Variationen sind weiterhin in der Bezeichnung der Bestattungsform und den verschiedenen Bezeichnungen für Gott und das Jenseits festzustellen.

Zudem werden die für das Ableben einer Person verwendeten Bezeichnungen untersucht. Die deutsche Sprache kennt eine Vielzahl von

127 *Mischke* (1996: 114).
128 *Fuchs* (1969: 83).

Lexemen, die das Sterben bezeichnen. Dornseiff nennt über 150 verschiedene.[129] In Todesanzeigen wird jedoch nur eine kleine Teilmenge dieser Lexeme gebraucht – sie liegen unter IV.3.12 im Zentrum des Interesses. Dabei wird eingehend untersucht, ob sich Veränderungen bezüglich der benutzten Bezeichnungen zeigen, die wiederum auf einen veränderten Umgang mit dem Tod und die Art der Todesmitteilung schließen lassen können.

Todesfälle der Jahre 1916/17 und 1942/43, die im direkten Zusammenhang mit dem Kriegsgeschehen stehen, werden gesondert untersucht. Darunter fallen Todesanzeigen für aktiv am Ersten oder Zweiten Weltkrieg Beteiligte, vor allem für Soldaten. Diese Vorgehensweise ist angesichts der zu erwartenden lexikalischen Besonderheiten in der Mitteilung solcher Todesfälle geboten.

Die Lexik der den Kriegstoten aus dem Zweiten Weltkrieg gewidmeten Todesanzeigen wird überdies mit der Lexik offizieller Todesbenachrichtigungen verglichen, die die Angehörigen von den Verantwortlichen erhalten haben. Todesanzeigen und offizielle Todesbenachrichtigungen werden daraufhin untersucht, ob die Todesbenachrichtigungen, in denen die Hinterbliebenen über das Ableben ihres Angehörigen informiert wurden, möglicherweise Einfluss auf die verwendeten Formulierungen und den Wortschatz der Todesanzeigen haben.

3.1 Verwandtschafts- und Personenbezeichnungen

Den meisten privaten Todesanzeigen ist gemein, dass die Hinterbliebenen zum Ausdruck bringen, in welcher verwandtschaftlichen Beziehung der Verstorbene zu ihnen steht. So ist es nicht erstaunlich, dass in Todesanzeigen zahlreiche Verwandtschaftsbezeichnungen zu finden sind, die entweder in die Todesmitteilung integriert sind oder hinter den Namen der Hinterbliebenen stehen, um so das verwandtschaftliche Verhältnis zum Verstorbenen aufzuzeigen. Einerseits sind in Todesanzeigen – besonders in Todesmitteilung und Würdigung – Verwandtschaftsbezeichnungen zu belegen, die die Beziehung zum Verstorbenen aus der Perspektive der Angehörigen benennen. Andererseits sind auch Verwandtschaftsbezeichnungen nachzuweisen, die die Beziehung aus Sicht des Verstorbenen beschreiben, dies ist bei der Angabe der Hinterbliebenen der Fall. Besonders häufig erscheinen die Substantive *Mann*, *Frau*, *Gatte*, *Gattin*, *Ehemann*, *Ehefrau*, *Vater*, *Mutter*, *Sohn*, *Tochter*, *Bruder* und *Schwester*. Daneben sind auch Verwandtschaftsbezeichnungen wie

129 *Dornseiff* (1959: 147f.).

Großvater, *Großmutter*, *Opa*, *Oma*, *Urgroßvater*, *Urgroßmutter*, *Uropa*, *Uroma*, *Schwager*, *Schwägerin*, *Onkel*, *Tante*, *Schwiegervater*, *Schwiegermutter*, *Neffe*, *Nichte*, *Vetter*, *Base*, *Cousin* und *Cousine* festzustellen. Vereinzelt treten *Ehegattin*, *Ehegatte*, *Zwillingsbruder*, *Braut*, *Bräutigam*, *Großonkel*, *Pflegevater*, *Pflegesohn* und *Pflegebruder* auf.

Bemerkenswert ist, dass *Base* nur in der LZ auftaucht und auch dort nach 1972 nicht mehr benutzt wird.[130] Die Bezeichnungen *Gattin* und *Gatte* bleiben ebenfalls nach 1972 aus. Bis zuletzt werden sie nur in der LZ verwendet, im KStA und der Mopo sind sie nur bis 1952 zu belegen. In KN, KöZ, NPZ und VZ werden *Gatte* und *Gattin* nur vereinzelt bis 1916/17 gebraucht, wobei in der VZ deutlich häufiger *Frau* beziehungsweise *Mann* auftritt. Einzig in der LZ sind 2002 *Ehemann* und *Ehefrau* zu verzeichnen, vorher und in den anderen Zeitungen werden diese Bezeichnungen nicht benutzt. Im Falle des Todes von Kindern wird das Substantiv *Kind* gewählt, daneben können mehrere Vorkommen von Hypokoristika bei sehr jung Verstorbenen festgestellt werden: So ist mehrfach *Söhnchen* und vereinzelt die Verwendung von *Töchterchen* nachzuweisen. Jeweils einmal sind die Substantive *Söhnlein* und *Enkeltöchterchen* (Abb. T-52) zu verzeichnen. 1850 findet sich eine Todesanzeige in der NPZ für einen *neugeborenen Knaben*.

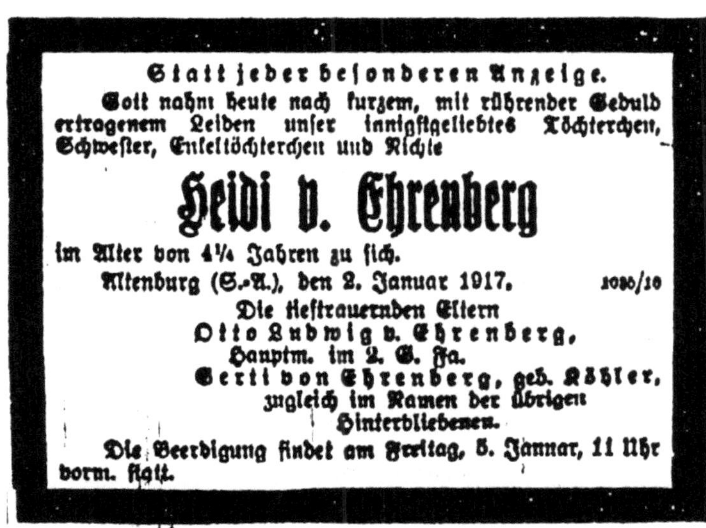

Statt jeder besonderen Anzeige.

Gott nahm heute nach kurzem, mit rührender Geduld ertragenem Leiden unser innigstgeliebtes Töchterchen, Schwester, Enkeltöchterchen und Nichte

Heidi v. Ehrenberg

im Alter von 4¼ Jahren zu sich.

Altenburg (S.-A.), den 2. Januar 1917. 1080/10

Die tieftrauernden Eltern
Otto Ludwig v. Ehrenberg,
Hauptm. im 2. G. Fa.
Gerti von Ehrenberg, geb. Köhler,
zugleich im Namen der übrigen
Hinterbliebenen.

Die Beerdigung findet am Freitag, 5. Januar, 11 Uhr vorm. statt.

Abb. T-52: NPZ, 4. Januar 1917

130 Laut *Köster* (1973: 158) gilt die Bezeichnung *Base* schon zu dieser Zeit als veraltet.

Mitte des 20. Jahrhunderts treten zu *Großmutter* und *Großvater* die beiden umgangssprachlichen Lexeme *Oma* und *Opa* hinzu. Ab 1942/43 sind ebenfalls vereinzelt mit i-Suffix gebildete Koseformen wie *Papi*, *Vati*, *Mutti*, *Omi*, *Opi* und *Uromi* festzustellen, die mit der Zeit zunehmen. Oft sind mit der Verwandtschaftsbezeichnung die Possessivpronomen *mein* und *unser* verbunden.

Weiterhin sind über den gesamten Untersuchungszeitraum die Substantive *Frau* und *Herr* als enge Apposition bei den Namen der Verstorbenen als Personenbezeichnungen nachweisbar, *Fräulein* ist dagegen selten und nur bis Mitte des 19. Jahrhunderts zu belegen. Im Laufe des Untersuchungszeitraumes nehmen die Substantive *Frau* und *Herr* deutlich ab, aber noch 2002 sind sie vereinzelt zu finden – jedoch ausschließlich in LZ, KStA sowie den beiden überregionalen Zeitungen FAZ und Welt. Zwar werden *Frau* und *Herr* auch in Mopo und KN benutzt, dort sind sie allerdings nicht – wie in den anderen Zeitungen – besonders hervorgehoben: In Mopo und KN sind beide Substantive Teil der Todesmitteilung, während sie in den anderen Blättern typografisch beim Namen des Verstorbenen stehen. In institutionellen Anzeigen ist die Frequenz der Substantive *Frau* und *Herr* deutlich höher als in privaten Todesanzeigen.

Als Apposition treten zu den Personennamen auch Titel und akademische Grade. Am häufigsten ist *Dr.*, gefolgt von *Prof.*, aber auch *Dipl.-Ing.* ist feststellbar. Titel und akademische Grade nehmen im Lauf der Untersuchung zu, erstmals ist ein Titel 1790 im HuC zu belegen.[131] In der 2002er Probe sind Titel besonders häufig in Welt und FAZ, wobei die Frequenz in der Welt am höchsten ist – dort haben 73,3 Prozent[132] der Verstorbenen einen Titel, in der FAZ beläuft sich der Anteil auf 40 Prozent. Zum Vergleich: In KN und KStA gibt es 2002 jeweils eine Todesanzeige, in der beim Namen des Verstorbenen ein Doktortitel steht. Außer beim Namen des Verstorbenen kommen Titel in Todesanzeigen auch bei den Namen der Inserenten vor.

Bis einschließlich 1875/76 werden in den Anzeigen die Adressaten explizit aufgeführt. In der 1875/76er Probe tauchen Personenbezeichnungen dieser Art im HuC nicht mehr auf, sind jedoch in allen anderen Zeitungen noch vorhanden. Folgende Substantive sind dabei zu verzeichnen: *Anverwandte*, *Gönner*, *Freunde*, *Verwandte* und *Bekannte*. Attributiv können *auswärtig*, *geschätzt*, *hochgeschätzt* und *entfernt* hin-

131 Abb. TA-64.

132 Bei diesem Wert muss jedoch berücksichtigt werden, dass für einen Verstorbenen von verschiedenen Inserenten oft mehrere Anzeigen in Welt und FAZ veröffentlicht wurden.

zukommen. In der BayZ ist ein einziges Mal die Formulierung ‚allen verehrungswürdigen Personen‘ feststellbar.

3.2 Würdigung des Verstorbenen

In vielen Fällen wird der Verstorbene in der Todesanzeige gewürdigt. Hierbei ist zwischen zwei Erscheinungsformen zu differenzieren: Erstens die Form der separaten Makrostruktur Würdigung, in der mithilfe von Adjektiven und Substantiven besondere Fähigkeiten oder Eigenschaften des Verstorbenen benannt werden,[133] zweitens die in die Todesmitteilung integrierte Würdigung, die sich meist auf die Verwendung von Adjektiven in attributiver Verbindung mit den Verwandtschaftsbezeichnungen beschränkt.[134] Die in Form einer eigenen Makrostruktur auftretende Würdigung ist vor allem in institutionellen Anzeigen zu finden, in privaten Anzeigen dagegen überwiegt die in die Todesmitteilung integrierte Würdigung.

In den privaten Todesanzeigen sind bis 1942/43 fast ausschließlich Adjektive und Partizipien als Würdigung zu belegen, die attributiv zu den Verwandtschaftsbezeichnungen treten. Besonders oft kommen *geliebt* sowie die damit gebildeten Komposita *innigstgeliebt,*[135] *heißgeliebt* und *herzinnigstgeliebt* vor. Als Adjektive mit hoher Frequenz sind *gut*, *treu*, *liebevoll*, *sorgsam*, *strebsam* und *warmherzig* zu nennen. Vereinzelt sind *seelengut*, *edel*, *zärtlich*, *unvergeßlich*, *rechtschaffend* (Abb. T-53), *wertgeschätzt*, *hochgeschätzt*, *hochverehrt*, *theuer* und *nimmermüde* nachzuweisen. Erst ab 1972 tauchen auch in den privaten Anzeigen vermehrt Substantive auf, die Eigenschaften benennen, durch die sich der Verstorbene auszeichnete. Hierzu zählen vor allem *Hilfsbereitschaft*, *Herzensgüte*, *Bescheidenheit*, *Liebe*, *Fürsorge*, *Schaffenskraft* und *Menschlichkeit*. Seltenheitswert hat die Würdigung *gottbegnadeter Künstler*, die 1972 in der Mopo verwendet wird.[136] Eine Würdigung in Form einer separaten Makrostruktur findet sich in der VZ 1790, in der der Verstorbene als *väterlicher Rathgeber* und *schätzbarer Freund* beschrieben wird.[137] 1825 werden im HuC die Substantive *Rechtschaffenheit* und *Herzensgüte*[138] benutzt.

133 Abb. TA-50.
134 Abb. TA-49.
135 Abb. T-62.
136 Abb. TA-51.
137Abb. TA-52.
138 Abb. TA-53.

Den 15. Febr. frühe ist unsre rechtschaffene Mutter, Sus. Joh. Langheinrich, verehlichte gewesene Feiler, in ihrem 68sten Jahre in ein besseres Leben übergegangen. Wir machen dieses hierdurch allen verehrungswürdigen Personen, welche die Verstorbene in ihrem Leben mit ihrer gütigen Gewogenheit und Zuneigung beehrten, bekannt, überzeugen uns ganz von der gütigen Theilnahme an unsern unersezlichen Verlust, und statten für alle der Seligen geschenkte Freundschaft, zugleich unsern pflichtschuldigsten gehorsamsten Dank ab. Bayreuth, den 18. Febr. 1800.

G. C. Feiler, Conducteur im Culmbacher Kreise.

M. Feiler, Feldjäger im hochlöblichen Fußjäger-Regiment.

Abb. T-53: BayZ, 21. Februar 1800

Substantive in Verbindung mit attributiven beziehungsweise partizipialen Adjektiven gibt es vor allem in Würdigungen institutioneller Todesanzeigen, in denen Unternehmen verstorbener Mitarbeiter oder Geschäftsführer gedenken: Solche Anzeigen treten ab 1819/25 auf, sind jedoch bis 1902 noch relativ selten. So ist beispielsweise 1850 eine Todesanzeige in der VZ nachzuweisen, die einem *achtungswerthen Kameraden*[139] gewidmet ist, 1902 werden Verstorbene in NPZ und VZ etwa als *pflichttreuer Beamter* und *liebenswürdiger Kollege* sowie als *wohlmeinender Berater* und *rastloser Mitarbeiter* charakterisiert.

In Anzeigen, in denen Unternehmen verstorbener Mitarbeiter gedenken, ist vielfach die Makrostruktur Würdigung belegbar. Darin werden sowohl Adjektive als auch Substantive verwendet, um den Verstorbenen beziehungsweise dessen Fähigkeiten und Eigenschaften zu beschreiben. So waren die Verstorbenen zumeist *vorbildlich*, *treu*, als Mitarbeiter *geschätzt*, *zuverlässig* und *kompetent* beziehungsweise zeichneten sich durch *Pflichtbewusstsein*, *fachliches Können* und *unermüdlichen Einsatz* aus. Hervorzuheben sind Todesanzeigen, in denen von Führungskräften oder gar Firmengründern Abschied genommen wird. Diese sind meist persönlicher und verweisen auf *Sachkompetenz*, *Ideenreichtum*, *Tatkraft*, *Weitblick* und *Weltoffenheit*. Besonders häufig finden sich institutionelle Anzeigen in den beiden überregionalen Zeitungen FAZ und Welt. Zu allen Zeitpunkten liegt ihr Anteil über 50 Prozent, 2002 in der Welt bei 80

139 Abb. TA-54.

und 1952 in der FAZ sogar bei 86,7 Prozent. Fast alle dieser Anzeigen enthalten eine Würdigung, in der die Verstorbenen charakterisiert werden. So werden unter anderem *hervorragende, menschliche Eigenschaften*, *wohlwollendes Verständnis*, *unermüdliche Tatkraft*, *Verantwortungsbewußtsein*, *unternehmerischer Weitblick*, *menschliche Güte*, *ausgezeichnetes Wissen* und *fachliches Können* (Abb. T-54) der Verstorbenen hervorgehoben.

Voll tiefer Trauer geben wir bekannt, daß gestern abend unser Geschäftsführer

Herr Dr. Rudolf Müller

infolge Schlaganfall im Alter von 54 Jahren verschieden ist.

Der unerbittliche Tod setzte einem Leben voller Arbeit, Pflichterfüllung und Treue ein Ende. Sein ausgezeichnetes Wissen und fachliches Können hat er fast 30 Jahre in unermüdlicher Schaffenskraft zum Wohle unseres Vereins und damit des deutschen Metallgroßhandels eingesetzt.

Sein wertvoller Rat wird uns zukünftig fehlen, sein Andenken in uns fortleben.

Verein Deutscher Metallhändler e.V.

Wilhelm Kroll, I. Vorsitzender

Wiesbaden, den 28. März 1952
Wielandstraße 4

Abb. T-54: FAZ, 21. März 1952

Bis 2002 sind in Todesanzeigen vielfach auch Berufsbezeichnungen wie *Schriftsetzer*, *Hauptmann*, *Oberdorfmeister*, *Kaufmann*, *Fotograf*, *Bierkutscher*, *Gastwirt*, *Professor*, *Architekt* und *Schneidermeisterin* nachzuweisen. Berufsangaben sind besonders in Anzeigen für Männer festzustellen. Erst ab 1972 lassen sich vereinzelt Inserate belegen, in denen der Beruf einer verstorbenen Frau genannt wird, solche Anzeigen haben jedoch Ausnahmecharakter. Der Beruf von Frauen wird fast ausschließlich in institutionellen Todesanzeigen aufgeführt. Die niedrige Frequenz von Berufsbezeichnungen in Anzeigen für Frauen kann – neben der Tatsache, dass Frauen in geringerem Maße als Männer berufstätig waren und sind – damit begründet werden, dass der Nennung des Berufs bei Frauen nicht die gleiche Bedeutung zugemessen wird wie der Berufsangabe bei Männern. Als Ursache hierfür kommt die familiäre beziehungsweise gesellschaftliche Rollen- und Aufgabenverteilung zwischen den Geschlechtern in Betracht.

Eine hohe Frequenz für die Nennung von Berufs- beziehungsweise Funktionsbezeichnungen ist in institutionellen Todesanzeigen für männliche Verstorbene – besonders in FAZ und Welt – festzustellen. So finden beispielsweise *Grubenvorstand*, *Aufsichtsrat*, *Bundesminister für Wohnungsbau*, *Hüttendirektor*, *Gesellschafter*, *Vorstandsmitglied*, *Papierfabrikant*, *Professor für Physiologische Chemie* und *Top-Manager* (Abb. T-55) Verwendung.

Wir trauern um

John M. Shumejda

President und Chief Executive Officer (CEO)
des US-Landmaschinenkonzerns AGCO Corporation, Duluth, Georgia, USA
Aufsichtsratsmitglied der AGCO GmbH & Co., Marktoberdorf
und

Edward R. Swingle

Senior Vice President Vertrieb und Marketing

die bei einem tragischen Flugzeugunglück auf dem Flughafen Birmingham
am Freitag, 4. Januar 2002, gemeinsam mit drei Piloten ums Leben kamen.
Beide Top-Manager haben die Internationalisierung der Marke Fendt maßgeblich unterstützt.
Wir werden sie sehr vermissen.

In stiller Trauer
Aufsichtsrat Geschäftsführung Betriebsrat Belegschaft
AGCO GmbH & Co., Marktoberdorf

Abb. T-55: FAZ, 9. Hanuar 2002

Im Falle der Mitteilung des Todes von Soldaten sind neben den bereits erwähnten Lexemen zur Würdigung eines Verstorbenen die Adjektive *tugendsam*, *tugendreich*, *hoffnungsvoll* und *lebensfroh* vertreten. Die gefallenen Soldaten werden zudem als *frischer, fröhlicher Kamerad* oder *hoffnungsvoller Sohn* bezeichnet. Beim Vergleich der Todesanzeigen mit den Todesbenachrichtigungen aus dem Zweiten Weltkrieg zeigt sich, dass die gefallenen Soldaten in den Todesbenachrichtigungen von den Verfassern als *pflichtbewußt*, *verlässlich*, *vorbildlich*, *aufrichtig*, als *frischer Kamerad*, als *lieber Kamerad* und als *treuer Helfer* beschrieben werden. So sind in den Todesbenachrichtigungen beispielsweise folgende Würdigungen nachzuweisen:

- Ihr Mann war stets ein pflichtbewusster und frischer Kamerad, dessen Andenken wir stets in Ehren halten werden. (Abb. Tb-2)
- Er war mir mit seiner frischen, lebendigen Art ein lieber Kamerad und treuer Helfer. (Abb. Tb-3)

In den Todesanzeigen werden die Verstorbenen vorrangig als ‚Privatmensch', als Ehemann, Sohn oder Bruder, gewürdigt, während in den Todesbenachrichtigungen zudem der ‚Soldat' gewürdigt wird.

3.3 Todesursache

Betrachtet man die verwendeten Bezeichnungen für die Todesursache, so zeigen sich markante diachrone Unterschiede. Während die Todesursache in den frühen Anzeigen relativ häufig angeführt ist, wird sie ab Mitte des 20. Jahrhunderts nur noch selten spezifiziert. Ende des 18. und im Laufe des 19. Jahrhunderts starben die Menschen laut den in den Anzeigen angegebenen Todesursachen an *innerlicher Entzündung*, *Entkräftung*, *Nervenfieber*, *Schlagfluß*, *Auszehrung*, *Brustwassersucht*, *Pocken*, *Verhärtung der Eingeweide*, *Nervenkrankheit*, *Leberentzündung*, *Masern*, *Zahnkrämpfen*, *Scharlach* oder *Unterleibsentzündung*. Zu Beginn des 20. Jahrhunderts wird die Todesursache nur noch selten angegeben, obwohl bis 1952 Krankheitsbezeichnungen wie *Herzleiden*, *Herzlähmung*, *Herzschlag*, *Nierenentzündung*, *Lungenleiden*, *Wochenbett*, *Schlaganfall*, *Gehirnschlag* und *Altersschwäche* auftreten. Danach werden vielmehr die Umstände des Todes als die Todesursache benannt, etwa wenn es sich um einen durch einen *Unglücksfall* oder *Unfall* verursachten Tod handelt; so findet sich 2002 in der FAZ eine institutionelle Todesanzeige für zwei bei einem *tragischen Flugzeugunglück* verstorbene Mitarbeiter (Abb. T-55).

In Anzeigen für Kriegstote wird meist lediglich auf eine *Verwundung* verwiesen, die Todesursache selbst wird nicht explizit genannt. Eine Sonderstellung nehmen LZ und NPZ während des Ersten Weltkrieges ein: Hier sind detaillierte Angaben zur Todesursache zu belegen, etwa *Granatsplitter*, *Lungenschuss*, *Kopfschuss*, *Bauchschuss* oder *tödlicher Schuß*. Häufiger als die direkte Todesursache werden auch in den Kriegsanzeigen die Umstände des Todes genannt, wozu *an einer Verwundung*, *durch Absturz mit dem Flugzeug* und *nach 2jähriger russischer Gefangenschaft*, *auf einem Fluchtversuch*, *auf dem Felde der Ehre* und *im Lazarett* zu zählen sind. In Anzeigen aus dem Zweiten Weltkrieg wird die Todesursache bei Soldaten nicht angegeben. Beim Vergleich der offiziellen Todesbenachrichtigungen mit den Todesanzeigen zeigt sich, dass die Todesanzeigen fast ausnahmslos keine Todesursache enthalten, die meisten Todesbenachrichtigungen dagegen sehr wohl über die Todesursache informieren. Dort werden als Todesursache unter anderem *Granatsplitter*, *mehrere Treffer in Brust und Kopf*, *Bombensplitter* und *Kopfschuß* angegeben. Folglich kann die Nichterwähnung der Todesursache in den Todesanzeigen nicht damit erklärt werden, dass die Angehörigen die Todesursache nicht kannten – die Nichterwähnung hat andere Gründe. Das Fehlen der Todesursache könnte daran liegen, dass es nicht üblich war, die Todesursache beim gewaltsam eingetretenen Tod in den Kriegsanzeigen zu spezifizieren.

Auch die ausdrückliche Erwähnung eines Suizids als Todesursache konnte in den vorliegenden Anzeigen nicht nachgewiesen werden. Es ist durchaus möglich, dass es sich bei keinem der im Untersuchungszeitraum angezeigten Todesfälle um einen Suizid handelt. Eine weitere Erklärung liefert Bronisch: Ihm zufolge liegt ein Grund für die Nichtnennung eines Selbstmordes in Todesanzeigen in dessen besonderer Privatheit und dem Diskretionsinteresse der Angehörigen.[140] Weis stellt fest:

> *Selbstmord ist tabuisiertes Verhalten. Starke soziale Normen verbieten ihn und sanktionieren ihn an dem Handelnden und den durch familiäre oder sonstige Beziehungen Mitbetroffenen durch sinkende Wertschätzung und andere gesellschaftliche, rechtliche und kirchliche Maßnahmen. Selbstmord und Selbstmordversuch werden daher möglichst geheimgehalten.*[141]

Dass ein Selbstmord in Todesanzeigen nicht thematisiert wird, zeigte sich auch nach der Selbsttötung Robert Enkes, des Torwarts der deutschen Fußballnationalmannschaft, im November 2009, der sich – wie schon am Todestag allgemein bekannt war – das Leben genommen hatte. In den unzähligen nach Enkes Tod veröffentlichten Todesanzeigen wurde lediglich ausgedrückt, dass es sich um einen tragischen, überraschenden und plötzlichen Tod handelte, explizite Benennungen des Suizids waren jedoch nicht zu finden (Abb. T-56 bis T-58).

140 Vgl. *Bronisch* (1984: 557).
141 *Weis* (1976: 180).

Die Spieler, die Sportliche Leitung und die Betreuer der deutschen Nationalmannschaft trauern um

Robert Enke

Wir sind alle geschockt. Uns fehlen die Worte. Bei uns herrscht Fassungslosigkeit und Bestürzung. Er wird noch lange anhalten, dieser Zustand der stillen Trauer über diesen unbegreiflichen, viel zu frühen Tod. Unsere Gedanken sind bei Roberts Frau und seiner Familie.

Robert hat viele begeistert, berührt und bewegt. Mit seiner Lebensgeschichte und mit seiner Karriere als Fußballprofi, die ihn auf vielen Umwegen bis in das Tor der deutschen Nationalmannschaft führte.

Robert war ein außergewöhnlicher Sportler, ein wunderbarer Mensch. Mit ihm haben wir einen guten Freund verloren.

Niemand von uns fühlt sich in der Lage, in dieser Situation einfach zur Tagesordnung überzugehen. Das ist ein Moment, bei dem man auch im Fußball innehalten muss.

Wir alle werden Robert Enke nicht vergessen und in guter Erinnerung behalten.

Joachim Löw
Bundestrainer

Oliver Bierhoff
Manager

Michael Ballack
Kapitän

Abb. T-56: Süddeutsche Zeitung, 14. November 2009

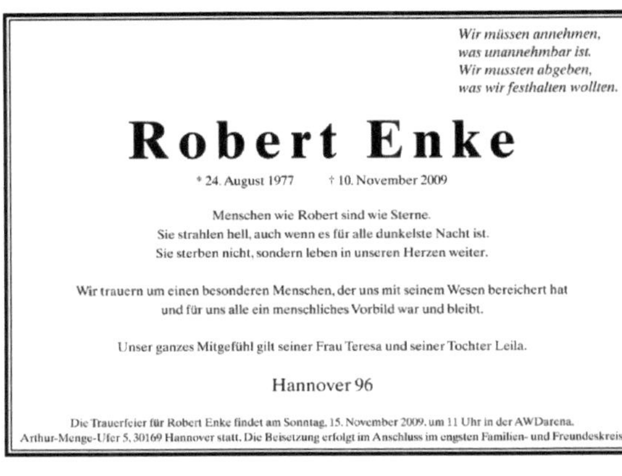

Wir müssen annehmen,
was unannehmbar ist.
Wir mussten abgeben,
was wir festhalten wollten.

Robert Enke

* 24. August 1977 † 10. November 2009

Menschen wie Robert sind wie Sterne.
Sie strahlen hell, auch wenn es für alle dunkelste Nacht ist.
Sie sterben nicht, sondern leben in unseren Herzen weiter.

Wir trauern um einen besonderen Menschen, der uns mit seinem Wesen bereichert hat und für uns alle ein menschliches Vorbild war und bleibt.

Unser ganzes Mitgefühl gilt seiner Frau Teresa und seiner Tochter Leila.

Hannover 96

Die Trauerfeier für Robert Enke findet am Sonntag, 15. November 2009, um 11 Uhr in der AWDarena, Arthur-Menge-Ufer 5, 30169 Hannover statt. Die Beisetzung erfolgt im Anschluss im engsten Familien- und Freundeskreis.

Abb. T-57 und T-58: Hannoversche Allgemeine Zeitung, 14. November 2009

Neben den Anzeigen, in denen die Todesursache explizit erwähnt wird, stehen zahlreiche Anzeigen, in denen die Todesursache nicht genannt wird. Meist wird lediglich auf eine *schwere Krankheit*, ein *langes Krankenlager*, eine *langwierige Erkrankung* oder ein *langes Leiden* hingewiesen. Die Adjektivattribute, die im Zusammenhang mit der Krankengeschichte des Verstorbenen auftreten, sind *schwer*, *kurz*, *lang*, *qualvoll* und vereinzelt *schmerzvoll*. In einigen Fällen wird die Dauer der Krankheit präzise angegeben, wie etwa nach *sechswöchiger Krankheit*, *dreijähriger Krankheit*, *11monatlichem Leiden*, *sechswöchentlichem Leiden* und *zweitägigem schweren Leiden*. In der VZ 1921 ist eine Todesanzeige vorhanden, die einem Opernsänger gewidmet ist, der *während der Aida-Aufführung* (Abb. T-59) verstorben ist. In älteren Anzeigen ist die Todesursache deutlich häufiger erwähnt als in den jüngeren Anzeigen. Die genaue Dauer der Krankheit wird ebenfalls fast ausschließlich in den älteren Todesanzeigen angegeben. Ab Mitte des 20. Jahrhunderts sind keine detaillierten Zeitangaben zur Krankheitsdauer mehr zu belegen, aber bereits vorher ist die Frequenz gering.

Josef Mann †

Der erste Tenor der Berliner Staatsoper ist während der Aida-Aufführung am 5. September cr., die ihm reiche Ehrungen einbrachte, plötzlich verschieden. Mit ihm ist einer der besten und beliebtesten Tenöre aus dem Leben gegangen.

Seine wundervolle Stimme ist auf zahlreichen Odeon-Musikplatten für die Ewigkeit festgehalten. Josef Mann sang nur auf Odeon Schallplatten.

Odeon-Musik-Haus, Berlin W 8,

Friedrichstraße [illegible] a, Ecke Mohrenstraße.

Abb. T-59: VZ, 7. September 1921

Nicht als Spezifizierung der Todesursache zu verstehen und dennoch zu erwähnen sind vereinzelte Charakterisierungen des Todes. Ab 1819/25 wird der Tod in einigen Anzeigen sowohl als *sanft*[142] als auch als *unerbittlich* bewertet, wobei die Frequenz für *sanft* zwischen 1850 und 1921 am höchsten ist. Mitunter werden auch die Todesumstände thematisiert, die Wendungen *plötzlich und unerwartet*[143] sowie *schnell und unerwartet* seien als Beispiele genannt.

3.4 Bekanntgabe des Todes

Anfangs enthalten einige Todesanzeigen im Anzeigentext den Hinweis, dass die Anzeige die einzige Mitteilung des Todesfalles ist und private Trauerbriefe nicht verschickt werden. So kommen 1790 in BayZ, HuC und VZ die Formulierungen ‚statt besonderer schriftlicher Bekanntmachung', ‚statt der Trauer-Briefe' beziehungsweise ‚statt der gewöhnlichen Trauerbriefe' vor. 1850 ist in der NPZ zudem ‚auf diesem Wege' festzustellen. Weitaus häufiger als im Anzeigentext finden sich Hinweise dieser Art in der Überschrift. In Todesanzeigen sind außerdem die beiden Adverbien *hiermit* und *hierdurch* zu verzeichnen, obwohl auch hier das Vorkommen zu keinem Zeitpunkt besonders hoch ist.

Gerade zu Beginn des Untersuchungszeitraumes scheint es üblich zu sein, in der Todesanzeige zu erwähnen, dass das Inserat die Funktion hat, über den Todesanfall zu informieren. Dementsprechend häufig sind im Anzeigentext die Verben *anzeigen*, *mittheilen* und *bekanntmachen* sowie die syntaktische Struktur *jemandem eine Anzeige widmen* nachzuweisen. Die höchste Frequenz ist dabei im 19. Jahrhundert zu belegen, während die genannten Verben im 20. Jahrhundert sowie in der 2002er Probe nur vereinzelt gebraucht werden – es handelt sich dabei fast ausschließlich um institutionelle Todesanzeigen. Dies ist beispielsweise in den beiden überregionalen Tageszeitungen Welt und FAZ der Fall: So finden sich in der FAZ 1952 *bekanntgeben* sowie 1972 *zur Kenntnis geben* und *anzeigen*, in der Welt 1972 *anzeigen*, *bekanntgeben* und *zur Kenntnis geben*.

3.5 Bestattungsform und religiöse Zeremonien

Eine weitere Gruppe bilden die Wörter, die die Art der Bestattung und der Abschiedszeremonie bezeichnen. Als Makrostruktur treten Hinweise zur Bestattung und auf religiöse Zeremonien erstmals 1850 in KöZ und VZ auf.[144] Demnach sind auch Substantive zur Bezeichnung der Bestat-

142 Abb. TA-55.

143 Diese Formulierung findet sich erstmals 1875 in der NPZ; siehe Abb. TA-56.

144 Siehe hierzu IV.1.2.6.

tungsform beziehungsweise religiöser Zeremonien ebenfalls erst ab 1850 nachzuweisen. Zur Bezeichnung der Bestattungsform werden vor allem die Substantive *Beerdigung*, *Beisetzung*, *Urnenbeisetzung*, *Begräbnis*, *Einäscherung* und *Bestattung* verwendet. Für *Beerdigung* ist die Frequenz über den gesamten Untersuchungszeitraum am höchsten, gefolgt von *Beisetzung* und *Bestattung*. Das Substantiv *Begräbnis* ist vereinzelt bis 1902 in KöZ und KStA belegbar.[145] *Einäscherung* findet sich erstmals 1917 in HuC und VZ, 1921 zusätzlich in KN und Mopo, bis es schließlich 1952 auch in FAZ und Welt auftritt. In NPZ und LZ ist *Einäscherung* nicht festzustellen.

Lexeme, die auf religiöse Zeremonien und Riten verweisen, sind insbesondere *Seelenmesse*, *Seelenamt*, *Seelengottesdienst*, *Rosenkranz*, *Exequien*, *Requiem* und das allgemein gehaltene *Trauerfeier*. Das Substantiv *Trauerfeier* lässt keine Rückschlüsse auf die religiöse Orientierung der Verstorbenen und der Hinterbliebenen zu. In VZ, NPZ und HuC erscheint *Trauerfeier* bereits 1902, in KN und Mopo tritt es erstmals 1916/17 beziehungsweise 1921 auf. 1942/43 findet dieser Wechsel schließlich auch im KStA statt – nicht jedoch in der LZ, dort wird stattdessen *Trauergottesdienst*[146] verwendet. Im Jahr 2002 ist *Trauerfeier* dann auch in der LZ nachzuweisen. Sowohl in FAZ, Welt und KN als auch in der Mopo dominiert ab 1972 *Trauerfeier* und liegt damit vor *Beerdigung*. Diesen Umschwung gibt es in LZ und KStA nicht.

Neben den genannten Substantiven erscheinen vereinzelt die Bezeichnungen für katholische Zeremonien: *Leichengottesdienst*, *Wortgottesdienst*, *Begräbnisamt, Eucharistiefeier* und *Engelamt,* das Amt beim Begräbnis unmündiger Kinder. Außerdem tauchen Substantive wie *Gemeinschaftsfeier*, *Totenfeier* und *Urnen-Trauerfeier* auf, die keiner Konfession zugeordnet werden können.

Weiterhin werden in den Todesanzeigen Substantive zur Benennung von Örtlichkeiten benutzt, die Rückschlüsse auf die Art der Bestattung zulassen, vor allem sind hier *Krematorium* und *Friedhof* zu nennen, aber auch *jüdischer Begräbnisplatz*, *Kirchhof* und *Leichenhalle* treten vereinzelt auf. Gerade in den katholisch dominierten Regionen finden oft mehrere Begriffe nebeneinander Verwendung, die auf die Bestattungsform und religiöse Zeremonien hinweisen (Abb. T-60). Die Ankündigung religiös motivierter Bräuche im Kontext der Bestattung ist besonders in KöZ, KStA und LZ, in Einzelfällen auch in FAZ und Welt zu verzeich-

145 Daneben findet sich 1875 in der LZ einmal die Bezeichnung *Leichenbegräbnis*.
146 *Trauergottesdienst* taucht in der LZ bereits 1921 auf, jedoch nur in einer Anzeige.

nen. In den den übrigen Zeitungen überwiegt das alleinige Vorkommen der Bestattungsform.

Ein Herz voller Liebe und Güte
hat aufgehört zu schlagen.
Wer ihn gekannt, weiß, was wir verloren haben.

Heinz-Jakob Wirtz

(Tambourcorpsführer und
Sitzungspräsident TC Freischütz)

* 7. August 1948 † 29. Dezember 2001

In Liebe und Dankbarkeit nehmen wir Abschied.

Erika Wirtz geb. Hennig
Tanja und Norbert
Jessica
Albert und Renate Hennig
und alle Anverwandten

50374 Erftstadt (Gymnich), Eifelstraße 12

Die feierlichen Exequien werden gehalten am Freitag, dem 4. Januar 2002, um 10.00 Uhr in der Pfarrkirche St. Kunibert in Erftstadt-Gymnich.
Anschließend ist die Beerdigung von der Trauerhalle des Friedhofes aus.

Die Betstunde ist am Mittwoch, dem 2. Januar 2002, um 17.30 Uhr in der Pfarrkirche in Gymnich.

Von Beileidsbekundungen am Grabe bitten wir abzusehen.

Sollte jemand aus Versehen keine besondere Anzeige erhalten haben, so bitten wir, diese als solche zu betrachten.

Abb. T-60: KStA, 2. Januar 2002

Die meisten Kriegsanzeigen – sowohl 1916/17 als auch 1942/43 – enthalten keine Informationen zur Bestattungsform. Zwar gibt es in allen Zeitungen während des Ersten Weltkrieges vereinzelt Anzeigen für Kriegstote, in denen die Angabe *Beerdigung*[147] zu belegen ist, insgesamt wird jedoch nur selten auf die Bestattungsform hingewiesen. Meist kommen in den Inseraten lediglich Hinweise auf religiöse Zeremonien wie *Exequien*, *Seelenamt* oder *Seelengottesdienst* vor, die für den Verstorbenen gehalten werden. In den Kriegsanzeigen aus der Probe von 1942/43

147 In der VZ ist 1916/17 zweimal *Beisetzung* nachzuweisen.

fehlen Hinweise auf eine Bestattung in der Heimatstadt fast völlig.[148] Stattdessen enthalten die Anzeigen in KN, KStA und Mopo vermehrt die Information, dass der Gefallene auf einem *Heldenfriedhof* bestattet wurde. Vereinzelt sind die Komposita *Soldatenfriedhof* und *Ehrenfriedhof* sowie im KStA *Heldengrab* festzustellen. In der LZ dagegen sind während des Zweiten Weltkrieges nur Anzeigen vorhanden, die auf religiöse Zeremonien hinweisen, verbreitet sind hier besonders *Trauergottesdienst* und *Seelengottesdienst.*

Während in den Todesanzeigen für Kriegsgefallene nur selten die Bestattungsform beziehungsweise der Ort der Beisetzung genannt werden, beinhalten mehr als 60 Prozent der vorliegenden Todesbenachrichtigungen Informationen zu Bestattungsform und Art der Beisetzung. Den Hinterbliebenen wird mitgeteilt, wo sich das Grab des Verstorbenen befindet. Nachweisbare Substantive dort sind *Friedhof*, *Heldenfriedhof* und *Soldatenfriedhof* sowie der Name des Ortes, in dem der Verstorbene beerdigt wurde. Häufig sind in den Todesbenachrichtigungen zudem Hinweise auf eine Skizze und ein Foto vom Grab des Gefallenen enthalten, die dem Schreiben beigefügt sind. In den Todesbenachrichtigungen ist folglich angegeben, wo der Soldat gefallen ist und wo er bestattet wurde – die Hinterbliebenen verfügen über diese Informationen. Dass diese Informationen nur selten in den Todesanzeigen, die von den Angehörigen aufgegeben werden, feststellbar sind, ist Völker zufolge der Informationspolitik des nationalsozialistischen Systems geschuldet. Völker weist in seiner Arbeit darauf hin, dass bestimmte militärische Informationen vom Propagandaministerium in Todesanzeigen nicht erwünscht waren:

> *Unter Androhung einer Strafe wegen Landesverrats bei Nichtbeachten wurden Angaben verboten, die Rückschlüsse zuließen auf: Führung militärischer Operationen, Standortbesetzung, [...], Bewegungen von Kriegsschiffen und Flugzeugen, [...] und andere kriegswirtschaftliche und militärische Angelegenheiten.*[149]

Die Zensurbestimmungen und – auf taktischen Erwägungen beruhende – Vorgaben des Propagandaministeriums könnten folglich Ursache für die Nichtnennung des Sterbe- und Bestattungsortes der Kriegsgefallenen sein.

In vielen Todesanzeigen gibt es Hinweise auf die Krankensalbung, eines der sieben Sakramente der katholischen Kirche. Es ist anzunehmen, dass Verweise auf eben dieses Sakrament ausschließlich in Todes-

---

148 Abb. TA-57.
149 *Völker* (1968: 49).

anzeigen Verstorbener katholischen Glaubens zu belegen sind. Markant ist, dass das Substantiv *Krankensalbung* in keiner der vorliegenden Todesanzeigen verwendet wird. Stattdessen werden die Bezeichnungen *Sakramente*, *Sterbesakramente*, *letzte Ölung* und *Heilsmittel* gebraucht – jedoch nur in den katholisch geprägten Zeitungen KöZ, KStA und LZ. In der KöZ ist *Heilsmittel*[150] am häufigsten und vereinzelt kommen *Sakramente* sowie *Sterbesakramente* in Verbindung mit dem Adjektivattribut *heilig* vor. Im KStA sind ebenfalls die Substantive *Heilsmittel*, *Sterbesakramente* sowie *Sakramente* zu finden, 1972 tritt einmal *Gnadenmittel* auf. In der LZ sind 1875 die Bezeichnungen *Sterbesakramente*, *letzte Oelung* und *Tröstungen unserer hl. Religion* zu verzeichnen. Bis 1942/43 wird dann nur noch *Sterbesakramente* benutzt, 1942/43 und 1952 ist zudem *hl. Ölung* nachzuweisen. Im Jahr 2002 wird weder im KStA noch in der LZ auf den Empfang der Sakramente verwiesen.

3.6 Bezeichnungen für ‚Gott'

Todesanzeigen können – müssen aber nicht – einen religiösen Bezug haben. Dieser religiöse Bezug zeichnet sich durch einen bestimmten Wortschatz aus. So gibt es in vielen Anzeigen Bezeichnungen für ‚Gott'. Neben der Bezeichnung *Gott*, die 1800 erstmalig in BayZ und HuC verwendet wird, sind außerdem *der Allmächtige*, *Herr über Leben und Tod*, *der Ewige*, *der Höchste*, *der Erlöser*,[151] *der allerhöchste Gebieter über Leben und Tod*, *der Herr* sowie *Gott der Herr* und *Gott der Allmächtige* belegbar. Die Bezeichnung *der Ewige* ist auf die BayZ (1800) beschränkt, *der Höchste* kommt nur 1790 sowie 1800 im HuC und *der Erlöser* nur in der KöZ vor. In Welt und FAZ wird nur in Einzelfällen das Substantiv *Gott* gebraucht. In KN sowie Mopo wird vereinzelt *Gott* benutzt, während sich im KStA und der LZ eine hohe Frequenz für *Gott der Allmächtige* und *der Herr über Leben und Tod* (Abb. T-61) zeigt. Im KStA ist zudem *Gott der Herr* zu belegen. Die höchste Frequenz der Bezeichnungen für ‚Gott' ist in den katholisch geprägten Zeitungen KöZ, KStA und LZ nachzuweisen, obwohl die Frequenz für die Bezeichnungen für ‚Gott' in LZ und KStA im Jahr 2002 im Vergleich zu der 1972er Probe deutlich gesunken ist. In den übrigen Zeitungen sind Bezeichnungen für ‚Gott' während des gesamten Untersuchungszeitraumes nur von geringer Bedeutung.

150 Zu belegen sind *Heilsmittel der katholischen Kirche, Heilsmittel der christkatholischen Kirche, Heilsmittel unserer Kirche, Heilsmittel der Religion* sowie *Heilsmittel der römisch-katholischen Kirche.*

151 Abb. TA-58.

Der Herr über Leben und Tod hat gestern abend unseren lieben Vater, Schwiegervater, Opa, Onkel und Paten nach kurzer, schwerer Krankheit

Herrn Karl Lindinger

Austragslandwirt von Essenbach
Mitglied der Marianischen Männerkongregation

im Alter von 87½ Jahren zu sich genommen.

Essenbach, den 4. 1. 1972

In tiefer Trauer:
Franziska Lindinger, Tochter
Resi Sellmer, Tochter, mit Familie
im Namen aller Verwandten

Trauergottesdienst am Mittwoch, den 5. 1. 1972, um 9.00 Uhr in Essenbach, anschließend Beerdigung.

Abb. T-61: LZ, 4. Januar 1972

3.7 Bezeichnungen für ‚Diesseits' und ‚Jenseits'

Eine gewisse Variation im Wortschatz zeigt sich bei den Bezeichnungen für ‚Diesseits' und ‚Jenseits'. Mit *aus dieser Zeitlichkeit*[152] und *aus dieser Welt* finden sich 1790 erstmals im HuC Bezeichnungen für das ‚Diesseits', wobei die explizite Nennung des ‚Diesseits' zugleich eine implizite Erwähnung des ‚Jenseits' beinhaltet.[153] Weiterhin sind 1800 in der VZ *irdisches Leben* und 1825 in der KöZ *irdische Laufbahn*[154] zu belegen. Danach treten Bezeichnungen für ‚Diesseits' nur noch in Einzelfällen aus. So ist 1952 im KStA *aus diesem Leben* und 1972 in den KN *aus dieser Welt* nachweisbar.

Erstmals werden Bezeichnungen für das ‚Jenseits' 1819 in der BayZ verwendet, wo *besseres Leben* sowie *bessere Welt* vorkommen. In der KöZ 1825 sind *überirdische Gefilde* und *glückselige Ewigkeit* zu verzeichnen. Daneben tritt 1850 und 1876 in der KöZ das Substantiv *Ewigkeit* auf. In der 1902er Probe ist in den KN *Ewigkeit* und *besseres Erwachen* nachzuweisen. *Ewigkeit* ist zu allen Zeitpunkten in den KN festzustellen, zudem werden 1943 *Gottes Herrlichkeit*, 1972 *ewiger* sowie *Gottes Reich* benutzt.

152 Diese Bezeichnung ist auch 1800 in BayZ und VZ zu finden.

153 Bei einer Erwähnung des ‚Diesseits' ist davon auszugehen, dass die Inserenten auch ans Jenseits – an ein Leben nach dem Tod – glauben.

154 Abb. TA-59.

Todes-Anzeige.

Gott dem Allmächtigen hat es gefallen, unsere innigstgeliebte Mutter, Großmutter, Schwiegermutter, Schwester, Schwägerin, Tante und Patin

Frau Theresia Frinzl

Ausnahmsbauers-Witwe in Ergolding

nach langem, schweren, qualvollen Leiden und öfterem Empfang der hl. Sterbsakramente im 61. Lebensjahre zu sich in ein besseres Jenseits abzurufen.

Ergolding, München, Altheim, Unterwattenbach, 23. September 1921.

In tiefster Trauer:

Anna Kreitner,
Kreszenz Dachs,
Theres Stopfer,
Kathi Vögel,
Töchter,

Johann Kreitner,
Ludwig Dachs,
Josef Stopfer,
Michael Vögel,
Schwiegersöhne.

Die Beerdigung findet Montag den 26. September vormittags 1/2 9 Uhr mit darauffolgendem Gottesdienst in der Pfarrkirche zu Ergolding statt.

9408

Abb. T-62: LZ, 24. September 1921

Jenseits (Abb. T-62) ist bis 1921 nur in der LZ belegbar, dort tritt es immer in Verbindung mit der Komparativform *besser* auf. Erst nach 1921 wird *Jenseits* auch im KStA verwendet. Während des Ersten Weltkrieges ist in der LZ *zur Schar seiner Engel* und während des Zweiten Weltkrieges im KStA *Engelreich* festzustellen – beide Anzeigen geben den Tod eines Kindes bekannt. Im Jahr 1952 ist im KStA *himmlisches Reich* nachzuweisen. Seit 1972 wird das Substantiv *Jenseits* in den untersuchten Zeitungen nicht mehr gebraucht, lediglich in der LZ gibt es den Ausdruck *Gottes Frieden*. Weitaus häufiger als *Jenseits* lässt sich *Ewigkeit*[155] feststellen. *Ewigkeit* wird vor allem im KStA und der LZ benutzt, vereinzelt auch in den KN und der Mopo. Auffällig sind darüber hinaus Ausdrücke wie *ewige Herrlichkeit*, *himmlisches Reich*, *ewiges Reich*, *ewiger Frieden*, *ewige Ruhe* und *ewige Heimat*. Hier ist zu erwähnen, dass die Verfasser der Todesanzeigen sich verschiedener Stilebenen bedienen, insbesondere *ewige Ruhe* und *ewige Heimat* sind nicht nur als gehoben, sondern sogar als poetisch einzuordnen.[156] Diese Verbindungen von Adjektiv und Substantiv treten besonders mit den Verben *rufen, abrufen, heimrufen* und *gehen* auf.[157]

155 Abb. TA-60.
156 *Wahrig* (2000: 613, 1067).
157 Siehe hierzu IV.3.12.3.

In Kriegsanzeigen gibt es kaum Bezeichnungen für das ‚Jenseits'. *Ewigkeit* ist in den KN in beiden Weltkriegen jeweils einmal in einer Anzeige nachzuweisen, ebenfalls ein einziges Mal ist es während des Ersten Weltkrieges in der Mopo zu belegen – ansonsten haben Bezeichnungen für das ‚Jenseits' in den Anzeigen für gefallene Soldaten keine Relevanz.

Grundsätzlich lässt sich sagen, dass Bezeichnungen für das ‚Diesseits' nur vereinzelt bis 1819/25 festzustellen sind und ab 1850 nur noch Bezeichnungen für das ‚Jenseits' verwendet werden, wobei die Frequenz in den katholisch geprägten Zeitungen KöZ, KStA und LZ am höchsten ist. In FAZ und Welt sind keine Bezeichnungen für das ‚Jenseits' zu belegen, was jedoch nicht besonders überraschend ist, da sich die entsprechenden Bezeichnungen zum einen fast ausschließlich in katholisch geprägten Blättern finden. Zum anderen werden Jenseitsvorstellungen nur in privaten Todesanzeigen thematisiert, in institutionellen Anzeigen spielen sie keine Rolle. Dies zeigt deutlich, dass der Glaube eines Menschen dem privaten Bereich zugeordnet wird. Zum Ende des Untersuchungszeitraumes nehmen die Bezeichnungen für das ‚Jenseits' stetig ab, eine Begründung hierfür kann in der zunehmenden Säkularisierung liegen.

3.8 Trauerbekundungen und Abschiednahme

Typischerweise nutzen die Hinterbliebenen eine Todesanzeige auch, um ihre Trauer über den erlittenen Verlust auszudrücken. Dabei verwenden sie verschiedene Substantive zur Trauerbekundung. Nachzuweisen sind *Trauer*, *Betrübnis*, *Schmerz* und *Leid*, meist in Präpositionalgruppen wie *in stiller Trauer*, *in tiefer Betrübnis*, *in großem Schmerz*, *in unsagbarem Schmerz* und *in tiefem Leid*. Das Adjektiv *tief* kann sowohl im Positiv als auch im Elativ vorkommen, um dadurch den sehr hohen Grad der Trauer anzuzeigen, beispielsweise in den Präpositionalgruppen *in tiefster Trauer* und *in tiefstem Schmerz*.[158]

Während des gesamten Untersuchungszeitraumes kommen in den privaten Todesanzeigen Trauerbekundungen der Hinterbliebenen vor, wobei diese meist als feste Wendungen vor der Angabe der Hinterbliebenen stehen. In institutionellen Anzeigen dagegen sind Trauerbekundungen nur in wenigen Fällen nachzuweisen, dort finden sich stattdessen Würdigungen wie ‚Wir werden ihm stets ein ehrendes Andenken bewahren'.[159] Die Trauerbekundungen in den privaten Todesanzeigen können

158 Abb. T-62.
159 Abb. TA-61.

auch Teil der Angabe der Hinterbliebenen sein, wie etwa *die trauernde Gattin*, *die tiefbetrübten Eltern*, *die tieftrauernde Braut* und die *tiefgebeugte Tochter* (Abb. T-63). In den Kriegsinseraten aus den Jahren 1942/43 ist vereinzelt die Formulierung *in stolzer Trauer* festzustellen.

[illegible]

Wwe. Adelheid Schulz
geb. Bieland
[illegible]
Die tiefgebeugte Tochter
Martha Sehulz.

[illegible]

Abb. T-63: Mop, 5. März 1902

In den jüngeren Anzeigen werden die Trauerbekundungen durch Bezeichnungen der Abschiednahme ergänzt oder ersetzt. Die Begriffe *Gedenken*, *Abschied*, *Liebe* und *Dankbarkeit* treten ab 1972 in Formulierungen wie *in stillem Gedenken*, *Abschied nehmen* und *in Liebe und Dankbarkeit* auf. In der KN drücken die Hinterbliebenen ihre Trauer im Jahr 2002 verstärkt durch den Satz ‚Wir sind sehr traurig‘ aus (Abb. T-64).

3.9 Anthroponyme und Toponyme

Anthroponyme und Toponyme spielen in Todesanzeigen – wie schon in Geburts- und Verbindungsanzeigen – eine besondere Rolle. Anthroponyme treten sowohl in der Todesmitteilung in Form des Namens des Verstorbenen als auch bei der Angabe der Inserenten auf. In fast allen Fällen finden sich in den Anzeigen Vor- und Familiennamen der aufgeführten Personen. Bei Frauen kommt häufig der Geburtsname hinzu. Eine Besonderheit zeigt sich bei Anzeigen, in denen der Tod von Kindern und Jugendlichen mitgeteilt wird: Hier geben die Inserenten meist nur den Vornamen des Verstorbenen an. Anders als bei Geburtsanzeigen, bei denen der Name des Kindes erstmalig während des Ersten Weltkrieges auftritt, finden sich Vornamen verstorbener Kinder in Todesanzeigen bereits im 19. Jahrhundert.[160]

Gracias a la vida.

Susanne „Sanny“ Thielmann

geb. Meseberg

* 18. Oktober 1953 † 3. Januar 2002

Wir sind sehr traurig.
Michael
Mutti und Eckhart
Thomas, Bianca und Sören
alle Angehörigen und Freunde

Kiel, Johannesstraße 16

Wir nehmen Abschied am **Freitag, dem 11. Januar 2002, um 13.30 Uhr in der Kapelle des Südfriedhofes.**

Abb. T-64: KN, 5. Januar 2002

Im Jahr 2002 sind schließlich Anzeigen in Mopo, KStA und KN vorhanden, die keine Familiennamen enthalten. Weder der Familienname des Verstorbenen noch der der Inserenten ist in diesen Anzeigen angegeben. Zumeist sind die Verstorbenen in diesen Anzeigen keine Kinder und Jugendlichen,[161] sondern junge Erwachsene oder Menschen mittleren Alters. Bei den Inserenten handelt es sich nur in wenigen Fällen um direkte Angehörige – diese Todesanzeigen werden vielmehr regelmäßig von Freunden oder Bekannten aufgegeben. Am häufigsten sind solche Anzeigen in den KN; in Mopo und KStA kommen sie kaum vor. Zudem sind 2002 vereinzelt Anzeigen nachzuweisen, die zusätzlich zu Vor- und Familiennamen den Spitznamen des Verstorbenen enthalten (Abb. T-64). Obwohl Anthroponyme während des gesamten Untersuchungszeitraumes in den Todesanzeigen zu belegen sind, gibt es im 19. und zu Beginn des 20. Jahrhunderts zahlreiche Inserate, in denen die Hinterbliebenen nicht namentlich aufgeführt werden: In diesen Fällen sind Formulierungen wie *die Hinterbliebenen* oder *die trauernden Hinterbliebenen* üblich.

160 Abb. TA-15.

161 In den KN findet sich zudem eine Anzeige, in der der Tod eines zehntägigen Säuglings bekannt gegeben wird; siehe Abb. TA-62.

Bis einschließlich 1942/43 gibt es Anzeigen, in denen bei dem Namen von verstorbenen Frauen die Apposition *Witwe*, teilweise auch *Wwe.* abgekürzt, steht. Darunter sind auch Fälle, in denen die Verstorbenen mit Vor- und Familiennamen ihres Ehemannes bezeichnet werden – beispielsweise ‚Wwe. Heinrich Welter'.[162] Bei Anzeigen dieser Art werden unter dem fettgedruckten Namen unter Umständen zudem Vorname und Geburtsname der Verstorbenen angegeben.

Toponyme werden – wie in Geburts- und Verbindungsanzeigen – auch in Todesanzeigen verwendet. Im Anzeigentext kommen Toponyme so gut wie gar nicht vor. Dort treten sie nur auf, wenn es sich um einen Unfalltod oder eine Kriegsanzeige handelt. Ansonsten sind Toponyme Teil der Makrostruktur Ort und Datum oder der Makrostruktur Ort auf. Toponyme geben meist den Wohnort der Hinterbliebenen an, so dass bei mehreren namentlich genannten Hinterbliebenen die Möglichkeit besteht, dass mehrere Toponyme aufgeführt sind. Im KStA sind während des Ersten Weltkrieges zudem *Westlicher Kriegsschauplatz* und *Östlicher Kriegsschauplatz* zur Bezeichnung des Einsatzortes von Angehörigen zu belegen, die dort zum Zeitpunkt der Anzeigenaufgabe im Kriegseinsatz waren.

3.10 Kriegsanzeigen

Neben den bisher aufgeführten Besonderheiten der Kriegsanzeigen sind weitere lexikalische Abweichungen von den ‚normalen' Todesanzeigen der betreffenden Jahre feststellbar. Die kriegsbezogenen Inserate enthalten zusätzlich militärsprachliche Angaben zu Dienstgraden, Kriegsauszeichnungen und Kampfgeschehen.

Nahezu alle Todesanzeigen für Kriegstote beinhalten den militärischen Dienstgrad des Gefallenen. So finden sich unter anderen *Soldat*, *Gefreiter*, *Landsturmmann* (Abb. T-65), *Vizefeldwebel*, *Musketier*, *Leutnant*, *Grenadier*, *Matrose* und *Unteroffizier*. Für die Bezeichnungen *Unteroffizier* und *Gefreiter* sind in Einzelfällen die abgekürzten Formen *Uffz.* und *Gefr.*[163] zu verzeichnen.

Weiterhin sind in den Kriegsanzeigen vielfach auch Auszeichnungen aufgeführt, mit denen die Soldaten für Tapferkeit oder andere besondere Leistungen geehrt worden sind. Während im Ersten Weltkrieg nur das *Eiserne Kreuz* und das *Militärverdienstkreuz* angeführt werden, nimmt die Anzahl und Vielfalt der Auszeichnungen 1942/43 stark zu. So sind in

162 Abb. TA-63.
163 Abb. TA-65.

den Kriegsanzeigen aus der Probe des Zweiten Weltkrieges neben dem *Eisernen Kreuz* außerdem das *Kriegsverdienstkreuz*, das *silberne Sturmabzeichen*, das *Verwundetenabzeichen*, die *Ostmedaille*, die *Tapferkeitsmedaille*, die *Sudetenmedaille* sowie die *Frontflugspange* und die *Nahkampfspange* zu belegen.

Statt besonderer Anzeige.

Tieferschüttert erhielten wir die traurige Nachricht, daß mein lieber Gatte, der treusorgende Vater seiner drei Kinder, mein guter Sohn, Bruder, Schwager, Onkel und Schwiegersohn

Andreas Röhrig

Oberpostschaffner

Landsturmmann im Inf.-Reg. von Lützow Nr. 25

am 4. Dezember 1916 im 40. Lebensjahre den Heldentod fürs Vaterland erlitten hat.

In tiefem Schmerz:

Frau Andreas Röhrig

Hubertine geb Franzen.

Köln, Vaals (Holland), Bonn, Luxemburg, Westlicher Kriegsschauplatz.

Die feierlichen Exequien werden gehalten am Freitag, den 29. Dezember, morgens 8¾ Uhr, in der Pfarrkirche St. Agnes.

Abb. T-65: KStA, 27. Dezember 1916

In HuC, KStA und NPZ sind bereits 1916/17 Anzeigen vorhanden, in denen das unmittelbare Kriegsgeschehen bezeichnet wird. So starben die gefallenen Soldaten in *schweren Kämpfen* oder bei einem *Sturmangriff*. In den anderen Zeitungen kommen solche Bezeichnungen erst während des Zweiten Weltkrieges vor. Festzustellen sind *schwere Abwehrkämpfe*, *schwere Waldkämpfe*, *Bandenüberfall* und *Sturmangriff*. Diese Informationen scheinen die Inserenten der Todesbenachrichtigung, in der die näheren Umstände des Todes häufig erläutert werden, entnommen zu haben. In den vorliegenden Todesbenachrichtigungen finden sich beispielsweise s*iegreicher Vormarsch*, *Angriff*, *schwere Abwehrkämpfe*, *Erzwingung des Überganges über die Beresina* sowie *Waldgefecht*, wobei anzumerken ist, dass die Umstände des Todes in den Todesbenachrichtigungen zum Teil weitaus ausführlicher dargestellt werden als in den Todesanzeigen:

– Bei Erzwingung des Überganges über die Beresina bei Jakschizy am 4.7.1941 fiel Ihr Sohn […] in soldatischer Pflichterfüllung getreu seinem Fahneneide für das Vaterland.[164]

Oftmals sind in den Todesanzeigen aus den Jahren 1942/43 geografische Namen zu belegen. Es handelt sich dabei vorwiegend um Gewässernamen wie *Ilmensee* und *Ladogasee*, um Ortsnamen wie *Stalingrad*, *Leningrad* und *Welikije-Luki* oder um Ländernamen wie *Frankreich*, *Tunesien*, *Griechenland*, *Belgien*, *England* und *Polen*. Weiterhin treten die Raumnamen[165] *Holland*[166] und *Oberkrain* sowie der Gebirgsname *Kaukasus* in jeweils einer Anzeige auf. Mit den geografischen Namen wird entweder der genaue Einsatzort des Verstorbenen bezeichnet oder aber darauf verwiesen, in welchen Gebieten er an Kampfhandlungen beteiligt war.

Weitaus häufiger als geografische Namen zur Bestimmung des Einsatzortes werden jedoch die Substantive *Osten* und *Westen* zur Bezeichnung der Ost- beziehungsweise der Westfront verwendet.[167] Eine mögliche Erklärung hierfür ist der Mangel an präzisen Informationen über den Einsatzort des Verstorbenen, der auch auf die Verschiebung der Fronten im Kriegsverlauf zurückgeht. Diese Angaben zur Bezeichnung der Frontlinie werden erst ab 1942/43 benutzt, lediglich in den KN sind schon während des Ersten Weltkrieges Belege für *Südosten* und *Westen* zu finden.

3.11 Weitere lexikalische Besonderheiten

Neben den bereits aufgeführten lexikalischen Besonderheiten gibt es weitere Auffälligkeiten im Wortschatz von Todesanzeigen. Einige Aspekte wurden bereits unter II.3 und III.3 abgehandelt, da sie auch in Geburts- und Verbindungsanzeigen gelten, wozu die Verwendung von Zeitangaben zählt. Andere Bezeichnungen dagegen kommen nur in Todesanzeigen vor – dies sind Bezeichnungen für Beileidsbekundungen sowie für den Verstorbenen.

Über den gesamten Untersuchungszeitraum sind in Todesanzeigen Zeitangaben nachzuweisen. Während die Zeitangaben zu Beginn fast aus-

164 Siehe hierzu Abb. Tb-5.

165 *Raumname* wird hier nach *Agricola/Fleischer/Protze* (1970: 684) als der Teil des Namenschatzes verstanden, der zwischen den Landes- und den Ortsnamen einzuordnen ist

166 Obwohl *Holland* eigentlich ein Raumname ist, der die niederländische Region Holland, bestehend aus den Provinzen Nord- und Südholland, bezeichnet, wird es im Deutschen oft statt *die Niederlande* als Landesname verwendet. Ob *Holland* in der betreffenden Todesanzeige als Raum- oder Landesname gebraucht wird, geht aus dem Inserat nicht hervor.

167 *Osten* dominiert, für *Westen* sind nur vereinzelt Nachweise zu finden.

schließlich im Anzeigentext auftreten, kommen sie 2002 nur noch in Einzelfällen im Anzeigentext vor. Anfangs werden neben den Adverbien *gestern* und *heute* vor allem Angaben der Tageszeit wie *morgens*, *mittags*, *abends* und *nachts* verwendet. Oft tritt zu diesen Angaben die Uhrzeit hinzu, wobei sich unterschiedliche Formen zeigen: Bis 1943 sind Zeitangaben der Form *3 ½ Uhr Morgens* (Abb. T-66) besonders oft in KStA, KN, Mopo, KöZ, NPZ und LZ zu belegen, nur vereinzelt lassen sich Angaben wie *½ 11 Uhr, 13.20 Uhr, zwölf einhalb Uhr* und *halb 10 Uhr* feststellen. Mitte des 20. Jahrhunderts sind Uhrzeiten nur noch selten in Todesanzeigen nachweisbar, ab 1972 spielen sie gar keine Rolle mehr. Als weitere Zeitangaben tauchen bis einschließlich 1942/43 unter anderem folgende Formulierungen auf: *Mittwochabend*, *am Dienstag*, *in den frühen Morgenstunden*, *heute früh*, *am letzt abgewichenen Mittwoch*, *diesen Morgen*, *am gestrigen Tage* sowie *in der Nacht von 30./31. Dezember*. Bedingt durch den gewählten Untersuchungszeitraum sind zudem *am ersten Morgen dieses Jahres*, *am Morgen vor Weihnachten*, *am 1. Weihnachtstage*, *Heiligabend*, *Neujahrstag*, *Neujahrsmorgen* und *in der Frühe des Silvestertages* zu belegen. Ab 1952 findet sich entweder das Adverb *heute* oder ein Datum in der Form *am 1. Januar 1972* (Abb. T-67) – andere Zeitangaben kommen so gut wie nicht vor. Die Angabe eines Datums im Anzeigentext nimmt seit 1972 stark ab, stattdessen treten Sterbe- und/oder Geburtsdatum in Form der Lebensdaten auf.[168] In den ältesten Anzeigen aus BayZ, HuC, KöZ und VZ sind neben der Variante *22. December 1789* weitere Datumsangaben vorhanden, etwa *den 14ten dieses*[169], *am 31. v. Monat* und *am 7ten d. Monats*. In Anzeigen gefallener Soldaten gibt es außer dem Todesdatum keine weiteren Zeitangaben.

Todesanzeige.
Verwandten und Freunden widmen wir die traurige Anzeige, daß es dem Allmächtigen gefallen hat, unsere liebe Tante, Maria Agnes Lenders, gewesene Abtissinn des Klosters auf der Insel Rolandswerth, am 16. d. M., 3 1/2 Uhr Morgens, nach einer langwierigen, durch Altersschwäche herbeigeführten Abnehmungskrankheit, mehrmalen mit den hh. Sakramenten der Sterbenden versehen, im 94. Jahre ihres hohen Alters und im 72. Jahre ihres geistlichen Standes, zu sich in die Ewigkeit abzurufen. Neuß, den 18. Januar 1825.
Caspar Joseph Repes.
Maria Anna Repes, geb. Schiller.

Abb. T-66: KöZ, 20. Januar 1825

168 Siehe hierzu auch IV.3.12.5.

169 Das Substantiv *Monat* wurde hier elliptisch weggelassen.

Am 1. Januar 1972 starb im 70. Lebensjahr unser verehrter Chef

Dr.-Ing. Albert Carl

Beratender Ingenieur

Wir trauern um den Gründer unseres Ingenieurbüros, der sich als Ingenieur mit großem Fachwissen und unternehmerischem Weitblick hoher Wertschätzung erfreute.

Als Chef verlieren wir in ihm einen väterlichen Freund.

Ingenieurbüro Dr.-Ing. Albert Carl

Freiburg, Darmstadt, Homburg (Bez. Kassel)

Abb. T-67: Welt, 4. Januar 1972

Die Inserenten von Todesanzeigen bitten teilweise darum, dass die Adressaten davon absehen mögen, ihr Beileid auszudrücken oder den Hinterbliebenen Beileidsbesuche abzustatten. Diese Hinweise sind während des gesamten Untersuchungszeitraumes in allen untersuchten Zeitungen zu belegen. Bis Ende des 19. Jahrhunderts verbitten sich die Inserenten *Condolenz*, *Kondolenzschreiben*, *Kondolenzbesuche*, *Gegencomplimente*, *Beileidsversicherung*, *Beileidsbezeugungen*, *Condolation* und *Beileidsbezeigungen*, im 20. Jahrhundert sowie der 2002er Probe dominieren die Substantive *Beileidsbesuche*, *Kondolenzbesuche*, *Beileidsbezeigungen* und *Besuche*. Zudem bitten die Hinterbliebenen um *stilles Gedenken* oder *stille Teilnahme*. Hinweise zu Beileidsbezeugungen sind nur in Todesanzeigen nachweisbar, die von der Familie verfasst wurden, in institutionellen Anzeigen kommen sie nicht vor.

Substantive für den Verstorbenen sind äußerst selten. So werden Verstorbene entweder als *Verstorbener,* als *Frühvollendeter* oder als *Dahingeschiedener* bezeichnet. Letzteres ist nur vereinzelt in Anzeigen bis zu Beginn des 20. Jahrhunderts festzustellen. Die Bezeichnung *Verstorbener* tritt auch später noch in den Anzeigen auf, jedoch fast ausschließlich in institutionellen Todesanzeigen, wo das Substantiv im Rahmen der Würdigung gebraucht wird. Insgesamt kommt den genannten Substantiven keine große Bedeutung bei der Charakterisierung der Lexik von Todesanzeigen zu.

3.12 Bezeichnungen für das Sterben

Bei der Untersuchung des Wortschatzes von Todesanzeigen sind die für das Sterben verwendeten Bezeichnungen von besonderem Interesse. In den vorliegenden Todesanzeigen wird auf die außersprachliche Realität des Sterbens von Menschen auf drei Arten Bezug genommen: Die Inserenten drücken das Sterben verbal, nominal oder durch *Nichtverbalisierung* aus. Die Nichtverbalisierung ist durch einen Verzicht auf eine verbale oder nominale Bezeichnung des Sterbens gekennzeichnet.

Im Interesse der Vereinfachung der Darstellung von lexikalischen Entwicklungen ist es geboten, die vorkommenden Bezeichnungen zu Gruppen zusammenzufassen: Da die Inserenten diejenigen sind, anhand deren Sprachgebrauch sich Änderungen im Umgang mit Tod und Sterben ablesen lassen, ist es sinnvoll, deren Perspektive als Einteilungskriterium zu wählen. Bei Betrachtung der benutzten Bezeichnungen ergeben sich so sieben Arten der Bezugnahme auf das Sterben.

Die Bezeichnungen des Sterbens lassen sich als *neutral*, *euphemistisch*, *übersinnlich*, *personalisiert* und *kriegsbezogen* charakterisieren. Daneben stehen die *sonstigen Bezeichnungen* sowie die *Nichtverbalisierung*. Die im Folgenden als *Nichtverbalisierung* klassifizierten Merkmale beziehen sich auf Anzeigen, die die Lebensdaten des Verstorbenen enthalten, und auf solche, in denen Tod und Sterben nicht sprachlich, sondern durch andere – etwa makrostrukturelle – Merkmale ausgedrückt werden.

Vor dem Hintergrund dieser Einteilung wird im Folgenden nachgezeichnet, welche Rückschlüsse die Bezeichnungen des Sterbens auf wichtige Aspekte im Umgang mit dem Tod zulassen. Hierzu zählen zum einen die Tabuisierung des Todes und ihr Einfluss auf die Verwendungshäufigkeit von euphemistischen Bezeichnungen sowie die regionale Ausprägung des Religionsbezuges. Zum anderen gehören eine mögliche Perspektivenänderung von der bloßen Todesmitteilung zu einer individuellen Abschiednahme vom Verstorbenen sowie die veränderten Bezeichnungen während der Kriegsjahre zu den wesentlichen Gesichtspunkten der lexikalischen Untersuchung.

In den folgenden Abschnitten wird zunächst die Zuordnung der verwendeten Bezeichnungen für das Sterben zu der jeweiligen Gruppe begründet. Die Einordnung erfolgt dabei primär über die Beschreibung der Inhaltsseiten unter Zuhilfenahme gegenwartssprachlicher Wörterbücher. Sofern die Zuordnung auf diese Weise nicht eindeutig möglich ist, werden exemplarisch die Kontexte der verwendeten Verbalisierungen und Nominalisierungen herangezogen, denn schließlich treten alle aufgeführten Bezeichnungen in konkreten Textexemplaren auf. Die im Kontext der jeweiligen Bezeichnungen vorkommenden Ergänzungen ermöglichen somit die Zuordnung zu einer der genannten Gruppen. Im Anschluss daran wird die Entwicklung der Verwendungshäufigkeit der einzelnen Bezeichnungen beschrieben.

Die Ausführungen zur Frequenz der Bezeichnungen für das Sterben werden in Diagrammen veranschaulicht. Die Diagramme zeigen neben den Kurven für die einzelnen Zeitungen auch eine als *Durchschnitt* bezeichnete Kurve, die das arithmetische Mittel aller Einzelwerte repräsentiert. Die qualitativen und quantitativen Ergebnisse der Auswertung der für das Sterben verwendeten Bezeichnungen sind – nach Zeitpunkten aufgeschlüsselt – in den Tabellen TA-11 und TA-12 zu finden.

3.12.1 Neutrale Bezeichnungen

In die *neutralen* Bezeichnungen werden *sterben, versterben, tot sein, nicht mehr leben, das Absterben, das Ableben, der Tod, enden, endigen, der Tod machte dem Leben ein Ende, ums Leben kommen* und *tödlich verunglücken* eingeordnet.

Diesen Nominalisierungen und Verbalisierungen ist das dominierende Sem ‚aufhören zu leben' gemein. Zudem sind diese Bezeichnungen weder einer verhüllenden noch einer gehobenen Stilebene zuzuordnen. Fuchs hat festgestellt, dass es sich bei der Bezeichnung *sterben* um „die realistischste und auf den ersten Blick die am wenigsten verschleiernde Bezeichnung"[170] handelt. Das Präfixverb *versterben* nimmt laut Eckkrammer dem simplizischen *sterben* zwar „die Schärfe"[171] und auch Dirschauer sieht in dieser Abmilderung zugleich einen gehobenen Sprachgebrauch,[172] dennoch ist festzuhalten, dass sowohl Duden als auch Wahrig zu den beiden Verben *sterben* und *versterben* keine Stilebene angeben.[173] Demnach ist nicht nur *sterben*, sondern auch *versterben* als neutrale Bezeichnung zu bewerten.

Bei dem Verb *enden* kann die Einordnung in die neutralen Bezeichnungen nicht ohne Weiteres vorgenommen werden. Neben der Bedeutung „räumlich oder zeitlich aufhören, einen Abschluss finden"[174] nennt Wahrig ‚sterben' ohne Angabe einer Stilebene als eine weitere Bedeutung des Verbs *enden*. Dass das Verb *enden* in den vorliegenden Todes-

---

170 *Fuchs* (1969: 86).
171 *Eckkrammer* (1996: 158).
172 *Dirschauer* (1973: 176).
173 *Duden* (2006: 969, 1080), *Wahrig* (2000: 1201, 1343).
174 *Wahrig* (2000: 412).

anzeigen die Bedeutung ‚sterben' trägt, ergibt sich aus dem Kontext der jeweiligen Todesanzeigen. In Verbindung mit dem Verb *enden* tritt entweder ‚der Tod' selbst oder die Todesursache als Ergänzung im Nominativ – also als Subjekt des Satzes – in den Todesanzeigen auf:

- Am 31. December [...] endete in den Akademischen Heilanstalten ein sanfter Tod die schweren Leiden meines lieben guten Mannes [...]. (KN, 3. Januar 1902)
- Ein Herzschlag endete heute das Leben unsers geliebten Mannes, Vaters, Bruders, Schwiegersohns und Schwagers [...]. (NPZ, 3. Januar 1875)

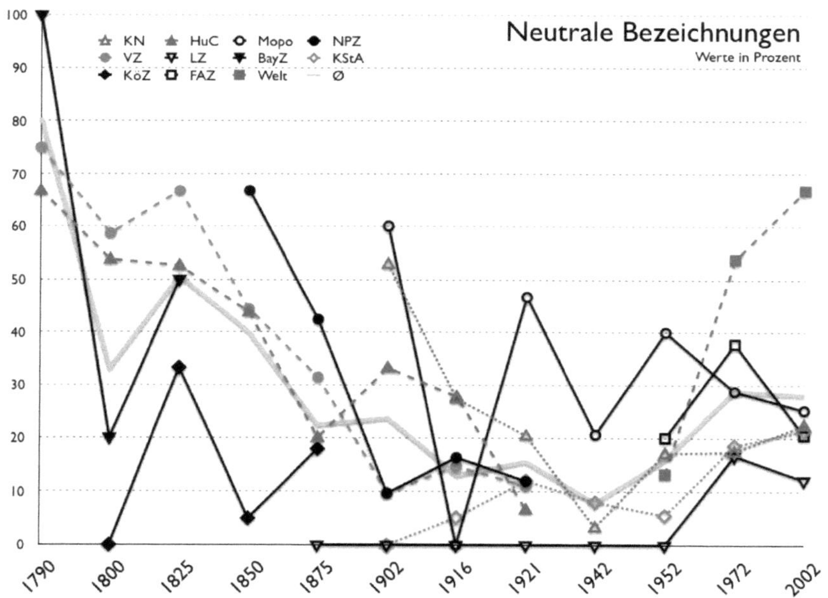

Abb. 3: Neutrale Bezeichnungen

Als Ergänzung im Akkusativ können – wie etwa in den oben angeführten Beispielen – ‚das Leben' und ‚die langen, schweren, mit großer Geduld getragenen Leiden' auftreten. Durch diese Ergänzungen wird deutlich, dass *enden* in den Anzeigen die Bedeutung ‚sterben' hat, wegen der Nichtzuweisung einer Stilebene bei Wahrig ergibt sich die Einordnung zu den neutralen Bezeichnungen.

Der Anteil der neutralen Bezeichnungen ist im Jahr 1790 in allen Zeitungen relativ hoch, wobei die Datenbasis mit insgesamt 14 untersuchten Anzeigen gering ist. In der einzigen Todesanzeige der BayZ findet sich das Verb *sterben* (100 Prozent), in der VZ hat *versterben* einen Anteil von 75 Prozent. Im HuC kommen als neutrale Bezeichnungen des Sterbens *das Ableben* und *das Absterben* vor, womit sich Werte von 66,7 Prozent ergeben. 1803 sind neutrale Bezeichnungen in der KöZ nicht zu belegen, in den drei anderen Zeitungen nehmen sie ab, so dass sie im Jahr 1800 im HuC bei 53,7, in der VZ bei 58,6 und in der BayZ lediglich bei 20 Prozent liegen. In der VZ ist *versterben*, im HuC *das Absterben* am häufigsten. Für die 1819/1825er Probe ergeben sich Anteile zwischen 33,3 (KöZ) und 66,7 Prozent (VZ). Im Jahr 1850 liegen die Anteile für die neutralen Bezeichnungen zum Teil weit auseinander: Während sie in der NPZ 66,7 Prozent betragen, spielen die neutralen Bezeichnungen mit einem Anteil von 5 Prozent in der KöZ keine große Rolle. In der VZ belaufen sich die neutralen Bezeichnungen auf 44,4 und im HuC auf 43,8 Prozent. 1875/76 steigen sie in der KöZ auf 17,9 Prozent, in den übrigen drei Zeitungen nehmen sie im Vergleich zu der Probe von 1850 ab: Sie liegen in der NPZ bei 42,4, in der VZ bei 32,6 und im HuC bei 20 Prozent.

Im Jahr 1902 zeigt sich ein differenziertes Bild für die neutralen Bezeichnungen: In KStA und LZ sind keine neutralen Bezeichnungen nachzuweisen, in NPZ (9,7 Prozent) und VZ (9,8 Prozent) ist die Frequenz sehr niedrig, in der Mopo ist sie mit 60 Prozent recht hoch – für die KN und den HuC ergeben sich mit 52,9 beziehungsweise 33,3 Prozent mittlere Werte. Während in KN, Mopo, NPZ und VZ die Verben *sterben* und *versterben* am häufigsten verwendet werden, überwiegen im HuC Nominalisierungen wie *das Ableben* und *der erfolgte Tod* (Abb. T-68). In den Anzeigen des Ersten Weltkrieges ohne Kriegsbezug ergeben sich folgende Anteile: im KStA von 5,2, in der NPZ von 16,3, in der VZ von 14,7, in den KN von 27,4 und im HuC von 27,8 Prozent. In der Mopo und der LZ sind 1916/17 keine neutralen Bezeichnungen vorhanden. 1921 zeigen sich mit 46,7 Prozent für die Mopo deutlich höhere Anteile als für die übrigen Zeitungen, bei denen die Anteile zwischen 6,7 (HuC) und 20,4 Prozent (KN) liegen; es sind die Verben *sterben* und *versterben* zu belegen.[175] In der LZ gibt es auch zu diesem Zeitpunkt keine neutralen Bezeichnungen. Während des Zweiten Weltkrieges sind neutrale Bezeichnungen nur in KN (3,4 Prozent), KStA (8,1 Prozent) und Mopo (20,6 Prozent) zu finden.

175 In KStA, NPZ und VZ liegen die Anteile mit 12,1, 12 beziehungsweise 11,1 Prozent auf ähnlichem Niveau.

Wir erfüllen hierdurch die für uns sehr schmerzliche Pflicht, den nach längerem, schweren Leiden heute erfolgten Tod unseres ersten Directors

Herrn August Theodor Heinrich Feddersen

anzuzeigen.

Der Verstorbene, der unserem Institute seit dem Jahre 1873 angehörte, hat sich durch seine langjährige verdienstvolle Thätigkeit ein dauerndes ehrendes Andenken gesichert.

Hamburg, den 21. Januar 1902.

Der Aufsichtsrath und Vorstand der St. Pauli Credit-Bank.

Abb. T-68: HuC, 22. Januar 1902

In der 1952er Probe sind die neutralen Bezeichnungen im KStA mit 5,6 Prozent sehr niedrig, in der Mopo mit 40 Prozent sehr hoch. In FAZ,[176] KN und Welt liegen sie zwischen 20 und 13,3 Prozent. 1972 ergibt sich ein zweigeteiltes Bild: Erstmals treten zu diesem Zeitpunkt neutrale Bezeichnungen auch in der LZ (16,7 Prozent) auf. In den KN belaufen sie sich auf 17,4 und im KStA auf 18,6 Prozent, in den beiden überregionalen Zeitungen FAZ und Welt liegen die neutralen Bezeichnungen mit 43,2 beziehungsweise 53,8 Prozent deutlich über den Werten der regionalen Zeitungen. In der 2002er Probe ist die niedrigste Frequenz mit 12,2 Prozent in der LZ, die höchste in der Welt mit 66,7 Prozent nachzuweisen. Für Mopo, KStA, KN und FAZ ergeben sich Anteile zwischen 25,2 und 20 Prozent.

Neben den Verben *sterben* und *versterben* treten die Substantive *Absterben*, *Ableben*, *Tod* – teilweise in Verbindung mit *erfolgt* – bis einschließlich 1916/17 auf, jedoch nur in HuC, VZ, BayZ und NPZ. Danach ist 1952 lediglich in einer einzigen Todesanzeige in der FAZ das Substantiv *Ableben* festzustellen, 1972 ist in den KN *der plötzliche Tod* nachzuweisen. *Der Tod machte dem Leben ein Ende* kommt 1800 in der BayZ sowie 1902 in KN und HuC vor. Die Verben *enden* und *endigen* sind 1825 in VZ und HuC, 1850 in NPZ, VZ und HuC sowie 1875 in der NPZ zu belegen. *Tödlich verunglücken* tritt nur 1952 in der FAZ auf. Bis einschließlich der 1942/43er Probe hat *sterben* fast immer eine höhere

176 In der FAZ wird in einer Anzeige *Ableben* zur Bezeichnung des Sterbens verwendet; Abb. TA-66.

Frequenz als *versterben*, in der 1952er Probe findet ein Wechsel statt, *versterben* wird seitdem häufiger verwendet.[177] Im Mittel sinkt der Anteil neutraler Bezeichnungen in den Kriegsjahren in den nicht kriegsbezogenen Todesanzeigen, besonders auffällig ist dies in der Mopo und den KN. 2002 sind die neutralen Bezeichnungen *nicht mehr leben* im KStA sowie *tot sein* in der Mopo zu belegen, ansonsten werden diese Bezeichnungen nicht gebraucht. Die Bezeichnung *ums Leben kommen* ist 2002 jeweils in einer Anzeige der Mopo und der FAZ festzustellen.

In regionaler Hinsicht ist ein deutlicher Unterschied beim Gebrauch der neutralen Bezeichnungen zu erkennen: Die neutralen Bezeichnungen *sterben* und *versterben* werden in KöZ, KStA und LZ – also den katholisch geprägten Regionen – weitaus seltener verwendet als in den übrigen Zeitungen.[178] In der LZ sind neutrale Bezeichnungen erstmals 1972 zu finden. Zu diesem Zeitpunkt ergeben sich mit Anteilen um 17 Prozent für KN, KStA und LZ ähnliche Werte, 2002 sind sie für die LZ mit 12,2 Prozent im Vergleich zu den anderen Zeitungen am niedrigsten.

3.12.2 Euphemistische Bezeichnungen

Zu *euphemistischen* Bezeichnungen werden im Folgenden *entschlafen/einschlafen, scheiden/verscheiden, entschlummern, einschlummern, das Leben vollenden, die Augen schließen, einer Krankheit erliegen, das Dahinscheiden, das Hinscheiden, der Lebenskreis schließt sich, Ruhe und Frieden finden* und *das Erlöschen des Lebens* gezählt.

Die euphemistischen Bezeichnungen beschönigen beziehungsweise verhüllen das tatsächlich Bezeichnete, das Sterben, und haben ihre Ursache in gesellschaftlichen Konventionen: Tod und Sterben sind sprachlich tabuisierte Bereiche. Die euphemistischen Bezeichnungen haben folglich neben dem Sem ‚aufhören zu leben', über das auch die neutralen Bezeichnungen verfügen, außerdem das Sem ‚verhüllend/gehoben'. Im Gegensatz zu den übersinnlichen Bezeichnungen fehlt den euphemistischen Bezeichnungen das Sem ‚Weiterleben nach dem Tod'.

So steht hinter den Bezeichnungen *entschlafen/einschlafen, einschlummern, entschlummern* und *die Augen schließen* das Todesbild des Schlafes, das seine Wurzeln in der Antike hat.[179] Sommerfeldt/Schreiber stellen heraus, dass die Verhüllung dabei auf dem Vergleich des sanften

177 In der VZ 1790, der BayZ 1819, dem HuC 1902 und den KN 1943 ist nur das Verb *versterben* nachzuweisen, *sterben* kommt nicht vor.

178 Ausnahmen sind für die 1916/17er Probe der Mopo und für die 1943er Probe der KN zu belegen.

179 *Fuchs* (1969: 86).

Sterbens mit dem Beginn des ruhigen Einschlafens eines Menschen beruht. Das Einschlafen ist hier jedoch endgültig und endet nicht mit dem Aufwachen, hat folglich die Bedeutung ,sterben'. Teilweise wird diese Endgültigkeit des Schlafes durch die Ergänzung ,für immer' unterstrichen. Sommerfeldt/Schreiber beschreiben die Inhaltsseiten von *einschlafen* und *entschlafen* als „,Sterben', ,ohne fremde Einwirkung', ,ohne Todeskampf/Schmerzen', ,verhüllend/gehoben'"[180]:

– Unsere liebe Mutter [...] hat, nach einem Leben voll Aufopferung für uns alle, für immer die Augen geschlossen. (KN, 7. April 1972)
– Heute Morgen um 3 Uhr entschlief nach längerem Leiden zu Burg auf Fehmarn Fräulein Lucie Burmester aus Hamburg. (NPZ, 3. Januar 1875)

Bedingt durch das Präfix ,ent-' kann sowohl *entschlafen* als auch *entschlummern* zusätzlich das Sem ,von einem Zustand in einem anderen übergehen' zugeordnet werden. Vereinzelt zeigen sich bei den Verben *entschlafen* und *entschlummern* in diesem Zusammenhang Kontexte mit religiöser Komponente, wobei es sich meist um eine Bezeichnung für das ,Jenseits' – als direktive Adverbialbestimmung – handelt:

– Nach langen schweren Leiden entschlief gestern abend sanft und ruhig meine heissgeliebte Frau [...] zum ewigen Frieden. (LZ, 17. Dezember 1916)

Trotz dieser religiösen Komponente, die nur selten bei den beiden Verben *entschlafen* und *entschlummern* nachzuweisen ist, überwiegen die Seme ,ohne fremde Einwirkung', ,ohne Todeskampf/Schmerzen', ,verhüllend/gehoben', womit die Verben auch im Falle eines religiösen Kontextes primär euphemistisch und erst sekundär übersinnlich sind. Dementsprechend erfolgt die Zuordnung zu den euphemistischen Bezeichnungen.

Das Verb *scheiden*, dem von Wahrig die Bedeutung „aus dem Leben scheiden"[181] zugewiesen wird, wird durch das Präfix *ver-* abgeschwächt. Beide Verben – sowohl *scheiden* als auch *verscheiden* – gehören der gehobenen Stilebene an und sind somit den euphemistischen Bezeichnungen zuzuordnen. Die Verbalisierungen *dahinscheiden* und *verscheiden* werden – wie auch die Nominalisierungen *Dahinscheiden* und *Hinscheiden* – wie *entschlafen* und *einschlafen* als gehoben und verhüllend definiert, ihnen fehlt jedoch das Sem ,ohne Todeskampf/Schmerzen'.[182]

Die Bezeichnung *Ruhe und Frieden finden* ist nur in einer einzigen Todesanzeige nachzuweisen. Da im Kontext der Anzeige – außer einem Kreuz als Symbol – kein religiöser Bezug zu belegen ist, wird die Be-

180 *Sommerfeldt/Schreiber* (1996: 270).
181 *Wahrig* (2000: 1093).
182 *Sommerfeldt/Schreiber* (1996: 269).

zeichnung den euphemistischen und nicht den übersinnlichen Bezeichnungen zugeordnet (Abb. T-69).

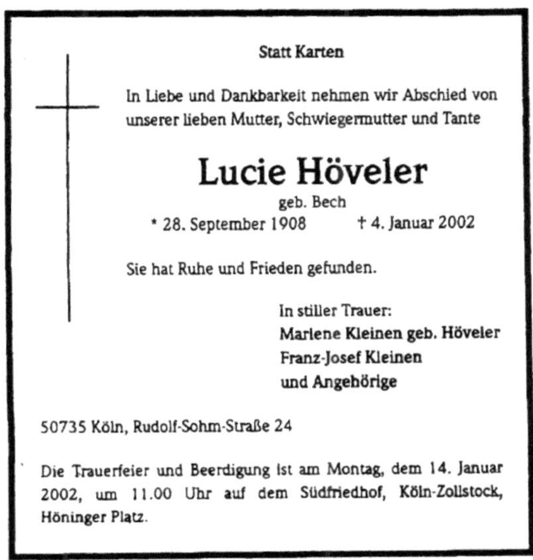
Statt Karten

In Liebe und Dankbarkeit nehmen wir Abschied von unserer lieben Mutter, Schwiegermutter und Tante

Lucie Höveler

geb. Bech

* 28. September 1908 † 4. Januar 2002

Sie hat Ruhe und Frieden gefunden.

In stiller Trauer:
Marlene Kleinen geb. Höveler
Franz-Josef Kleinen
und Angehörige

50735 Köln, Rudolf-Sohm-Straße 24

Die Trauerfeier und Beerdigung ist am Montag, dem 14. Januar 2002, um 11.00 Uhr auf dem Südfriedhof, Köln-Zollstock, Höninger Platz.

Abb. T-69: KStA, 9. Januar 2002

Euphemistische Bezeichnungen kommen 1790 nur im HuC (11,1 Prozent) vor, 1800/03 finden sie sich dann in allen vier Zeitungen (Abb. 4). In der VZ liegt ihr Anteil bei 13,8, im HuC bei 17,1, in der BayZ bei 30 und in der KöZ bei 50 Prozent, wobei *entschlafen/einschlafen* die höchste Frequenz hat, gefolgt von *entschlummern* und *das Dahinscheiden/Hinscheiden*. In der 1819/25er Probe sinken die Anteile in der KöZ auf 26,7 Prozent, in der BayZ sind gar keine euphemistischen Bezeichnungen vorhanden. In VZ und HuC verhält es sich anders: In beiden Zeitungen steigen die Anteile der euphemistischen Bezeichnungen – in der VZ um 6,2 auf 20 Prozent und im HuC um 25 auf 42,1 Prozent. Im Jahr 1850 sind die niedrigsten Werte in der NPZ (26,7 Prozent) festzustellen, die höchsten im HuC (50 Prozent).[183] Für 1875/76 ist eine Steigerung in allen Zeitungen zu verzeichnen. Erstmals treten euphemistische Bezeichnungen zu diesem Zeitpunkt auch in der LZ auf, wobei sie in der bayrischen Zeitung mit einem Anteil von 6,3 Prozent nur von geringer

183 Für die VZ lassen sich 1850 Anteile von 44,4 und für die KöZ von 40 Prozent nachweisen.

Bedeutung sind. In den anderen drei Zeitungen ergeben sich weitaus höhere Werte: In der NPZ belaufen sich die Anteile auf 33,3, in der VZ auf 51,1, in der KöZ auf 51,3 und im HuC auf 66,7 Prozent. Auch 1902 zeigen sich relativ hohe Anteile für die euphemistischen Bezeichnungen, wobei hier differenziert werden kann: Während sie in Mopo, KN und KStA zwischen 33,3 und 47,1 Prozent liegen, zeigen sich in NPZ (74,2 Prozent), VZ (74,5 Prozent) und im HuC (61,1 Prozent) deutlich höhere Anteile. Eine Abweichung nach unten ist bei der LZ mit 12,5 Prozent belegbar, obwohl es auch hier im Vergleich zur vorhergehenden Probe zu einer Steigerung gekommen ist.

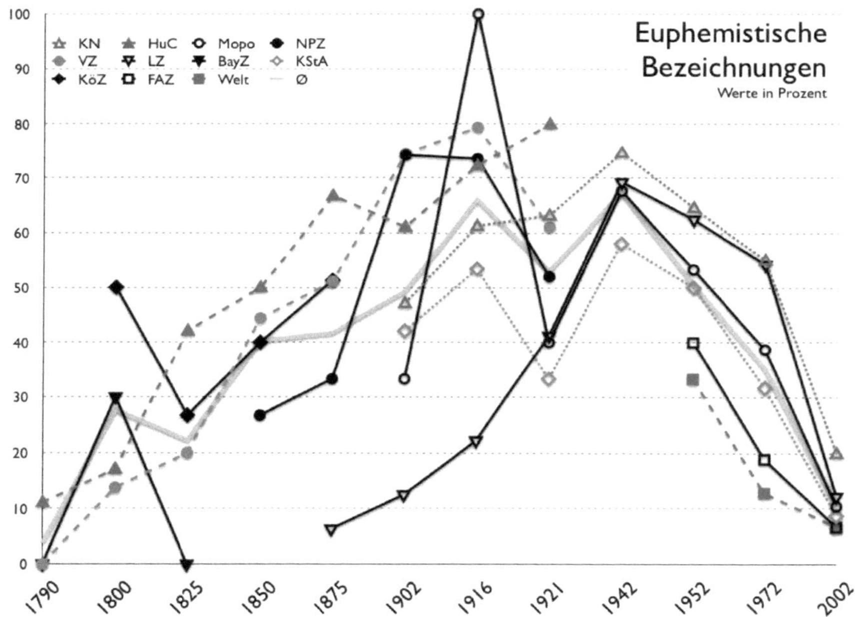

Abb.4: Euphemistische Bezeichnungen

Auffällig ist die Entwicklung der euphemistischen Bezeichnungen in den nicht direkt kriegsbezogenen Inseraten während beider Weltkriege: Sowohl 1916/17 als auch 1942/43 steigt ihr Anteil in allen Zeitungen signifikant an.[184] Abgesehen von der LZ (22,2 Prozent) liegt der Anteil der eu-

184 In der NPZ sinkt der Anteil der euphemistischen Bezeichnungen im Ersten Weltkrieg im Vergleich zu der 1902er Probe um 0,7 Prozent – trotz allem sind auch 1916/17 sehr hohe Werte (73,5 Prozent) zu verzeichnen.

phemistischen Bezeichnungen während des Ersten Weltkrieges zwischen 53,4 (KStA) und 100 Prozent (Mopo). In der 1921er Probe sinkt der Anteil der euphemistischen Bezeichnungen in KStA (33,3 Prozent), NPZ (52 Prozent), VZ (61,1 Prozent) und Mopo (40 Prozent), in KN (63,2 Prozent), HuC (80 Prozent) und LZ (41,2 Prozent) dagegen nimmt er zu. Für die Todesanzeigen des Zweiten Weltkrieges ergeben sich Anteile zwischen 74,6 (KN) und 58,1 Prozent (KStA), womit auf das Sterben durchschnittlich in 67,4 Prozent aller Todesanzeigen ohne Kriegsbezug durch euphemistische Bezeichnungen verwiesen wird.

Nach dem Zweiten Weltkrieg sinken die euphemistischen Bezeichnungen in allen untersuchten Zeitungen stetig. Im Jahr 1952 liegen die Anteile in KN, KStA, LZ und Mopo zwischen 64,6 (KN) und 50 Prozent (KStA), 1972 nur noch zwischen 55 (KN) und 31,7 Prozent (KStA). 2002 nehmen die Anteile der euphemistischen Bezeichnungen weiter ab. Für die KN belaufen sie sich auf 20, für die LZ auf 12,2, für die Mopo auf 10,4 und für den KStA auf 10,7 Prozent.

Die Anteile der euphemistischen Bezeichnungen liegen in den beiden überregionalen Zeitungen Welt und FAZ zu allen Untersuchungszeitpunkten deutlich unter denen der regionalen Medien. So ergeben sich 1952 für die Welt Anteile von 33,3, für die FAZ von 40 Prozent, 1972 sinken sie in der Welt auf 12,8 und in der FAZ auf 18,9 Prozent und 2002 liegen sie dann in beiden Zeitungen lediglich bei 4,4 (FAZ) und bei 6,7 Prozent (Welt).

Zu Beginn des Untersuchungszeitraumes finden sich nur die Verben *entschlafen/einschlafen* und *entschlummern* sowie die Substantive *Hinscheiden* (Abb. T-70) und *Dahinscheiden*. Die Bezeichnungen *scheiden/verscheiden* treten erstmals 1825 in VZ und HuC auf, zu diesem Zeitpunkt ist *einschlummern* ebenfalls zum ersten Mal in der KöZ belegbar. Das Verhältnis der Verwendungshäufigkeit von *entschlafen/einschlafen* zu *scheiden/verscheiden* ist nur schwer zu charakterisieren: *Entschlafen/einschlafen* wird in KN, VZ, NPZ und HuC zu fast allen Zeitpunkten öfter benutzt als *scheiden/verscheiden*. In Mopo, LZ und VZ überwiegt 1921 *scheiden/verscheiden*. In der 1943er Probe entfallen 17 Todesanzeigen des KStA auf die Verben *entschlafen/einschlafen* und 19 auf die Verben *scheiden/verscheiden*, in der LZ ist die Frequenz von *scheiden/verscheiden* mit 61,5 Prozent dagegen beinahe achtmal so hoch wie die von *entschlafen/einschlafen* (7,7 Prozent). Im Jahr 1952 ist *scheiden/verscheiden* die einzige euphemistische Bezeichnung in der LZ (56,3 Prozent). Ebenfalls 1952 wird in der FAZ einmal das Substantiv *Hinscheiden* zur Bezeichnung des Sterbens benutzt. 1972 ergeben sich in LZ und

FAZ bei den euphemistischen Bezeichnungen die höchsten Anteile für *scheiden/verscheiden*, in den übrigen Zeitungen dominieren die Verben *entschlafen/einschlafen*. In der 2002er Probe spielen die Verben *scheiden/verscheiden* kaum noch eine Rolle, die höchsten Anteile ergeben sich mit 9,8 Prozent in der LZ, gefolgt von Welt (6,7 Prozent), FAZ (2,2 Prozent) sowie Mopo (0,7 Prozent). In den KN und dem KStA ist *scheiden/verscheiden* nicht mehr vorhanden.

Todes-Anzeige.

Freunden und Verwandten mache ich tief betrübt die schmerzliche Anzeige von dem plötzlichen Hinscheiden meines geliebten Gatten Caspar Anton Becker, Rentner und commissarischer Bürgermeister zu Caster. Ein erneuter Anfall seines langjährigen Unterleibsleidens mit hinzugetretenem Schlagflusse endete nach kaum dreitägigem Krankenlager am 9. Januar, Nachmittags 3 Uhr, im Alter von 48 Jahren sein durch mannichfache Körperleiden viel geprüftes Leben. Wer den häuslichen Frieden unserer glücklichen Ehe gekannt, wird die Größe meines Verlustes erkennen und eine stille Theilnahme nicht versagen. Die trauernde Gattin

Agnes Becker, geb. Radermacher.

Abb. T-70: KöZ, 12. Januar 1850

Insgesamt nur ein einziges Mal ist *das Erlöschen des Lebens* in der 1875er Probe der VZ zu belegen. Die Bezeichnung *einer Krankheit erliegen* kommt 1876 zweimal in der KöZ und 1921 einmal in der NPZ vor, ansonsten wird sie nicht benutzt. Eine ähnlich geringe Frequenz ist für *seine Augen schließen* festzustellen, das einmal 1943 in der Mopo und 1972 zweimal in den KN zu verzeichnen ist. Die Bezeichnung *der Lebenskreis hat sich geschlossen* ist 1943 einmal in der Mopo sowie 2002 in Mopo und KStA vorhanden. *Ruhe und Frieden finden* ist nur ein einziges Mal 2002 im KStA zu belegen. *Das Leben vollenden* ist ebenfalls nur 2002 in den KN zu belegen.

3.12.3 Übersinnliche Bezeichnungen

Die *übersinnlichen* Bezeichnungen können als verhüllend verstanden werden und weisen immer das Sem ‚aufhören zu leben' auf. Überdies haben sie das Sem ‚Weiterleben nach dem Tod' und damit anders als die euphemistischen Bezeichnungen einen religiösen Bezug. Die übersinnlichen Bezeichnungen beruhen auf einer Jenseitsvorstellung, die sich in syntaktischen Strukturen wie *zur ewigen Ruhe gehen*, *in die ewige Hei-*

mat eingehen (Abb. T-71) oder im Verb *heimgehen*[185] niederschlägt. Trotz des euphemistischen Sinngehaltes überwiegt bei allen hier aufgeführten Bezeichnungen der übersinnliche Aspekt.

Meine heißgeliebte teure Frau, unsere liebe gute Mutter und Schwester

Frau Emma Jungk

geb. Schröder

ging heute abend nach langer, schwerer, in großer Geduld ertragener Krankheit im 48. Lebensjahr ruhig und gottergeben ein in die ewige Heimat. In tiefer Trauer

A. Jungk.

Kiel-Reichsbank, den 28. Sept. 1921.

Beerdigung Sonnabendnachmittag 3 Uhr, vom Sterbehause, Fleethörn 29, aus.

Abb. T-71: KN, 30. September 1921

In den übersinnlichen Bezeichnungen *ins himmlische Reich führen, heimrufen, heimholen, ins Jenseits*[186] *gehen/heimgehen, hinüber schlummern, zur ewigen Ruhe eingehen, übergehen, hinübergehen, die irdische Laufbahn/das irdische Leben enden, in die Ewigkeit folgen, sein Leben in die Hand des Schöpfers zurückgeben, in Gottes Liebe geborgen sein* sowie *Gott sprach das große Amen* wird durch den expliziten Jenseitsbezug ein Glauben an ein Weiterleben nach dem Tod ausgedrückt. Dies gilt auch für die Bezeichnung *das Zeitliche segnen*, bei der es sich laut Wahrig um eine figürliche Formulierung für das Sterben handelt, deren Substantivbestandteil *das Zeitliche* als Diesseitsbezeichnung nahelegt, dass ihr eine Jenseitsvorstellung zugrunde liegt.[187] Zudem fällt *in den ewigen Osten abberufen werden* unter die übersinnlichen Bezeichnungen – eine Bezeichnung, die von Freimaurern für das Sterben verwendet wird.

Andererseits zählen auch die Verben *erlösen, nehmen, rufen, abrufen, abfordern* und *nachfolgen* zu den übersinnlichen Bezeichnungen. Bei

185 Abb. TA-67.
186 Hierunter sind *Jenseits* sowie die unter IV.3.7 aufgeführten Bezeichnungen zu verstehen.
187 *Wahrig* (2000: 1140).

ihnen ergibt sich diese Zuordnung erst durch die in ihrem Kontext auftretenden Ergänzungen. Luchtenberg stellt fest, dass die meisten Euphemismen das Sterben als eine Handlung des Verstorbenen umschreiben, wohingegen in vielen „christlichen Euphemismen Gott als Handlungsträger genannt“[188] wird, was durch die in dieser Arbeit vorliegenden Todesanzeigen bestätigt wird. So treten die Verben *rufen*, *abrufen*, *nehmen*, *erlösen* und *abfordern* etwa in folgenden Kontexten auf:

- Heute früh rief der Herr, dem sie in fröhlichem Glauben gedient hat, unsere liebe Schwester, Diakonissin Wilhelmine Zimmermann, zu sich in die Ewigkeit. (KStA, 23. September 1921)
- Gott dem Allmächtigen hat es gefallen, […] Frau Margarethe Engelhofer […] aus diesem Leben abzurufen. (LZ, 17. Januar 1902)
- Der Herr über Leben und Tod nahm heute unseren lieben Vater […] zu sich in sein ewiges Reich. (KStA, 5. Januar 1972)
- Der Herr erlöste heute meine liebe Schwester [...] durch einen sanften Tod von ihren langen Leiden im 61. Lebensjahre. (NPZ, 6. Januar 1917)
- Es hat dem Höchsten nach seinem weisesten Rathschluß gefallen, meinen geliebten Schwager […] an Entkräftung im 80sten Jahre seines ruhmvollen Alters von dieser Welt abzufordern. (HuC, 1. Januar 1800)

Die aufgeführten Beispiele zeigen, dass die Ergänzungen, durch die ein Gottes- oder Jenseitsbezug hergestellt wird, zur Zuordnung zu den übersinnlichen Bezeichnungen führen, sofern sich der übersinnliche Inhalt der Verbalisierungen nicht aus dem Verbinhalt selbst ergibt. Als Bezeichnungen für Gott,[189] die wie in den obigen Beispielen entweder als Ergänzung im Nominativ oder als Ergänzung im Dativ auftreten, finden sich in den Todesanzeigen außer den in den Beispielen aufgeführten Bezeichnungen unter anderem auch *Gott*, *Gott der Herr* oder *der Ewige*. Gott tritt folglich als Subjekt oder Objekt des Satzes auf, womit ein deutlicher übersinnlicher Bezug gegeben ist und den Verben das Sem ‚Weiterleben nach dem Tod‘ zugeschrieben werden kann.

Dass die genannten Verben *nehmen*, *rufen*, *abrufen*, *erlösen* und *abfordern* die Bedeutung ‚aufhören zu leben‘ beziehungsweise ‚sterben‘ haben, ergibt sich neben der Tatsache, dass Gott als Handlungsträger in den Todesanzeigen genannt wird, aus den jeweiligen Besetzungen der entsprechenden Leerstelle mit Bezeichnungen für das Jenseits beziehungsweise das Diesseits wie *das ewige Reich, die Ewigkeit, besseres Leben, dieses Leben* sowie *irdische Laufbahn.*

---

188 *Luchtenberg* (1985: 99).

189 Zu den verwendeten Bezeichnungen für Gott siehe IV.3.6.

In einer Vielzahl der untersuchten Todesanzeigen sind sowohl Bezeichnungen für ‚Gott' als auch für das ‚Jenseits' zu belegen, so dass eine Zuordnung zu den übersinnlichen Bezeichnungen begründet ist. Allerdings ist dies nicht in allen Todesanzeigen der Fall: So findet sich beim Verb *nachfolgen*, das insgesamt nur zweimal in der VZ nachgewiesen werden kann, zwar eine Bezeichnung für das ‚Jenseits', eine Bezeichnung für ‚Gott' in Subjekt- oder Objektfunktion tritt dagegen nicht auf. Stattdessen ist in beiden Anzeigen eine Akkusativ-Ergänzung nachzuweisen, die einen vorverstorbenen Familienangehörigen bezeichnet. Da als Ort des Nachfolgens jedoch das ‚Jenseits' angegeben ist, ergibt sich die Zuordnung zu den übersinnlichen Bezeichnungen:

– Am 31. März, Morgens 8 Uhr, folgte mein liebes Söhnchen Adolph seiner am 14. November verstorbenen Mutter in die Ewigkeit nach. (VZ, 3. April 1875)
– Am 30. Dezember 1916 ist meine innigst geliebte Tochter [...] Käthe Meiser, geb. Brecht, ihrem über alles geliebten Manne in die Ewigkeit nachgefolgt. (VZ, 4. Januar 1917)

Bei dem Verb *erlösen* zeigen sich zwei Besonderheiten. Vielfach findet sich bei *erlösen*, wenn es – wie in den untersuchten Todesanzeigen – in der Bedeutung ‚sterben' verwendet wird, neben dem Subjekt ‚Gott' eine Präpositional-Ergänzung wie ‚von seinem Leiden' oder ‚von langer schwerer Krankheit':

– Gott der Allmächtige erlöste [...] von seinen kurzen schweren Leiden meinen innigstgeliebten Mann [...] Joseph Röckerath nach einem arbeitsreichen Leben im 68. Lebensjahre. (KStA, 17. September 1921)
– Gott der Herr erlöste ihn von langer, schwerer Krankheit. (KStA, 4. Januar 1972)
– Gott der Herr hat in der Heiligen Nacht Egon Lang vom Leid erlöst. (Mopo, 6. Januar 2002)

Bei dem Verb *erlösen* ist jedoch auch festzustellen, dass nicht in allen Sätzen, in denen es nachzuweisen ist, eine Bezeichnung für ‚Gott' das Subjekt bildet und damit das Sem ‚Weiterleben nach dem Tod' fehlt. Als Nominativ-Ergänzungen und Präpositional-Ergänzungen treten im Kontext von *erlösen* in einigen Todesanzeigen vereinzelt in Aktivkonstruktionen ‚ein sanfter Tod' als Subjekt oder in Passivkonstruktionen das Präpositionalobjekt ‚durch einen sanften Tod', das den Handelnden bezeichnet, auf:

– Heute früh [...] erlöste nach längerem schwerem Leiden ein sanfter Tod unsere innigstgeliebte Mutter [...] im 71. Lebensjahre. (VZ, 3. Januar 1902)

- Unsere liebe Mutter, Großmutter und Schwester Frau Therese Preuß ist [...] durch einen sanften Tod von ihren schweren Leiden erlöst worden. (KN, 1. Februar 1952)

In Passivkonstruktionen kann der Handelnde – ‚Gott' oder ‚der Tod' – auch ausgelassen werden:

- Mein geliebter Mann Dieter Krist ist nach schwerer, mit großer Tapferkeit ertragener Krankheit erlöst worden. (Mopo, 6. Januar 2002)

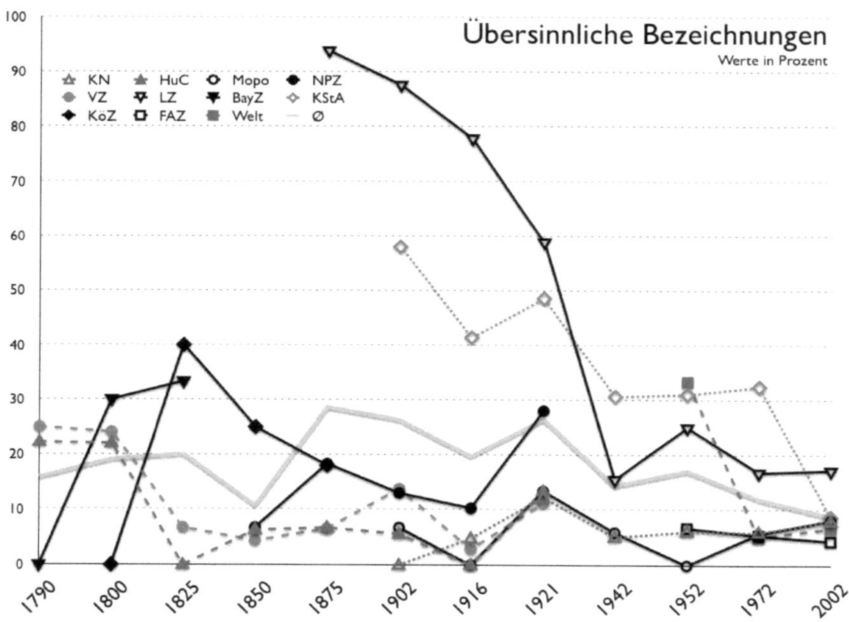

Abb. 5: Übersinnliche Bezeichnungen

Übersinnliche Bezeichnungen sind während des gesamten Untersuchungszeitraumes nachzuweisen (Abb. 5). 1790 sind sie in der VZ (25 Prozent) und im HuC (22,2 Prozent) zu belegen. In beiden Zeitungen ist *hinüber schlummern* zu verzeichnen, im HuC zusätzlich *abfordern.*[190] In der 1800/03er Probe ergeben sich für die übersinnlichen Bezeichnungen in VZ (24,1 Prozent) und HuC (22 Prozent) ähnliche Werte wie in der vorhergehenden Probe, 1800 sind übersinnliche Bezeichnungen auch in der BayZ (30 Prozent) feststellbar. Folgende übersinnliche Bezeichnun-

190 Abb. T-46.

gen für das Sterben werden 1800/03 verwendet: *rufen/abrufen/heimrufen, ins Jenseits gehen/heimgehen, übergehen, die irdische Laufbahn/das irdische Leben enden, nehmen* und *abfordern.*

In der 1819/1825er Probe zeigt sich ein zweigeteiltes Bild, denn in der VZ ergeben sich mit 6,7 Prozent sehr niedrige Anteile für die übersinnlichen Bezeichnungen, während die Anteile in der BayZ bei 33,3 und in der KöZ bei 40 Prozent liegen. Als übersinnliche Bezeichnungen sind zu diesem Zeitpunkt *nehmen, ins Jenseits gehen/heimgehen* sowie *rufen/abrufen/heimrufen* und *die irdische Laufbahn/das Leben enden* zu belegen. Im HuC werden übersinnliche Bezeichnungen 1825 überhaupt nicht gebraucht.

1850 werden in NPZ, VZ und HuC maximal in 6,7 Prozent aller Todesanzeigen übersinnliche Bezeichnungen für das Sterben verwendet und auch in der KöZ ist ein Rückgang auf 25 Prozent nachzuweisen. Es sind *nehmen, ins Jenseits gehen/heimgehen, hinübergehen, rufen/abrufen/heimrufen, hinübergehen* und *das Zeitliche segnen*[191] festzustellen. Im Jahr 1875/76 zeigen sich in der LZ Anteile von 93,8 Prozent, also deutlich höhere Werte als in den übrigen Zeitungen. In KöZ und NPZ liegen die übersinnlichen Bezeichnungen mit 17,9 beziehungsweise 18,2 Prozent auf ähnlichem Niveau, in VZ und HuC belaufen sie sich auf 6,5 beziehungsweise 6,7 Prozent. In den Anzeigen sind zu diesem Zeitpunkt *erlösen,*[192] *nehmen, rufen/abrufen/heimrufen, in die Ewigkeit folgen, nachfolgen* sowie *die irdische Laufbahn beenden* zu finden.

1902 zeigen sich hohe Werte lediglich in KStA (57,9 Prozent) und LZ (87,5 Prozent), in HuC, Mopo, NPZ und VZ ergeben sich dagegen lediglich Anteile zwischen 5,6 (HuC) und 13,7 (VZ) Prozent und in den KN gibt es gar keine übersinnlichen Bezeichnungen. Das Verb *erlösen* ist nur in der VZ nachzuweisen, dort hat es einen Anteil von 7,8 Prozent. In KStA und LZ werden *rufen/abrufen/heimrufen* mit Anteilen von 31,6 beziehungsweise 81,2 Prozent am häufigsten verwendet. Neben den genannten Verbalisierungen ist außerdem *nehmen* in KStA und LZ sowie *zur ewigen Ruhe eingehen* in der NPZ feststellbar.

Während des Ersten Weltkrieges sind die Anteile denen der vorhergehenden Probe ähnlich: In der VZ liegen sie bei 2,9, in den KN bei 4,8, in der NPZ bei 10,2, im KStA bei 41,4 und in der LZ bei 77,8 Prozent. Auffällig ist, dass sich zu diesem Zeitpunkt in Mopo und HuC keine über-

191 Der einzige Nachweis für diese Formulierung während des gesamten Untersuchungszeitraumes findet sich in der VZ; Abb. TA-68.

192 *Erlösen* kommt zu diesem Zeitpunkt zum ersten Mal vor, wobei es in NPZ, VZ, KöZ und HuC nachzuweisen ist.

sinnlichen Bezeichnungen nachweisen lassen. Im Jahr 1921 ergeben sich die höchsten Werte für die LZ (58,8 Prozent), gefolgt von KStA (48,5 Prozent) und NPZ (28 Prozent). In HuC, Mopo, KN sowie VZ liegen die Werte zwischen 13,3 und 11,1 Prozent. In der Probe aus dem Zweiten Weltkrieg nimmt die Verwendung der übersinnlichen Bezeichnungen in allen untersuchten Zeitungen ab: Im KStA liegen sie bei 30,6, in der LZ bei 15,4, in der Mopo bei 5,9 und in den KN bei 5,1 Prozent.

Nach dem Zweiten Weltkrieg ergibt sich für die übersinnlichen Bezeichnungen ein zweigeteiltes Bild: 1952 liegen die Anteile in KStA (30,6 Prozent), LZ (25 Prozent) und der Welt (33,3 Prozent) auf ähnlichem Niveau, während sie in KN und FAZ nur bei 6,1 beziehungsweise 6,7 Prozent liegen – in der Mopo sind die übersinnlichen Bezeichnungen nicht zu finden. 1972 weicht der KStA mit einem Anteil von 32,4 Prozent deutlich nach oben ab, gefolgt von der LZ mit einem Anteil von 16,7 Prozent. In KN und Mopo sowie den beiden überregionalen Tageszeitungen liegen die Anteile maximal bei 6 Prozent, dort haben die übersinnlichen Bezeichnungen folglich nur eine geringe Bedeutung. 2002 ist die Frequenz der übersinnlichen Bezeichnungen schließlich noch niedriger: In der LZ liegt sie bei 17,1, im KStA bei 8,7, in der Mopo bei 8,1, in den KN bei 8, in der Welt bei 6,7 und in der FAZ bei 2,2 Prozent.

Ab 1916/17 treten nur noch die übersinnlichen Bezeichnungen *erlösen, nehmen, rufen/abrufen/heimrufen, in die Ewigkeit nachfolgen* sowie *ins Jenseits gehen/heimgehen, hinübergehen* und *übergehen* auf. Im KStA 1921 ergeben sich für *nehmen* (24,2 Prozent) und *rufen/abrufen/heimrufen* (15,2 Prozent) relativ hohe Werte, die aber nicht an den Anteil von 58,8 Prozent für *rufen/abrufen/heimrufen* in der LZ heranreichen. Das Verb *heimholen* ist jeweils einmal 1943 im KStA und 1972 in der LZ zu verzeichnen. Lediglich 1952 wird in einer Anzeige der Welt außerdem *in die Gnade Gottes eingehen* verwendet. Im KStA lassen sich im Jahr 2002 außerdem die übersinnlichen Bezeichnungen *Gott sprach das große Amen, in Gottes grenzenloser Liebe geborgen sein* und *sein Leben in die Hand des Schöpfers zurückgeben* belegen, alle kommen jeweils nur einmal vor. Weiterhin gibt es 2002 in der Mopo zwei Anzeigen mit der Bezeichnung *in den ewigen Osten abberufen werden,* wobei sie in einem der beiden Inserate abgekürzt als *i.d.e.O. abberufen* erscheint (Abb. T-72).

Grundsätzlich lässt sich feststellen, dass die Anteile der übersinnlichen Bezeichnungen in den drei katholisch geprägten Zeitungen – der LZ, der KöZ und dem KStA – im Vergleich mit den anderen untersuchten Zeitungen in fast allen Proben weit über dem Durchschnitt liegen. Von 1921 bis

1942/43 sinken die Anteile in KStA und LZ dennoch drastisch.[193] Bis zum Ende des Untersuchungszeitraumes nähern sich die Anteile der einzelnen Medien weiter an. Insgesamt sind die geringsten Anteile der übersinnlichen Bezeichnungen in KN, Mopo und FAZ zu belegen.

Aus der Unwirklichkeit führe uns in die Wirklichkeit,
aus der Dunkelheit führe uns ins Licht.
Vom Tode führe uns zur Unsterblichkeit.

Am Dienstag, dem 29. Januar 2002, wurde unser Bruder

Heinz Vester

nach jahrelangem, mit großer Geduld und stets mit Hoffnung ertragenem, schweren Leiden im 76. Lebensjahr zu höherer Arbeit i.d.e.O. abberufen.

Das Hohe Licht leuchte ihm.

Distriktloge Berlin-Brandenburg · Großloge A.F.u. A.M. von Deutschland

Abb. T-72: Mopo, 3. Februar 2002

3.12.4 Personalisierte Bezeichnungen

Unter *personalisierten* Bezeichnungen sind solche zu verstehen, die das Ableben einer Person vor allem aus der Perspektive der Hinterbliebenen benennen. Hier steht besonders der Fortgang des Verstorbenen, die Trennung vom Verstorbenen beziehungsweise der Umgang der Hinterbliebenen mit dem Verlust im Vordergrund. In diesen Bereich fallen *reißen/entreißen*, *verlieren, den Verlust beklagen*, *den Tod beklagen*, *den Tod betrauern*, *von jemandem gehen* und *verlassen*. Diese Verben drücken mehr oder weniger stark den Verlust aus, den die Angehörigen erlitten haben, ihnen ist das Sem ‚Verlust eines Menschen' gemein. Die genannten Bezeichnungen treten in folgenden Konstrukten auf:

- Heute morgen […] wurde uns plötzlich unser geliebter, unvergesslicher Gatte, Vater und Schwiegervater […] durch den Tod entrissen. (KöZ, 1. Januar 1850)
- Mein lieber Mann, unser gütiger Vater […] und Onkel […] hat uns für immer verlassen. (KN, 4. April 1972)
- Am 8. August verloren wir durch einen Unfall […] unseren […] Sohn […] Albrecht. (VZ, 1. September 1921)

193 In der LZ fällt der Anteil von 58,8 auf 15,4 Prozent und im KStA von 48,5 auf 29 Prozent.

Das Verb *verlieren* kann neben der Bedeutung „unbeabsichtigt fallen, liegen oder stehen lassen und nicht wiederfinden“[194] auch ‚Jemanden durch Ursachen wie dessen Tod nicht mehr bei sich haben‘ ausdrücken.[195] Dass dem Verb in den vorliegenden Anzeigen diese Bedeutung zukommt, ergibt sich aus den Ergänzungen: Als Nominativ-Ergänzung treten die Personalpronomen ‚wir‘ und ‚ich‘ als Verweis auf die Hinterbliebenen auf, im Akkusativ stehen Bezeichnungen für den Verstorbenen.

Auch das Vorkommen von *verlassen* ist im Kontext zu sehen: Hier treten der Verstorbene als Ergänzung im Nominativ und die Hinterbliebenen – in Form des Personalpronomens ‚uns‘ – im Akkusativ auf. Fakultativ kann eine weitere Leerstelle mit ‚für immer‘ besetzt werden. Die Verwendung von Personalpronomen zur Kennzeichnung der Sender unterstreicht, dass diese Verben den personalisierten Bezeichnungen zuzuordnen sind.

Bei *reißen/entreißen* ergibt sich der Inhalt des Verbs wie bei den christlichen Euphemismen, bei denen Gott Handlungsträger ist, aus dem Umstand, dass bei *reißen/entreißen* häufig der Tod als Handlungsträger in Subjekt- oder Objektfunktion genannt wird, ansonsten findet sich eine Präpositional-Ergänzung, die entweder die Todesursache oder den Todesumstand angibt:

- Am 10. d. M. entriß uns der Tod unser am 8. Januar gebornes Söhnchen Willy. (VZ, 13. April 1875)
- Heute wurde uns unser jüngstes Töchterchen Toni durch den Tod entrissen. (KöZ, 6. Januar 1876)
- Am 13. dieses Monats wurde uns durch die Pocken unsere einzige herzlich geliebte Tochter, Henriette Augustine Wilhelmine, in einem Alter von 3 Jahren und 10 Monaten, entrissen (VZ, 18. Januar 1800)
- Durch einen tragischen Motorradunfall riß der unerbittliche Tod unseren Betriebsangehörigen Herrn Willi Hemmler in einem Alter von 27 Jahren aus unserer Mitte. (KStA, 9. Januar 1952)

Bei *entreißen* ist außerdem ‚uns‘ oder ‚mir‘ als Ergänzung im Dativ nachzuweisen. Was als Nominativ-Ergänzung bei *reißen/entreißen* in den Todesanzeigen auftritt, ist abhängig davon, ob der Satz aktivisch oder passivisch ist: Als Subjekt sind entweder ‚der Tod‘ oder eine Bezeichnung für den Verstorbenen zu belegen.

Bei den beiden Verben *beklagen* und *betrauern* kommt stets eine Ergänzung im Akkusativ vor. Während beim Verb *beklagen* entweder das

194 *Wahrig* (2000: 1134).
195 *Schumacher* et al. (2004: 792).

Substantiv *Verlust* oder das Substantiv *Tod* diese Leerstelle besetzt, ist bei *betrauern* nur die Akkusativ-Ergänzung ‚den Tod' zu finden.

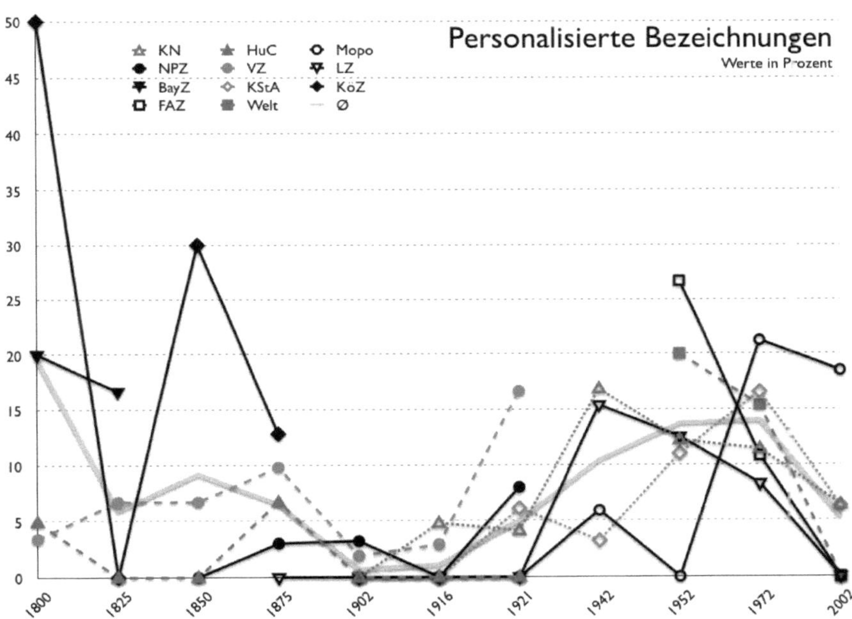

Abb. 6: Personalisierte Bezeichnungen

Die personalisierten Bezeichnungen sind erstmals in der 1800/03er Probe zu belegen (Abb. 6). Sie treten in allen vier Zeitungen auf, in VZ und HuC sind personalisierte Bezeichnungen mit einem Anteil von 3,4 beziehungsweise 4,9 Prozent nahezu ohne Bedeutung, die BayZ liegt mit 20 Prozent deutlich höher und für die KöZ sind sogar Werte von 50 Prozent[196] nachzuweisen – in allen Fällen handelt es sich um die Verben *reißen/entreißen*. In der 1819/25er Probe sind personalisierte Bezeichnungen nur in VZ (6,7 Prozent) und BayZ (16,7 Prozent), im Jahr 1850 nur in VZ (6,7 Prozent) und KöZ (25 Prozent) festzustellen. In der BayZ wird nur *reißen/entreißen* verwendet, in der VZ sind 1825 *verlieren* und 1850 *reißen/entreißen*[197] nachweisbar. 1875/76 kommen in der LZ keine personalisierten Bezeichnungen vor, in der NPZ liegen sie bei 3, im HuC

196 Insgesamt finden sich in der KöZ 1803 jedoch nur zwei Todesanzeigen.

197 In der VZ wird *reißen/entreißen* 1850 nicht bei Erwachsenen verwendet, sondern nur bei verstorbenen Kindern und Jugendlichen.

bei 6,7, in der VZ bei 9,8 und in der KöZ bei 12,8 Prozent. In HuC, VZ und KöZ wird nur *reißen/entreißen*, in der NPZ nur das Verb *verlieren* gebraucht.

Anfang des 20. Jahrhunderts spielen die personalisierten Bezeichnungen keine besonders große Rolle: 1902 ergeben sich für die NPZ Anteile von 3,2 und für die VZ von 1,9 Prozent – es treten ausschließlich *reißen/entreißen* auf. Während des Ersten Weltkrieges tauchen personalisierte Bezeichnungen des Sterbens nur in KN und VZ auf, dort liegen die Anteile bei 4,8 beziehungsweise 2,9 Prozent. Es sind sowohl *reißen/entreißen* als auch *verlieren* zu belegen. Im Jahr 1921 sind personalisierte Bezeichnungen in den KN (4,1 Prozent), dem KStA (6,1 Prozent), der NPZ (8 Prozent) und der VZ (16,7 Prozent) zu verzeichnen. Im Zweiten Weltkrieg steigen die Anteile in den KN auf 16,9 Prozent, im KStA sinken sie auf 3,2 Prozent. In der LZ liegen die Anteile der personalisierten Bezeichnungen zu diesem Zeitpunkt bei 15,4 und in der Mopo bei 5,9 Prozent. Als Bezeichnungen für das Sterben treten *reißen/entreißen, verlieren, den Verlust beklagen, den Tod beklagen, den Tod betrauern* sowie *von jemandem gehen* auf. Letzteres wird in der 1942/43er Probe erstmals benutzt – und zwar in allen vier Zeitungen. Die höchsten Anteile ergeben sich für die LZ (15,4 Prozent), gefolgt von denen der KN (11,9 Prozent). In Mopo (2,9 Prozent) und KStA (1,6 Prozent) sind die personalisierten Bezeichnungen weit weniger ausgeprägt als in den anderen beiden Zeitungen.

In der Nachkriegsprobe aus dem Jahr 1952 sind personalisierte Bezeichnungen in der Mopo nicht nachzuweisen. In KN, KStA und LZ liegen sie zwischen 11,2 und 12,5 Prozent. Am häufigsten finden sich personalisierte Bezeichnungen mit einem Anteil von 26,7 Prozent in der FAZ, in der Welt belaufen sie sich auf 20 Prozent. Festzustellen sind *reißen/entreißen, den Tod beklagen, von jemanden gehen* und *verlassen.*[198] 1972 sinken die personalisierten Bezeichnungen in LZ (8,3 Prozent), FAZ (10,8 Prozent) und Welt (15,4 Prozent). In KN (11,4 Prozent), KStA (16,6 Prozent) und Mopo (21,2 Prozent) dagegen steigen die Anteile an. *Reißen/entreißen* findet sich einmal in der Mopo, und auch für *verlieren* sind nur niedrige Werte belegbar. Am häufigsten werden *von jemanden gehen* und *verlassen* verwendet, wobei *von jemandem gehen* in KStA, Mopo, LZ und FAZ die höhere Frequenz hat, in KN und Welt überwiegt dagegen *verlassen.*[199] Im Jahr 2002 kommen personalisierte

198 Das Verb *verlassen* ist ein einziges Mal in der FAZ zu belegen.
199 In der LZ ist *von jemandem gehen* die einzige personalisierte Bezeichnung.

Bezeichnungen nur noch in KN, KStA und Mopo vor. Die Anteile in der Mopo sind mit 18,5 Prozent deutlich höher als die in KN (6,4 Prozent) und KStA (6,3 Prozent). *Reißen/entreißen* findet sich lediglich in der Mopo, ansonsten werden *verlieren, den Verlust beklagen, verlassen* und *von jemandem gehen* benutzt.

Insgesamt ist festzuhalten, dass die Verben *reißen/entreißen* über den gesamten Untersuchungszeitraum vorhanden sind, ab 1972 allerdings nur noch in der Mopo. *Verlieren* wird nur sporadisch gebraucht, entsprechende Anzeigen gibt es 1819/25 und 1921 in der VZ, 1875 in der NPZ, 1916/17 und 1943 in den KN, 1972 in den KN und im KStA sowie 2002 in der Mopo – in der LZ ist *verlieren* nicht zu belegen. *Verlassen* ist erstmals 1952 in der FAZ feststellbar. Ab 1972 erscheint das Verb *verlassen* in allen Zeitungen außer der LZ, der Anteil liegt zwischen 2,7 und 10,3 Prozent, 2002 lediglich zwischen 1,6 und 5,9 Prozent. *Von jemandem gehen* tritt ab 1942/43 auf und ist seitdem, von der Probe aus dem Jahr 1952 abgesehen, sehr populär.

3.12.5 Sonstige Bezeichnungen

Einzelne Bezeichnungen des Sterbens lassen sich in keine der aufgeführten Bezeichnungsgruppen einordnen, sie fallen in die Gruppe *sonstige Bezeichnungen*. Hierzu zählen *die Seele entflieht* 1800 im HuC, *befreit sein* 1825 im HuC, *Opfer eines räuberischen Überfalls werden* 1916/17 in den KN, *an der Bahre stehen* 1952 in der FAZ, *den Tod zur Kenntnis geben* 1972 in der FAZ, *ein Musikerherz hat aufgehört zu schlagen, den Steuerstand verlassen, das Ruder für aus der Hand geben*[200] und *auf seinen letzten Törn gehen* in der Mopo 2002. Ebenfalls 2002 werden *seine letzte Reise antreten* und *seine Reise beenden* verwendet. Dass es sich bei den sonstigen Bezeichnungen um Bezeichnungen für das Sterben handelt, ergibt sich durch adverbielle Satzglieder wie ‚für immer' und ‚viel zu früh', und ‚nach langer, geduldig ertragener Krankheit':

- Für uns viel zu früh hat unser Kamerad Obergefreiter Jens Caro seine Reise beendet. (KN, 5. Januar 2002)
- Nach langer, geduldig ertragener Krankheit hat „Hotte" Horst Bartel [...] das Ruder für immer aus der Hand gegeben. (Mopo, 6. Januar 2002)

Bei den *sonstigen Bezeichnungen* kommt es auch vor, dass sich die Zuordnung zu den Bezeichnungen für das Sterben allein aus dem Gesamtkontext der entsprechenden Todesanzeige ergibt. Dies ist bei der Bezeich-

---

200 Abb. TA-69.

nung *Opfer eines räuberischen Überfalls werden* der Fall, da ein Überfall nicht zwangsläufig tödlich für den Beraubten enden muss (Abb. T-73).

Nachruf.

Am 22. Dezbr. nachm. ist unser lieber Kamerad

August Meyer

das Opfer eines räuberischen Ueberfalls geworden. Wir werden dem teuren Kameraden ein ehrendes Andenken bewahren.

Der Vorstand.

Abb. T-73: KN, 30.Dezember 1916

Die *sonstigen Bezeichnungen*, die erst im Jahr 2002 vermehrt auftreten, sind ein Merkmal der verstärkten Individualisierung von Todesanzeigen. Die 2002 in der Gruppe *sonstige Bezeichnungen* eingeordneten Verbalisierungen haben einen starken Bezug zum Verstorbenen, dessen Leben, Beruf und Hobbys. Verfasser sind sowohl private als auch institutionelle Inserenten.

3.12.6 Nichtverbalisierung

Es besteht zudem die Möglichkeit, dass das Sterben in einer Todesanzeige durch *Nichtverbalisierung* ausgedrückt wird. Nichtverbalisierung liegt dann vor, wenn das Sterben weder verbalisiert noch nominalisiert wird und lediglich die Lebensdaten des Verstorbenen – entweder Geburts- und Sterbedatum oder nur das Sterbedatum – angegeben werden.[201] Das geschieht oft unter Verwendung typografischer Elemente.[202] Ebenfalls wird von Nichtverbalisierung gesprochen, wenn überhaupt keine Angaben zu den Lebensdaten des Verstorbenen gemacht werden. Eine entsprechende Anzeige liegt vor, wenn nur der Name des Verstorbenen ge-

201 Abb. TA-70.
202 Zu Sternchen (*) und Kreuz (†) siehe I.5.2.3.

nannt wird (Abb. T-74). Bei der Erfassung der Anzeigen mit Nichtverbalisierung bleiben alle Todesanzeigen unberücksichtigt, die zusätzlich zu einer Verbalisierung beziehungsweise Nominalisierung eine Angabe der Lebensdaten beinhalten. In diesen Fällen wird dem sprachlichen Ausdruck für das Sterben Vorrang vor der Nichtverbalisierung gegeben.[203]

Für Fröhlichkeit
und Lebenswillen
gab es einen Namen

Kirstin

Wir sind so unendlich
traurig

Bianca und Henning
Jannis und Karina

Abb. T-74: KN, 8. Januar 2002

Fast über den gesamten Untersuchungszeitraum sind ausschließlich Todesanzeigen feststellbar, in denen das Sterben nominal oder verbal ausgedrückt wird. Erst Mitte des 20. Jahrhunderts finden sich Todesanzeigen, in denen das Sterben nicht verbalisiert oder nominalisiert wird, sondern Anzeigen mit Nichtverbalisierung nachgewiesen werden können. Im Jahr 1952 sind erstmals Anzeigen in der Mopo und dem KStA nachweisbar, in denen lediglich die Lebensdaten des Verstorbenen angegeben sind beziehungsweise keine Angabe zu Lebensdaten belegbar ist. So gibt es in der Mopo eine Anzeige mit der Angabe des Geburts- und Sterbedatums (6,7 Prozent) und im KStA eine Anzeige ohne Angabe der Lebensdaten (2,8 Prozent).[204]

Im Jahr 1972 ist bereits eine deutliche Steigerung der Nichtverbalisierung nachzuweisen: In den KN gibt es 17 Inserate, die nur Angaben zu den Lebensdaten der Verstorbenen enthalten, was 10,2 Prozent der gesamten Anzeigen in den KN aus der 1972er Probe entspricht.[205] In der Mopo finden sich drei (5,8 Prozent), in der LZ und im KStA je eine An-

203 Abb. TA-71.

204 Teilweise steht vor dem Geburtsdatum *geb.* und vor dem Sterbedatum *gest.*, was jedoch nicht als Verbalisierung, sondern lediglich als Kennzeichnung der Lebensdaten verstanden wird; siehe Abb. TA-72.

205 Gemeint sind Anzeigen, in denen das Sterbedatum – häufig in Verbindung mit der Nennung des Geburtsdatums – anstelle einer Verbalisierung des Sterbens verwendet wird.

zeige (4,2 beziehungsweise 0,7 Prozent) dieser Art. In der Welt ergibt sich für Todesanzeigen, die nur ein Sterbedatum enthalten, ein Anteil von 12,8 Prozent. In der FAZ beläuft er sich sogar auf 18,9 Prozent. Zählt man zudem die Anzeige, in der keine Angabe zu Lebensdaten gemacht wird, hinzu, ergibt sich in der FAZ insgesamt ein Anteil von 21,6 Prozent für die Nichtverbalisierung.

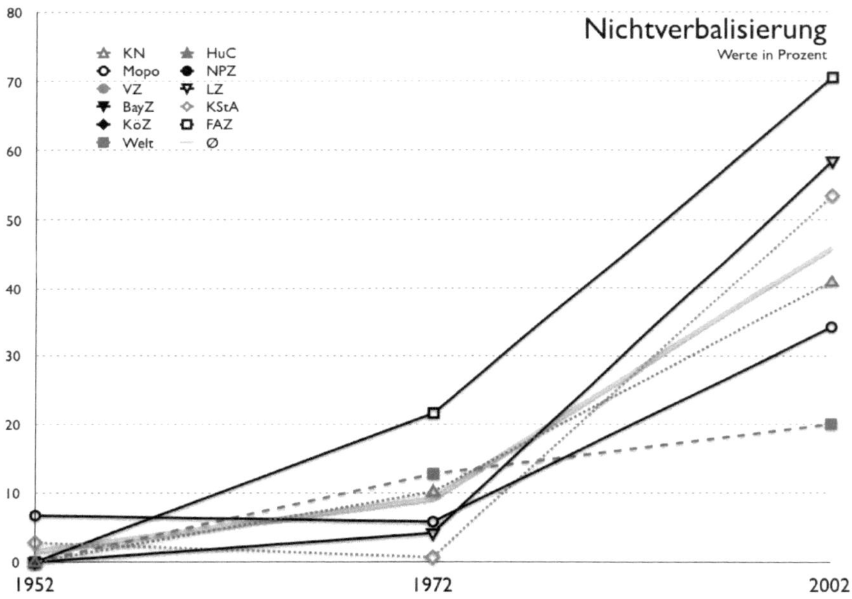

Abb. 7: Nichtverbalisierung

Im Jahr 2002 kommt die Angabe des Sterbedatums in allen Zeitungen am häufigsten vor. Auffällig ist, dass sich sowohl für LZ als auch für KStA Werte von über 50 Prozent für die Nichtverbalisierung ergeben, während in den KN und der Mopo etwa ein Drittel der Anzeigen auf die Angabe des Sterbedatums entfällt. In der Welt belaufen sich die Anteile auf 20, in der FAZ auf 71,1 Prozent. Neben den Todesanzeigen, die nur ein Sterbedatum enthalten, finden sich im Jahr 2002 insgesamt 18 Anzeigen ohne eine Angabe zu Lebensdaten, wobei der Anteil mit 7,2 Prozent in den KN am höchsten ist, gefolgt von der FAZ (6,7 Prozent). In den anderen Blättern liegt er zwischen 1,6 und 2,4 Prozent.[206]

206 Abb. TA-73

Die Zunahme der Verwendungshäufigkeit der Nichtverbalisierung ist bemerkenswert: Ihr Anteil hat sich von 1972 bis 2002 mindestens um den Faktor 3,3 (KN) und maximal um den Faktor 74,2 (KStA) vervielfacht. Im Jahr 1972 sind für die Nichtverbalisierung nur in der FAZ (21,6 Prozent), der Welt (12,8 Prozent) sowie den KN (10,2 Prozent) mittlere Anteile zu belegen, während die Nichtverbalisierung im KStA (0,7 Prozent), in der LZ (4,2 Prozent) und der Mopo (5,8 Prozent) nur eine geringe Bedeutung zukommt. In der 2002er Probe ergibt sich der niedrigste Anteil mit 20 Prozent für die Welt, der höchste mit 71,1 Prozent für die FAZ. In den regionalen Zeitungen liegt der Anteil der Nichtverbalisierung zwischen 34,1 (Mopo) und 58,5 Prozent (LZ).

Insgesamt ist folglich zwischen 1972 und 2002 eine starke Verschiebung im Hinblick auf die Nichtverbalisierung des Sterbens festzustellen. Zunächst war es üblich, das Sterben zu verbalisieren beziehungsweise zu nominalisieren, inzwischen hat sich der Verzicht auf eine Verbalisierung eingebürgert. Der durchschnittliche Anteil der Nichtverbalisierung in Todesanzeigen beläuft sich 1972 lediglich auf 9,2 Prozent, im Jahr 2002 beträgt er bereits 46 Prozent: Fast in der Hälfte aller Todesanzeigen wird das Sterben zu diesem Zeitpunkt also nicht mehr verbal oder nominal ausgedrückt.

3.12.7 Sonderfall Kriegstod: die kriegsbezogenen Bezeichnungen

Eine Sonderstellung im Vergleich zu den Todesanzeigen ohne direkten Kriegsbezug nehmen die Todesanzeigen für im Krieg gefallene Soldaten und sonstige Kriegstote ein. Im Folgenden werden sowohl die verwendeten Bezeichnungen des Sterbens beider Weltkriege als auch die Todesanzeigen des Zweiten Weltkrieges mit den Todesbenachrichtigungen, die die Familien der verstorbenen Soldaten erhalten haben, verglichen, um auf diese Weise mögliche Gemeinsamkeiten beziehungsweise Unterschiede bezüglich der Bezeichnungen des Sterbens aufzeigen zu können.

Viele der in den Kriegsanzeigen benutzten Bezeichnungen lassen sich nicht in die bisher gebildeten Gruppen für die Bezeichnungen des Sterbens einordnen. Deshalb wird zusätzlich zu den bereits bestehenden Gruppen – der *neutralen*, der *euphemistischen*, der *übersinnlichen* und der *personalisierten* Bezeichnungen sowie den *sonstigen Bezeichnungen* und der *Nichtverbalisierung* – eine weitere Gruppe zur Einordnung dieser kriegsbezogenen Bezeichnungen gebildet, die im weiteren Verlauf *kriegsbezogene Bezeichnungen* genannt wird. Hierzu zählen folgende Bezeichnungen: *seinen Verletzungen erliegen, fallen, den Tod erleiden, den Tod finden, sein Leben geben/hingeben, erschossen werden, sein Leben op-*

fern, sterben, sein Leben lassen, nicht zurückkehren, tödlich getroffen werden und *ums Leben kommen.* Die kriegsbezogenen Bezeichnungen haben neben dem Sem ‚aufhören zu leben' außerdem die Seme ‚in einer Kriegssituation/Kampfhandlung' und ‚durch Gewalteinwirkung' gemein.

Dass das Verb *fallen* hier „‚[s]terben', ‚durch fremde Einwirkung', ‚bezogen auf Menschen', ‚im Krieg', ‚durch militärische Einwirkung'"[207] meint und keine der anderen Bedeutung wie ‚stürzen' oder ‚sinken' hat, die Wahrig anführt,[208] ergibt sich aus dem Kontext der Todesanzeigen. Schumacher et al. notieren für *fallen* eine obligatorische Nominativ-Ergänzung und eine fakultative Adverbativ-Ergänzungen im Dativ (*in/an/bei* + Dativ) als lokale Adverbialbestimmung, die den Schauplatz des Kriegsgeschehens angibt, was für die vorliegenden Todesanzeigen bestätigt werden kann:[209]

- Im Westen fiel unser lieber Aktiver Gregor Duddek. (KN, 30. Dezember 1916)
- Am 23. April fiel bei schweren Abwehrkämpfen im Osten mein guter Gatte [...] Josef Lehner [...] im 34. Lebensjahre. (LZ, 9. Mai 1942)
- Am 5. Dezember 1942 fiel bei den harten Kämpfen im Osten unser einziger, lieber hoffnungsvoller Sohn [...] im Alter von 25 Jahren. (Mopo, 4. Januar 1943)

Das Verb *sterben* hat in den Kriegsanzeigen eine andere Bedeutung als in den ‚normalen' Todesanzeigen: *Sterben* hat in den Kriegsanzeigen neben den Semen ‚aufhören zu leben' zusätzlich die Seme ‚in einer Kriegssituation/Kampfhandlung', ‚durch Gewalteinwirkung' und ‚sein Leben für etwas opfern', was aus dem Kontext, in dem *sterben* in den Kriegsanzeigen gebraucht wird, deutlich wird. Das Verb *sterben* fordert sowohl in der neutralen als auch in der kriegsbezogenen Verwendung eine Nominativ-Ergänzung, die in allen Fällen mit einer Bezeichnung für den Verstorbenen besetzt ist. Dass ein Verwendungsfall von *sterben* mit Kriegsbezug vorliegt und das Verb damit den kriegsbezogenen Bezeichnungen zuzuordnen ist, kann sich aus verschiedenen Umständen ergeben: So kann eine Präpositionalgruppe (*auf/bei/in* + Dativ) den situativen Rahmen des Todes beschreiben sowie eine Präpositional-Ergänzung (*für* + Akkusativ) hinzutreten, was die vorliegenden Kriegsanzeigen bestätigen.[210] Zuletzt ist eine kriegsbezogene Verwendungsweise festzustellen, in der zu *sterben* die Akkusativ-Ergänzung ‚den Heldentod' tritt:

207 *Sommerfeldt/Schreiber* (1996: 275).
208 Vgl. *Wahrig* (2000: 454).
209 Vgl. *Schumacher* et al. (2004: 372).
210 Vgl. *dies*. (2004: 702).

- Bei den schweren Abwehrkämpfen im Osten starb […] für Führer, Volk und Vaterland mein lieber, herzensguter, jüngster Sohn […]. (KN, 2. April 1943)
- Im Feldlazarett starb am 4. Dezember in treuer Pflichterfüllung den Heldentod fürs Vaterland mein innigstgeliebter Bräutigam, der Musketier Karl Kempe. (Mopo, 7. Januar 1917)
- Am 24. Dezember starb den Heldentod durch Absturz mit dem Flugzeug [...] Friedrich Thonde. (NPZ, 3. Januar 1917)
- Mein über alles geliebter Mann [...] Heinz Ehmke [...] starb [...] bei schweren Abwehrkämpfen im Osten im Alter von 33 Jahren den Heldentod im festen Glauben an den Führer und den Sieg. (KN, 1. April 1943)
- Bei schweren Abwehrkämpfen im Osten starb am 13. Oktober in einem Feldlazarett infolge einer am 6. Okt. erlittenen Verwundung mein innigst geliebter, treuer Lebenskamerad […] den Heldentod. (KStA, 28. April 1943)

Auch bei den Bezeichnungen *seinen Verletzungen erliegen*, *den Tod erleiden*, *den Tod finden* und *ums Leben kommen* sind die Kontexte der Kriegsanzeigen notwendig, die eine Zuordnung zu den kriegsbezogenen Bezeichnungen begründen, da der Gebrauch der genannten Bezeichnungen auch ohne Kriegsbezug – etwa bei einem Verkehrsunfall – möglich ist. So kommt die Bezeichnung *seinen Verletzungen erliegen* etwa in folgenden Kontexten vor:

- Erst jetzt ist es zur Kenntnis des Regiments gekommen, daß der Hauptmann Wilhelm v. d. Marwitz [...] der im schweren Kampf [...] an der Spitze seiner Kompagnie erlittenen Verwundung am 2.4.15 erlegen ist. (NPZ, 6. Januar 1917)
- Wir erhielten die traurige Nachricht, daß unser lieber Sohn [...] Kurt Weise [...] seiner am 5. Dezember 1942 erlittenen schweren Verwundung am 17. Dezember 1942 im Kriegslazarett in Riga erlegen ist. (Mopo, 3. Januar 1943)

Bei den Bezeichnungen *den Tod erleiden* und *den Tod finden* ergibt sich die Einordnung zu den kriegsbezogenen Bezeichnungen meist dadurch, dass als obligatorische Akkusativ-Ergänzung ‚den Heldentod' verwendet wird, wodurch eindeutig ein Kriegsbezug gegeben ist. Vereinzelt wird bei *den Tod erleiden* als obligatorische Akkusativ-Ergänzung ‚den Tod' gebraucht – in diesen Fällen wird der Kriegsbezug durch eine Präpositional-Ergänzung wie ‚fürs Vaterland' ausgedrückt:

- Bei den schweren Kämpfen im Feindesland erlitt am 19. Dezember unser lieber Sohn [...] Wilhelm Klemmer den Heldentod fürs Vaterland. (KStA, 29. Dezember 1916)
- Am 4. d. M. fand auf einem Patrouillengang den Heldentod für sein Vaterland [...] Harry Beder. (NPZ, 9. Januar 1917)

- Bei schweren Abwehrkämpfen im Osten fand am 7. März unser einziger hoffnungsvoller Sohn [...] Werner Choyka [...] für seinen geliebten Führer und Großdeutschlands Zukunft den Heldentod. (KN, 1. April 1943)
- Tieferschüttert erhielten wir die sehr traurige Nachricht, daß mein herzinnigstgeliebter, hoffnungsvoller, einziger Sohn [...] Karl Schmidt [...] den Tod fürs Vaterland erlitten hat. (KStA, 4. Januar 1917)

Die Bezeichnung *ums Leben kommen* ist nur ein einziges Mal in der 1942/43er Probe des KStA nachzuweisen. Während *ums Leben kommen* in den nicht kriegsbezogenen Todesanzeigen den neutralen Bezeichnungen zugeordnet ist, scheint es bei den kriegsbezogenen Anzeigen angemessen, *ums Leben kommen* den kriegsbezogenen Bezeichnungen zuzurechnen, da aus der fakultativen Präpositional-Ergänzung ‚bei einem Terrorangriff' geschlossen werden kann, dass es sich um einen gewaltsam erlittenen Tod infolge des Kriegsgeschehens handelt:

- Wir geben hiermit bekannt, daß unsere Lieben, [...] Oskar Pflüger und [...] Gerda Pflüger [...] bei einem Terrorangriff in der Nacht des 29. Juni auf Köln ums Leben kamen. (KStA, 30. November 1943)

Neben den kriegsbezogenen Bezeichnungen sind in den Kriegsanzeigen vereinzelt auch Bezeichnungen feststellbar, die den neutralen, den euphemistischen, den übersinnlichen oder den personalisierten Bezeichnungen zugeordnet werden. Sonstige Bezeichnungen und die Nichtverbalisierung sind in den Kriegsanzeigen nicht zu belegen. Bezeichnungen, die nicht zu den kriegsbezogenen Bezeichnungen zählen, aber in Kriegsanzeigen zur Bezeichnung des Sterbens verwendet werden, sind: *versterben*, *scheiden/verscheiden*, *erlösen*, *der Tod*, *reißen/entreißen*, *verlieren*, *rufen*, *von jemandem gehen*, *sein Seele in die Hände des Schöpfers zurückgeben* und *sein Leben in Gottes Hand zurückgeben*. Obwohl – wie im Folgenden exemplarisch gezeigt wird – im Kontext dieser Bezeichnungen durch verschiedene Ergänzungen ein Kriegsbezug hergestellt wird, werden die Bezeichnungen nicht der kriegsbezogenen, sondern den neutralen, den euphemistischen, den übersinnlichen beziehungsweise den personalisierten Bezeichnungen zugeordnet, da die neutralen, euphemistischen, übersinnlichen beziehungsweise personalisierten Inhalte bei den jeweiligen Bezeichnungen dominieren:

- Am 27. Dezember 1916 verstarb in einem Feldlazarett infolge eines Gewehr-Bauchschusses unser ältester Sohn, Bruder und Onkel Paul Pape [...]. (Mopo, 7. Januar 1917)
- Am 31. März verschied an den Folgen einer im Osten erlittenen Verletzung [...] Harry Herrmann. (KN, 6. April 1943)

- Schwer erkrankt aus dem Felde heimgekehrt, wurde [...] mein geliebter Mann [...] heute früh von seinem mit Geduld ertragenen Leiden erlöst. (NPZ, 8. Januar 1917)
- Verspätet erhielt das Regiment Kunde von dem Ende November in einem Lazarett erfolgten Tode des Lts. d. Res. von der Malsburg. (NPZ, 2. Januar 1917)
- Durch Feindeinwirkung wurde mir nach kurzem Eheglück meine innigstgeliebte, gute Frau [...] Marianne Schwabe [...] entrissen. (KN, 7. April 1943)
- Durch Feindeinwirkung verloren wir am 4. April unsere liebe Schwester u. Tante Fräulein Helene Ohrt. (KN, 7. April 1943)
- Gott rief am 27. Okt. 1943 auf dem Schlachtfeld im Osten meinen heißgeliebten, unvergeßlichen treuen Gatten [...] Peter Matuszewski im Alter von 35 Jahren in das Reich des Friedens. (KStA, 28. November 1943)
- Nach Gottes Willen ist [...] nach langem, mit Geduld ertragenem Leiden infolge Feindeinwirkung mein innigstgeliebter und treusorgender Gatte [...] für immer von uns gegangen. (KStA, 30. November 1943)
- Hart und schwer traf uns die traurige Nachricht, daß mein gütiger lieber Mann [...] bei den schweren Kämpfen im Osten [...] seine Seele in die Hände seines Schöpfers zurückgab. (KStA, 30. November 1943)
- Hart und schwer traf uns die Nachricht, daß unser geliebter lebensfroher Sohn [..] Hermann Hawerländer [...] am 30. Sept. im Osten, 21 ½ Jahre alt, nach schwerer Verwundung sein Leben in Gottes Hand zurückgab [...]. (KStA, 4. Dezember 1943)

Die Frequenz der Bezeichnungen, die nicht den kriegsbezogenen Bezeichnungen zugeordnet werden, ist nicht sehr hoch. So kommen die Bezeichnungen *erlösen*, *von jemandem gehen, rufen*, *verlieren*, *seine Seele in die Hände des Schöpfers zurückgeben* und *sein Leben in Gottes Hand zurückgeben* nur jeweils einmal vor.

Bereits die Tatsache, dass in den Kriegsanzeigen Bezeichnungen für das Sterben verwendet werden, die in den ‚normalen' Todesanzeigen nicht zu belegen sind, verdeutlicht das Vorhandensein von Unterschieden zwischen kriegsbezogenen und ‚normalen' Anzeigen in Bezug auf die Verbalisierung des Sterbens. Differenzen sind überdies auch bei der Verwendung der Verben festzustellen, die sowohl in zivilen als auch in Kriegsanzeigen vorkommen. So zeigen sich beispielsweise deutliche Frequenzunterschiede beim Gebrauch des Verbs *sterben*.[211]

Im Ersten Weltkrieg ergibt sich in Bezug auf die Bezeichnungen für das Sterben in den kriegsbezogenen Anzeigen ein differenziertes Bild: So wird das Verb *sterben* besonders in KN (45,5 Prozent) und LZ (83,3 Prozent) gebraucht – in beiden Fällen hat *sterben* die höchste Frequenz.

211 Siehe Tabelle TA-12.

In der VZ tritt *sterben* genauso oft auf wie *fallen* (33,3 Prozent), in der NPZ ergibt sich für *sterben* eine Frequenz von 29,4 Prozent, im HuC (25 Prozent) und im KStA (6,3 Prozent) wird *sterben* jeweils nur einmal benutzt.[212] Im KStA werden stattdessen die kriegsbezogenen Bezeichnungen *den Tod erleiden* (43,8 Prozent), *fallen* (25 Prozent), *seinen Verletzungen erliegen* (18,8 Prozent) und *den Tod finden* (6,3 Prozent) verwendet. Für *fallen* sind mit 61,1 Prozent die höchsten Anteile in der Mopo nachzuweisen, in den KN belaufen sie sich auf 22,7, in der LZ auf 16,7 und in der NPZ auf 17,6 Prozent.

Das neutrale Verb *versterben* ist nur in KN, Mopo und VZ zu finden, die Anteile liegen zwischen 9,1 und 16,7 Prozent. In NPZ und VZ sind zudem mit 17,6 beziehungsweise 16,7 Prozent relativ hohe Werte für *scheiden/verscheiden* zu verzeichnen. Als weitere Bezeichnungen für das Sterben sind *erlösen*,[213] *den Tod finden*, *sein Leben geben/hingeben*[214] und *der erfolgte Tod* festzustellen, allerdings liegen ihre Anteile nur in wenigen Fällen über 7 Prozent.

In den Kriegsanzeigen des Ersten Weltkrieges dominieren die kriegsbezogenen Bezeichnungen in allen Zeitungen: Sie betragen in KStA, LZ und HuC 100, in den KN 90,9, in der Mopo 83,3, in der NPZ 70,6 und in der VZ 66,7 Prozent.[215] Für die neutralen Bezeichnungen *versterben* und *der erfolgte Tod* ergeben sich maximal Anteile von 16,7 Prozent (VZ). In den KN belaufen sich die Anteile der neutralen Bezeichnungen auf 9,1 Prozent, in der Mopo auf 11,1 und in der NPZ auf 5,9 Prozent. In KStA, LZ und HuC kommen die neutralen Bezeichnungen in der 1916/17er Probe nicht vor. Neben den neutralen und den kriegsbezogenen Bezeichnungen sind in den Kriegsanzeigen aus dem Ersten Weltkrieg außerdem übersinnliche und euphemistische Bezeichnungen nachzuweisen: So sind eine übersinnliche Verbalisierung in der NPZ (*erlösen*), was einen Anteil übersinnlicher Bezeichnungen von 5,9 Prozent ergibt, sowie die euphemistischen Verben *scheiden/verscheiden* in Mopo (5,6 Prozent), VZ (16,7 Prozent) und NPZ (17,6 Prozent) zu belegen. Während des Ersten Weltkrieges sind folglich die kriegsbezogenen Bezeichnungen von besonderer Relevanz, die neutralen, die übersinnlichen und die euphemistischen Bezeichnungen haben dagegen kaum Gewicht.

Während des Zweiten Weltkrieges ist die Frequenz für die Bezeichnungen *fallen*, *sterben*, *versterben* und *den Tod finden* insgesamt am

212 Neben *sterben* kommen 1917 im HuC außerdem *fallen* und *den Tod erleiden* vor.

213 *Erlösen* findet sich nur ein einziges Mal in der NPZ.

214 Die Wendung *sein Leben geben/hingeben* ist nur in einer Anzeige in den KN zu belegen.

215 Siehe Tabelle TA-13.

höchsten. So liegen die Anteile für *fallen* zwischen 27,7 (KN) und 17,8 Prozent (Mopo) und für *den Tod finden* bei 23,1 (KN), 30 (KStA), 18,2 (LZ) sowie 24,4 Prozent (Mopo). Für *sterben* und *versterben* zeigt sich ein heterogenes Bild: Das Verb *versterben* ist in KStA und LZ nicht zu belegen, der Anteil für *sterben* beläuft sich im KStA auf 16 und in der LZ auf 9,1 Prozent. In den KN wird in fünf Todesanzeigen *versterben* (7,7 Prozent) und in 15 *sterben* (23,1 Prozent) verwendet, in der Mopo gibt es eine Anzeige mit dem Verb *versterben* (2,2 Prozent) und in fünf Anzeigen wird das Verb *sterben* benutzt (11,1 Prozent). In den Kriegsanzeigen dominiert folglich das Verb *sterben.*

Überdies sind in der Mopo hohe Anteile für *sein Leben lassen* (22,2 Prozent) nachzuweisen, für *den Tod erleiden* ergeben sich in LZ (18,2 Prozent) und KStA (10 Prozent) relativ hohe Anteile.[216] Zudem sind in der LZ für die Bezeichnung *sein Leben opfern* Anteile von 18,2 Prozent zu belegen. Als weitere Verbalisierungen des Sterbens sind in der Probe aus dem Zweiten Weltkrieg *scheiden/verscheiden* (KN und Mopo), *reißen/entreißen* (KN und Mopo), *verlieren* (KN), *rufen* (KStA), *von jemandem gehen* (KStA), *seinen Verletzungen erliegen* und *nicht zurückkehren* zu verzeichnen. Insgesamt liegen die Anteile für diese Verbalisierungen jedoch nur selten über 5 und immer unter 10 Prozent.

Für die Bezeichnungen des Sterbens in den Todesbenachrichtigungen aus dem Zweiten Weltkrieg hingegen ergibt sich ein homogenes Bild: Bei 76,9 Prozent der Todesbenachrichtigungen wird das Verb *fallen* verwendet, zweimal (15,4 Prozent) findet sich das Verb *sterben* und in einer Todesbenachrichtigungen sind gleich zwei Verbalisierungen nachzuweisen, nämlich die euphemistische, beinahe poetische Bezeichnung ‚zum Heer der toten Helden abberufen werden' sowie ‚seinen Verletzungen erliegen'.[217] Beim Vergleich der Todesanzeigen und der Todesbenachrichtigungen zeigt sich, dass *fallen* sowohl in Todesanzeigen als auch in Todesbenachrichtigungen gebraucht wird. Auch die Bezeichnungen *sterben* und *seinen Verletzungen erliegen* werden in Todesbenachrichtigungen und in Todesanzeigen benutzt. Die Bezeichnung ‚zum Heer der toten Helden abberufen werden' dagegen ist nur in einer Todesbenachrichtigung zu belegen, nicht in den vorliegenden Todesanzeigen.

Neben den Bezeichnungen, die sowohl in Todesbenachrichtigungen als auch in Todesanzeigen vorkommen, gibt es in Todesanzeigen weitere Bezeichnungen, die für das Sterben verwendet werden. Dies sind *schei-*

216 In der KN liegt der Anteil für *den Tod erleiden* lediglich bei 1,5 Prozent, in der Mopo bei 2,2 Prozent.

217 Siehe Abb. Tb-4.

den/verscheiden, *reißen/entreißen*, *verlieren*, *von jemandem gehen* und *nicht zurückkehren*. Eine eindeutige Beziehung zwischen den Bezeichnungen des Sterbens in den Todesbenachrichtigungen und denen in den Todesanzeigen kann somit nicht nachgewiesen werden. Bei der in den Todesbenachrichtigungen am häufigsten auftretenden Verbalisierung *fallen* handelt es sich um eine kriegsbezogene Bezeichnung. In den Todesanzeigen finden sich neben neutralen und kriegsbezogenen Bezeichnungen vereinzelt auch personalisierte, euphemistische und übersinnliche Bezeichnungen, die in Todesbenachrichtigungen nicht nachzuweisen sind. Eine Begründung für die unterschiedlichen Bezeichnungen für das Sterben in Todesbenachrichtigungen und Todesanzeigen kann darin liegen, dass die Verfasser der Todesbenachrichtigungen meist Kompanie-Offiziere oder Ärzte in den Lazaretten waren, die den Angehörigen den Tod des Verstorbenen sachlich mitteilten, während die Inserenten der Todesanzeigen – die Angehörigen des Verstorbenen – in den Todesanzeigen auch den Verlust ausdrücken, den der Tod des Verstorbenen für sie bedeutet.

Während des Zweiten Weltkrieges überwiegen die kriegsbezogenen Bezeichnungen in allen vier Zeitungen.[218] Die niedrigsten Anteile ergeben sich in den KN mit 83, die höchsten in der LZ und dem KStA mit 100 Prozent. In der Mopo entfallen 91,1 Prozent der in den Todesanzeigen auftretenden Verbalisierungen auf die kriegsbezogenen Bezeichnungen. Die neutralen Bezeichnungen sind nur in den KN (7,7 Prozent) und der Mopo (2,2 Prozent) nachzuweisen. Für die euphemistischen Bezeichnungen, die ebenfalls nur in KN und Mopo zu belegen sind, ergeben sich Anteile von 3,1 (KN) beziehungsweise 2,2 Prozent (Mopo). Die personalisierten Bezeichnungen finden sich in den KN (6,1 Prozent) und der Mopo (4,4 Prozent), die übersinnlichen Bezeichnungen kommen nur im KStA vor, ihr Anteil beläuft sich dort auf 8 Prozent.

Der Vergleich der ‚normalen' Inserate mit den Todesanzeigen für gefallene Soldaten während beider Weltkriege führt zu folgendem Ergebnis: Durchschnittlich ergibt sich für die neutralen Bezeichnungen in den nicht kriegsbezogenen Anzeigen für 1916/17 ein Anteil von 13,1 Prozent, im Jahr 1902 lagen die durchschnittlichen Anteile noch bei 23,7 Prozent. Noch deutlicher als beim Vergleich der 1902er und der 1916/17er Probe zeigt sich der Rückgang der neutralen Bezeichnungen in den ‚normalen' Todesanzeigen beim Vergleich der 1921er und 1942/43er Probe: 1921 belaufen sich die neutralen Bezeichnungen dort auf durchschnittlich 15,6 Prozent, 1942/43 dagegen nur auf 8 Prozent.

---

218 Siehe Tabelle TA-13.

Das Verb *sterben*, das in den ‚normalen' Anzeigen den neutralen Bezeichnungen und in den Kriegsanzeigen den kriegsbezogenen Bezeichnungen zugeordnet ist, kann während der beiden Weltkriege in den nicht kriegsbezogenen Todesanzeigen nur selten nachgewiesen werden, in den Kriegsanzeigen jedoch hat es eine hohe Frequenz. In der 1916/17er Probe wird *sterben* in den Anzeigen ohne Kriegsbezug nicht in LZ und Mopo verwendet, der höchste Wert für *sterben* ist mit einem Anteil von 21 Prozent in den KN zu belegen. In den Kriegsanzeigen des Ersten Weltkrieges dagegen liegen die Anteile für *sterben* mindestens bei 6,3 (KStA) und maximal bei 83,3 Prozent (LZ). Während des Zweiten Weltkrieges ist das Verb *sterben* in den ‚normalen' Anzeigen der KN und der LZ nicht festzustellen, in den Kriegsanzeigen ergeben sich für *sterben* in beiden Zeitungen Anteile von 21,5 (KN) und 9,1 Prozent (LZ). Im KStA liegen die Anteile für *sterben* in den Anzeigen ohne Kriegsbezug bei 8,1, in den Anzeigen mit Kriegsbezug bei 16 Prozent. Lediglich in der Mopo ist keine Diskrepanz hinsichtlich der Verwendung von *sterben* festzustellen: In den ‚normalen' Anzeigen beläuft sich der Anteil auf 11,8, in den kriegsbezogenen Anzeigen auf 11,1 Prozent.

Die nicht kriegsbezogenen Bezeichnungen *erlösen*, *reißen/entreißen*, *verlieren*, *von jemandem gehen* und *rufen*, *seine Seele in die Hände des Schöpfers zurückgeben* und *sein Leben in Gottes Hand zurückgeben* spielen in den Kriegsanzeigen nur eine untergeordnete Rolle – ihre Anteile liegen in allen Zeitungen durchweg unter 6 Prozent.

Die Gegenüberstellung der Kriegsanzeigen aus den beiden Proben ergibt sowohl eine erhöhte Vielfalt der Bezeichnungen für das Sterben als auch eine Verwendungsänderung: In den Todesanzeigen aus dem Zweiten Weltkrieg findet sich eine breitere Variation an Bezeichnungen für das Sterben. 1916/17 sind *sterben, versterben, scheiden/verscheiden, erlösen, seinen Verletzungen erliegen, fallen, den Tod erleiden, den Tod finden, sein Leben geben/hingeben, erschossen werden* sowie *der Tod* zu belegen. 1942/43 kommen *reißen/entreißen*, *verlieren*, *rufen*, *von jemandem gehen*, *sein Leben opfern*, *sein Leben lassen*, *ums Leben kommen*, *sein Leben in Gottes Hand zurückgeben, seine Seele in die Hände des Schöpfers zurückgeben, tödlich getroffen werden, sein Leben in Gottes Hand zurückgeben* und *nicht zurückkehren* hinzu, das Verb *erlösen* ist nicht nachzuweisen.

In den Jahren 1916/17 sind die durchschnittlich am häufigsten gebrauchten Bezeichnungen *sterben* (34,3 Prozent), *fallen* (28 Prozent) und *den Tod erleiden* (12 Prozent). In der 1942/43er Probe sind mit einem durchschnittlichen Anteil von 14,4 Prozent für *sterben* nur noch Anteile im mittleren Bereich zu verzeichnen. Am häufigsten wird *den Tod finden* (23,9 Prozent) benutzt, gefolgt von dem Verb *fallen*, für das eine durchschnittliche Verwendungshäufigkeit von 22,8 Prozent zu belegen ist.

Die Bezeichnungen *sein Leben geben/hingeben*, *sein Leben opfern* und *sein Leben lassen*, die den Verlust des Lebens als Ergebnis der Verteidigung des Vaterlandes und damit einer einem höheren Ziel dienenden Kriegshandlung darstellen, werden erst während des Zweiten Weltkrieges in größerer Zahl gebraucht. 1916/17 ist nur ein Beleg für *sein Leben geben/hingeben* in den KN zu finden. 1942/43 kommen die genannten Bezeichnungen weitaus häufiger vor. In den Kriegsanzeigen des Zweiten Weltkrieges tritt zudem zu den das Sterben bezeichnenden Verben häufig die Akkusativ-Ergänzung ‚den Heldentod'.[219] Eine solche Akkusativ-Ergänzung ist bei *finden* und *erleiden* obligatorisch, im Falle des Verbs *sterben* tritt sie fakultativ hinzu, wodurch dem Inhalt des Verbalbegriffs zusätzlich das Sem ‚in einer Kriegshandlung' zugeordnet wird. Daneben sind Präpositionalgruppen vorhanden, die die Bedeutung des übergeordneten Ziels herausstellen. Während des Ersten Weltkrieges ist die Formulierung ‚fürs Vaterland' (Abb. T-75) verbreitet, im Zweiten Weltkrieg ist eine größere Variation zu erkennen, es kommen unter anderem ‚für die Heimat', ‚für Volk und Vaterland', ‚für Deutschland', ‚für Großdeutschland' sowie ‚für Führer, Volk und Vaterland'[220] hinzu.

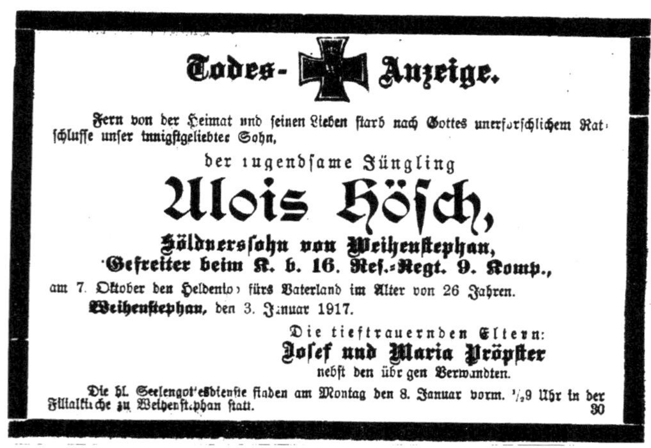

Todes- Anzeige.

Fern von der Heimat und seinen Lieben starb nach Gottes unerforschlichem Ratschlusse unser innigstgeliebter Sohn,

der tugendsame Jüngling

Alois Hösch,

Söldnerssohn von Weihenstephan,
Gefreiter beim K. b. 16. Res.-Regt. 9. Komp.,

am 7. Oktober den Heldentod fürs Vaterland im Alter von 26 Jahren.

Weihenstephan, den 3. Januar 1917.

Die tieftrauernden Eltern:
Josef und Maria Pröpster
nebst den übrigen Verwandten.

Die hl. Seelengottesdienste finden am Montag den 8. Januar vorm. ½9 Uhr in der Filialkirche zu Weihenstephan statt.
30

Abb. T-75: LZ, 3. Januar 1917

219 Anstelle des Kompositums *Heldentod* (siehe Abb. TA-74) wird in einigen Fällen das Simplex *Tod* verwendet.

220 Abb. TA-75.

Jeggle und Behrenbeck haben Arbeiten vorgelegt, die sich mit dem Kriegstod und dem Heldenkult, der während des Zweiten Weltkrieges um die gefallenen Soldaten betrieben wurde, auseinandersetzen. Jeggle zeigt auf, dass die Kondolenzbriefe der Kompanieführer an die Hinterbliebenen neben der „schmerzliche[n] Mitteilung vom ‚Heldentod'"[221] auch dessen angebliche Notwendigkeit „im Kampf um Deutschlands Größe und Freiheit"[222] zum Ausdruck brachten. Die von Jeggle zitierten Passagen aus Kondolenzbriefen haben große Ähnlichkeit mit den zur selben Zeit veröffentlichten Todesanzeigen. Es ist anhand des vorliegenden Untersuchungsmaterials allerdings nicht nachweisbar, dass bestimmte Formulierungen wie beispielsweise ‚vorwärtsstürmend gefallen' (Abb. T-76) unverändert aus der offiziellen Todesbenachrichtigung übernommen wurden.

Das Schicksal wollte es nicht, daß Du zu uns zurückkehrtest. In den Abwehrkämpfen im Osten gabst Du, geliebter Mann, lieber Papi, guter Schwiegersohn mit 28 Jahren Dein Leben für Großdeutschlands Freiheit. Bei einem Gegenstoß Deiner Kompanie bist Du

Hans Fees

Hauptmann in einem Div.-Batl., ausgezeichnet mit EK I., dem silb. Inf.-Sturmabz., am 10. 8. 1943, vorwärtsstürmend gefallen. Auf dem Heldenfriedhof der Division wurdest Du mit allen militärischen Ehren beigesetzt. Als vorbildlicher Offizier und Komp.-Chef wirst Du bei Offizieren u. Mannschaft ein ehrendes Andenken erhalten und unter ihnen weiterleben. Unseren Schmerz könntest Du nur alleine lindern. In Deinem Jungen wirst Du über Deinen Tod hinaus leben und bei mir sein.

Inny Fees, Ingo Fees Familie Josef Pilartz.

Köln-Mauenheim, Guntherstr. 108

Abb. T-76: KStA, 28. November 1943

221 *Jeggle* (1986: 251).
222 *Ders.* (1986: 253).

Behrenbeck arbeitet heraus, wie die während des Zweiten Weltkrieges gefallenen deutschen Soldaten von dem nationalsozialistischen Machtapparat zu Helden stilisiert worden sind. Die Hinterbliebenen sollten auf den Gefallenen stolz sein:

> *Die größte und bewundernswerteste Leistung des Helden besteht darin, sein Leben für die gute Sache (das Gemeinwohl) zu wagen und notfalls auch zu opfern. Nur durch die Bereitschaft zu diesem letzten, bedingungslosen Einsatz wird deutlich, wie hoch der Wert der guten Sache [...] einzuschätzen ist, nämlich höher als das persönliche Wohlergehen und Weiterleben.*[223]

Behrenbeck weist im Übrigen darauf hin, dass mit der positiven Bewertung des allgegenwärtigen Heldentodes und seiner Interpretation als sinnvolles und freiwilliges Opfer auch eine machtpolitisch kalkulierte Trauerverdrängung einhergeht.[224] Jeggle zufolge ergibt sich aus dem Heldentod eine neue Opferbereitschaft der Angehörigen:

> *Die gefallenen Kameraden, Söhne, Ehemänner hatten ihr Blut vergossen, und um ihm den Sinn nicht zu verweigern, musste man weitermachen, denn der Sinn des Sterbens erschloss sich erst im Sieg. So lag, so kurios das klingen mag, der Sinn eines Kriegstods auch darin, einen Sinn für weitere Tote zu stiften.*[225]

Die Stilisierung des Todes eines Soldaten zum Heldentod zeigt sich auch bei der Analyse der vorliegenden Todesbenachrichtigungen: In allen Fällen unterstreichen die Verfasser der Todesbenachrichtigungen, welche Bedeutung der Tod des Verstorbenen für den Krieg und Deutschland hat. Dabei finden sich folgende syntaktische Strukturen mit Präpositionalobjekten, mit denen nach Ansicht der Verfasser der Todesbenachrichtigungen der Sinn des Todes deutlich gemacht werden soll: Die Soldaten fielen demnach ‚in soldatischer Pflichterfüllung', ‚für Führer und Volk', ‚für Führer, Volk und Vaterland', ‚für das geliebte Vaterland', haben ‚für die Sicherheit und Zukunft Großdeutschlands das Opfer des Lebens gebracht'[226] oder ‚das Leben für die Größe und den Bestand von Volk, Führer und Reich hingegeben'. Derartige Verwendungsweisen – als Beispiele können *fürs Vaterland*, *für Volk und Vaterland*, *für Deutschland*, *für Großdeutschland* sowie *für Führer, Volk und Vaterland* dienen – sind auch in den untersuchten Todesanzeigen festzustellen. Dort sind sie jedoch weitaus seltener als in den offiziellen Todesbenachrichtigungen.

---

223 *Behrenbeck* (1996: 66).
224 *Dies.* (1996: 521).
225 *Jeggle* (1986: 251).
226 Siehe Abb. Tb-1.

Die Verwendung solcher Formulierungen beziehungsweise der Verzicht darauf lässt einen Schluss auf die Haltung der Inserenten zum nationalsozialistischen Regime zu: Inserenten, die die Propaganda aus den Todesbenachrichtigungen übernehmen, stehen hinter dem Regime, während Inserenten, die auf entsprechende Verwendungsweisen verzichten, damit eine Distanz zum Regime ausdrücken. Nicht nur in den Todesanzeigen, sondern auch in den offiziellen Todesbenachrichtigungen können zudem unterschiedliche Grade der Ideologisierung nachgewiesen werden: So schließen einige der Todesbenachrichtigungen mit dem Gruß ‚Heil Hitler', andere Verfasser verzichten darauf.[227]

3.13 Zusammenfassung

In den Todesanzeigen sind sowohl in synchroner als auch in diachroner Hinsicht Unterschiede festzustellen. Die synchrone Betrachtung lässt regionale Differenzen erkennbar werden. Insgesamt weichen die Anzeigen aus der LZ, der KöZ und dem KStA, also den katholisch dominierten Gegenden, von denen der Mopo und der KN in Bezug auf die Bestattung und die damit verbundenen zeremoniellen Handlungen ab. Eine weitere Besonderheit der LZ und der NPZ liegt in der Tatsache, dass in den Anzeigen während der Probe aus den Jahren 1916/17 detailliert auf die Todesursachen gefallener Soldaten eingegangen wird.

Bei der Verwendung von Verwandtschaftsbezeichnungen zeigt sich, dass einzelne Substantive auf bestimmte Zeitungen beschränkt sind. So wird *Base* nur in der LZ gebraucht, genau wie *Ehemann* und *Ehefrau*. Daneben finden sich in den Todesanzeigen auch Hypokoristika: Zum einen werden sie für die Bezeichnung von jung Verstorbenen benutzt, zum anderen treten ab Mitte des 20. Jahrhunderts Koseformen wie *Papi*, *Mutti* und *Opi* auf. Die Zunahme der Hypokoristika ab 1942/43 innerhalb der Verwandtschaftsbezeichnungen kann auf eine Lockerung der Konventionen zurückgeführt werden. Bezeichnungen wie *Tante*, *Neffe* und *Nichte*, die Verwandtschaftsverhältnisse höheren Grades bezeichnen, nehmen dagegen im Laufe der Untersuchung ab. Dies ist ein Zeichen dafür, dass sich die Rolle des Familienverbandes in der modernen Gesellschaft gewandelt hat. Die Kernfamilie rückt in den Fokus, die Bedeutung der entfernteren Verwandten in den Hintergrund.

Zu den Entwicklungen, die die diachrone Betrachtung hervorbringt, zählt zudem das gehäufte Auftreten von Substantiven zur Benennung

227 Eine ausführliche wissenschaftliche Untersuchung der offiziellen Todesbenachrichtigungen wäre wünschenswert.

von Eigenschaften der Verstorbenen ab 1972 in der Würdigung, nachdem zu diesem Zweck bis 1942/43 fast ausschließlich Adjektive und Partizipien gebraucht wurden. Außerdem sind Substantive in Würdigungen, die in Form einer eigenen Makrostruktur vorkommen, weitaus häufiger als in den in die Todesmitteilung integrierten Würdigungen. Dementsprechend treten Substantive zur Würdigung des Verstorbenen erst relativ spät Ende des 19. beziehungsweise zu Beginn des 20. Jahrhunderts auf.[228]

Angaben zur Todesursache finden sich besonders zu Beginn des Untersuchungszeitraumes. In den frühen Todesanzeigen geben die Inserenten die Todesursache häufig an, ab Mitte des 20. Jahrhunderts ist die Todesursache nur selten zu belegen. Es sind lediglich Angaben wie *nach schwerer Krankheit* oder *langem Leiden* nachzuweisen. Es scheint zu diesem Zeitpunkt nicht mehr üblich zu sein, die spezifische Todesursache in den Anzeigen zu nennen. Bei Kriegsanzeigen aus dem Ersten Weltkrieg ist die Todesursache nur in Anzeigen der LZ und der NPZ feststellbar, im Zweiten Weltkrieg wird sie nicht angegeben.

In den älteren Anzeigen werden als Todesursache unter anderem *Masern*, *Pocken*, *Scharlach* und *Zahnkrämpfe* genannt. Laut Robert Koch-Institut kommt das Pockenvirus in natürlicher Form nicht mehr vor, die letzte natürliche Pockenerkrankung trat 1977 in Somalia auf.[229] Masern, Scharlach und Zahnerkrankungen verlaufen dank medizinischer Versorgung und Impfung in Deutschland nur in sehr wenigen Fällen tödlich. So ist beispielsweise die Sterblichkeitsrate bei Masern sehr gering: „Nach Literaturangaben entfällt auf etwa 10.000-20.000 Masernerkrankungen eine Erkrankung mit tödlichem Ausgang.“[230] Der Wortschatz von Todesanzeigen wird folglich in gewisser Hinsicht auch durch die medizinische Entwicklung beeinflusst. Die Entdeckung des Antibiotikums hat dazu geführt, dass Infektionskrankheiten sowie bakterielle Infektionen weitaus seltener tödlich verlaufen als noch vor 150 Jahren, da sie durch den medizinischen Fortschritt viel besser behandelbar sind. Die Folge für die Lexik von Todesanzeigen ist, dass Substantive wie *Masern*, *Scharlach* oder *Pocken* nicht mehr vorkommen.

Bei der Nennung von Bestattungsformen und religiösen Zeremonien zeigen sich sowohl diachrone als auch synchrone Auffälligkeiten. Die diachrone Besonderheit liegt darin, dass Bezeichnungen für Bestattungsformen und religiöse Zeremonien nicht über den gesamten Untersu-

228 Zur Makrostruktur Würdigung siehe IV.1.3.4.
229 *Robert Koch-Institut* (2003: 1).
230 *Dass.* (2006: 2).

chungszeitraum auftreten, sondern erst ab 1850 verwendet werden. Synchron zeigt sich unter anderem, dass Hinweise auf religiöse Zeremonien vor allem in den katholisch geprägten Zeitungen KöZ, KStA und LZ nachzuweisen sind. Weiterhin treten bestimmte Substantive, beispielsweise *Trauerfeier*, zeitlich verzögert in den untersuchten Zeitungen auf, andere Substantive wie *Einäscherung* kommen nicht in allen Zeitungen vor. Zum Ende des Untersuchungszeitraumes nehmen Hinweise auf religiöse Zeremonien – möglicherweise bedingt durch eine zunehmende Säkularisierung – ab.

Neben den Bezeichnungen für religiöse Zeremonien finden sich zudem Bezeichnungen für ‚Gott'. Nachzuweisen sind dabei *Gott*, *der Allmächtige*, *Herr über Leben und Tod*, *der Ewige*, *der Höchste*, *der Erlöser*, *der allerhöchste Gebieter*, *der Herr* sowie *Gott der Herr* und *Gott der Allmächtige*. Insgesamt ergibt sich hier eine gewisse Variationsbreite, wobei Bezeichnungen für ‚Gott' am häufigsten in KöZ, KStA und LZ zu belegen sind, in den übrigen Zeitungen kommen sie nur selten vor.

Anfangs treten in den Todesanzeigen nur Bezeichnungen für das ‚Diesseits' auf. Sie sind in KöZ, HuC und VZ feststellbar, nicht jedoch in NPZ und BayZ. Jenseitsbezeichnungen sind erstmals 1819 in der BayZ nachzuweisen, sie haben in KöZ, KStA und LZ die höchste Frequenz. In den übrigen Zeitungen spielen Bezeichnungen für das ‚Jenseits' keine besondere Rolle. Zudem sind Bezeichnungen für das ‚Diesseits' und das ‚Jenseits' nur in privaten Todesanzeigen vorhanden.

Bei den Trauerbekundungen ist die lexikalische Variation sehr eingeschränkt. Häufig sind die Substantive *Trauer*, *Schmerz*, *Betrübnis* und *Leid* im Zusammenhang der Trauerbekundungen. Dabei kommen vor allem Präpositionalgruppen wie *in stiller Trauer* oder *in tiefem Leid* vor. Trauerbekundungen werden zwar in einer Vielzahl der Todesanzeigen verwendet, sind jedoch insgesamt auf wenige syntaktische Strukturen begrenzt. Im Untersuchungszeitraum werden die Trauerbekundungen durch Bezeichnungen der Abschiednahme ergänzt beziehungsweise ersetzt.

In Todesanzeigen gibt es viele Anthroponyme und Toponyme. In fast allen Inseraten sind die Vor- und Familiennamen der Verstorbenen sowie der Hinterbliebenen feststellbar, bei Frauen tritt vielfach der Geburtsname hinzu. In Anzeigen, die den Tod eines Kindes bekannt geben, nennen die Inserenten oft nur den Vornamen des Verstorbenen. 2002 sind vereinzelt auch nur Vornamen in Todesanzeigen für Erwachsene nachzuweisen, meist handelt es sich in diesen Fällen um Anzeigen, die von Freunden oder Bekannten des Verstorbenen aufgegeben wurden. Die Tatsache, dass nur Vornamen verwendet werden, lässt auf eine Lockerung der

Konventionen in Todesanzeigen schließen – möglicherweise handelt es sich dabei um eine individuellere Form der Trauerbewältigung.

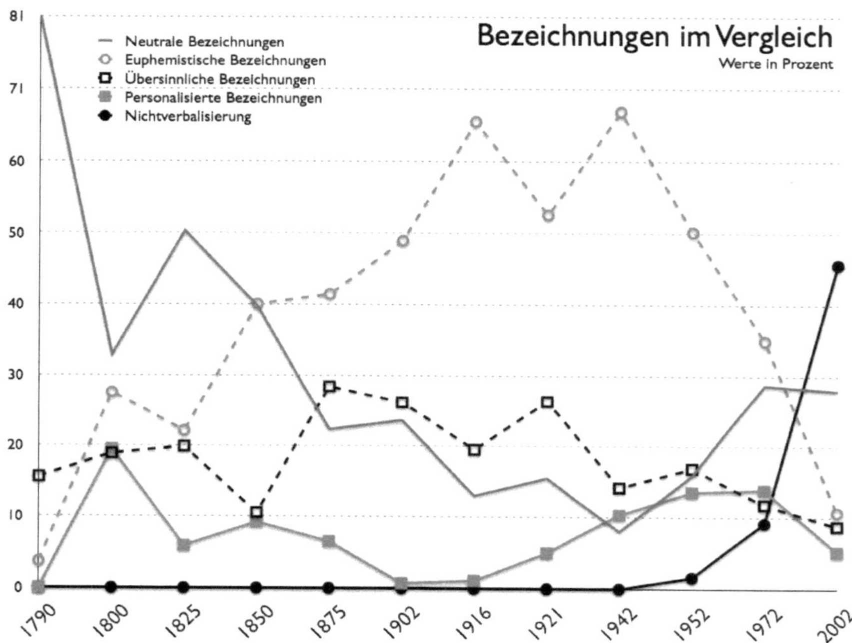

Abb. 8: Bezeichnungen im Vergleich

Kriegsanzeigen weisen im Vergleich zu den ‚normalen' Anzeigen deutliche Differenzen in der Lexik auf. Unterschiede existieren nicht nur in Bezug auf die Todesursache, sondern auch bei der Würdigung und den Angaben zur Bestattung. Dabei sind die Abweichungen in der Würdigung weniger auffällig, es kommen lediglich einige Adjektive wie *tugendsam*, *tugendreich* und *hoffnungsvoll* hinzu, die in den ‚normalen' Inseraten nicht zu verzeichnen sind. Die Unterschiede hinsichtlich der Angaben zur Bestattung – wie der Gebrauch von *Heldenfriedhof*, *Soldatenfriedhof* und *Ehrenfriedhof* – könnten dadurch zu erklären sein, dass die gefallenen Soldaten nicht in die Heimatstadt überführt wurden, sondern auf einem Soldatenfriedhof ihre letzte Ruhe fanden, so dass die Anzeigen in diesen Fällen nur Hinweise auf religiöse Zeremonien wie *Exequien*, *Seelenamt* oder *Seelengottesdienst* enthalten. Weiterhin zeigt sich ein militärisch geprägter Wortschatz, dies betrifft besonders die Bezeichnungen für Dienstgrade und Kriegsauszeichnungen. Markant ist die im Vergleich zu den ‚normalen' Anzeigen hohe Frequenz der geografischen Namen, die den Einsatzort des Verstorbenen bezeichnen.[231]

Die Bezeichnungen des Sterbens nehmen bei der Lexik der Todesanzeigen eine besondere Stellung ein. Die Verwendungshäufigkeit der neutralen Bezeichnungen ist zu Beginn des Untersuchungszeitraumes relativ hoch, sinkt dann jedoch bis 1875/76 stetig ab. In den Traditionen der untersuchten Zeitungen zeigt sich bei der Frequenz der neutralen Bezeichnungen ein ähnliches Niveau, nur vereinzelt kommt es zu markanten Abweichungen. So liegen die Anteile der neutralen Bezeichnungen 1902, 1921 und 1952 in der Mopo sowie 2002 in der Welt weit über denen der übrigen Zeitungen. Die neutralen Bezeichnungen spielen in den katholisch geprägten Zeitungen, der KöZ, dem KStA und der LZ, nur eine geringe Rolle. Ebenfalls von geringer Bedeutung sind sie ab 1902 in NPZ und HuC.

Das Kriegsgeschehen hat direkten Einfluss auf die von den Inserenten der Todesanzeigen für das Sterben benutzten Bezeichnungen, dies betrifft die ‚normalen' wie die kriegsbezogenen Anzeigen. In den Todesanzeigen ohne direkten Kriegsbezug ist in beiden Weltkriegen sowohl ein Absinken neutraler Bezeichnungen als auch ein Anstieg euphemistischer Bezeichnungen zu belegen.[232] Während des Ersten Weltkrieges nehmen die neutralen Bezeichnungen in den Todesanzeigen ohne direkten Kriegsbezug im Vergleich zu der 1902er Probe in fast allen untersuchten Zeitungen ab, lediglich in KStA, NPZ und HuC liegen die Anteile über denen von 1902. Im Zweiten Weltkrieg ergeben sich in den ‚normalen' Todesanzeigen im Vergleich zum Jahr 1921 in KN, KStA und Mopo niedrigere Anteile. In der LZ sind sowohl 1921 als auch 1942 keine neutralen Bezeichnungen in den ‚normalen' Anzeigen zu finden: In beiden Weltkriegen kommt es demnach zu einem deutlichen Absinken der neutralen Bezeichnungen, gleichzeitig ist ein Anstieg der euphemistischen Bezeichnungen zu verzeichnen. Die einzige Ausnahme ist die NPZ: Dort ergeben sich 1902 Anteile der neutralen Bezeichnungen von 74,2 und 1916/17 von 73,5 Prozent. Markant ist, dass die euphemistischen Bezeichnungen im Jahr 1921 in den Todesanzeigen nicht absinken, sondern weiter ansteigen. In der 1942/43er Probe ergeben sich schließlich in allen Zeitungen die höchsten Anteile des gesamten Unter-

231 In ‚normalen' Anzeigen treten Ortsnamen oft im Zusammenhang mit der Traueradresse beziehungsweise dem Wohnort der Hinterbliebenen auf; siehe hierzu IV.1.2.2 und IV.1.2.3.

232 Vgl. IV.3.12.1 und IV.3.12.2.

suchungszeitraumes für die euphemistischen Bezeichnungen. Eine Erklärung für den Rückgang der neutralen Bezeichnungen und die Zunahme der Euphemismen kann darin liegen, dass der ‚normale' Tod in Kriegszeiten als friedlicher wahrgenommen wird, da der gewaltsame Tod von Soldaten und zivilen Kriegsopfern den Alltag und die Wahrnehmung des Sterbens beherrschte.

In den Kriegsanzeigen werden beinahe keine neutralen, euphemistischen, übersinnlichen und personalisierten Bezeichnungen verwendet. Dafür finden sich kriegsbezogene Bezeichnungen, die einen direkten Bezug zum Kriegsgeschehen haben, beispielsweise *fallen*, *seinen Verletzungen erliegen* oder *sein Leben opfern*. Ein Grund für den Bezeichnungswechsel kann in dem Bestreben der Hinterbliebenen liegen, den gewaltsamen Tod eines Soldaten anders zu artikulieren als einen ‚normalen' beziehungsweise natürlichen Tod. Es ist denkbar, dass es den Angehörigen nicht angemessen erschien, den Kriegstod und den natürlichen Tod auf ein- und dieselbe Weise zu verbalisieren. Deshalb werden in den Kriegsanzeigen andere Bezeichnungen für das Sterben gebraucht als in den zivilen Todesanzeigen: Dies schlägt sich zum einen darin nieder, dass Verben, die sowohl in Kriegsanzeigen als auch in ‚normalen' Todesanzeigen vorkommen, anders verteilt sind. So kommt das Verb *sterben* in ‚normalen' Inseraten nur selten vor, in den Kriegsanzeigen dagegen ergibt sich eine hohe Frequenz. Zum anderen sind in Kriegsanzeigen zahlreiche Bezeichnungen nachzuweisen, die in ‚normalen' Todesanzeigen überhaupt nicht auftreten. Hierzu zählen beispielsweise *fallen*, *den Tod erleiden*, *den Tod finden* und *sein Leben geben/hingeben*. Insgesamt werden in den Kriegsanzeigen weniger euphemistische, übersinnliche und personalisierte Bezeichnungen als in den ‚normalen' Todesanzeigen benutzt. Zu nennen sind hier *versterben*, *scheiden/verscheiden*, *erlösen*, *der Tod*, *reißen/entreißen*, *verlieren*, *rufen*, *von jemandem gehen, sein Seele in die Hände des Schöpfers zurückgeben* und *sein Leben in Gottes Hand zurückgeben*. In den Kriegsanzeigen werden vorwiegend kriegsbezogene Bezeichnungen für das Sterben verwendet.

Neben den Unterschieden bezüglich der Verbalisierung des Sterbens ist die besondere Stellung des Kriegstodes während der NS-Diktatur zu erkennen, den das nationalsozialistische Regime zum Heldentod stilisierte, um ihn so für die eigenen Ziele nutzbar zu machen: In den kriegsbezogenen Anzeigen zeigt sich dies vor allem durch die Ergänzung ‚den Heldentod', die in vielen Inseraten zur Bezeichnung des Sterbens hinzutritt.

Weiterhin ergibt sich bei der Untersuchung der Bezeichnungen für das Sterben während des gesamten Untersuchungszeitraumes in den katholisch geprägten Regionen eine verstärkte Bezugnahme auf eine übersinnliche Macht oder das ‚Jenseits'. Der Anteil übersinnlicher Bezeichnungen ist in BayZ, KöZ, KStA und LZ am höchsten, in KStA und LZ liegen die übersinnlichen Bezeichnungen – abgesehen von der 2002er Probe des KStA – zu allen Untersuchungszeitpunkten über dem Durchschnitt. Anteile der übersinnlichen Bezeichnungen über dem Durchschnitt ergeben sich außerdem 1790 und 1800 in VZ und HuC, 1800 und 1819 in BayZ, 1825 und 1850 in KöZ sowie 1952 in der Welt – in der Welt sind 1952 sogar höhere Werte als in KStA und LZ zu belegen. In HuC, VZ, KN, Mopo, FAZ und der Welt[233] sind übersinnliche Bezeichnungen insgesamt nur selten zu verzeichnen. So werden etwa die neutralen Bezeichnungen *sterben* und *versterben* in KN und Mopo weitaus häufiger verwendet als in KStA und LZ.[234] Die Religiosität schlägt sich folglich in den Todesanzeigen nieder und ist in den katholisch geprägten Zeitungen deutlich signifikanter als in den übrigen regionalen sowie den beiden überregionalen Zeitungen.

Für die personalisierten Bezeichnungen kann bis 1972 im Mittel eine Zunahme festgestellt werden, danach sinkt ihr Anteil ab.[235] Vergegenwärtigt man sich allerdings die drastische Zunahme der Nichtverbalisierung von durchschnittlich 9,2 Prozent im Jahr 1972 auf durchschnittlich 45,9 Prozent in der 2002er Probe und betrachtet man zudem den erheblich stärkeren Rückgang der Euphemismen von durchschnittlich 35,2 (1972) auf 9,5 Prozent (2002), so kann gefolgert werden, dass der Rückgang der personalisierten Bezeichnungen zwischen 1972 und 2002 von durchschnittlich 14 auf 5,2 Prozent weniger stark ist als der der übrigen Bezeichnungen.

Außerdem ist ein Rückgang von euphemistischen und übersinnlichen Bezeichnungen zu belegen.[236] Der Rückgang übersinnlicher Bezeichnungen kann durch die allgemeine Lockerung der Beziehungen zu den christlichen Kirchen beziehungsweise der Abkehr vom Glauben an Gott erklärt werden. Im Rückgang euphemistischer Bezeichnungen könnte eine Enttabuisierung des Todes gesehen werden, aber das Ergebnis dieser Arbeit zeigt, dass der Anteil der euphemistischen Bezeichnungen zu Gunsten der Nichtverbalisierung zurückgegangen ist. Somit handelt es sich nicht um eine Enttabuisierung des Todes, sondern um eine Verschiebung der Bezeichnungen, denn auch bei der Nichtverbalisierung werden

233 Dies gilt für die Jahre 1972 und 2002.
234 Vgl. IV.3.12.1 und IV.3.12.3.
235 Vgl. IV.3.12.4.
236 Vgl. IV.3.12.2 und IV.3.12.3.

Tod und Sterben tabuisiert: durch Nichtnennung. Der Verzicht auf die verbale oder nominale Mitteilung des Todesfalls wird auch von Fuchs als Demonstration der „Sprachlosigkeit vor dem Tode“[237] gesehen.

Das Ergebnis dieser Arbeit widerspricht Hosselmanns Auffassung, die aufgrund der Analyse der von ihr untersuchten Todesanzeigen aus dem Jahr 1999 von einer Enttabuisierung des Sterbens ausgeht. Sie nimmt eine Enttabuisierung des Todes deshalb an, weil ihre Untersuchung ein Überwiegen der Verbalisierung ergeben hat. Im Gegensatz zu Hosselmanns Auffassung wird in dieser Arbeit die Auffassung vertreten, dass in den vorliegenden Todesanzeigen lediglich eine veränderte Tabuisierung zutage tritt, die durch die starke Zunahme der Nichtverbalisierung gekennzeichnet ist. Hosselmann zufolge indiziert der Anteil der für das Sterben verwendeten Verbalisierungen und Nominalisierungen den Grad der Tabuisierung: Je häufiger das Sterben sprachlich ausgedrückt wird, desto niedriger sei der Grad der Tabuisierung. Hosselmann kommt in ihrer Arbeit zu dem Ergebnis, dass in 54,9 Prozent der von ihr untersuchten Todesanzeigen das Sterben verbalisiert beziehungsweise nominalisiert wird, in 45,1 Prozent der Anzeigen dagegen keine Verbalisierung stattfindet – daraus folgert sie, „dass das Thema Tod zunehmend enttabuisiert wird.“[238]

Diese Arbeit kommt zu einem anderen Ergebnis. Zwar ergibt sich für das Untersuchungsjahr 2002 für die vorliegenden Todesanzeigen ein durchschnittlicher Anteil von 46 Prozent für die Nichtverbalisierung, aber eine Enttabuisierung, wie Hosselmann sie sieht, kann aus zwei Gründen nicht angenommen werden, auch wenn 2002 in der Mehrzahl der Anzeigen das Sterben verbal oder nominal ausgedrückt wird: Zum einen untersucht Hosselmann in ihrer Arbeit nur den Jahrgang 1999 und keine Entwicklung, so dass sie keine Vergleichsgrundlage hat und keinen Rückgang der Verbalisierung feststellen konnte. Diese Arbeit dagegen, die verschiedene Zeitpunkte miteinander vergleicht, kommt zu dem Ergebnis, dass der Anteil der Verbalisierungen und Nominalisierungen seit der 1952er Probe stetig ab- und der Anteil des nichtsprachlichen Bezeichnens des Todes zunimmt. Hier ergibt sich folglich eine verstärkte Tabuisierung im Umgang mit Sterben und Tod. Zum anderen kann der Anteil der Verbalisierung beziehungsweise der Nichtverbalisierung nicht den Grad der Tabuisierung indizieren, wie Hosselmann es unterstellt. Denn nicht nur die Nichtverbalisierung ist als Tabuisierung des Sterbens

237 *Fuchs* (1969: 86).
238 *Hosselmann* (2001: 57).

zu sehen, sondern auch bestimmte Formen der Verbalisierung, etwa die euphemistischen Bezeichnungen. Wäre allein der Grad der Verbalisierung ausschlaggebend für die Beurteilung, ob Tod und Sterben in Todesanzeigen tabuisiert werden, hieße dies gleichzeitig, dass die Tabuisierung des Sterbens und des Todes erst mit dem Auftreten der Nichtverbalisierung einsetzte. Nach den Ergebnissen dieser Untersuchung wäre dies im Jahr 1952 der Fall – vor 1952 hätte es demnach keine Tabuisierung des Sterbens und des Todes gegeben. Hosselmanns Auffassung im Hinblick auf Verbalisierung und Nichtverbalisierung kann aus diesem Grund nicht zugestimmt werden, da es eine Tabuisierung des Todes bereits vor 1952 gibt.

Die Ergebnisse dieser Untersuchung entsprechen vielmehr denen von Dirschauer, der für die Jahre 1970/71 anhand seiner Beobachtungen der Todesanzeigen des Bremer *Weser-Kuriers* von einer Tabuisierung des Todes ausgeht. Ihm zufolge liegt der Anteil der euphemistischen Verben *einschlafen* und *entschlafen* bei 64,5 Prozent.[239] Dirschauer hat nur private Anzeigen berücksichtigt, seine Untersuchung basiert weiterhin nur auf Anzeigen einer Zeitung. Hierin kann eine Erklärung für den hohen Wert von 64,5 Prozent zu sehen sein. Bemerkenswert ist, dass der Anteil der Verben *entschlafen* und *einschlafen* für die KN, also das regional am ehesten mit dem von Dirschauer analysierten Bremer Blatt vergleichbare Medium, im Jahr 1972 mit 55 Prozent den mit Abstand größten Wert unter den hier untersuchten Zeitungen aufweist. Der niedrigere Wert für die Bezeichnungen *entschlafen* und *einschlafen* lässt sich dadurch erklären, dass in dieser Arbeit nicht nur private, sondern auch institutionelle Todesanzeigen untersucht werden, in denen meist neutrale Bezeichnungen für das Sterben verwendet werden.

4 Die Textsorte Todesanzeige

Auf Basis der über den gesamten Untersuchungszeitraum konstanten und damit obligatorischen Merkmale der vorliegenden Textexemplare ergibt sich folgende Definition: Die Todesanzeige ist eine Textsorte, durch die sich extern Familienangehörige, Freunde der Verstorbenen, Vereine oder Unternehmen im Medium Zeitung vor allem an diejenigen Leser wenden, für die das Ereignis von Interesse ist, um intern durch spezifische sinnkonstituierende Merkmalbündel aus Makrostrukturen, Satztypen und Lexik das Ableben einer Person bekannt zu geben. Mak-

239 *Dirschauer* (1973: 23).

rostrukturell stehen die Todesmitteilung und die Angabe der Inserenten im Zentrum, weitere Informationen treten zeitlich differenziert in unterschiedlicher Frequenz hinzu. Syntaktisch sind wenig komplexe Strukturen kennzeichnend für die Textsorte. In lexikalischer Hinsicht sind unter anderem Bezeichnungen für das Sterben, Bestattungsformen, Bezeichnungen für Gott und religiöse Zeremonien, Todesursachen und Verwandtschaftsbezeichnungen sowie Anthroponyme und Toponyme typisch.

Todesanzeigen lassen sich unter Heranziehung der Inserenten als Einordnungskriterium in zwei Textsortenvarianten einteilen. Danach ist zwischen privaten, von Angehörigen oder Freunden inserierten, und institutionellen Todesanzeigen zu unterscheiden, die von Unternehmen und Vereinen stammen. Nach der Quantität ihres Auftretens ist die Textsortenvariante private Todesanzeige der Regelfall. Daneben ergibt sich die Textsortenvariante der institutionellen Todesanzeige, die sich in erster Linie durch einen entsprechenden Sender auszeichnet. 265 der 2.593 Todesanzeigen sind institutionelle Anzeigen, sie treten ab 1819/25 auf und kommen lediglich in der Kriegsprobe 1942/43 nicht vor. Weitere Merkmale der institutionellen Todesanzeige sind das vermehrte Vorkommen von Würdigungen, die den Lebensweg und die Leistungen des Verstorbenen positiv darstellen. Damit geht eine etwas umfangreichere syntaktische Komplexität einher. Fehlend hingegen sind in der weit überwiegenden Zahl der Fälle die Makrostrukturen Motto und Hinweise zur Bestattung, da die institutionellen Inserenten sich möglichst neutral geben, um die Privat- oder Intimsphäre des Verstorbenen sowie der Angehörigen zu achten. Aus demselben Grund fehlt den Exemplaren dieser Textsortenvariante – außer bei verstorbenen Geistlichen oder kirchlichen Funktionsträgern – der religiöse Bezug. Weiterhin ist zu erwähnen, dass inserierenden Institutionen und Firmen gelegentlich vorgehalten wird, nicht nur den Verstorbenen würdigen, sondern auch den mit der Benennung der Institution oder Firma verbundenen Werbeeffekt nutzen zu wollen.

Die Konstanz der Textsorte ist über den gesamten Untersuchungszeitraum gegeben, obwohl die Inserenten Spielraum für Variabilität bei der inhaltlichen Ausgestaltung der makrostrukturellen, syntaktischen und lexikalischen Merkmale haben. Einzelne – nachfolgend spezifizierte – makrostrukturelle, syntaktische und lexikalische Merkmale fallen im Verlauf der Untersuchung weg oder treten hinzu: Die Varianz der Initiatoren von Todesanzeigen ist überschaubar. Der primäre Initiator Überschrift kommt ab 1800/1803 mit schwankender Frequenz vor. Von 1790 an fungiert die Todesmitteilung sehr häufig als sekundärer Initiator. Ab 1875/76 ist die Benennung der bekanntgebenden Personengruppe als sekundärer Initiator in institutionellen Anzeigen vorhanden, erlangt jedoch keine erhebliche Bedeutung und taucht nach 1921 nur noch ein Mal auf. Der sekundäre Initiator Motto setzt sich nur langsam durch, seit 1875/76 kommt er zu verschiedenen Zeitpunkten in einzelnen Zeitungen vor. 2002 ist er gleichwohl in allen Medien in einer Verwendungshäufigkeit feststellbar, die keine andere Bewertung als die eines mittlerweile üblichen und populären Initiators zulässt. Mottos finden sich fast ausschließlich in privaten Todesanzeigen. Die Angabe von Ort und Datum als Initiator stellt eine regionale und zeitliche Besonderheit dar, sie kommt nur 1875, 1902 und 1917 in HuC und VZ vor.

Innerhalb der Merkmalbündel von Todesanzeigen erlauben sich die Inserenten bei Terminatoren und Makrostrukturen mehr Freiheiten als bei den Initiatoren. Die Angabe der Inserenten kommt über den gesamten Untersuchungszeitraum in hoher Frequenz vor, ist also ein üblicher sekundärer Terminator. Ab 1790 kommt die Angabe von Ort und Datum vor, kann aber nie die Verbreitung und Frequenz des Terminators Angabe der Inserenten erreichen. Die Vielfalt der später hinzutretenden Terminatoren ist erheblich: Ab 1850 finden sich Hinweise zur Bestattung, ab 1902 solche auf religiöse Zeremonien, Einladungen zur Trauerfeier, Spendenaufforderungen, die Traueranschrift und ab 1916/17 Beileidsbekundungen sowie die Kombination aus Traueranschrift und Datum. Zeitlich und regional begrenzt sind die Terminatoren geschäftliche Informationen, der Hinweis ‚Statt Karten', Danksagung sowie Trauerbekundungen des Betriebes.

In der jüngsten Probe kann in nur einem Fall der Terminator Beerdigungsinstitut festgestellt werden, er hat für den Untersuchungszeitraum also keine Relevanz. Regionale Alltagsbeobachtungen der Verfasserin in später erschienenen, außerhalb dieser Untersuchung liegenden Textexemplaren legen aber die Vermutung nahe, dass dieser Terminator zu Beginn des 21. Jahrhunderts an Bedeutung gewonnen hat.

Schmuckrahmen, die die Funktion eines nichtsprachlichen Initiators und eines nichtsprachlichen Terminators haben, sorgen für eine grafische Abgrenzung der einzelnen Textexemplare voneinander und von anderen Teilen der Zeitung. Die bei Todesanzeigen als Trauerränder bezeichneten Rahmen als nichtsprachliche Initiator-Terminator-Kombinationen kommen ab 1850 vor und sind ab 1942/43 obligatorisch. Die Probe aus dem Zweiten Weltkrieg stellt dabei den Zeitpunkt dar, zu dem alle Todesanzeigen über einen Rahmen verfügen. Während des Zweiten Weltkrieges kommt dem Rahmen eine besondere Bedeutung für die Abgrenzung und Hervorhebung der Textexemplare zu, da keine der untersuchten Geburts- und Verbindungsanzeigen zu diesem Zeitpunkt mit einem Rahmen versehen war. Bevor Rahmen verwendet wurden, waren die Textexemplare durch horizontale Linien voneinander abgegrenzt.

Wie auch bei den anderen Familienanzeigen hat der – an der Zahl der Makrostrukturen gemessene – Umfang der Todesanzeigen im Untersuchungszeitraum zugenommen. Die durchschnittliche Anzahl der zwischen Initiator und Terminator auftretenden, drucktechnisch jeweils als Absatz ausgestalteten Makrostrukturen hat sich von anfangs durchschnittlich 0,93 Makrostrukturen pro Textexemplar auf durchschnittlich 2,72 Makrostrukturen im Jahr 2002 verdreifacht. Es finden sich die Makrostrukturen Todesmitteilung, Angabe der Inserenten, Angabe von Ort, Datum sowie Ort und Datum, Traueranschrift, Kombination aus Traueranschrift und Datum, Würdigung, Hinweise zur Bestattung und auf religiöse Zeremonien, geschäftliche Informationen, Nennung des Adressatenkreises, Mottos, Trauerbekundungen des Betriebes, Spendenaufforderungen, Hinweise zu Beileidsbekundungen, zusätzliche Informationen zur Bestattung sowie Einladung zur Trauerfeier. Eine repräsentative Reihenfolge der Makrostrukturen sieht wie folgt aus: Todesmitteilung, Angabe der Inserenten, Angabe von Ort und Datum, Traueranschrift beziehungsweise die Kombination aus Traueranschrift und Datum sowie Hinweise zur Bestattung oder auf religiöse Zeremonien.

Grafische Abbildungen sind in Todesanzeigen bereits ab 1875/76 nachzuweisen. Fast 30 Prozent aller untersuchten Textexemplare verfügen über ein Symbol: Die von den Inserenten ausgewählten Symbole lassen sich gruppieren. Häufig sind Kreuze als Symbol des Todes und des Christentums; daneben werden Eiserne Kreuze zur Versinnbildlichung des deutschen Heeres in beinahe allen Kriegsanzeigen, Ähren zur Darstellung der Auferstehung, Palmzweige als Verkörperung des ewigen Lebens und des Friedens, Rosen zur Symbolisierung der Zuneigung und Verehrung, Trauerweiden als Symbol der Totenklage sowie Vereinswappen und Logos in institutionellen Todesanzeigen verwendet.

Die Inserenten von Todesanzeigen benutzen überwiegend isoliert gebrauchte einfache Sätze und entscheiden sich mehrheitlich für Verbalsätze. Daneben sind isoliert gebrauchte einfache Nominalsätze zu finden: So ist der primäre Initiator Überschrift ausschließlich als Nominalsatz realisiert. Außer isoliert gebrauchten einfachen Nominal- und Verbalsätzen sind regelmäßig parataktische und hypotaktische Gesamtsätze belegbar. Als Nebensätze treten in den hypotaktischen Konstruktionen *dass*-Sätze in Objektfunktion, Relativsätze als weiterführende Nebensätze und Attributsätze sowie Adverbialsätze auf. Parataktisch-hypotaktische Gesamtsätze sind in den vorliegenden Todesanzeigen nur selten vorhanden

Die Bandbreite der in den Todesanzeigen vorkommenden Satzarten ist stark beschränkt: Es dominieren Aussagesätze, nur vereinzelt sind in den Makrostrukturen Überschrift und Würdigung Ausrufesätze nachweisbar. Ein Grund für die im Vergleich zu Geburts- und Verbindungsanzeigen etwas andere syntaktische Struktur liegt in der Auswahl der Makrostrukturen. So enthalten Todesanzeigen im Gegensatz zu Geburts- und Verbindungsanzeigen die Makrostruktur Hinweise zur Bestattung und auf religiöse Zeremonien sowie die Makrostruktur Würdigung, für die in den anderen Familienanzeigen keine Notwendigkeit besteht. Hier schlägt sich der Umstand syntaktisch nieder, dass es am Ende eines Lebensweges mehr über eine Person zu sagen gibt als bei der Geburt eines Menschen oder zum Zeitpunkt der Familiengründung.

Die Lexik der Todesanzeigen ist durch einen verstärkten Gebrauch von Euphemismen und positiv konnotierten Lexemen gekennzeichnet, die einigen wenigen Wortfeldern entstammen. In fast allen Anzeigen sind Verwandtschaftsbezeichnungen wie *Mann, Frau, Vater, Mutter, Sohn* und *Tochter* zu finden. *Gatte* und *Gattin* kommen nur bis 1972 vor. Ab Mitte des 20. Jahrhunderts treten die Lexeme *Oma* und *Opa* sowie Koseformen mit *i*-Suffix wie *Papi* und *Mutti* auf. Zudem werden besondere Fähigkeiten und Eigenschaften des Verstorbenen wie *gut, treu* und *liebevoll* in Form einer Würdigung hervorgehoben. Daneben enthalten Todesanzeigen teilweise Angaben zur Todesursache sowie Trauerbekundungen der Hinterbliebenen wie *Trauer, Betrübnis, Schmerz* und *Leid.* Lexikalische Variationen sind auch in den Bezeichnungen für die Bestattungsform – beispielsweise *Beerdigung, Beisetzung, Begräbnis* und *Bestattung* – und den verschiedenen Bezeichnungen für Gott sowie das Jenseits vorhanden. Außerdem haben Anthroponyme und Toponyme in Todesanzeigen eine besondere Funktion. Anthroponyme treten sowohl in der Todesmitteilung in Form des Namens des Verstorbenen als auch bei der Angabe der Inserenten auf. Toponyme sind oft Teil der Makrostruktur Ort und Datum oder der Makrostruktur Ort.

Die Lexik der Textexemplare spiegelt einen sich ändernden Sprachgebrauch wider. Während bis Mitte des 20. Jahrhunderts Todesursachen – etwa als *Schlagfluß, Nervenfieber* oder *Pocken* – spezifiziert werden, wird danach nur noch auf eine *schwere Krankheit* oder ein *langes Leiden* als Todesursache Bezug genommen. Neben Bezeichnungen der Trauer wie *Betrübnis* oder *tieftrauernde Gattin* wird ab 1972 verstärkt die Abschiednahme thematisiert. Deutlich wird dieser Sprachwandel auch beim Beileid: Bis Ende des 19. Jahrhunderts verbitten die Inserenten sich *Kondolenzschreiben*, *Gegencomplimente* und *Beileidsversicherungen*, im 20. Jahrhundert ist die Rede von *Beileidsbesuchen*, *stillem Gedenken* und *stiller Teilnahme*.

Weitere Unterschiede in der Sprachverwendung und den ihr zugrunde liegenden Lebensverhältnissen zeigen sich in den Bezeichnungen, mit denen das Sterben verbalisiert oder nominalisiert wird. Sie lassen sich in sieben Gruppen einteilen: neutrale, euphemistische, übersinnliche, personalisierte, kriegsbezogene, sonstige Bezeichnungen und Nichtverbalisierung. Die Verwendungshäufigkeit der neutralen Bezeichnungen, zu denen *sterben, versterben und tot sein* gehören, ist zu Beginn des Untersuchungszeitraumes relativ hoch und sinkt bis 1875/76 stetig. Die euphemistischen Bezeichnungen, zu denen Bezeichnungen wie *entschlafen* und *verscheiden* zählen, nehmen zunächst zu, finden ihre Höhepunkte während der Weltkriege und nehmen nach dem Zweiten Weltkrieg wieder ab. Die Inserenten der Kriegsanzeigen hingegen bedienen sich weit überwiegend der kriegsbezogenen Bezeichnungen, zu denen unter anderem *sein Leben geben*, *fallen* oder *ums Leben kommen* gehören. Der Gebrauch übersinnlicher Bezeichnungen wie *heimrufen*, *ins Jenseits gehen* oder *sein Leben in die Hand des Schöpfers zurückgeben* ist vor allem in den katholisch geprägten Regionen feststellbar und geht im Untersuchungsverlauf zurück. Bis 1972 werden personalisierte Bezeichnungen wie *verlieren, verlassen* oder *den Tod betrauern* in zunehmendem Maße benutzt. Diese Entwicklung findet ihr Ende in der ab 1972 vermehrt feststellbaren Nichtverbalisierung. 2002 entscheiden sich die Inserenten aller Zeitungen am häufigsten dafür, das Sterben weder zu verbalisieren noch zu nominalisieren, sondern lediglich die Lebensdaten anzugeben, teilweise verzichten sie sogar auf diese Angabe. Insgesamt ist eine verstärkte Tabuisierung im Umgang mit Sterben und Tod zu erkennen.

Kriegsanzeigen weisen deutliche Differenzen in der Lexik auf. Die kriegsbezogenen Inserate enthalten einerseits zusätzlich militärsprachliche Angaben zu Dienstgraden, Kriegsauszeichnungen und zum Kampfgeschehen, andererseits existieren Unterschiede in Bezug auf die Bezeichnungen für das Sterben sowie bei der Würdigung und den Angaben zur Bestattung. Der Tod wird hier durch kriegsbezogene Bezeichnungen wie *seinen Verletzungen erliegen, fallen* oder *sein Leben geben* mitgeteilt. Weiterhin sind Abweichungen in der Würdigung in Form von – in anderen Anzeigen nicht verwendeten – Adjektiven wie *tugendsam*, *tugendreich* und *hoffnungsvoll* vorhanden. Bei den Angaben zur Bestattung sind Begriffe wie *Heldenfriedhof*, *Soldatenfriedhof* und *Ehrenfriedhof* auffällig. Markant ist zuletzt die im Vergleich zu den anderen Anzeigen hohe Frequenz geografischer Namen, die den Einsatzort des Verstorbenen bezeichnen.

Von Todesanzeigen sind Danksagungs- und Gedenkanzeigen abzugrenzen, obwohl die beiden Textsorten ebenfalls den Familienanzeigen zuzuordnen sind. Die drei Textsorten haben zwar gemein, dass auf einen vorangegangenen Todesfall Bezug genommen wird. Allerdings dient nur die Todesanzeige der unverzüglichen Mitteilung des Ereignisses; Danksagungen und Gedenkanzeigen werden in größerem zeitlichen Abstand zum Trauerfall publiziert. Während eine Danksagung den Schlusspunkt der öffentlichen Bewältigung des Ablebens bildet, soll eine Gedenkanzeige an den Verstorbenen erinnern. Da diese Interessenlage sich deutlich von der der Inserenten von Todesanzeigen unterscheidet, können die hier gewonnenen Erkenntnisse nicht auf Danksagungen und Gedenkanzeigen übertragen werden.

Ergebnisse und Ausblick

Beim Rückgriff auf Simmlers Ansatz zur Ermittlung von Textsorten und zur Textanalyse hat es sich als sachgerecht erwiesen, die spezifischen Textbegrenzungssignale im Rahmen der Untersuchung der Initiatoren, Terminatoren und Makrostrukturen weiter einzuteilen sowie einen Positionsbegriff mit relativen Elementen einzuführen. Durch die Schaffung des Begriffs der letzten und vorletzten Position vor dem Terminator konnte die Abfolge von Makrostrukturen beschrieben werden. Eine Präzisierung der Erkenntnisse und Ausführungen über die von den Inserenten verwendeten Initiatoren und Terminatoren wurde auch dadurch erreicht, die Textbegrenzungssignale nicht nur in allgemeine und spezifische, sondern zusätzlich in primäre und sekundäre einzuteilen. So konnte herausgearbeitet und klargestellt werden, dass lediglich die Überschrift als primäres Textbegrenzungssignal und nicht als Makrostruktur vorkommt. Gleichwohl übernehmen in den untersuchten Textexemplaren häufig einzelne als Makrostukturen zu klassifizierende Textteile die Funktion eines – dann: sekundären – Initiators oder Terminators.

Die Analyse des Untersuchungskorpus führt zu folgenden Textsortendefinitionen:

Die *Geburtsanzeige* ist eine Textsorte, durch die sich extern der Vater, die Eltern oder andere Familienangehörige im Medium Zeitung vor allem an diejenigen Leser wenden, für die das Ereignis von Interesse ist, um intern durch spezifische sinnkonstituierende Merkmalbündel aus Makrostrukturen, Satztypen und Lexik über die Geburt eines Kindes zu informieren. Makrostrukturell stehen die Geburtsmitteilung und die Angabe der Inserenten im Zentrum, weitere Informationen können hinzutreten. Syntaktisch sind wenig komplexe Strukturen kennzeichnend für die Textsorte. In lexikalischer Hinsicht sind Bezeichnungen für die Geburt, das Neugeborene und die Inserenten vorhanden, daneben Ausdrücke der Freude und Dankbarkeit sowie Anthroponyme und Toponyme.

Die *Verbindungsanzeige* ist eine Textsorte, durch die sich extern das Ehepaar, die Verlobten oder Verwandte des Paares im Medium Zeitung vor allem an diejenigen Leser wenden, für die das Ereignis von Interesse ist, um intern durch spezifische sinnkonstituierende Merkmalbündel aus Makrostrukturen, Satztypen und Lexik über eine stattgefundene oder unmittelbar bevorstehende Heirat oder Verlobung zu informieren. Makrostrukturell stehen die Mitteilung der Verbindung und die Angabe der Inserenten im Zentrum, weitere Informationen können hinzutreten. Syntaktisch sind wenig komplexe Strukturen kennzeichnend für die Textsorte. In lexikalischer Hinsicht sind Bezeichnungen für die Verbindung, für das Paar und für weitere Personen sowie Anthroponyme und Toponyme typisch.

Die *Todesanzeige* ist eine Textsorte, durch die sich extern Familienangehörige, Freunde der Verstorbenen, Vereine oder Unternehmen im Medium Zeitung vor allem an diejenigen Leser wenden, für die das Ereignis von Interesse ist, um intern durch spezifische sinnkonstituierende Merkmalbündel aus Makrostrukturen, Satztypen und Lexik das Ableben einer Person bekannt zu geben. Makrostrukturell stehen die Todesmitteilung und die Angabe der Inserenten im Zentrum, weitere Informationen treten regelmäßig hinzu. Syntaktisch sind wenig komplexe Strukturen kennzeichnend für die Textsorte. In lexikalischer Hinsicht sind unter anderem Bezeichnungen für das Sterben, Bestattungsformen, Bezeichnungen für Gott und religiöse Zeremonien, Todesursachen und Verwandtschaftsbezeichnungen sowie Anthroponyme und Toponyme typisch.

Textsortenvarianten zeigen sich bei Verbindungs- und Todesanzeigen. Bei den Verbindungsanzeigen ergeben sich die Varianten Einzelanzeige und Doppelanzeige. Todesanzeigen lassen sich unter Heranziehung der Inserenten als Einordnungskriterium in zwei Textsortenvarianten einteilen. Danach ist zwischen privaten und institutionellen Todesanzeigen zu unterscheiden.

Die Textsorten lassen sich vor allem aufgrund makrostruktureller und lexikalischer Merkmale voneinander abgrenzen. Insbesondere die spezielle Lexik der Mitteilung des Ereignisses wirkt textsortendifferenzierend – auch hinsichtlich der Abgrenzung von Geburts-, Verbindungs- und Todesanzeigen untereinander. Typisch für die hier untersuchten Textsorten der Textsortengruppe Familienanzeige sind zudem Angaben von Ort, Datum und Adresse. Weiterhin fällt auf, dass die dem bekanntzugebenden Ereignis innewohnende Freude sich gelegentlich syntaktisch niederschlägt. Dies zeigt sich an dem relativ hohen Anteil von Ausrufesätzen in Geburts- und Verbindungsanzeigen im Jahr 2002. An der Vielfalt der möglichen Bezeichnungen zur Mitteilung eines Todesfalls wird deutlich, dass Sterbefälle differenziert wahrgenommen und artikuliert werden.

Gesellschaftliche Veränderungen haben Einfluss auf die Sprachverwendung. Bei den Geburtsanzeigen treten unterschiedliche Personen als Inserenten auf. Bis 1825 gibt der Vater die Geburt bekannt, ab 1850 tun dies vermehrt beide Elternteile gemeinsam. Von 1943 an informieren ausschließlich die Eltern gemeinsam als Inserenten über die Geburt.

2002 kommen auch Geschwister, Großeltern und andere Verwandte als Sender der Mitteilung vor. In dieser Entwicklung wird ein gewandeltes Familienbild deutlich: Zunächst fungiert der Vater als Familienvorstand, später gewinnen Ehefrau und Kinder an Wertschätzung.

Bis 1902 sind in den untersuchten Verbindungsanzeigen häufig Berufsbezeichnungen zu finden, die als Appositionen in der Makrostruktur Mitteilung der Verbindung auftreten. Danach lässt ihre Verwendungshäufigkeit nach. Die vorkommenden Berufsbezeichnungen weisen die Leser der Anzeigen auf den gehobenen gesellschaftlichen Status der Inserenten hin. Nachdem die Motivation der Besitzwahrung und -erhaltung zur Eingehung einer Ehe nachgelassen hatte, wurden Berufsbezeichnungen in der zweiten Hälfte des 20. Jahrhunderts nur noch selten gebraucht. Von der unterschiedlichen Bezeichnung des bekanntgegebenen Ereignisses abgesehen, sind Verlobungs- und Heiratsanzeigen einander so ähnlich, dass die einheitliche Behandlung als *Verbindungsanzeige* zweckmäßig war.

Anhand der untersuchten Todesanzeigen wird ein Wandel der Trauerkultur deutlich. Zum einen sind die Todesanzeigen über den Untersuchungszeitraum – im Rahmen der anfangs konstituierten Merkmalbündel – persönlicher und individueller geworden, zum anderen ist eine Verschiebung der Perspektive in den Anzeigen festzustellen. Während Todesanzeigen ursprünglich dem Zweck dienten, über das Ableben einer Person zu informieren, stellen sich inzwischen vermehrt die trauernden Hinterbliebenen mit ihrem Abschiedsschmerz in den Mittelpunkt. Weiterhin spiegelt die Lexik der Textexemplare einen sich ändernden Sprachgebrauch wider. Todesursachen werden nur bis Mitte des 20. Jahrhunderts beim Namen genannt, danach wird lediglich abstrakt darauf Bezug genommen. Nicht nur in dieser Verschleierung, sondern auch in der häufigen Verwendung von Euphemismen sind Belege für die anhaltende Tabuisierung des Todes zu sehen. Dass Euphemismen gegen Ende des Untersuchungszeitrams zurückgehen, während die Nichtverbalisierung zunimmt, spricht nicht für eine Enttabuisierung: Einerseits kann in der Nichtverbalisierung keine Offenheit gegenüber dem Tabuthema Tod gesehen werden, andererseits ist davon auszugehen, dass die dominierende Nichtverbalisierung ihren Ursprung vor allem in gewandelten Konventionen bei der Anzeigengestaltung hat.

Die Textsorte Todesanzeige und ihre Gestaltungsform ist derart im Bewusstsein der Sprachverwender verankert, dass sie regelmäßig auch zur plakativen Unterstreichung zeitgeschichtlicher Geschehnisse verwendet wird. Zu nennen sind etwa die Todesanzeige für ‚Herrn' Stabil. I. Tätspakt aus dem Jahr 2002 (Abb. T-77), der ‚Trauerfall' Tour de France nach dem Doping-Skandal im Juli 2007 (Abb T-78) sowie die Anzeigenkampagne *Runter vom Gas!* des Bundesverkehrsministeriums und des Deutschen Verkehrssicherheitsrats (Abb. T-79) aus dem Jahr 2008, welche auch den einsetzenden Trend der Verwendung von Fotos der Verstorbenen aufgreift, der allerdings bei keinem der dieser Arbeit zugrunde liegenden Textexemplare feststellbar war.

STABIL I. TÄTSPAKT

Dublin, 16. Dezember 1996 Brüssel, 12. Februar 2002

In seiner kurzen Lebenszeit war er uns ein strahlendes Vorbild.
Fassungslos stehen wir vor seinem tragischen Ende

Anstelle von Blumen oder Kränzen bitten wir um Spenden an Hans Eichel unter dem Stichwort „Blauer Brief"

France Soir

AVIS DE DÉCÈS

M. Desgrange, son père
MM. Garin, Cornet, ses enfants
MM. Bobet, Anquetil, Thévenet, Merckx, Poulidor, Hinault, LeMond, Fignon, Indurain, ses petits-enfants

ont la douleur de vous faire part du décès du

Tour de France

survenu le 25 juillet 2007, à Orthez,
à l'âge de 104 ans, des suites d'une longue maladie.
Ses obsèques seront célébrées dans la plus stricte intimité.

Abb. T-77: Welt, 13. Februar 2002 und T-78: France Soir, 26. Juli 2007 (Titelblatt

Insgesamt ist über den Untersuchungszeitraum eine gestiegene Individualisierung der umfangreicher gewordenen Familienanzeigen festzustellen, welche sich an der Anzahl der Makrostrukturen, der lexikalischen Variationsbreite und der typografischen Gestaltung mittels Rahmen und Symbolen erkennen lässt. Während die typografischen Möglichkeiten nicht allein in der Macht der Inserenten liegen, sondern seitens der Zeitungsverlage vorgegeben sind, gehen der Umfang der Textexemplare und der sprachliche Ausdruck in erster Linie auf den Willen der Inserenten zurück. Sie geben den Anzeigen vermehrt eine persönliche Note – etwa durch Mottos, Bezeichnungen für das Neugeborene oder individuelle Bezeichnungen für das Sterben wie „hat den Steuerstand verlassen" oder „gab das Ruder aus der Hand".

Einige Fragen zur weiteren Entwicklung der untersuchten Textsorten müssen offen bleiben. So lässt sich noch nicht sagen, ob Beobachtungen, die in der letzten Probe gemacht wurden, den Anfang einer neuen Entwicklung dokumentieren oder lediglich eine Zeiterscheinung darstellen. Demnach kann hier nicht beantwortet werden, ob Mottos, die 2002 erstmals in Geburtsanzeigen als Initiator nachgewiesen sind, auch in dieser Textsorte künftig an Bedeutung gewinnen. Vorläufig ungeklärt bleibt ebenfalls das Schicksal des Terminators Danksagung, mit dem die Inserenten von Geburtsanzeigen 2002 Ärzte, Hebammen und Krankenhauspersonal bedenken.

Abb. T-79: Anzeigen- und Plakatmotiv der Kampagne ‚Runter vom Gas!' (2008)

Nachdem Geburts- und Verbindungsanzeigen in der Probe aus dem Jahr 2002 in den überregionalen Zeitungen nicht mehr vertreten sind, lässt sich zudem fragen, ob sie auch aus den regionalen Zeitungen verschwinden werden. Im Zusammenhang mit dieser Frage steht eine mögliche zukünftige Veränderung der externen Variable Medium zur Mitteilung privater Ereignisse. Seit gut einem Jahrzehnt lässt sich schließlich nicht von der Hand weisen, dass sich private Kommunikation in das Internet verlagert.

Vor allem Menschen in Altersgruppen, die derzeit Kinder bekommen und den Bund fürs Leben schließen, bilden ihre sozialen Beziehungen vermehrt im Internet ab und teilen sich dort mit. Geburtsnachrichten per E-Mail oder über Netzwerke wie *Facebook* und *Twitter* zu erhalten, war im Umfeld der Verfasserin bereits im Jahr 2009 als üblich zu bezeichnen. Hinzu kommt der Umstand, dass im Internet Publikationsmittel für jedermann verfügbar geworden sind, allen voran Blogs, die Zeitungen für den Bereich der privaten Kommunikation überflüssig werden lassen könnten.

Für die Bekanntgabe erfreulicher Ereignisse wie einer Geburt oder einer Hochzeit über das Internet spricht aus Sicht der Mitteilenden auch, dass sie dort keinen Platzbeschränkungen unterworfen sind und somit die Gelegenheit haben, die Nachricht mit Digitalfotos anzureichern. Zudem scheinen die Nutzer von Blogs und sozialen Netzwerken die Möglichkeit zu schätzen, von ihren Mitmenschen umgehend Reaktionen auf die Mitteilung zu erhalten.

Auch Todesmitteilungen werden vermehrt originär im Internet verbreitet. Dies gilt insbesondere für Todesfälle, die Personen betreffen, welche sich im Internet engagiert haben. Weiterhin bietet das Internet Trauernden Gelegenheit, den Hinterbliebenen ihre Anteilnahme auszudrücken. Nach dem Todesfall des Torhüters der deutschen Fußballnationalmannschaft Robert Enke etwa fanden sich schnell über 2.000 Einträge in einem Internet-Kondolenzbuch.

Hinsichtlich der künftigen Entwicklung von Todesanzeigen scheint das neue Medium eher der Bewältigung des Trauerfalls als der Kundgabe zu dienen. Weiterhin ist davon auszugehen, dass einmal geschaffene Gestaltungsformen sich zögerlicher lockern, da die Abfassung von Todesanzeigen auch künftig regelmäßig von professionellem Beistand, dem eines Bestatters, begleitet werden dürfte. Ein rasches Verschwinden der gedruckten Familienanzeigen ist aktuell nicht ersichtlich. Welche weitere Entwicklung sie nehmen und welche Rolle andere Medien für die Mitteilung familiärer Ereignisse haben werden, bleibt künftigen Untersuchungen vorbehalten.

Abbildungsverzeichnis

Literaturverzeichnis

Agricola, Erhard/Fleischer, Wolfgang/Protze, Helmut (Hg.) (1970): Die Deutsche Sprache. Kleine Enzyklopädie. Zweiter Band. Leipzig.

Agricola, Erhard (Hg.) (1972): Semantische Relationen im Text und im System. Den Haag u.a. (= Janua linguarum: Series minor 113).

Ariès, Philippe (1999): Geschichte des Todes. 9. Auflage. München.

Barabas, Friedrich K./Erler, Michael (1994): Die Familie: Einführung in Soziologie und Recht. Weinheim, München (= Grundlagentexte Soziale Berufe).

Baum, Stella (1980): Plötzlich und unerwartet. Todesanzeigen. Düsseldorf.

Behrenbeck, Sabine (1996): Der Kult um die toten Helden. Nationalsozialistische Mythen, Riten und Symbole, 1923 bis 45. Vierow (= Kölner Beiträge zur Nationsforschung 2).

Beninga, Judith (2002): Die Rezeption und Bewertung von Geburts- und Todesanzeigen. Magisterarbeit Bielefeld, Universität.

Bense, Max (1962): Theorie der Texte. Eine Einführung in neuere Auffassungen und Methoden. Köln.

Beyrer, Klaus/Dallmeier, Martin (Hg.) (1994): Als die Post noch Zeitung machte. Eine Pressegeschichte. Frankfurt am Main.

Bibliographisches Institut (Hg.) (1922): Duden. Rechtschreibung der deutschen Sprache und der Fremdwörter. 9. Auflage. Leipzig. [zitiert als Duden]

Biedermann, Hans (1989): Knaurs Lexikon der Symbole. München.

Blossfeld, Hans-Peter/Jaenichen, Ursula (1990): Bildungsexpansion und Familienbildung. Wie wirkt sich die Höherqualifizierung von Frauen auf ihre Neigung zu heiraten und Kinder zu bekommen aus? In: Soziale Welt 4, S. 454-476.

Böning, Holger (1994): Zeitung, Zeitschrift, Intelligenzblatt. Die Entwicklung der periodischen Presse im Zeitalter der Aufklärung. In: Beyrer, Klaus/Dallmeyer, Martin (Hg.) (1994). S. 93-103.

Böning, Holger/Moepps Emmy (1996): Deutsche Presse. Bibliographische Handbücher zur Geschichte der deutschsprachigen periodischen Presse von den Anfängen bis 1815. Band 1.1. Stuttgart-Bad Cannstatt.

Braun, Christian (2004): Zur Sprache der Freimaurerei. Eine textsortenspezifische und lexikalisch-semantische Untersuchung. Berlin (= Berliner Sprachwissenschaftliche Studien 5).

Braungart, Richard (1920): Künstlerische Familienanzeigen. In: Westermanns Monatshefte 129, S. 391-401.

Brinker, Klaus (1983): Textfunktionen. Ansätze zu ihrer Beschreibung. In: Zeitschrift für Germanistische Linguistik (ZGL) 11, S. 127-148.

Brinker, Klaus (Hg.) (1991): Aspekte der Textlinguistik. Hildesheim (= Germanistische Linguistik 106/107).

Brinker, Klaus (1992): Linguistische Textanalyse. Eine Einführung in Grundbegriffe und Methoden. 3. Auflage. Berlin (= Grundlagen der Germanistik 29).

Bronisch, Friedrich Wilhelm (1984): Die Sprache der Todesanzeigen. In: Münchener Medizinische Wochenschrift 16, S. 510-514; 17, S. 557-559; 18, S. 591-593; 19, S. 630-632.

Brueggenwirth, Ingrid (1997): Von Sensenmann und Druckerschwärze. Eine Auswahl außergewöhnlicher Todesanzeigen. Bremen.

Burkart, Günter/Fietze, Beate/Kohli, Martin (1989): Liebe, Ehe, Partnerschaft. Eine qualitative Untersuchung über den Bedeutungswandel von Paarbeziehungen und seine demographischen Konsequenzen. Wiesbaden (= Materialien zur Bevölkerungswissenschaft 60).

Bussiek, Dagmar (2002): „Mit Gott für König und Vaterland!“: Die Neue Preußische Zeitung (Kreuzzeitung) 1848-1892. Münster (= Schriftenreihe der Stipendiatinnen und Stipendiaten der Friedrich-Ebert-Stiftung 15).

Bußmann, Hadumod (1990): Lexikon der Sprachwissenschaft. 2., neubearbeitete Auflage. Stuttgart (= Kröners Taschenausgabe 452).

Conte, Edouard/Essner, Cornelia (1996): ‚Fernehe‘, ‚Leichenehe‘ und ‚Totenscheidung‘. Metamorphosen des Eherechts im Dritten Reich. In: Vierteljahreshefte für Zeitgeschichte 2, S. 201-229.

Diez, Hermann (1910): Das Zeitungswesen. Leipzig (= Aus Literatur und Geisteswelt. Sammlung wissenschaftlich-gemeinverständlicher Darstellungen 328).

Dijk, Teun Andrianus van (1972): Foundations for typologies of texts. In: Semiotica 6, S. 297-323.

Dill, Karl (1992): Friedhöfe. Kreuze – Figuren – Symbole. Bayreuth (= Heimatbeilage zum Amtlichen Schulanzeiger des Regierungsbezirks Oberfranken 192).

Dirschauer, Klaus (1973): Der totgeschwiegene Tod. Theologische Aspekte der kirchlichen Bestattung. Bremen.

Dornseiff, Franz (1959): Der deutsche Wortschatz nach Sachgruppen. 5. Auflage. Berlin.

Dovifat, Emil (1976): Zeitungslehre. Band 2. 6., neubearbeitete Auflage von Jürgen Wilke. Berlin, New York (= Sammlung Göschen 2091).

Dreher, Eduard (1972): Strafgesetzbuch mit Nebengesetzen und Verordnungen. 33., neubearbeitete Auflage. München (= Beck‘sche Kurz-Kommentare 10).

Dressler, Wolfgang Ulrich (Hg.) (1978): Textlinguistik. Darmstadt (= Wege der Forschung 427).

Duden, Konrad (1902): Vollständiges orthographisches Wörterbuch der deutschen Sprache. Nach den für Deutschland, Österreich und die Schweiz gültigen amtlichen Regeln. Leipzig [u.a.]: Bibliographisches Institut.

Duden (1922): siehe Bibliographisches Institut.

Dudenredaktion (Hg.) (2006): Duden. Rechtschreibung der deutschen Sprache. 24., völlig neu bearbeitete und erweiterte Auflage. Mannheim, Leipzig, Wien, Zürich (= Der Duden 1). [zitiert als Duden]

Eckkrammer, Eva Martha (1996): Die Todesanzeige als Spiegel kultureller Konventionen. Eine kontrastive Analyse deutscher, englischer, französischer, spanischer, italienischer und portugiesischer Todesanzeigen. Bonn (= Abhandlungen zur Sprache und Literatur 91).

Engelbrecht, Wilfried (1993): Das Neueste aus Bayreuth. Die Presse im markgräflichen, preußischen und französischen Bayreuth (1736-1810). Bayreuth.

Ermert, Karl (1979): Briefsorten. Untersuchungen zu Theorie und Empirie der Textklassifikation. Tübingen (= Reihe Germanistische Linguistik 20).

Fischer, Heinz-Dietrich (1966): Die großen Zeitungen. Porträts der Weltpresse. München.

Frese, Karin (1987): Wie Eltern von sich reden machen. Sprachliche Analyse von Geburtsanzeigen in Tageszeitungen zwischen 1790 und 1985. Heidelberg.

Frey, Hermann (1939): Die Anzeige. Entwicklung des Zeitungsinserats in München bis 1807. Würzburg (= Zeitung und Leben 46).

Fries, Udo (1990): A contrastive analysis of German and English death notices. In: Fisiak, Jacek (Hg.): Further insights into contrastive analysis. Amsterdam, Philadelphia (= Linguistic & Literary Studies in Eastern Europe 30). S. 540-560.

Fröhlich, Armin (1956): Der Wortschatz der Heiratsanzeigen. In: Muttersprache 66, S. 11-15.

Fuchs, Werner (1969): Todesbilder in der modernen Gesellschaft. Frankfurt am Main.

Geischer, Hans-Jürgen (1979): Tod und Leben. Volksfrömmigkeit im Spiegel von Todesanzeigen. In: Theologia Practica 6, S. 254-271.

Gerhards, Jürgen/Melzer, Astrid (1996): Die Veränderung der Semantik von Todesanzeigen als Indikator für Säkularisierungsprozesse. In: Zeitschrift für Soziologie 25, S. 304-314.

Göhring, Mario (1995): Vom bürgerlich-nationalistischen Blatt zur ‚gleichgeschalteten' Zeitung. Die Kieler Neuesten Nachrichten 1930-1934. In: Informationen der Schleswig-Holsteinischen Zeitgeschichte 27, S. 20-54.

Grimm, Jacob/Grimm, Wilhelm (1885): Deutsches Wörterbuch. 6. Band. Bearbeitet von Dr. Moritz Heyne. Leipzig.

Gronauer, Claudia (1996): Todesanzeigen in Tübingen 1872-1993: Kommunikative Funktion und religiöse Inhalte. In: Zeitschrift für Religionswissenschaft, S. 179-207.

Groth, Otto (1930): Die Zeitung. Ein System der Zeitungskunde (Journalistik). 3. Band. Mannheim, Berlin, Leipzig.

Grüb, Willy (1995): Allerhand im Trauerrand. Über den Unterhaltungswert von Todesanzeigen. Berlin.

Grümer, Karl-Wilhelm/Helmrich, Robert (1994): Die Todesanzeige. Viel gelesen, jedoch wenig bekannt. Deskription eines wenig erschlossenen Forschungsmaterials. In: Historical Social Research/Historische Sozialforschung 19, S. 60-108.

Gülich, Elisabeth/Raible, Wolfgang (1977): Linguistische Textmodelle. Grundlagen und Möglichkeiten. München (= Uni-Taschenbücher 130).

Hardenberg, Nina von (2008): Das große Zögern. Verliebt, verlobt ... Doch warum sollten Paare heiraten? Der gesellschaftliche Druck und die ökonomischen Motive schwinden. In: Süddeutsche Zeitung vom 25. August 2008. Online abrufbar unter: http://www.sueddeutsche.de/leben/763/307714/text/. [Stand 28.8.2008].

Hartmann, Peter (1971): Texte als linguistisches Objekt. In: Stempel, Wolf-Dietrich (Hg.): Beiträge zur Textlinguistik. München. S. 9-29.

Harweg, Roland (1968): Pronomina und Textkonstitution. München.

Hattenhauer, Hans (1998): Deutsche Nationalsymbole. Geschichte und Bedeutung. Köln.

Heinemann, Wolfgang/Viehweger, Dieter (1991): Textlinguistik. Eine Einführung. Tübingen (= Reihe Germanistische Linguistik 115: Kollegbuch).

Heinemann, Margot/Heinemann, Wolfgang (2002): Grundlagen der Textlinguistik: Interaktion – Text – Diskurs. Tübingen (= Reihe Germanistische Linguistik 230: Kollegbuch).

Heinz-Mohr, Gerd (1998): Lexikon der Symbole: Bilder und Zeichen der christlichen Kunst. München (= Diederichs Gelbe Reihe 150).

Helbig, Gerhard/Buscha, Joachim (2005): Deutsche Grammatik. Ein Handbuch für den Ausländerunterricht. Berlin u.a.

Heliosch, Susanne (2004): Die Geburt der Todesanzeige. In: Schwäbisches Tagblatt 264, 13. November 2004, unpaginierte Sonderbeilage.

Heltmann, Friedrich (1919): Moderner Liebesbriefsteller wie er sein muß um als erfolgreicher Ratgeber für Verliebte und Verlobte nach modernen Grundsätzen zu dienen. Berlin-Pankow.

Hinrichs, Ilka-Marthje (1994): Untersuchungen zur Textsorte Todesanzeige. Magisterarbeit Kiel, Universität.

Hoberg, Rudolf (1985): Wo die Welt noch heil und lustig ist. Zur Sprache von Geburtsanzeigen. In: Der Sprachdienst 11/12, S. 161-163.

Hoffmann-Nowotny, Hans-Joachim (1988): Weibliche Erwerbstätigkeit und Kinderzahl. In: Gerhard, Ute/Schütz Yvonne (Hg.): Frauensituation. Veränderungen in den letzten zwanzig Jahren. Frankfurt am Main. S. 219-250.

Hosselmann, Birgit (2001): Todesanzeigen als memento mori? Eine empirische Untersuchung von Todesanzeigen der Gegenwart. Altenberge (= Münsteraner Theologische Abhandlungen 68).

Hubbard, William H. (1983): Familiengeschichte. Materialien zur deutschen Familiengeschichte seit Ende des 18. Jahrhunderts. München (= Statistische Arbeitsbücher zur neueren deutschen Geschichte; Beck'sche Elementarbücher).

Institut für Zeitungswissenschaft an der Universität Berlin (Hg.) (1936): Der deutsche Anzeigenmarkt. Leipzig.

Isenberg, Horst (1971): Überlegungen zur Texttheorie. In: Ihwe, Jens (Hg.): Literaturwissenschaft und Linguistik. Ergebnisse und Perspektiven. Frankfurt am Main (= Ars poetica: Texte 8). S. 150-173.

IVW, Informationsgesellschaft zur Feststellung der Verbreitung von Werbeträgern e.V. (2002): Auflagenzahlen des 1. Quartals 2002. Berlin. Online abrufbar unter: http://daten.ivw.eu/download/Ali20021.zip [Stand 15.5.2008].

Jäger, Marianna (2003): Todesanzeigen. Alltagsbezogene Bedeutungshandlungen gegenüber Leben und Tod. Diss., Zürich.
Janosch (2004): Oh, wie schön ist Panama. 5. Auflage. Weinheim.
Jeggle, Utz (1986): In stolzer Trauer. Umgangsformen mit dem Kriegstod während des 2. Weltkriegs. In: Jeggle, Utz (Hg.): Tübinger Beiträge zur Volkskultur. Tübingen (= Untersuchungen des Ludwig-Uhland-Instituts der Universität Tübingen 69). S. 242-250.
Jürgens, Frank (1996): Textsorten- und Textmustervariationen am Beispiel der Todesanzeige. In: Muttersprache 106, S. 226-242.
Kaiserliches Statistisches Amt (Hg.) (1880): Statistisches Jahrbuch für das Deutsche Reich. Berlin.
Kaiserliches Statistisches Amt (Hg.) (1897): Statistisches Jahrbuch für das Deutsche Reich. Berlin.
Kaiserliches Statistisches Amt (Hg.) (1902): Statistisches Jahrbuch für das Deutsche Reich. Berlin.
Kallmeyer, Werner (Hg.) (1974): Lektürekolleg zur Textlinguistik. Frankfurt.
Kappes, Bodo Wilhelm (1970): Die Vossische Zeitung als Organ des publizistischen Widerstandes gegen den Nationalsozialismus. Magisterarbeit Berlin, Freie Universität.
Kierkegaard, Sören (1963): Die Tagebücher. Ausgewählt, neugeordnet und übersetzt von Hayo Gerdes. Band 2. Düsseldorf, Köln.
Kluge, Friedrich (1999): Etymologisches Wörterbuch der deutschen Sprache. 23., erweiterte Auflage. Berlin, New York.
Köster, Rudolf (1973): Duden. Rechtschreibung der deutschen Sprache und der Fremdwörter. 17. Auflage. Mannheim, Wien, Zürich (= Der Duden 1).
Koszyk, Kurt (1966): Deutsche Presse im 19. Jahrhundert. Geschichte der deutschen Presse, Teil II. Berlin (= Abhandlungen und Materialien zur Publizistik 6).
Koszyk, Kurt (1972): Deutsche Presse 1914-1945. Geschichte der deutschen Presse, Teil III. Berlin (= Abhandlungen und Materialien zur Publizistik 7).
Koszyk, Kurt (1999): Presse unter alliierter Besatzung. In: Wilke, Jürgen (1999b). S. 31-57).
Kunze, Konrad (2000): dtv-Atlas Namenkunde. Vor- und Familiennamen im deutschen Sprachgebiet. München (= dtv-Atlas 3234).
Lage-Müller, Kathrin von der (1995): Text und Tod. Eine handlungstheoretisch orientierte Textsortenbeschreibung am Beispiel der Todesanzeige in der deutschsprachigen Schweiz. Tübingen (= Reihe Germanistische Linguistik 157).
Lenk, Hartmut E. H. (2001): Personennamen im Vergleich. Die Gebrauchsformen von Anthroponymen in Deutschland, Österreich, der Schweiz und Finnland. Hildesheim, Zürich, New York (= Germanistische Linguistik – Monographien 9).
Lewis, David (1975): Konventionen. Eine sprachphilosophische Abhandlung. Berlin, New York (= de Gruyter Studienbuch: Grundlagen der Kommunikation).

Lindemann, Margot (1969): Deutsche Presse bis 1815. Geschichte der deutschen Presse. Teil I. Berlin (= Abhandlungen und Materialien zur Publizistik 5).

Linke, Angelika (2001): Trauer, Öffentlichkeit und Intimität. Zum Wandel der Textsorte ‚Todesanzeige' in der zweiten Hälfte des 20. Jahrhunderts. In: Fix, Ulla/Habscheid, Stephan/Klein, Josef (Hg.): Zur Kulturspezifik von Textsorten. Tübingen (= Textsorten 3). S. 195-223.

Linotype AG (1989): LinoTypeCollection. Mergenthaler Schriftenbibliothek. Schriftenhandbuch. Eschborn.

Luchtenberg, Sigrid (1985): Euphemismen im heutigen Deutsch. Mit einem Beitrag zu Deutsch als Fremdsprache. Bern u.a. (= Europäische Hochschulschriften, Reihe 1, Deutsche Sprache und Literatur 834).

Lurker, Manfred (Hg.) (1988): Wörterbuch der Symbolik. Stuttgart (= Kröners Taschenausgabe 464).

Lux, Friedemann (1981): Text, Situation, Textsorte. Probleme der Textsortenanalyse, dargestellt am Beispiel der britischen Registerlinguistik. Mit einem Ausblick auf eine adäquate Textsortentheorie. Tübingen (= Tübinger Beiträge zur Linguistik 172).

Mader, Hans (1990): Es ist echt zu bitter. Todesanzeigen – gesammelt und kommentiert von Hans Mader. Hamburg.

McBratney, Sam/Jeram, Anita (1994): Weißt du eigentlich, wie lieb ich dich hab? Aarau, Frankfurt am Main, Salzburg.

Mendelssohn, Peter de (1982): Zeitungsstadt Berlin. Menschen und Mächte in der Geschichte der deutschen Presse. Frankfurt am Main, Berlin.

Meyn, Hermann (2004): Massenmedien in Deutschland. Neuauflage 2004. Konstanz.

Mikrofilmarchiv der deutschsprachigen Presse e.V. (2003): 11. Bestandsverzeichnis. Berlin.

Mischke, Marianne (1996): Der Umgang mit dem Tod: Vom Wandel in der abendländischen Geschichte. Berlin (= Reihe Historische Anthropologie 25).

Mitterauer, Michael (1977): Vom Patriarchat zur Partnerschaft. Zum Strukturwandel der Familie. München (= Beck'sche Schwarze Reihe 158).

Möhle, Sylvia (1993): Ehen in der Krise. Zur Bedeutung der Eigentumsrechte und der Arbeit von Frauen in Ehekonflikten. Göttingen 1740-1840. In: Schlumbohm, Jürgen (Hg.): Familie und Familienlosigkeit. Fallstudien aus Niedersachsen und Bremen vom 15. bis 20. Jahrhundert. Hannover. S. 39-51.

Möller, Petra (2009): Todesanzeigen – eine Gattungsanalyse. Diss., Gießen.

Mosse, Rudolf (1898): Zeitungs-Katalog und Insertions-Kalender. Rudolf Mosse Annoncen-Expedition. 31. Auflage. Wien.

Mosse, Rudolf (1909): Zeitungskatalog der Annoncen-Expedition Rudolf Mosse. 42. Auflage. Prag.

Mosse, Rudolf (1922): Zeitungskatalog. Annoncen-Expedition Rudolf Mosse. 50. Auflage. Berlin.

Mosse, Rudolf (1929): Zeitungskatalog. Annoncen-Expedition Rudolf Mosse. 55. Auflage. Berlin.

Müller-Calleja, Rolf (1987): Todesanzeigen. In: Brand, Peter/Schulze, Volker (Hg.): Medienkundliches Handbuch. Band 3. Die Zeitungsanzeige. Braunschweig (= Erziehung und Didaktik). S. 207-220.

Munzinger, Ludwig (1901): Die Entwicklung des Inseratenwesens in den deutschen Zeitungen. Eine historisch-wirtschaftliche Studie als Beitrag zur Geschichte des Verkehrswesens. Diss., Heidelberg, Wien.

Nerius, Dieter (Hg.) (1989): Deutsche Orthografie. 2., durchgesehene Auflage. Leipzig.

Nölke, Matthias/Sprang, Christian (2009): Aus die Maus. Ungewöhnliche Todesanzeigen. Köln.

Obst, Wolf-Dieter (2008): Falscher Arzt schickt Rechnungen. Betrug an Hinterbliebenen. In: Stuttgarter Nachrichten vom 24. Juli 2008. Online abrufbar unter: http://www.stuttgarter-nachrichten.de/stn/page/detail.php/1770175. [Stand 7.9.2008].

Oesterreicher-Mollwo, Marianne (1978): Herder-Lexikon Symbole. Freiburg, Basel, Wien.

Otzen, Katharina (1980): Lizenzpresse, Altverleger und Politik – Kontroversen um die „Kieler Nachrichten" in den Jahren 1945-1952. Sankt Augustin (= Duisburger Studien 2).

Overmans, Rüdiger (2004): Deutsche militärische Verluste im Zweiten Weltkrieg. München (= Beiträge zur Militärgeschichte 46).

Pieske, Christa (1968): Das freudige Ereignis und der jungen Kinderlein Aufzucht. München.

Piitulainen, Marja-Leena (1993): Die Textstruktur der finnischen und deutschsprachigen Todesanzeigen. In: Schröder, Hartmut (Hg.): Fachtextpragmatik. Tübingen. S. 141-186.

Putzger, Friedrich W. (1993): Historischer Weltatlas. Berlin.

Reiß, Katharina (1977/78): Textsortenkonventionen. Vergleichende Untersuchung zur Todesanzeige. In: Le Langage et L'Homme 35, S. 46-53; 36 S. 60-68.

Riemann, Viola (1999): Kontaktanzeigen im Wandel der Zeit. Eine Inhaltsanalyse. Wiesbaden.

Riffert, Gabriele/Schmidt-Fischbach, Patricia (1990): Heimisches und Hiesiges: Das ‚Straubinger Tagblatt'. In: Wagner, Hans/Koch, Ursula E./Schmidt-Fischbach, Patricia (Hg.): Enzyklopädie der Bayerischen Tagespresse. München. S. 241-250.

Rist, Thomas (2002): Deutsche und französische Textsortenkonventionen in der Regionalpresse: Todesanzeigen in der Rheinpfalz und in Les Dernières Nouvelles d'Alsace. In: Châtellier, Hildegard/Mombert, Monique (Hg.): La presse en Alsace au XXe siècle. Strasbourg (= Faustus – Études germaniques 19). S. 335-361.

Robert Koch-Institut (Hg.) (2003): Hintergrundinformationen des Rober Koch-Instituts zu Pocken. Berlin. Online abrufbar unter: http://www.rki.de/nn_494682/DE/Content/Infekt/Biosicherheit/Erreger/dl_pocken.html. [Stand 1.3.2008].

Robert Koch-Institut (Hg.) (2006): Masern. Ratgeber Infektionskrankheiten. Merkblätter für Ärzte. Berlin. Online abrufbar unter: http://www.rki.de/cln_100/nn_494538/DE/Content/Infekt/EpidBull/Merkblaetter/Ratgeber_Mbl_Masern.html. [Stand 1.3.2008].

Ruppert, Helmut S. (2008): Eingegangen in die ewigen Jagdgründe. Die Todesanzeige als Abbild der Zeit. Würzburg.

Schlüter, Sabine (2001): Textsorte vs. Gattung. Textsorten literarischer Kurzprosa in der Zeit der Romantik (1795-1935). Berlin (= Berliner Sprachwissenschaftliche Studien 1).

Schmidt, Siegfried Joseph (1973): Texttheorie. Probleme einer Linguistik der sprachlichen Kommunikation. München (= UTB für Wissenschaft: Uni-Taschenbücher 202).

Schmidt, Uwe (2002): Deutsche Familiensoziologie. Entwicklung nach dem Zweiten Weltkrieg. Wiesbaden.

Schmitz, Hans (1989): Der Kölner Stadt-Anzeiger – Das Comeback einer Zeitung, 1949-1989. Köln.

Scholze-Stubenrecht, Werner (1996): Duden. Rechtschreibung der deutschen Sprache. 21. Auflage. Mannheim, Leipzig, Wien, Zürich (= Der Duden 1).

Schumacher, Helmut et al. (2004): VALBU – Valenzwörterbuch deutscher Verben. Tübingen (= Studien zur Deutschen Sprache/Forschungen des Instituts für Deutsche Sprache 31).

Schütz, Walter J. (1999): Entwicklung der Tagespresse. In: Wilke, Jürgen (1999b). S. 109-134.

Simmler, Franz (1981): Zur Syntax von Volksmärchen. Untersuchungen zur Frequenz und Distribution von Satztypen und ihrer Relevanz für den Schulunterricht. In: Sub tua platano. Festgabe für Alexander Beinlich. Kinder- und Jugendliteratur, Deutschunterricht, Germanistik. Emsdetten. S. 361-389.

Simmler, Franz (1984): Zur Fundierung des Text- und Textsorten-Begriffs. In: Eroms, Hans-Werner/Gajek, Bernhard/Kolb, Herbert (Hg.): Studia Linguistica et Philologica. Festschrift für Klaus Matzel zum sechzigsten Geburtstag. Überreicht von Schülern, Freunden und Kollegen. Heidelberg (= Germanistische Bibliothek, 3. Reihe: Untersuchungen). S. 25-50.

Simmler, Franz (1986): Syntaktische Strukturen in Kunstmärchen der Romantik. In: Reis, Marga/Weiss, Walter/Wiegand, Herbert Ernst (Hg.): Textlinguistik contra Stilistik? Wortschatz und Wörterbuch. Grammatische oder pragmatische Organisation von Rede? Tübingen (= Kontroversen, alte und neue: Akten des VII. Internationalen Germanisten-Kongresses, Göttingen 1985; 3). S. 66-96.

Simmler, Franz (1991): Die Textsorten ‚Regelwerk' und ‚Lehrbuch' aus dem Kommunikationsbereich des Sports bei Mannschaftsspielen und ihre Funktionen. In: Sprachwissenschaft 16, S. 251-301.

Simmler, Franz (1992): Nominalsätze im AHD. In: Desportes, Yvon (Hg.): Althochdeutsch. Syntax und Semantik. Akten des Lyonner Kolloquiums zur

Syntax und Semantik des Althochdeutschen. Lyon (= Série germanique ancien 1). S. 153-197.

Simmler, Franz (1993): Zum Verhältnis von publizistischen Gattungen und linguistischen Textsorten. In: Zeitschrift für Germanistik Neue Folge 3.2, S. 349-363.

Simmler, Franz (1996): Teil und Ganzes in Texten. Zum Verhältnis von Textexemplar, Textteilen, Teiltexten, Textauszügen und Makrostrukturen. In: Daphnis 25, S. 597-625.

Simmler, Franz (1997): Die informationsorientierten Textsorten und ihre Varianten in der Fußballberichterstattung des ‚kicker sportmagazins'. In: Simmler, Franz (Hg.): Textsorten und Textsortentraditionen. Bern u.a. (= Berliner Studien zur Germanistik 5). S. 63-143.

Simmler, Franz (2003): Geschichte der Interpunktionssysteme im Deutschen. In: Besch, Werner/Betten, Anne/Reichmann, Oscar/Sonderegger, Stefan (Hg.) (2003): Sprachgeschichte. Ein Handbuch zur Geschichte der deutschen Sprache und ihrer Erforschung. 3. Teilband. Berlin, New York. S. 2472-2504.

Simmler, Franz (2009): Theoretische Grundlagen zur Ermittlung von Textsorten und Textallianzen und zur Reichweite des Textbegriffs'. In: Schwarz, Alexander/Simmler, Franz/Wich-Reif, Claudia (Hg.): Literarische und religiöse Textsorten und Textallianzen um 1500. Berlin (= Berliner Sprachwissenschaftliche Studien 20). S. 11-21.

Sitta, Horst (1998): „Der Satz". In: Klosa, Annette (Hg.): Duden. Grammatik der deutschen Gegenwartssprache. 6. Auflage. Mannheim, Leipzig, Wien, Zürich (= Der Duden 4). S. 609-858.

Sommerfeldt, Karl-Ernst (1998): Textsorten in der Regionalpresse: Bemerkungen zu ihrer Gestaltung und Entwicklung. Frankfurt am Main u.a. (= Sprache – System und Tätigkeit 25).

Sommerfeldt, Karl-Ernst/Schreiber, Herbert (1996): Wörterbuch der Valenz etymologisch verwandter Wörter: Verben, Adjektive, Substantive. Tübingen.

Sonntag, Christian (2006): Britische Lehrmeister – ‚Die Welt' erschien vor 60 Jahren zum ersten Mal. Damals galt sie als Modellzeitung für Deutschland. In: Berliner Zeitung 78 vom 1. April 2006, S. 37. Online abrufbar unter: http://www.berlinonline.de/berliner-zeitung/archiv/.bin/dump.fcgi/2006/0401/medien/0009/. [Stand 12.7.2008].

Spiegel, Yorick (1973): Der Prozess des Trauerns. Analyse und Beratung. 2. Auflage. München (= Gesellschaft und Theologie 14).

Stäuber, Bernd Simon (2009): Sprachliche Strukturen und Funktionen im Kommunikationsbereich „Reisen". Textsortentypologie und ihre Beziehung zu betriebswirtschaftlichen Vorschlägen zur Werbegestaltung. Berlin (= Berliner Sprachwissenschaftliche Studien 15).

Stamm, Willy (Hg.) (1952): Stamm. Der Leitfaden für Presse und Werbung. Essen.

Stamm, Willy (Hg.) (1972): Stamm. Leitfaden für Presse und Werbung. 25. Ausgabe. Essen

Stamm, Willy (Hg.) (2002): Stamm 2002. Presse- und Medienhandbuch, Leitfaden durch Presse und Werbung. 55. Ausgabe. Essen.
Statistisches Bundesamt (Hg.) (1953): Statistisches Jahrbuch für die Bundesrepublik Deutschland. 1953. Stuttgart, Köln.
Statistisches Bundesamt (1977): Statistisches Jahrbuch 1977 für die Bundesrepublik Deutschland. Wiesbaden.
Statistisches Bundesamt (2006): Informationstechnologie in Unternehmen und Haushalten 2005. Wiesbaden.
Statistisches Bundesamt (2007): Statistisches Jahrbuch 2007. Für die Bundesrepublik Deutschland. Wiesbaden.
Statistisches Reichsamt (Hg.) (1921/22): Statistisches Jahrbuch für das Deutsche Reich. Berlin.
Statistisches Reichsamt (Hg.) (1923): Statistisches Jahrbuch für das Deutsche Reich. Berlin.
Stöber, Rudolf (2003): Die Evolution „neuer" Medien von Gutenberg bis Gates. Eine Einführung. Band 1: Presse – Telekommunikation. Wiesbaden (= Studienbücher zur Kommunikations- und Medienwissenschaft).
Stöber, Rudolf (2005): Deutsche Pressegeschichte. Von den Anfängen bis zur Gegenwart. 2. Auflage. Konstanz.
Straßner, Erich (1999): Zeitung. 2., veränderte Auflage. Tübingen (= Grundlagen der Medienkommunikation 2).
Vater, Heinz (2001): Einführung in die Textlinguistik: Struktur und Verstehen von Texten. München (=Uni-Taschenbücher 1660).
Völker, Jürgen (1968): Die Familienanzeigen im ‚Völkischen Beobachter' während des Zweiten Weltkrieges (insbesondere Gefallenen-Anzeigen). Magisterarbeit Berlin, Freie Universität.
Wahrig-Burfeind, Renate (Hg.) (2000): Wahrig. Deutsches Wörterbuch. 7. Auflage. Gütersloh, München. [zitiert als Wahrig]
Weber, Johannes (1994): ‚Die Novellen sind eine Eröffnung des Buchs der gantzen Welt'. Die Entstehung der Zeitung im 17. Jahrhundert. In: Beyrer, Klaus/Dallmeier, Martin (1994) (Hg.). S. 15-25.
Weinrich, Harald (1964): Tempus. Besprochene und erzählte Welt. Stuttgart: Kohlhammer (= Sprache und Literatur 16).
Weis, Kurt (1976): Der Eigennutz des Sisyphos. Zur Soziologie der Selbstmordverhütung. In: Eser, Albin (Hg.): Suizid und Euthanasie als human- und sozialwissenschaftliches Problem. Stuttgart. S. 180-193.
Werner, Joachim (1908): Heirats-Annonce. Studien und Briefe. Berlin.
Wilke, Jürgen (1999a): Die Zeitung. In: Fischer, Ernst (Hg.): Von Almanach bis Zeitung: ein Handbuch der Medien in Deutschland 1700-1800. München. S. 388-402.
Wilke, Jürgen (Hg.) (1999b): Mediengeschichte der Bundesrepublik Deutschland. Köln, Weimar, Wien.
Wilke, Jürgen (2000): Grundzüge der Medien- und Kommunikationsgeschichte. Von den Anfängen bis ins 20. Jahrhundert. Köln, Weimar, Wien.

Wilke, Jürgen (2002): Pressegeschichte. In: Noelle-Neumann, Elisabeth/Schulz, Winfried/Wilke, Jürgen (Hg.): Das Fischer Lexikon Publizistik/Massenkommunikation. Frankfurt am Main (= Fischer Taschenbücher 15495). S. 460-492.

Zerbst, Marion/Waldmann, Werner (2003): DuMonts Handbuch Zeichen und Symbole. Herkunft – Bedeutung – Verwendung. Köln.